世界経済史
紀元1年‐2030年
概観

アンガス・マディソン
Angus Maddison

(公財)政治経済研究所 監訳

CONTOURS OF
THE WORLD ECONOMY,
1–2030 AD

Essays in Macro-Economic History

世界経済史概観

紀元1年-2030年

岩波書店

企画：小谷 崇

CONTOURS OF THE WORLD ECONOMY, 1–2030 AD
Essays in Macro-Economic History
by Angus Maddison
Copyright © 2007 by Angus Maddison

First published 2007 by Oxford University Press, Oxford
This Japanese edition published 2015
by Iwanami Shoten, Publishers, Tokyo
by arrangement with Oxford University Press, Oxford

謝　辞

元の草稿についてコメントしてくださった Fatih Birol, Derek Blades, Alan Bowman, Henk-Jan Brinkman, Roger Brown, Ian Castles, John Coatsworth, Max Corden, Robert Cribb, Francois Crouzet, Pierre van der Eng, Stanley Engerman, Paul Frijters, Andre Hofman, Catrinus Jepma, Wim Jongman, Andrew Kamarck, Carol Kidwell, Tao Kong, Paul Lamartine Yates, David Landes, Debin Ma, Charles Maddison, John R. McNeill, Stanislav Menshikov, Jim Oeppen, Peter Oppenheimer, Guy Pfefferman, Leandro Prados de la Escosura, Prasada Rao, Dominic Rathbore, Osamu Saito, Simon Scott, Graeme Snooks, Kaoru Sugihara, Eddy Szirmai, Bart van Ark と Harry X. Wu に感謝申し上げる．

Elizabeth Maddison, Tom Kuipers, Gerard Ypma には計算の仕方について貴重なアドバイスをいただき，また Dirk Stelder は扉と第1章のためのローマ帝国地図作成でお世話になった．

とくにわが友 Colin McEvedy (1930-2005) には負うところが多い．彼は過去を数量的に探求するという情熱を私と分かち合い，歴史人口学に関する非常に貴重なガイダンス，古代世界に対する貴重な識見，そしてごたごたした諸問題についての鋭敏な解答を与えてくれた．

本書の分析の諸部分を披露した次のような会合での討論から得るところがあった．すなわち，1998年のエール大学での Kuznets 記念講義，2001年の American Enterprise Institute for Public Policy Research での Wendt 記念講義とスタンフォード大学での Abramovitz 記念講義，2002年の Luxembourg Institute for European and International Studies によるハーバード大学ワークショップ，2003年のクイーンズランド大学での Colin Clark 記念講義，2004年のコークにおける International Association for Research on Income and Wealth での Ruggles 記念講義とマドリード・カルロス三世大学での Figuerola 記念講義，2005年のオーストラリア国立大学での Arndt 記念講義，2006年の

私の 80 歳を記念してフローニンゲンとクイーンズランドで開催された世界経済パフォーマンス，過去，現在，未来についてのセミナー．

　第 2 章の以前の原稿である *Growth and Interaction in the World Economy: The Roots of Modernity* は AEI Press, Washington, DC から 2004 年に，第 3 章の一部は 2006 年に *Australia Pacific Economic Literature* に，第 6 章の以前の原稿は *Review of Income and Wealth* の 2005 年 3 月号に発表された．

目　次

謝　辞

序説と要約 …………………………………………………………… 1
　世界経済発展の輪郭　2
　マクロ計測の歴史　6
　来るべき事態の姿　8

第Ⅰ部　世界発展の輪郭　紀元1〜2003年

第1章　ローマ帝国とその経済 …………………………………… 13
　古代世界の登場者　13
　ローマ帝国建設成功の原因の基本的特徴　16
　イタリア半島の征服，紀元前396〜191年　21
　ローマ帝国建設の過程　23
　帝国の崩壊　40
　ローマの人口　44
　ローマの所得　60

第2章　西ヨーロッパの復活とアメリカの転形 ……………… 91
　西はなぜ，また何時富裕になったのか？　91
　1820年以降の西諸国の成長加速を説明する推進力　96
　需要と雇用の構造変化　98
　アメリカのヨーロッパ的転形，1500〜1820年　114

第3章　アジアと西の相互作用　1500〜2003年 …………… 143
　ヨーロッパとアジアの相互作用，1500〜1820年　144

アジアとの貿易のヨーロッパへの影響，1500～1820年　148

ヨーロッパのアジアへの影響，1500～1820年　150

第4章　イスラムとヨーロッパが
アフリカの発展に与えた影響　紀元1～2003年 ……… 233

序　論　233

7世紀以前のヨーロッパの北部アフリカへの影響　236

イスラムによる征服とその意味するもの　239

イスラム国家としてのエジプト　246

マグレブおよび金と奴隷のサハラ越え貿易の開始　264

モロッコ王朝の性格変化と
　そのヨーロッパおよびブラックアフリカとの相互作用　267

ブラックアフリカとイスラムの影響　274

ヨーロッパのアフリカとの出会い　278

1820年から1960年までのアフリカ　290

脱植民地のアフリカ，1960年以後　297

補論：十字軍，1096～1270年　304

第II部　マクロ計測の進歩

第5章　マクロ計測の先駆者たち
政治算術学派と歴史人口学者 ………………………………… 317

ウィリアム・ペティ（1623～87）　318

ジョン・グラント：最初の人口統計学者（1620～74）　327

グレゴリー・キング（1648～1712）と
　チャールズ・ダヴナント（1656～1714）　330

パトリック・カフーン（1745～1820）　360

フランスの政治算術，1695～1707年　362

19世紀と20世紀前半のマクロ計測　367

目　次——ix

第6章　現代のマクロ計測　われわれはどこまでできたか？ ……………375
　1950年以後の経済政策の道具としてのマクロ計測の発展　376
　1820年以降の世界経済成長の数量化と解釈　384
　重商主義時代の経済実績，1500〜1820年　392
　近代化のルーツ——「テイクオフ」か長期の「見習い修行」か　402
　補論1〜3　403

第III部　来るべき事態の姿

第7章　2030年の世界経済 ……………………………………………427
　人口の予測と人口統計学上の特徴の変化　427
　1人当たりGDPの予想の基礎となる想定　429
　経済成長，エネルギー消費，炭素排出量，地球温暖化の関係　442
　気候変動の影響　458
　京都議定書　460
　気候変動に関する貴族院の報告　460
　気候変動の経済学に関するスターン報告　461
　地球温暖化についての結論　465

付録統計 ……………………………………………………………473
　付録統計A　473
　付録統計B　日本，英国，米国の成長計算の構成要素，1820〜2003年　483

解説にかえて ……………………………………………斎藤　修 ……487

訳者より ……………………………………………………………495
索　引 ………………………………………………………………497

序説と要約

　本書の目的は，どのように世界のある部分が豊かになり他の部分が立ち遅れてきたのか，それはなぜかを説明する諸要因を確認することにある．

　これは私のこれまでの著作に連なる研究である．*Monitoring the World Economy, 1820-1992*(1995)(金森久雄監訳，(財)政治経済研究所訳『世界経済の成長史 1820〜1992 年』東洋経済新報社，2000 年)は，60 年前とは比較にならないほど証拠資料が豊富な資本主義時代の実績を取り扱っていた．空隙部分を埋めたり現存の推定値を再検証することはなお必要であるが，この時期の発展の大まかな輪郭をたどることはそうむずかしい仕事ではなかった．*The World Economy: A Millennial Perspective*(2001)(金森久雄監訳，(財)政治経済研究所訳『経済統計で見る 世界経済 2000 年史』柏書房，2004 年) と *The World Economy: Historical Statistics*(2003)とは，はるかに長く紀元 1 世紀までさかのぼる期間を展望したものであった．ここでは成長は，はるかにゆっくりしたものであり，所得の国別相違は小さく，数量的証拠資料は貧弱で入手困難であって，手がかり程度のものや推測にたよることが多かった．それにまた，これら初期の数世紀の発展の輪郭については，経済史家たちに著しい見解の相違がある．しかしながら，紀元 1500 年までさかのぼる西ヨーロッパとアジア主要諸国の経済進歩と人口変化との測定については，最近の研究が著しく進み，また紀元 1 世紀のローマ帝国については試験的な推計をおこなうに足りる証拠資料がある．

　世界経済の主要部分における変化のペースとパターンとの違いは過去に深い根をもっているから，遠い昔の地平について精査することは，有意義で有用かつ必要な仕事である．また未来に目を向けることも，西の諸国とアジアの諸国との経済の相対的重要性がどう変化するかを見るために役にたつ．それゆえ私は 2030 年にいたる世界経済とその主要な構成部分について予測をおこなった．

　数量化は質的分析では曖昧さを残していた諸問題をはっきりさせる．数量化は論争の対象にしやすいし実際に論争は起こるだろう．数量化は学問的議論を

先鋭化し，対立する仮説を呼び起こし，研究過程の原動力に貢献する．数量化がそのような役割を果たすことができるのは次のような場合だけである．すなわち，数量的証拠資料の出所および推計と代用手続きとの性質が透明な形で記述されていて，異議をもつ読者が証拠資料の一部を追加したり削除したり，または代替仮説を導入できるようになっている場合だけである．マクロ経済数量化は新しいことではない．第5章で示すようにそれは17世紀に始まった．それは政策分析の主要な道具となった1950年代までは流行らなかった．私は本書でそれを歴史分析の道具として復活させようと努めた．

　数量化は重要であるとはいえ，賢明な人なら誰でも，それがすべてを語り得ると主張しはしないであろう．数量化可能な根拠の先にあるより深い層に立ち入った探索が必要である．これは複雑な仕事である．というのは，そこには個々のインパクトを特定し難い，相互作用する多くの要因があるからである．諸国は大きく異なる諸制度，諸伝統，諸政策を持ち，それが原子的な市場諸要因の作用に強力な影響をあたえる．だから因果関係の直接的でより深い層に関する証拠資料の混合体を用いる必要がある．

　本書は3部からなる．第I部の内容は世界経済の異なった諸部分の長期的実績の分析である．第II部は17世紀以後のマクロ経済計測技術の発展を分析する．第III部の内容は2030年までの世界経済成長の予測であり，地球温暖化があたえるインパクトの検討である．

世界経済発展の輪郭

　第1章は，ローマがイタリア半島でヘゲモニーを確立し，4世紀までに330万km^{2}で世界人口の5分の1を擁する帝国をつくった過程を詳論している．ローマ帝国は西ヨーロッパ人口の84%，東ヨーロッパ人口のほとんど半分，地中海に面するアフリカ人口の半分以上と西アジア諸国人口のすべてとを含んでいた．ローマ帝国は当時，世界経済のなかで最も豊かな地域であった．ローマの人口に関するベロッホ(Beloch)，ブラント(Brunt)，フライヤー(Frier)の著作にもとづき，全体としての帝国の所得に関するゴールドスミス(Goldsmith)の分析を拡張して，私は帝国の社会構造，都市化の度合い，奴隷制の影響範囲，

所得の階層性，帝国内の個々の領域の平均所得水準などについて新しい推計をおこなった．イタリア半島とその少数の独裁的支配者たちが主な受益者であったことは明らかである．ローマ化は東部の諸領域には得るところがほとんどなかったが，西ヨーロッパと北アフリカの所得水準を引き上げた．これらの領域は都市生活の便益を味わいはじめ，西アジア古代文明の技術を吸収し，貿易と特化との新しい機会を得てうるおった．パックス・ロマーナは安全保障をつくりだした．法制度が財産権を保護した．道路，橋梁，港湾が輸送コストを軽減した．海賊の除去，共通通貨の創造，共通語の広がりが市場規模を大きく拡大した．

5世紀のはじめにローマ帝国の西側部分は破綻し，蛮族(バーバリアン)に再占領された．都市文明は色あせ，中央の統制は破綻し，生活水準は下がった．東帝国は存続したが，7世紀には西アジアのほとんど，エジプト，北アフリカはイスラム世界に組み込まれた．

第2章は，西ヨーロッパの復興とアメリカの転形との基礎となった駆動力を検討している．1500〜1820年の重商主義の時代に，ヨーロッパは科学，航海技術，商業組織，諸制度で，他の地域には比肩するものがない進歩をなしとげた．ヨーロッパとの接触はアメリカを転形させ，そこでは生態系と技術との移転で生産能力は増大した．原地人口の3分の2がヨーロッパとアフリカから持ちこまれた疫病で死滅した．ヨーロッパからの移民とアフリカから送られた奴隷がそれにとって代わった．

イベリア半島諸国，英国，フランス，オランダの植民者がつくったラテンアメリカ，カリブ海の奴隷経済，北アメリカでは，その政治社会構造に大きな違いがあった．その違いが植民地時代の経済実績に強い影響を及ぼし，それ以後の発展にも強い残響をもたらした．1500年から1820年の間にアメリカの人口1人当たり所得は，他の世界経済地域の所得よりも急速に向上し，北アメリカは西ヨーロッパの所得水準に追いついた．1820年までにアメリカの多くの部分は政治的に独立し，ヨーロッパは別の地域に植民事業を求めなければならなかった．

第3章は1500年以後のヨーロッパとアジアとの相互作用を分析している．同章はヨーロッパの3つの主要植民地所有国であるポルトガル，オランダ，英

国が，アジアの4つの最大の国々にあたえたインパクトに集中している．中国，インド，インドネシア，日本は1500年にはアジア人口とGDPの84%，1820年にはその90%，2003年には人口の56%，GDPの72%を占めていた．同章は，それら諸国の社会構造，制度，知的水準の相違が，西側諸国の挑戦に対する異なった反応にどのように影響したかを分析している．同章は，日本がなぜ他の3つの国と違ったのか，なぜ西側に追いついたのか，なぜそのダイナミズムが薄れてしまったのかを説明している．同章は，現在インドと中国とで始まってきている非常に急速な成長の過程を検討し，次の四半世紀の展望を査定している．1500年にはアジアは世界GDPの65%を生産していたが，1820年には59%であった．1950年までにそのシェアは19%に低下した．2030年までにはそれは西の世界を越えて53%に達しそうである．

第4章は過去2000年にわたるアフリカの発展を検討している．1世紀から7世紀まで北アフリカはローマ帝国のなかの豊かな部分だった．その政治社会構造はイスラムの征服によって完全に作りかえられた．ヨーロッパの大部分との結びつきは，イスラムスペインを除き断ち切られた．西アジアとのつながりは強まったが，他のイスラム世界との間には重大な衝突があった．北アフリカの人口は紀元1年から1820年までの間に4分の1増加し，そして1人当たり所得は減少した．北アフリカのペストは，6世紀から19世紀にいたる間に風土病のようになってしまった．ペストはサハラ砂漠を越えることはなかったようで，サハラ以南では同じ期間に人口は8倍に増加した．

アラブによる征服まではブラックアフリカとの接触はほとんどなく，アラブの征服以後，らくだによる輸送がサハラを越える貿易の道を開き，金と奴隷を北に運ぶ流れが開始された．サハラの南では狩猟・採取から農耕生産様式への漸次的移行がおこっていた．土壌は貧弱で移動農耕がおこなわれており，土地は最初の収穫後10年かそれ以上，休閑地のままだったが，アメリカの植物(キャッサバ，とうもろこし，さつまいも)の導入による生態系の増強があった．これによって居住密度が高まり，かなりの人口成長がもたらされたが，1人当たり所得にはほとんど影響がなかった．イスラム世界と接触するまでは非識字が普遍的で，書き言葉もなかった(エチオピアでは別)．これが世代間とアフリカ人社会集団間での知識の伝承を困難にした．イスラム世界との接触は目に見える利

点をもたらした．商人としてやってきたアラブ人は書き言葉と布教意欲とをもっていた．彼らのなかにはイスラム知識層の教養あるメンバーがいて，財産制度，法律，統治技法の知識，さらにサハラ越えの商取引を促進することができた．

ヨーロッパ人のアフリカとの接触は15世紀にポルトガル人によって再開されたが，それは地中海沿岸の貿易拠点に限られていた．主な商取引は奴隷貿易であった．1500年から1900年の間に1100万人のアフリカ人がアメリカに送られた．アフリカの疫病による死亡率が高かったので，ヨーロッパ人の移民の規模は小さかった．1820年にヨーロッパ人は3万5000人（ケープに3万人，そのほかに5000人弱），これに対してアメリカには1300万人だった．

大西洋越えの奴隷貿易が終わると，ヨーロッパ人の熱帯アフリカへの関心は弱まった．この関心が復活したのは，医療技術の向上でヨーロッパ人の死亡率が低下してからであり，また恐れを知らぬ探検家たちがもたらした知見により，アフリカには鉱物資源とプランテーション向き作物の供給力があることを知ったからである．蒸気船，鉄道，電信によって，沿岸地域を越えて内陸に入り込むことができるようになった．1880年代にヨーロッパ列強は植民地を求めて殺到し始めた．ヨーロッパ人の火力を長期にわたって撃退しようとする原住民族はおらず（エチオピアを除く），またヨーロッパ列強同士の対決も重大な衝突にいたらずに収まった．ヨーロッパ諸国の植民地が57カ所つくられた．植民地化の影響はアルジェリア，エジプト，ガーナ，南アフリカについて詳しく検討されている．

1820年から1980年の間にアフリカの1人当たり所得は3.7倍以上に増加した．植民地制は一定の活力を生み出したが，ブラックアフリカと白人植民地国との経済実績の相違は大きく，白人植民地国の1人当たり平均所得は同期間に4倍近く増えた．1950年代までにヨーロッパ諸国起源の人口は600万人（マグレブ170万人，南アフリカ350万人，その他約80万人）に増えた．約50万人のインド起源の人口が東部と南部アフリカにいた．

ヨーロッパ人の植民地は1963年までに事実上すべて放棄された．白人植民者の利害がジンバブエ，ナミビアの移行を妨げ，南アフリカでは原住民は1994年まで政治的権利を得られなかった．独立は厳しい課題をもたらした．

エジプト，モロッコ，エチオピアを除き，国民国家として機能していた国はほとんどなかった．大部分の国は多民族国家であり，政治指導部は国民的連帯をゼロから作り出さなければならなかった．教育とか行政経験を持つ人々はきわめて少なかった．新しい政治的エリートたちは一党制国家を作るとか，武装闘争にまきこまれる場合が多かった．冷戦下の競争のため，援助供与者側はやかましいことは言わずに援助を供与した．その結果，アフリカは巨額の対外債務を背負い込んだが，開発利益は貧弱なものだった．アフリカは世界で最も貧しい地域である．教育と保健の水準は低く，15歳以下の人口は西ヨーロッパ16%に対して40%である．2005年に平均寿命は51歳であり，年間の人口増加率は2.2%と，西ヨーロッパの9倍の速さである．1980年から2003年までに1人当たり所得はアフリカでは停滞したが，一方世界のそれ以外の地域では50%上昇した．外国からの援助は大きく増加しており，最近も増加が約束されているにもかかわらず，アフリカ人の所得の目立った増加の見通しは，世界の他の地域にくらべれば寒々としたものにとどまっている．

マクロ計測の歴史

　第5章はマクロ経済計測と歴史人口学の起源を分析している．精巧な技法は最初17世紀に開発された．先駆者はウィリアム・ペティ(1623~87)，ジョン・グラント(1620~74)，グレゴリー・キング(1648~1712)だった．

　1665年にペティは所得，消費，土地ストック，その他の物的資産，および人的資本の最初の推計を，イングランドとウェールズとの全経済について一組の統合勘定のかたちで示した．彼の勘定は見事に独創的であった．これらの勘定は戦時の財政政策の有効な実施と資源動員とのための数量的枠組みを提供した．それは300年後にエドワード・デニソンが発展させた成長計算の前触れとなる技法であった．

　グラントは最初の本物の人口学者だった．彼は1603年から1662年の過去帳にある洗礼と埋葬の記録を加工し分析して，ロンドンの死亡統計，生存表，人口を導き出した．彼の業績に刺激されてハレー(Halley 1693)は生命表の最初の厳密な数学的分析を公表し，それは生命保険計算の一つの土台となった．長い

空白の後，歴史人口学は最近半世紀に新たな活力を取り戻し，特に産出額の証拠資料が貧弱な遠く離れた時期の1人当たり所得を明らかにするための重要な手がかりを与えている．

グレゴリー・キングはペティとグラントの仕事を土台にした．彼はイングランドとウェールズの所得と支出のはるかに正確で首尾一貫した推計をつくりだした．彼は炉税と人頭税，新たに導入された出産・結婚・埋葬税，それに彼自身がおこなった二，三の都市でのミニ・センサスから得られた情報を利用して，人口推計値を改善することができた．彼は主な地域別の世界人口を推計した．彼は英国，フランス，オランダの経済実績を数量化し比較し，また1689年から1697年まで大多数の西ヨーロッパ諸国が参加したアウグスブルク同盟戦争でのこれら諸国の財政能力を数量化し比較した．彼の所得計算は貴族から浮浪者にいたる26タイプの家計所得を示して社会階層をドラマチックに描写した．彼の1688年当時の社会パノラマの数値的描写に先立つものはなかった．彼の最も価値ある貢献は，1688年の支出を43のカテゴリーに細分化して，GDPを推定する詳細な証拠資料を示したところにあった．これはローマ世界から近代国民経済計算にいたる貴重な時代間連結を準備するものである．

第6章は現代の経済史家が利用できるマクロ計測の手段を記述している．統計官たちは今では，1950年にさかのぼり世界産出額の99％以上を代表する163の国々の年間産出額成長の標準化された数値を作ってきている．数量経済史家たちは，そうした推計を世界経済の4分の3以上について1820年までさかのぼらせてきている．こうした時をまたぐ経済成長計測は時間的な価格変化のインパクトを除くために訂正される．

国別比較と複数国集計のためには価格水準の国別相違による修正も必要である．これは為替レートでは適切に反映されない．各国通貨の信頼できる購買力平価換算率は，今では世界産出額の99％を占める国々について，1990年基準の数値が入手可能である．現在得られる経済成長の時系列をGDP水準の国別推計値と合体することにより，首尾一貫した一組の時空間比較をつくることができる．

急速な技術変化と構造転換，1人当たり所得の向上が普通になった1820年にさかのぼる資本主義時代については，数量経済史家たちは成長の計測とその

原因解釈に大きな進歩をとげてきた．1500～1820年の「重商主義」時代の真剣な数量的研究は，最近まで次の3つの理由から軽視された．(i)成長が1820年以後よりはるかにおそかったこと，(ii)証拠資料が乏しく手がかりや推測にたよる場合が多かったこと，(iii)多くの人々が(マルサスの影響のもとに)この時代は大災害によって中断された停滞の時代だったと考えていたし今でも考えていること．アダム・スミスのように私は，この時代に起こったことにずっと肯定的な意見をもっている．私は1500～1820年の実績推計の由来と，実質賃金論者の悲観論に私が同意しない理由とを説明している．

現代経済成長をマンチェスターの「産業革命」に帰着させ，それに先立つ数世紀はマルサス的停滞の世紀であったと考える学派がある．このような話は1884年にアーノルド・トインビーによって最初に広められ，そしてたとえばロストウ(Rostow 1960)の「テイクオフ」やモキア(Mokyr 2002)の技術史にその反響が続いている．ノードハウス(Nordhaus 1997)とデロング(DeLong 1998)は，1800年以後の進歩を大幅に過大評価し，それ以前は人々が穴居生活者並の生活をしていたと信じているかのようなおとぎ話のシナリオをつくりあげた．こうした意見は根本的に間違っているので，私は現代経済成長のルーツが，重商主義時代の長期にわたる見習い修業期間に達成された進歩にあると信ずるに足る証拠資料を示している．

来るべき事態の姿

第7章は2003年から2030年の間の経済成長の見通しと世界経済構造がどのように変わるかを分析している．人口増のいくらかの低下と1人当たり所得の成長の加速をともないながら，1973年から2003年の間よりも速い前進があると私は考えている．1人当たり所得は80％増加し，増加年率は2.22％になると予測される．これは1950年から73年の黄金時代を除けば世界史のどの時代よりも相当大きい速度である．私は最もダイナミックな経済実績がアジア諸国，とくに中国とインドに生じ，世界GDP中のアジアのシェアは53％に上昇し，西ヨーロッパと米国およびその他のウェスタン・オフシューツ〔米国，カナダ，オーストラリア，ニュージーランドの4カ国〕のシェアは33％に低下すると予期し

ている．アジア人の平均所得水準はそれでもなお西ヨーロッパの水準の3分の1にしかならないであろうから，2003年から30年の間の世界経済構造の変化がその後も同方向で進むと予期するのが合理的であろう．

　この種の経済力の変化の政治への反響は避けられず，国連安全保障理事会やG8サミットのようなグループは時代遅れとなるだろう．この変化はまた米国が覇権的役割を演じる力を削減するだろう．こうした秩序と覇気との変化は，大国間の平和共存の維持，核兵器の規模と拡散の削減，さまざまな種類の宗教的原理主義の拡大の緩和のために必然であろう．これらの分野での大きな失敗は，私の比較的慎重な経済予測を妄想に似たものにしてしまうだろう．これらの政治問題は私の数量的性質の分析には反映できないので，そのかわりに今日広く地球規模の経済実績に対する脅威とみられている地球温暖化問題に私は専心した．ここでは私の分析タイプが客観的見通しを引き出すのに役にたつと考える．私は1820年以来の世界経済成長とエネルギー需要の相互作用，および21世紀の展望とを検討し，この問題についての国際エネルギー機関，気候変動に関する政府間パネル，英国上院委員会，気候変動の経済学に関するスターン報告等諸文書の批判的評価をおこなった．

第Ⅰ部
世界発展の輪郭
紀元1～2003年

第1章
ローマ帝国とその経済

古代世界の登場者

ローマ帝国は紀元前の1000年間に地中海地域に現れたいくつかの文明国のうちの最後のものであった.

エトルリア人：彼らがその地方に起源を持つ人々か，小アジアからの移民であるか定かでない．前1000年の始まりの頃にはイタリア西部に住んでいたという明らかな証拠がある．ローマがまだ小さな集落の集合にすぎなかった時代に，彼らは内外の都市と商取引し，トスカナ地方の心臓部を政治的に支配して，洗練された生活様式を発展させていた．彼らはまた，ポー川渓谷，ラティウム，カンパニア地方では一定の政治的支配権を持つにいたっていた.

フェニキア人／カルタゴ人はレバノン(ティール，シドン，ビブロス)に起源を持っていた．彼らは前800年ごろカルタゴ(現在のチュニジア)に貿易の拠点を設け，シチリア，サルディニア，コルシカ，スペイン南部，バレアレス諸島，キプロスにも沿海の居留地を設けた．前572年にティールがバビロンに征服されると，指導権はカルタゴ人に移った．カルタゴ人は広大な商業帝国を築き上げたことにより繁栄していた．外国人傭兵部隊に大きく依存し，沿海の文明国であるから海軍力を構築するのに比較的に有利な立場であった．ローマの拡大はカルタゴとの三大戦争をひきおこした.

ローマはエトルリア人およびカルタゴ人を征服し，それらの文明を抹殺したうえで生き残った者をローマ化した.

ギリシャ人：前8世紀頃からギリシャ半島，エーゲ海諸島，トルコ沿岸，クレタ島，キプロス島，黒海沿岸のいたるところに多数の都市国家が創設された．前706年にスパルタがイタリア南部にタラントを，前733年にはコリントがシチリア島にシラクサを建設した．南フランスのマッシリア(マルセイユ)，エジ

プトのナウクラティス，リビアのキュレネにはギリシャの貿易基地があった．

　前545年，ペルシャ帝国が小アジアのギリシャ諸都市を征服するに及んで，ギリシャ諸国はペルシャの大きな脅威に直面した．クセルクセスは，前480年にトラキアを経由してギリシャに侵入した．アテネのアクロポリスは攻撃にさらされその神殿は破壊されたが，ペルシャの艦隊はサラミスで，その陸軍はプラテーエで敗北し，ペルシャ軍は撤退した．

　マケドニアの支配者アレクサンドロスがギリシャ半島および西トルコのヘレニズム化された諸都市の支配を確立するまでは，ギリシャ都市諸国家間の対立は風土病のようにしつこいものであった．前332年，彼はペルシャに打ち勝って大シリアおよびエジプトを手に入れた．前331年には，ソグディアナとバクトリア（ウズベキスタンおよびアフガニスタンの）を征服し，前326年にパンジャブに進入しそのタキシラに到達，バルチスタンを経て帰還したが，バビロンで32歳で死んだ．

　アレクサンドロスの死後，彼の将軍たちは帝国をいくつかの王国に分割した．これらすべての国で支配的エリートはギリシャ語を使用し，ヘレニズム文化は強い影響力を保ち続けた．

1. プトレマイオスは前323年〔アレクサンドロス大王の死〕後もエジプトの統治を続けた．
2. 前312年には，セレウコスが小アジアからアフガニスタンに広がる帝国を確立した．ローマ人が支配に関与するようになったときには，セレウコス帝国の東部は失われていた．帝国に残されたのは小アジアと大シリアであった．
3. アッタロス朝は，アレクサンドロスの将軍リュシマコスが前282年に死んだ後にペルガモンの支配権を掌握した．
4. アレクサンドロスの母，妻，息子は，マケドニアの支配をめぐる戦いで，アレクサンドロス配下の将軍カッサンドロスに殺害された．その後，前276年から186年まで，マケドニアはアンティゴノス朝の支配に服した．

　ローマ人は，南部イタリア，シチリア，プロバンスで，ギリシャ人たちを征服し，ローマ化し，またギリシャ，小アジア，大シリア，エジプト，キレナイカを支配下におさめたが，これらの地域ではヘレニズム文明およびギリシャ語

がその後も保持された．

　帝国の東部ではローマはパルティア人やペルシャ人を湾岸に寄せつけぬための戦闘をおこなったが，基本的には膠着状態にあり，ローマの大規模な侵攻もなく，逆にローマの侵攻に耐えるというほどのものでもなかった．

　蛮族(バーバリアン)：その他の地域でローマ帝国の構成部分となったのは，スペイン，マグレブ，ガリア，ゲルマニアの一部，スイス，オーストリア，ハンガリー，ユーゴスラビア，ブルガリア，ルーマニア，ブリテンなどであった．これらの地域には，ローマ人が蛮族と呼んだ人々が住んでいた．そのほとんどの地域(およびローマ人が征服していなかったヨーロッパ地域)では，住民は書き言葉や都市生活を知らず，彼らの政治組織は部族的なものであった．彼らは明確に定められた裁判制度，財産権，あるいは租税制度を持っていなかった．彼らの統治手法，戦争のための資源調達能力，規律ある軍隊を組織する能力はローマ世界よりもはるかに低かった．

　「蛮族」とローマ人の技術的な格差は，16世紀におけるヨーロッパ人とアメリカ先住民との格差よりは小さかった(アメリカでは，一方は馬と銃を有していたのに対し，他方は石器時代の技術しかもたなかった)．たいていの「蛮族」は，鉄器時代の技術に精通しており，ローマ人の基準から見てきわめて有効な武器を用いていた．彼らはまた馬を使用することができた．ローマ人の補助軍に入って訓練を受けた蛮族は，逃亡の際にローマ軍に大損害を与えることができた．アルミニウスのケースがそうであり，その部隊は後9年にゲルマニアでローマの3軍団を殺戮し，また，タクファリナスの部隊は，後6年から24年にかけてヌミビアでローマ軍を苦境におとしいれた．

　蛮族の生活様式は簡素ではあったが基礎的な栄養水準は高いものだったといえる．ケプケとバーテン(Koepke and Baten 2005: 65 and 74)は，ローマ時代における人間および哺乳類の骨に関する調査のなかで，次のような結論を示している．すなわち，「ヨーロッパでは，ミルクと牛肉の1人当たり消費量は人口密度の小さい地域で最高となっている．それは他の事情が同じならば，高地比率の高いことが乳牛の生育を促進し，上質なタンパク質ベースの栄養摂取を容易にしたということによる」．

　彼らはまたローマイタリアの住民よりも上背があったが，ローマイタリアで

は「豚の骨の比率が高いのが特徴的だった」．

　ローマ化のためには，読み書き能力，都市化，政治の組織化，経済的発展などを，古い文明を持つ東部やエジプトよりもむしろ帝国の「蛮族」地域に広めることがより重要であった．

ローマ帝国建設成功の原因の基本的特徴

1. 前27年までローマは憲法をもった共和国であり，資産のある少数の権力者たちによって運営されていた．その政治的安定はチェック・アンド・バランスに依存していた．統治は政務官たち(2人のコンスル，プラエトル，ケンソル)の間に分割されていた．元老院および民会は市民団体を代表していた．有力エリートは300人の元老院議員であった(スラ〔ローマの軍人政治家〕により600人に増員された)．彼らは裕福な少数権力者であり，一度選ばれるとその地位は事実上終身制だった．アウグストゥスは議員たちに100万セステルスという最低資産資格を課していた．彼はそれらを世襲の職とし，彼自身が引き入れた新議員にも適用した．彼らの身分はトガ〔上着〕に締める紫の広帯で示された．彼らは輪番制で国の重要役職についたが，それは1年を任期として元老院議員のなかから，元老院によって指名された．これらの役職への再選は早くから大体禁止されていた．

　元老院は国内外の政策，財政，司法，および宗教について政務官に助言し，戦争と平和の事項について決定を下した．あまりにも早い権力の掌握や影響力獲得を防ぐため，元老院のキャリアの昇進にはさまざまな制約が設けられていた．公職を得る前には，1回目の10年に及ぶ軍事勤務が求められ，その後に，コンスルになるまでには昇進の階段を重ねる(クアエストル，それからプラエトル)ことが必要であった．

　元老院は軍司令官を任命した(1年間の任期，ただし功績が認められた場合には延長も可能)．彼らはたいてい元老院のなかから選ばれた．戦時には将軍たちには意のままになる巨大な権限を与えられ，勝利の際には相当量の戦利品の分配を受けた．ローマにおける公式凱旋パレードで捕虜たちを披露するとき，彼らは公衆の歓呼を浴びたのである．帝国が成長するにつれ，

属州の総督は元老院のなかから元老院自身によって選ばれるようになった．ここでもまた，彼らは地方収入からの分け前を得て裕福になることができた．総督たちは自分の仲間から抜てきした少数のスタッフを持っていた．元老院議員たちは私的富裕化という彼らの特権に対応して，公費からの贈り物を気前よく配ることを期待された．彼らは食料やサーカスを提供して市民団体の機嫌をとるのにも公的資金を使用した．

全制度は基本的にアマチュアが運営した．帝国官僚制度は存在しなかった．

高度に競争的ではあったが，全くの実力主義というわけでもなかった．通常のキャリアの階段(cursus honorum)は，広範な種類の官吏や軍のポストに登る徒弟制度として役に立った．悪党は悪質な汚職や職権乱用として告発されることがあった．イタリア半島のローマ人支配を打ち立て，ハンニバルの侵略に立ち向かうさいに，元老院はかなり系統だった政策目標を策定したが，前1世紀には征服の熱狂が政治体制崩壊をもたらした．有力な将軍マリウスとスラ，ポンペイウスとカエサル，オクタヴィアヌスとマルクス・アントニウスの対立から内乱が相次いで生じた．

前27年，政治体制は根本的に変化した．共和国は「元首政」となった．実行力ある絶対的な支配者オクタヴィアヌスは，以来アウグストゥスとして知られ，自らを王よりもむしろ「第一人者」(princeps)と称したが，さらに彼は帝国崇拝を推進し，神君カエサルの息子としての神的性格を自ら宣言して最高神祇官(pontifex maximus)となった．彼は何度も共和国の執政官に選ばれたが，彼の第一人者としての地位は更新を要せず，意のままになる彼の権力は事実上際限がなく，彼の後継者も彼が指名した．彼は役得と帝国支配を有力元老院議員と分かちあうことで，君主的政体への移行を円滑におこなった．アウグストゥスは帝国の運営について以前よりも系統だった考えを抱くにいたった．後1世紀に入ると，元老院では次第に多くのメンバーが属州から徴募されるようになった．最初はスペイン(バエティカ)，後にはガリアとアフリカから．

エリート市民の第2階層は前2世紀末ごろから次第に重要な階層となった．彼らは騎士(equites)として知られていたが，この名前はもともと騎兵

隊将校のために用意されたものだった．彼らは裕福であり，その地位につくには最低資産資格を満たすことが必要だったが，経済活動への従事という点で，土地所有からしか資産を引き出しえない元老院議員たちよりも大きな自由を有していた．統治における彼らの役割は，帝国が大きくなるにつれて，拡大された行政の仕事に彼らを頻繁に登用したアウグストゥスによって相当強化された．

2. ローマは敵対する者に対してはプラグマティックな政策をとった．それは残虐性と平和的共存の望みとの入り混じったものであった．たいていの敵は絶滅されるよりも，威圧されはしても共存することの方を好んだ．頑強に抵抗する敵に対しては，ローマは征服地の民を皆殺しにするか奴隷化し，彼らの全財産を没収した．もし敵が協力的になればローマ帝国の被保護国として扱われ，必要とあれば，ローマへの軍事的援助を義務づけられ，対外関係はローマに握られたが，その他の点では国内統治の自治は残された．ローマに税を支払わなければならない者も，そうでない者もいた．たいていの場合，彼らの財産の一部はローマに没収されたうえで，金を払って返却されるかローマ市民に配分されるかした．征服された地域の町は，部分的または完全にローマの市民権を持つ自治都市 (municipia) となるか，形式的には独立しているが同盟条約によりローマと結ばれている地域，すなわち同盟都市 (civitates foederatae) となった．

3. ローマ人は現実的な多神論者で，一般的には彼らが征服した人々の神や寺院を自ら崇敬したばかりでなく，それらをローマ人自身の神々として取り入れた．このようにして，イデオロギー上の争いを最小限に抑えたのである．彼らには民族的な差別もなかった．民族はローマの市民権を獲得するうえでの障害ではなかった．同化策はローマ化を促進するのに有効であった．

4. 征服地域支配の成功の主な要因は，ローマから放射線状に延びた，全天候に適した石畳の道路網を造り上げたことだった．川や峡谷の上には橋や高架橋が架けられ，山間部には切通しやトンネルが掘り開けられた．距離および建設年月日は，1ローマ・マイル (1.485 km) ごとの石の上に表記された．これによって，軍隊の迅速な通過や公的連絡が可能となり，市場の規

模を広げ，貿易および地域的特化を促進して多大な経済的インパクトをもたらした．最初の道路はローマからカプアに延びたアッピア街道で，後にブリンディシまで延長された．これは南方のローマの新領土支配を確実なものとするのに役立った．アウレリア＝アメリア街道はローマをピサおよびジェノバと結んだ．フラミニア街道はローマをアドリア海側に結び，ポンピリア街道はそこからさらにアキリアまで延びていた．トラヤヌス帝の時代にはローマの舗装道路網の総延長が約7万8000 kmに及んでいた，とニーダム（Needham 1971: 28-29）は見積もった.

5. 征服および征服地を維持するローマの能力は，軍事力の質とその比較的大きな規模に支えられていた．共和国時代には，すべての成人男性市民は歩兵隊で16年の，騎兵隊では10年の兵役が義務づけられていた．それに加えて，ローマは同盟国から供された援軍部隊を利用した．軍隊は軍団ごとに4000人から5000人で組織された．将軍や上級将校たちは元老院議員から選ばれたが，彼らはみな公職獲得以前に最低10年間の兵役を終えていることが要件とされた．最高職は年ごとに選出される2人のコンスル〔執政官〕であり，それぞれが2つの軍団を支配した．上級司令官の交替は非常に頻繁であったが，軍事エリートの政治経験の程度も並はずれており，無能な将校たちを切り捨てるのはさして困難なことではなかった．

　各軍団のなかでは，兵士は年齢ごとに4つの組に区分された．ヴェリテス（verites）は最年少で最も経験の少ない組，次がハスタティ（hastati）であった．人生のさかりの歳の組はプリンキペス（principes），老兵はトリアリイ（triarii）であった．最年少組は，剣，投げ槍，軽い楯をもち，前立て無しの兜を着用した．他の組の兵士は，より大きく強い楯，切っ先鋭い両刃の剣，それに2本の投げ槍を持っていた．彼らは胸当て，足にはすね当てを着け，3つの黒ないし紫色で45 cm程の羽毛飾りがついた青銅の兜を被っていた．トリアリイは投げ槍よりも突き槍を持っていた．兵士は給与を受け取ったが，百人隊の隊長は歩兵の2倍を，騎兵たちは3倍の給与を手にした．歩兵は月に27 kgの小麦の配給を受け取った．騎兵にはより多くの小麦と彼らの馬の餌として大量の大麦が配給された．兵站部将校（quaestor〔クアエストル〕）は，糧食や衣類の費用を兵士たちへの支払いから差し引いた．軍人

たちは，退役後戦闘で得られた戦利品の分け前と土地の分配にあずかった．将校たちにとって，潜在的に可能な特別所得はきわめて大きかったし，功をあげた将軍たちは彼らの勝利に対して絶大な栄誉が与えられた．

軍事規律は非常に厳しかった．もし兵士が夜警の際に監視義務を怠ったならば，同僚たちは彼が死ぬまで打ちのめすことを強制された．戦闘のさなかに，もし兵士の一団が逃亡したり臆病な態度を見せたならば，彼らのなかから10人につき1人が多数の兵士によって選ばれ，その選ばれた兵士たちは，彼を選んだ多数の兵士によって死ぬまで殴打されなければならなかった．

軍団の野営地は中央に将軍のテントを置くというもので，いつも決まって格子型に設計された．各軍団の6人の上級将校が等距離の地点にテントを設け，百人隊隊長(80人の軍団兵士を指揮)のテントも対称的に配置された．兵士のテントは将軍のテントの両側に並行した線上に立てられていた．それらのテントは外周の方を向いて張られ，それぞれ騎馬兵と歩兵，軍団部隊と支援部隊に対して別の場所が与えられていた．また，馬，ろば，荷物，戦利品を格納する場所も確保され，野営地への出入り，野営地の設立・解体時における混雑を防ぐために野営地を車道が貫いていた．防御壁および堀は，すべての側でテントから約60mのところに設けられたが，それは兵士たちを敵の弾丸の射程外に置くためであった．

軍事組織について最も明快な記述はポリュビオス(前200～118年)のものであるが，彼は18年間(前168～150年)ローマに拘留されたギリシャの将軍であった．その地で彼はローマの将軍，スキピオ・アエミリアヌスの友人となり，第3次ポエニ戦争の際にはアエミリアヌスに伴ってカルタゴに出かけた．彼はローマのやり方をギリシャのそれより好意的に見ていた．ギリシャ人はその自然的地勢を見て野営地を選びながら，塹壕を堀るという労働の際には力の出し惜しみをする，という具合であった．

 これに対してローマ人は，整合的で統一的な計画実現のためならば，塹壕掘りや他の防御上の備えに必要な労役に喜んで耐えようとした．野営地において兵士はみな常に同じ地位を有していたこともあってか，野営地を設営する様はさながら軍が故郷の町へ帰還したかのようであ

った．（Polybius 1979: 339-40）

軍隊はまた軍用道路網の大部分を建設する義務を負っていた．

ポリュビオス(Polybius 1979: 508-13)はまた，なぜギリシャの堅固な方陣編成――その強さには「何者も抗しがたく，あるいは面と向かって」抵抗できない――が，ローマのより大きな柔軟性に対して弱みをもったのか，その理由について説明している．ローマ軍の柔軟性，それは戦場では活動する時間も場所も限定されていない，という点に見られる．これに対して，方陣の利点を生かすには「堀，深い溝，くぼ地，隆起，水流などのような障害物によって妨げられない水平な平地を必要とした．……こうした障害物を全く含まない，そして2～3マイル先まで広がった土地を見つけるのはきわめてまれであった」．

ローマの海軍は，カルタゴとの第1次ポエニ戦争の際に開発された．最大の船だったクインクエルムは，座礁したカルタゴの船を模倣したものだった．1隻の船は1つのオールを男5人で漕ぎ，300人の漕ぎ手を必要とした．彼らは漕ぎ手(奴隷または強制労働)を迅速に訓練し，前もってつくられた部品を使って艦隊を建造し，さらにコルバス(船首につり下げた渡し板)という新しい仕掛けを発明した．これはつり上げて敵船の甲板に落とし，双方の船を固定した．それからローマの軍団が船になだれ込み，格闘戦を演じた．不利な点といえば，嵐のような状況ではその重量のゆえに船が傷つきやすいことであった．

イタリア半島の征服，紀元前396～191年

公式の年代記によると，ローマは前753年に創立されたのだが，その初期の歴史は伝説に満ち，記述困難である．

ローマはもともとは海から約14マイルさかのぼったテベレ川左岸の小さな居住地であった．前500年には，共和国の領土は拡大してオスティア沿岸に達し，南はアルバロンガまで広がった．ローマはラテン語を話す比較的小さな地域，すなわちラティウムとして知られた地域での最大の都市となった．

イタリアでの支配権獲得の闘争で，ローマは5つの敵対勢力と戦わなければ

ならなかった．それらは，(1)ラティウム内で直接隣接する部族，(2)ローマのすぐ北のエトルリア人，(3)非ラテン部族——東側で最も近くに位置するウォルスキ族とアエクイ族，オスカン語を話す南東のサムニテス族が最も重要，(4)アルプス山脈とアペニン山脈の間のケルト族，(5)半島の南部のギリシャ語を話す地域．この地域は大ギリシャとして知られたが，独立していて争いの絶えない多様な都市国家から成っていた．エトルリア人の諸都市はより強い結束力で結ばれていたが，彼らは統一的な政体を構築するまでにはいたらなかった．

ローマがエトルリアの唯一の破壊者だったわけではない．前500年，エトルリアの領土はアルプスからナポリ湾まで広がっていた．しかし前425年までに，彼らはローマの南のすべてを南部のギリシャ人諸都市国家に奪われた．インスブレス族(ガリア部族)は前396年に，ロンバルディアでメルポム(ミラノ)およびその他の彼らの居留地を獲得した．前384年，ギリシャ艦隊がシチリア島のエトルリアの大半の港を奪い，エルバ島およびコルシカ島の彼らの居留地を破壊し，ティレニア海における支配を終結させた．ガリア部族は，前350年にフェルシナ(ボローニャ)を獲得し，またポー川渓谷における支配を確立した．

ローマは，最も近くのエトルリアの都市ウェイイを10年間の包囲を経て，前396年に攻略した．これにより直接の支配地域は倍加し，ラテン同盟となっていた地域の宗主権を確立した．前308年までに，ローマはエトルリアに残されたすべての地域を手に入れた．

前343年から290年の間の3回にわたるサムニテス族との戦闘で，ローマは西海岸からアドリア海まで，中央イタリアに包帯のように細長く広がる地域への支配をものにした．

前326年，ローマはナポリおよびカプアのギリシャ人と同盟を結んだが，それは南部におけるそれ以外のギリシャ諸都市を征服しようとしたからである．これらの諸都市は，エピルスのギリシャ人王ピュルロスの支援を受けていたが，彼は前280年に2万5000の兵および20頭の象とともにイタリアに侵入した．しかし前275年，彼は敗退してギリシャに戻っていった．ローマは前272年，最大の都市タラントゥム(タラント)を手に入れることで，イタリア南部の支配を完成させた．

蛮族であるガリア人は，前400年の頃に北イタリアに移住した．彼らはロー

マの征服に対するすさまじい抵抗をくり広げ，実に広大な地域 11 万 6000 km² を占領し，イタリア半島の残りの面積は 14 万 km² だった．前 390 年，彼らはローマを襲撃し火をつけた．800 年後のことになるが，北部から侵入した部族は後 410 年にローマを略奪し，西ローマ帝国の西部を滅ぼすのに大きな役割を演じた．彼らは鎧を着ずにただ鉄剣と楯を持って戦う熟練した戦士で，血縁関係を基礎とし王たちにひきいられた部族集団に組織されていた．彼らは遊牧民としてやってきたが，イタリアで農業を始めた．彼らは都会的ではなく，読み書きもできず，酒を飲んで騒ぐのが大好きであった．

彼らはローマ人とはちがい，特有のワインを水で割らずに飲んでいた．部族における知識人は，吟遊詩人，預言者やドルウイド僧などであった．前 218 年にハンニバルがイタリアに侵入したとき，これらの部族の多くは彼の側についた．ハンニバルが去った後，ローマはアルプスの南のすべてのケルト族を征服し，前 191 年にはガリアキサルピナの支配権を奪った．これにより，イタリア半島全域の覇権を完成させた．前 49 年，カエサルはローマ人の市民権をガリアキサルピナの全住民に与えた．

ローマ帝国建設の過程

カルタゴがイタリアの至近距離に基地をつくるのを妨げるために，ローマ軍がシチリアに渡り，メッシナを手に入れたときに戦争が始まった．カルタゴ人は中央および西シチリアを保持していた．東部沿岸の大半は，ギリシャ人の王であるシラクサのヒエロが支配していた．彼は最初ローマの侵入に抵抗したが，前 263 年に同盟者となった．

ローマはカルタゴとの初期の戦闘で勝利をおさめ，前 262 年にはアグリジェントを奪取した．地上戦ではそれ以上の進展はなかったが，海戦においてはいくつかの成果を上げた．前 257 年，ローマは北アフリカ（シチリアから約 200 km）にあったカルタゴ本国を攻撃した．侵入軍は最初成功したが，前 255 年，カルタゴがギリシャから雇った傭兵軍に敗北した．撤退の際には，200 隻をこえるローマの船が嵐で失われた．新しいローマの艦隊は前 254 年，シチリアの北西海岸にあるパノルムス（パレルモ）を奪取した．カルタゴは，前 251 年にア

表1.1　イタリア半島以外の属州の征服，紀元前214〜紀元199年

シチリア	シチリア	前241年	セルビア	モエシア	前29年
サルディニア	サルディニア	前238年	ハンガリー	パンノニア	後9年
コルシカ	コルシカ	前238年	東アドリア海沿岸	ダルマチア	後9年
			ブルガリアとヨーロッパトルコ	トラキア	後46年
スペイン	バエティカ	前206年			
	タッラコネンシス	前206年			
	カンタブリア	前25年	ルーマニア	ダキア	後105年
ポルトガル	ルスティニア	前138年			
ギリシャ	マケドニア	前148年			
	アカエア	前146年	チュニジア	アフリカ	前146年
クレタ	クレタ	前67年	リビア	キレーネ	前96年
フランス	ナルボネンシス	前121年	東アルジェリア	ヌミディア	前46年
	アキンタニア	前58〜52年	エジプト	エジプト	前30年
	ルグドゥネンシス	前58〜52年	モロッコと西アルジェリア	モーリタニア*	後40年
	アルプス・ポエニナエ	前15年			
	アルプス・マリティマエ	前15年	西トルコ	アジア	前133年
	アルプス・コッティアエ	前15年	南トルコ	キリキア	前102年
ベルギー	ベルギカ	前58〜52年	北トルコ	ビティニアとポントゥス	前64年
			中央トルコ	ガラチア	前25年
ドイツ	下ゲルマニアと上ゲルマニア	後90年	東トルコ	カッパドキア	後17年
			キプロス	キプロス	前58年
	アグリ・デクマテス	前73〜75年	シリアとレバノン	シリア	前64年
イングランドとウェールズ	ブリタニア	前43〜84年	イスラエル/パレスチナ	ユダエア	前4年
スイスとババリア	ラエチア	前15年	ヨルダン/西アラビア	ナバテア	後106年
オーストリア	ノリクム	前15年	北メソポタミア	オスロエネ	後199年

注）　* モーリタニアは後25年から従属国だった．
出所）　Cornell and Matthews (1982) および Cambridge Ancient History. ゲルマニアの2つの州は後90年に属州になったが，両者はそれより100年前からローマの軍事地域であった．

グリジェントを奪還したが，ローマ軍をパレルモから撃退するにはいたらなかった．前250年，ローマ艦隊はシチリア最西端にあるマルサラの港を封鎖したが，カルタゴ艦隊はローマの封鎖を打ち破り，カルタゴの地上軍はローマ側の包囲装置を燃やしてしまった．

　海上の対決を回避した5年間が過ぎると，ローマの新艦隊はシチリアの西海

岸で勝利をおさめマルサラを奪還した．カルタゴはシチリア島全土およびシチリア・イタリア間にあるすべての島から撤退し，ローマ人捕虜全員を身代金なしで引き渡し，賠償金として3200タレントの銀(121トン)を10年かけて支払うことに同意して，戦争は終わった．戦争はそれまで24年間にわたって間断なく続き，ローマ軍は700隻の船を失った(その半分は難破による)．

シラクサのヒエロは，彼が死ぬ前215年まで，シチリア島の5分の1を支配していた．彼の後継者は反乱をおこしたものの前212年に打ち破られた．シラクサの最も傑出した市民は数学者のアルキメデスで，彼は戦いのさなかに殺害された．シラクサの美術品の大半はローマに持ち帰られた．

前241年，シチリアはローマの最初の海外属州となり，総督は毎年ごとに指名された．それはローマに小麦の年貢をもたらした．スカラムッツァ(Scramuzza 1937: 262)は，シチリアの前71年の小麦の年貢(十分の一税)に関して300万モディイ(2万250トン)という数字を挙げている．コルシカとサルディニアは，前238年に属州になった．

第2次ポエニ戦争，紀元前218〜201年

カルタゴはすでにずっと前からガディス(カディス)に本部を持つ貿易拠点を設立していたスペインに，新しい帝国を切り開き，それによりシチリアでの損失を埋めあわせた．

カルタゴの将軍ハミルカルは，彼の養子ハスドルバルと9歳の息子ハンニバルをつれて前237年に出陣した．彼らの軍隊はスペイン南部および南東部で地方的な帝国を作ったが，その地では小麦，油，ワイン，アフリカハネガヤ(esparto-grass〔紙等の原料の草〕)，塩漬けの魚生産が可能であった．金，銅，鉄，銀などの備蓄もあった．彼らはシェラモレナの銀の採掘地，南部のグアダルキビルの渓谷，アリカンテにいたる東部沿岸の支配権をこの地域の土着部族から奪い取った．

ハミルカルは前229年に溺死した．ハスドルバルが引き継いで，東海岸を北進してカルタゴ・ノヴァ(カルタヘナ)に司令部を設立した．そこには素晴らしい港があり，アフリカとの連絡も容易で，近くには豊かな銀の鉱床があった．このことがローマへの直接の脅威となることはなかったが，ローマはスペイン

の東北海岸に貿易基地を持つギリシャ人の都市マッシリア(マルセイユ)と友好的な関係にあった．ローマが，カルタゴ勢にサグントの南にとどまるよう警告したところ，彼らはそれに従ったように見えた．

　前221年にハスドルバルが一人のケルト人に暗殺された後は，ハンニバルがスペインにおける指揮をとることになった．彼は父から，ローマに復讐せよとの悲願を吹きこまれていた．スペインの征服地から上がる資源，それに彼の軍事力の質やその規模を考えると，それは実行可能であるように見えた．前219年，彼はサグントを包囲し乗っ取ることによりローマを挑発した．ローマは，218年になると，ハンニバルが撤退すれば和平提案をするが，さもなければ戦争との最後通牒を送りつけた．

　ローマは，戦争がスペインおよびアフリカの地で戦われるものと予期していた．その軍隊は海路スペインに向けて出発した．艦隊および他の軍隊がカルタゴを直接攻撃するべくシチリアに送られた．

ハンニバルのイタリア侵入

　ハンニバルはスペインにあったカルタゴ軍(歩兵9万，騎兵1万2000)を分割した．彼自身は5万人の歩兵および9000人の騎兵とともにイタリアを攻撃するため陸路を出発した．スペインの防御のため，それ以外の軍団は彼の弟(もう一人のハスドルバル)の指揮に委ねられた．ハンニバルの軍隊は高度に訓練された多民族から成るなる外国人傭兵部隊であった．それはリビアの重歩兵，ヌミディアの騎兵，バレアレスの投擲手，北アフリカの象，それに現地の象使いなどから成っていた．彼らは5カ月かけてカルタヘナからアルプスまで1500マイルを行進し，ローヌ川をアルルの近くで渡り，アルプスを15日間で越え，前218年12月にガリアキサルピナに到着した．

　この一帯は，ローマに敵対的な部族で溢れていた．ハンニバルはそれらの多くを彼の味方として糾合できた．しかし，もっと南の地では期待したようなローマに対する大きな裏切りは起こらず失望させられた．彼は前217年1月，ティチノ川とトレビア川での2つの戦闘に勝ち，6月にはエトルリアのトラジメノ湖でローマの大軍を虐殺し，そして前216年，アドリア海の南部海岸にあるカナエでさらに輝かしい勝利を収めた．

敗北を喫したローマの将軍ファビウスは，直接の会戦には慎重になり，いわゆる消耗戦へと戦術転換をした．ハンニバルはクロトネ，ロクリ，タレントゥム，カプアといった南部のギリシャ都市を掌握したが，彼はこれら諸都市の保持のために相当のエネルギーを割かねばならなかった．ローマは前211年にカプアを奪還すると，そこの指導者たちを拷問にかけて首をはねた．それ以外の者たちは奴隷として売り飛ばし，彼らのすべての土地と関連領地を没収した．前209年に，ローマがタレントゥムを奪還したため，そこの住民たちも同様に残虐な処罰を受けなければならなかった．

この時点でハスドルバルは，兄のハンニバルの軍を補強する手に打って出た．彼は北西スペインに及ぶ広範な地域からローマ軍を一掃し，サンセバスチャンとビアリッツの間を抜けてガリアに進攻した．彼の軍隊はリヨンの近くでローヌ川を渡った．彼らは前207年の春，アルプス越えの際には若干の損失をこうむり，ウンブリアでハンニバル軍に合流しようと考えてアドリア海沿岸部に移動した．しかし，彼の書状は途中で奪われ，彼の軍隊は壊滅した．それから後，ハンニバルはイタリア半島の先端，ブルッティウム〔カラブリア〕に追い詰められた．

カルタゴ領スペインの消滅，紀元前217〜206年

前217年，ローマ軍は北東スペインに上陸し，海岸のあちこちで略奪と焼き払いをおこないながら地中海沿岸を南下した．カルタゴ軍がルシタニア（ポルトガル）に撤退すると，北部に住むスペインの部族の大部分は，ローマへの（日和見的な）忠誠を表明した．

それからの数年間，東スペインのグアダルキビルからエブロに及ぶ細長い地域をめぐり決着のつかない戦闘が続いた．前212年には，ローマのケルトイベリア人傭兵が背反し，ローマ軍の主要な将軍たちが殺害された．

新しい司令官，ピュブリウス・スキピオ（前236〜183）は，前209年，カルタヘナに対する水陸双方からの迅速な攻撃で成功をおさめた．カルタヘナは難攻不落と考えられていた．しかし，引き潮のわずかな間隙をぬい，彼の兵士たちは腰まで水に浸かりながら梯子を持って徒渉し，城壁を梯子で登った．ローマは，スペインにおける最高の防衛拠点を得たばかりでなく，陸軍および海軍用

の豊富な装備，18 隻の船，備蓄食糧，他の欠くべからざる必要品，それに大量の金および銀を獲得した．カルタゴ軍は前 206 年，ガディスで最終的に降伏した．

前 204 年，ローマは陸軍と艦隊の大軍でシチリア側からカルタゴを攻撃した．ハンニバルはアフリカに戻ったが，前 202 年のザマの戦闘で敗北した．勝利者は，公式にスキピオ・アフリカヌスとして世に知られるようになった．

前 201 年に結ばれた平和条約によれば，カルタゴはアフリカ以外の全領土を失い，大部分の艦船を引き渡さなければならず，また賠償金としては 1 万タレントに上る銀(378 トン)を 50 年の分割払いで払わねばならなかった．

ローマ帝国へのスペインの統合，紀元前 197～14 年

スキピオはセビリアから数 km 北の地イタリカに最初のローマ人居留地を建設した．前 197 年に 2 つの属州が設けられた．一つはコルドバ(Corduba)を州都とする南部のヒスパニア・ウルテリオルであり，もう一つは州都をカルタヘナに置く北東部のヒスパニア・キテリオルであった．他の属州の大西洋への拡大はケルトイベリア族との長い闘争を伴うことになった．この戦争は前 133 年にヌマンティアの壊滅で終わり，住民は奴隷化された．ルシタニア(ポルトガル)は前 138 年に征服された．

土着の部族は獰猛で頼みにはならず反抗的であった．ローマの支配が有効だったのは，南部および東部の海岸に限られていた．その完全な征服には二世紀を必要とした．

アウグストゥスは，前 27～25 年の 2 年間を 6 軍団とともにスペインですごした．彼の本拠地は，ヒスパニア・タッラコネンシスの州都となったタラゴナにあり，このタラゴナは，旧属州であるヒスパニア・キテリオルに代わるものであった．彼はこの属州の境界線を拡大するために，カンタブリアおよびアストゥリアスへの踏査をおこなった．スペインの征服は前 19 年，アウグストゥスの紛争解決担当であったアグリッパによって完遂された．

前 15 年から 14 年，アウグストゥスは属州に関する管理体制を完成させるために現地に戻った．ほぼアンダルシアに相当するバエティカはヒスパニア・ウルテリオルにとって代わった．メリダがルシタニア(これはポルトガルおよびスペ

インの一部を含んでいた)の州都となった．帝国の力を示すために道路が建設された．最長のものはアウグスタ街道であり，それはピレネー山脈を起点とし，東海岸のタラゴナ，バレンシア，コルドバそしてカディスまで続いていた．北西から南東へ，南西から北東へと交差して走る道路が建設された．

都市化はローマ化の主な手段であった．ローマ人居住者は戦術的に意味のある場所に配置された．都市には一定の自治権が認められ，元老院議員や騎士を含む新しいエリート層を選び出す特権的地位が与えられた．トラヤヌス帝，ハドリアヌス帝はともにスペインの出身であった．ローマ化が進むと軍事的支配への依存は低下した．アウグストゥスは3軍団を伴いスペインを後にした．二, 三十年の後には1軍団で十分であった．

ローマ化は経済の面で重要な成果をもたらした．農業が特に南部で拡大した．バエティカはワイン，ガルムおよびその他の魚醬，オリーブ油(調理用，灯火，石鹸・化粧品として用いられた)などの生産者および貿易業者には重要な土地であった．金属の生産は一段と増大した．ほとんどの鉱山は皇帝の所有物であり，奴隷労働を充用する個人の契約者に対して貸し出された．陶磁器，鉄，金属製品，金，銀，銅，錫，鉛が大量に輸出され，帝室の収入に加えられた．

ギリシャ征服，紀元前148〜63年

ローマの領土的拡大はギリシャとの衝突を引き起こした．第2次ポエニ戦争の間に，マケドニアのフィリッポス5世はイリュリクム(ダルマチア海岸にある)のローマ軍基地を攻撃し，ローマを攻撃する協約をハンニバルとの間に結んだ．フィリッポス5世はまた影響力の拡大をねらって他のギリシャ諸国家およびギリシャ諸島(キオス島，ロードス島)との紛争を引き起こした．ローマは，ギリシャの敵の同盟国として介入し，前197年に彼を完膚なきまでに打ち破った．平和交渉の結果，彼の支配はマケドニアに限定され，巨額の賠償金を支払わされ，その艦隊を失った．そのときローマは，領土的な要求を出さず，ギリシャの自由の擁護者として振る舞ったが，それはギリシャがローマの隷属国となり，その庇護者の位置に立つことを意図してのことだった．

その当時，ギリシャ本土は政治的に4つの地域に分かれていた．最大なのは，北に位置するマケドニアであった．ギリシャ中部は，マケドニアに対して共同

防衛力を用意し，軍事資源をプールするためにアイトリア同盟を設立した小国家の集まりである．南部には，スパルタに対する防備のために結ばれたアカイア同盟があった．

前172～168年になると，マケドニアは再度支配地域の拡大を試みたものの，ローマに敗れてしまった．マケドニアは4つの地域に分けられた．ポリュビオスを含む1000人の著名なギリシャ人が人質としてイタリアに流罪になった．ローマは，実効性を持つ宗主権をギリシャに獲得したが，それでもなお領土的な請求を持ち出しはしなかった．

結局，マケドニアでの反乱を押さえたあと，ローマは前148年にマケドニアを属州として取り込んだ．アカイアはローマの同盟国であるスパルタとの戦いに巻き込まれた．ローマはコリントを壊滅させ，その住民たちを虐殺または奴隷化し，前146年にアカイアを属州とした．

クレタは独立国にとどまり，海賊の主な避難所となった．前63年，それはローマ帝国に一属州として組み込まれ，州都はゴルチュンとされた．後298年まで，クレタの統治はキレナイカと一つであった．

ギリシャはローマの支配者たちによって好意的に扱われていた．彼らは一般にギリシャ文明に深い敬意を抱いていた．ギリシャの税負担が多くの他の諸属州のそれより軽かったのはそのためである．

北アフリカ領有，紀元前146～30年

アフリカにおける領土獲得は前149～146年の第3次ポエニ戦争とともに始まった．カルタゴの町は長期にわたる包囲の後破壊され，人口の4分の3は殺害されるか自殺に追い込まれた．生き残った5万人は，カルタゴ側に忠実だったその他のチュニジア住民と一緒に奴隷に売られた．新しいローマの属州「アフリカ」が設立された．土地はイタリア人居住者とローマに逃れていたカルタゴ人に配分された．ポエニ語はラテン語によって徐々にとって代わられた．

新しい属州の西側はヌミディア王国で，第2次ポエニ戦争以来ローマの同盟国であった．前112年，国内の紛争のさなかに何人かのローマ市民が殺害された．ローマはユグルタ王を排除し，彼の親戚筋にあたる者2人に国を分割した．前46年に，カエサルは王国を併合して「新しいアフリカ」に名前を変え，そ

の広さは「真正アフリカ」に名称変更された「アフリカ」の2倍もあった．

前25年に，アウグストゥスは，アルジェリアの中部から北モロッコへと広がる従属国マウレタニアを創設した．国王に任命されたのはユバであった——彼はローマでアウグストゥスの家で育った．実際的な目的のためには，マウレタニアはローマアフリカにとって欠くことのできない一部だった．

東方では，トリポリタニアのフェニキア人の3つの自治貿易基地(サブラタ，オエア，レプティス・マグナ)は従属国となり，しだいに帝国に統合されていった．アウグストゥス治世の終わりごろ，チュニジアのハイドラにあるローマの軍事基地とトリポリタニアの間に幹線道路が建設された(Mattingly 1995: 51-3 参照)．隣接するキレナイカ王国は前96年，プトレマイオス朝の最後の支配者によりローマに遺贈された．

北アフリカの諸属州は経済的に重要であった．当初，主に小作農民が灌漑施設の整った広い土地を耕作していたチュニジアを除けば，ローマ人の居留地は海岸にあった．これらの属州からの輸出品は，カルタゴからイタリアに輸送される穀物とトリポリタニアからのオリーブ油にかたよっていた．輸出品の大部分は年貢であって，租税の賦課により調達されていた．とはいえ，積荷のいくらかはローマの不在地主による小作料収入の本国輸送分であった．住民の構成は，イタリア人の居留者ないし動員解除された兵士，それにカルタゴ人の子孫から成っていた．主要都市はカルタゴで，破壊から100年以上を経た後にアウグストゥスによって再建され植民が進められた．ガーンジィ(Garnsey 1983: 120 and 201)はホイッテーカーの推計を引用しているが，それによるとアウグストゥス治世下における北アフリカの穀物年貢は約1600万モディイ(10万8000トン)であった．

マグレブではローマ支配のその後の世紀にはかなりの成長が見られた．アウグストゥス，ティベリウスによる元砂漠地帯への南進は，「ローマアフリカの可耕地を倍以上に広げた」(Whittaker 1996: 618)．道路網が整備され，今日なお存在する立派な市街の遺跡に見られるように，かなり高水準の都市化が進められたことがわかる．マグレブは知識人の重要なセンターとなった．その輝かしい著作家は，ヒッポの聖アウグスティヌスと風刺家のペトロニウスであった．レプティス・マグナは，後193年から211年まで皇帝であったセプティミウ

ス・セベルスの生まれ故郷である．彼は新しい港を建設し，公共広場，バジリカ，港へと続く並木道を作るなどして町を飾った．

西アジア領有，紀元前133～紀元199年

ローマは，前2世紀に小アジアにかかわるようになった．前189年，セレウコス朝の王アンティオコス3世を打ち破ると，特にペルガモン地方への影響力を獲得し，そこの最後の支配者が前133年に自分の王国をローマに遺贈した．前102年，ローマの海軍基地が南部海岸のキリキアに設けられた．その目的は東地中海における海賊行為を鎮圧することだった．前58年には，キプロスが併合されてキリキア属州に組み込まれた．

ビテュニア(黒海沿岸にある)の王ミトリダテスは，その地域におけるローマの拡張を阻止しようとしたが，ローマの将軍ポンペイウスに打ち破られた．ポンペイウスはこれにポントスを加え，前64年にローマの一属州とした．彼はシリアをも併合し，ローマの従属国──「ボスポラス，コルキス，小アルメニア，パフラゴニア，ガラテヤ，カッパドキア，コンマゲネ，シリア公国，キリキア公国，それにユダヤ」の緊密なネットワークを創設した(Seager 2002: 61)．「このたった1回の戦役によってローマの属州からの収入を70%増加させたとポンペイウスは主張した」(Cornell and Matthews 1982: 68)．

ガラテヤは前25年に，カッパドキアは後17年に属州に組み込まれた．ユダエアは前4年のヘロデ王の死去を機にローマに復帰し，(ペトラを首都とする)ナバテア王国は後106年にローマの属州となった．アジア諸属州の境界線はローマ支配の間にかなり変動した．

ローマは，ユーフラテス川流域からインドにかけて広がる帝国，パルティヤの武力反発を挑発するおそれを考えて，アジアで公式の支配地を拡張することには慎重であった．前53年，ローマの将軍クラッススはパルティヤ攻撃中に殺害され，前36年にはマルク・アントニウスによる同様の危険な試みが不面目な失敗に終わった．後117年，トラヤヌス帝はユーフラテス川の東に新しい属州を設けたが，彼の後継者ハドリアヌス帝はすぐそれを放棄した．結局，後199年に上部メソポタミアの一部(オスロエネ)がセプティミウス・セベルス帝によってローマの属州とされた．ミラー(Millar 1993)は境界線の変わりやすさ

と属州から得られる「収益の不安定性」を強調している．属州は現金で大量の貢納を納めるが，きわめて大規模な軍事力の配備が必要だった．

ガリアの征服，紀元前121〜49年

マッシリア(マルセイユ)のギリシャ植民地は，小アジアのポカイアの商人の基地として建設された．彼らは商いを求めてローヌ渓谷をさかのぼり，また地中海岸沿いにニースからスペイン北東部のアストリアスまで延びる一連の貿易拠点を発展させた．彼らは果樹園を作り，ワインやオリーブ油の生産を始めた．

前123年，マッシリアは脅かされ，ローマに助けを求めた．ローマはケルト人侵略者を打ち滅ぼし，アクアエ・セクスティアエ(エクサン・プロバンス)に強固な陣地を造設した．

ローマのガリアトランサルピナ属州が前121年に設立され，マッシリアはそのなかの自治共和国であった．州都はエクスおよびナルボンヌであった．その領土は，西はスペインから東はレマン湖まで広がっていた．

前59年の春，ユリウス・カエサル(前100〜44)はガリアトランサルピナ，ガリアキサルピナ(アルプス山脈からルッカ，ラベンナに及ぶ北部イタリア)とイリュリクム(東部アドリア海沿岸にある)沿岸基地の総督となった．もともと彼の任期は5年であった．当時，ローマの政治的実権は，カエサル，ポンペイウス，クラッススによって構成される三巨頭の手中にあった．ポンペイウス(前106〜48)は地中海から海賊を一掃し，アジアでいくつかの大勝利をおさめた．クラッスス(前115〜53)はスパルタクスによる奴隷の反乱を鎮圧した軍隊を率いた．カエサルの関心は，軍事的な征服によって自分の政治権力と富の増大を図ることであった．

ポンペイウスはスペインの2つの属州の総督になったが，ローマを離れることはなかった．クラッススはシリアの総督になった．前56年，ガリアにおけるカエサルの任期は前50年まで延長されたが，それはクラッスス，ポンペイウスとの権力分有をめぐる取引の結果だった．

カエサルが前58年3月にガリアトランサルピナに到着したとき，彼の任務はまず，ヘルウエティイ人が属州に大量移住するのを阻止することであり，アリオウィストゥスのゲルマン軍を追い払うことであった．

彼は続く8年間を，残りのガリア地域，ベルギー，ライン川下流の南部オランダ，ライン川の西に細長く延びたドイツ地域の60もの異なる部族グループの征服に費やした．そこには数百万の住民と鉄製武器の扱いやその製造方法をよく知っていた凶暴な戦士らがいた．彼らの本拠地は一般に山頂の要塞であった．彼らは部族長のもとに戦うのが常であり，彼らの宗教的必要にはドルイド僧が対応した．彼らはだぶだぶのズボンをはき髪は長く，読み書きはほぼ全員できなかった．カエサルは約6万人の歩兵，4000人の騎兵，2000〜3000のゲルマン人騎兵の傭兵，人数不詳の補助軍，それに若干のケルト同盟軍を有していた．数的には大きく劣勢であったが，彼の兵士はよく訓練され，規律が徹底しており，装備が良かった．彼は偵察兵を効果的に用い，地図なしで進路を見つけることができた．彼は軍事の天才であって，兵士の忠誠心を喚起するとともに兵士たちに規律を課し，忍耐と結びついた動きの俊敏さによって敵の眼を欺いた．敵が征服阻止に結束していないときには，ほとんどいつでも彼は一人ずつ狙い撃ちして倒すことができた．

　最初の年，カエサルはベルギーの諸部族を打ち破った．ノルマンディーの部族は戦うことなく屈服した．ウェネティ（今日のブルターニュにある）は大変厄介であったが，彼らの抵抗に打ち勝ち，そしてまたアクィタニアにおいても勝利をおさめた．彼は時間を見つけて前55年，54年の2回にわたりブリテンの踏査を実施した．

　前52年，全ガリアの宗主権を短期間有していた人物の息子オーベルニュー人のウェルキンゲトリックスが，中部ガリアの諸部族からの数十万人の軍隊を旗揚げした時が最大の難事であった．戦いはきわめて広い地域に広がったが，カエサル同盟軍のかなりの部分は次第に離脱していった．最後の戦闘はディジョンの北西50kmにあるブルゴーニュの町アレシアでくり広げられた．カエサルは包囲攻撃をおこなった．ウェルキンゲトリックスは救助の大軍を集めるのに成功した．カエサルはその可能性を予見して，町を二重の塹壕堀で囲むという策をとった．1つの堀は外側に向け，他の1つは内側に向けたのである．救援隊の死の罠として，落とし穴に先端を尖らせた杭を立てるという仕掛けを設けた．敵方は敗走し，ウェルキンゲトリックスは降伏した．

　生き残ったガリア人はある程度の自治を与えられ，彼らの族長の名誉を守る

ということで鎮撫された．ローマ人の軍団は征服した領土のうち戦略的に重要な地点に配置された．ローマの受け取った貢納が，征服後数十年間における征服および占領の費用を賄うのに充分であったかどうかは明らかでないが，しかし戦利品はカエサルをきわめて裕福にし，彼の威光と政治権力はいちじるしく強められた．

カエサルが征服した地域はガリア・コマタ（長髪のガリア）として知られていた．後にアウグストゥスは，それをアクイタニア属州，ルグドゥネンシス属州，ベルギカ属州の3属州に分割し，さらにライン川流域に軍人とその係累たちが住む軍事区域を追加した．

ローマ化や都市化，インフラ投資を推進する大きな動きがプロバンス（ナルボネンシヌ）に見られた．前43年には，新しい町が北部のビエンヌに建設され，古参兵が居住した．前30年，アウグストゥスはフレジュスに海軍基地を創設し，古参兵の居住地をオランジェとニームの地に作った．初期のローマ帝国において，その地方で栄えた他の都市は，ヴェゾン・ラ・ロメーヌ，アビニヨン，ローヌ渓谷上流のバランスであった．それらすべての町に，円形演技場，水道橋，浴場，神殿，バジリカ，広場が設けられた．アウレリア街道はローマからアルルに走り，ドミティア街道はニームからスペインに，アグリッパ街道はアルルから北に向かいリヨンまで続いた．水道網の整備にも多額の投資がなされ，最も壮観だったのはガール橋，それとニームに水を供給する50kmにも及ぶ運河であった．ガリア人はワインおよびテラ・シギラタという赤い釉薬を塗った陶器の生産者であり輸出者であった．南部フランスのミヨー近くのグローフサンクは陶器生産の中心地であった．

前49年に生じたカエサルとポンペイウスの争いで，マッシリアはポンペイウス側に味方した．その罰として，マッシリアは自治権を持つ都市の地位を失い，モンペリエからニースに及ぶ沿岸の支配権も取り上げられた．

アレラーテ（アルル）がプロバンスの新しい州都となった．1万2000の人口を養うため，2世紀には水力利用の製粉所が建設され，1日に5トンの小麦粉が生産された．それは丘の頂上から30mの落差のある急斜面に建てられた．水は水道橋を通って頂上に送られ，そこで分岐して2本の平行な水路を流れ下り，各々の水路には玄武岩でできた8つのひき臼が設置された．製粉所の下では溢

れ出る水が灌漑に用いられた．当時のローマ技術のもう一つの際立った実例は，アルルのローヌ川に架けられた浮橋である．それは崩壊した石橋の代わりに取り付けられた．橋の延長は280m，大洪水に見舞われやすい川に架けられていた．両方の川岸からは数個のアーチのうえに造られた頑丈な石の橋脚がのび，小さな船はアーチの中を通って行き来することができた．より大きな船のためには跳ね橋が設けられた．192m ある中央部分は木製の橋で，船首を上流の方に向けた20隻の船によって支えられていた．船は縄で一緒につながれ，各橋脚の端の塔にしっかりと固定されていた．この浮橋の柔軟性ゆえに，船は水流に耐えることができ，また修理するのも容易であった．

エジプト領有，紀元前30年

前49年から前30年まで，政治的主導権をめぐる争いは帝国のいたるところに反響を及ぼした．カエサルはポンペイウスをイタリアから追い出し，スペインのポンペイウス軍を攻撃して打ち破り，マッシリアの反乱を平定し，前48年にはギリシャでポンペイウスを破った．ポンペイウスはエジプトに難を逃れ，その地で殺害された．前47年，カエサルはエジプトに渡ってプトレマイオス13世を打ち滅ぼし，クレオパトラを唯一の支配者に立てた．彼はまた，小アジアの反乱を粉砕し，ポンペイウスに忠実だったアフリカの勢力を打ち負かした．彼は前45年に南スペインに戻り，ムンダでポンペイウスの息子を打ち破った．

カエサルは前44年に暗殺された．これが，マルク・アントニウスとカエサルの養子オクタヴィアヌスとが主役を演ずる政治的主導権をめぐる別の闘争を引きおこした．これはガリアキサルピナ，バルカン諸国，ギリシャ，小アジア，エジプトを巻き込む戦争になった．オクタヴィアヌスは前31年，ギリシャのアクティウムでアントニウスを打ち破り，前30年には彼をエジプトまで追撃し，アントニウスと彼の夫人となった女王クレオパトラはそこで自害した．オクタヴィアヌスはローマ世界の主人となり，エジプトはローマの属州になった．

エジプトはローマ帝国のなかで住民が密で最も繁栄した属州であり，アレクサンドリアはギリシャ・ローマ世界における学問の中心地であった．ナイル川の水量が豊富で安定しているうえ，シルト〔沈泥〕状の表土が毎年更新されたの

で，エジプトの1ヘクタール当たりの産出量はイタリアよりはるかに高かった．種子収量比は10対1で，イタリアの4対1という比率よりはるかに高かったし（エジプトについてはBowman 1996: 18参照，イタリアについてはHopkins 2002: 198参照），そこでは休閑地の必要もなかった．その結果，エジプトの農業は余剰を生み出し，ファラオやプトレマイオス朝はそれを輝かしい文明の維持に用いた．ローマの属州という新しい地位のもとで余剰のかなりの部分は吸い上げられた．ローマの人口を養うために大きな穀物船がアレクサンドリアから小麦を運んでいった．ジョンソン（Johnson 1936: 481）は，アウグストゥス時代のエジプトからの毎年の貢納は2000万モディイ（13万5000トン）というオーレリアス・ヴィクターの推計を引用している．この量はローマ市の消費の70％をまかなうものであった．

エジプトからイタリアへの輸出品には，亜麻とリンネル製品，パピルス，ガラス製品，宝石，大理石，斑岩，その他異国風の建築石材が含まれていた．アレクサンドリアはまたインド，アラビア，東アフリカから紅海経由で運ばれる商品の主な集散地でもあった．

防御地帯としてのドナウ諸属州の征服，紀元前16～紀元16年

エジプト征服の後，アウグストゥス〔オクタヴィアヌス〕は44年間にわたり最高権力の座にあって，新しいタイプの帝国の支配を確立し，帝国を強固なものにした．この過程は彼の継子であり後継者であったティベリウスにより，さらに23年間継続された．

アウグストゥスが直面した最初の問題の一つは，カエサルがライン川上に定めたガリアの東側境界線であった．それはゲルマンの攻撃を受けやすく，またゲルマン人の移住先となりがちであった．境界をさらに東に押しやるための戦役（前16～後16年）は，アウグストゥスの2人の継子，ドルススとティベリウス，彼の孫のゲルマニクス，それにアグリッパの義理の息子であるヴァルスによって遂行された．

ライン川の東の地域の併合はある程度成功し，ローマ軍の将校を務めたゲルマンの首長たちの息子たちにはローマの市民権が与えられた．これらの一人，アルミニウスは逃亡して，後9年にヴァルスとローマ兵士の3軍団（2万人）を

撲滅した．ゲルマニクスが陸軍の大軍団および1艦隊とともに送り込まれたが，報復の試みは失敗に終わった．ハンガリーの反乱をただちに鎮めるための軍団が必要だったので，ライン川を越えた地域の征服は断念せざるをえなかった．

ライン川西岸に確保したローマの領土は，2つの属州に分離された後90年まで軍事的地域として残されていた．低地ゲルマニアはオランダ海岸，アムステルダムの南からナイメーヘンを通り，ボンおよびレマーゲンまで達していた．高地ゲルマニアはコブレンツ，マインツを含み，ストラスブールからレマン湖まで南に延びていた．

アウグストゥスとティベリウスは，ドナウ川の南にスイスから黒海にまで及ぶ諸属州を守る防御地帯を建設した．

ラエティアは前15年，地元部族のさしたる抵抗もなしに征服された．この地域は，西はコンスタンツから東はザルツブルクに，南はブレンナー峠からレーゲンスブルクに及んでいた．アルプス・ポエニナエとともに軍団による占領のもとにおかれ，後にクラウディウス帝によって属州とされた．アルプス・コッティアエおよびアルプス・マリティマエは前14年に征服された．これら3つのアルプス領土は，イタリアとガリアに挟まれていた．

ラエティアの東のノリクムは，チロルとウィーンを除いて今日のオーストリアの大半を含んでいた．それはラエティアとほぼ同時期に平和のうちに帝国に組み込まれた．

パンノニアはドナウ川沿いにヴィンドボナ（ウィーン）からハンガリーに入り，強固な要塞のカルヌントゥム，ソルヴァ（エステルゴム）を経由してアクィンクム（ブダペスト）へと延びていた．それはさらにドナウ川の急に南に曲がる進路をたどり，ベオグラード辺にまで達していた．この地域には，前35年からティベリウスが権力を握った後9年までローマ人の浸透が進められた．

ダルマチアはアドリア海の東海岸沿いにリエカ（トリエステの南50km）からアルバニアの北端まで延びていた．それはかつて，従属国であるイリュリクムの一部であった．それが後9年には帝国属州となり，州都はサロナ（スプリト）におかれた．そこはディオクレティアヌス帝の故郷であり，彼は皇帝を退位した後305年にその地に戻って隠棲した．

上モエシアはほぼセルビアに相当し，シンギドゥヌム（ベオグラード）からス

クピ(スコピエ)に及んでいた．それは征服され，前29年にローマ総督の管轄下におかれた．ティベリウス帝は後に，ドナウ川沿いに黒海沿岸まで続く下モエシアを加え，そこはローマ艦隊(Classis Moesia)の本拠地となった．それは現在の北ブルガリア，ドナウ川下流のルーマニアの黒海沿岸地域を占めていた．

紀元14年以後の獲得州

　ブリタニア：ユリウス・カエサルは偵察のために前55年と54年に訪れた．クラウディウス帝は約90年後の後43年に侵略を命じた．それは大変合理的な決定とはいえなかった．その地が生み出す収入はとても占領の費用には及ばず，輸出はスペインやマグレブと比較して小規模だった．ローマはたとえブリテンを獲得しなかったとしても，戦略的には失うものは何もなかったであろう．島の征服のためには4軍団が必要であった．抵抗は猛烈であった．アイルランドの征服が試みられることは決してなかった．ウェールズの支配はほんの一部だけだった．ハドリアヌス帝は，後122年から127年にカーライル付近の海岸からニューカスルまでの約120 kmの巨大な石の壁と堀をつくり，スコットランド人を寄せつけなかった．途中には17の砦と160の信号塔が設けられた．次の皇帝アントニヌス・ピウスにより，芝と土の第2の壁がさらに北方のフォースからクライドの間に設けられた．1世紀の終わりごろから，軍事司令部はヨークにおかれた．3世紀の終わりからは，サクソン人侵略者がブリテンの北東部を攻撃しはじめた．ブリテンに来ていた多くのローマ人兵士は，除隊するとその地に定住したが，しかし別段ブリテンでは，スペイン，ガリア，マグレブにおけるようには居留地をつくることはなかった．ある程度のローマ化は見られたが，コリングウッド(Collingwood 1937: 66)は次のように述べて，ローマの文化的影響のあまりパッとしない状況を表現した．「ブリテンでは壁の石膏はどこでも見られるが，壁の落書きはほとんど全くない」．後410年，ローマはブリテンを放棄した．

　トラキアはマケドニアがローマの属州となった前148年に従属国となった．この国は厄介者となったり同盟国となったりした．アウグストゥスは後12年に王権を分割した．ティベリウスも後19年に同じことをした．後46年にはローマの属州になった．トラキアは，北および北西でモエシアと境界を接し，南

側でマケドニアに隣接していた．それ以外の境界線は海上にあり，ユークシン(黒海)からプロポンティス(マルマラ海)を経てエーゲ海に達していた．それは近代ブルガリアの一部(ソフィアとプロブディフ)とヨーロッパトルコを含んでいた．

アグリ・デクマテス：ローマは後74年，黒い森地帯を含む南西ドイツに三角形の領土を手に入れた．これはラインとドナウの軍間の連絡を迅速化するのに役に立った．この地域は後260年に新しく形成された部族アレマン族のものになり失われた．

ダキアは現ルーマニアのトランシルバニア地方で，ドナウ川の北側唯一の属州であった．ここはトラヤヌス帝によって征服され，後105年にローマの属州となった．彼の出征の模様はローマのトラヤヌス帝の円柱に詳細に描かれている．ダキアは後270年に放棄された．

ナバテアはかつては首都をペトラとする従属国であったが，後106年にアラビア属州として帝国に組み込まれた．

北西メソポタミアのオスロエネはパルティアの臣下で首都をエデッサにおいていた．長いこと緩衝地帯のような国家であったが，後199年にセプティミウス・セベルスによってローマに併合された．後226年にササン朝がパルティアを撲滅してペルシャ帝国を蘇らせ，240年から260年にメソポタミアを取り戻す過程で，彼らはローマを一連の軍事的敗北に追い込んだ．オスロエネは296年にディオクレティアヌスによって奪還され，336年までローマによって保持された．

帝国の崩壊

アウグストゥスの死後1世紀半の間に新たに征服した先述の6つの属州を含めると，帝国の人口は3分の1ほど増加した(表1.4参照)．北アフリカでは1人当たり所得のかなりの増加，そして西ヨーロッパの諸属州では若干の増加であった．ローマではきわめて浪費的な公的支出がおこなわれていた．カリグラは，聖ペテロ寺院の前に現在立っているオベリスクをエジプトから輸送するため，1300トンの大型貨物船を建造した．クラウディウスはオスティアにポルトゥス新港を建設した．ネロは彼の巨大な「黄金の館」を建てた．フラビアヌ

ス家出身の皇帝たちは，コロシアム，トラヤヌスの広場，パンテオン，チボリのハドリアヌスの別荘を建設した．しかしながら，所得，都市化，人口という点から見て，おそらく後164年が絶頂期であったといってよいだろう．

　後165年から180年にかけて，アントニヌス病(天然痘)の流行で2人の皇帝を含む人口の6分の1が死亡した．3世紀には，かなりの期間にわたって，混沌とした政治状況が続いた．235年から284年の間に22人の皇帝が即位した．そのうち2人を除いては，全員が交戦中に謀殺されるか殺害されている．ライン，ドナウおよび東部境界からの圧力が増大していた．アグリ・デクマテスはアラマンニ族に，ダキア属州はゴート族に，オスロエネ属州はササン朝ペルシャ帝国に奪われた．帝国財政はますます逼迫し，その結果として通貨の改鋳と物価上昇が長期にわたった．後1世紀から270年までに，鋳貨の銀含有量は97%から4%へと減少した(Hopkins 1980: 123)．3世紀には人口は減少し，1人当たりの所得もある程度減少した．

　3世紀の終わりにディオクレティアヌス帝(在284～305)は諸属州の支配を強化し，軍隊の実効性を高めるために，帝国のシステムの抜本改革をおこなった．彼は「第一人者」に替えて，「主にして神」という尊称から採った「支配者」という称号を創出した．そして属州の数を2倍にし，官僚および軍隊の規模を拡大した．また最高価格令を発してインフレを抑えようとしたが，これは失敗に終わった．彼のおこなったキリスト教撲滅の迫害も失敗に帰した．ローマは帝国における管理中枢ではなくなった．ディオクレティアヌスは，1人の共同皇帝および2人の副皇帝(カエサル)を指名し，それぞれ別々の地域に関して主権を有するという四人支配(4人組)を創り出した．ディオクレティアヌス自身は帝国の東半分を支配し，軍事司令部をドナウ前線に位置するシルミウムに，邸宅をニコメディアにおいた．彼の副帝は，ササン朝の脅威に対処するためにアンティオキアに駐在した．彼の共同皇帝のほうは西半分を担当するということでミラノに住み，その副帝はライン前線トリーアに住んだ．

　ディオクレティアヌスが退位すると四人支配は崩壊した．東西への帝国の分割はコンスタンチヌス(在306～337)によって強められ，彼はコンスタンチノープルに新都を建て，第2の帝国行政府および元老院を創設した．エジプトからローマへの小麦の貢納はコンスタンチノープルに宛先が変更された．彼は臨終

に際してキリスト教へと改宗することで，帝国のイデオロギーの大きな変革を始めた．391年にテオドシウス帝は異教を禁止した．こうしてキリスト教は国家宗教となった．司教，司祭，修道女，修道士，隠修士という新しい位階制を維持する費用は，公的資金と信者たちの遺産によって調達された．それは帝国の官僚制にもう一つの階層制をつけ加えることになり，宗教的な亀裂は支配を難しくした．

新しい体制は帝国統治費用および税負担を増大させた．それは地方官僚の果たす役割を弱めたばかりか，共和国と君主政治の統治と結束に大きな役割を果たしていた地方エリート，都市権力者の役割を弱めた．「古代も末期になると，市役所は帝国の初期の頃と比べて人気のある場所でなくなった．かつては，地方貴族たちが市役所での地位を維持するために激しく競い合い，多大の金を使ったものだった」．帝国の初期の頃には，「太っ腹な地方貴族は……金のかかる快楽と娯楽に金を出し……寄贈者として同胞市民の喝采を得ようとした」．その後，地方のエリートは公職への関心を失い，「イタリアでは，おそらくは北方のほとんどの属州で，地方貴族特有の気前の良さがほとんど全く見られなくなった」(Ward-Perkins 1998: 376-8 から引用)．

奴隷の供給が減少し，風土病が頻発し，キリスト教の聖職者が独身者だったというわけで，4世紀には帝国人口は減少した．人的資源不足で軍隊では蛮族傭兵の使用が増え，東部帝国は人口の希薄な地域への蛮族の定住を許した．

時が経って，交流が密接になるにつれて，蛮族たちは洗練されていった．彼らとローマ軍との間の武器の違いは大幅に縮小し，彼らはより大きく，よりよく組織された集団として行動できるようになった．

3世紀ごろの主な部族集団は，ライン川下流のフランク族，南ドイツのアラマンニ族，ハンガリーのバンダル族，シレジア族，西ゴート族，さらに東の東ゴート族であった．いっそう東では，フン族が他の蛮族を攻撃し，西方へ追いやった(Starr 1965 参照)．

378年，西ゴートの一軍団はハドリアノポリスの近くでローマ軍兵士の3分の2とヴァレンス帝を殺害し，東ローマ帝国に大打撃を与えた．この敗北の後，テオドシウス帝(在379～395)は西ゴート軍を同盟軍として承認し，西ゴート人25万人に対して帝国内に居留することを許可した．

5世紀に西帝国の官僚制および軍隊が崩壊した．406年，バンダル族，アラン族，スエビ族はライン川を渡り，ガリアの異なる部分にそれぞれ身を落ちつけた．彼らは408年にピレネー山脈を越え，スペインのローマ領を征服しようと動き出した．ブリテンが地元の蛮族に対して遺棄されたのは410年である．バンダル族が429年，北アフリカに侵入し，10年後にはカルタゴを占領し，続けてシチリア，サルディニア，コルシカ，バレアレス諸島に基地を建設し，ローマの穀物の主要供給地ばかりでなく租税と移転所得の根源を断ち切った．455年に彼らはローマを攻撃し略奪した．蛮族の侵入が成功したのは，ローマの軍隊が欠陥だらけだったからであり，その一方で，一般の民衆が概してどうでもよいという態度だったからである．蛮族侵入者のほとんどはローマ文明を滅ぼすことよりも，むしろ文明の恩恵を共有したいと望んでいた．やがて彼らの多くはキリスト教に改宗した．

408年から410年にかけて，ゴート族のアラリック〔1世〕がローマを包囲して略奪した．ホノリウス帝はラベンナに避難したが，そこは751年までビザンツ帝国の飛び地領（総督管区）となった．最後のローマ皇帝は，476年にビザンツ帝国の黙認によって王となっていたゴート族のオドアケルによって解任された．彼は493年に東ゴート族のテオドリックによって殺害され取って代わられたが，テオドリックはやはりビザンチンの黙認を得て526年まで支配者になった．

533年に東帝国のユスティニアヌス帝は劇的な，しかし一時的な帝国再生を達成した．彼の将軍はカルタゴを征服し，北アフリカのローマの支配を回復して地中海からバンダル族を追い出し，イタリアの東ゴート族を破った．ビザンツ帝国は535年から568年までイタリアを支配し，その後，支配権はランゴバルド族に奪われた．それに続く13世紀間，イタリアの統治権はばらばらになった．

6世紀の終わりになると，西部のローマ帝国は朽ちゆく屍となった．それでもまだ，いく分かはローマ文明の名残があり，人口の減少や経済的衰退はさほど目立ちはしなかった．帝国の大部分への最後の一撃は，7世紀にイスラムの侵略者たちが西アジア，エジプト，北アフリカ，スペインを奪取したときに加えられた．これは文字通りの征服であり，文明の転換であった．頭を大きく切

られたビザンツ帝国は1453年まで生き延びたが,同年やはり征服された.

ベルギーの歴史家ピレンヌは,9世紀の西ヨーロッパの状況を簡明に描写している.

> カロリング王朝期には金貨の鋳造が中止され,利子をとる金貸しが禁止され,もはや職業的な商人階級が存在せず,また東方の産物(パピルス,香辛料,絹)がもはや輸入されず,貨幣の流通が最低限に減少し,俗人が読み書きができず,税はもはや体をなさず,都市はたんに砦にすぎなかったと考えると,われわれは純粋に農業段階に後退し,社会組織の維持のために商業,信用や正規の為替をもはや必要とはしない文明に直面しているのだと,躊躇なく言うことができる.(Pirenne 1939: 242)

ローマの人口

ローマ帝国と属州の人口

表1.2に示されたような帝国各構成部分の人口を推定する体系的な試みは,3通りある.その第1は,カール・ジュリアス・ベロッホ(1854〜1929)のものである.彼はドイツに生まれ,ドイツ語で書いたが,アメリカ人と結婚し,生涯のほとんどをイタリアですごし,1879年から1929年までローマ大学で古代史の講義をした.彼は数量経済史のパイオニアで,膨大な研究業績を残している.人口(シチリアの)に関する彼の最初の論文は1874年に現れ,イタリアの人口に関する最後の書物が刊行されたのは彼の死後1961年だった! 彼は証拠資料の研究に熱心で,文書での証明には細心で,異なる資料をクロスチェックする探査的仕事や証拠資料の欠落を埋めるためにおこなった推量の説明はたいへん明確であった.彼の1886年の研究は,現在でもなおローマ人口の統計研究の最高傑作である.彼は,デイヴィッド・ヒュームが1752年に指摘した点,すなわち古典派の著者たちが引用した数値への懐疑の必要を重視した.

ベロッホは,帝国を構成する各地域の面積の正確な推計をおこなった.これは古代については得られなかったものである.彼は軍隊の製図家による平面図の推計値を使用した.ベームは1866年,ピーターマンは1872年,ストレルビッキーは1882年に,古代と現代の国境線間の相違について詳細な調整をお

こなった(本書37~39頁). ローマの人口統計に関するその後の分析者たちは, ベロッホの地域推計を受け入れてきた. 居住地の人口密度を示すことによって, 彼の人口推計の信憑性についての重要なクロスチェックを提供した. ベロッホはまた, 国際比較に際し年代的な一貫性を貫くことに努力すべく細心であった. ベロッホは, センサスの結果を比較する際に心にとめておかねばならない地理的範囲や行政行為の変化の叙述に, たいへん慎重であった(Beloch 1886: 340-78). 前69年の共和国最後のセンサスには91万人の市民が登録され, 後14年のアウグストゥスの第3の国勢調査は493万7000人が登録された(Augustus, *Res Gestae*, in Brunt and Moore 1967: 22-3 参照). 2つの調査の間にある巨大な較差の大部分は, 行政管理上の変化による(Beloch 1886: 312-78 参照). 共和国のセンサスは, キサルピナはまだ属州だったから, ポー川以北の北イタリアに住む市民を含んでいなかった. それにまた, 帝国西部の諸属州の60の町および自治体に住む市民が除外されていたが, アウグストゥスのセンサスはそれを含んでいた(p.372 と p.377 参照).

共和国のセンサスは成人男子を対象とした. アウグストゥスのセンサスは, すべての市民とその家族, それに寡婦や孤児を含んでいた. 両者を比較可能にするには, 共和国の数値に約2.85を乗ずることが必要である(p.376 参照). 後の分析者(Frank 1933: 315; Lo Cascio 1994, 2001: 121; Morley 2001: 50-1)のなかには, センサスの対象範囲の変化を無視あるいはそれに異議を唱え, アウグストゥスのセンサスの結果に乗数を適用した者もいた. その結果, アウグストゥス時代のイタリア人口の推計は大きく膨れ上がり(ベロッホの推計の2倍), 人口増大率を大幅に誇張するものとなった.

イタリア半島における後14年の人口を推定する際に, ベロッホは490万人というセンサスの数値をもとにし, イタリア半島外の諸属州に住む市民を差し引き, イタリアに住む約25万人の外国人(peregrini〔外人〕)と奴隷200万人を加えた(Beloch 1886: 486). 彼は要約表(p.507)で, 総計は600万人(彼の推計範囲の中点で)となることを示した. p.437では, 700万人の高さに達していたかもしれないとしている.

エジプトは帝国のその他地域でセンサスの資料が残存している唯一の地域である. ベロッホの証拠資料は, その他地域, とりわけアジアの諸属州(pp.242-

54)とマグレブに関しては弱く,簡略で,原資料についての言及(pp. 465-73)もカバーする期間の点でかなり曖昧であった.

後14年のローマ市の人口を80万人と推定する際に,ベロッホは3つの物差しを用いた.(i)居住密度を評価するために,市の地域を城壁の内側とした.(ii)無料小麦の配給から恩恵を受けている人々の数を推計,非受領者をも含めるために上方へと修正した(年齢および性別によって詳細に修正し,男子は全体の55.7%と推定).(iii)住宅資産を共同住宅4万6600,一戸建て住宅約1800と推計(p.406).彼は多くの共同住宅は数階建ての大きなアパートで,(ローマのセメントのおかげで)60フィート(18m)の高さに達することができたとした.一戸建て住宅は大勢の奴隷の従者を持つエリート邸宅であった.ここから共同住宅には15人の住民を,一戸建て住宅には50人の住民を想定するのが妥当であることになる.彼の3つのアプローチはこれとかなり合致していた.

ローマ市の人口については,全く異なる推計値を提示している研究者もいる.ギボン(Gibbon 1776)は,ローマの住民は120万人であったと想定しており,現在でも約100万人と想定するのがきわめて一般的である.ラッセル(Russell 1958: 65 and 73)は,アウグストゥス時代について35万人というより小さな数値をあげた.彼は1共同住宅とはアパートの1部屋のことで「平均的には,単純な夫―妻―子供の3.5人を上回る人数を収容するのはむずかしい」とした.彼は貴族の邸宅一戸建ては平均10人の居住者と想定した.ここから彼は総計居住者17万3000人を得たが,この低い数字を増やした.なぜなら「ローマは人々の群がる大きなアパート住宅で有名だったからである」.後にラッセルは,共同住宅各戸の階数を明示している大きな大理石のローマ地図(フォルマ・ウルビス)を利用し,共同住宅の平均的な高さを推定した(Russell 1985: 12-19).彼は平均的な高さを1.84階としたが,共同住宅当たり3.5人という以前の想定を6.4人に変えるのに,この係数を使用することはなかった.彼は低い推定の17万3000人に戻った.

ピーター・ブラント(Brunt 1971: 131 and 383)は,厳密にベロッホの足跡をたどって,イタリアの人口に関する証拠資料を注意深く精査した.イタリア半島とローマの彼の推定値は後14年にそれぞれ700万人と75万人だった.主な相違はブラントが奴隷の比率をより高いものと想定したことによる.ブラントは,

半島の人口が前225年の500万人から後14年の700万人に増加したと推定した．その増加は，主として，奴隷の人口が増大し全人口に対する割合が12%から約36%にまで上昇したからと彼は考えた．片や市民の人口は安定もしくは下降だった．ただ1カ所(p.124)でブラントは，750万という全人口のなかに300万人の奴隷がいたとしたが，結局は700万人を選択した(p.131)．これは彼の奴隷人口推定値が250万人に引き下げられたことを意味する．

大量の奴隷の流入は劇的な社会経済的インパクトを与えた．キース・ホプキンズ(Hopkins 1978a: 61-8)は，奴隷は自由労働者より2倍も激しく働きうるし，扶養する女や子供の割合もはるかに小さかったと主張した．農耕地ではより激しい労働が可能であった結果として，そこに規模の経済が働くことになった．すなわち，大所有地が創出されるとともにエリートには特別所得がもたらされたが，他方で自由農民はその土地から放逐され，その多くは都市に出てプロレタリアとなり，食べ物や金銭の施し(frumentationes, congiaria および alimenta)で命をつないだ．このシステムは，帝国の拡大が進行し奴隷化が続く限り存続することができた．奴隷の数を維持するには彼らの繁殖力では不十分だったため，奴隷の補充がその後の重大な問題となった．

ベロッホおよびブラントの後を継いで帝国の全域に関する推定値を与える次の体系的な試みは，マッケヴェディとジョーンズ(McEvedy and Jones 1978)によってなされた．彼らは，前400年から後1000年までは二世紀間隔で，そこから1975年まではさらに短い間隔で世界人口の発展をフォローし，時間的な範囲と対象国の範囲について他のいかなる歴史人口統計学者よりも野心的であった．彼らの推定はグラフと地図を用いて，容易に理解しうる仕方で明快に示されている．記述は率直であり，読者にとって親しみやすいものとなった．

後1年に関する彼らの推定値は表1.2に示されている．マッケヴェディは他の歴史人口学の地図書を6冊発行しており，そのうち古代世界の巻(*New Penguin Atlas of the Ancient World*, 2nd edn, 2002)は，われわれの目的から見て最も役に立つものである．

マッケヴェディとジョーンズが出した帝国全体の人口推計(4025万人)は，ベロッホの5400万人の約4分の3である．ヨーロッパについての彼らの総計も小さいが，アジアおよびマグレブの推計はもっと小さくなっている．アジアの

表1.2 アウグストゥス死去時のローマ帝国人口，紀元14年

	Beloch (1886)		McEvedy & Jones (1978)	Frier (2000)	Maddison	
	面積 (1000 km²)	人口 (1000人)	人口 (1000人)	人口 (1000人)	人口 (1000人)	人口密度 (人/km²)
イタリア半島	250	6,000	7,000*	7,000	7,000	28.0
シチリア*1	26	600		600	600	23.0
サルディニアとコルシカ	33	500		500	500	15.2
イベリア	590	6,000	5,000	5,000	4,150	7.0
ナルボネンシス	100	1,500			1,500	15.0
ガリアエ3地域*2	535	3,400			4,300	8.0
ガリア	635	4,900	5,750	5,800	5,800	9.1
ギリシャ半島	267	3,000	2,000	2,800	2,000	7.5
ドナウ諸属州*3	430	2,000	3,050	2,700	3,050	7.1
ローマ帝国	2,231	23,000	22,800	24,400	23,100	10.4
小アジア*4	547	13,000	6,000	8,200	8,000	14.6
大シリア*5	109	6,000	3,050	4,300	4,000	36.7
キプロス	9.5	500	200	200	200	21.1
ローマアジア	665.5	19,500	9,250	12,700	12,200	18.3
エジプト	28	5,000	4,000	4,500	4,500	160.7
キレナイカ*6	15	500	400	400	400	26.7
マグレブ	400	6,000	3,800	3,500	3,800	9.5
ローマアフリカ	443	11,500	8,200	8,400	8,700	19.6
帝国総計	3,339.5	54,000	40,250	45,500	44,000	13.2

注) *1 シチリアとサルディニアを含む．*2 アクイタニア，ルグドゥネンシス，ベルギカ (ベルギーとオランダの半分)．ライン川の西のドイツを含む．*3 スイス(ラエティア)，オーストリア(ノリクム)，ハンガリー(パンノニア)，ユーゴスラビア，アルバニア，およびブルガリアの半分(ダルマティアとモエシア)を含む．*4 ギリシャ諸島を含む．*5 レバノンとパレスチナを含む．*6 トリポリタニアを含む．

出所) 表の第1列と2列は Beloch, p. 507 から，第3列は McEvedy and Jones (後1年について)，第4列は Frier, p. 812 から，ガリアについては p. 59，イベリアについては p. 105，イタリアについては p. 107，ギリシャについては p. 113，ドナウ諸州については pp. 87, 89, 93, 113，アジアについては pp. 115, 135, 139，アフリカについては pp. 223, 225, 227. McEvedy and Jones は後に帝国の一部になった地域には後1世紀に270万人の人々が住んでいたと推定している．その地域と人口はブリタニア 600 万人，ダキア 80 万人，トラキア 26 万人，ナバテアとオスルロエネ約 100 万人であった．その他のヨーロッパには 700 万 km² に 630 万人が住んでおり，すなわち平均人口密度は 1 km² 当たり 0.9 人 (ヨーロッパロシアは 0.4，それ以外は 2.0)であった．

第1章　ローマ帝国とその経済——49

諸属州に関し，ベロッホは1950万人を示したのに対して，マッケヴェディとジョーンズの数値は1000万人も少なかった．ベロッホが，ローマアフリカの人口を1150万人と推定したのに対して，マッケヴェディとジョーンズの推計は330万人少なかった．彼らは違いの理由に関しては詳しく注釈をつけた（キプロスについてはp.115，小アジアについてはp.136，シリアについてはp.140，マグレブについてはp.220，リビアについてはp.224，エジプトについてはp.228）．

　ブルース・フライヤー（Frier 2000）は紀元14年について，3番目となる主要推定値を提示した．それぞれの推計値に対しては尊敬の念を表してではあったが，彼の総計はベロッホのより16%低く，マッケヴェディとジョーンズのより11%高くなっていた．表1.2の私の折衷的な推計値はフライヤーのものに最も近い．

　私は折衷的な推計値にいたる上で以下の如く詳細な考慮を払った．
1. イタリア半島に関して，フライヤーはブラントのおこなった推計を用いた．これはベロッホおよびマッケヴェディとは異なってはいるが，合理的であるように思われる．
2. シチリア，サルディニアとコルシカに関しては何の不一致もない．
3. イベリアに関してフライヤーはベロッホよりも低いマッケヴェディの推計値を用いている．私は，さらに低く，かつ詳細であり文書による証明がよくなされているカレーラス・モンフォールの推計（Carreras Monfort 1996）を用いた．
4. ガリアに関しては，マッケヴェディとフライヤーの推計は事実上同一で，ベロッホの1899年修正版とも符合している．
5. ギリシャについて，私はマッケヴェディを使用した．フライヤーは，ギリシャにアルバニアおよびヨーロッパトルコを含めている．アルバニアはダルマチアの一部で，ドナウ属州に含まれていた．ヨーロッパトルコはトラキアの一部であって，後46年まではローマの属州ではなかった．
6. 私はドナウ地域についてはマッケヴェディの推計を使用した．
7. マッケヴェディとフライヤーは両人とも，小アジアおよびシリアに関するベロッホの推計値は大きすぎると考えている．フライヤーの推計は，ラ

ッセル (Russell 1958: 148) から引き出された．フライヤーの表は総計で1250万人を示しているが，本文 (p. 811) は1200万人としていた．私はこちらを採用した．
8. マッケヴェディとフライヤーは，キプロスに関するベロッホの推計が大きすぎるという点で一致している．
9. フライヤーはエジプトについてベロッホ，マッケヴェディと異なっているが，彼の判断は権威のあるものと見なされてしかるべきである．というのは，彼はその証拠資料をロジャー・バグナル (Bagnall) との共著 (*The Demography of Roman Egypt*, 1994) でより厳しく精査したからである．
10. マッケヴェディとフライヤーは，キレナイカおよびマグレブについてベロッホよりも低い推計をおこなっている．彼らの間にはあまり大きな相違がないので，私はフライヤーの数値を採用した．

人口変動，紀元前300～紀元600年

ベロッホの比較推計は本質的に同時性のものであった．彼はもっぱら後14年の人口水準の推定に集中していた．表1.3および1.4は，前300年から後600年に関するマッケヴェディとジョーンズの推定値，それに後14年から164年に関するフライヤーの推定値を示している．

マッケヴェディとジョーンズは前300年から後1年の年率0.1%の平均成長率，後1年から200年の0.05%への減速，帝国の衰退に応じたそれ以後の激減を示した．後600年の水準は，900年前に比べてわずかに低かった．

フライヤーは彼がカバーした150年間について，帝国の総人口が年率0.17%で増えたと推計した．この数値は後1～200年のマッケヴェディとジョーンズの推定よりかなり高いものである．しかしながら，この成長率には見た目ほどの矛盾はない．フライヤーは帝国のあちこちで人口の10から20%を絶滅させたアントニヌス病すなわち天然痘が大流行し，それ以後も疫病の影響がすぐには無くならなかった状況の直前を調査の終着点に選んだのである．もしこの時の死亡率を15%と想定するならば後200年のフライヤーの数値は5000万人となり，その成長率は年率0.05%となったであろう．フライヤーは，後164年の水準がピークであり，地中海地域では16世紀まで回復しなかったと見なした

表1.3 マッケヴェディとジョーンズの人口変動推計，紀元前300〜紀元600年（紀元14年の境界による）(1000人)

	前300年	前200年	後1年	後200年	後400年	後600年
イタリア	4,500	5,000	7,000	7,000	5,000	3,500
イベリア	3,900	4,500	5,000	5,500	5,000	4,000
ローマガリア	3,750	4,400	5,750	7,500	5,750	4,500
ギリシャ	2,750	2,500	2,000	2,000	1,500	800
ドナウ諸州	2,275	2,550	3,050	3,550	3,450	2,600
ローマヨーロッパ	17,175	18,950	22,800	25,550	20,700	15,400
小アジア	4,500	5,000	6,000	7,000	6,000	5,000
大シリア	2,250	2,600	3,050	2,750	2,200	1,900
キプロス	200	200	200	200	200	200
ローマアジア	6,950	7,800	9,250	9,950	8,400	7,100
エジプト	3,500	4,000	4,000	5,000	4,000	3,000
キレナイカ	250	300	400	500	300	200
マグレブ	2,000	2,200	3,800	4,000	3,600	3,600
ローマアフリカ	5,750	6,500	8,200	9,500	7,900	6,800
計	29,875	33,250	40,250	45,000	37,000	29,300

出所）McEvedy and Jones (1978). 彼らは前400年から始めて200年ごとの数字を示している．私は彼らの後400年と後200年の推計値から補間法で後300年の推計値を出した．数字には後14年以後に征服した属州は除いている．
〔原文では紀元1年の大シリアが3,025となっているが，これでは合計が合わないので，3,050に訂正した〕

表1.4 フライヤーの人口推計，紀元14〜164年(1000人)

	後14年	後164年
イタリア*	8,100	8,700
イベリア	5,000	7,500
ローマガリア	5,800	9,000
ギリシャ	2,800	3,000
ドナウ諸州	2,700	4,000
ローマヨーロッパ	24,400	32,200
小アジア	8,200	9,200
大シリア	4,300	4,800
キプロス	200	200
ローマアジア	12,700	14,200
エジプト	4,500	5,000
キレナイカ	400	600
マグレブ	3,500	6,500
ローマアフリカ	8,400	12,100
計	45,500	58,500
後14年以後に併合された地域		2,700

注）＊ シチリア，サルディニア，コルシカを含む．
出所）Frier (2000: 812, 814).

(Frier 2000: 813). フライヤーの人口水準推計はマッケヴェディとジョーンズより約13%高いが，成長率の点では双方のアプローチは相互に符合しているといえよう．

寿　命

フライヤーは，人口の成長を左右する諸要因(年齢および性別分布，出生時の余命，出生率，移民)を分析するために，近代人口統計学のモデル化技法を使用した．寿命に関する彼の結論は上方にずれているように見える．彼はp.791で「経験的に得られる証拠は，一般的に出生時におけるローマ人の平均余命は通常約25歳あるいはそれ以下という近代の合意を支持している」と結論した．彼はここで，ホプキンズ(Hopkins 1966)の見解を確認しているように見える．それは，ローマ人の寿命は20～30歳としているが，この推定を正当化する証拠は示されていない．実際，フライヤーが挙げた証拠は平均して23歳に近い年齢としているようである．彼は4つの出典をあげている．

1. 年金支払いの計算のための寿命の保険統計の，実際の推定値にもとづく後3世紀のウルピアンの表．フライヤー(Frier 1982)はそれを詳細に分析した．それは出生時における男女共通の平均余命を21歳とし，幅を19歳から23歳としていた．
2. 4世紀のパンノニアの墓地〔複数〕から出た骨の証拠は，ウルピアンの一覧表を厳密に支持するものだった．
3. 北アフリカの墓石〔複数〕は，22.5歳という男女共通の出生時における余命を示唆していた．
4. バグナルとフライヤーの著書(Bagnall and Frier 1994: 109)に見られる300人のエジプト人のセンサス回答という証拠資料は，男女共通の平均寿命が22歳と25歳の間であったことを示した(p.109)．

フライヤー(Frier 2000)は，Coale and Demeny's Model West, level 3(そこでは出生時の余命が女性は25歳，男性は22.8歳である)を，異なる年齢の者から成る歩兵隊の生存可能性を解明するために使用した．Model West, level 2(女性は22.5歳，男性は20.4歳)はより適切と見なされ，バグナルとフライヤーの共著(Bagnall and Frier 1994)に用いられた．

幼児殺しと遺棄(捨て子)について，ローマにはタブーや法的な拘束はなく，フライヤーは寿命を縮める慣習の影響は「無視できない」と認めている．

彼は軍隊の死亡率については述べていない．ダンカン＝ジョーンズ(Duncan-Jones 1994: 35)は，25年の兵役の後に生き残っている兵隊はわずか45％にすぎないと推定したが，これはこのグループの出生時における余命が20年以下であったことを示す．フライヤーは自由民の寿命より相当短かったはずの奴隷の寿命を議論しなかった．しかし彼は奴隷の再生産だけではその人数を維持するには不十分だと推定している．そのためには，毎年2万人の奴隷の流入が必要であると推定した．

フライヤーは，大都市における貧弱な衛生設備や伝染病のマイナス効果を強調したが，その寿命に対する影響を数量化することはなかった．1700年の英国では，出生時の寿命は38歳でローマよりはるかに高かったが，ロンドンでわずか18.5歳，農村地域で41.3歳であった(Woods 2000: 365およびWrigley et al. 1997: 614参照)．都市・農村間に見られる格差はローマ帝国でも同様に際立っていたに相違なかろう．

奴隷の人口，その再生産，および帝国への流入

私はシャイデル(Scheidel 1997: 158)に従い，奴隷は帝国全人口の10％であったと想定する．ブラントは，イタリア半島にいた奴隷は250万人だったと推定した．私は帝国のその他の部分に200万人，平均して人口の5.4％の奴隷がいたと推定する．エジプトについて，バグナルとフライヤー(Bagnall and Frier 1994: 48-9)は，奴隷は人口の11％以下で，そのほとんどが女性の家内使用人であることを発見した．ホイッテーカー(Whittaker 1996: 611)は，ローマアフリカについて論じた．「富者と貧者との依存関係の継続……は，ローマスタイルの輸入奴隷に関する証拠資料がなぜかくも少ないかを説明するはずである」．帝国の他の地域に関しては奴隷比率がどの程度であるか明確ではない．

前3世紀からアウグストゥスの死の頃まで，征服の結果として奴隷人口は増加した．グラント(Grant 1960: 131)は，奴隷流入の規模と源泉について次のように指摘した．

戦勝の結果として，奴隷の大波がいたるところからローマへと押し寄せた．

たとえば，第1次ポエニ戦争での奴隷化された捕虜は7万5000人，第2次戦争の結果，ただ一つの都市（タラントゥム）から3万人，また，セレウコス朝の王アンティオクス3世にローマが勝利して（前189〜188年）後の多数のアジア人，前167年のエピルスからの1万5000人の奴隷，マリウスのゲルマン人に対する勝利（前102〜101年）の後のこれと同数の奴隷，カエサルのガリア戦役における勝利による50万人近い奴隷が存在した．奴隷はカプアやデロスといった大規模な奴隷市場で売られた．有力なローマ人と協働して地中海を荒らし回っていた海賊の誘拐者，貧窮した農民の幼児遺棄や販売がたえず市場への供給を続けていた．

　シャイデル（Scheidel 1997）とハリス（Harris 1980 and 1999）は，ひとたび征服による奴隷流入が漸減した際の，奴隷数維持のための奴隷再生産の重要性に関しては意見を異にしていた．シャイデルは，奴隷の死亡および解放による減少の穴埋めに必要な諸力について詳論するために，人口統計学のモデルを使用した．彼は3つの異なったシナリオを検討し，奴隷再生産は奴隷の必要な補充の80％以上をカバーするのに適合的であったと結論づけた．シャイデルは年間「1万4000人の若い蛮族」の輸入があれば，奴隷の数を維持するに十分であるとした．これはフライヤーが示唆したよりも低かった．ハリス（Harris 1980）は，奴隷の人口を安定的に維持するには年々5％の輸入が必要であると推定した．奴隷人口が450万人——これは私の推定値だが——であれば，年々22万5000人の奴隷の輸入が必要となる．輸入の必要性に関するシャイデルの推計は低すぎ，ハリスのそれは高すぎるようだ．

　再生産による奴隷の更新は南北戦争前のアメリカ奴隷経済に普及しており，条件が同じであれば，ローマのケースでもあり得たかもしれない．いくつかの点で，奴隷の状態はカリブやブラジルよりもローマ帝国の方が良かった．気候はより良好であった．教育を受けたり熟練技を身につけた奴隷は解放を買い取り，アメリカでのように人種的烙印を押されることなくローマ市民となることができた．

　他方，フィンリー（Finley 1971）が示したように，ローマの奴隷はその多くが足枷をつけられ，鞭打たれて農業や鉱山の非常に骨の折れる労働をおこなった．彼らは「最も初歩的な社会的絆である血族関係さえ認められず」，結婚するこ

表1.5 アメリカでの奴隷と非奴隷の生存状況

		流入数 1500〜1820年 (1000人)	1820年の 人 口 (1000人)	比 率 (第2列/第1列)
カリブ	白人	450	554	1.2/1.0
	黒人	3,700	2,400	0.6/1.0
ブラジル	白人	500	1,500	3.0/1.0
	黒人	2,600	2,500	1.0/1.0
米 国	白人	718	7,884	11.0/1.0
	黒人	400	1,772	4.4/1.0

注) 1820年の黒人数にはムラートを含む.
出所) Maddison(2001: 35-38), Maddison(2003: 115).

とはできず,もし家族ができたらそれは所有者が売却することで消された.前71年のスパルタクスの奴隷反乱の後,6000人の奴隷が磔になった.奴隷所有者が奴隷のうちの1人によって殺されたとき,女性および子供を含む400人の奴隷全員が,元老院の決定により共同の罰として死刑になったという後61年に起きた事件が,タキトゥスによって描写された(Finley, pp.75, 102参照).大量の奴隷が,公共の娯楽という陰惨な形をとって格闘競技場で殺害された.これらすべての点から見て,彼らはブラジルやカリブの奴隷よりも苦しい状態だった.そのため帝国による征服が先細りになってきたとき,奴隷の補充が深刻な問題として浮上した.

表1.5は,カリブ,ブラジル,米国で奴隷および白人植民者がどの程度まで自己再生産できるか,その程度の相違について大まかなイメージを与えてくれる.

都市化

都市化は征服した人口を同化させるための重要な道具であった.

ローマは植民都市すなわち戦略的地点の要塞化された都市植民地を建設し,征服地域の領土的支配を強化した.そこには当局によって指名されたローマ市民や退役兵士たちが住まわされた.それはローマが奪った土地に建設され,標準的な直線道路の格子状に設計された.2本の主要道路,南北の大通りと東西の大通りは,公共広場のある市の中心で交わり,広場の近くには他の公共建造

物(バジリカ,法廷,神殿)も配置され,その外郭には市の門があった.それらはむろんローマのミニチュア複製を意図して造られた.土地台帳の調査がおこなわれ,土地割当の標準化が分領化として知られる手続きでおこなわれた.都市建設者はまた水の供給を確保した.サーモン(Salmon 1969: 159-64)はイタリアで 136,帝国のそれ以外の地域で 272 の植民都市をリストアップしている.

　都市化はまたエリートの生活様式の主な特徴でもあった.都会の施設は公金で賄われることも,裕福な支配エリートのポケットマネーから提供されることもあった.都市生活を可能にする水道橋,浴場,噴水,公衆トイレ,下水道,排水設備,倉庫,穀物貯蔵所,市場,墓地,刑務所などに大規模な投資がおこなわれた.道路,橋,港,運河がそれらを利用しやすくした.司法と防衛の確保のために裁判所,法廷,要塞,市壁があった.円形大競技場,体操場,競技場,劇場,図書館,円形劇場,バジリカが娯楽と教養に供された.目をひく公共建造物――宮殿,神殿,議事堂,凱旋門,彫像,柱廊通り,霊廟など――は,支配エリートの地位および権威を補強し,また宗教的な必要を満たした.ローマにはこれらすべての要素が巨大な規模で存在していた.「それらが示す建築上の諸要素や諸機能は,どこでも驚くほど似ていた.費用を顧みない方式によるこれらすべてのものは,帝国文明の最高の抱負を表していた」(MacMullen 1980: 57).

　こうした重厚な公共構造物は,ローマの技術および工学の高度化によって可能だった.彼らは初めてポッツォラーナ(火山塵)を利用する防水セメントを開発した.これは驚異的な強さを持っており,巨大な円天井を支えることができた.最も印象的なものは後 118 年から 125 年に建てられたパンテオン神殿である.その円天井建築は 43 m の直径と高さをもち,現在もなお立っている.

　ローマの都市化についてはいくつかの資料はあるが,都市と小さな集落を明確に区別するのは容易ではない[1].ホプキンズ(Hopkins 1978a: 69-70)は,「大きな村と町との区別は恣意的であり,古代世界ではときに不明瞭であった」と強調した.実際に帝国の行政は,大部分がある程度の自治権をもった都市の当局に委ねられていた.彼らは周辺の農村地域に関してもまた責任を負わされていた.

　後の都市化の経験と比較することを目的に,基準として住民数 1 万人以上の

表1.6 ラッセルによる帝国50都市の推定規模　(1000人)

イタリア		スペイン		エジプト	
ローマ	350	カディス	65	アレクサンドリア	216
カプア	36	テラゴナ	27	オクシリンクス	34
ピサ	20	コルドバ	20	メンフィス	34
カタニア	18	メリダ	15	ヘルモポリス	24
ナポリ	15	カルタヘナ	10	アルシノエ	20
ボローニャ	10	パンプロナ	10	アンティノエ	16
小アジア		シリア		ヘリオポリス	14
スミルナ	90	アンティオキア	90	北アフリカ	
エフェソス	51	アパメア	37	カルタゴ*	50
ニコメディア	34	ダマスクス	31	ルシカデ	20
アンキラ	34	ボストラ	30	キルタ	20
ペルガモン	24	ティーレ	20	ハドレメントゥム	20
キジクス	24	バールベク	13.5	シッカ V.	16
ニュテイレネ	23	シドン	12	トッガ	13
ニカエア	18	イェルサレム	10	ティスドルス	10
アンティオケイア	17	ギリシャ		ヒッポ・レギウス	10
ミレトス	15	コリント	50	ランブレシス	10
イサウラ	12	アテネ	28		
トレビゾンド	10				

注)　* ラッセルはカルタゴについて3万5000~5万の幅を示しており，私は彼の上限をとった．
出所)　Russell(1958: 65-83)．私は彼が1万人以下と推定した都市や，紀元後の最初の世紀より後の時期に関わる都市をすべて除外した．

町を都市としたい．

　ローマ帝国の町の大きさに関する最も詳しい量的推計はラッセル(表1.6参照)のものである．彼の推計値は，1万人ないしそれ以上の人口を持つ都市を，より小さな集落から区分することを可能にする．この都市概念に当てはまるラッセルの都市人口全体は約180万人であり，帝国人口4400万人に占めるその割合はわずか4.1%にすぎない．しかしながら，彼には明らかに少なめに評価する傾向があった．ローマ市の人口の彼の数値はブラントの半分であり，アレクサンドリアの人口はバグナルとフライヤーの推計値の半分であった．

　ゴールドスミス(Goldsmith 1984: 272, footnote 49)は，ローマ市の人口は100万人，それ以外のイタリア半島には，住民数5000人以上の30都市に30万人，もっと小さな400の「都市」にさらに30万人であったとした．彼はこの数値

を若干低い150万人に抑え，都市部の比率を彼の全人口推計値700万人の21%超とした．もし，ローマ市の人口75万人というブラントの推計を採用し，他の諸都市の推計を人口1万人以上の都市に限定すれば，イタリア半島の都市人口は全部でおそらくほぼ100万人に，都市の比率は14%になったであろう（1800年のイタリアの水準とほぼ同じ（表1.7参照））．

ゴールドスミスは，帝国の残りの地域の都市比率は，彼が4800万人と推定した全人口の11.5%，550万人であるとした．もしイタリア半島以外の全人口の私の推計値3700万人に彼の比率を適用すれば，彼の合計は420万人に低下するだろう．彼は10万人以上の人口を持つ9つの都市に300万人が住んでいたと推定した．これは多少誇張された数値であるかもしれない．それでもなお，1000人以上の住民をもつ3000の小都市の人口250万人は都市人口として扱われるべきだ，という彼の提案よりは受け入れやすい．われわれの削減基準を用いれば，後のグループは削除される．属州の都市住民の総計は300万人で，われわれの数字3700万人の8%というのがより適切だと思われる．

属州の中ではエジプトが最も都市化されており，最もよく記録が残されていた．バグナルとフライヤー（Bagnall and Frier 1994: 54-55）は，彼らがカバーした時期（後1世紀から3世紀）におけるアレクサンドリアの人口を約50万人と推定し，地域の大都市（metropoleis）〔複数〕についてラスボーンの推計を引用した．これらのうちヘルモポリスは約3万7000の人口をもち，そのほかにそれより大きい4もしくは5つの都市が存在した．私は彼らの研究から，エジプトに約80万人——全人口の約18%の都市住民がいたと推論する．これを差し引くと，その他の属州は220万人——全人口の7%となる．このことから帝国全体の都市総人口は400万人——帝国全体の平均的な都市人口の比率は9%ということになる．

これを表1.7の西ヨーロッパ，中国，日本の標準化された推計と比較するのは興味あることである．

ローマ帝国の比率は1700年の西ヨーロッパのそれとほぼ同じであった．1700年の西ヨーロッパの1人当たりGDP約1000ドルに比べ，おおよそ570ドルにすぎなかった帝国（表1.12参照）としては高水準の都市化率であった．

しかしながら，諸国間における都市化率の差異は1人当たり所得の相違だけ

表1.7　ヨーロッパとアジアの都市化率，1500〜1890年
（人口1万人以上の都市の人口が総人口に占める割合）　(%)

	1500年	1600年	1700年	1800年	1890年
ベルギー	21.1	8.8	23.9	18.9	34.5
フランス	4.2	5.9	9.2	8.8	25.9
ドイツ	3.2	4.1	4.8	5.5	28.2
イタリア	12.4	15.1	13.2	14.6	21.2
オランダ	15.8	24.3	33.6	28.8	33.4
ポルトガル	3.0	14.1	11.5	8.7	12.7
スカンジナビア	0.9	1.4	4.0	4.6	13.2
スペイン	6.1	11.4	9.0	11.1	26.8
スイス	1.5	2.5	3.3	3.7	16.0
イングランドとウェールズ	3.1	5.8	13.3	20.3	61.9
スコットランド	1.6	3.0	5.3	17.3	50.3
アイルランド	0.0	0.0	3.4	7.0	17.6
西ヨーロッパ計	**5.8**	**7.9**	**9.5**	**10.2**	**29.6**
中　国	3.8	4.0	n.a.	3.8	4.4
日　本	2.9	4.4	n.a.	12.3	16.0

注と出所）　1650年の西ヨーロッパ諸国はde Vries (1984: 30, 36, 46)から．西ヨーロッパ計は加重平均．中国と日本はRozman (1974)を1万人以上の都市について調整，Maddison (1998: 33-36)参照．de Vriesの労作の大きな長所は，すべての国について同様の下限，すなわち住民1万人以上という下限を設けていることである．残念なことに彼の推計値は1890年以後まで延長して更新するのは困難だということである．正式の国連調査では相互に比較できる下限単位は50万人以上の都市であり，それ以下の都市については都市と農村集落とを区別する下限が明らかにされていない．(a)それは数量化を妨げる行政的および法制的考慮を反映しているからであり，また(b)数量的にはっきり区切っている場合，その基準に違いがある——デンマーク，ノルウェー，スウェーデンの200人から，オーストラリアとカナダの1000，アイルランドの1500，フランス，ドイツ，オランダの2000，中国と米国の2500，日本の4000，ベルギーとインドの5000，イタリア，ポルトガル，スペイン，スイスの1万人まである．国連人口部の*World Urbanization Prospects*, 2003 (ed), New York, pp. 111-28参照．

に関連しているわけではない．1800年に中国の1人当たりの所得は約600ドルで，その都市化率は3.8%であった．日本では1人当たり所得は650ドルで，都市化率は12.3%であった（これらの比率については表1.7を，1人当たり所得についてはMaddison 2003: 262参照）．中国と日本という二分法は政治体制の相違による．中国は，農民に課される租税から収入を得，農村の発展を追求する帝国官僚制によって運営されていた．日本では，幕府の軍事政体が大名およびその侍たちに，それぞれ280の領地内の一つの城下町だけに居住することを強制し，以前持っていた農業経営上の役割を放棄することを強制した．大名は一定期間

を首都江戸ですごし，従順な振舞いを担保するための人質として，彼らの家族を常時江戸に住まわせなければならなかった．影の薄い天皇および朝廷は京都に閉じ込められていた．1800年に日本は3000万の人口を持っていた．首都江戸は100万人，大坂と京都はそれぞれ約30万人，金沢と名古屋は10万人以上の人口を擁していた(第3章参照)．

ローマの所得

紀元14年の帝国の所得計測

注目に値する2つの推計がある．1つは優れた社会学者で古代史教授のキース・ホプキンズ(1934～2000)によって作成されたものである．ホプキンズ(Hopkins 1980)は食料，衣類，光熱，住宅の各項目で見た1人当たりの生活水準に関する大まかな推計(pp. 118-20)を含む，帝国経済に関する印象的な一覧表を提示した．彼はこれらの品目全体の推計を小麦単位(年1人につき250 kg)で表現した．実際の小麦消費量が220 kg，衣類は15 kg小麦単位，さらに光熱・住宅が15 kg単位と推定された．ホプキンズは3分の1(彼自身は4分の1と述べている)を種子用として追加し，後14年における帝国の人口は5400万人というベロッホの推計を乗じた．種子は最終生産物というよりむしろ中間生産物なので，ホプキンズはそれを消費として扱うべきではなかった．いずれにせよ，彼はあまりに多くを種子用と考えた．もし種子の割合が4分の1だったならば，それは55 kg(1人当たり220 kgの小麦消費の25%)となったはずである．ホプキンズ(Hopkins 2002: 198)は年1人当たり250 kgの3分の1(83.3 kg)を種子用とみなしている．衣類，住宅の生産は種子の投入を必要とはしない．

ホプキンズ(Hopkins 1980)は，むしろあっさりと，帝国の粗生産物は彼の示す最低生活費の2倍弱の水準に落ち着くとした．彼はその推定値を1995/96年に改訂し，その際に人口を6000万人と想定し，実際の生産高は彼の最低水準より50%高いと推計した．彼はゴールドスミスの論文(1984)についての侮蔑的な謝辞を書き，ゴールドスミスの推計値が「すべて以前の学問的な推計値の平均にもとづいているので，誤りに陥りやすい」と述べた．

第2の推計は，数量歴史学者・経済学者，数カ国語に堪能で愛書家で，国民

表 1.8 ゴールドスミスの GDP(支出と所得)推計値,紀元 14 年の帝国全体

	支　　出			所　　得	
	1人当たり HS	GDP (100万 HS)		総所得に対する %	GDP (100万 HS)
小　麦	112	6,160	労働所得	83	17,380
その他の穀類	18	990	エリート所得	17	3,520
その他の食料	70	3,850	総所得	100	20,900
その他の消費	150	8,250			
総個人消費	**350**	**19,250**			
政府と投資	30	1,650	従業者	2200万	
総GDP(支出)	**380**	**20,900**	人　口	5500万	

注) ローマの鋳貨制度はセステルティウスから成っており,セステルティウスは2.5アスと等価である(それゆえ略語は2と半分を意味するHS). 4セステルティウスは1デナリウスに等しい. 金8gの価値を持つアウレウスは100セステルティ(25デナリ)であった.
出所) Goldsmith(1984: 273).

　所得,金融構造,資本形成,株式資本の比較分析に大きな貢献をしたレイモンド・ゴールドスミス(Raymond Goldsmith, 1904~88)によって作成された. 彼はきわめて遠い過去の時間にさかのぼって比較分析をおこなった. ローマ帝国の規模と構造に関するゴールドスミスの論文(1984)は,ペリクレス時代のアテネ,アウグストゥス時代のローマ,アッバース朝カリフ国,オスマンおよびムガル帝国,徳川日本,メディチ家のフィレンツェ,エリザベス時代の英国,オランダ共和国の金融システムに関する広範囲に及ぶサーベイ(Goldsmith 1987)の第1分冊であった. ゴールドスミスの推計値は実際のGDP(国内総生産)であり,最小所得ではなかった. 彼の方法はホプキンズと比べて国民勘定計算規約にのっとる点や計数の点でより筋が通っていた.

　ゴールドスミスは,表1.8に見られるように消費の側から国民所得を推定し,次に収入の側から見ても一致することを示した.

　彼は帝国の人口を5500万人と想定した. ゴールドスミスの基礎的な推定値が1人当たり所得のためであったように,たいていの目的にとって人口の数値は重要なものではない. 表1.9で私は彼の数値を調整し,4400万人という私の人口推計値を用いた.

　ゴールドスミスはホプキンズと同様,彼の推計値を国別,地方別には示さなかった. イタリア半島の1人当たりGDPが他の属州よりもいちじるしく高い

表1.9 ゴールドスミスによるGDP推計値のマディソン修正版，紀元14年の帝国全体

	支	出		所	得
	1人当たり HS	GDP (100万HS)		総所得に対する%	GDP (100万HS)
小　麦	112	4,928	労働所得	74	12,314
その他の穀類	18	792	エリート所得	26	4,406
その他の食料	70	3,080	**総所得**	**100**	**16,720**
その他の消費	130	5,720	従業者	1780万	
総個人消費	**330**	**14,520**	奴隷と生計維持費	360万	1,080
政府と投資	50	2,200	無償労働と所得	1420万	11,284
総GDP(支出)	**380**	**16,720**	人　口	4400万	

注) 1人当たり支出の最初の3項目は表1.8の数字に5500万でなく4400万を乗じたもの．私は政府の支出と投資はゴールドスミスより相当大きいと想定し，それに応じて「その他の消費」を削減した．ゴールドスミスと同様に私も総所得は総支出に等しいと想定したが，所得分配の扱いは彼より詳細であって彼とは異なっている．

と思われるだけに，これは残念である．そこでは比較的多くの奴隷労働を用いていたため，人口1人当たりの労働投入量は多かった．道路，港湾などのインフラがよく整備され，大量の穀物輸入の国で農業の特化がより進んでいたのだから，労働生産性はより高かったはずである．

　イタリア半島のGNP(国民総生産)とNDI(国民可処分所得)はGDPよりも高かった．諸州から大量に流入するさまざまな貢納や租税収入を国家が受け取り，エリートグループは属州で得た所有地から相当な額の地代を受け取ったからである．元老院議員たちも公式の報酬，臨時収入，官職の役得からの多額の収入を得ていた(たとえばキケロはキリキアの，プリニウスはビテュニアとポントスの，サツルスティウスは新しいアフリカの総督，タキトゥスはアジアの地方総督)．乗馬関連事業者は公共事業の契約者あるいは徴税請負人として利益を得ていた．こうした移譲分の負担のため，帝国の残り部分の可処分所得はそのGDPよりも低かった．

　近代の国民経済計算における公式の用語法では，国内総生産(GDP)は支出額，生産における付加価値額，または一国内で生み出された所得額に等しい．国民総生産(GNP)は，GDPに世界の他の地域からの資産取引と労働所得の純受け取りをプラスまたはマイナスしたものに等しい．国民可処分所得(NDI)は，GNPに世界の他の地域から貨幣もしくは現物で受け取る純経常移転額をプラ

スまたはマイナス(これらには租税や貢納穀物を含む)したものである(*System of National Accounts 1993*, Eurostat, IMF, OECD, UN, and World Bank 参照).

　私はGDP総額のゴールドスミスの推計値を受け入れたけれども, (i)エリート層の所得推計値が低すぎるのを修正し, 自由人と奴隷の労働所得を区別した(表1.9). (ii)彼の推計値は帝国全体に関するものである. 私はイタリア半島(本国)と帝国のその他地域のGDPとの別々の推計を作成した. 私は, イタリア半島の1人当たりGDPは帝国の他の地域よりも50%高いことを発見した(表1.10). (iii)それらの地域のNDI(国民可処分所得)水準を別々に計測するため, 帝国の他の地域からイタリア半島へ流れる租税および移転分の大まかな数量化をおこなった. それにより1人当たりNDIの平均は本国の方が3分の2ほど高いことがわかった. (iv)ゴールドスミス(Goldsmith 1984: 280)はグレゴリー・キングが推定した1688年の英国の1人当たり所得水準と比較することによって, ローマ帝国の1人当たり所得水準についての時系列的な動向をとらえようとした. 私はローマの推計値を, 後の第5章にあるキングの成果に関する私の分析と連結させることにより, この手がかりをさらに追跡しようとした. こうして私は, 1990年ゲアリー＝ケーミス・ドル(GKドル)でローマ人の1人当たり所得水準を推計することができた. (v)最後に, 帝国の異なった属州における1人当たり所得水準の推計値を同一の様式で推測できた(表1.11, 1.12参照).

ゴールドスミスの支出勘定とマディソンの修正

1. ゴールドスミスは, 成人男性の年1人当たり小麦消費量を50モディイ＝337.5 kgとし, 女性と子供を含む全人口では1人当たり平均253 kgと想定した.
2. 小麦の価格は1モディウス当たり3 HS(*sestercii*)〔1 HS＝ローマの銀貨1セステルティウス〕, すなわち1 kg当たり0.441 HSとした.
3. したがって, 年1人当たりの小麦費用は112 HSであった. 量が明記されていない大麦をも含む全穀物消費は, 年1人当たり130 HSかかると彼は想定した.
4. 穀物は食料消費の65%であるとされた. この割合に関する彼の根拠は, 1951年から61年のインドの数値に近かったからだという.

5. こうして彼は，1人当たりの食料消費費用は 200 HS と想定した．そのうえで食品以外に 75%，150 HS を加え，これが 1688 年のイングランドとウェールズにおける割合とほぼ同じだったと論じている．これにより1人当たりの消費支出総額は 350 HS となった．
6. 彼は政府消費が GDP の約 5% であることを示し，投資に 3% 以下を見込んだ(pp. 283-4)．両費目に関する彼の推定値はいずれも低すぎると考えられる．

私は低すぎると思われるゴールドスミスの「政府と投資」の推定値を修正した．この費目に関する私の推計はゴールドスミスの GDP の 8% に対して 13% であった．対応して「他の消費」の彼の推計を減額した．

私は政府消費の推定値をホプキンズおよびラスボーンから引き出した．ホプキンズ(Hopkins 2002: 199-200)は，政府の軍事支出が後1世紀の中頃に約4億5000万〜5億 HS であったとした．ラスボーン(Rathbone 1996: 312)は，この時期の全帝国支出の半分弱が軍事関連のものであったとしている．したがってこの時期の政府支出は約 11 億 HS に達したであろう[2]．

総投資支出に関しては確かな証拠資料はほとんど存在しない．しかし華麗な都市，道路，船舶，港湾，穀倉，水道橋などに深く関与する経済にあっては，その投資額の対 GDP 比率が 1688 年の英国よりいちじるしく低かったということはありえない．そこで私は，GDP に対する総投資額の比率を 6.5% と推定した．

私はゴールドスミスの労働所得の推計値を引き下げ，エリート層の所得推計を引き上げて，彼の所得推計にさらに大きな修正をおこなった．

ゴールドスミスは自由民と奴隷の労働を区別しなかった．彼はすべての就業者が1日当たり 3.5 HS を受け取り，1年に 225 日働くと想定し，平均年収 790 HS 得るものと想定した．すべての就業者が平均 1.5 人の被扶養者を持っていたとして，年1人当たりの平均所得は 315 HS と想定した．彼はすべての労働者が 140 日の非労働日を持つものと想定した．奴隷の所得はおそらくもっと低く，扶養家族はより少なく，年間労働日数はより多かったと思われる．私は自由民の就業者比率は 36% であり，労働者1人当たりの被扶養者は 1.8 人であると想定した．また，シャイデルにしたがって，帝国人口の約 10% が奴隷(450

万人)であり，彼らの5分の4(360万人)は0.25人という低い扶養比率で労働していたと想定した．ゴールドスミスは，彼の5500万の人口の40%(2200万人)が就業していたと想定した．私も同じような比率[3]を想定したが，労働投入の強度の点で奴隷労働と非奴隷労働投入の強度を区別した．私は奴隷の平均生計費(0.25人の扶養家族を含む)は300 HSだったと想定した．

ゴールドスミスのエリート層の所得(全体の約17%)推計の根拠は説明されなかった．それはたんに，総額から労働所得を差し引くことによって得られた残余にすぎなかった(Goldsmith 1984: 273参照)．彼の総額35億2000万 HS(表1.8の)は pp. 276-9の43億500万 HSとは矛盾している．エリート層の所得の私の推計は総額の26%である．

イタリア半島とローマ帝国のその他の地域との所得水準の相違の算定

ゴールドスミスの所得算定に対する私の修正には重要な意味がある．というのは，それによりイタリア半島とそれ以外の帝国地域との分離が可能だからである．ゴールドスミスの所得算定はきわめて単純であった．彼は自由人と奴隷との区別をすることなく労働所得を推定し，資産所得はその残余とした．労働報酬は1日につき3.5 HSとみなされ，労働日は年225日と想定した．このようにして年1人当たり労働報酬の平均が790 HSとされた．彼は労働者1人当たりの扶養家族を1.5人と想定したので，労働から得られる年1人当たりの平均所得は315 HSだった．

労働者の所得

奴隷は帝国人口の10分の1を占め，労働力投入の5分の1近くを提供した．奴隷の比率はイタリア半島で最も高く，人口の3分の1で労働力投入のおよそ半分を占めていた．私の計算でこれら2つの比率が異なるのは，奴隷たちが有する女性および児童の扶養者の割合が自由労働者よりもはるかに小さいという事実にもとづく．

労働する奴隷の平均生計費(奴隷の扶養者の費用を含めて)は，年間300 HSと想定された．360万人の労働奴隷を維持するための費用総額は10億8000万 HSであった．

私の推定によると，自由労働者は自由市民人口の 36%(1420 万人)であり，平均して年 1 人当たり 790 HS の賃金(ゴールドスミスと同じく)を受け取り，その賃金総額は 112 億 3400 万 HS であった．かくて労働所得総額(奴隷および奴隷以外の)は 123 億 1400 万 HS であった(表 1.9 参照)．

エリート層の所得

　ゴールドスミスはエリート層の所得および財産を推定した(pp. 277-8)．いずれに関しても，イタリアの方が帝国の他の部分を構成する 36 属州と比べて高いという結果を得た．彼はエリートを社会的地位で 4 層に区分した．ローマ人の社会的身分と地位は，多くの他の社会以上に資産能力と密接かつ明白に連動していた．上流階級の所得の大半は，奴隷所有を含む資産保有から得られたものである．そのうちのいくらかは職業的稼得や役職からの所得であったが，私はそれらを労働所得には分類しなかった．

　ゴールドスミスはエリート層が資本財から 6% の収入を得たと想定した．皇帝は少なくとも 1500 万 HS の年収を得ていた．元老院議員になるための最低資産資格は 100 万 HS を所有していることであった．ゴールドスミスは，エリート層の平均資産は 250 万 HS で，15 万 HS の平均所得を得ていたと推定した．その結果，元老院議員 600 人の所得総額は 9000 万 HS となる．彼はまた，帝国には 4 万人の騎士(エクイテス)がおり，彼らは平均 50 万 HS の財産および 3 万 HS の平均所得，総額で 12 億 HS の所得を得ていたと推定した．この騎士身分の 60% はイタリアの住民とされた．彼は帝国の 3000 の都市には 36 万人のデクリオネス(市参事会員)が住んでおり，総額 30 億 HS の所得(1 人当たりでは 8333 HS)を得ていたと推計した．

　私は最初の 3 つのグループに関して彼の推計値を受け入れたが，市参事会員の数については 24 万人に減らした．なぜなら帝国人口の私の推計が彼より低く，彼が都市化の度合いを誇張していたからである．彼にとってはエリート層の所得は GDP の 17% であったが，私は 26% だった．

　私は，皇帝および元老院議員のすべての所得，騎士所得の 60%，市参事会員所得と地位による区分の不可能な資産所得の 3 分の 1 がイタリア半島で生み出されたと想定した．その結果，イタリア半島のエリート層の所得総額は 18

表 1.10 地域別に見た労働者とエリートの所得，紀元 14 年

(I) 労働所得

	人口 (1000人)	活動者の 割合	従業者 (1000人)	労働者1人当たり所得 (HS)	所得総額 (100万HS)
自由民	4,500	0.36	1,620	790	1,280
奴隷	2,500	0.80	2,000	300	600
イタリア半島計	7,000	0.52	3,620	519	1,880
自由民	35,000	0.36	12,600	790	9,954
奴隷	2,000	0.80	1,600	300	480
帝国のその他地域計	37,000	0.38	14,200	735	10,434
自由民	39,500	0.36	14,220	790	11,234
奴隷	4,500	0.80	3,600	300	1,080
帝国計	44,000	0.405	17,820	691	12,314

(II) エリートの所得(100万HS)

	帝国計 人数	帝国計 所得	イタリア半島 人数	イタリア半島 所得	帝国のその他地域 人数	帝国のその他地域 所得
皇帝	1	15	1	15	0	0
上院議員	600	90	600	90	0	0
騎士	40,000	1,200	24,000	720	16,000	480
市参事会員	240,000	2,000	80,000	667	160,000	1,333
その他	50,000	1,101	17,000	366	33,000	734
エリート計	330,601	4,406	121,601	1,858	209,000	2,548

(III) 総 GDP(100万HS)

	帝国全体	イタリア半島	帝国のその他地域
労働者	12,314	1,880	10,434
エリート	4,406	1,858	2,548
計	16,720	3,738	12,982

(IV) 平均1人当たり GDP

	帝国全体	イタリア半島	帝国のその他地域
紀元14年 HS	380	534	351

(V) 平均可処分所得

	帝国全体	イタリア半島	帝国のその他地域
紀元14年 HS	380	571	344
1990年 GKドル※	570	857	516

〔※「GKドル」はゲアリー=ケーミス・ドルの略語〕

億 5800 万 HS, 帝国のそれ以外の地域のエリート層の所得総額は 25 億 4800 万 HS となった. 労働所得はイタリア半島では 18 億 8000 万 HS であり, 帝国のそれ以外の地域では 104 億 3400 万 HS であった. 700 万人および 3700 万人というそれぞれの人口で割ってみると, イタリア半島で産出される 1 人当たり所得の推計値は 534 HS, 帝国のそれ以外の地域のそれは 351 HS, そして帝国全体のそれは 380 HS となった(1990 年のゲアリー=ケーミス・ドル†を単位とする比較もおこなっている表 1.10 の最下部の行参照). これらの推計値は生み出された所得を示しているが, 以下に見られるように, イタリア半島は帝国の他の部分から転送される所得からも利益を得ていた.

税と貢納の影響

表 1.10 のイタリア半島と属州とへの所得の配分は, 国家への移転と貢納の純流動が考慮されていない.

共和制時代には貢納の属州から本国への純流入は, その多くが戦利品, 戦争賠償金の形をとっており, 大まかに査定された「諸税」がローマの徴税請負人によって集められていた. ジョーンズ(Jones 1974: 114-15)は次のように列挙している. すなわち, 第 1 次ポエニ戦争後の平和協定の下では 1 億 1400 万 HS の 10 回分割払い, 第 2 次戦争後は 2 億 4000 万 HS の 50 回払い, 前 206〜196 年にはスペインから戦利品として 2 億 8000 万 HS, 前 189 年にシリアから 3 億 6000 万 HS の 12 回払い, 前 58 年にキプロスから 1 億 6000 万 HS, そしてカエサルのガリア征服から 4000 万 HS. 自分の征服がアジアからの貢納流入の年額を 3 億 4000 万 HS に増やした, というポンペイウスの主張も引用している. 前 167 年にイタリア半島で土地税および他の直接税が廃止されたのは, これらの貢納の流入があったからである. この免税は, カラカラ帝が後 212 年に帝国のすべての自由住民に市民権を拡大するまで破られず, ディオクレティアヌス帝の時代までは完全に消滅することはなかった.

アウグストゥス治世の終わりまでに征服過程はほぼ完了し, 戦死傷者の数はずっと減少した. 戦利品や戦争賠償金は, 土地税や人頭税からの本国へのより定期的な流入にとって代わられた. 担税能力は各属州の住民数, 彼らの富の量と源泉に関する情報を提供するセンサスによって査定された. 税は徴税請負人

よりも国家の税務当局によって，はるかに効率的に徴収されるようになった．

いくつかの属州では，本国の軍事支出のほうがおそらく国家が受け取る税や貢納の額よりも大きかったであろう．後14年，諸属州には25軍団が駐屯しており，総勢約15万の軍隊であった．費用の大半はローマ帝国当局の負担であった．ほぼ同数の軍隊が補助戦力として配置され，その費用はほぼ完全に属州の負担であった．

8軍団がライン川の前線を蛮族の侵入から守るためにガリアに駐屯していた．7軍団がドナウ諸属州の長い前線を防衛していた(Keppie 1996参照)．これらの属州は本国にとってはおそらく資産の純流出源に見えたであろう．主要な純貢納地域はエジプト，北アフリカ，シチリア，スペイン，南ガリア，西アジアであった(Hopkins 1980: 101参照)．数量化が最も容易な寄与額は，エジプト，北アフリカ，シチリアからの穀物貢納の流れであった．先に引用した資料から，エジプトからの年々およそ13万5000トン，北アフリカからは10万8000トン，シチリアからは2万250トン，総計で年26万3250トンの流入のあったことがわかる．1kg当たり0.441 HSというゴールドスミスの価格で計算すると，当時その総額は1億1600万HSとなる．この額はイタリア半島の可処分所得を3.1%増加させたはずである．また北アフリカおよびスペインからの貢納として大量のオリーブ油の流入もあった．アジアの属州はかなりの量にのぼる現金貢納の純流入をもたらしており，ダンカン＝ジョーンズ(Duncan-Jones 1994: 53)はエジプトの場合もそうであったことを示している．帝国には貴金属の最大の生産者であったスペインの鉱山からの所得があった．現金と現物による貢納の純流入総額は，イタリア半島の可処分所得を40億HSに押し上げ，すなわちGDPを約7％引き上げた．1人当たり可処分所得は約571 HS．属州の可処分所得は2％落ち，1人当たりの平均所得は344 HSに低下した．かくてイタリア半島の1人当たり可処分所得は帝国の他の地域よりも3分の2ほど高かった．

ローマ帝国の収入の時代別比較

ゴールドスミス(Goldsmith 1984: 280-1)は，後14年のローマ人1人当たり所得水準を，金と小麦を代替価格基準として使って，1688年のイングランドおよびウェールズの1人当たり所得水準と比較した．私は同じような手続きをと

り，後 14 年のローマの実績を 1990 年ゲアリー＝ケーミス・ドルで表すために，1688 年の数値を連結環として使用した．

1. 後 14 年のローマと 1688 年の英国との金単位の比較．ローマでは 100 HS は金 8 g に相当する 1 アウレウス金貨に等しかった．そのため，帝国全体の 1 人当たり 380 HS という平均所得は 30.4 g の金に等しかった．そして 4400 万人という人口の GDP は 1338 トンの金に等しくなる．1688 年のイングランドおよびウェールズについて，ゴールドスミスは 1 人当たり所得が 70 g の金に等しいと述べている．グレゴリー・キングはイングランドの支出が 4160 万ポンドだったと推定したが，ゴールドスミスはフィリス・ディーンによって上方に修正された 4800 万ポンドという数値を引き合いに出した．第 5 章（表 5.6 および 5.11）において，私はキングの推計値を 5400 万ポンドにまで上方に修正し，1 人当たり所得を 9.958 ポンドとした．アイザック・ニュートンは，1702 年に，造幣局長官として 1 ポンドの価値を 7.988 g の金に固定した．この価値が 1688 年にも有効であったと仮定すると，英国人の 1 人当たり所得は 79.5 g の金に等しく，その所得総額は 432 トンの金に相当していたことになる．こうして，ローマ帝国における 1 人当たり所得は，1688 年における英国とウェールズのそれの 38% だったことになる（すなわち，30.4 対 79.5 g の金）．

    マディソン（Maddison 2001, 2003）で，私は 1688 年のイングランドとウェールズの 1 人当たり所得を現代の実績と比較するために，1990 年ドル（購買力平価換算）を基準価格として使用した．1688 年のイングランドとウェールズの 1 人当たり所得の私の推計値は 1411 ドル（1990 年ドル）であった．38% という金の比率を適用すると，ローマ帝国における 1 人当たり平均 GDP は 540 ドルだったことになる．

2. 後 14 年のローマと 1688 年のイングランドの穀物単位による比較．われわれはまた穀物を単位とする時代的な連結を得ることもできる．1 人当たり GDP は，穀物消費額に対する総支出額の比率，すなわちローマの 2.92 という係数（380 対 130 HS）を穀物消費量に掛けることによって，穀物単位に変換できる．ローマの 1 人当たりの小麦消費は，1 人当たりの小麦 253 kg ＋ 他の穀物の小麦換算 40 kg であった．こうして 1 人当たり所得総

額はおよそ855穀物単位(293×2.92)だったこととなる．同じ手続きを1688年のイングランドに適用すると7.95という係数(9.958ポンド/1.253ポンド)が得られる．こうして，英国の穀物消費が1人当たり254kgであるとすれば，英国の1人当たり所得総額は穀物で計算すると2019穀物単位に相当することになる[4]．これに対して，ローマ人の1人当たり所得はイングランドとウェールズのそれの42.3%になる，すなわちローマの相対的水準は金単位で計るよりも高くなるのである．

3. 金単位および穀物単位の平均値．私はローマ帝国の1人当たり平均所得がイングランドとウェールズの1688年の1411ドルの40%，すなわち同じ基準価格(1990年ゲアリー＝ケーミス・ドル，表1.10の訳注を参照)を用いれば570ドルになるとみなして，金と小麦の比率の平均を計算した．

各属州ごとの可処分所得の試算

租税と貢納の本国への移転分を斟酌すると，イタリア半島では1人当たり可処分所得が571HSにまで上がり，属州では平均344HSにまで下がる．1990年ゲアリー＝ケーミス・ドル単位で表すと，イタリア半島では1人当たり857ドルとなり，帝国のそれ以外の部分では平均516ドルとなることを意味する．

各属州における所得水準を数量化する直接的方法はないが，いくつかの手掛かりは存在する．エジプト，ギリシャ，カルタゴ，西アジアの属州が，ローマの征服以前にすでに定着農業，都市生活，ある程度の読み書き，財産権保護の

表1.11 イタリア半島以外の1人当たり所得水準の階層性，紀元14年

1990年GKドル*	
600	エジプト：ナイルの水供給と水運のために最も富裕
550	ギリシャ，チュニジア，リビア，小アジア，大シリア，キプロス
525	バエティカ，ナルボネンシス：スペインとフランスの最も富裕な部分
475	シチリア，サルディニア，コルシカ，バエティカを除くイベリア
450	その他のガリア，アルジェリア，モロッコ
425	ドナウ諸属州——最近まで蛮族
	帝国外の隣接アジアの所得水準
500	古代文明の遺産継承地であるイラン，イラク，ヨルダン
400	発展が蛮族水準にある隣接アフリカ・ヨーロッパ

〔※ 表1.10の訳注参照．以下の表でも同様〕

表1.12　紀元14年の1人当たり所得と総所得(きわめて暫定的な推計)

	人口 (1000人)	1人当たり可処分所得 (1990年GKドル)	国民可処分所得総額 (100万・1990年GKドル)
イタリア半島	7,000	857	6,000
シチリア，サルディニア，コルシカ	1,100	475	523
バエティカ	1,500	525	788
それ以外のイベリア	2,650	475	1,259
ナルボネンシス	1,500	525	788
その他のガリア	4,300	450	1,935
ギリシャ半島	2,000	550	1,100
ドナウ諸属州	3,050[*1]	425	1,296
ヨーロッパ諸属州	16,100	478	7,689
ローマ帝国	23,100	593	13,689
チュニジアとリビア	1,200[*2]	550	660
アルジェリア	2,000	450	900
モロッコ	1,000	450	450
エジプト	4,500	600	2,700
ローマ領アフリカ	8,700	541	4,710
ローマ領アジア	12,200[*3]	550	6,710
属州合計	37,000	516	19,109
ローマ帝国計	44,000	570	25,109
非ローマ西アジア	5,400[*4]	500	2,700
非ローマアフリカ	8,300	400	3,320
非ローマ西ヨーロッパ	4,000[*5]	400	1,600
非ローマ東ヨーロッパ	2,500[*6]	400	1,000

注) ＊1 オーストラリア(50万)，スイス(30万)，アルバニア(20万)，ブルガリアの半分(25万)，ハンガリー(30万)，ユーゴスラビア(150万). ＊2 チュニジア(80万)，リビア(40万). ＊3 小アジア(800万)，大シリア(400万)，キプロス(20万). ＊4 イラン(400万)，イラク(100万)，ヨルダン(40万). ＊5 ブリテン(80万)，ドイツ(250万)，オランダの半分(10万)，スカンジナビア(50万)，その他(10万). ＊6 ブルガリアの半分(25万)，チェコ(100万)，ポーランド(45万)，ルーマニア(80万). ヨーロッパロシア(200万)は除く.
出所) 人口は表1.2から. 1人当たり所得は表1.11から.

法制度，かなり精巧な社会階層制をもった古代文明社会であったこと，これに対して西部，中部，東部のヨーロッパの属州の大部分は，征服以前には大部分「蛮族」水準の技術と制度で運営されていたことを，われわれは知っている．バエティカ，ナルボネンシス，チュニジアなどのような西部地域があって，ローマの征服以前にもある程度の経済発展があり，ローマは征服に続いてそこに都市開発と経済発展の投資をおこない，またイタリア半島からの植民者の移住を奨励した．アルジェリアやガリアの新獲得部分のようないくらか遅れて合体

表 1.13 ヨーロッパの人口，1人当たりおよび国民可処分所得，紀元14年(現国境による)

	人口 (1000人)	1人当たり所得 (1990年 GK ドル)	国民可処分所得総額 (100万・1990年 GK ドル)
オーストリア	500	425	213
ベルギー	300	450	135
デンマーク	180	400	72
フィンランド	20	400	8
フランス*1	5,000	473	2,366
ドイツ*2	3,000	408	1,225
ギリシャ	2,000	550	1,100
イタリア*3	8,000	809	6,475
オランダ*4	200	425	85
ノルウェー	100	400	40
ポルトガル*5	400	450	180
スペイン*6	3,750	498	1,867
スウェーデン	200	400	80
スイス	300	425	128
英国	800	400	320
その他の西ヨーロッパ*7	300	466	140
西ヨーロッパ計	25,050	576	14,433
東ヨーロッパ*8	4,750	412	1,956

注) *1 現在のフランス地域，コルシカを含みベルギー，ドイツ，オランダのうちのローマ領ガリア構成部分を除く．*2 現在のドイツ領，人口はローマ領 50万人，非ローマ地域 250万人．*3 サルディニアとシチリアを含む．*4 オランダのローマ領 10万人，非ローマ領 10万人を含む．*5 ローマ領ルシタニア．*6 バエティカとタッラコネンシス．*7 キプロスを含む．*8 ヨーロッパロシアを除く．

された属州があり，そこではローマは開発促進に関心を寄せたが，後14年まではそれをやる時間がほとんどなかった．遅れて合体されたその他の属州(ドイツの僻地，スイス，オーストリア，バルカンの諸州)は，開発目的よりもむしろ防衛のために手に入れたのであって，「蛮族」水準をあまりこえない程度の技術で運営された．

　私はこうした相違を考慮しながら，属州ごとの1人当たり可処分所得の定型的な推定をおこなった．表1.11 は豊かさ最低の州の425ドルから古代文明の遺産を引き継いでいる州の500ドル，エジプトの600ドルにいたる6段階を示したものである．これらの推計値にはグループ全体としては1人当たり平均516ドルの水準に達する必要があるという制約があった．これはきわめて試験

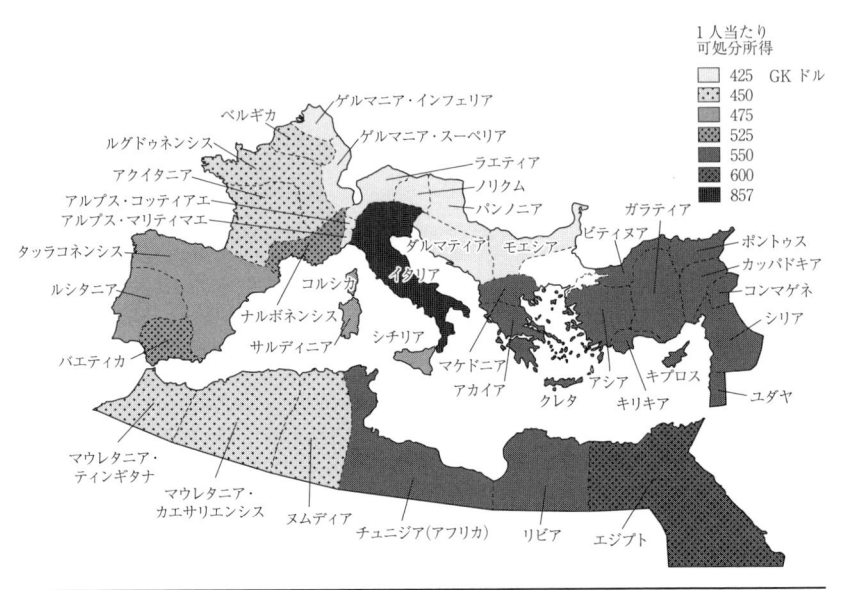

1人当たり 可処分所得	表1.12による区分	図1.1の区分
857 GK ドル	イタリア	イタリア
600	エジプト	エジプト
550	ギリシャ半島，チュニジアとリビア，ローマ領アジア	ギリシャ半島(マケドニア，アカイア，クレタ)，チュニジア(アフリカ)とリビア，ローマ領アジア(アシア，ビティヌア，ガラティア，キリキア，ポントゥス，カッパドキア，コンマゲネ，シリア，ユダヤ，キプロス)
525	バエティカ，ナルボネンシス	バエティカ，ナルボネンシス
475	シチリア，サルディニア，コルシカ．バエティカを除くイベリア	シチリア，サルディニア，コルシカ．バエティカを除くイベリア(ルシタニア，タッラコネンシス)
450	ナルボネンシスを除くガリア，アルジェリア，モロッコ	ナルボネンシスを除くガリア(アクイタニア，ルグドゥネンシス，ベルギカ)，アルジェリアとモロッコ(マウレタニア・ティンギタナ，マウレタニア・カエサリエンシス，ヌムディア)
425	ドナウ諸属州	ドナウ諸属州(ダルマティア，モエシア，パンノニア，ノリクム，ラエティア，ゲルマニア・スーペリア，ゲルマニア・インフェリア，アルプス・コッティアエ，アルプス・マリティマエ)

図1.1　ローマ帝国諸州の1人当たり所得，紀元14年

的な性格のものであり，異論は全く自由である．私はさらなる研究を喚起することを望んで，あえてこれらの数字を提示してみたのである．

表1.12は帝国の個々の属州内の定型的な1人当たり水準，人口，総所得を，領有時期順に並べたものである(図1.1も参照)．所得水準はGDPよりもむしろ国民可処分所得と連動しているということが想起されるべきである．

表1.13は，表1.12の結果をヨーロッパ諸国につき今日の国境区分にしたがって配置し直したものである．

帝国の各構成部分の経済成長実績，紀元前300～紀元14年

表1.14は帝国の諸種の部分の大まかな成長実績を，ローマがイタリア半島で覇権を確立しきれていなかった前300年から帝国建設の過程がほぼ完了した後14年までの時期について示したものである．

人口および1人当たり可処分所得については，増大は属州よりも本国のほうがはるかに大きかった．イタリア半島では人口は80%近く増加し，1人当たり所得は倍増した．人口は東部，西部属州のいずれも40%以上の増加であった．1人当たり所得の成長ははるかに少なく——西部の属州では約16%，東部の属州では7%の増加だった．

イタリア半島　前300年，ローマはその支配地域をラティウムのうちの隣接部族およびエトルリアの残部にまで拡大した．そして，いっそうの征服にそなえて，4軍団の軍隊を保持し，またローマからアッピア経由でカプアにいたる戦略道路とローマからヴァレリア経由でアドリア沿岸にいたる戦略道路の建設に取りかかったが，ローマはまだ，中央イタリアの諸部族，北のケルト人蛮族，および南のギリシャ都市諸国家を征服しなければならなかった．蛮族地域は人口の3分の1，1人当たり所得は400ドルであり，これに対してギリシャの都市国家は人口同じく3分の1，所得水準は450ドルであった．ローマを含む残り地域の425ドルという所得水準はその中間で，それはまたイタリア半島全体の平均水準でもあった．ローマ市は当時人口6万人で(Cornell 1995: 385参照)，後にできた目を見張るような公共建築も娯楽施設もなかった．

イタリアの征服は土地資産の没収やローマの敵の奴隷化によってローマ中核地域とそのエリートを豊かにしたが，しかしまた地域紛争の終結，共通言語と

表 1.14　帝国 3 構成部分の経済実績，紀元前 300 年と紀元 14 年

	前 300 年			後 14 年		
	人口 (1000 人)	1人当たり 所得 (1990 年 GK ドル)	総所得 (100 万・ 1990 年 GK ドル)	人口 (1000 人)	1人当たり 所得 (1990 年 GK ドル)	総所得 (100 万・ 1990 年 GK ドル)
イタリア半島	**3,900**	**425**	**1,658**	**7,000**	**857**	**6,000**
ギリシャ	2,750	500	1,375	2,000	550	1,100
西アジア	6,950	500	3,475	12,200	550	6,710
エジプト	3,500	600	2,100	4,500	600	2,700
ヘレニック諸属州	**13,200**	**527**	**6,950**	**18,700**	**562**	**10,510**
シチリア,サルディニア,コルシカ	600	425	255	1,100	475	523
マッシリア/ナルボネンシス	750	425	319	1,500	525	788
その他のガリア	3,000	400	1,200	4,300	450	1,935
イベリア	3,900	400	1,560	4,150	493	2,047
ドナウ諸属州	2,275	400	910	3,050	425	1,296
チュニジアとリビア	750	450	338	1,200	550	660
その他のマグレブ	1,500	400	600	3,000	450	1,350
西部諸属州	**12,775**	**406**	**5,182**	**18,300**	**470**	**8,599**
総　　計	29,875	462	13,790	44,000	570	25,109

出所)　前 300 年の McEvedy and Jones の人口は表 1.3 から，後 14 年の Maddison の人口は表
　　1.2 から．1 人当たり所得水準の階層の定型的推計は表 1.12．

してのラテン語の漸次的普及，道路網の形成，公共事業への投資，共通通貨と共通法制度の創設から，イタリア半島全体の生産性向上が生じた．

　さらに大きな利益が半島外の属州の征服によってもたらされた．これによって戦利品および奴隷がきわめて大規模に流入するようになり，エリート層は半島外で大規模な土地財産を保有しその貸付所得を手にすることができるようになった．それはイタリア人にスペイン，アフリカ，南フランスに植民者として好条件で入植する機会を与えた．これらの征服事業，とりわけ 2 回のポエニ戦争，そして帝国建設の指導者たち（マリウスとスラ，カエサルとポンペイウス，アントニウスとオクタヴィアヌス）の野望のぶつかりあいから生じた内戦には，きわめて多大なコストがかかることになった．平和がほぼ確立され，軍事活動は征服事業よりも安全保障を目的とするようになったアウグストゥスの治世には，ローマ帝国主義の純利点は明々白々になった．

　奴隷の流入は，イタリア半島における人口 1 人当たりの労働力投入が属州と

比べてはるかに高くなったことを意味した．奴隷労働による農用地のより集約的な使用および莫大な貢納小麦の流入は，農業生産の特化増進を可能にした．イタリア半島はまた帝国の他の地域よりも優れた道路と港湾というインフラストラクチャーを持っていた．この変化と成長の主な受益者はエリートグループであった．

　ヘレニック諸属州　前300年には，東部の諸王国はすでにヘレニズム化されており，1世代前のアレキサンドロスの征服と，それに続くギリシャから西アジア，エジプト(そこのアレクサンドリア，ナウクラティス，プトレマイオスはギリシャの都市であった)への大量の移民流入によってある程度まで同質化されていた．これら東部の王国は古代文明3000年の遺産からの利益に浴していた．そこには定着農業，大都市居住地(ペルガモン，エフェソス，アンティオキア，アレクサンドリア)，アルファベット，文書，教育を受けたエリート，鋳貨，法および統治制度があった．これら諸国は属州となると，ローマに，彼ら自身が生産したものや中国，インド，東アフリカ，南アラビア，黒海周辺などから輸入した奢侈品(絹，リンネル，こしょう，香辛料，香料，パピルス，羊皮紙，宝玉細工，宝石)を供給できるようになった．彼らは前1世紀にはガラス吹き法を発見していて，それが帝国の隅々にまで急速に広がった．

　エジプトのプトレマイオス朝は，前300年ごろアレクサンドリアに図書館を設立した．その運営方針は，ギリシャ語で書かれたものはすべて入手し，重要な作品は他の諸言語に翻訳する，というものであった．同図書館は50万巻におよぶ手書き文書を収集した．これは古代世界最大であった．プトレマイオス王朝はまた博物館，シンクタンクを創設し，またユークリッド，エラトステネス，プトレマイオス，クテシビウス，ヒッパルコス，一時的にはアルキメデスといった数学者，天文学者，地理学者，技術者，医師たちの活動に資金を提供する研究所も創設した．

　ローマは技術や社会制度の点で東の属州に教えるべきことは何もなく，ギリシャ語が共通語だという事実を受け入れた．これらの属州にあるローマ人居住地は，西部のものに比べて控えめなものであった．事実，この地域からローマへの流れは逆方向の流れよりも大きかった．ローマによる征服後，ヘレニック諸属州では1人当たり所得の目立った向上を伴わない，人口増に順応した「外

延的」成長が見られた.

　西部の諸属州　前300年に属州となった地域のいくつかには古代文明からの受益があった. シチリアはギリシャの枝分かれであり, マッシリア (マルセイユ) 市はギリシャ商人にとって重要なセンターであった. チュニジア北部にあるカルタゴの市と港湾は, 地中海地域貿易帝国の本部であって, 豊かな農村後背地を有していた. それとは違ってガリア, ライン・ドナウ諸属州, スペイン, マグレブなどは蛮族の地域であった. ほとんどの住民は書き言葉や都市生活をもたず, 彼らの政治組織は部族的なものだった. 彼らはまだ明確に規定された司法制度, 財産権, 租税制度をもっていなかった. 彼らの統治技法や, 戦争のために諸資源を動員し, そして規律ある軍隊を組織する能力は, イタリア半島に比べていちじるしく無力であった. 彼らの1人当たり所得と居住地の人口密度は小さく, 技術は幼稚なものであった. あるのは道路というよりも踏み跡, 家屋というよりも小屋, 橋というよりも徒渉路であった. 農業はかなりの程度, 季節的な家畜移動と牧畜にもとづいていた. 森林にはなお狩猟・採取生活者がいた.

　ローマはこれらの諸属州を手に入れたとき, 法と秩序を確立し一定の識字をもたらすという開発的な役割を果たした. ローマ人移住者を導入し, ぶどうやオリーブのような新しい農産物, 家事用具や陶器をつくる新しい産業を導入し, 鉱山業を開発し, 都市中心部を作り出し, 橋と道路網を建設した. 共通通貨を設け, これらの地域の経済の貨幣化を促進した. これらの諸属州の国際貿易は, 港湾と海運の改善と海賊の排除によって大いに増進された. ますますの特化の増進はガリア, スペイン, マグレブの後14年にいたるまでの経済成長を促進した.

帝国の崩壊

　私のローマ経済数量化は後14年で終わっている. 衰退段階の数量化はおこなわなかった. しかし, 後14年と7世紀, 8世紀のムスリムによる征服との間に起こったことについて, 印象的な評価をあえてやってみることはできる. それは以下のように要約できる.

　1. アウグストゥスの死後1世紀半の間に帝国は成長し繁栄し, さらに6つ

の属州を加えた．所得および人口で見たピークはたぶん後164年であった．
2. これに続く一世紀間は，疫病，内戦，軍事力劣化，若干の属州の喪失などが人口と1人当たり所得の減退に導いた．
3. 3世紀の終わりから4世紀の初めには，ディオクレティアヌス帝とコンスタンチヌス帝によって行政と軍事のオーバーホールがおこなわれ，統治の中心が東に移り，帝国を次世紀まで持ちこたえさせた．それにもかかわらず人口は減り続け，1人当たり所得は成長しなかった．
4. 5世紀になると蛮族の侵略者がイタリア，ガリア，イベリア，マグレブを占領した．彼らは体制を変えたが，その経済を破壊しようとはしなかった．しかしその変化は経済を弱体化し，しだいに衰退過程が生じた．
5. 6世紀には，経済腐食を止める策を講じないまま，東ローマ帝国の軍隊がなんとか一時的にイタリアと北アフリカを奪還して再現期が生じたが，経済的弱体化を止める手だては打たれなかった．
6. 7世紀と8世紀には，ムスリムの侵略者がエジプト，北アフリカ，イベリア，および西アジアのかなりの部分を征服した．残ったのはビザンチンという切れ端がすべてであった．地中海地域は自由貿易地域であったが，このとき敵対する半々の区域に分割された．イスラムの侵略者は征服した経済地域の破壊に乗り出そうとはしなかった．彼らはいちじるしく統合された自身の帝国を建設し，エジプトの貢納小麦を用いてその心臓部を豊かにし，彼らの創造した世界のある程度の繁栄をうながした．

表1.15 はローマの世界であった紀元1000年の状況を14年の状況と比較したものである．

西ヨーロッパのすべての属州で1人当たり所得の減退が生じていたのは明らかであり，その低下幅が最大だったのはイタリアで，人口が3分の1減り1人当たり所得は半分近く減少した．しかしながら帝国創設前の前300年と比べると所得水準は高かった．その低下はイスラム・イベリアでは比較的小幅で，ギリシャでは非常に際立っており，人口減少は最大で，その1人当たり所得は蛮族の水準まで落ちた．エジプトおよび北アフリカでは人口がいくらか増え，1人当たり所得の低下幅もヨーロッパよりは小さいものだった．アジアの属州では人口は減ったが1人当たり所得は大きく増大した．

表 1.15 ローマ帝国内主要国の実績の変化，紀元 14〜1000 年

	1人当たり所得 (1990年 GK ドル)		人口 (1000人)		国民可処分所得 GDP (100万・1990年 GKドル)	
	14年	1000年	14年	1000年	14年	1000年
フランス	473	425	5,000	6,500	2,366	2,763
ギリシャ	550	400	2,000	1,100	1,100	400
イタリア*1	809	450	8,000	5,000	6,475	2,250
ポルトガル	475	425	400	600	190	255
スペイン	495	450	3,750	4,000	1,857	1,800
ドナウ諸属州	425	410	3,050	3,850	1,296	1,561
その他*2	450	425	900	1,133	405	482
ローマ領ヨーロッパ	**593**	**431**	**23,100**	**22,183**	**13,689**	**9,511**
エジプト	600	550	4,500	5,000	2,700	2,750
北アフリカ	479	430	4,200	5,500	2,012	2,365
ローマ領アフリカ	**542**	**487**	**8,700**	**10,500**	**4,712**	**5,115**
小アジア	550	600	8,000	7,000	4,400	4,200
大シリア	550	600	4,000	2,000	2,200	1,200
キプロス	550	600	200	150	110	90
ローマアジア	**550**	**600**	**12,200**	**9,150**	**6,710**	**5,490**

注） *1 シチリアとサルディニアを含む． *2 ベルギー，オランダ，ドイツのうちのガリア構成部分を含む．
出所） 14年については表1.2と表1.13，1000年については www.ggdc.net/Maddison 参照．

ゴールドスミス・マディソン所得推計値の改善可能性

　表1.9および1.10の支出推計，それにローマ帝国と17世紀イングランドとの時代的比較を改善するためになすべきことは，おそらく山ほどあるだろう．グレゴリー・キングはイングランドの支出をともかく43種類の項目に特定したが，ゴールドスミスはただ一つの商品——小麦——についての数量的推計をおこなっただけだった．他の支出項目は係数から導き出されたもので，係数のなかには非古典的な文脈から引き出されたものがあった．ワイン，ビール，肉，魚，果物，油脂の消費に関する現存の典拠(Scheidel and von Reden 2002中のHitchner 参照)から，もっと証拠資料を絞り出せるはずである．また衣服と靴の消費についての大まかな評価を得ることも可能なはずである(この方向での研究についてはJongman 2007参照)．さらに詳細なこの種のものがあれば，17世紀にさかのぼるのに他のいかなる資料よりも良質なグレゴリー・キングの推計との時代的連結を，さらに確実なものにすることが可能なはずである．

第1章　ローマ帝国とその経済——81

注

1) Beloch(1886: 472-90)は都市規模についての証拠資料を，ギリシャの前5世紀から後400年のローマ諸都市のアウソニウスの一覧表にいたるまで探求した．アウグストゥス時代の最大都市はローマで人口は80万人，アレクサンドリアは50万人，そしてエフェソスは20万人と彼は推定した．彼はヘレニック・オリエントには10万の人口を持つ都市は全く少数（「全部見渡しても」）だったと述べたが，それらの都市を特定しなかった．アウグストゥス時代のイタリア半島については，首都のほかにオスティア，プテオリ，ポンペイに注目すべきものとして言及している．彼は他の都市は重要ではないと考えたのである．彼はアウグストゥス時代に戦争の結果として人口減少が続いていたシラクサ，カルタゴ，カプアでの減少を強調した．彼は48都市の面積に関する証拠資料を提示した(pp. 486-7)．彼はギリシャ，シチリア，小アジアの30ヘクタール以上の都市21と，イタリア半島の16の都市を挙げた．2万の人口を抱えたポンペイは65ヘクタールであった．面積30ヘクタール以下の町はおそらく1万人以下の人口しかもたなかったであろう．

Jones(1966: 237-9)は，ガリアの122都市，バルカン属州の75都市，アフリカの650都市に関する証拠資料を発見した．しかし，その圧倒的多数は「きわめて小さな領域の小さな田舎町」であった．Jones(1974: 4)で彼は，ローマ世界での都市化の程度がどのように誇張されやすいかを明らかにした．すなわち，「都市という用語（キヴィタス，ポリス）は古代には町を表すものではなかった．法律上，住民が村のあちこちに散らばって生活しているような農村の郡がキヴィタスであった」．

2) ローマを統合した予算はなかった．主要な公的支出の範囲は以下のようになっていた．(a)軍事——28軍団15万人の兵士，同じ規模の補助隊兵士，艦隊の水兵，ローマの近衛軍兵士に支払う給与とボーナス．騎兵隊への飼料費；装備，要塞，艦船，道路，橋梁，その他の陸上輸送施設の維持．兵士への退役手当の支給（除隊一時金あるいは土地の支給）．平和共存助長のために辺境被保護国に支払う補助金．(b)無料食料または食料補助の備蓄(*frumentationes*〔穀物拠金〕)または金銭の施し(*congiara* and *alimenta*〔義援金と食料品の施し〕)．港湾施設と公共倉庫の維持，エジプト，北アフリカ，シチリアから小麦を運ぶ民間船主への食料供給安全保障のための支払い．(c)都市の噴水，公衆浴場，下水処理への水道橋経由の水の供給，(d)剣闘士の試合，戦車の競走，野生動物の芸当，凱旋パレード，宴会など公共娯楽の整備．(e)公共建造物の建設と維持．(f)各種長官，遣外使節，属州総督，知事およびその従者たちへの報酬支払いの管理費．(g)帝室の家計費．Frank(1940: 4-18)には，諸種の公的な支出と収入の詳細が示されている．

公共収入の包括的な数字は手に入らない．広汎な種々さまざまな国家収入，皇帝からの配分金，征服による——戦利品と奴隷からの利益，鋳貨発行による造幣益，パワーエリートが「自発的」におこなう寄付などがあった．彼らは公共福祉に目立つ寄付をおこなうこと，つまり公共建造物の建設や公共娯楽の整備によって，高い社会的地位を正当化しようと考えたのである．

3) ゴールドスミスは，労働人口は「ざっと全体の5分の2」(p. 271)だったと仮定し，多数の国の15歳から64歳までの人口の割合を示した世界銀行の表に言及しているが，この表には被雇用者の割合は示されていない．ローマ世界の最も詳細な人口学分析は，ローマエジプトに関するBagnall and Frier(1994)である．表1.16は現在よりもエジプトの状況に近かった1950年の11カ国について，被雇用者率に影響する人口学的諸特性を比較している．この表は40%というゴールドスミスの仮定がもっともであることを示唆している．1950年におけるインドやインドネシアの比率とあまり違わないからである．主な相違はローマエジプト

表 1.16 労働力参入に影響する人口特性

	人口中の年齢別 %			出生時の余命	人口1000人当たり出生率	人口に対する従業者の%
	0-14歳	15-64歳	65歳以上			
ローマエジプト	35.1	61.7	3.2	21.5	44.1	40.4
メキシコ　1950年	42.0	53.2	4.4	50.6	45.3	30.8
ブラジル　1950年	42.5	54.5	3.0	50.9	44.0	33.0
中国　1950年	33.6	61.9	4.5	40.8	43.8	33.8
インド　1950年	38.9	57.8	3.3	38.7	45.4	39.1
インドネシア　1950年	39.1	56.9	4.0	37.5	42.7	39.0
日本　1950年	35.6	59.6	4.9	63.9	23.7	42.7
フランス　1950年	22.7	65.9	11.4	66.5	19.5	47.0
ドイツ　1950年	23.2	67.1	9.7	67.5	16.0	42.0
イタリア　1950年	26.3	65.4	8.3	66.0	18.3	40.0
英国　1950年	22.5	66.8	10.7	69.2	15.9	44.5
米国　1950年	27.0	64.7	8.3	68.9	24.3	40.5

出所）エジプトの最初の3つの欄と出生率は Bagnall and Frier, pp. 104-5, 寿命は同じく pp. 32-3 からで，女 22.5歳，男 20.5歳である (Coale and Demeny's Model West)．原文が想定している従業者率は奴隷が人口の11%であるという p.48 の仮定による．他の国々の初めの5列は *World Population Prospects 2000* Revision, vol. 1, UN, New York, 2001 から．従業者率は，Maddison (2001 Appendices A and E) から，ただしインドは例外で Sivasubramonian (2000: 63) から．

表 1.17 キングによるイングランドの穀物生産推計，1688年

	産出量(トン)	価格(1トン当たりポンド)	総価額(100万ポンド)
小　麦	326,585	6.43	2.1
ライ麦	203,208	4.92	1.0
大　麦	566,988	4.74	2.5
えん麦	283,040	4.23	1.2
計／平均	1,379,821	4.93	6.8

出所）Barnett (1936: 36) 所載の King, *Natural and Political Observations and Conclusions on the State and Condition of England* の 1969年草稿．キングは産出をブッシェルとポンドの分数で示している．彼の産出量は種子の生産を含んでおらず，種子収量比はローマ領イタリアと同じである．すなわち，「穀物の種類の中には4倍近くのものがあり，ほかに5倍のものもある」．穀物の種類によって違うブッシェルの kg 変換係数は FAO (1948: 573-4)．

の幼児死亡率が高く(インドネシアの1000人当たり201人, インドの1000人当たり190に比して, 1000人当たり330人), 寿命が短く, それに奴隷労働が存在していたことである. 1950年のインドとインドネシアの1人当たり所得は, ローマエジプトのそれを大きく超えるものではなかった.

4) イングランドの穀物生産に関するキングの推定は表1.17に示されている. 小麦は重量で全体のわずか24%, 価値で見ても31%でしかなかった. 穀物生産の総価値は680万ポンドで, GDPの12.6%であった. 金の量で計ると, 穀物類はイングランドよりもローマ帝国の方が安かった. 1トンの小麦はローマでは441HS=金35.28gであり, 穀物1トンの加重平均価格がイングランドでは4.93ポンド=金39.38gであった.

訳 注

† ゲアリー=ケーミス・ドルの詳細は, アンガス・マディソン『世界経済の成長史 1820~1992年』(金森久雄監訳, (財)政治経済研究所訳, 東洋経済新報社, 2000年)の pp. 247-9,《訳者解説②》参照.

文 献

Abrams, P. and E. A. Wrigley(eds)(1978), *Towns in Societies: Essays in Economic History and Historical Sociology*, Cambridge University Press.

Acemoglu, D., S. Johnson and J. Robinson(2002), 'Reversals of Fortune: Geography and Institutions in the Making of the Modern World', *Quarterly Journal of Economics*, 117, pp. 1231-94.

Alföldi, A.(1965), *Early Rome and the Latins*, University of Michigan Press, Ann Arbor.

Andreau, J.(1999), *Banking and Business in the Roman World*, Cambridge University Press.

Appian(1982), *Roman History*, Loeb Classical Library, Harvard University Press(translated from Greek of circa 150AD).

Astin, A. E., F. W. Walbank, M. Frederiksen and R. M. Ogilvie(eds)(1989), *Rome and the Mediterranean to 133BC*, Cambridge Ancient History, vol. VIII, Cambridge University Press.

Augustus(14), *Res Gestae*, see Brunt and Moore(1967).

Badian, E.(1968), *Roman Imperialism in the Late Republic*, Oxford University Press.

Bagnall, R. S.(1993), *Egypt in Late Antiquity*, Princeton University Press.

Bagnall, R. S. and B. W. Frier(1994), *The Demography of Roman Egypt*, Cambridge University Press.

Bairoch, P.(1988), *Cities and Economic Development*, University of Chicago Press.

Barnett, G. E.(1936), *Two Tracts by Gregory King*, Johns Hopkins Press, Baltimore.

Beloch, J.(1880), *Der italische Bund unter Roms Hegemonie*, Leipzig.

Beloch, J.(1886), *Die Bevölkerung der Griechisch-Römischen*, Welt, Duncker and Humblot, Leipzig.

Beloch, J.(1890), *Campanien: Geschichte und Topographie des antiken Neapel und seiner Umgebung*, Breslau.

Beloch J.(1898), 'Antike und moderne Grossstädte', *Zeitschrift der Socialwissenschaft*, 1, pp. 413-23 and 500-8.

Beloch, J.(1899a), 'Die Bevölkerung Galliens zur Zeit Caesars', *Rheinisches Museum*, 54, pp.

414-38.
Beloch, J.(1899b), 'Die Bevölkerung im Altertum', *Zeitschrift der Socialwissenschaft*, 2, pp. 500-620.
Beloch, J.(1937-61), *Bevölkerungsgeschichte Italiens*, 3 vols, I in 1937, II in 1939, III in 1961, De Gruyter, Berlin.
'Julius Beloch', see Momigliano(1994), pp. 97-120.
Blazquez, J. M.(1978), *Economia de la Hispania Romana*, Ediciones 'Najera', Bilbao.
Boak, A. E. R.(1955), *Manpower Shortage and the Fall of the Roman Empire in the West*, University of Michigan Press, Ann Arbor.
Bowman, A. K.(1996), *Egypt after the Pharaohs, 332BC-AD642, from Alexander to the Arab Conquest*, British Museum Press, London.
Bowman, A. K., E. Champlin and A. Lintott(eds)(1996), *The Augustan Empire, 43BC-AD69, The Cambridge Ancient History*, vol. X, Cambridge University Press.
Bowman, A. K., P. Garnsey and D. Rathbone(eds)(2000), *The High Empire, AD70-192, The Cambridge Ancient History*, vol. XI, Cambridge University Press.
Bowman A. K. and E. Rogan(eds)(1999), *Agriculture in Egypt from Pharaonic to Modern Times*, Oxford University Press.
Bromwich, J.(1993), *The Roman Remains of Southern France: A Guidebook*, Routledge, London.
Brunt, P. A.(1971), *Italian Manpower, 225BC-AD14*, Clarendon Press, Oxford.
Brunt, P. A. and J. M. Moore(eds)(1967), *Res Gestae Divi Augusti*, Oxford University Press.
Butcher. K.(2003), *Roman Syria and the Near East*, British Museum Press, London.
Caesar(1972), *The Conquest of Gaul*, Penguin, Harmondsworth(translation from the Latin of about 50BC). (カエサル『ガリア戦記』高橋宏幸訳, 岩波文庫, 2015年)
Caesar(1972), *The Civil War*, Penguin, Harmondsworth(translation from the Latin of about 50BC). (カエサル『内乱記』國原吉之助訳, 講談社学術文庫, 1996年)
Cameron, A. and P. Garnsey(eds)(1998), *The Late Empire, AD337-425, The Cambridge Ancient History*, vol. XIII, Cambridge University Press.
Carreras Monfort, C.(1995-96), 'A New Perspective for the Demographic Study of Roman Spain', *Revista de Historia da Arte e Arqueologia*, 2, pp. 59-82.
Cassius Dio(1987), *The Roman History: The Reign of Augustus*, Penguin, London(translation from the Latin of about 220AD).
Casson, L.(1971), *Ships and Seamanship in the Ancient World*, Johns Hopkins University Press, Baltimore.
Chilver, G. E. F.(1941), *Cisalpine Gaul*, Clarendon Press, Oxford.
Churchin, L. A.(1991), *Roman Spain: Conquest and Assimilation*, Routledge, London.
Churchin, L. A.(2004), *The Romanization of Central Spain*, Routledge, London and New York.
Coale, A. J. and P. Demeny(1983), *Regional Model Life Tables and Stable Populations*, 2nd edn, Academic Press, New York.
Collingwood, R. G.(1937), *'Roman Britain'*, in Frank, vol. III.
Cornell, T. J.(1995), *The Beginnings of Rome*, Routledge, London and New York.
Cornell, T. J. and J. Matthews(1982), *Atlas of the Roman World*, Phaidon, Oxford. (ティム・

コーネル, ジョン・マシューズ『古代のローマ〈図説 世界文化地理大百科〉』小林雅夫訳, 普及版, 朝倉書店, 2008年).
D'Arms, J. H. and E. C. Kopff (eds) (1980), *The Seaborne Commerce of Ancient Rome*, Memoirs of the American Academy in Rome, 36.
Duby, G. (ed) (1987), *Atlas Historique Mondial*, Larousse, Paris.
Duncan-Jones, R. (1982), *The Economy of the Roman Empire*, Cambridge University Press.
Duncan-Jones, R. (1990), *Scale and Structure in the Roman Economy*, Cambridge University Press.
Duncan-Jones, R. (1994), *Money and Government in the Roman Empire*, Cambridge University Press.
Duncan-Jones, R. (1996), 'The Impact of the Antonine Plague', *Journal of Roman Archaeology*, pp. 108-36.
Edwards, C. and G. Woolf (eds) (2003), *Rome the Cosmopolis*, Cambridge University Press.
FAO (1948), *Les Grands produits agricoles: compendium international de statistiques*, Failli, Rome.
Finley, M. (1973), *The Ancient Economy*, Chatto & Windus, London (1999 edition, with introduction by Morris).
Finley, M. (ed) (1977), *Atlas of Classical Archaeology*, Chatto & Windus, London.
Finley, M. (1980), *Ancient Slavery and Modern Ideology*, Chatto & Windus, London.
Frank, T. (1924), 'Roman Census Statistics from 225 to 28BC', *Classical Philology*, pp. 329-41, University of California.
Frank, T. (1930), 'Roman Census Statistics from 508 to 225BC', *American Journal of Philology*, 51, pp. 313-24.
Frank, T. (ed) (1933 onwards), *An Economic Survey of Ancient Rome*, 6 vols, Patterson, N. J.
Frank, T. (1940), *Rome and Italy of the Empire*, Johns Hopkins University Press, vol. V of his 6 volume survey.
Frier, B. W. (1982), 'Roman Life Expectancy: Ulpian's Evidence', *Harvard Studies in Classical Philology*, 86, pp. 213-51.
Frier, B. W. (2000), *'Demography'*, in Bowman, Garnsey and Rathbone, pp. 787-816.
Garnsey, P. (1983), *'Grain for Rome'*, in Garnsey et al., pp. 118-30.
Garnsey, P. (1988), *Famine and Food Supply in the Graeco-Roman World*, Cambridge University Press. (ピーター・ガーンジィ『古代ギリシア・ローマの飢饉と食糧供給』松本宣郎, 阪本浩訳, 白水社, 1998年)
Garnsey, P. (1998), *Cities, Peasants and Food in Classical Antiquity*, Cambridge University Press.
Garnsey, P., K. Hopkins and C. R. Whittaker (eds) (1983), *Trade in the Ancient Economy*, Chatto, London.
Garnsey, P. and R. Saller (1987), *The Roman Empire: Economy, Society and Culture*, Duckworth, London.
Gibbon, E. (1776-88), *The History of the Decline and Fall of the Roman Empire*, 6 vols, Strahan & Cadell, London. (E. ギボン『ローマ法学の理念』戸倉廣訳, 有信堂, 1972年)
Goitein, S. D. F. (1967-93), *A Mediterranean Society: The Jewish Communities of the Arab World as Portrayed in the Documents of the Cairo Geniza*, 6 vols, University of Califor-

nia Press.

Goldsmith, R. W.(1984), 'An Estimate of the Size and Structure of the National Product of the Early Roman Empire', *Review of Income and Wealth*, September.

Goldsmith, R. W.(1987), *Pre-Modern Financial Systems: A Historical Comparative Study*, Cambridge University Press.

Goody, J.(1971), *Technology, Tradition and the State in Africa*, Oxford University Press.

Grant, M.(1960), *The World of Rome*, Mentor Books, New York.

Greene, K.(1986), *The Archaeology of the Roman Economy*, Batsford, London. (ケヴィン・グリーン『ローマ経済の考古学』本村凌二監修, 池口守, 井上秀太郎訳, 平凡社, 1999年)

Greene, K.(2000), 'Technological Innovation and Economic Progress in the Ancient World: M. I. Finley Reconsidered', *Economic History Review*, February, pp. 29-59.

Gunderson, G.(1976), 'Economic Change and the Demise of the Roman Empire', *Explorations in Economic History*, 13, pp. 43-68.

Haley, E. W.(2003), *Baetica Felix*, University of Texas Press, Austin.

Harris, W. V.(1980), 'Towards a Study of the Roman Slave Trade', in D'Arms and Kopff.

Harris, W. V.(1985), *War and Imperialism in Republican Rome 327-70BC*, Clarendon Paperbacks, Oxford.

Harris, W. V.(1999), 'Demography, Geography and the Sources of Roman Slaves', *Journal of Roman Studies*, 89, pp. 62-75.

Harvey, P.(1969), *The Oxford Companion to Classical Literature*, Clarendon Press, Oxford.

Heather, P.(2005), *The Fall of the Roman Empire*, Macmillan, London.

Hopkins, K.(1965), 'Elite Mobility in the Roman Empire', *Past and Present*, 32, December.

Hopkins, K.(1966), 'On the Probable Age Structure of the Roman Population', *Population Studies*, November, pp. 245-64.

Hopkins, K.(1978a), 'Economic Growth and Towns in Classical Antiquity', in Abrams and Wrigley, pp. 35-77.

Hopkins, K.(1978b), *Conquerors and Slaves*, Cambridge University Press.

Hopkins, K.(1980), 'Taxes and Trade in the Roman Empire(200BC-400AD)', *Journal of Roman Studies*, LXX, pp. 101-25.

Hopkins, K.(1983), 'Introduction', in Garnsey et al.

Hopkins, K.(1999), *A World Full of Gods: The Strange Triumph of Christianity*, Weidenfeld & Nicolson, London. (キース・ホプキンズ『神々にあふれる世界――古代ローマ宗教史探訪』全2冊, 小堀馨子, 中西恭子, 本村凌二訳, 岩波書店, 2003年)

Hopkins, K.(2002), 'Rome, Taxes, Rent and Trade', in Scheidel and von Reden.

Hume, D.(1742), 'On the Populousness of Ancient Nations', in *Essays, Literary, Moral and Political*, Ward Lock, London(n. d.).

Ibn Khaldun(1958), *The Muqqadimah: An Introduction to History*, 3 vols(translated by Franz Rosenthal), Routledge & Kegan Paul, London. (イブン=ハルドゥーン『歴史序説』全4冊, 森本公誠訳, 岩波文庫, 2001年)

Johnson, A. C.(1936), *Roman Egypt to the Reign of Diocletian*, Johns Hopkins Press, Baltimore.

Johnson, A. C. and L. C. West(1949), *Byzantine Egypt: Economic Studies*, Princeton University Press.

Jones, A. H. M.(1955), 'The Decline and Fall of the Roman Empire', *History*, October, pp. 209-26.
Jones, A. H. M.(1966), *The Decline of the Ancient World*, Longman, London and New York.
Jones, A. H. M.(1971), *Cities of the Eastern Roman Provinces*, Oxford University Press.
Jones, A. H. M.(1974), *The Roman Economy: Studies in Ancient Economic and Administrative History*, Blackwell, Oxford.
Jongman, W. M.(1988), *The Economy and Society of Pompeii*, Amsterdam.
Jongman, W. M.(2002), 'Beneficial Symbols: Alimenta and the Infantilisation of the Roman Citizen', in Jongman and Kleijwegt.
Jongman, W. M.(2003a), 'Rome: The Political Economy of a World-Empire', *Medieval History Journal*, 6, 2, pp. 303-26.
Jongman, W. M.(2003b), 'Slavery and the Growth of Rome: the Transformation of Italy in the First and Second Century BCE', in Edwards and Woolf.
Jongman, W. M.(2007), 'Consumption in the Early Roman Empire', in Morris et al.
Jongman, W. M. and M. Kleijwegt(2002), *After the Past: Essays in Ancient History in Honour of H. W. Pleket*, Brill, Leiden.
Kahrstedt, U.(1944), *Kulturgeschichte der römischen Kaiserzeit*, Bruckmann, München.
Kahrstedt, U.(1960), *Die wirtschaftliche Lage Grossgriechenlands in der Kaiserzeit*, Historia Einzelschriften, Franz Steiner Verlag, Wiesbaden.
Keay, S. J.(1988), *Roman Spain*, British Museum Publications, London.
Keller, W.(1974), *The Etruscans*, Knopf, New York.
Keppie, L.(1984), *The Making of the Roman Army: From Republic to Empire*, Batsford, London.
Keppie, L.(1996), 'The Army and the Navy', in Bowman et al., pp. 371-96.
Koepke, N. and J. Baten(2005), 'The Biological Standard of Living in Europe during the last two Millennia', *European Review of Economic History*, 9, pp. 61-95.
Lazenby, J. F.(1996), *The First Punic War*, UCL Press, London.
Lévy, J-P.(1967), *The Economic Life of the Ancient World*, University of Chicago Press.
Ligt, L. de(1993), *Fairs and Markets in the Roman Empire*, Gieben, Amsterdam.
Livy(1960), *The Early History of Rome*, Penguin, Harmondsworth(original Latin circa 15BC translated by de Selincourt). (リーウィウス『ローマ建国史』全3冊，鈴木一州訳，岩波文庫，2007年～)
Livy(1965), *The War with Hannibal*, Penguin, Harmondsworth(original Latin circa 15BC translated by de Selincourt). (リーウィウス『ローマ建国以来の歴史5　ハンニバル戦争(1)』安井萠訳，〈西洋古典叢書〉，京都大学学術出版会，2014年)
Lo Cascio, E.(1994), 'The Size of the Roman Population: Beloch and the Meaning of the Augustan Census Figures,' *Journal of Roman Studies*, 84, pp. 23-40.
Lo Cascio, E.(2001), 'Recruitment and the Size of the Roman Population from the Third to the First Century BCE', in Scheidel.
Lo Cascio, E. and P. Malanima(2005), 'Cycles and Stability: Italian Population before the Demographic Transition, 225BC-AD 1900', December, pp. 5-40.
Lomas, K.(1996), *Roman Italy: 338BC-AD200*, UCL Press, London.
Luttwak, E. N.(1976), *The Grand Strategy of the Roman Empire from the First Century AD*

to the Third, Johns Hopkins University Press, Baltimore and London.
McEvedy, C.(1995), *The Penguin Atlas of African History*, 2nd edn., Penguin, London.
McEvedy, C.(2002), *The New Penguin Atlas of Ancient History*, Penguin, London.
McEvedy, C. and R. Jones(1978), *Atlas of World Population History*, Penguin, London.
MacMullen, R.(1980), *Roman Social Relations, 50BC to AD284*, Yale University Press, New Haven.
MacMullen, R.(1984), 'The Roman Emperor's Army Costs', *Latomus Revue d'etudes latines*, XLIII, pp. 571-80.
McNeill, J. R. and W. H.(2003), *The Human Web: A Bird's-Eye View of World History*, Norton, New York.
Maddison A.(1982), *Phases of Capitalist Development*, Oxford University Press.（アンガス・マディソン『経済発展の新しい見方──主要先進国の軌跡』関西大学西洋経済史研究会訳, 嵯峨野書院, 1988年）
Maddison A.(1998), *Chinese Economic Performance in the Long Run*, OECD, Paris.
Maddison A.(2001), *The World Economy: A Millennial Perspective*, OECD, Paris.（アンガス・マディソン『経済統計で見る 世界経済2000年史』金森久雄監訳,（財）政治経済研究所訳, 柏書房, 2004年）
Maddison A.(2003), *The World Economy: Historical Statistics*, OECD, Paris.
Mattingly, D. J.(1995), *Tripolitania*, Batsford, London.
Milanovic, B.(2006), 'An Estimate of Average Income and Inequality in Byzantium around Year 1000', *Review of Income and Wealth*, September, pp. 449-570.
Millar, F.(1993), *The Roman Near East, 31BC-AD337*, Harvard University Press, Cambridge, MA.
Millar, F. et al.(1981), *The Roman Empire and its Neighbours*, 2nd edn., Duckworth, London.
Momigliano, A. D.(1994), 'Julius Beloch', in *Studies on Modern Scholarship*, University of California Press, Berkeley.
Mommsen, T.(1912), *The History of Rome*(translation by W. P. Dickson), Dutton, London.（テオドール・モムゼン『ローマ史』全2冊, 杉山吉朗訳, 文芸社, 2012年）
Mommsen, T.(1996), *A History of Rome under the Emperors*, Routledge, London and New York.
Moritz, L. A.(1958), *Grain Mills and Flour in Classical Antiquity*, Oxford University Press.
Morley, N.(2001), 'The Transformation of Italy, 225-28BC', *Journal of Roman Studies*, 91, pp. 50-62.
Morris, I., R. P. Saller and W. Scheidel(eds)(2007), *The Cambridge Economic History of the Greco-Roman World*, Cambridge University Press.
Moscati, S.(1988), *The Phoenicians*, Bompiani, Milan.
Needham, J.(1971), *Science and Civilisation in China*, vol. IV, 3, Cambridge University Press.（ジョゼフ・ニーダム『中国の科学と文明』全11巻, 思索社, 新版1991年〜）
Newell, C.(1988), *Methods and Models in Demography*, Guilford, New York.
Pallottino, M.(1955), *The Etruscans*, Penguin, Harmondsworth.
Pauly-Wissowa(1894-), *Realencyclopädie der classischen Altertumswissenschaft*, 100 volumes.
Pirenne, H.(1939), *Mohammed and Charlemagne*, Allen & Unwin, London.（アンリ・ピレンヌ『ヨーロッパ世界の誕生──マホメットとシャルルマーニュ』中村宏, 佐々木克己訳,

増田四郎監修，〈名著翻訳叢書〉，創文社，1960年）
Pleket, H. W.(1990), '*Wirtschaft*', in Vittinghoff.
Polybius(1979), *The Rise of the Roman Empire*, Penguin, Harmondsworth(original Greek circa 140BC translated by Scott-Kilvert). (ポリュビオス『歴史』全4冊，城江良和訳，〈西洋古典叢書〉，京都大学学術出版会，2004-13年)
Potter, D. S. and D. J, Mattingly(eds)(1997), *Life, Death and Entertainment in the Roman Empire*, University of Michigan Press.
Rankin, H. D.(1987), *The Celts and the Classical World*.
Rathbone, D. W.(1990), 'Villages, Land and Population in Graeco-Roman Egypt', *Proceedings of the Cambridge Philological Society*, 216, 36, pp. 13-142.
Rathbone, D. W.(1996), '*The Imperial Finances*', in Bowman et al.
Rathbone, D. W.(1997), 'Prices and price formation in Roman Egypt', *Economie antique: prix et formation des prix dans les economies antiques*, Saint-Bertrand-de-Comminges, pp. 183-244.
Raven, S.(1993), *Rome in Africa*, 3rd edn. Routledge, London.
Rich, J. and G. Shipley(eds)(1993), *War and Society in the Roman World*, Routledge, London.
Richardson, J. S. (1986), *Hispaniae: Spain and the Development of Roman Imperialism, 219-82BC*, Cambridge University Press.
Richardson, J. S.(1996), *The Romans in Spain*, Blackwell, Oxford.
Rickman, G. E.(1971), *Roman Granaries and Store Buildings*, Cambridge University Press.
Rickman, G. E.(1980), *The Corn Supply of Ancient Rome*, Clarendon Press, Oxford.
Rostovtzeff, M.(1926), *The Social and Economic History of the Roman Empire*, 2 vols, Oxford University Press(2nd edn, 1957). (M. ロストフツェフ『ローマ帝国社会経済史』全2冊，坂口明訳，東洋経済新報社，2001年）
Rostovtzeff, M.(1941), *The Social and Economic History of the Hellenistic World*, 3 vols, Oxford University Press(reprinted 1953).
Rozman, G.(1974), *Urban Networks in Ch'ing China and Tokugawa Japan*, Princeton University Press.
Russell, J. C.(1958), *Late Ancient and Medieval Population*, American Philosphical Society, Philadelphia.
Russell, J. C.(1985), *The Control of Late Ancient and Medieval Population*, American Philosphical Society, Philadelphia.
Salmon, E. T.(1969), *Roman Colonization Under the Republic*, Thames & Hudson, London.
Scheidel, W.(1997), 'Quantifying the Source of Slaves in the Early Roman Empire', *Journal of Roman Studies*, 87, pp. 157-69.
Scheidel, W.(ed)(2001), *Debating Roman Demography*, Brill, Leiden.
Scheidel, W.(2002), 'A Model of Demographic and Economic Change in Roman Egypt after the Antonine Plague', *Journal of Roman Archaeology*, 15, pp. 97-114.
Scheidel, W. and S. von Reden(2002), *The Ancient Economy*, Edinburgh University Press.
Scramuzza, V. M.(1937), '*Roman Sicily*', in Frank, vol. III.
Seager, R.(2002), *Pompey the Great*, Blackwell, Oxford.
Sivasubramonian, S.(2000), *The National Income of India in the Twentieth Century*, Oxford University Press, New Delhi.

Snooks, G. D.(1997), *The Ephemeral Civilization*, Routledge, London and New York.
Starr, C. G.(1965), *A History of the Ancient World*, Oxford University Press.
Suetonius(1980), *The Twelve Caesars*, Penguin, Harmondsworth(original Latin circa 100AD, translated by Robert Graves). (スエトニウス『ローマ皇帝伝』全2冊, 国原吉之助訳, 岩波文庫, 1986年)
Tacitus(1956), *Annals of Imperial Rome*, Penguin, Harmondsworth(original Latin circa 100AD, translated by Grant). (タキトゥス『年代記――ティベリウス帝からネロ帝へ』全2冊, 国原吉之助訳, 岩波文庫, 1981年)
Tainter, J. A.(1988), *The Collapse of Complex Societies*, Cambridge University Press.
Talbert, R. J. A.(ed)(1985), *Atlas of Classical History*, Routledge, London and New York. (リチャード・J・A・タルバート編『ギリシア・ローマ歴史地図』野中夏実, 小田謙爾訳, 原書房, 1996年)
Temin, P.(2001), 'A Market Economy in the Early Roman Empire', *Journal of Roman Studies*, 91, pp. 169-81.
Temin, P.(2002), 'Price Behavior in Ancient Babylon', *Explorations in Economic History*, 39, pp. 46-60.
Temin, P.(2003), *'Estimating GDP in the Early Roman Empire'*, paper for conference Innovazione tecnica e progresso economico nel mondo romano, organized by Elio Lo Cascio, 13-16 April.
Temin, P.(2004), 'Financial Intermediation in the Early Roman Empire', *Journal of Economic History*, September, pp. 705-33.
Toynbee, A. J.(1965), *Hannibal's Legacy: The Hannibalic War's Effect on Roman Life*, 2 vols, Oxford University Press. (トインビー『ハンニバルの遺産』秀村欣二訳者代表,〈世界の大思想〉, 河出書房新社, 2005年)
Vittinghoff, F.(ed)(1990), *Europäische Wirtschafts- und Sozialgeschichte in der Römischen Kaiserzeit*, Klett- Cotta, Stuttgart.
Vries, J. de(1984), *European Urbanization, 1500-1800*, Methuen, London.
Ward-Perkins, B.(1998), *'The Cities'*, in Cameron and Garnsey, pp. 71-410.
Ward-Perkins, B.(2005), *The Fall of Rome and the End of Civilization*, Oxford University Press. (ブライアン・ウォード=パーキンズ『ローマ帝国の崩壊――文明が終わるということ』南雲泰輔訳, 白水社, 2014年)
White, K. D.(1984), *Greek and Roman Technology*, Thames & Hudson, London.
White Jr, L.(ed)(1966), *The Transformation of the Roman World*, Univerity of California Press, Berkeley.
Whittaker, C. R.(1994), *Frontiers of the Roman Empire: A Social and Economic Study*, Johns Hopkins University Press, Baltimore.
Whittaker, C. R.(1996), *'Roman Africa: Augustus to Vespasian'*, in Bowman et al.
Whittaker, C. R.(2004), *Rome and its Frontiers: The Dynamics of Empire*, Routledge, London.
Woods, R.(2000), *The Demography of Victorian England and Wales*, Cambridge University Press.
Wrigley, E. A., R. S. Davies, J. E. Oeppen and R. S. Schofield(1997), *English Population History from Family Reconstitution, 1580-1837*, Cambridge University Press.

第2章
西ヨーロッパの復活とアメリカの転形

西はなぜ，また何時富裕になったのか？

長期的にみた成長の勢いの変化

過去1000年には世界の人口は24倍近くにまで増大し，人口1人当たり所得は14倍となり，GDPは338倍〔表2.1では340倍になる〕に膨張した．これはそれ以前の1000年と鋭い対照をなしている．それ以前の1000年には世界の人口は6分の1増えただけであり，人口1人当たりの所得は低下していたのであった．1000年から1820年までの成長は主として外延的なものであって，GDP増加の大部分は人口の4倍の増加に順応するものであった．人口1人当たりの所得増加は遅々としていて，世界平均で800年間に半分増えただけだった．

紀元1000年当時，新生児の平均寿命は24歳にすぎず，幼児の3分の1が生後1年以内に死んでいた．生き残った者には飢饉と伝染病が襲いかかった．1820年までに西ではようやく36歳に延びたが，それ以外の地域では依然としてほとんど延びないままになっていた．

1820年以後になると世界経済の発展ははるかに躍動的なものになった．2003年までに1人当たり所得はおよそ10倍近くにまで増大し，人口は6倍になった．1人当たり所得の伸び率は年1.2%〔表2.1では1.3%に近い〕であったが，これは1000年から1820年までの24倍であった．人口は年約1%の率で増加し，その速さは1000年から1820年までの6倍であった．平均寿命は2003年には西では76歳まで延び，その他の地域では63歳までであった．

資本主義の時代(すなわち1820年以降の時代)には進歩のペースに不均等があらわれた．この時代は5つの明白に異なった局面に区分することができる．1950年から1973年までの「黄金時代」は，世界の1人当たり所得が年平均3%に近い率で伸びたこれまでで最良の時期であった．1973年以後の今日の時代(以

表 2.1　世界および主要地域の 1 人当たり GDP，人口，GDP の水準，1～2003 年

	紀元1年	1000年	1500年	1820年	1870年	1913年	1950年	1973年	2003年
1人当たりGDPの水準(1990年国際ドル[GKドルに同じ])									
西ヨーロッパ	576	427	771	1,202	1,960	3,457	4,578	11,417	19,912
ウェスタン・オフシューツ	400	400	400	1,202	2,419	5,233	9,268	16,179	28,039
西	569	426	753	1,202	2,050	3,988	6,297	13,379	23,710
アジア	456	465	568	581	556	696	717	1,718	4,434
ラテンアメリカ	400	400	416	691	676	1,494	2,503	4,513	5,786
東ヨーロッパと旧ソ連	406	400	498	686	941	1,558	2,602	5,731	5,705
アフリカ	472	428	416	421	500	637	890	1,410	1,549
その他	453	451	538	580	609	880	1,126	2,379	4,217
世　界	467	450	567	667	873	1,526	2,113	4,091	6,516
地域間最大格差	1.4:1	1.2:1	1.9:1	2.9:1	4.8:1	8.2:1	13.0:1	11.5:1	18.1:1
西とその他の格差	1.3:1	0.9:1	1.4:1	2.1:1	2.3:1	4.5:1	5.6:1	5.6:1	5.7:1
人口(100万人)									
西ヨーロッパ	25	26	57	133	188	261	305	359	395
ウェスタン・オフシューツ	1	1	3	11	46	111	176	251	346
西	26	27	60	144	234	372	481	610	741
アジア	168	183	284	710	765	978	1,383	2,249	3,734
ラテンアメリカ	6	11	18	22	40	81	166	308	541
東ヨーロッパと旧ソ連	9	14	30	91	142	236	267	360	409
アフリカ	17	32	47	74	90	125	228	390	853
その他	200	241	378	898	1,038	1,419	2,045	3,307	5,537
世　界	226	267	438	1,042	1,272	1,791	2,526	3,916	6,279
世界に対する西の割合(%)	11.5	10.1	13.7	13.8	18.4	20.8	19.1	15.6	11.8
GDP水準(10億・1990年国際ドル)									
西ヨーロッパ	14.4	10.9	44.2	159.9	367.5	902.2	1,396	4,097	7,857
ウェスタン・オフシューツ	0.4	0.7	1.1	13.5	111.5	582.9	1,635	4,058	9,708
西	14.9	11.7	45.3	173.4	479.0	1,485.2	3,032	8,155	17,565
アジア	76.7	84.9	161.3	412.5	425.6	680.7	991	3,864	16,555
ラテンアメリカ	2.2	4.6	7.3	14.9	27.3	120.8	416	1,389	3,132
東ヨーロッパと旧ソ連	3.5	5.4	15.2	62.6	133.8	367.1	695	2,064	2,339
アフリカ	8.0	13.8	19.4	31.3	45.2	79.5	203	550	1,322
その他	90.5	108.7	203.2	521.3	632.0	1,248.1	2,303	7,868	23,348
世　界	105.4	120.4	248.4	694.6	1,111.2	2,733.3	5,337	16,022	40,913
世界に対する西の割合(%)	14.1	9.7	18.2	25.0	43.1	54.3	56.8	50.9	42.9

出所）　Maddison(2003: 256-62)，更新および修正．詳細は本書の付録統計 A と www.ggdc.net/Maddion 参照．

下では「新自由主義」の時代として特徴づける）は成長率が黄金時代の半分ぐらいで，2番目に良い時期である．旧「自由主義」時代(1870～1913年)は1人当たり所得の伸び率が新自由主義時代よりもわずかに低く，3番目であった．1913～1950年の時期には2度の世界戦争と世界貿易，資本市場，移民の崩壊の結果，潜在的可能性を大きく下回った．成長が最低を記録したのは資本主義発展の最初の時期(1820～1870年)で，成長の勢いが目立ったのは主としてヨーロッパ諸国，ウェスタン・オフシューツ〔米国，カナダ，オーストラリア，ニュージーランドの4カ国〕，ラテンアメリカに限られていた．

西とその他地域との分岐

表2.1は紀元1年から2003年までの主要6地域の1人当たり所得の進展を示している．1000年の地域間の所得の格差は実際に非常に小さかった．2003年までには全ての地域で所得は増加したが，最も豊かな地域と最も貧しい地域との間には18対1の格差ができ，国と国との間では開きはもっとずっと大きかった．

また西（西ヨーロッパ，米国，カナダ，オーストラリア，ニュージーランド）と世界経済のその他地域との分岐を見ることもできる．西の1人当たり実質所得は1000年から1820年までの間に2.8倍に，1820年から2003年までの間に20倍に増加した．世界のその他地域では所得の増加はずっとわずか，すなわち1000年から1820年までには4分の1ちょっと上，それ以後は7倍であった．2003年には西は世界のGDPの43%を占めているが，人口では世界の12%を占めるにすぎない．その1人当たり平均所得は2万3710ドル(1990年購買力平価国際ドル)であった．それとは対照的にその他地域は人口は世界の88%を占めているが，1人当たり平均所得は4217ドルであった．

1950年以後の成長の経験，分岐と収斂

過去半世紀の間に世界のさまざまな地域での成長のペースとパターンには大きな変化が起こった．

1950年から1973年までは比類ない繁栄の黄金時代であった．世界の1人当たりGDPは年率3%近い伸びを示し，世界GDPはおよそ5%，輸出はほとん

表2.2 1人当たりGDP,人口,GDPの成長率,紀元1～2003年(年平均複利成長率)

	1- 1000年	1000- 1500年	1500- 1820年	1820- 70年	1870- 1913年	1913- 50年	1950- 73年	1973- 2003年
1人当たりGDP								
西ヨーロッパ	-0.03	0.12	0.14	0.98	1.33	0.76	4.05	1.87
ウェスタン・オフシューツ	0.00	0.00	0.34	1.41	1.81	1.56	2.45	1.85
西	-0.03	0.11	0.15	1.07	1.56	1.24	3.33	1.93
アジア	0.00	0.04	0.01	-0.09	0.52	0.08	3.87	3.21
ラテンアメリカ	0.00	0.01	0.16	-0.03	1.86	0.40	2.60	0.83
東ヨーロッパと旧ソ連	0.00	0.04	0.10	0.63	1.18	1.40	3.49	-0.02
アフリカ	-0.01	-0.01	0.00	0.35	0.57	0.91	2.02	0.32
その他	**0.00**	**0.04**	**0.02**	**0.10**	**0.86**	**0.67**	**3.31**	**1.93**
世　界	**0.00**	**0.05**	**0.05**	**0.54**	**1.30**	**0.88**	**2.91**	**1.56**
人　口								
西ヨーロッパ	0.00	0.16	0.26	0.69	0.77	0.42	0.71	0.32
ウェスタン・オフシューツ	0.05	0.08	0.44	2.86	2.07	1.25	1.54	1.08
西	0.00	0.16	0.27	0.98	1.08	0.70	1.04	0.65
アジア	0.01	0.09	0.29	0.15	0.57	0.94	2.14	1.70
ラテンアメリカ	0.07	0.09	0.07	1.26	1.63	1.96	2.72	1.90
東ヨーロッパと旧ソ連	0.05	0.15	0.35	0.89	1.19	0.33	1.31	0.43
アフリカ	0.06	0.07	0.15	0.40	0.75	1.65	2.36	2.64
その他	**0.02**	**0.09**	**0.27**	**0.29**	**0.73**	**0.99**	**2.11**	**1.73**
世　界	**0.02**	**0.10**	**0.27**	**0.40**	**0.80**	**0.93**	**1.93**	**1.59**
GDP								
西ヨーロッパ	-0.03	0.28	0.40	1.68	2.11	1.19	4.79	2.19
ウェスタン・オフシューツ	0.05	0.08	0.78	4.31	3.92	2.83	4.03	2.95
西	-0.02	0.27	0.42	2.05	2.67	1.95	4.40	2.59
アジア	0.01	0.13	0.29	0.06	1.10	1.02	6.09	4.97
ラテンアメリカ	0.07	0.09	0.22	1.23	3.52	3.40	5.38	2.75
東ヨーロッパと旧ソ連	0.04	0.21	0.44	1.53	2.37	1.74	4.85	0.42
アフリカ	0.05	0.07	0.15	0.75	1.32	2.57	4.43	2.97
その他	**0.02**	**0.13**	**0.29**	**0.39**	**1.60**	**1.67**	**5.49**	**3.69**
世　界	**0.01**	**0.15**	**0.32**	**0.94**	**2.12**	**1.82**	**4.90**	**3.17**

出所) 表2.1より算出.

ど8％の率で伸びた．世界のどの地域の実績も以前のどの時代より良好であった．1人当たりの所得および生産性の収斂が画期的に進展し，ほとんどの地域で米国(経済の先導国)よりも急速な成長を経験した．

　1973年以後は著しいスローダウンが生じた．世界のGDPの成長は半分になった．さまざまな地域間で分岐が生じ，多くの地域で実績が潜在的可能性以下

表 2.3 寿命，紀元 1000〜2003 年
(出生時よりの年数，男女計)

	世　界	西	その他
1000 年	24	24	24
1820 年	26	36	24
1900 年	31	46	26
1950 年	49	66	44
2003 年	64	76	63

出所) Maddison (2003: 31), 米国調査局人口部資料により更新.

であった.

　先進資本主義諸国の1人当たりGDPの成長は大きくスローダウンした．その重要な原因の一つは最先端技術で動いている米国で技術の進歩が減速したことであった．黄金時代の千載一遇の機会を利用して急速な生産性キャッチアップをおこなった西ヨーロッパ，日本という「追随諸国」も，その機会を使い尽くしてキャッチアップの範囲が狭まったのである．これらの国のスローダウンは確かにやむを得ない事情によるものではあったが，政策の失敗がスローダウンを必要以上に大きくした(詳細な分析は Maddison 2001: 131-41 を参照).

　1973〜2003 年にはるかに最良の実績を示したのは世界のGDPの4分の1，世界人口の半分を占める東アジア(日本を除く)であった．再起したアジアの成功は並はずれたものであった．1973年以後の1人当たり成長は黄金時代より速く，旧自由主義時代(1870〜1913年)の10倍以上速かった．そこでは先進資本主義グループへのめざましいキャッチアップと，黄金時代に日本が達成した大躍進の模写(その強さの度合いにはさまざまなものがあったが)とがみられた．

　もし世界が先進資本主義国と再起したアジアとだけでできていれば，1973年以降の成長のパターンは新古典派理論が示した条件付き収斂の可能性を明瞭に証明するものと解することができたかもしれない．この理論は低所得諸国は「後発者の利益」があるので最先端の技術で動いている繁栄した諸国よりも早く成長するはずだと仮定する．とはいえその可能性は低所得国が資源の効率的な動員と配分に，また適切な技術を吸収しそれに適応するために人的，物的資本を改善することに成功した場合にだけ現実化することができる．再起したアジア諸国はそうする機会を生かすことに成功したのであった．

世界のその他のすべての地域の実績は1973～2003年に悪化した．勢いの喪失はアフリカ，ラテンアメリカできわめて鮮明であった．これらの経済地域は先進資本主義国のスローダウンによって巨大なショックを受けた．ショックはこれらの国の成長の勢いを麻痺させ，経済政策を混乱におとしいれた．これらの国の黄金時代における経済実績には国内政策が大きく貢献したわけではなく，先進諸国の高度成長の勢いの伝播に依存したものであった．中核である資本主義国が激しくスローダウンすると，ラテンアメリカとアフリカはたちまち債務危機，インフレーション，財政および金融困難に見舞われた．これらのシステムショックのなかで最大だったのは，ソ連の15独立国への解体にともなう政治的，経済的崩壊であった．このショックはまた東ヨーロッパ諸国の政治的変革と指令経済の崩壊をもたらした．これら諸国は新しく資本主義世界のメンバーとしての活動に成功できるよう，その政策と制度とを調整するという大きな問題をかかえた．メンバーになることで貿易と外資へのアクセスに新しい機会が生まれるが，しかしまた新しい不安定の危険と新しい行動ルールにも直面することになった．

1820年以降の西諸国の成長加速を説明する推進力

成長の原因を分析する際には，直接的な測定可能な諸影響と，数世紀間にわたった西ヨーロッパの実績のユニークな活力を説明するのに役立つ，より深い，数量化できない諸特徴とを区別して考えることが有益である．

1820年以降については，主要な資本主義国の実績を説明する直接的な諸原因を数量化することは可能である（英国，米国，日本の詳細な説明については第6章，表6.4および6.5を参照）．

英国は19世紀には労働生産性の面で先導国であり，資本の輸出と自由貿易政策とを通じてそれを世界へ強力に普及させる役割を演じた．米国は1890年代に英国に取って代わって生産性の先導国になり，それ以後英国より速いテンポで生産性を向上させた．日本はキャッチアップ原型国であり，江戸時代に中国の実績水準に追いつき，1990年代までに1人当たりGDPで西ヨーロッパに追いついた（ただし生産性ではない）．日本のキャッチアップへの努力は人的およ

び物的資本への高い投資率となって現れていた（過去半世紀にいちじるしいキャッチアップをなしとげたそれ以外のアジアの経済国・地域——韓国，台湾，中国，香港，シンガポールも同じ特徴を示している）．日本経済は一時米国に追いつくと予想されたこともあったが過去10年停滞に陥った．

最も躍動的な特徴は1人当たり機械・設備のストックの爆発的な成長であった．1820年から2003年の間に英国は155倍，米国は372倍，日本は1890年からで332倍になった．非居住用構造物の伸び方はずっと小さく英国21倍，米国33倍，日本は89倍だった．

大部分の機械は動力駆動であるが，エネルギー消費量の増加は機械のストックの増加よりはるかに小さい．1820年当時木材が容易に入手できた米国では一次エネルギーの増加は3倍になっただけだが，英国は6倍，日本は20倍であった．機械の改良によりエネルギー転換効率には巨大な進歩があった．成長はまた鉱物からのエネルギーの発見と抽出の技術の進歩に支えられてきた．今日では鉱物エネルギーは世界エネルギーの5分の4を供給している．1820年にはその比率は6%以下であり，94%はバイオマスによるものであった．

19世紀にはいると複式機関とタービンの技術の発展によって蒸気機関の効率が大きく向上した．ランデス（Landes 1965: 504-9)はこのことをP & O〔船会社 Peninsular and Oriental Steam〕の外輪船の60馬力のエンジンと1907年のキューナード汽船会社のモーリタニア号の13万馬力の二段式タービンとを比較することによって説明した．それ以後，船はますます石油とディーゼルエンジンを用いるものにかわっていった．これらは同じ重量の石炭を用いる機関よりずっと大きい動力を生み出し，缶焚きを不要にした．

蒸気機関はまた19世紀に旅客，貨物の陸上輸送に革命をもたらした．1826年にゼロから始まって1913年までにほとんど100万kmの鉄道が造られた．内燃機関が変化の勢いを加速させ，個人の移動の自由と商工業の立地の選択範囲を拡大した．1913年の乗用車の保有台数は約150万台であった．2002年にはそれは5億3000万台に達した．20世紀後半には航空機旅客マイル数は1950年の280億マイルから1998年の2兆6000億マイルに増加した．電気利用の発展は少なくとも以上に劣らない大きな影響を及ぼした．それは熱，光，動力の多目的で効率的で便利な供給源として，家事，オフィスの仕事，産業活動の性

質と立地，科学研究の潜在的可能性を全く新しいものに変えた[1]．

　人的資本すなわち就業者1人当たり平均教育年数(到達水準で換算)は1820年から2003年の間に米国12倍，日本11倍，英国で8倍に増加した．19世紀と20世紀にはそれ以前よりも技術進歩のテンポが急速であったので，急拡張する物的，人的資本に投資することは実り多いものであった．

　1820年以後国際貿易は急速に拡大した．人口1人当たりの輸出額は英国で103倍，米国114倍，日本はそれよりもはるかに大きな倍率で増加した(日本経済は1855年まで外に対して閉じられていた)．国際貿易によって各国が最も効率的に生産できる産物に特化できたのが重要なことであった．国際貿易は天然資源の少ない国のハンディキャップを取り除いた．国際貿易はまた新しい製品，新しい技術を拡散させる上でも重要であった．

需要と雇用の構造変化

　1人当たり所得と生産性の増加は経済と社会の構造に大きな変化をもたらす．消費需要のパターン，政府の役割，投資率，外国貿易の比重，技術進歩の方向はすべて経済活動の性質にきわめて大きな影響を与える．

　こうした構造変化はそれ自体としても興味深いものであるが，さらにそのような変化の統計的記録は成長の速さとパターンの確たる証拠を提供する．たとえば都市化の進行，就業人口中の農業従事者の比率の低下，消費支出中での食料支出の比率低下をみれば，農業生産性の上昇，1人当たりGDPの成長があったことを推論できる．

　1人当たり所得が増加するに応じて消費の優先順位が変化する．所得が低い場合には食料への支出が消費支出のなかで大きな割合を占める[2]．栄養状態が良くなると優先順位は衣類に代わる．レベルが上がると保健，教育，娯楽，交通への支出が劇的に増加する．需要の型の変化は新製品の開発を生み出す創造的活動の方向に強力な影響を与える．

　表2.4は英国の過去3世紀にわたる需要の型の変化を示したものである(英国はこうした変化が最も良く記録されている国である)．1688年には伝統的な生活必需品(最初の6品目)への支出が国内総支出の4分の3を占め，個人消費支出

表 2.4 英国の支出構造, 1688 年と 2001 年(総数に対する %)

		イングランドと ウェールズ 1688 年	英 国 2001 年
1	食 料	25.7	5.2
2	飲料とたばこ	13.6	3.2
3	衣類と履物	19.2	3.6
4	光熱費	3.7	1.9
5	家具, 備品, 家庭用器具	9.3	3.8
6	個人サービス	3.0	1.4
	小計 1～6	74.5	19.1
7	家賃と帰属家賃	4.1	9.1
8	教育と保健	2.1	13.2
9	リクリエーションと娯楽	0.9	8.3
10	交通と通信	0.8	10.6
11	その他	1.9	13.2
	小計 7～11	9.8	54.4
総個人消費(項目 1～11 の合計)		84.2	73.5
政府消費*		9.0	9.8
総資本形成		6.8	16.7
国内総支出		100.0	100.0
1 人当たり GDP 水準(1990 年国際ドル)		1,411	20,554

注) ＊ 教育と保健を除く.
出所) Maddison(2003: 18), 2001 年は OECD の *National Accounts, Countries*, 1991-2002. vol. lib, Paris, 2004: 772 and 793 で更新.

のほぼ 90% を占めていた. 18 世紀になると食料, 衣類, 台所用品, 家具の質と種類は, アメリカからの輸入とそれに誘発された輸入代替品によって, 大いに改善された. 2001 年までに前記 6 品目は総支出の 5 分の 1 以下に低下し, サービスと投資財への支出の比重が大きく増加してきた.

今日大部分の国の政府は教育と保健への膨大な支出を支える責任を負い, 非常に大きな移転支出によって消費の型に影響を与えている. 20 世紀にはいると政府の責任はどこでも増加したが, その程度は米国よりも西ヨーロッパの方が大きかった.

表 2.5 は過去 3 世紀に相次いで先導国になった 3 カ国での就業構造の変化を示したものである. 1700 年にはオランダの 1 人当たり所得はヨーロッパ最高であり, 経済はすでに比較的高度に国際特化しており, 農業の生産性は高かったが大量の穀物を輸入していた. 農業就業者の割合(40%)は当時の水準からす

表 2.5 オランダ,英国,米国の就業構造,1700〜2003 年(総就業者数に対する %)

		オランダ	英 国	米 国
1700 年	農　業	40	56	n.a.
	工　業	33	22	n.a.
	サービス業	27	22	n.a.
1820 年	農　業	42	37	70
	工　業	28	33	15
	サービス業	30	30	15
1890 年	農　業	36	16	38
	工　業	32	43	24
	サービス業	32	41	38
1950 年	農　業	14	5	13
	工　業	40	47	33
	サービス業	46	48	54
2003 年	農　業	3	1	2
	工　業	20	24	20
	サービス業	77	75	78

注と出所)　1700 年は Maddison (1991: 32); 英国と米国の 1820〜1890 年は Maddison (1995a: 253); オランダの 1950 年は Smits et al. (2000: 115-16); Maddison (1991: 248); 2003 年は OECD の *Labour Force Statistics*, 1983-2003. 農業には林業と漁業を含み,工業には鉱業,製造業,電気業,ガス業,水道業,建設業を含む.サービス業は残余で,上記以外のすべての民間と政府(軍事を含む)の経済活動を含む.

ると非常に低かった(英国の割合よりも大幅に低い).18 世紀になるとオランダの輸出は減り,工業は縮小し,国内農業への依存度は高まった.英国が最もダイナミックな経済の国になった.英国の農業生産性は急上昇し,農業就業者の割合は 1820 年には 37% にまで減少した.19 世紀英国の食料輸入は自由貿易政策の結果,劇的に増加した.

長期的にみると,農業就業者の重要性の減少は食料への支出の場合に比べてはるかに劇的である.英国の農業就業者は 1700 年の総労働力中の 56% から 2003 年の 1% にまで減少し,食料への支出のほうは 26% から 7% の減少にとどまった.今日の食料への支出の大きな部分は高度に都市化した住民向けの加工,包装,輸送,分配のコストに相当する部分である.17 世紀には人口の大

多数は自分で食料を生産し，自分の牛から牛乳を搾り，自分のバターとチーズを作り，自分でパンを焼いていた．もう一つの理由は，現代の農民が大量の肥料，農薬，機械，燃料を投入しており，彼らの付加価値は総産出のうちのはるか少額であるということである[3]．

1000～1820年の西ヨーロッパ上昇の根本的特徴

1世紀から10世紀の西ヨーロッパでの主要な変化は次の通りである．(a)ローマ帝国の崩壊——この大規模で凝集力のある政治体は復活することなく，細分化し，壊れやすい，不安定な政治体にかわった．(b)1人当たり所得の低下，都市文明の消滅，封建的支配者が農奴から現物で所得を取り上げる自給自足的で，相対的に孤立化した無知な農村村落の圧倒的な支配，西ヨーロッパ，北アフリカ，アジアの間の貿易関係の事実上の消滅．

1000年から1500年の間は，西ヨーロッパの人口が世界の他のどの地域よりも急速に増加した復活の時期であった．北部諸国は地中海沿岸諸国に比べて目立って急速に成長した．都市の比率は（人口1万人以上の町を単位として）ゼロから6％に増加した．これは明らかに商工業活動の拡大を示す指標であった．増加した人口に食料を供給できた理由は，特にオランダ，北ドイツ，バルト沿岸で著しかった農村入植地の増加と土地生産性を高める技術変化の漸次的導入であった．リン・ホワイト（Lynn White in Cipolla 1972: 153）によるこれら農村変化の古典的分析は次の通り．

> ヘビー・プラウ，開放耕区，三圃農法，農耕と牧畜の新たな結合，近代的馬具，蹄鉄，遊動棒〔馬具〕があわさって1100年までに農業開発の一大統合システムとなり，北ヨーロッパをまたいで大西洋からドニエプルにいたる農民繁栄の地帯を作り出した．

ホワイトはそれらのインパクトの早咲きと繁栄の度合いを誇張しているとは思われるが，これらの技術的改良が基本的に重要であったことは明らかである．二圃制から三圃制への切り替えは食料安全保障を高め，飢餓の襲来を少なくした．農業生産物のうち，衣料生産（羊毛），ワインとビール（穀物とぶどう），馬の頭数の増加を支える飼料に向けられる割合がますます増加した．穀物，生きた家畜，チーズ，魚，ワインの国際貿易が増加して，食料生産の地域特化がある

程度出現した．塩の貿易の増加と香辛料輸入の再開が，肉と魚の味の向上と保存の改良を助けた．

　水車と風車の利用増加は加工工業，特に精糖，製紙という新工業のための動力増大につながった．毛織物産業では国際特化が成立した．英国の羊毛が織物生産のためにフランドルに輸出され，その織物がヨーロッパ中で取引された．絹織物業は12世紀にヨーロッパにもたらされ，1500年までに南ヨーロッパでめざましい成長を遂げた．織物の品質は大きく改善され，多様な色とデザインが利用できるようになった．13世紀にはジェノバがキオスからブリュージュの明礬(みょうばん)の定期輸送を開始した．鉱業と冶金の技術の改良がヨーロッパの兵器生産の様相の変化と拡大を助長した(Nef 1987; Cipolla 1970参照)．11世紀から15世紀にかけて海運と航海術が改良され，地中海，バルト海，大西洋諸島，アフリカ北西海岸の貿易増加を支えた．

　銀行，会計，海上保険が大きく前進し，大学の発展と普及にともなって知的生活の質が向上し，人文主義的学問が成長し，15世紀の終わりには活版印刷が導入された．

　政治秩序にも重要な変化が生じた．イングランド，低地諸国，ノルマンディー，さらにはロシアの奥深くまでを攻撃したスカンジナビアの襲撃者たちは，文明化された貿易商人になり，スカンジナビア自体に，またイングランド，ノルマンディー，シチリアに効率的な統治のシステムを打ち立てた．国民国家制度の先駆けが現れ，中世を特徴づける政治権力の細分化が解消に向かっていった．100年戦争(1337～1453年)は英国とフランスの最後の衝突ではなかったが，戦争が終わったあと両国での国民としての自己認識ははるかに明確なものになった．15世紀の最後，レコンキスタはスペインの近代的形での国民的自己認識を確立した．

　1820年以前の西の経済成長の直接的諸原因を1820年以後と同じように詳細に数量化することは不可能であるが，しかしこの時期の緩やかな経済的進歩とそれ以後の加速化との前提条件であった西ヨーロッパの知的水準と知的諸機構に生じた根本的変化を見定めることは困難ではない．1000年から1820年の機械，設備，人的資本への投資はやはり比較的緩やかなものであったが，印刷技術の発明，科学の進歩，大学でのエリートの世俗教育の普及によって，質的に

は高度化した．今日よりも技術進歩は遅く，資本集約度もはるかに低かった．技術進歩の中には試行錯誤の結果得られたものもあったが，科学研究への制度的支援が技術，特に海運，航海技術に直接の大きな影響を及ぼした．私は以下でこの分野での変化をかなり詳細に述べ，それが主な重商主義諸帝国の間にいかにして広まったかを説明する．この時期の技術進歩はエネルギー集約的ではなかった．それはより効率的な風力，馬の牽引力の効率向上，1人当たり労働時間の増加に依存するものであった．鉱物燃料はあまり使用されずバイオマスに強度に依存した．グローバリゼーションは相対的にいえば，1500年から1870年の方がそれ以後の時期よりもはるかに重要であった．生産性増加の大部分は，特化の増大と生産の規模拡大――1776年にいたる経済進歩の原因についてアダム・スミスが強調したタイプのものから得られた．

1820年以前の西での四大知的および制度的変化

経済実績に深い影響を及ぼし，当時その他世界には比肩するものがなかった西における知的および制度的四大変化が1820年以前にあった．

1. 一つの根本的変化は合理的な調査と実験を通じて人間には自然の力を変える能力があるということを認識したことである．ヨーロッパ最初の大学が1080年にボローニアでできた．1500年にはそのような世俗的学問のセンターが西ヨーロッパに70存在した(Goodman and Russell 1991: 25参照)．15世紀の半ばまでは大部分の授業は口頭でおこなわれ，学習課程はギリシャのそれに似たものであった．グーテンベルクが1455年にマインツで彼の最初の書物を印刷してから事態は変わった．1500年までに西ヨーロッパ全体で220台の印刷機が稼働し，800万冊の書物を印刷した(Eisenstein 1993: 13-17)．大学の生産性と新しい思想への開放度は大きく向上した．

    ヨーロッパの出版業の中心地は1469年にはじめて印刷された書物が作られたベネチアであった．それ以前には都会の文書保管所や富裕な個人収集家のための聖書，ギリシャとローマの古典の翻訳書が，写本筆写人，製本職人，装飾文字や挿絵の専門家によって作られていた．1470年代までに書物製作の生産性は革命的に向上し，コストは劇的に低下した．1483年にリーポリ出版社はプラトンの『対話編』(*Dialogues*)を1025冊製作した．1

人の写本筆写人なら1巻を製作するに1年を要したであろう．かりに同社が1025冊を製作するために，写本筆写人を雇う施設よりも大きな資本を設備に投下し，熟練労働者の1人1年の労働の投入を必要とするにしても，書物製作の生産性は200倍に増加したと推論できる．16世紀の半ばまでには楽譜，地図，医学関係書，それに新しい世俗的知識の書物の洪水を含むおよそ2万タイトルの書物が出版された．

　最後の点は非常に重要である．活版印刷以前には書物は芸術的あるいは聖像的価値のゆえに珍重され，内容は過去の知識やドグマを反映していた．活版印刷によって書物は大変安くなった．出版業者はますます喜んで新しい思想の普及に危険を冒し，新しい著作者に機会を与えようとした．書物に接する人の人口比はめざましく増大し，読み書き能力への熱望を刺激すること極めて大であった．中国は例外であるが，このヨーロッパで生じた印刷革命はヨーロッパ以外の世界の大部分の地域では19世紀の始まるまで起こらなかった．ヨーロッパと中国との大きな違いは，ヨーロッパ印刷業が競争的性格をもち，書物の国際貿易がおこなわれていたということである．これが異端審問所と検閲によって思想統制をおこなうローマ法王のやり方を挫折させた．中国のほうは中央集権国家であり，外国との接触は無いにひとしかった．昔の古典によって教育をうけた官僚は，ローマ法王がヨーロッパでやったよりもっと巧妙な，有効な方法で思想統制をおこなうことができた．

　知的水準のさらに大きな変化が，地球中心の宇宙という中世期的概念が放棄された16世紀から17世紀にかけて起こった．ルネサンス，17世紀の科学革命，18世紀の啓蒙のおかげで，西のエリートたちは迷信，魔術，宗教的権威への服従を捨て去った．科学的なものの見方は次第に教育制度にも浸透した．知的探求に限界が設けられることはなくなった．プロメテウス的な進歩への追求が始まった．

　経験主義的研究や実験を始めたアカデミーや天文台が作られ，科学の影響力は一段と強められた．実験の結果の体系的記録と文書化した形での普及とが成功の鍵であった．

2.　11, 12世紀にブリュージュ，ベネチア，フランドルや北イタリアの諸都

市に商取引の重要なセンターが出現し，企業家精神を育て，財産の売買に対する束縛を廃止するという変化が生まれた．差別のない法制度が財産権を保障した．会計制度の発展が契約の実行性を確実にした．国家による課税等はより可測的で恣意性が少なくなった．信頼できる金融制度と金融手段の発展は信用と保険の利用を容易にし，リスクを判断して広範な分野にわたる大規模なビジネスを合理的におこなうことを可能にした．

3. 380年のキリスト教の国家宗教化はヨーロッパの結婚，相続，親族制度を根本的に変革した．法王が課した制度はかつてギリシャ，ローマ，エジプトで支配的であった制度とは大いに異なり，またその後イスラム世界を特徴づけることになる制度とも劇的に異なるものであった．結婚は厳格な一夫一婦制でなければならず，蓄妾，養子縁組，離婚，寡婦・男やもめの再婚は禁止された．近親者との結婚も禁止され，その中には兄弟姉妹，親や子はもとより，いとこ，またいとこ，またまたいとこ，さらには兄弟姉妹の結婚による親族も含まれていた．385年の法王の決定は僧侶に独身を課した．

　これらの規則の主な目的は，相続の資格をごく身近な家族のメンバーに限定して巨大な財産を教会に取り込むことで，教会は桁外れの財産所有者になった．同時にこれはこれまでの氏族，種族，カーストへの忠誠心を破壊し，個人主義と蓄財を奨励し，国民国家への帰属意識を強化した(Goody 1983; Lal 2001: 221 参照)．

4. 第4の目立った特徴は相互に似通った諸国民国家の体系が出現したことで，これらの間では言語の相違にもかかわらず，相互に緊密な商取引関係をもち，知的交流も比較的容易であった．多くの点から見てこれは良性の細分化であった．それは競争と革新を刺激した．冒険的，革新的な人には異なった文化，環境への移住や逃避への道も開けていた[4]．しかしヨーロッパの指導的諸国家の重商主義政策は相互に差別的，制限的であり，近隣窮乏化政策は戦争によって強化された．英国は1700年から1820年までの間に，主として商業上の世界覇権を求めて5つの大戦争(あわせて55年間)をおこなった．

技術変化の軌跡，1000～1820年

　船の設計と航海術の進歩は1000年から1820年までの間の西ヨーロッパの技術進歩のなかでも最もダイナミックなものであった[5]．もしこれがなかったら西ヨーロッパは世界貿易で支配的役割を演ずることができなかったであろう．西ヨーロッパは地中海とバルト貿易を通じて地域内の結びつきを強め，遠くアメリカとその広大な土地，貴金属，諸生物資源を発見し，利用し，アフリカを回ってアジア貿易の大きな分け前を手に入れることもできなかったろう．

　1000年から1820年までの間が技術的停滞の時代であったと考える人々に対しては，海運と航海技術の発展について少々詳しく検討し，16世紀以来の科学と技術の間の密接な相互作用を明らかにすることが有益である．

　表2.6は1500年以降の世界貿易とGDP成長率との比較である．2つの成長率の比率が第3列である．1500年から1870年の比率がそれ以後よりも高い．

　1470年から1820年までにヨーロッパの商船団は17倍に増加した．人口1人当たりでは6倍以上の増加であった．船，帆，索具の設計での技術的進歩，航海の器具とテクニック，海図作成，地理・風・潮流の知識の改善のために，実効輸送能力はそれ以上に増加した．航海は船にとってもその乗組員にとっても危険の少ないものになった．航海時間は予定できるものになり，船は大きく，積荷トン当たり要員数は減少した．世界の海のヨーロッパによる支配は，海軍力の増強によって，また相当な長期にわたる巨額な資本支出を要する冒険航海の事業を大規模に組織する能力によって強化された．

　紀元1000年に地中海を航行する船は1000年前に比べて少しも良くはなっていなかった．帆は四角で風が後方から吹くときだけ効率的であった．逆風での航海は長時間を要し，安定を欠くものだった[6]．港湾施設はローマへの食料供給のためクラウディウスがポルトゥス（オスティア近く）につくったものより劣っており，アレクサンドリア大港と灯台は姿を消していた．航海の助けとなった器具の若干は水深を測る測鉛線とか，風向きを見定める風配図とかのローマ時代と同じものであった．星と太陽が位置と一日の時刻のしるべとなった．ギリシャ人，ローマ人が持っていた水深，投錨地，潮の干満を示す海図や航海指導書（periploi〔周航記〕）はなくなっていた．

　13世紀には重要な改良がうまれた．最も重要だったのは32の方位点を持つ

表 2.6 グローバリゼーション：世界の貿易量と GDP の
成長，1500〜2003 年（年平均複利成長率）

	世界貿易(1)	世界 GDP(2)	(1)/(2)
1500-1820 年	0.96	0.32	3.00
1820-70 年	4.18	0.94	4.40
1870-1913 年	3.40	2.12	1.60
1913-50 年	0.90	0.82	0.50
1950-73 年	7.88	4.90	1.60
1973-2003 年	5.38	3.17	1.70
1820-2003 年	3.97	2.25	1.80

注と出所）　1500〜1820 年の世界商船団のトン数の成長
(Maddison 2001: 95)に，技術改良による有効運送量の増
加を考慮して 50% 加算．1820〜70 年は Maddison(1982:
254)から，1870〜1990 年は Maddison(2001: 362)の 2003
年を IMF International Financial Statistics で更新．世界
GDP は www.ggdc.net/Maddison から．全く別のやり方
で得られた 1500〜1800 年の国際貿易量の成長の同様な
推計値については，O'Rourke and Williamson (2002)参照．

磁気羅針盤であった．いくらか風配図に似ているが，しかし指針が恒常的に北を指している点が異なっている．船尾舵が船尾のオールにかわって操縦がずっと効率的になった．舵の力はクランクと滑車の使用によって強められ，悪天候でもコースの維持がはるかに容易になった．地中海の航海が改善され，特にマストに直角にとりつけられる四角い帆にかわって，マストに角度をつけてとりつけるアラブの大三角帆が使用された．これによって航行できる風の条件が広がり，港や投錨地で時間を無駄に費やすのを減らすことができた．ベネチアの砂時計は一定の間隔で時間の経過を正確に測定することができ，木製のトラバースボード(traverse board)で海員たちは航海のコースを図示することができた．このボードの表面は羅針盤のようで 8 つの方角に 8 つの穴があり，中心には 8 つの掛け釘がついている．4 時間交替の当直が半時間ごとに船のコースを示す穴に釘を差し込む．トラバースボードの表は日々の進行状況の推定の三角法によるガイドになり，アラビア数字の採用が計算を容易にした．ほぼ同じ頃にポルトラン(portolans 港，投錨地，潮の干満，水深，風を示す海図)が現れ始めた．それは以前の海員たちの経験から出た航海指導書であった．それらは沿岸の略図，港間の距離を示し，いろいろな代替コース(rhumb lines〔航程図〕)も示していた．もしも計画した航海に適当な航路がなくても，海員は定規とコンパスを用い

て自分自身の航路を設計し，使用することができる．ポルトランはベラム（vellum 縦 5 フィート，横 2.5 フィートの 1 枚の羊皮紙）でできており，黒と赤のインクで使用法が書かれていた．

こうした変化がベネチアの船の生産性を向上させた．以前にはベネチアの船は 10 月から翌年の 4 月まで曇天が多かったためエジプトには行けなかった．以上のような器具のため年に 1 往復であったベネチアからアレクサンドリアが 2 往復できるようになった．

造船業も革新の結果コストが下がり，効率が向上した．ローマ時代には胴体が最初に作られた．船体はほぞとほぞ穴のさしもの細工で耐水化された．第 2 段階は肋材と支柱の挿入であった．11 世紀以降には，最初に竜骨と肋材が作られ，釘打ちされた厚板の胴体が付け加えられ，繊維とピッチで耐水化された．

15 世紀に入ると，海運進歩の中心は大西洋の島々やアフリカ沿岸を探検していたポルトガルに移った．艤装の大きな変化のおかげでこれまでの地中海の船よりもずっと効率的に風のエネルギーを利用できるようになった．本数が増えたマスト，帆の複雑な整列により船が操作しやすくなり，速度が増した．向かい風を受けてのジグザグ帆走がはるかに容易になった．推進力を漕ぎ手に頼っていたベネチアのガレー船は時代遅れになった．新型の船キャラベル船はより頑丈で，大西洋の荒れた海，より強い潮流を難なく乗りきることができた．

ポルトガル人は新しい器具やずっと改良された海図を開発して，航海上の大進歩をなしとげた．北半球では北極星は大体一定の方角と高さを保っている．南北をゆく航海では航海者は夜明けと日没時（この時は星と水平線の両方を見ることができる）に北極星を見る．星の高さが変われば自分の位置の変化に気がつくわけである．東西の航路では北極星の高さを一定に維持すれば確実なコースを保てる．こういうことはみな以前には指の幅その他大ざっぱな方法で高度を測る等，素朴なやり方でおこなわれてきた．15 世紀に入るとポルトガル人は航海した緯度，距離をより正確に判断する四分儀を開発した．彼らはまた北極星の僅かな回転に応ずる訂正の技術を開発した．ポルトガルの船が乗り出し始めた南半球には同じ性質を持つ星は存在せず，太陽が代わりに使われた．だが太陽の光は肉眼ではまぶしすぎたので四分儀では高度を測定できなかった．古代の天文学者の天文観測儀の改造物が海員用に開発された．地球の運動によって

太陽の高さは毎日変わるので，高さの判断は太陽の赤緯〔天球上における星の位置を表す座標の一つ．天球上の赤道から北あるいは南に測った角距離〕の日々の変化によって調整せねばならなかった．このための表が天文学者のザクト(Zacuto)によって1400年代に作られた．試験航海でのこれら機器，表の実地テストを経て海軍航海暦(Regimento do Astrolabio et do Quadrante)が編纂され，1497年バスコ・ダ・ガマのインド航海に使用された．

15世紀には海上航行の速度，距離測定にも改善があった．海里が距離の標準単位になり，1マイルの何分の1かを示す等間隔の結び目を持つ測程索を船尾から投げ入れ〔て距離を測っ〕た．砂時計の時間もこれに合わせて調整された．

世界の地理についてのヨーロッパ人の知識は，南半球での新航海ルートの確立，アメリカの発見，マゼランの地球一周航海によって革命的に変わった．新しい地図が必要になり，海図は改善され，地図帳が出回り始め，印刷術の発明がそれらの普及を大きく後押しした．地球儀が製作され，長距離航海ルートに関連する正確な世界地理の理解が得られるようになった．1569年フランドルの地図製作者ジェラルド・メルカトルが世界球面を平面上に表す投影法を発明した．彼の地図では緯度の平行線が経度の子午線と相互に直交する．子午線は両極に近づくほど実際より幅が広がる．それに応じて極に近づくほど緯度の幅も広がってゆく．この結果ある一定のコンパスが指す方角への線は直線である．これは航海者にとって大変役に立つはずであったが，実際に広く用いられるようになったのは17世紀からであった．1614年のネーピアの対数の発見が，対数表(1633年にブリッグスが考案)の形で海員が利用できるようになり，船のコースの計算が大いに簡単になった．計算尺も三角関数表とならんで17世紀の中頃から船乗りたちに利用可能になった．1594年にイングランドの航海者ジョン・デイビスが太陽を直接見ることなしに太陽の高度を測ることができる簡易なバックスタッフ〔影の投影によって太陽の高度を測定する機器〕を発明した．これは17世紀の終わりまでに従来の四分儀，アストロラーベにとって代わった．それも1731年に英国の数学者ハレーが反射望遠鏡の副産物として発明したさらにはるかに正確な反射八分儀にとって代わられた．これをさらに改良したものが1757年に英国海軍が開発した六分儀であった．これによっていかなる空の物体も水平線からの高さをすばやく正確に読みとることができるように

なった．

　経度を正確に測ろうとする努力はすでに長期間おこなわれてきていた．スペインのフェリペ3世は巨額の報償金の提供を発表し，フランス，オランダもこれにならった．1714年に英国政府はほんのわずかな誤差しかない正確さを持つ〔機器〕の発明に2万ポンドの報償金を与える経度委員会を創設した．報償金はジョン・ハリソンが獲得した．彼は25年間努力して船の動きや天候の変化に影響されないクロノメーター(懐中時計のほぼ2倍の大きさ)を作った．これは1762年から1764年の西インドへの試験航海でテストされ合格した．クック船長は1768～71年の最初の太平洋航海では新しい航海暦と経度を測る月面距離法を使用したが，1772～75年の世界一周紀行でハリソンの時計のコピーを使用した．3年後プリムスに帰ったときの経度の累積誤差は8マイルに足りなかった．

　18世紀の終わりまでに，船と艤装，砲術，気象や天文の知識，航海用の機器の正確度に巨大な進歩が生じた．地図はめざましく改善され，詳細な沿岸調査が付け加わった．帆走はますます安全になり，航海期間も予測可能になり，難破のおこる率も大変減少した．長期航海中の病死の減少にも進歩があった．

　アンソン〔1697～1762〕は1740～74年の世界一周航海の際にスペイン人を攻撃して成功をおさめ，巨大な宝船を捕獲したが，戦闘での死者はわずか4人に対し，主に壊血病による病死者は1300名に達した．この経験から英国海軍軍医ジェームズ・リンド〔1716～94〕は食事実験をおこなった．彼は1753年にその結果を公表し，予防策としてのオレンジとレモンのジュースを勧告した．クック船長は1768～71年オレンジ，レモン，ザウアークラウトを含む多数の壊血病予防の材料実験をおこなった．この際の壊血病患者はわずか1人であったが，英国海軍がレモンジュースの定期支給を開始したのはやっと1795年からであった．

　ヨーロッパ海軍の武器と戦闘法は16世紀までに完全に変わった．接近戦用のオールで漕ぐガレー船で衝突，乗り移りという戦法は1571年のレパントの戦いが最後であった．それに代わって操縦しやすい船で敵船と一定の距離を隔てて重火器で交戦するというようになった．青銅の大砲は性能もよく価格も安い鉄製に変わった．

最初軍艦の大砲は甲板の上にとりつけられた装置から発射されていて，火力を最大限にするために船も大きくなっていった．非常に大きなこの種の船(英国の *Harry Grace a Dieu* 1514，フランスの *grand Françoir* 1534，ポルトガルの *São Jão*，スエーデンの *Elefanten* 1559)は不安定で沈没しやすかった．英国人は1550年に，より上出来の設計〔の船〕——ガリオン船——を開発した．これは中型の船でメインデッキにカノン砲をおき，スピードが速く操縦しやすく，船体に砲門をあけて大砲を発射する．ガリオン船は1588年スペイン無敵艦隊のより大きな船を相手に勝利しその力を実証した．オランダもまたこの船が，ポルトガルがアジア貿易に使用している巨大なキャラック船〔スペイン，ポルトガルのガリオン〕に対し有効であることに気づいた．

科学革命
　16世紀の中頃から17世紀の終わりにかけて西の科学に根本的変化が起こった．それは航海に重要な変化をおよぼし，宇宙と地球，他の惑星，太陽，恒星の間の相互作用とに関するヨーロッパ人の認識に革命的な変化をもたらした．革命は，地球が宇宙の中心であるというスコラ的観念を拒否するコペルニクスの太陽中心理論の出版で始まった．ケプラーとガリレオによる諸天体の運動とその軌道の性質と変化の詳細な観察，そして天体への距離の推定，運動法則に関する新しい判断が続いた．ガリレオは1610年以後，独自の屈折望遠鏡を作り，それを使って月の山とクレーター，太陽の黒点，木星の衛星，金星の諸相，銀河の星々を観察した．彼の四半世紀にわたる観察によって，コペルニクス説を裏付ける経験的証拠が豊かに出そろった．彼は1632年に『二大世界体系に関する対話(プトレマイオスとコペルニクスの)』〔『天文対話』〕を出版した．その結果彼は教会当局に拘引され，拷問の脅迫のもと撤回を余儀なくされた．彼は隔離され，書物は法王の布告によって1757年まで禁止された．反改革の法王庁は異端と異端的書物には戦闘的に対した．イエズス会修道院と異端審問所がこの政策の主要な道具であり，ロンバルディアとナポリ王国に対するスペインの支配がイタリアの知的自由をさらに一層弱化させた．

　17世紀半ばに科学革命の中心は北ヨーロッパ，特に英国，フランス，オランダに移った．クライマックスは全宇宙が運動と重力の同じ法則に従っている

ということを示した1687年の『プリンキピア』(principia)の出版であった．ニュートンの結論はガリレオのそれと同様に，天体諸現象の経験的証拠と照らし合わせて注意深くテストされていた．彼は自分自身の観測のために新型の反射望遠鏡を作り，1662年に創立された王立協会の研究結果を念入りにフォローした．ニュートンは1703年から1727年まで王立協会の会長であった．フランスの科学アカデミーはほぼ同じ時期に創設され，両機構の天体研究は2つの天文台によって支えられた．パリ天文台は1672年に，グリニッチ天文台は1675年に設立された．両アカデミーの交流は緊密であった．ニュートンはフランス科学アカデミーのオランダ人科学者ホイヘンスの研究によって，またパリ天文台のピカールとカッシーニによる天体距離の正確な測定によって影響を受けた．

天文学と物理学の進歩は，短期的にも長期的にも航海の進歩に重要な意味を持つ数学と新しい機器(望遠鏡，マイクロメーター，顕微鏡，温度計，気圧計，空気ポンプ，時計，蒸気機関)の設計の大きな前進を伴っていた．これらが船の操縦術として実際に使えるようにするのは英国海軍とグリニッチ天文台の仕事であった．またこれは1669年以降からフランス海軍を再建しようとするコルベールの努力の一環でもあった[7]．

科学研究と航海の実際問題との結びつきはエドモンド・ハレー(1656〜1742)の仕事から明らかである．彼は王立協会提出の最初の論文を1676年19歳の時に書いた．それは従来標準的な楕円であると信じられてきた木星と土星の軌道が観察の結果不規則であったとした論文である．65年間にわたって彼はその他80の科学論文を書いた(MacPike 1932参照)．彼はプリンキピアを完成するようニュートンを激励し，その出版の資金を出し，校正刷りをチェックした．彼は1685〜93年に王立協会の書記，1704年からオックスフォードの幾何学教授，1720年から王室天文官，1729年からフランス科学アカデミーの名誉会員を務めた．

彼はセントヘレナ島に18カ月滞在し，南半球で観察できる星の総目録をはじめて作った．彼は星の位置と座標を測るマイクロメーター付きの望遠鏡を使った．1679年王立協会は彼を2カ月間ダンチヒに派遣し，ヘベリウスの北半球で見える星の目録が正確かどうかをチェックさせた．1680年から1705年にかけて24の彗星軌道の比較分析をおこない，一見すると不規則に変化する理

由を説明し，ハレー彗星が1758年にもどってくることを正確に予言した．彼は地球よりも太陽に近い水星と金星の軌道を研究した．彼は自分の1677年の水星の太陽面通過の観測結果を用い，地球と太陽の距離を大まかに計算した．1691年には1761年および1769年の金星の太陽面通過を予測し，太陽系の大きさを測るためには地球上のきわめて離れた位置からそれを観測すべきであると示唆した．その示唆は実行に移され，クックがタヒチ探検の途中1769年の通過を観測した．

ハレーは船乗りにとって非常に大きい実用的な意味を持つ3つの重要な貢献をおこなった．1683年から1715年の間地球の大気を測定し，気圧の変化の原因，貿易風，モンスーンの起源を〔明らかにした〕．彼は大西洋，インド洋および太平洋の風のパターンを示す初めての気象図を1686年に作成した．彼は続いて水の蒸発と還元の率を研究した．地中海の海水の蒸発を日量53億トンと推定し，これが降雨，河川の流入等によって補充される筋道を分析した．

1683年に彼は（羅針盤の表示に人を困惑させる結果が生ずる）地磁気変化の観察資料を収集し始めた．彼はその原因を地球表面下にある諸層と地球自転の影響であると推定した．1698～1700年には彼の指揮の下に磁気の変化を系統的に調査する海軍による大西洋での航海が実施され，地球表面に分布する同じ磁気変化の等偏角線を示す最初の地図を1701年に出版した．それ以後この種の地図は航海者の必携品になった．

ハレーの第3の大きな貢献は，20年間にわたり毎日骨の折れる月観測をおこなって経度の正確な計算のための表を作ったことである．その結果は1767年以降グリニッチ天文台が毎年発行する航海暦に取り入れられている．

科学革命はヨーロッパの航海と遠洋進出能力に，きわめて直接的な影響を及ぼした．その影響は事実上あらゆる活動分野で根本的な長期的重要性を持つものであった．知識の進歩は経験的な調査と精密な機器（望遠鏡，顕微鏡，定置時計，腕時計）の生産とに固く結びついていた．宇宙論における革命はヨーロッパ人の想像力とプロメテウス的大望をふくらませた．

ヨーロッパにおけるこれらの発展は19世紀と20世紀に起こるはるかに速い経済的発展への不可欠な前奏曲であった．それらは世界の他の部分には比肩するものはなかった．

アメリカのヨーロッパ的転形，1500〜1820年

ヨーロッパとの出会いとその影響

最初の接触の頃，アメリカには人はまばらにしか住んでいなかった．人口はヨーロッパの3分の1，土地の広さは11倍であった．技術水準は極端に劣っていた．車輪付き乗り物，牽引用動物，帆船，金属製の道具，武器，プラウはなかった．牛，羊，豚，鶏はいなかった．最も人口密度が高い地域(メキシコおよびペルー)にはかなりの都会的センターがあり，発達した野菜農業があった．ほかの地域の住民は大部分狩猟・採取民であった．

アメリカの住民はヨーロッパ人が持ち込んだ疫病(天然痘，はしか，インフルエンザ，チフス)やその後間もなく持ち込まれたアフリカの疫病(黄熱病，マラリア)に対してなんの抵抗力もなかった．16世紀の半ばまでに住民の3分の2が，14世紀のヨーロッパの黒死病の際の2倍にものぼる大量死によって一掃された[8]．

2つの進んだ文明(メキシコのアステカとペルーのインカ)は破壊された．その住民は無統制状態に陥り農奴になった．その他の狩猟・採取民は追いやられ，あるいは絶滅させられた．アメリカの征服には曖昧さはなかった．これら相対的に空白な土地の経済は完全に作りかえられた．大陸には1500年から1820年にかけて送り込まれた800万人に近いアフリカ人奴隷および200万人のヨーロッパ人入植者が住みついた．1820年には41％が白人，26％が先住民，22％が黒人およびムラート，11％がメスティーソであった(表2.8a参照)．1820年の白人の高い比率はアメリカの転形が誰の利益になったかを示している．ヨーロッパ人入植者はアフリカ人奴隷や先住民より多産，長命で平均所得もはるかに高かった．

征服と植民地化の最初のインパクトは大量破壊であったが，長期的な経済能力は大きく向上した．人口増加を支える能力は新作物と家畜の導入によって高められた(Crosby 1972参照)．新作物は小麦，米，砂糖きび，ぶどう，キャベツ，レタス，オリーブ，バナナ，ヤムいもおよびコーヒーであった．新しい食用動物は牛，豚，鶏，羊，山羊であった．運送および牽引用家畜——馬，牛，ろば

表 2.7 アメリカ 5 地域の経済, 1500〜2003 年(人口は 1000 人, 1 人当たり GDP は 1990 年国際ドル, GDP は 100 万・1990 年国際ドル)

	1500 年	1600 年	1700 年	1820 年	2003 年
メキシコ					
人口	7,500	2,500	4,500	6,587	103,718
1 人当たり GDP	425	454	568	759	7,137
GDP	3,188	1,134	2,558	5,000	740,226
その他のスペイン領アメリカ 15 カ国(カリブを除く)					
人口	8,500	5,100	5,800	7,571	215,918
1 人当たり GDP	412	432	498	680	5,575
GDP	3,500	2,201	2,889	5,152	1,203,697
カリブ 30 カ国					
人口	500	200	500	2,926	39,691
1 人当たり GDP	400	430	650	635	4,421
GDP	200	86	325	1,857	175,489
ブラジル					
人口	1,000	800	1,250	4,507	182,033
1 人当たり GDP	400	428	459	646	5,563
GDP	400	342	574	2,912	1,012,733
ラテンアメリカ計					
人口	17,500	8,600	12,050	21,591	541,359
1 人当たり GDP	416	438	527	691	5,786
GDP	7,288	3,763	6,346	14,921	3,132,145
米国とカナダ					
人口	2,250	1,750	1,200	10,797	322,550
1 人当たり GDP	400	400	511	1,231	28,458
GDP	900	700	613	13,286	9,179,125

注と出所) Maddison(2003: 114)の 2003 年の人口を *International Data Base*, International Programs Center, Population Division, US Bureau of the Census(update of 26 April, 2005)で更新. 2000〜2003 年のラテンアメリカの GDP の推移は, Andre Hofman(an update of the estimates in *Statistical Yearbook of Latin America and the Caribbean*, 2004: 195)提供の ECLAC databaseat による固定価格. プエルトリコは CIA, *World Factbook* から, カナダと米国は OECD, *National Accounts*, vol. 1, 2006 から.

及びらば——と車輪付きの運搬具とプラウの導入とが生産力への主な貢献であった. 新世界の作物——とうもろこし, じゃがいも, キャッサバ, とうがらし, トマト, 落花生, インゲン豆, ライマビーン, さやえんどう, パイナップル, ココア, たばこ——のヨーロッパ, アジア, アフリカへの見返り導入は, 他の

表 2.8a　1820 年のアメリカの人種構成(住民 1000 人)

	先住民	メスティーソ	黒人とムラート	白　人	計
メキシコ	3,570	1,777	10	1,230	6,587
ブラジル	500		2,500	1,507	4,507
カリブ			2,366	554	2,920
その他のラテンアメリカ	4,000	1,800	400	1,485	7,685
米　国	325		1,772	7,884	9,981
カナダ	75			741	816
計	8,470	3,577	7,048	13,401	32,496

出所)　メキシコは Maddison(1995b: 315-16)から，ブラジルは Maddison(2001: 235)から，カリブは次表の通り，米国は Maddison(2001: 250)から，カナダは Maddison(2001: 180)から，カリブを除くその他のラテンアメリカは Maddison(2001: 235)から．

表 2.8b　1820 年のカリブ内の人種構成(住民 1000 人)

	黒人とムラート	白　人	計
キューバとプエルトリコ(スペイン植民地)	453	400	853
ハイチとドミニカ共和国(独立国)	742	70	812
英国植民地	827	53	880
フランス植民地	230	20	250
オランダ植民地	74	6	80
デンマークとスウェーデンの植民地	40	5	45
計	2,366	554	2,920

出所)　キューバとプエルトリコは Shepherd and Beckles(2000: 274, 285)，ハイチとドミニカ共和国(1804 年と 1821 年にそれぞれ独立)，フランス，オランダ，デンマークとスウェーデンの植民地は Engerman and Higman(1997)から．英国植民地は Higman(1984)から．英領ギアナおよびスリナムを含む．

世界の生産と人口増加を支える力を増大させた．

　人口と生産は 17 世紀にはいくらか回復したが，1700 年になっても 1500 年水準以下であった．18 世紀になると成長は急に加速した．総人口，1 人当たり所得，GDP 総額は世界のどの地域よりも急速に増大した．1820 年の GDP の水準は 1500 年の 3 倍以上になり，1 人当たり平均所得は世界平均を優に超えた．アメリカの経済，技術，経済制度は一新された．無人と言っていい地域がなお大きく，入植地のフロンティアは拡大中ではあったが，大陸の大部分では今日見られるような国民国家の独立が達成されていた．

　アメリカは世界の他の諸国よりも急速に成長し続けた．1820 年には世界 GDP の 4% 以下であったが，2003 年には 3 分の 1 近くになった．1820 年から

2003年までの純移民数は8000万人であった.

1人当たりGDP成長の軌道には大きな地域的違いがあった. 違いの大部分は植民地政権の性格とそれが作った制度, 社会構造の違いによるものであった.

1. スペインは征服の時, 人口が最も稠密であったメキシコとペルーに主な活動を集中した. 御しやすい先住民は鉱山と農業に労働を提供することを強制された. 奴隷の輸入は比較的少なかった (スペイン統治の全期間を通じておよそ150万人). 主な目的は財政的貢納を (貴金属で) スペインへ送ることと先住民のスペイン化, カトリック化であった.

2. ポルトガルの目的はずっと商業的で, 輸出向けプランテーション農業の開発であった. 先住民は狩猟・採取民で, 捕えるのが難しかったので, 植民地労働力の大部分はアフリカ人奴隷から成っていた. 1500年から1870年の間に380万人がブラジルに輸送された.

3. オランダ人, 英国人, フランス人は17世紀にスペインから奪取したカリブ海の諸島にプランテーション農業を導入した. 先住民は彼らが到着する前に事実上絶滅しており, 植民地時代に380万人の奴隷が輸入され, 生産は高度に特化された. 食料の大部分は輸入によって供給され, 1人当たり輸出額はアメリカのどの地域よりも大きかった. 白人の入植者は比較的少なく, 主に奴隷労働の監督に当たった. プランテーションの所有者は主に本国に住む不在エリートであった.

4. 北アメリカは豊富な土地と自然資源がヨーロッパ人の働きによって開発された実質上のネオ・ヨーロッパ経済であった. バージニア, メリーランド, カロライナは奴隷労働に依存するたばこ綿花のプランテーションであったが, カリブの砂糖生産に比べると奴隷の割合は少なく, 気候も温和で, 労働の負担も軽かった. その結果, 奴隷の寿命はより長く, 奴隷の輸入もずっと少なかった (およそ40万人). スペイン領アメリカ, ブラジル, カリブに比べると北部植民地の社会・政治秩序は土地, 教育へのより自由なアクセスを許すものであり, 本国への貢納と利益の流出も少なかった.

ヨーロッパがアメリカから得たもの

ヨーロッパが得た経済的利益には7つの主要タイプがあった.

1. 貴金属の新規の供給(およそ金1700トン,銀7万3000トン).このほぼ3分の1はアジアからの輸入の支払いに充てられた.
2. 異国産物——砂糖,たばこ,綿花,ココアの奴隷諸州からの輸入.
3. 北部植民地からの魚,毛皮,船,木材およびその他造船に必要な資材の輸入.
4. ヨーロッパ製造業のための輸出市場.
5. 奴隷貿易の利益.
6. 1人当たりにより広い土地を手にできる大陸へのヨーロッパ人の移民の機会.
7. アメリカ原産の植物の移植による授かり物の生態系上の利益.ヨーロッパにとって最も重要だったのはとうもろこしとじゃがいもであった.とうもろこしとキャッサバはアフリカの人口増を支えるのに役立った.さつまいも,落花生,とうもろこしは中国で同じ目的に役立った.

スペインの政策と制度

スペインは征服帝国主義の政策を実行し,アステカとインカのエリートと僧侶を絶滅させ,その財産を奪った.大きな地所(*encomiendas*)がスペイン人の特権的エリートに配分され,心に傷を負った先住民の人たちの労働の管理が彼らに任された[9].アステカとインカの寺院の廃墟の上に教会と修道院が建てられた.社会秩序維持を担ったのは主に聖職者たちであった.古い神々,暦,記録,遺物,諸制度はカトリック化の過程で消滅した.

このようなやり方をした主な理由は,ムーア人からの領土再征服の長い経験であった.スペインには軍事のノウハウ,征服のための組織,被征服民の伝道,改宗,教化の経験を持つ教会があった.スペインではイスラムとユダヤ教は禁止されていたが,同様にメキシコではアステカの宗教は根絶させられた.さらにスペインの教会は厳しい国家統制のもとにおかれていた.国王は16世紀の法王との条約で司祭を自由に任命することができた.数世紀にわたる軍事的闘争は,最終的裁断者としての権力と正統性をスペイン王家に集中し,それに対する反乱はたとえ遠隔の植民地であっても,考えることさえできないことであった.

16世紀にはヨーロッパとアメリカとの貿易の大部分はスペインのものであった．初めそれは沖積層の鉱床から金がとれ，プランテーション農業の実験がおこなわれていたカリブ海諸島に集中していた．1545年にペルー副王領のポトシ，ニュースペイン副王領のザカテカス(1546年)，グアナファト(1548年)に豊富な銀鉱が発見され，活動の中心は移った[10]．これらの銀鉱山の経済的価値は新しい水銀アマルガム法の採用によって大いに高まることになった．この低温法はこれまでの燃料多用技術よりずっと低いコストで低品位鉱から高効率で銀を抽出できた．

鉱山の開発には巨額の投資，長距離輸送，先住民労働力の大量投入が必要であった．鉱山は私的大企業(外国の銀行家を含む)が開発・出資し，彼らは大量の銀をヨーロッパに送った．銀価格の20%の税(quinto real)が徴収された．五分の一税やその他の課税収入は国庫への大量の送金を可能にし，17世紀後半以後になると，スペイン以外に向けた非合法の銀の船積みも大規模におこなわれるようになった(Morineau 1985参照)．

ペルー副王領では銀生産の運送問題は大変複雑だった．ポトシ鉱山(現ボリビア国内)は海抜1万3000フィートにあった．水銀はウアンベリカで発見され開発され，革袋で1600km運ばねばならなかった(リャマあるいはらばの背で2カ月の旅)．銀は運搬用家畜でカヤオ(リマの港)に運ばれ，またはアリカに運ばれて船積みされ，太平洋沿岸を北上した．その後，銀は運搬用家畜でパナマ地峡のカリブ側にあるNombe de Dios(後のポルトベロ)に運ばれセビリアに船積みされた〔マディソンのこの経路はちょっとはっきりしない〕．メキシコについて言えば水銀はスペインのアルマデンから鉱山へ，銀は大西洋岸のベラクルスへ輸送された．

スペインへの輸送は武装護衛艦つき年次船団方式でおこなわれた．銀のほかには獣皮・皮革，染料，砂糖，たばこが輸出品に含まれていた．スペイン出入の船はすべてセビリアを通らなければならなかったし(18世紀にはカディスに変わった)，事実上アメリカ出入のすべての船はメキシコのベラクルス，パナマのポルトベヨ，現コロンビアのカルタヘナを通らなければならなかった．これらルートすべての貿易はスペイン船に限られた．船団の組織はセビリアの通商局(Casa de Contratacion)によって細かく管理，統制されていた．セビリア経由

の輸出品にはスペインのワイン，オリーブ油，家具，布地，紙，金物が含まれていたが，フランスの繊維やその他のヨーロッパ諸国の製造品の再輸出の方が通常ずっと多かった．植民地での製造業は制限されており，ワインとオイルの生産はペルーでは許されていたが，ニュースペインでは許されなかった．18世紀の遅くまでスペイン自身の奴隷の輸送はごく僅かであった．奴隷が必要になるとその貿易を最初はポルトガルに下請けさせ(1494年のトルデシリャス条約)，後には英国に下請けさせた(1713年のユトレヒト条約)．アジアとの貿易は毎年銀を積載してマニラに向けアカプルコを出るガリオン船に限られていた．帰りの荷のほとんどは中国の絹であった．マニラと中国間の貿易は主に中国商人がおこなっていた．

　銀の流入はスペイン経済の強化には限られたインパクトしかもちえなかった．その一部はバロックの教会や宮殿の建設に使われた．はるかに大きな額がスペインのヨーロッパ覇権獲得のための資金として使われた．スペイン政府はネーデルランド再征服の80年戦争を戦った．1588年にはイングランド侵略を策して巨大な無敵艦隊を発進させた．イタリア(ナポリ，シチリア，ミラノ公国)，北フランスのいくつかの地域，フランシュコンテ，ネーデルランド南部(ベルギー)の領土を守らねばならなかった．スペインは1580年から1640年の間，ポルトガルを支配した．スペインはオスマン帝国の膨張をおさえこむ戦争の主なリーダーであった．政府は反宗教改革の最も熱心な推進者であり，異端審問所を使って書物を禁止し，異端の人々を火あぶりにし，ユダヤ人とムスリム，後にはモリスコ(キリスト教に改宗したムスリム)の人たちをスペインから追放した．これらの政策は知的発展，商業生活，農業を衰えさせた．

　16世紀に2度，政府は公債のデフォルトをおこなった．民間の金銀塊の積荷を何度も没収し，所有者には無価値な政府公債で補償した．これは植民地の商人と貿易主たちの大規模な密輸を生み出し，彼らはスペインへの銀の積荷を過少に申告したり，あるいはヨーロッパの他のどこかへ積み出して，課税と英国，オランダ，フランスの私掠船〔公式に認可された略奪船，海賊船〕による略奪を免れようとした．

　16世紀にスペインからアメリカに向かった船は年平均58隻だった(Usher 1932: 206参照)．17世紀の半ば頃までには船団は「過去の自分の抜け殻のよう

なものになり,出帆がシーズン遅れになったり,一度に数年かかるような航海はできなくなり,多くの船が外国製で,老朽化し安全を欠いた船になっていた」(Macleod 1984: 372).17世紀のスペイン経済は停滞した.人口の増加はペストと飢餓とによって阻まれた.ヨーロッパ帝国を防衛するための陸戦,海戦で敗北した.スペインと植民地の行政体制は高くつき非能率なものになった.ほとんど低能と言ってよいカルロス2世の治世(在1664〜1700)は「全くの災難であり,軍事的敗北,王室の破産,知的後退,飢饉の蔓延という寒々とした年代記」であった(Brading 1984: 389).

この最後のスペイン・ハプスブルクが亡くなって,フランスはブルボンのフェリペ5世をたてた.彼は長いスペイン継承戦役(1701〜13年)の後でヨーロッパ列強にやっと承認されたが,平和条約によってスペインはミラノ,サルディニア,ナポリ,スペイン領ネーデルランド(ベルギー)をオーストリアに,シチリアをサヴォイ王国に割譲させられた.ジブラルタルとミノルカは英国に割譲され,英国はさらにアメリカでの商品および奴隷貿易の権利を獲得した.

17世紀のスペインの国力と収入の低落は植民地にはほとんど打撃にならなかった.銀は引き続き生産され,植民地のエリートは今まで以上に大きな利益の分け前を手にした.スペインのコントロールが弱まると現地の産業は発展し,植民地間の貿易およびスペイン以外のヨーロッパ諸国とその植民地との密貿易が広がった.

ヨーロッパの農作物や家畜の広範な使用と豊富な土地とが農業の成長,入植地の拡大を助けた.車両による輸送が増え,商業活動が活発化し,都市化が進行した.クレオール(アメリカ生まれの白人)やメスティーソ(白人と先住民の混血とその子孫)の人口に占める比重は急速に高まり,行政,司法の官職を買って地域のボスになった.スペインの地方官(corregidores〔コレヒドール〕)は収入のほとんどを賄賂に依存していた.クレオールの利益に沿うように規則は曲げられ,税負担は軽減された.彼らの収入は本国生まれ(peninshlares)(スペイン人の公務員,裁判官,軍人,聖職者)よりはずっと少なかったが,本国の大多数の住民よりは裕福であった.先住民は下層階級であり,法律上の地位は未成年者であった.ほとんどは農村民であった.若干はハシエンダまたは鉱山の安価な労働力になった.大部分は孤立した村落に住み生活維持農業を営んでいた.

18世紀，ブルボン政権のもとでスペインの行政と資源配分はより効率的になった．人口はかなり増加し，1人当たり所得もいくらか増えた．アメリカの行政も立て直され，資源の配分も改善された．貿易とアメリカからの政府収入も増加した．アメリカへの航海は1718年から1747年は年平均33隻であったが，1748～78年の年平均は74隻に増加した．1739年にはペルー副王領の一部がニュー・グラナダ副王領(今日のベネズエラ，コロンビア，エクアドルの地域)として分離した．1776年ペルーはさらに切り刻まれて，ブエノスアイレスを首都に持つラプラタ副王領(現在のアルゼンチン，ボリビア，チリ，パラグアイおよびウルグアイを含む)が新しく創設され，ベネズエラにはニュー・グラナダ副王領の内部でより大きな自治権が与えられた．これらの変化にともなって貿易も大きく再編され，経済を拡大させているブエノスアイレス，ベネズエラには有利に，リマには打撃になった．鉱山に対する課税は生産増加を刺激するものに改められ，メキシコの銀の生産は大幅に増加した．売上税は徴税請負人ではなく直接徴収されるようになり，徴税範囲も広げられた．政府のたばこ税管理も強化された．自由貿易への重要な動きもあった．拙劣で費用のかかる船団制度は1778年に廃止された．スペインおよび植民地のすべての港の間の貿易が認められた．1789年には奴隷貿易に対する制限が廃止された．

1763年から1795年の間に，本国の管理を強めその収入を増すために，植民地統治の形態が大きく変化した．新しいタイプの有給の官吏である監督官(intendant)がコレヒドールに取って代わった．これらのポストは本国生まれのスペイン人が占めた．地方議会(cabildos)の管理が強められ，上級の司法組織も大規模に改造された．裁判所(audiencias)の裁判官の職は裕福なクレオールの法律家に売られてきたが，本国生まれのスペイン人の高級官吏が代わることになった．地方の民兵の役割は縮小され，正規軍の役割が大きくなった．1767年にイエズス会の僧侶はすべてスペインとアメリカから追放された．政府は教団の膨大な資産を没収し，売り払い，二世紀にわたってイエズス会が支配していたパラグアイの施政権を回復した．イエズス会は低利の抵当貸し等金融サービスを提供していたので，植民地ではイエズス会の追放は人気がなかった．続いてその他の聖職者の特権や各種義務免除等も大幅に削減された．

ブルボンの改革は地方のクレオールのエリートを疎外し，独立がこれまでの

何世紀よりもずっと身近なものになってきた．北アメリカの英国植民地は独立を達成し，フランスではアンシャンレジームが崩壊した．しかしクレオールは反乱を起こすことに英領北アメリカの植民者より強い抵抗感を持っていた．なぜならひどい不平等な社会構造のためにメスティーソや先住民に乗っ取られる危険が増していたからである．こういう心配が最も大きかったのは，1780年に先住民が反乱(トゥパク・アマル)を起こしたペルーと1810年に先住民が暴動を起こしたメキシコであった．

独立への動きはスペインでの出来事によって強められた．1793年のルイ16世の処刑の後，スペインは対仏国際同盟に加わった．1795年，フランスに敗北して立場を変え，フランスの従属同盟国になって英国に宣戦を布告した．英国はアメリカとの貿易の遮断に大成功をおさめ，トラファルガーの海戦でスペイン艦隊を海に沈め，短期間であるがブエノスアイレスを占領した．フェルディナンド7世は父親カルロス4世を強制的に退位させた．彼はほとんどその直後，ナポレオンの兄ジョセフによって強制退位させられ，ジョセフはフランス占領軍に支えられて1913年まで権力を保持した．フェルディナンドはフランスで囚われの身となっていた．フランスの乗っ取りに対して民衆が蜂起し，各地に抵抗のセンターとして地方評議会〔junta＝フンタ〕が作られた．1810年までに実効ある抵抗をおこなっている勢力はカディスに押し込められたが，そこで彼らの執政会議が憲法制定議会(Cortés)を招集し，1812年に自由主義的憲法が起草された．これはスペイン本国においては立憲君主制を約束するとしたが，植民地は従属的地位を維持すべきとの提案であった．

ラテンアメリカではフランスの政権は正統な体制とはみなされず，本国による支配は実質上崩壊した．カラカス，ボゴタ，ブエノスアイレス，サンティアゴのクレオールエリートたちが空白を埋めだした．彼らは理論上はスペインに対する忠誠を否認することなしに，地方議会(cabildos)をフンタに変え，帝国権力の現地代表から統治権を接収していった．大陸の地域によって程度は異なったが，彼らは古い官僚層や軍人の反抗に直面した．ペルー，ベネズエラの帝国当局者たちが最も凶暴な反対者であった．

1814年，フェルディナンド7世は追放から帰国し，自由主義的憲法を拒否し，絶対君主として振る舞い，ベネズエラの反対勢力を弾圧するため1万人の

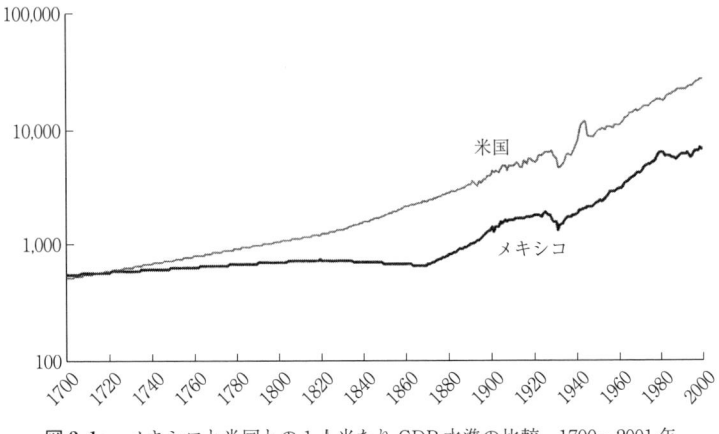

図 2.1a メキシコと米国との 1 人当たり GDP 水準の比較, 1700〜2001 年

軍隊を派遣した. 彼は和解を試みるよう助言を受けるべきであったろう. 彼の努力は強力な抵抗と, 南部ではサン・マルティンの, 北部ではボリバルの率いる有力な諸共和国の軍隊の出現をもたらした. フェルディナンドは増援軍を送ろうとしたが, 彼の軍隊は乗船しないで反旗を翻した.

1826 年, 最後のスペイン軍は降伏し, アメリカ帝国は消滅し, 1400 万人はもはやスペイン人ではなくなった. 1790 年には帝国は 1610 万 km^2 をカバーしていた. キューバとプエルトリコが残ったもののすべてであった(12 万 3000 km^2, 70 万人以下の人口). 南部では 660 万人の人口を持つ 9 国家が出現した. 北部で独立したメキシコは人口 650 万人であった. 中央アメリカの 5 小国は一時的連合を作った. ルイジアナは 1800 年にナポレオンに割譲され, ナポレオンは 1803 年それを米国に売り渡した. フロリダは 1819 年に米国に割譲された.

独立にともない, 旧来の官僚制と軍隊, 異端審問所, スペインへの財政的貢納の送致はなくなった. クレオールが政治権力を握ったが, 独立闘争が経済に打撃を与え, 社会的緊張を激化させ, 数十年間にわたって経済的不安定が続いた. ボリバルはラテンアメリカ連邦の創設を望んでいたが, 新独立諸国間の相互敵意に深く失望した. 不安定な政府は権力を認めさせるために軍事力に頼った. 人口の半数以上が法的権利すなわち教育と財産所有の機会をもたない先住民の下層階級であった. ラテンアメリカの独立は 1823 年に英国と米国に承認された. 法王の承認は遅れて 1835 年であった. スペインは 1836 年に承認し始

めたが完全に終わるまでに数十年を要した.

　政治的混乱の結果メキシコでは1821～76年に71人の統治者(被選挙，非選挙含め)また200人以上の財務相がいた．同じ期間に米国では大統領は14人，財務長官は26人であった．その期間に米国はメキシコ領土の半分以上を取り上げた．1877年のメキシコの1人当たり所得は1820年より低かった(1700～2001年のメキシコと米国の1人当たり所得の推移比較については図2.1aを参照).

ポルトガルの政策と制度

　1500年にポルトガル人がブラジルに到着したとき，彼らは略奪すべき貴金属を蓄えた先進文明，彼らにきちんと貢納を差し出せる社会的規律や組織が存在しないことを発見した．ブラジルの先住民は，キャッサバを栽培する焼き畑農業をやろうとしている者もいたが，大体は狩猟・採取民であった．彼らの技術と資源からすれば人口の希薄は当然であった．町はなく，家畜もなかった．彼らは石器時代の男女であり，鳥獣と魚の狩りをし，裸で，文字を知らず，数を数えられなかった.

　入植後の一世紀間に先住民を奴隷労働として使用するのは困難だということがはっきりした．彼らは従順でなく，西洋の病気にふれると死亡率が高く，容易に逃亡し隠れることができた．ポルトガル人は肉体労働のためにアフリカ奴隷を輸入した．先住民の最終の運命は北アメリカの場合に似ていた．彼らは植民地社会の外に押し出されてしまった.

　16世紀，17世紀にポルトガル人がブラジルから得たものは，プランテーション農業，商品輸出からのもの，そして商業利潤であった．少数の入植者が北東地域で高利潤の輸出向け砂糖プランテーションを経営していた．奴隷労働を使用しての彼らの技術は，彼らがアフリカのサン・トメ島で開発したものと同じであった．乾燥した奥地(sertao〔北東部の半乾燥過疎地帯〕)の牧場主が砂糖生産労働者への食料供給者であった．ブラジルからの公的収入は思ったより少なく，ポルトガルの公的収入の1588年で3%，1619年で5%にすぎず，アジアからはその10倍にものぼっていた(Bethell 1984, vol. 1: 286参照).

　ポルトガルとブラジルとの貿易は，スペインとその植民地との貿易のようには厳格に組織されていなかった．国家の干渉もより少なく，他のヨーロッパ諸

国の参入の余地も大きかった．ブラジル人所有のかなりの商船が沿岸航路と対アフリカ奴隷貿易に従事していた(Klein 1999: 36参照)．植民地の統治も管理がかなりゆるく，教会の体制もずっと寛容であった．1640年スペインから独立を回復したとき，ポルトガルは英国と緊密な同盟関係を結んだ．英国人商人にはブラジルおよびポルトガルでの居住と貿易従事が許された．見返りに英国は軍事的保障でポルトガル帝国を支えた．

ブラジルの砂糖輸出は1650年代がピークであった．その後カリブの生産が急速に増えて価格が低下し，競争が激化して収入は減った．砂糖の挫折で北東部の大部分は生存ぎりぎりの経済に陥った．ミナス・ジェライスでの1690年代の金，1720年代のダイヤモンドの発見によって新しい機会が開けた．18世紀を通じて金，ダイヤモンド開発に従事するため，大量のヨーロッパからの移民が流入し，内部でも東北地方からのミナスへの移住が起こった．18世紀のミナスの繁栄は鉱山業の中心オウロ・プレトに残る多数の精巧な建物と教会から今日でも明らかである．ミナスは非常に痩せた土地であり，鉱山地域の食料と輸送の需要が南部の隣接諸州と北東部の食料生産，そしてリオグランデ・ド・スルのらば飼育を刺激した．金産業は年産ほぼ15トンで1750年頃にピークに達したが，最上の鉱床が枯渇したため，産出と輸出は低下に向かった．18世紀の前半，金貿易からの収入は確認できるポルトガル政府収入の約18%を占めていた．18世紀を通じてブラジルからの金出荷は800から850トンの間であった．

18世紀の後半，ポルトガルの財政は絶望的な窮地に陥った．金生産の低下のためにブラジルからの収入は縮小した．アジアからの所得は崩壊状態にあり，ポルトガルは1755年の地震からのリスボン再建の費用を負担しなければならなかった．この問題に対処するため，ポルトガル首相ポンバルはブラジルからイエズス会を追放し(1759年)，その巨大な財産を没収し，それを富裕な地主や商人に売却し，国の収入とした．他の教団の財産の大部分も数年後に接収された．

金生産が崩壊したとき，ブラジルは農産物輸出に逆戻りした．1822年の独立のとき三大輸出品は綿花，砂糖，コーヒーであった．

植民地時代の末期，人口の半分は奴隷であった．彼らは豆と乾し肉の粗末な

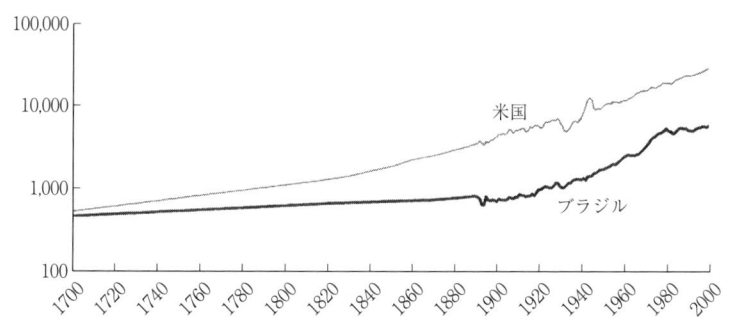

図 2.1b　ブラジルと米国との 1 人当たり GDP 水準の比較，1700〜2001 年
出所）　Maddison(2003). 縦軸は 1990 年国際(購買力平価)ドルを示す.

食事を給され，わずか数年であるが死ぬまで働かされた．白人の一部特権層は高額所得を享受していたが，残りの大部分の人民(先住民，自由黒人，ムラート，ほとんどの白人)は貧しかった．土地所有は奴隷所有者に集中し，財産の極度の不平等が所得の極度の不平等を支えていた．地域的不平等も大きかった．最貧地域は北東であり，ミナスは盛りを過ぎていた．最も繁栄していたのは新首都リオデジャネイロの地域であった．

　ブラジルの独立はラテンアメリカの標準からみると非常にスムーズであった．1808 年ポルトガル女王と摂政は母国へのフランス侵略を避けてリオに逃亡した．彼らは本土の支配階層の 1 万人——貴族，官僚，軍人の一部を伴っていた．彼らはリオとペトロポリスに政府と宮廷を設け，ブラジルとポルトガルを共同王国として運営しようとした(人口の点では両者はほぼ同等)．しかし 1822 年に両国はたいした敵対感情もなく分離した．ブラジルはポルトガル国王の息子を皇帝に持つ独立国になった．この体制は 1888〜89 年に変わり，奴隷制が廃止され，共和国が樹立された(1700〜2001 年のブラジルと米国の経済実績の比較については図 2.1b 参照)．

カリブのオランダ，英国，フランスによる植民地化の特徴

　カリブはアメリカにおけるスペインの活動の最初の中心地だったが，ペルーとメキシコでの銀の発見と先住民の実質的絶滅の後は無視された．以後の二世紀間スペインは財宝船団の基地としてカリブを主に利用した．

カリブはオランダ，英国，フランスの私掠船の活動の中心となった．フランス人はハバナを1538年に，また再び1554年に破壊した．1595年にドレイクはポルトベロを略奪した．オランダの提督ピート・ヘインは1628年にキューバ沖でオランダ西インド会社に雇われたスペイン財宝船団をそっくり捕獲した．英国の提督ブレイクは1655年にカディス沖で船団を追跡し捕獲した．1666年から1683年の間に私掠船がマラカイボ，ポルトベロ，トリニダード，ベラクルスを略奪した．スペインがアメリカとの貿易で護送船団の方式を採用したのはこのような海賊行為のためであった．

英国は年季奉公契約の白人移民による食料とたばこの生産のために，無人のバルバドス島を占領した．少し後にフランスは同様の目的でグアドループ，マルチニクとその他6島を占領した．1620年代にオランダはブラジル東北部を占領した(その時期，ポルトガルはスペインによって乗っ取られていた)．1654年にはオランダ人たちは追放され，バルバドス，グアドループ，マルチニクに移住し，技術的支援，機械，海上輸送やマーケティングの施設，そして奴隷を備えて，砂糖の生産が儲かるものであることを示した．英国とフランス植民地は急速に姿を変えた．以後彼らはほとんどもっぱら砂糖に集中し，食料の大部分は輸入に依存するようになった．たばこ栽培と白人移民は急速に縮小した．オランダ人は目的を達したわけだが，彼らは追放された[11]．

フランスと英国はその植民地を相互排他ベースで運営した．植民地はそれぞれの本国とその植民地だけに売ることができた(英国とフランスは外国市場にかなりの再輸出をしたのではあるが)．同様の排他的方式が輸入にも適用された．英国植民地の食料輸入は主に英国から，木材その他はニューイングランドからだった．英国とフランスはカリブへの奴隷輸出を独占していた．精糖は主に本国でおこなわれた．

砂糖はたいそう儲かったので，英国は1655年にジャマイカをスペインから奪取した．フランスはヒスパニオラ島西部に足場を獲得し，これが1697年サン・ドマング植民地になった．この2つの大きな島がカリブ最大の砂糖生産地になった．スペインにはキューバ，プエルトリコ，ヒスパニオーラの東半分(1795年にフランスに奪われる)，トリニダード(1803年に英国に奪われる)が残された．18世紀の後半までスペインの砂糖生産はきわめて少量であった．1762〜

63年の英国によるハバナ占領後，砂糖生産は急激に拡大し始めた．1787年にはキューバは人口1人当たり56 kgを輸出するようになった．米国独立戦争の間，英国植民地から北アメリカへ出荷していた砂糖とラムはキューバからの輸出に切り替わった．

カリブの砂糖生産は1660年代から1780年代の間に10倍に増加した．1787年，19の英領西インド植民地の砂糖輸出は1人当たり平均195 kg，フランスのそれは240 kgであった．

砂糖プランテーションは多額の資本投下を必要とする大規模な事業であった．労働力は奴隷であったから，諸島内の所得は極端な不平等であった．利益は母国のより健康的な気候を好む不在所有者に吸い上げられた．

砂糖プランテーション経営者と奴隷貿易業者のカリブ・ロビーは英国では社会的にも政治的にもきわめて強力であった．チャールズ2世は1661年バルバドスに権益を持つ13人を準男爵に任命した．プランテーション経営者と奴隷貿易業者はまた下院にも多数の議員を送っていた．不在所有者は子供たちを本国で教育を受けさせた．中等学校はバルバドスとジャマイカに1つずつしかなく，高等教育の施設は存在しなかった．リーワード諸島のプランテーション経営者コドリントンは，自身が金を出しているオックスフォードのオールソウルス・カレッジの図書館に蔵書を寄贈した．バルバドスのラセレス(Lascelles)家は英国王族と縁組みをした．ウィルトシャーに豪勢な邸宅を構えるウィリアム・バックフォードはロンドン市長になり，1763年対仏戦争終了後，友人の首相(チャタム)にグアドループをフランスに返還するよう説得した．その領有は保護されている砂糖市場に歓迎されざる競争者を引き込むことになりそうだったからである．

ナポレオン戦争の時，カリブにおけるフランスの権益は貿易の断絶と，1804年の独立に結果したハイチ奴隷の反乱によって大きな損害を受けた．カリブからのフランスの砂糖積み出しは1815年には1787年の70%にすぎず，もはや以前の水準にもどることはなかった．フランスでのビート糖生産の発展と保護措置とが理由の一部であった．

英国は1807年に奴隷貿易を廃止し，1833年に奴隷制を廃止したが，奴隷所有者には2000万ポンドの補償金を支払い，奴隷には何も支払わなかった．こ

の廃止は，人道主義的改革者が忌まわしい搾取の形態を終わらせるよう世論の説得に成功したことが大きかった．1776年以後の北アメリカ特権市場の喪失，ハイチの奴隷反乱の成功がプランテーション・ロビーに，自分たちの時代は終わりに近い，補償で解決するのが自分たちの利益であると信じさせたのである．フランスは1817年に奴隷貿易を，1848年に奴隷制を廃止した．オランダは1863年に奴隷制を廃止した．

奴隷制の廃止はコストを引き上げ，ほとんどのカリブの生産者の競争上の地位を弱めた(1838年から1913年の70万人のアジア人年季奉公契約労働者の導入にもかかわらず)．1787年にはカリブは世界砂糖輸出の90%を占めていた．1913年，そのシェアは6分の1に落ちた．コーヒーや綿花による多様化もあったが，主なインパクトは所得の停滞ないし低下であった．アイスナー(Eisner 1961: 119, 153)は1832年から1870年の間にジャマイカの1人当たり実質所得が4分の1低下し，輸出はGDPの41%から15%になり，1930年のGDPは1832年とほぼ同水準(！)であると推計した．英国，フランス領諸島についてはこの経験が多分かなり典型であったといえよう．しかしスペインは1886年までキューバとプエルトリコで奴隷制を維持し，砂糖生産の拡大と近代化に成功した．輸出は1787年の3万トンから1913年の280万トンに増加した．

19世紀にはカリブ貿易の相対的重要性は真っ逆さまに落ち込んだ．1774年カリブは英国全輸入の29%を占めていた．1913年には1%以下になった．フランスの輸入崩壊も同じく劇的だった．対照的に英国の北アメリカからの輸入は1774年の全輸入の12.5%から1913年の22.6%に増加した．

18世紀にはカリブはアメリカにおけるヨーロッパ植民地経営で最も利益のあがる地域であった．1870年にはそれは貧困の沈滞だった．

英領北アメリカ

北アメリカの経済社会構造はカリブ，ブラジル，スペイン副王領のそれとは全く異なっていた．

北部植民地では奴隷は人口の5%以下であった．労働力のなかで圧倒的に多い白人労働力の大部分は自分の土地で働く農民であった．ニューイングランド，中部大西洋岸諸州，ペンシルベニアの平均家族農場は1807年に100エーカー

をよりかなり越えていた(Lebergott 1984: 17). 1人当たり所得は英国とほとんど同じで，より平等であった.

　北部植民地の大部分は教育熱心な各派のプロテスタントによってつくられた. 北部には8つの大学があった(ハーバードは1636年，エールは1701年，ペンシルベニア大学は1740年，プリンストンは1746年，コロンビアは1754年，ブラウンは1764年，ラトガーズは1766年，ダートマスは1769年に創設). そして南部に1つ(ウィリアムアンドメリー，1693年)あった. 北部植民地の教育レベルは英国よりも上であった.

　1820年，奴隷労働依存が最も大きかった諸州(メリーランド，バージニア，カロライナ，ジョージア)の人口は米国のほぼ30%であった. 約40%が奴隷であったが，比較するとカリブでは85%であった. 労働力の重要な部分は白人(年季奉公契約人その他)であった. プランテーションの主な作物は，たばこ，米，インディゴであり，砂糖ほど労働は厳しくなかった. 気候はカリブよりは健康に良かった. 黒人の寿命はより長く，その人口の自然増加の可能性もより大きかった. 労働力の増加も奴隷貿易に頼る割合が少なかったというわけである.

　英国の航海条例は植民地のヨーロッパとのほとんどの貿易は英国を経由すべきとしていたが，それは帝国内市場への優先的アクセスを与えていた. これは特に食料，海運サービス，船の輸出にとって重要であった. 独立戦争の前夜，植民地の商船は45万トン以上を数え，そのすべて(沿岸小型船，西インドスクーナー，漁船および捕鯨船，英国との貿易船)は，安い木材，ピッチ，タールの入手が容易なニューイングランドの造船所で造られた. 18世紀を通じてアメリカの造船所が造る英国商船の割合は高まっていった. 1774年には30%がアメリカ建造だった.

　北アメリカ植民地のボストン，ニューヨーク，フィラデルフィアは大きな都市人口を有していた. そこにはフランス啓蒙主義の理念と理想に通じている政治的に洗練されたエリートがいた. 植民地のくびきを破ろうとする機運は，7年戦争が終わった1763年に高揚した. 〔英国は7年戦争の勝利で〕フランスのカナダ支配と，13植民地以西に対するフランスの領土要求を終わらせた. それまでは英国の統治に代わりそうなのはフランスの統治であった. 以後はそれは独立であった.

独立以後の米国の経済成長の驚くべき特徴は，1825年までスペインの植民地であった隣国メキシコよりはるかに大きい活力であった．したがってスペインと英国が伝えたそれぞれ異なる制度的，社会的，政策的影響を比較してみることが有用であろう．

前英領北アメリカ植民地と比較したメキシコの後進性の主な理由はおそらく次のようになるであろう．

1. スペイン植民地からは資源の大量流出があった．国内所得の大きな部分が本国生まれのスペイン人のポケットに入り，その蓄えは本国に送金された．それとは別の公的貢納がGDPの2.7%あった(Maddison 1995b: 316-17参照)．

2. 英国植民地政府は外国貿易に重商主義的制限を課したが，ニュースペインに比べるとずっと軽微なものであった．トーマス(Thomas 1965)は，1770年にアメリカの植民地では，英国の貿易制限の純コストは1人当たり42セントであった(GDPの約0.6%)としている．

3. 英国の入植者はより良い教育，より大きな知的自由をもち，さらに社会的流動性を備えていた．教育はベン・フランクリンに典型的な実用的な技能，ヤンキー的創意に力点を置いた世俗的なものであった．ニュースペインにはメキシコシティとグアダラハラに大学が2つあるだけで，神学と法律がもっぱらであった．植民地時代を通じて異端審問所は厳しい検閲を続け，異教思想を弾圧した．

4. ニュースペインでは最良の土地はハシエンダ所有者に支配されていた．北アメリカでは白人がずっと容易に土地を入手でき，ニューイングランドでは家族農場経営が典型的であった．スペイン植民地の土地入手制限が経済成長の妨げだったことは，アダム・スミスとニュースペイン副王の両者によって認められていた．ローゼンツヴァイク(Rosenzweig 1963)は後者を次のように引用している(引用者翻訳)．

> 土地所有の不平等は農業，商業の進歩への主な障害であり，特に不在地主や怠慢な地主についての限嗣相続は問題である．数百平方リーグの土地——小王国を形成するに十分な——をもちながら，ほとんどなんの価値も作り出さない陛下の臣民がここにいる．

5. ニュースペインには贅沢な暮らしをしている特権上流階級がいた．身分の違い——世襲貴族，免税その他の法的特権を持つ聖職者や軍人の特権グループ——は英国植民地におけるより企業家精神がずっと希薄になることを意味した．ニュースペインのエリートは生産的投資性向の低い地代収入追求者であった．

6. ニュースペインの統治では権力は高度に集中していたが，それに対して英領北アメリカには13の別々の植民地が存在した．政治権力が細分化されているので，個人が自分の経済的利益を追求する上でずっと大きな自由が存在した．

7. 北アメリカの優位のもう一つの源泉は，移民の急速な流入による人口増加の勢いである．1700年から1820年の間に13植民地の人口は10倍に増加したが，メキシコはその半分以下であった．市場が急速に拡大するに応じて企業はさらにいっそう活発化した．

注
1) エネルギーと動力の使用の技術変化の見事なサーベイとしてはLandes(1965: 504-21)参照．鉄道と自動車輸送の発展についてはMaddison(1995a: 64 and 72)参照．1998年の航空旅客マイル数と1999年の乗用車台数についてはWorldwatch Institute, *Vital Signs*, 1999 and 2001年版参照．

2) エルンスト・エンゲル(1821〜96)はプロシアの統計局長官で，消費需要構造の国際比較をおこなった最初の経済学者であった．彼は家計調査をおこない，食料への支出割合が所得とは逆向きに変動することを発見した．食料品は農業の主要産物なので，彼は経済が発展すると農業は経済の他のセクターに比べて相対的に後退すると結論づけた．*The Palgrave Dictionary of Economics*, vol. 2, Macmillan, London, pp. 142-4中のHouthakker(1987)参照．

3) 食料支出のなかのPTD(加工，輸送，流通費)の割合の変化の重要性に関する議論および解説についてはKuznets(1966: 274-6)参照．この割合は1869年から1949〜57年の間に米国で29%から56%に増加した．農業部門自体でも外部からの投入にますます依存するようになってきている．1975年の英国ではこれは農業投入の33%(飼料と種子の純量)に達している．17世紀にはこれはほとんどゼロであったろう．

4) 国家間の思想の交流はヨーロッパの良性な細分化の重要な側面であり，指導的知識人の経験がそれを例証している．ルネ・デカルトは1628年から1649年オランダに移住してルイ14世治下のフランスの思想統制を逃れることができ，ピエール・ベイルも同様であった．ルイ15世治下の思想統制を逃れてボルテールは1726〜29年英国，1750〜53年ベルリン，1755〜78年スイスに移住した．ホッブスは英国のクロムウェル政権から逃れて1640〜52年の間フランスに亡命した．ウィリアム・ペティはさらなる教育を受けるためにフランスとオランダに赴いた．その他エドワード・ギボン，デイヴィッド・ヒューム，ジョン・ロック，アダム・スミス，アーサー・ヤング，ホレイス・ウォルポールのような人物が思想交流のた

めにかなりの期間外国を訪問した．クリスティアン・ホイヘンスはロンドンとパリへ行ってアカデミーの同僚たちと交流した．ゲーテとウィンケルマンはローマ文明の遺跡からインスピレーションを得るべくイタリアに行った．若い貴族たちもさまざまな理由で大規模なツアーに出かけていった．ユグノーのような宗教的反体制派も他国に亡命地を見出すことができた．アジア諸国ではこういうタイプの国際交流はずっとまれであった．

5) 私はこの主張を厳密に証明することはできない．1000年から1820年にいたるヨーロッパの技術進歩では航海その他水上輸送についての方が，人や貨物の陸上移動よりもはるかに大きな経済的重要性を持っていたと私は確信している．もちろん，10，11世紀，改良された馬具，首輪，蹄鉄，鐙等の導入によって馬の牽引力が(White 1962参照)，また16世紀以降，馬車のサスペンション，車輪が改善された．18世紀，英国とフランスの道路網は質が向上し延長されていた(Parry 1967: 215-18 と Girad 1966参照)．ハリソン(Harrisonn 1992)は橋梁の長期的改善ははかどっていなかったと示唆している．内陸の水路とはしけ運送はオランダでは早い段階から重要であったが(de Vries 1978参照)，少し後からフランスと英国がそれに続いた．6世紀以降マグレブでのらくだの導入はサハラ越えの貿易に革命をもたらしたが，ヨーロッパ・中国間，ヨーロッパ・インド間のキャラバン貿易のらくだ運送の役割は1500年以降ヨーロッパ・アジア間の海上輸送の始まりで打撃を受けた(Steensgaard 1974参照)．

6) 不確実性については Nordenskjiold (1897: 4)参照．彼はカエサリア(シリアの)からローマへ囚人として送られた聖パウロの経験を引用している．276人乗船の船は沿岸を北上し，クレタで越冬しようとしたが，嵐に遭い，破壊されたまま2週間流され，マルタで難破した(*Acts of the Apostles*, chap. 27参照)．533年にユスティニアヌス皇帝はカルタゴを攻撃するためコンスタンチノープルから兵士1万5000，水夫2万の大艦隊で将軍ベリサリウスを送り出した．航海は3カ月を要し，シチリア，マルタへとエーゲ海は漕ぎぬけたが，嵐でチュニスへ流された．

7) 航海に関するフランスの科学的研究の記述については Marquet (1931) と Haudrere (1993)参照．

8) アメリカの被征服前の人口規模についてはかなりの不一致がある．極端な説の主唱者が2人おり，ローゼンブラットとボラである．ローゼンブラット(Rosenblat 1945)は征服時の文書証拠に大幅に依拠して総計1340万としている．ウッドロウ・ボラ(Borah 1976: 17)は総計「1億人以上」としている．この総計は中央メキシコについて自身の被征服前の推計人口(2500万)と1605年のスペイン・センサスの100万という記録を対比して出した数字から，主として「明らかに性急かつ一般的な」外挿法によって引き出したものだった．これらから彼は人口減少率を95%と仮定した．彼が2500万とした数字の根拠は薄弱である．もし1500年にこの数字に達していたのなら，メキシコが人口の回復に400年もかかったとはまことにありえない話である．ヨーロッパでは黒死病以前の人口水準を取り戻すのに150年しかかからなかった．メキシコの場合より医療技術はずっと遅れていたのにである．アメリカ全土の1500年の私の人口推計は約2000万人である(この数字の出所については Maddison 2001: 231 and 233-6 を，またメキシコのいっそう詳細な分析については Maddison 1995b参照)．

9) エンコミエンダ(Encomienda〔スペイン人入植者に一定数の先住民を割り当て，その教化を義務づける代わりに徴税権，労役権を授与〕)，レパルティミエント(Repartimiento〔入植者への土地，先住民の分配授与〕)，ミタ(Mita〔先住民に割り当てられた強制労働〕)，および債務奴隷は，スペイン植民地で先住民労働を動員する各種方法であって，一部は植民地化

以前の慣行に起源を持っていた．ペルー副王領のミタ制度は強制労働を含んでいた――銀山の労働は実質的にすべてこれであった．メキシコではアステカの税制度は現物徴税を含んでおり，労働の提供で代えることもできた．最初スペインがやったことは，征服に功を立てあるいは当局の引き立てに預かったスペイン人に，このような一定地域の徴税権を割り当てた．これらのエンコミエンダの一部は世襲だったが，多くはそうではなかった．時とともにこれらの権利は大部分取り上げられ，経済の貨幣化がすすむとともに税は銀で，あるいは代替として労働で徴収されるようになった．かくてメキシコで「自由」労働は増えたが，納税義務を果たせない人々はさまざまな形態の債務奴隷のわなに捕らえられた．先住民の法的地位は児童であったから，大規模に強制がおこなわれたことは明白であった．こういう事情であるから，メキシコでは奴隷制度がずっと重要な地位を占めなかったということは驚くに当たらない．ニュースペイン副王領北部にはチチメカ族やその他の狩猟・採取グループが住んでおり，彼らは服従せず，馬さえあれば逃亡してめったに捕獲できない．これら諸相の詳細な分析についてはMacleod(1984)参照．

10) 最初スペイン(あるいはむしろカスティーリャ王国)はアメリカを2つの行政単位に分割した．すなわち，ニュースペインとペルー副王領であり，メキシコシティとリマがそれぞれの首都である．前者は今日のメキシコ，カリブ，中央アメリカ(コスタリカ，グアテマラ，ホンジュラス，ベリーゼ，ニカラグア，エルサルバドル)および現在の米国の一部(カリフォルニア，コロラド，フロリダ，ルイジアナ，ネバダ，ニューメキシコ，テキサス，ユタ)を包含していたか，あるいは包含するようになった．ペルー副王領はブラジルを除くパナマ以南のアメリカの残りの地域で，ブラジルの西の境界は1494年のトルデシリャス条約で定められた．副王領は16世紀，17世紀の別々の時期に35州に分割された．1567年に征服が開始されたフィリピンはニュースペインに属する1州であった．1739年にグラナダ副王領が分離して作られ，ボゴタがその首都になった．それは今日のコロンビア，エクアドル，パナマ，ベネズエラを含んでいた．1776年にもう一つの副王領リオデラプラタが作られ，首都はブエノスアイレスであった．それはアルゼンチン，ボリビア，チリ，パラグアイ，ウルグアイを含んでいた．1750年，マドリード条約が結ばれ，ブラジルのトルデシリャス境界が変更され，ポルトガル領と認められる地域が3倍になった(18世紀の行政区域変更の性格とインパクトについてはBrading(1984)を参照)．

11) オランダはアメリカに一帝国を築くという野心的な企てを早くから持っていた．その最初の企ては，スペインのポルトガル占領が彼らの伝統的な塩の供給地セトゥバルへのアクセスを切断した時起こった．1599年から1620年代にかけてオランダ人はベネズエラ海岸のプンタデアラヤの岩塩地に代替の供給源を開発した．彼らはオランダ西インド会社(WIC)を設立し，スペインの海運活動を妨害し，奴隷貿易に参加し，砂糖生産に従事した．1630年から1654年にかけて彼らはブラジルの北東海岸(レシフェとパライバ)を占領し，アムステルダムからのセファルディ・ユダヤ人(主にポルトガル系)が砂糖のプランテーションと輸出貿易を開発した．奴隷貿易への参加はエルミナ，ルワンダおよびその他20のアフリカ沿岸のポルトガル辺境植民地獲得によって道が開けた．奴隷および砂糖の収益性はアムステルダムの精糖業の急拡大によって支えられていた．1654年オランダ人はブラジルから追放され，彼らの砂糖事業はさらに北に移った．プランテーションはスリナムと1803年に英領ガイアナとなった地域(デメララ，エセキボ，バービス)に開かれた．彼らはまたバルバドス，マルチニクで砂糖生産を開始し，資金を出していたが，1660年代に英仏によって追い出された．彼らは引き続きキュラソー島(彼らが1637年に占領した)の諸基地，セントユースタティウス島，サンマルタン島をベースに奴隷貿易業者，商人の活動に従事，また比較的小規模な砂

糖生産者としてスリナムに留まった．ニューアムステルダムを首都とするニューネーデルランドのオランダ植民地は 1664 年に英国に乗っ取られた．1674 年にはスリナムにおける行動の自由と交換に（ニューヨークとして）正式に割譲された．

文　献

Acemoglu, D., S. Johnson and J. Robinson (2005), 'The Rise of Europe: Atlantic Trade, Institutional Change, and Economic Growth', *American Economic Review*, June, pp. 546-80.

Barrett, W. (1990), 'World Bullion Flows, 1450-1800', in Tracy (1993).

Bethell, L. (ed) (1984-92), *The Cambridge History of Latin America*, 10 vols, Cambridge University Press.

Borah, W. C. (1976), 'The Historical Demography of Aboriginal and Colonial America: An Attempt at Perspective', in Denevan, pp. 13-34.

Borah, W. C. and S. F. Cook (1963), *The Aboriginal Population of Central Mexico on the Eve of the Spanish Conquest*, University of California, Berkeley.

Bordo, M. D. and R. Cortés-Conde (2001), *Transferring Wealth and Power from the Old to the New World*, Cambridge University Press.

Brading, D. A. (1984), 'Bourbon Spain and its American Empire', in Bethell, 1, pp. 389-439.

Braudel, F. (1984), *The Perspective of the World*, Fontana, London.（フェルナン・ブローデル『世界時間』全 2 冊，村上光彦訳，みすず書房，1996・1999 年）

Cipolla, C. M. (1970), *European Culture and Overseas Expansion*, Pelican, London.

Cipolla, C. M. (ed) (1972), *The Fontana Economic History of Europe*, 6 vols, Collins/Fontana Books, London.

Crosby, A. W. (1972), *The Columbian Exchange: Biological and Cultural Consequences of 1492*, Greenwood Press, Westport.

Denevan, W. M. (ed) (1976), *The Native Population of the Americas in 1492*, University of Wisconsin.

Eisenstein, E. L. (1993), *The Printing Revolution in Early Modern Europe*, Cambridge University Press.（E. L. アイゼンステイン『印刷革命』別宮貞徳監訳，みすず書房，1987 年）

Eisner, G. (1961), *Jamaica, 1830-1930: A Study in Economic Growth*, Manchester University Press.

Engerman, S. L. and B. W. Higman (1997), 'The Demographic Structure of the Caribbean Slave Societies in the Eighteenth and Nineteenth Centuries', in Knight, pp. 45-104.

Flyn, D. and A. Giraldez (2004), 'Path Dependence, Time Lags and the Birth of Globalisation: A Critique of O'Rourke and Williamson', *European Review of Economic History*, 8, pp. 81-108.

Flyn, D., A. Giraldez and R. von Glahn (eds) (2003), *Global Connections and Monetary History, 1470-1800*, Ashgate.

Galileo, G. ([1632]1953), *Dialogue on the Great World Systems* (with annotations and introduction by G. de Santillana), University of Chicago Press.（ガリレオ・ガリレイ『天文対話』全 2 冊，青木靖三訳，岩波文庫，1959・1961 年）

Goodman, D. and C. A. Russell (1991), *The Rise of Scientific Europe, 1500-1800*, Hodder & Stoughton, London.

Goody, J. (1983), *The Development of the Family and Marriage in Europe*, Cambridge Univer-

sity Press.
Grassman, S. and E. Lundberg(eds)(1981), *The World Economic Order: Past and Prospects*, Macmillan, London.
Habakkuk, H. J. and M. Postan(eds)(1965), *The Cambridge Economic History of Europe*, Cambridge University Press.
Higman, B. W.(1984), *Slave Populations of the British Caribbean, 1807-1834*, Johns Hopkins University Press, Baltimore.
Hofman, A. A.(2000), *The Economic Development of Latin America in the Twentieth Century*, Elgar, Cheltenham.
Klein, H. S.(1999), *The Atlantic Slave Trade*, Cambridge University Press.
Knight, F. W.(ed)(1997), *General History of the Caribbean*, vol. III, UNESCO, London.
Kuznets, S.(1966), *Modern Economic Growth*, Yale University Press, New Haven.(サイモン・クズネッツ『近代経済成長の分析』全2冊, 塩野谷祐一訳, 東洋経済新報社, 1968年)
Lal, D.(2001), *Unintended Consequences*, MIT Press, Boston.
Landes, D. S.(1965), 'Technological Change and Development in Western Europe, 1750-1914', in Habakkuk and Postan, vol. VI, Part II.
Landes, D. S.(1969), *The Unbound Prometheus*, Cambridge University Press.(D. S. ランデス『西ヨーロッパ工業史——産業革命とその後1750-1968』石坂昭雄, 冨岡庄一訳, みすず書房, 1980年)
Landes, D. S.(1998), *The Wealth and Poverty of Nations*, Little Brown, London.(デビッド・S. ランデス『「強国」論——富と覇権の世界史』竹中平蔵訳, 三笠書房, 2000年)
Lebergott, S.(1984), *The Americans: An Economic Record*, Norton, New York.
Lewis, W. A.(1981), 'The Rate of Growth of World Trade, 1830-1973', in Grassman and Lundberg.
Lovejoy, P. E.(2000), *Transformations in Slavery*, Cambridge University Press.
McEvedy, C. and R. Jones(1978), *Atlas of World Population History*, Penguin, Middlesex.
Macleod, M. J.(1984), 'Aspects of the Internal Economy of Colonial Spanish America: Labour; Taxation; Distribution and Exchange', in Bethell, vol. 2.
McNeill, W. H.(1963), *The Rise of the West*, University of Chicago Press.
McNeill, W. H.(1977), *Plagues and Peoples*, Anchor Books, Doubleday, New York.(ウィリアム・H・マクニール『疫病と世界史』全2冊, 佐々木昭夫訳, 中公文庫, 2007年)
McNeill, W. H.(1990), 'The Rise of the West after Twenty-Five Years', *Journal of World History*, vol. 1/1.
McNeill, J. R. and W. M.(2003), *The Human Web: A Bird's-Eye View of World History*, Norton, New York.
MacPike, E. F.(1932), *Correspondence and Papers of Edmond Halley*, Oxford University Press.
Maddison, A.(1982), *Phases of Capitalist Development*, Oxford University Press.(アンガス・マディソン『経済発展の新しい見方——主要先進国の軌跡』関西大学西洋経済史研究会訳, 嵯峨野書院, 1988年)
Maddison, A.(1987), 'Growth and Slowdown in Advanced Capitalist Countries: Techniques of Quantitative Assessment', *Journal of Economic Literature*, June, pp. 649-98.

Maddison, A.(1991), *Dynamic Forces in Capitalist Development: A Long-Run Comparative View*, Oxford University Press, Oxford.〔原書では欠落〕

Maddison, A.(1995a), *Monitoring the World Economy, 1820-1992*, OECD, Paris.（アンガス・マディソン『世界経済の成長史 1820〜1992年——199ヵ国を対象とする分析と推計』金森久雄監訳, (財)政治経済研究所訳, 東洋経済新報社, 2000年）

Maddison, A.(1995b), *Explaining the Economic Performance of Nations: Essays in Time and Space*, Elgar, Aldershot.

Maddison, A.(2001), *The World Economy: A Millennial Perspective*, OECD, Paris.（アンガス・マディソン『経済統計で見る 世界経済2000年史』金森久雄監訳, (財)政治経済研究所訳, 柏書房, 2004年）

Maddison, A.(2003), *The World Economy: Historical Statistics*, OECD, Paris.

Maddison, A.(2005) website http://www.ggdc.net/Maddison/

Maddison, A. and B. van Ark(2000), 'The International Comparison of Real Product and Productivity', in Maddison, Prasada Rao and Shepherd.

Morineau, M.(1985), *Incroyables gazettes et fabuleux metaux*, Cambridge University Press.

Nef, J. U.(1987), 'Mining and Metallurgy in Medieval Civilisation', in Postan et al.(eds), vol. II, pp. 693-762.

O'Rourke, K. H. and J. G. Williamson(2002), 'After Columbus: Explaining Europe's Overseas Trade Boom, 1500-1800', *Journal of Economic History*, June, pp. 417-56.

Postan, M. M. et al.(eds) (1963-87), *The Cambridge Economic History of Europe*, vol. I (1966), vol. II(1987), and vol. III(1963), Cambridge University Press.

Ridgway, R. H.(1929), *Summarised Data of Gold Production*, Economic Paper No. 6, Bureau of Mines, US Dept of Commerce, Washington, DC.

Rosenblat, A.(1945), *La Población Indígena de América desde 1492 hasta la Actualidad*, ICE, Buenos Aires.

Rosenzweig, F.(1963), 'La economia Novo-Hispaña al comenzar del siglo XIX', *Revista de Sciencias Politicas y Sociales*, UNAM, July-September.

Schäfer, D.(ed) (1915), *Forschungen und Versuche zur Geschichte des Mittelalters und der Neuzeit*, Fischer, Jena.

Smith, A.([1776], 1976), *An Inquiry into the Nature and Causes of the Wealth of Nations*, University of Chicago.（アダム・スミス『国富論』全4冊, 杉山忠平訳, 岩波文庫, 2000-01年）

Solow, B. L.(ed) (1991), *Slavery and the Rise of the Atlantic System*, Cambridge University Press.

Thomas, R. P.(1965), 'A Quantitative Approach to the Study of the Effects of British Imperial Policy upon Colonial Welfare: Some Preliminary Findings', *Journal of Economic History*, December.

Tracy, J. D.(1993), *The Rise of Merchant Empires: Long Distance Trade in the Early Modern World, 1350-1750*, Cambridge University Press.

Usher, A. P.(1932), 'Spanish Ships and Shipping in the Sixteenth and Seventeenth Century', *Facts and Figures in Economic History, Festschrift for E. F. Gay*, Harvard University Press.

Vogel, W.(1915), 'Zur Grösse der europaischen Handelsflotten im 15., 16. und 17. Jahrhun-

dert', in Schäfer.
Vries, J. de (1984), *European Urbanization, 1500-1800*, Methuen, London.
Vries, J. de (2003), 'Connecting Europe and Asia: A Quantitative Analysis of the Cape Trade Route, 1497-1795', in Flyn et al.
Williams, E. (1970), *From Columbus to Castro: The History of the Caribbean, 1492-1969*, Deutsch, London.（E. ウィリアムズ『コロンブスからカストロまで——カリブ海域史，1492-1969』全2冊，川北稔訳，岩波現代文庫，2014年）

付　録

表 2.9a　新世界の人口，1820〜2003 年(1000 人，年央)

	1820 年	1870 年	1913 年	1950 年	1973 年	1990 年	2003 年
アルゼンチン	534	1,796	7,653	17,150	25,210	33,022	38,741
ブラジル	4,507	9,797	23,660	53,443	103,469	151,084	182,033
チ リ	771	1,945	3,431	6,091	9,897	13,128	15,663
コロンビア	1,206	2,392	5,195	11,592	23,069	32,859	41,662
メキシコ	6,587	9,219	14,970	28,485	57,557	84,914	103,718
ペルー	1,317	2,606	4,295	7,633	14,350	21,511	27,159
ウルグアイ	55	343	1,177	2,194	2,834	3,106	3,382
ベネズエラ	718	1,653	2,874	5,009	11,893	19,325	24,655
ラテンアメリカ 8 国計	15,695	29,751	63,255	131,597	248,280	358,948	437,011
ボリビア	1,100	1,495	1,881	2,766	4,680	6,574	8,586
コスタリカ	63	137	372	867	1,886	3,027	3,896
キューバ	605	1,331	2,431	5,785	9,001	10,545	11,269
ドミニカ共和国	89	242	750	2,353	4,796	7,078	8,783
エクアドル	500	1,013	1,689	3,370	6,485	10,318	13,074
エルサルバドル	248	492	1,008	1,940	3,878	5,100	6,470
グアテマラ	595	1,080	1,486	2,969	5,254	8,001	11,456
ハイチ	723	1,150	1,891	3,097	4,743	6,126	7,771
ホンジュラス	135	404	660	1,431	3,078	4,792	6,843
ジャマイカ	401	499	837	1,385	2,036	2,348	2,689
ニカラグア	186	337	578	1,098	2,247	3,684	5,254
パナマ	0	176	348	893	1,659	2,390	3,040
パラグアイ	143	384	594	1,476	2,692	4,236	6,037
プエルトリコ	248	645	1,181	2,218	2,863	3,537	3,878
トリニダード・トバゴ	60	124	352	632	985	1,198	1,093
ラテンアメリカ 15 国計	5,096	9,509	16,058	32,279	56,285	78,954	100,139
カリブ 24 小国計	800	1,141	1,518	2,062	3,308	3,735	4,208
ラテンアメリカ計	21,591	40,401	80,831	165,938	307,873	441,638	541,359
米 国	9,981	40,241	97,606	152,271	211,909	250,132	290,343
カナダ	816	3,781	7,852	14,011	22,560	27,791	32,207
オーストラリア	334	1,775	7,821	8,267	13,380	17,022	19,732
ニュージーランド	100	291	1,122	1,908	2,992	3,360	3,951
ウェスタン・オフシューツ計	11,231	46,088	111,401	176,458	250,841	298,304	346,233

表 2.9b　新世界の 1 人当たり GDP，1820〜2003 年（1990 年 GK ドル）

	1820 年	1870 年	1913 年	1950 年	1973 年	1990 年	2003 年
アルゼンチン		1,311	3,797	4,987	7,962	6,436	7,666
ブラジル	646	713	811	1,672	3,882	4,923	5,563
チ リ	694	1,290	2,988	3,670	5,034	6,402	10,951
コロンビア			1,236	2,153	3,499	4,840	5,228
メキシコ	759	674	1,732	2,365	4,853	6,085	7,137
ペルー			1,032	2,308	4,023	3,021	4,007
ウルグアイ		2,181	3,310	4,659	4,974	6,474	6,805
ベネズエラ	460	569	1,104	7,462	10,625	8,313	6,988
ラテンアメリカ 8 国平均	**712**	**742**	**1,618**	**2,696**	**4,875**	**5,465**	**6,278**
ボリビア				1,919	2,357	2,197	2,617
コスタリカ				1,963	4,319	4,747	6,516
キューバ				2,046	2,245	2,948	2,569
ドミニカ共和国				1,027	2,005	2,473	3,700
エクアドル				1,863	3,290	3,903	3,419
エルサルバドル				1,489	2,342	2,119	2,720
グアテマラ				2,085	3,539	3,631	4,060
ハイチ				1,051	1,014	1,032	740
ホンジュラス				1,313	1,581	1,857	1,934
ジャマイカ	700	535	608	1,327	4,130	3,786	3,680
ニカラグア				1,616	2,921	1,438	1,514
パナマ				1,916	4,250	4,471	5,787
パラグアイ				1,584	2,038	3,287	2,953
プエルトリコ				2,144	7,302	10,539	14,485
トリニダード・トバゴ				3,674	8,685	9,272	16,984
ラテンアメリカ 15 国平均	**636**	**486**	**1,038**	**1,750**	**2,926**	**3,292**	**3,646**
カリブ 24 小国計	636	549	1,174	1,980	4,350	4,844	5,623
ラテンアメリカ平均	**691**	**676**	**1,494**	**2,503**	**4,513**	**5,072**	**5,786**
米 国	1,257	2,445	5,301	9,561	16,689	23,201	29,037
カナダ	904	1,695	4,447	7,291	13,838	18,872	23,236
オーストラリア	518	3,273	5,157	7,412	12,424	17,106	23,287
ニュージーランド	400	3,100	5,152	8,456	12,878	13,909	17,565
ウェスタン・オフシューツ平均	**1,202**	**2,419**	**5,233**	**9,268**	**16,179**	**22,345**	**28,039**

表 2.9c 新世界の GDP 水準, 1820〜2003 年(100 万・1990 年 GK ドル)

	1820 年	1870 年	1913 年	1950 年	1973 年	1990 年	2003 年
アルゼンチン		2,354	29,060	85,524	200,720	212,518	296,991
ブラジル	2,912	6,985	19,188	89,342	401,643	743,765	1,012,733
チ リ	535	2,509	10,252	22,352	49,816	84,038	171,514
コロンビア			6,420	24,955	80,728	159,042	217,791
メキシコ	5,000	6,214	25,921	67,368	279,302	516,692	740,226
ペルー			4,434	17,613	57,729	64,979	108,829
ウルグアイ		748	3,896	10,224	14,098	20,105	23,012
ベネズエラ	330	941	3,172	37,377	126,364	160,648	172,282
ラテンアメリカ 8 国計	11,172	22,065	102,344	354,755	1,210,400	1,961,787	2,743,378
ボリビア				5,309	11,030	14,446	22,473
コスタリカ				1,702	8,145	14,370	25,388
キューバ				11,837	20,209	31,087	28,948
ドミニカ共和国				2,416	9,617	17,503	32,496
エクアドル				6,278	21,337	40,267	44,702
エルサルバドル				2,888	9,084	10,805	17,600
グアテマラ				6,190	18,593	29,050	46,512
ハイチ				3,254	4,810	6,323	5,752
ホンジュラス				1,880	4,866	8,898	13,234
ジャマイカ	281	267	509	1,837	8,411	8,890	9,895
ニカラグア				1,774	6,566	5,297	7,952
パナマ				1,710	7,052	10,688	17,590
パラグアイ				2,338	5,487	13,923	17,827
プエルトリコ				4,755	20,908	37,277	56,170
トリニダード・トバゴ				2,322	8,553	11,110	18,566
ラテンアメリカ 15 国計	3,240	4,620	16,670	56,490	164,668	259,934	365,105
カリブ 24 小国計	509	626	1,782	4,083	14,392	18,094	23,662
ラテンアメリカ計	14,921	27,311	120,796	415,328	1,389,460	2,239,815	3,132,145
米 国	12,548	98,374	517,383	1,455,916	3,536,622	5,803,200	8,430,762
カナダ	738	6,407	34,916	102,164	312,176	524,475	748,363
オーストラリア	173	5,810	24,861	61,274	172,314	291,180	459,504
ニュージーランド	40	902	5,781	16,136	37,177	46,729	69,400
ウェスタン・オフシューツ計	13,499	111,493	582,941	1,635,490	4,058,289	6,665,584	9,708,029

第3章
アジアと西の相互作用
1500〜2003年

　西ヨーロッパとアジアの航海による直接接触は1497年のバスコ・ダ・ガマによって開始された．ヨーロッパのアジアに対する影響は重要ではあったが，1492年の発見から何世紀にもわたってアメリカに及ぼした影響と比べるとそれほど大きなものではなかった．1500年にはアジアの人口は西ヨーロッパの人口の5倍，アメリカの人口の14倍の大きさであった．アジアの技術水準はアメリカよりもずっと高度なものであった．そしてアジアの主要な国——オスマン帝国，サファビー朝のペルシャ，ムガル帝国，中国，日本——は，アステカ，インカ，アメリカの部族などよりも征服に対して決定的に優れた抵抗力を備えていた．アジアははるかに遠く離れており，航海に要する日数も週単位ではなく月単位で数えられていた．1820年にヨーロッパ出自の人々はアメリカには1300万人以上いたけれど，アジアには10万人以下にとどまっていた．

　ヨーロッパ人がイニシアティブをとることができた主な理由として次の3つがあった．

1. ヨーロッパの艦船の設計，航法，海上兵器の発達が50年前には不可能であった冒険の道を開いた．
2. 英国およびオランダでは，商業上の財産権を保護し契約の履行を保証する法制度があった．国家の課税は予測可能なもので恣意的なものではなかった．長期の冒険的事業に際して信用供与の利用が可能であった．その結果，これらの諸国の資本家グループはオランダ東インド会社(VOC)や英国東インド会社(EIC)などの会社を興し，遠く離れた地での危険な冒険事業を計画することができた．
3. アジアでは土地略奪と原地住民の農奴化・奴隷化とには限界があったので，アジア人との取引は大部分，商業ベースでおこなわなければならなか

った．アジア人はヨーロッパの商品を手に入れることにあまり関心を持っていなかったので，ヨーロッパがアメリカから獲得した貴金属を豊富に持っていることは大変好都合であった．中国やインドは貿易商品の対価としてこれらの貴金属を特に熱心に求めた．

1500年から1800年までの重商主義時代にはヨーロッパ諸国は激しいライバル関係にあった．彼らはアジアの諸国家と協定を結ぶ際に排他的な権利を求め，近隣窮乏化政策をとるか互いに公然と戦火を交えた．革命戦争やナポレオン戦争の渦中で引き起こされた20年間に及ぶ相互の大量殺戮の後，事態は変わった．1820年以降，協調政策への切り替えが徐々にすすんだ．主要な帝国主義国であった英国は自由貿易と最恵国待遇政策とを実行した．これは複数諸国による対中国帝国主義の大きな特徴であった．

古い独占会社(VOC, EIC)はなくなり，より多様性に富んだ西欧の企業や投資が優位になり，そして各国政府が領土の征服と支配をねらうようになった．アジアとヨーロッパの間の陸海戦力の不均等はますます大きくなる一方であった．1820年までには英国とオランダはすでにインドとインドネシアで領土的ヘゲモニーを確立してしまった．これらの国の関心事はこのタイプの帝国主義の拡張となり，フランス，ロシア，米国，その他の諸国も同様の野心を持ってこれに加わった．この新しいタイプの帝国主義の際立った様相は，西欧に必死に追いつこうとしていたアジアのただ一つの国である日本が極めて積極的に参加したことであった．日本の帝国主義は西欧を模倣した根本的な制度変革の一つの面にすぎなかった．

ヨーロッパとアジアの相互作用，1500〜1820年

ポルトガル人のアジアへ浸透のイニシアティブは国王がとった．スペインを除く他のヨーロッパ諸国と異なり，彼らは通商上の野心とともに信仰伝道の熱意を持っていた．彼らの交易帝国は軍艦と一連の要塞化された基地とからなっていた．すなわち，アフリカ沿海部のエルミナ，モザンビークであり，ペルシャ湾口のホルムズであり，インド北西海岸のゴア(アジアでの通商活動とイエズス会の司令部)であり，マラッカはインドとインドネシアの間の通商と航行を支配

表3.1 ヨーロッパ7カ国からアジアへの航行船隻数，1500〜1800年

	1500-99年	1600-1700年	1701-1800年
ポルトガル	705	371	196
オランダ	65[a]	1,770	2,950
英国		811	1,865
フランス		155	1,300
その他		54	350
計	770	3,161	6,661

注）「その他」はデンマーク，スウェーデン，オステンド社を指す．またアカプルコからのスペインの太平洋貿易は除く．a=1590年代．
出所）Bruijn and Gaastra (1993: 7, 17, 178, 183).
〔オステンド社はハプスブルク家が支配していたオーストリア・ネーデルランド時代に設立されたインド貿易の会社．オステンドは現ベルギーの都市〕

表3.2a 南北アメリカからヨーロッパへの金銀の輸送，1500〜1800年（トン）

	金	銀
1500-1600年	150	7,500
1601-1700年	158	26,168
1701-1800年	1,400	39,157
合計(1500-1800年)	1,708	72,825

出所）Morineau (1985: 570).

し，マカオは中国貿易の主要地点であった．また重要な通商拠点がセイロンのジャフナ，日本の長崎，インドネシアのテルナテ，チモールにあった．彼らはゴアを1510年から1961年まで，チモールを1613年から1975年まで，マカオを1557年から1999年まで領有した．

ポルトガル人のアジアからの輸入はこしょうと香辛料に著しく集中していた．アジア人はヨーロッパの商品にほとんど関心がなかったので，当初はこの取引の代金は船で送られた金銀で支払われた．ただポルトガル支配下の港を使用するアジアの貿易商人に課される手数料からの支払いと，ポルトガル人がアジア域内貿易で自ら稼いだ利益からの支払いとの割合が，次第に増加した．ポルトガル人のアジア域内貿易で最も稼ぎになったのは，1550年代から1638年にかけて中国の絹の対日販売で日本の銀3000トンを手にした取引であった．

表 3.2b 西ヨーロッパからアジアへの金銀の輸出(銀換算トン), 1601～1780 年

	バルト諸国へ	西アジアへ	オランダ(VOC)からアジアへ	英国(EIC)からアジアへ	アジアへ計
1601-50 年	2,475	2,500	425	250	3,175
1651-1700 年	2,800	2,500	775	1,050	4,325
1701-50 年	2,800	2,500	2,200	2,450	7,150
1751-80 年	1,980	1,500	1,445	1,450	4,395
1601-1780 年	10,055	9,000	4,845	5,200	19,049

注と出所) Barrett, in Tracy (1930: 251). 彼の銀金交換比率はおよそ 14.5/1 (p. 228 参照). この比率を適用するなら, 表 3.2a の総流入は銀換算で 9 万 7600 トンになる. 本表に示された総流出はこの 30% であった.

　ポルトガルのアジア浸透は中国と日本とが国際貿易から撤退したことによって促進された. 15 世紀初頭には中国の航海技術はヨーロッパを上回っていた. 1405 年から 1433 年まで, 中国の船隊はインド洋全域とアフリカ東海岸まで目覚ましく航海を展開した.

　それ以降, 中国は再建された「大運河」を経由する国内交易に専念し, 国際貿易と高度な船舶建造からほとんど手を引いた. 1639 年から 19 世紀中ごろまで, ヨーロッパの対日貿易は, 徳川幕府によって長崎の近くの出島にある小さなオランダ貿易拠点に閉じ込められた.

　ポルトガル人がインド洋に到達したとき, それに対抗する強力な海軍力はなかった. 彼らは 1509 年にエジプトの艦隊に攻撃されたが, グジャラート沖のディーウでエジプト艦隊を決定的に撃破した. ポルトガル人と競争したアジアの貿易商人たちは, 商人共同体(そこでは多様な人種, 宗教, 家族, 言語の結びつきがある)に属しており, 武装船を持たず, 政府の干渉を受けずに活動していた. ポルトガル人がアジア貿易を開始した南部インドはヴィジャヤナガル王国に支配されていたが, 沿岸貿易の諸条件は小政治単位の支配者によって定められ, 彼らは保護と商業機会を提供することによって所得を得た.

　ヴィジャヤナガル王国とムガル帝国の支配者の所得は土地税から得られたもので, 彼らは外国貿易にはさほど大きな関心はもたなかった. インドネシアでは政治権力が細分化していて, ヒンズー国家マジャパヒト王国は衰退し, 外国貿易には関心がなかった. 中国と日本では状況が異なり, ポルトガル人は市場への限定的な参入について丁重に話し合わなければならなかった.

ポルトガル人のアジア貿易は 17 世紀には衰退した．彼らは 1622 年にホルムズの拠点を，1650 年にはマスカットの拠点を失った．オランダ人は 1639 年に日本との独占的な貿易権を奪取し，1641 年にマラッカを奪取した．オランダ人は 1638 年から 1658 年にかけてスリランカからポルトガル人を追い出し，ジャフナを最終的に獲得した．オランダとの競争はポルトガル人のベンガルやインド西海岸における権益を弱めた．にもかかわらずゴアとマカオは 400 年以上保持し，そしてアジアでの失地をブラジルでの帝国建設によって補った．

アジア海域におけるヨーロッパの海上輸送の総量は，16 世紀と比べると 17 世紀には 4 倍，18 世紀には 9 倍に達した．ポルトガルは副次的な参加者となり，その割合は 17 世紀にはその約 12%，18 世紀には 3% になった．オランダは拡大した貿易の半分を，英国は約 4 分の 1 を占めた．フランスとヨーロッパのその他の 3 小会社(デンマーク，スウェーデン，オステンド社)が残りを占めた．

伝統的なこしょうや香辛料などの輸出を受け入れるヨーロッパ市場は限界となった．新しい大量輸出品目は生糸，インドからの多品種の綿織物，アラビアとインドネシアからのコーヒー，中国からの茶であった．

オランダ東インド会社(VOC)は 1500 年から 1800 年の間にはヨーロッパのアジアへの航海の 45% を占め，積載重量ではもっと大きい割合を占めた．VOC は長期にわたる多額の資金を要する交易をおこなうために必要な独占的な特許状を与えられた (1602 年)．ジャワ(バタビア)にあるアジア本部までの 3 万マイルの往復航海には少なくとも 18 カ月を要した．オランダの艦船は武装しており，同社は交戦権を持ち，アジア諸国の支配者との条約締結権，要塞化した港湾構築の権限，兵士や行政要員を徴募する権限を持っていた．

同社はオランダに 6 つの造船所を所有しており，およそ 100 隻の船からなる船隊を保持していた．平均的な船舶はアジアまで 4 往復して 10 年後には新しい船と取り換えられた．会社の存続期間中，1500 隻の船がアジア貿易のために建造された．16 世紀末にはポルトガル人は 1000 トンを優に超える巨大なキャラック船を運用していた．オランダは 500 トン以下の船からスタートした．1770 年代までに平均輸送能力は約 1000 トンを超え，英国やフランスの会社が使用する船よりも大きかった．オランダ船の難破や拿捕による損失は 1600 年から 1800 年までに 3% 以下で，ポルトガルの実績よりずっと少なかった[1]．

1750年までに同社はアジアで1万2000人以上の船員と1万7000人以上の兵士ならびに行政要員を雇った．1600年から1800年の全期間にわたって，VOCは100万人近くの海員，兵士，行政要員をアジアの30の交易拠点に送った．これはヨーロッパの他の会社（英国，フランス，ポルトガル，デンマーク，スウェーデン，オーストリア・オステンド社）を合わせた数字とほぼ同じであった．ヨーロッパに帰還したオランダ東インド会社の使用人の比率（約3分の1）は，他の会社のそれよりもかなり少なかった．それはVOCの活動でアジア域内交易がより大きな役割を果たしていたためであり，また多くのVOCの要員がアジアに永住したためであったが，死亡率もより高かったと思われる．18世紀を通じてバタビアで都市周辺の湿地が拡大するにつれ，マラリアが異常発生した．
　英国は1757年にベンガルの支配権を奪取した後，オランダ人を差別し，オランダの対インド貿易を減少させた．中国貿易におけるオランダの地位もまた英国と比べてきわめて劣っていた．英国はインドからアヘンを輸送して，広東からの茶の購入の支払いに充てたが，一方，オランダは，中国商人がバタビアに送った茶の代金を金銀で支払わなければならなかった．ナポレオン戦争の勃発によって英国はインド，マラッカ，セイロン，南アフリカ，そして一時的にインドネシアにあるオランダ人植民地を奪取した．
　18世紀後半，VOCは利益の上がる会社ではなくなった．利益を上回る配当を数十年間続けた後，1800年には解散した．利益の減少には数々の理由があった．同社は領土を支配する帝国となってしまったので，陸海軍兵士や行政要員を雇うのに非常に高い経費を要した．幹部たちが社の船を使って自分の利益のために私的取引をおこなうことが横行した．かなり多くの腐敗行為で社員はうるおったが，会社の出資者をうるおすことはなかった．貿易の商品構成や事業地点の変化を考慮に入れると，バタビアはもはや香辛料貿易が支配的であった当初の頃のような理想的な本拠地ではなくなった．

アジアとの貿易のヨーロッパへの影響，1500～1820年

　対アジア貿易はヨーロッパ造船業の拡張と航海技術の改善を刺激した．それは新しい就業機会を生み出すとともに，需要弾力性の高い新しい消費財をもた

表 3.3 アジア諸国の人口, 1500〜2003 年 (1000 人)

	1500 年	1700 年	1820 年	1950 年	2003 年
中　国	103,000	138,000	381,000	546,815	1,288,400
日　本	15,400	27,000	31,000	83,805	127,214
インド	110,000	165,000	209,000	359,000	1,049,700
バングラデシュとパキスタン				85,094	294,575
インドネシア	10,700	13,100	17,927	79,043	214,497
韓　国	5,470	8,342	9,395	20,846	48,202
北朝鮮	2,530	3,858	4,345	9,471	22,466
フィリピン	500	1,250	2,176	21,131	84,620
スリランカ	1,000	1,200	1,213	7,533	19,742
タ　イ	2,000	2,500	4,665	20,042	63,271
台　湾	200	1,000	2,000	7,981	22,603
香　港	neg.	neg.	20	2,237	6,810
シンガポール	neg.	neg.	5	1,022	4,277
その他の東アジア	15,200	19,450	22,482	78,910	237,782
東アジア計	266,000	380,700	685,228	1,322,930	3,484,159
アラビア	4,500	4,500	5,202	9,483	53,466
イラン	4,000	5,000	6,560	16,357	67,148
イラク	1,000	1,000	1,093	5,163	24,683
トルコ	6,300	8,400	10,074	21,122	68,109
その他の西アジア	2,000	1,900	2,218	7,722	36,403
西アジア計	17,800	20,800	25,147	59,847	249,808
アジア計	283,800	401,500	710,375	1,382,777	3,733,967
西ヨーロッパ	57,332	81,460	133,040	304,941	394,604

注と出所) 1500 年と 1700 年に関しては Maddison (2001: 238) および McEvedy and Jones (1978), 1820 年と 1950 年に関しては Maddison (2003: 152-7, 160-9). 2003 年は米国国勢調査局. neg. = negligible. アラビアはバーレーン, クウェート, オマーン, カタール, サウジアラビア, アラブ首長国連邦, イエーメンを含む.

らした．茶とコーヒーは社会生活を改善した．茶とコーヒーがジンやビールにとって代わる度合いが高まるにつれて寿命が長くなった．アジアの織物や磁器は，新しいファッションの衣類，家庭用品，装飾用織物，壁紙を生み出した．これらの新しい商品に親しむにつれ，特にヨーロッパ人の織物や陶磁器の輸入に火がついた[2]．

　1500 年から 1800 年までのヨーロッパの諸会社の活動に関して最も衝撃的な事実は，彼らによるアジアの搾取ではなく彼ら同士の敵対関係であった．その

最も極端な例はポルトガルとオランダとの関係であったが，英国対オランダ，英国対フランスの行動や姿勢にもみられた．武装闘争のコストに加えて，衝突を回避すること，ヨーロッパ市場への競争相手参入を独占的に阻止すること，そして新しい貿易根拠地のネットワークを構築することなどのために，重い軍事費負担がかかった．これらのことにコストがかさみ，それがヨーロッパ人ならびにアジア人の貿易による利益を損なった．こうした好ましくない状況は，ヨーロッパ人が来る前のアジアの貿易環境と，また 1840 年代から 1920 年代にかけてのアジアにおける自由貿易受け入れの広がりと対照的であった．

ヨーロッパのアジアへの影響，1500〜1820 年

アジアにおけるヨーロッパの貿易根拠地はほとんどすべてが海岸べりにあり，18 世紀まではアジアの国家主権に対する侵害は概して限られたものであった．大きな変化が起きたのは，18 世紀後半に英国が崩壊期にあったムガル帝国の行政権と収入の一部を奪取したときだった．インドネシアでは 17 世紀初頭，オランダが原地住民を虐殺し奴隷労働による新プランテーションを立ち上げることにより，香料諸島の独占的支配を達成した．その他の地域でもいくらか弱い程度の抑圧と支配がナポレオン戦争の後までおこなわれた．ヨーロッパ人は 19 世紀までは，日本と中国の国家主権には挑戦しないというふりをしていた．

さまざまな会社がアジア産品に対する新しい市場をヨーロッパにつくり出した．プラカーシュ (Prakash 1998: 317) は，1678〜1718 年の期間，英国とオランダの織物購入がベンガルの織物業雇用の約 11% に相当したという推定をしている．また EIC は商業センターとして新しい都市 (ボンベイ，カルカッタ，マドラス) をつくり出した．ヨーロッパ商品に対するアジアの需要は比較的少なかった．ヨーロッパの輸入代金は貴金属かアジア内貿易で得た収入で支払われた．けれどもインドと中国への銀の輸出はそれらの国の貨幣経済化を助けた．ヨーロッパの会社がアジアに与えた最も明白な負の経済的影響は，それがアジアの貿易商人の海上輸送と交易活動に取って代わったことであった．

表 3.4a　アジア諸国の 1 人当たり GDP，1500〜2003 年
（1990 年国際ドル）

	1500 年	1700 年	1820 年	1950 年	2003 年
中　国	600	600	600	448	4,803
日　本	500	570	669	1,921	21,218
インド	550	550	533	619	2,160
バングラデシュ				540	939
パキスタン				643	1,881
インドネシア	565	580	612	840	3,555
韓　国	600	600	600	854	15,732
北朝鮮	600	600	600	854	1,127
その他の東アジア	544	548	557	826	4,458
東アジア平均	**567**	**571**	**580**	**669**	**4,329**
アラビア	550	550	550	2,065	6,313
イラン	600	600	588	1,720	5,539
イラク	550	550	588	1,364	1,023
トルコ	600	600	643	1,623	6,731
その他の西アジア	645	645	645	2,234	7,707
西アジア平均	**590**	**591**	**607**	**1,776**	**5,899**
アジア平均	**568**	**572**	**581**	**717**	**4,434**
西ヨーロッパ	**771**	**997**	**1,202**	**4,578**	**19,912**

注と出所）　Maddison(2001)の付録 B および Maddison(2003), pp.154-7 および 180-8, 更新済み. 1500 年から 1820 年までの中国, 日本, インド, インドネシア, 韓国を一括した平均的な 1 人当たり GDP の変化は, 他のすべての東アジア諸国に対して有効であるものと仮定した.

対峙する 4 カ国：インド, インドネシア, 日本, 中国の経験

　アジアへのヨーロッパの影響とアジア内での発展の長期的な分岐とを理解するには, 1500 年にアジア人口の 84% を占めていたインド, インドネシア, 中国, 日本の経験を明らかにすることが有益である.

インドへの英国の影響

　英国のインドとの接触は 1600 年の東インド会社(EIC)によるアジア貿易独占の創設から始まった. 最初の一世紀半, 同社はインドの沿岸周辺で活動し, 新しい都市——マドラス(1639 年), ボンベイ(1668 年), カルカッタ(1690 年)——を貿易拠点として建設した. 18 世紀半ばまでの輸出の主な品目はインドから

表 3.4b　アジア諸国の GDP, 1500〜2003 年（100 万・1990 年国際ドル）

	1500 年	1700 年	1820 年	1950 年	2003 年
中　国	61,800	82,800	228,600	244,985	6,187,984
日　本	7,700	15,390	20,739	160,966	2,699,261
インド	60,500	90,750	111,417	222,222	2,267,136
バングラデシュとパキスタン				49,994	423,679
インドネシア	6,046	7,598	10,970	66,358	762,545
韓　国	3,282	5,005	5,637	17,800	758,297
北朝鮮	1,518	2,315	2,607	8,087	25,310
その他の東アジア	10,142	13,721	17,237	114,699	1,957,225
東アジア計	150,822	217,380	397,207	885,111	15,081,356
アラビア	2,475	2,475	2,861	19,583	337,528
イラン	2,400	3,000	3,857	28,128	371,952
イラク	550	550	643	7,041	25,256
トルコ	3,780	5,040	6,478	34,279	458,454
その他の西アジア	1,290	1,226	1,430	17,252	280,549
西アジア計	10,495	12,291	15,269	106,283	1,473,739
アジア計	161,317	229,671	412,476	991,393	16,555,095
西ヨーロッパ	44,183	81,213	159,851	1,396,078	7,857,394
米　国	800	527	12,548	1,455,916	8,430,762

出所）表 3.4a に同じ.

　の織物と生糸，中国からの茶であった．インド産品の購入代金は主として金銀の輸出でまかなわれた．中国からの輸入はベンガルのアヘンと綿花の輸出でまかなわれた．1757 年，EIC がベンガルを支配して以降，英国のインドとの関係は搾取的となった．英国への輸出と中国へのアヘン輸出はベンガルの税収によってまかなわれた．

　英国は 18 世紀まで，巨大な権威と軍事力を持っていたムガル帝国とおおむね平和的関係を維持した．1707 年にアウラングゼーブが死んだ後，ムガル帝国の支配は崩壊した．その後のムガル帝国の皇帝は名目的な宗主であった．地方の長たちは自分が継承した州の藩王（ナワブ）として事実上の支配者となった．

　アクバル（在 1556〜1605），ジャハーンギール（在 1605〜27），シャー・ジャハーン（在 1627〜58）が支配した権力の最盛期，ムガル帝国は宗教に寛容だった．人種，言語，宗教が非常に複雑で人口がヨーロッパより多い国での広大な領土建

設に，デリーの旧イスラム諸王朝に勝る成功を彼らがおさめた理由の一つは，この寛容さであった．アウラングゼーブ(1658～1707)は宗教上の寛容政策をやめ，ヒンズー教寺院を破壊し，ジズヤ(非イスラム教徒に対する人頭税)の課税を復活し，またいくつかの非イスラム王国では王の死に乗じて領地を没収した．彼の死後，戦乱が続き，帝国は弱化した．インド西部ではマラーター人が独立してプネーを首都とするヒンズー国家を建てた．ムガル帝国の高官であったニザームル・ムルク(Nizam-ul-Mulk)は1724年，帝国の崩壊を予見して自らハイデラバードの独立した支配者となった．1739年にペルシャ皇帝ナディル・シャーがインドを侵略し，デリーの住民を大虐殺し，また多くの略奪品(シャー・ジャハーンの「孔雀の玉座」やコ・イ・ヌールのダイヤモンドを含む)を持ち去り，それによってペルシャでは税を3年間免除することができた．彼はまたパンジャブ地方を併合し，ラホールに独立王国を打ち立てた．パンジャブは後にシク教徒によって占領された．帝国に名目的に残された他の地域，たとえばベンガル，マイソール，アワド(Oudh)〔現在のウッタルプラデシ州の中心部〕では収入が減少してムガル帝国の力は衰退した．引き続く内戦が国の経済と商取引を弱体化した．

EICがインドに対する支配権を獲得することができたのは，このような政治的，宗教的な紛争があったためだった．EICは地方の有力者の何人かと一時的同盟を結んだり，同時に何人かを引き立てたりして対立を巧妙に利用した．同社の軍隊の大部分は現地採用で，よく訓練されており賃金も規則的に支払われた．彼らは1757年にムガル帝国のベンガル州を征服し，1803年にマドラス州とボンベイ州を占領し，また1848年にはパンジャブ地方をシク族から奪い取った．さらに彼らは商業上のライバルであったフランス人やオランダ人の商売敵を極度に弱体化するのに成功した．しかし英国政府が直接統治を始めたのは，1857年にインド大反乱が起き，東インド会社が解散した後であった．

1757年のプラッシーでの軍事的勝利の後，EICはベンガルで二重支配システムを運用した．このシステムではEICが実効統治し，ナワブ〔ムガルの藩王〕はその傀儡で名目上の長であった．同社の主たる目的は，社員を富ませ，輸出品代金の支払いをインドへの金銀の持ち込みでなく，ベンガルで取り立てた税収によってまかなうことであったが，しかし領土征服は同社の役割を貿易から

統治へと変えた．その活動は1773年に英国議会監視のもとにおかれ，総督（ウォーレン・ヘイスティングズ）がナワブに代わり，ただしインド人職員とともに直接統治の任に当たった．同社の貿易独占はインドでは1813年に，中国では1833年に廃止された．

ヘイスティングズは1782年に更迭され，後任のコーン・ウォリスは，当時英国で実施されていたものよりも中国の科挙による官僚制度の精神に近い新統治システムを創設した．すべての上級職を英国人が占めインド人は排除された．高給の文民による統治はムガル帝国時代の統治に比べて，法や秩序の維持のうえで，多少とも腐敗が少なく，安価で，はるかに効率的な統治制度となった．1806年から同社は新入社員をロンドン近郊のヘイリーベリー・カレッジで養成した．1833年から採用者は競争試験で選抜された．1853年からは選抜は完全に実力主義となった．1829年には，徴税吏，司法官，警察の長として専制権を行使する英国人官吏が一人でコントロールできるよう，全英領インドを小地域に区切ることにより，このシステムは強化された．

英国の統治は異常に少ない人数によっておこなわれた．1805年にインドにいた英国人はたった3万1000人（うち2万2000人は軍所属，2000人が文民官吏）であった．1931年には英国人は16万8000人（6万人が軍人と警察官，4000人が文民官吏，2万6000人が民間部門所属，7万8000人がその家族員）であった．彼らはインドの人口の0.05％を超えたことはなく，イスラム支配層よりも層が薄かった．

EICの行政にはベンサム主義的急進主義者の傾向が強く見られた．ジェームズ・ミルはインドの諸制度に対する強い軽侮を示す記念碑的なインド史を書いた後，1819年に同社の上級役員に就任した[3]．歴史家マコーリーは同社の非常に有力な役員であり，マルサスはヘイリーベリー・カレッジ〔EICが設立〕の経済学教授であった．ベンサム自身がインドの制度改革について相談を受けていた．功利主義者たちは，英国で実施したいと考えた実験やアイディア（たとえば競争試験による公務員採用）を試すためにインドを利用した．1857年のインド大反乱の後，英国は直接統治に移行し，このような急進的な西洋化のアプローチは放棄されて政策はより保守的になった．英国人はインド人の王たちが支配する「藩王国」に直接支配をさらに広げようとはしなかったが，インドの王たちは英国の「居留者」官吏たちの「指導」のもとに置かれた．インドの人口の約

5分の1が住む数百の藩王国が存在し，最大のものはハイデラバード，ジャム，カシミール，マイソールだった．ポルトガルが保有していたゴアに住む人口はインド全人口の0.15%だったし，フランスはもっと小さい足がかりをポンディシェリに保有していただけであった．

　ムガル帝国は最終的には解体した．大反乱でムスリムが指導的な役割を演じたので，英国は彼らをインド軍や官職の仕事から遠ざけた．

　英国がおこなった統治体制の変更は大きな社会経済的な結果をもたらした．表3.8と表3.9はムガル帝国の最盛期と英国統治最終期のインドの社会構造を対比している．英国は，国民所得の15%にあたる土地税収を社会の上層部にもたらしていたムガル帝国の課税システムを引き継いだ．植民地支配の終了時には土地税収は国民所得のわずか1%となり，税負担総額が国民所得の6%になっていた．この減税とそれに関連する所有権の変化とによる恩恵は，主に村の経済の上層カースト，地主となったザミンダールや村の金貸しのものとなった．浪費的なムガル帝国の軍閥貴族は廃止され，少数の西洋化したインド人エリートがこれに取って代わり，その所得の国民所得に占める割合は減少した．協力的な小貴族や藩王たちの住民グループは「藩王国」に残った．1920年代までには新エリートはほとんど完全に英国的消費パターンを持つ英国人となった．これがインドの伝統的工芸による奢侈品への需要を減らした．インドの主要工業への打撃は19世紀の英国綿製品の無関税輸入によって強められた．

　英国の統治が始まって最初の一世紀，1人当たり所得の減少が続いた．減少はムガル帝国が崩壊した18世紀初めから始まった．1857年から1947年の独立まで，1人当たり所得はゆっくりと上昇し，人口は加速的に増加した．表3.5は1600年から1947年の植民地支配終了までのインドと英国の所得と人口の変化を示している．この期間，英国の1人当たり所得はほぼ7倍に増えたが，インドではわずか12%の増加であった．1947年から2003年までをとると両国の1人当たり所得の増加は同程度であったが，1990年からはインドの成長率の方がずっと高くなった．

　外国支配の結果としての英国への資源の「流出」は，19世紀末からインドのナショナリストたちの主な批判の的であった．それは1868年から1930年代にいたるインドの国民所得の約1%におよぶ貿易黒字の大きさで測定された．

表 3.5　インドと英国のマクロ経済実績の比較, 1600～2003 年
(1 人当たり GDP, 1990 年国際ドル)

	1600 年	1757 年	1857 年	1947 年	2003 年
インド	550	540	520	618	2,160
英　国	974	1,432	2,757	6,604	21,310

人口 (1000 人)

インド	135,000	185,000	227,000	414,000	1,049,700
英　国	6,170	12,157	28,186	49,519	60,271

GDP (100 万・1990 年国際ドル)

インド	74,250	99,900	118,040	255,852	2,267,136
英　国	6,007	17,407	77,717	327,044	1,280,625

出所）　Maddison (2001 and 2003) および www.ggdc.net/Maddison

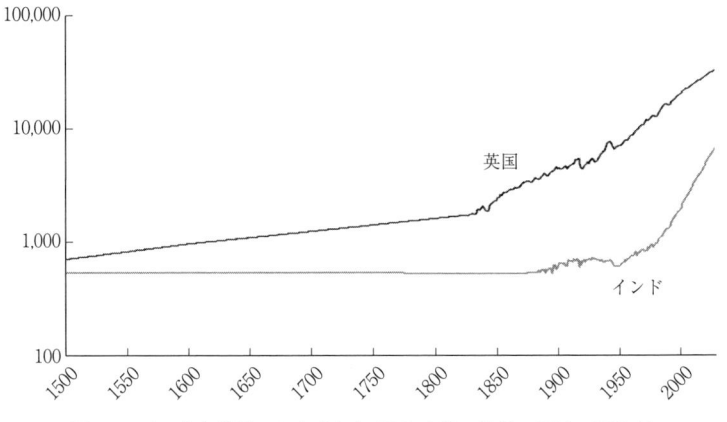

図 3.1　インドと英国の 1 人当たり GDP 水準の比較, 1500～2030 年
(1990 年国際ドル)

このことはインドの純貯蓄の約 5 分の 1 の移転を意味し，もしそうでなければこれは資本財の輸入のために使われたかもしれないのであって，実際にこの移転は独立後には消滅した．より重要なことは国民所得の 5% がインドにいる英国人にわたっていたという事実である．もし英国が 50 年早くインドを去り，インド人エリートによる政策実行に置き換えられていたならば，このうちのほとんどはインド人のエリートにわたっていたであろう．

しかしながら，もし英国が 18 世紀中葉から 19 世紀末までインドを支配して

表3.6 インドの商品と金銀の収支バランス, 1835～1967年

	名目価格年平均	1948-49年価格 (100万ポンド)	1人当たり収支 1948-49年価格, (ポンド)
1835-54年	4.5	n.a.	n.a.
1855-74年	7.3	50.0	0.21
1875-94年	13.4	80.0	0.30
1895-1913年	16.8	77.6	0.26
1914-34年	22.5	59.2	0.19
1935-46年	27.9	66.1	0.17
1948-57年*	-99.9	-97.6	-0.21
1958-67年*	-472.7	-384.7	-0.67

注と出所) ＊印はインド,パキスタン,バングラデシュ.1948年以降の実質価格は国民所得デフレーターで,それ以前は Mukherjee (1969)の指数で修正.輸入価格はc.i.f.,輸出価格はf.o.b.で記録.

表3.7 インドから英国への「流出」, 1868～1930年

	商品輸出	インドの輸出超過	インドの輸出超過 英国国内純生産に 対する%
	インド国内純生産に対する%		
1868-72年	5.2	1.0	1.1
1911-15年	9.0	1.3	0.9
1926-30年	9.6	0.9	0.5

注と出所) Maddison(1986b: 646-8).「流出」(植民地の貿易黒字によって測定した植民地の負担)の数値はインド・ナショナリズムの文献に顕著である(Naoroji 1901参照).

いなかったら,近代化を目指すエリート層や彼らの活動のための法的・制度的なフレームワークが,ムガル帝国の廃墟から姿を現すことはなかったであろう.

英国支配の諸結果はムガル・インドから引き継がれた社会経済構造を調べることによって,また統治の仕方,財産権,需給構造の革新から起きた諸変化に注目することによって確認することができる.

ムガル朝の社会構造　イスラム教徒は13世紀から英国に征服されるまでの間,インドの支配的エリートであった.ムガル支配層は無抵抗な農村社会から多大な剰余を絞りとれる軍事力を持っていた.支配階級は浪費三昧のライフスタイルを享受しており,その贅沢品は都市の手工業者が製造した高級綿織物,絹,宝石,装飾剣,武器であった.

ムガル貴族たちはその所得を土地から得ていた．彼らは世襲の地主ではなかった．彼らの所得はジャギル(jagirs〔徴税を任された土地，一種の領地〕)からで，彼らの領地は死亡時には帝国に没収された．この徴税収入の一部は自らの生活維持に充てられ，残りは現金かあるいは軍の維持費のかたちで国庫に納められた．ムガルの慣行はイスラム教を生んだ遊牧社会の伝統からきている．貴族たちはある給付地から他の給付地へと定期的に異動させられた．この軍閥貴族による住民略奪体制は資源の無駄づかいと生産的投資の無視とにつながった．土地資産を改良しようという意欲はほとんどなかった．貴族はハーレム，庭園，噴水完備で城壁をめぐらした城内に住んでいた．彼らは召使いや奴隷など多数の使用人をかかえて一夫多妻の家庭を持っていた．彼らは純良な綿や絹のすばらしい衣類をおさめる巨大な衣装庫を持っていた．皇帝たちはアグラ，デリー，ファテープル・シークリー，ラホールに豪華な宮殿とモスクを建設した．

ジャギルダール(Jagirdars〔ジャギル保有者〕)の持つインセンティブは，生存のぎりぎりまで農村社会を絞り上げ，可能な限り消費し，国家に負債を残したまま死ぬということであった．しかし，農村の収入を世襲で支配していたヒンドゥーの貴族(ザミンダール)や，帝国内の自治的な国家で支配と徴税を続けていたヒンドゥーの王侯たちもおり，彼らのインセンティブはこれとは違っていた．

ムガル帝国のエリート，土着の藩王，ザミンダールが農村地域の人々から搾り取った所得の割合は巨大であった．それは国民所得の15％にのぼった(表3.8参照)．しかし英国の統治の終了の頃には，旧エリート後継者の取り分はわずか3％になった．

ムガル帝国が，支配階級による生産過程の直接監督なしに多くの税収をあげることができた理由は，農村住民(大部分がヒンドゥー)が非常に従順であったことである．村は自衛と自足の単位であり，戦時やよそ者の支配下でも生き残れるような仕組みになっていた．彼らは誰が国の権力者であろうと集団で税を支払った．インドの征服者にしてみれば，あらかじめ所得の源泉が用意されていたので，そのシステムを変えようとするインセンティブは働かなかった．

インド社会を他の社会と区別する主な特徴はカースト制度であった．同制度は人々を互いに排他的なグループに差別した．各グループの経済的・社会的機能ははっきり規定され，しかもそれは世襲であった．古い宗教文献ではヒンド

表 3.8　1600 年頃のムガル帝国の社会構造

労働力の構成 (%)		税引き後の国民所得の構成 (%)
18	非農村経済	52
1	ムガル皇帝と宮廷 マンサブダール〔軍人官僚〕 ジャギルダール〔ジャギル領主〕 土着の王侯 任命されたザミンダール 世襲ザミンダール	15
17	商人と銀行家 伝統的専門職〔聖職者や医師〕 小商人・企業家 兵士と小官僚 都市職人・建築労働者 家事使用人 清掃人 廃品収集人	37
72	農村経済	45
	支配カースト 耕作者と農村職人 土地なし労働者 家事使用人 清掃人 廃品収集人	
10	部族経済	3

出所）　Maddison (1971: 33).

ゥー教徒は4つの大グループに分けられた．聖職者の階級であるバラモンは社会階層のトップに立ち，彼らは肉体労働によってその純粋さを汚してはならないものとされた．その次のランクは戦士（クシャトリア）であり，商人（ヴァイシャ），農民（シュードラ）と続いた．その下に雑用や不浄な仕事に従事する不可触賤民（melechas）があった．カーストの異なる人々の間の結婚はなく，食事をともにすることもなく，社会生活は分断されていた．このシステムは生産力の発展を阻害した．それは肉体的労働能力を減殺する水準まで村の生活水準を押し下げたからである．職業は適性ではなく世襲によって硬直的に割り当てられ，仕事に対する実務的な態度よりも儀式張った態度が重視され，そして動物殺しに関するタブーが維持された（カーストの起源と影響については Lal 2005 を参照）．

　国家との関係では村は一つの単位として行動するのが普通であった．土地税は一般に集団で支払われ，村内での負担配分は村の長や会計役に任された．村

表3.9 英国支配終了時のインド社会構造

労働力の構成(%)		税引き後の国民所得の構成(%)
18	**非農村経済**	**44**
0.06	英国人官吏・軍人 英国人資本家・プランテーション所有者・商人・銀行家	5
0.94	土着の王侯 大ザミンダール・ジャギルダール	3
	インド人資本家・商人・企業家 新しいインド人職業者階級	6
17	小商人・小企業家・伝統的職業者,政府雇用の事務・肉体労働者・兵士,鉄道・工業労働者,都市職人,家事使用人,清掃人と廃品収集者	30
75	**農村経済**	**54**
9	農村不労所得者,農村の金貸し,小ザミンダール,筆頭小作人	20
20	財産所有勤労者,被保護小作人	18
29	自由小作人,苅分小作人,農村の職人・家事使用人	12
7	**部族経済**	**2**

出所) Maddison(1971: 69).

のトップグループは国の同類であって,搾取システムの共同利益享受者であった.どの村でも最低層は生活ぎりぎりまできびしく搾り取られる不可触賤民であった.カーストの拘束がなければ村落社会は多分もっと平等なものだったろう.農民層がもっと同質的であったなら,このような重税を辛抱する気はなかったかもしれない.

村社会のさらに下に,人口のおよそ10%を占める人たちが多数の部族共同体で生活していた.先住部族は狩猟民や森林居住者として独立の素朴宗教の生活をおくっており,ヒンドゥー社会の全く外にあって,ムガル帝国に税を支払うことはなかった.

そのような社会システムの結果,インド経済は長期の停滞と低水準の生産的投資とを特徴としていた.灌漑面積は総面積の5%程度で,中国の3分の1と比較しても低かった.動物の糞はめったに肥料として利用されず,人々は概して菜食主義者であって,神聖な牛が多数いたがその恩恵を受けることはほとんどなかった.農業の手引き書や農業生産性を助長する政府の努力もなかった.

表3.10 日本，中国，インド，インドネシア，オーストラリアの土地利用集約度，1993年

	土地総面積 (1000ヘクタール)	耕地・永年 作物面積 (1000ヘクタール)	耕地面積割合 (%)	人口 (1000人)	人口1人当たり 農耕地 (ヘクタール)
日 本	37,780	4,463	11.8	124,753	0.04
中 国	959,696	95,975	10.0	1,178,440	0.08
インドネシア	181,157	30,987	17.1	188,359	0.16
インド	328,759	169,650	51.6	899,000	0.19
オーストラリア	771,336	4,486	6.0	17,769	2.62

出所) FAO Yearbook(1994).

作物収穫は長期にわたって停滞していたと思われる．

　土地を手に入れやすいことはインドの重要な特徴であり，それが社会構造やカースト制度へのインパクトとなった．インドの人口対比可耕地面積は中国や日本よりはるかに大きかった．相対的に豊富な土地を持つ経済は，土地がはるかに希少で農村の所有関係が市場インセンティブに大きく依存していた中国や日本のような国々よりも，強圧的な制度(カースト制度，封建制，奴隷制，農奴制，アパルトヘイトなど)にずっと適しているようである．E.D.ドーマー(Domar 1989: 225-38)は土地の豊富・希少が社会制度に与える影響に関する洞察に富んだ分析を提供しており，E.ボズラップ(Boserup 1965)は土地不足に対応する1人当たり労働力投入増のインセンティブについて分析した．

　インド農業への英国の影響　植民地政府は西欧資本主義国にきわめて近い性格を持つ財産権を創設することによって，農業における伝統的な制度的仕組みに修正を加えた．自治的な藩王国を除けば，古い軍閥貴族の土地は没収された．それまでのジャギルからの所得やムガル帝国の所得は英国人に奪われた．ベンガル管区(すなわち現在のベンガル，ビハール，オリッサ，マドラスの一部)では，徴税請負人(ザミンダール)に属するムガル財産権者の第二層が強化された．彼らは土地税を納める限り世襲的地位を得ることができ，その税負担は1793年の水準に固定された．マドラスとボンベイ管区では，英国人は古いムガル帝国とマラーターの貴族および大ザミンダールの土地のほとんどを取り上げ，村の支配的カーストに財産権を与えるとともに納税義務を課した．下位カーストの耕作者たちは彼らの小作人になった．

土地所有権が明確になったので土地を抵当に入れることができるようになった．イスラム法から英国法に移行することによって，金貸しの地位も改善された．ムガル帝国の時代にも金貸しがいたが，英国統治のもとでその重要性は飛躍的に高まり，かなりの面積の土地が抵当流れによってその所有者を変えた．

時代とともに2つの要因が土地所有者の所得を引き上げた．その一つは人口の増加につれて土地の希少性が高まったことである．このことが地価と地代を引き上げた．第2は土地税負担の軽減であった．その結果として村内の不平等が拡大した．村の地主階級の所得は土地税負担の軽減と地代の引き上げによって増加した．土地の希少性の高まりにより，小作人や農業労働者の伝統的な権利が縮小し交渉力も低下し，彼らの所得は低下した．英国統治のもとで土地無し農業労働者の階級の規模が拡大した．

植民地政府は灌漑面積をおよそ8倍に増やした．結局のところ，ムガル・インドでは灌漑面積が5%であったのに対して，英領インドでは土地の4分の1以上が灌漑された．灌漑事業の拡大は，税収の源泉および飢饉被害緩和の手段という2つの目的でおこなわれた．灌漑のかなり多くの部分はパンジャブおよびシンドでおこなわれた．この地域の灌漑の目的は，パンジャブ出身が多かった退役インド軍兵士に土地を与えるためであり，またアフガニスタンとの紛争の前線に近い地域に入植地を拡大するためでもあった．以前は荒れ地であったこの地域は世界でも最も広い灌漑地域になり，また小麦と綿花の一大産地となり，両方とも輸出されたりインドの他地域への販売にまわされた．

輸送手段の改善(鉄道，蒸気船，スエズ運河)は換金作物への特化をある程度可能にすることにより農業を助けた．これにより産出量はいくらか増加したが，国の大部分は生活維持農業にとどまった．インディゴ，砂糖，ジュート，茶の生産のためにプランテーションが拡大された．これらの商品は輸出に大きく貢献したが，インド農業全体から見るとあまり重要ではなかった．1946年に二大輸出品目であった茶とジュートはインドの農産物総産出高の3.5%以下であった．このように国際貿易を通じる市場の拡大がインドに与えた刺激は，ビルマ，セイロン，インドネシア，タイなど他のアジア諸国に比べて小さかった．

アメリカからもインドへの作物移転がいくらかおこなわれた．たばこは1600年以降にもたらされた．その栽培の発展は急速で広範だったといってよ

い．とうもろこしは17世紀に持ち込まれたが広く普及することはなかった．同時にもたらされたパイナップルのほうに熱が入った．

英国統治下でもインドは飢饉や伝染病にくりかえし襲われた．1876〜78年と1899〜1900年には飢饉で数百万人が亡くなった．1890年代には腺ペストが大発生し，1919年にはインフルエンザが大流行した．1920年代と1930年代には飢饉は起こらず，1944年のベンガル飢饉は不作というよりも戦争という条件と輸送障害のためであった．しかし1920年以降の長期安定は一部は良好な気象条件が幸いしたものであろう．

インド工業への英国の影響　1500年からヨーロッパ人のインドとの接触は全く広範であったにもかかわらず，ヨーロッパの技術の移転は19世紀以前にはほとんどなかった．インドのヨーロッパ企業は植民地以前の時期には生産活動に直接かかわることはなかった．インドの商品に対する注文はインドの商人やブローカーを通じておこなったので，ヨーロッパ企業は生産技術にはほとんど影響を与えなかった(Habib 1978-9とQaisar 1982参照)．インドの教育は狭い範囲のグループに限られていた．それは世俗的な教育ではなくイスラムとヒンドゥー両者のための宗教的教育であったので，読書によって新技術の知識を得るチャンスはあまりなかった．

イエズス会はゴアに印刷機を持ちこみ1556年に稼働し始めた．彼らは1580年に多言語で書かれた聖書を皇帝アクバルに献上したが，好奇心を呼ぶことには成功しなかった．英国東インド会社は1675年に活字工をスーラトに連れてきたが，インド文字の活字を鋳造できず計画は失敗した．インド人の貴族パトロンたちは写本筆写師や写本装飾師を雇っており，印刷を重視しなかった．

ヨーロッパの拳銃，マスケット銃，大砲などには関心が寄せられた．インドの支配者はこの分野のヨーロッパ人技術者を雇い，インドの職人は多くの品物を模倣し改良することに完全に熟達した．しかしインド軍隊はヨーロッパの軍に匹敵する武器を手にすることはなかった．インド軍の鉄砲鍛冶たちは大砲部品に適する鋼鉄の鋳造に成功せず，青銅による鋳造が続けられた．

ポルトガル人は現地商人に販売するためにヨーロッパ仕立ての船をインドで建造した．英国はスーラトで東インド会社が使う船を建造し，英国の船大工は

彼らの知識をインドの職人に移転したようである．しかし彼らはインドの伝統的な船舶設計に重大な影響をほとんど与えなかった．インドはすでに天体観測儀その他の航海用具を持っており，ヨーロッパの器具の模倣につとめることはほとんどなかった．

陸上交通は鉄道の導入以前にはヨーロッパの技術の影響を受けなかった．雄牛が引きつづき基本的な牽引用家畜であった．馬は貨物や人の運搬には使われなかった．ヨーロッパでは10世紀に，中国ではもっと早くに開発された馬具を複製することはなかった．猫車は3世紀に中国で，12世紀にヨーロッパで発明されたが，ヨーロッパ人との接触の後も長い間，インド人は荷を頭上に載せたり長い柄つきの箱に入れて運搬した．インドのガラス工業はヨーロッパの技術の影響を受けなかったようである．インド人はヨーロッパの時計を複製しようとはしなかったし，ランタン，鏡，望遠鏡，眼鏡は「外国の希少品・珍品」であってインドでは作られなかった．

ムガル・インドにはヨーロッパ人に植民地化された他のいかなる国よりも大きい工業があり，前植民地時代にも工業品輸出国であった点でユニークである．この工業の大部分は英国支配の結果として破壊された．

1757年から1857年の間に英国はムガル宮廷を一掃し，貴族の4分の3を消滅させた（藩王国の貴族は除く）．英国はまた地方のザミンダールの半分以上を消滅させ，代わってヨーロッパ風の官僚制を確立した．新しい支配者たちはヨーロッパ風の服装と靴を身に着け，輸入品のビール，ワイン，スピリッツを飲み，ヨーロッパ式の武器を使用した．彼らのもとで書記や仲介人として働いていた新しいインド「中産階級」の男性のメンバーが，こうした好みを真似した．こうした政治的社会的な変化の一つの結果として，豪華な手工業品に対する国内の需要の約4分の3が消滅した．これは見事なモスリン，宝石，豪華な衣類と履物，装飾剣，武器の製造者への壊滅的な打撃であった．私自身の推測ではこれらの商品に対する国内市場はムガル時代の国民所得の約5％であった．

第2の打撃はナポレオン戦争後，英国から安価な繊維品が大量に輸入されたことであった．農村婦人のパートタイム仕事であった家内紡績は大幅に減った．使用する織り糸は家庭紡績ものから工場ものに変わったけれども，手織り職人への需要も大部分消滅せざるをえなかった．

近代的紡績工場は日本より20年，中国より40年早く，1851年にボンベイで始まった．生産は粗紡糸に集中し，インド国内および中国と日本に販売された．輸出は生産高の半分であった．1890年代に入ってインドは日本との競争に苦しみ始めた．日本への輸出は1898年までに事実上なくなった．それからすぐ中国にある日本の工場がインドの中国市場を侵食し始めた．1930年代末までに，インドの中国と日本に対する綿糸の輸出は消滅し，布の輸出は落ち込んでしまい，インドは綿糸も反物も中国と日本から輸入するようになった．

もし英国が関税でインドを保護する気があったなら，インドはもっと早くランカシャーの織物技術を模倣できたかもしれない．その反対に英国からの輸入品は無関税でインドに入ってきていた．インドが織物を主として日本から輸入するようになった1920年代までに英国の政策は変わった．1934年まで綿布に対する関税は50%に引き上げられたが，英国製品に対しては特恵税率が適用された．その結果として国内産織物は英国からの輸入に大きく取って代わられた．1896年にインドの紡績工場はインドの布地消費のわずか8%しか供給できなかったが，1913年には20%に，1945年には76%に増加した．1945年までに反物の輸入は途絶えた．

近代的なジュート製造は1854年に始まり，同工業はカルカッタ周辺で急速に拡大した．その多くは外国人（主にスコットランド人）が握っていた．1879年から1913年の間にジュート紡錘の数は10倍に増え，その成長は綿織物工業よりもずっと急速であった．生産されたジュートのほとんどは輸出に向けられた．

主にベンガルでおこなわれた石炭採掘は成功した産業のもう一つの事例であった．その産出量は1914年までに1570万トンに達し，インドの鉄道の需要をほぼまかなった．

1911年にインドの最初の鉄鋼工場がタタ社によりビハールのジャムシェードプルで建設された．インドの鉄鋼業は中国よりも15年遅れて始まった．中国では1896年に最初の鉄鋼工場が漢陽で建設された．日本の最初の鉄鋼工場は1898年に建設された．中国でも日本でもともに最初の鉄鋼工場は（最初の紡績工場も）国営企業であった．

インドの工業，保険，銀行の諸企業は，1905年から始まったインド企業優先をかかげるナショナリスティックな英国商品ボイコット運動，スワデシ運動

によって活況を呈した．第一次世界大戦中，英国からの輸入途絶がインド企業の織物や鉄鋼の国内市場での立場を強めた．戦後，ナショナリステックな圧力のもとで，政府は物品購入でインド企業を優遇し始め，1921年には関税委員会の設立を決定して国内産保護を理由に関税引き上げを始めた．

　近代産業部門のうち最も利益のある商業，金融，実務サービス，プランテーションの事業の多くは外国人によって占められていた．東インド会社の法的に強制された独占的特権が終わった後も，長期にわたり英国は銀行部門への支配を通じて実質的な権勢をふるった．1913年に外国銀行は総預金の4分の3以上を保有しており，インドの合資銀行は4分の1以下であった．18世紀にはインドには非常に強力な銀行会社(Jagat Sethが支配)があり，ムガル王国，ベンガルの藩王，東インド会社，および他の外国企業やインドの商人を相手に収入の送金や前貸しを取り扱っており，また地域と発行年代の異なるインド通貨の裁定取引をおこなった．これらの現地銀行家は英国によってほぼ排除された．

　「経営代行人」制度はもともと東インド会社の元社員によって設立されたもので，産業企業を管理したり国際貿易の大半を取り扱うために利用された．彼らは英国の銀行，保険，海運会社と密接に結びついていた．経営代行人は資本調達上で独占に近い力をもち，彼らは共同して管理する組織を持ち，それによって供給と市場をコントロールすることができた．彼らはアジアにおける外国市場を支配した．彼らはインド人よりも容易に政府高官に近づくことができた．経営代行人は多くのやり方で株主の利益よりも自らの利益にかなう決定を下すことができた．代行人は粗利益または総販売高にもとづいてコミッションを受け取っており，またその代理する企業に使用原材料を販売する会社の代行人になっていることも多かった．こうして当時台頭してきたインドの資本家は英国商業資本への依存が大きく，海運，銀行，保険，石炭，プランテーションの農産物およびジュートなど多くの産業部門は英国企業によって支配されていた．

　インド産業の効率性向上は英国行政当局の技術教育無視によって，また英国企業や経営代行人がインド人に訓練や管理経験を与えなかったことによって妨げられた．資本の大半をインド人が出資していたボンベイの織物産業ですら，1925年に管理・監督スタッフの28％は英国人で占められており，より複雑な産業では英国人の比率はもっと高かった．これが生産コストを引き上げた．よ

り下層のレベルでは労働者の雇用や規律維持のために口入れ屋(jobber)が広く利用された．労働者は一般に未熟練で，職を得たり職を継続するために口入れ屋に賄賂を贈らなければならなかった．また経営者，監督，労働者間の人種，言語，カースト差別の問題もあった．企業の小規模多品種生産が効率性を妨げた．インドの輸出が日本との競争上不利であった理由には(通貨の過大評価もあったが)これらの事情もあった．

仮にもし二世紀にわたる英国の統治がなかったらインドの運命はどうなっていたかを想像するのは興味あることである．真剣に考慮できる3つの大きなオルタナティブがある．中国のように外国領飛び地を含みながら現地人統治が続くというのが一つである．もしインド社会に分裂作用が働いたら，大きい内戦が起きておそらく国は分裂しただろう．教育システムに外国からの直接介入がなければ近代化志向のインテリゲンチア層はおそらく生まれなかったであろう．インド社会の保守性は非常に深く，またインドは復古的なナショナリズムを生み出すはずの同質的な文明を持っていなかったからである．この状況が支配的であったとすれば，たしかに人口はあまり増えなかったであろうし，上流階級の増加と資源の海外流出の少なさにより平均的な生活水準は多分もう少し高かったかもしれない．英国支配に代わるもう一つのオルタナティブは，フランス，オランダなど他の西ヨーロッパのある国が征服・支配した場合である．それが生み出した結果は経済面では英国支配とたいして違わなかったであろう．3つ目の仮定は多分最も興味深いものである．すなわちヨーロッパのある国が征服はするけれど，もっと早く独立が認められた場合である．もしインドが英国支配が始まって1年と4分の1が経過した1880年代から自らの政府を持ったとしたならば，所得の成長も人口の成長もともに加速したであろう．海外への資金流出はより少なく，より強力な関税保護，より多くの国有企業，地元産業の優遇，技術訓練——これらはすべて1947年以降実際に起こったことである——があったであろう．しかしそれでもインドはおそらく日本の明治時代と同程度にはならなかったであろう．なぜなら政府の財政能力はより小さく，大衆教育への熱意はずっと小さく，宗教とカーストの障壁が生産性向上に重要な制約であり続けたと思われるからである[4]．

インドの独立　インドの英国植民地支配は 1947 年に終わりを告げた．パキスタンの分離と東西分裂にもかかわらず，独立への移行は比較的円滑かつ友好的におこなわれた．1947 年以降の全期間，他のアジアの諸国の標準からみれば一種の政治的安定が維持されてきた．ナショナリスト運動は三要素の結合であった．(a) 1885 年以来独立を準備してきた良く組織されたブルジョアナショナリスト・グループ．彼らは西洋の価値観を受け入れ，植民地下でもたらされた社会システムの変化の多くを受け入れた．(b) ネールは運動の中に社会主義の温和化版を持ち込み，そして経済計画と国有企業に誇大な希望を託した．(c) インド文化復興主義派は手織りなど農村手工業の徳と自給自足の神聖さとを強調する聖なる政治家マハトマ・ガンジーにとりこまれた．彼は国民会議派内の西欧化主義者や社会主義者と協力を望み，また彼らに非暴力政治行動を採用するよう説いた．

　ネールの計画経済と自給自足に賛成するガンジー派の圧力との結合は長期にわたって経済成長を抑制し，1991 年にマンモハン・シンの大蔵大臣就任によって打破された．その結果としての経済自由化は経済成長を加速し，インドをアジアの最もダイナミックな経済国の一つにする助けとなった．

　マンモハン・シンはインドの現総理大臣であり，英国との交流による長期的な政治的文化的諸結果を肯定的に評価して彼は次のように述べている．

　　今日，時の経過が生んだバランスと展望により，また後だから分かることとして，インドの首相にとって，インドが英国支配下で経験したことは好ましい結果を生んだと主張することも可能である．法の支配，立憲政府，出版の自由，職業的公務員，近代的な大学と研究機関に関するわれわれの観念は，すべて古来の文明が当時の支配的帝国と遭遇した「るつぼ」のなかで作り上げられてきた．これらすべてはわれわれが今も価値を認め尊重している要素である．われわれの司法，われわれの法制度，われわれの官僚制度，われわれの警察はすべて英国インド政府に由来する偉大な機構であり，この国によく役立ってきている．英国統治のすべての遺産のうち英語と近代学校制度ほど重要なものはない．(Singh 2005)

インドネシアへのオランダの影響

　ポルトガル人はインドネシアに最初に直接かかわったヨーロッパ人である．アルバカーキがスマトラに面するマレー半島西海岸の戦略的港湾マラッカを手にしたのは1511年のことであった．それはインド洋と南シナ海の貿易世界を結びつける狭い海峡を支配しており，両大洋間貿易の主要な中心地であった．

　当時インドネシアには中央政府はなかった．スマトラにはかつて遠い昔に消滅したシュリーヴィジャヤ帝国の中心があった．それは当時，多くの小イスラム国家に分かれてしまっていた．ヒンドゥーのマジャパイト王国は東ジャワにその最後の足跡を残しており，ほとんどのジャワの沿岸貿易地域はイスラムの王たちによって支配されていた．

　モルッカ諸島(テルナテ，ティドレ，マキアン，モティ，バチャン)，バンダ諸島，セラム島，アンボン島の香辛料が主な交易対象となった．これらのほとんどは小さな火山島であり，ちょうじ，ナツメグ，メースの世界的独占地であった．これらの島の高価な産物はアジアで売られており，1400年以降，アラブの貿易商人によりエジプト経由でヨーロッパに輸出され，その量は少量だったが次第に多くなった．A. リード(Reid 1993: 14)が示すところでは，香辛料のヨーロッパへの輸出は1400年から1500年の間に4倍に増加し，1500年前後にオスマン帝国がエジプト経由の貿易を制限したために急減し，次いでその後1600年ごろには以前のピークの5倍に達したという．

　ポルトガル人は1522年にテルナテに要塞基地を建設し，1529年にはティドレに部隊を置いていたスペイン人がそれを買収した．スペイン人はヨーロッパへの香辛料の流れを復活，拡大することができたが，1575年に原地住民の反乱によってテルナテから追い出された．

　4隻のオランダ船が1596年6月，初めてジャワの西側の先端にあるバンタムに到着した．彼らは同地の商人たちを船上に招いた．「大勢のジャワ人およびその他トルコ人，中国人，ベンガル人，アラブ人，ペルシャ人，グジャラート人など外国人で，それぞれがオランダ船の船上に場所をとって品物を陳列し，あたかも一つの市場であるかのように展示した」(van Leur 1955: 3)．

　オランダ人はアジア貿易の可能性に大いに感銘し，1602年に株式会社VOCを設立し，アジア市場での独占権を手にした．当時ポルトガルはスペインに併

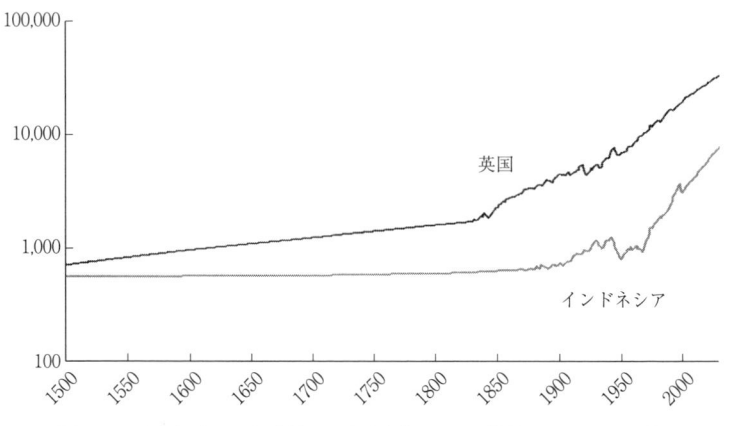

図 3.2 インドネシアと英国の 1 人当たり GDP の比較，1500〜2030 年
（1990 年国際ドル）

合されていた．オランダはヨーロッパでスペインと交戦状態にあり，インドネシアからイベリア人を追い出すことに特に熱を入れた．彼らは早めにそれをやりとげたが，マラッカ占領は 1641 年までおこなわなかった．オランダは 1619 年にバンタムの近くのバタビアにアジア司令部を設立した[5]．その後彼らは現地商人やポルトガル，スペインおよび英国の現地商人など競争者に対して攻撃的な行動をとった．1621 年，彼らはバンダ諸島のナツメグ生産農民のほとんどすべてを殺戮あるいは奴隷化し，それと入れ替わったオランダ人入植者と奴隷労働者がその全収穫物を VOC に引き渡した．1623 年にはアンボンの英国東インド会社の首席事務員とその同僚 20 人は首をはねられた．

　17 世紀初め，アジアからのオランダの輸出の 4 分の 3 は香辛料とこしょうであった．ここでは市場独占により利益マージンは特に高かった．彼らはインドと競争してこしょう生産をジャワとスマトラに広げた．ピーク時の 1670 年には 4000 トンの黒こしょう，60 トンの白こしょうをオランダに輸送した（Glamann 1981: 83）．17 世紀末までに香辛料とこしょうの相対的重要性は低下した[6]．ヨーロッパに最も大量に輸出された品物は，需要弾力性が高い中国，インドからの絹製品と綿製品であった．アジア内貿易によるオランダの収益は日本での特別待遇のために次第に重要性を増してきていた．オランダは 1637 年にジャワで砂糖生産を始めた．彼らはブラジルやカリブ諸国の生産者との競

争は困難だとわかったが，アジアでは限られた範囲の市場を見出した．彼らは17世紀末にはコーヒー生産も始めた．

オランダ人がジャワに到着したとき，バンタムとチェリボンには有力なサルタン国があった．中央ジャワのマタラム王国が成立していたが，そのどれも中国，インド，日本の支配者のような権威はなかった．彼らの行政・軍事組織は脆弱であり，内陸交通は貧弱で，支配階級が住民から余剰を搾り取る制度上の仕組みも弱いものであった．しかしさまざまな形の債務奴隷制やその他の隷属形態があって，地方支配者はそれを押しつけることができた．経済の都市化，貨幣経済化はインド，中国あるいは日本よりはるかに遅れていた．財政収入は土地税によるよりも現物あるいは労働力提供によるものであった．村内では年貢取り立ての支配機構は，厳重な階層性と強力な宗教的拘束力を持つカースト制インド農村よりも弱いものであった．ジャワは肥沃な火山性の土壌に恵まれ，当時は相対的に有り余る土地があった．その結果として農民はおそらくインドの農民ほどは働かなかったのだろう．農民たちにとってはインドネシア内の他の地方に移住するとか，取り立てがひどすぎる支配者を打倒するなどのことも容易だった．

17世紀と18世紀にオランダがインドネシア経済と現地の支配者に対して与えた影響はわずかなものにとどまった．彼らの所得は，かつてはポルトガル人とアジア人の商人仲間が享受していた貿易からの所得を我がものにすることから得られた．彼らがインドネシアにやってきたとき，奴隷制度はあったが規模は限られていた．それは1622年発布のオランダの条例によって法的に認められ，1860年まで廃止されることなく維持された．1673年にはバタビアにおける彼らの本拠の人口の約半数は奴隷であった．後に奴隷制の広がりは抑えられ，他のタイプの強制労働に代わっていった(Reid 1983参照)．

VOCは1800年に解散した．1801年にこれらの地域はオランダの直接の植民地となり，そして1つの地域帝国の創設に向けての大きな動きが起こった．バタビアからのコントロールは強化され，スマランの分離した統治組織とバンタムおよびチェリボンの両スルタン国は廃止された．マタラムの後継国(ジョグジャカルタ，スラカルタ)に対するオランダ代表の地位は強化された．1810年にオランダはフランスに占領され，オランダ領東インドは英国の統治下に置か

れることになった．英国はラッフルズを副総督に任命した．彼は統治機構の西欧化を引き継ぐとともに土地税を導入した．彼は1817年，注目すべき統計学的調査でありジャワの経済的可能性へのガイドである『ジャワの歴史』2巻を出版した．

> ジャワの土壌はその実りの豊かさと多様さの点で注目に値する．耕作者の側はほんのわずかな注意や努力で熱帯気候下のすべての果物を生産している．多くの地域では山や高地が緯度の違いを埋め合わせてくれるので，温暖地域の恵みのすべてが与えられる．生活用主食米は種子の30倍，40倍，あるいは50倍とれる．地味が豊かなので，いくつかの場所では年2回，ときには3回の作物収穫後にも耕種を変える必要さえない．大量の水を必要とし，熱帯地方ではめったに必要量が満たされることはあまりないが，ここでは流水がたっぷりある．(pp. 107-8)

ジャワ戦争(1825～30年)はオランダ人の支配に対するジャワ王族の最後の抵抗であった．反乱はジョグジャカルタのスルタンの長男，ディポネゴロが率いた．それは厳しいゲリラ戦となり，直接間接に20万人のジャワ人が死亡した．この戦争の後，オランダはラッフルズが考えていた財産権と土地税の西欧化をあきらめた．彼らは自らの支配の主要な手段として，従来の支配層，法律，慣習を維持する二重統治の政策を採用した．1830年以降のオランダの政策には2つの段階があった．その2つの段階はともに輸出用熱帯農産品の生産の集約的発展をともなっていた．

第1段階：強制栽培制度，1830～70年　1830年から1870年にかけての最初の段階はいわゆる「強制栽培制度」(cultuurstelsel)の段階で，この制度のもとで現地人の所得からの収奪は，収穫物の強制供出か強制労働によっておこなわれた．逃避・逃走を防止するために，原地住民と中国人の移動と居住は統制された．1816年以降，労働規律維持と人種間アパルトヘイト実施のためにパス法が押しつけられた．オランダは政府による輸出独占を維持した．自由貿易制度のもとでは利益の大半が英国その他外国の商人に流れてしまうのを恐れたのである．1830年代のアフリカ奴隷貿易禁止がカリブ海諸国の競争勢力を破滅させた後，砂糖，コーヒーの輸出価格は高騰した．インドネシアの1人当たりGDPは

表 3.11a　インドネシアの民族グループ別人口と実質 GDP, 1700～1929 年
（1 人当たり所得は 1928 年ギルダー）

	原住民 人口(1000人)	原住民 1人当たり所得	中国とその他のアジア人 人口(1000人)	中国とその他のアジア人 1人当たり所得	ヨーロッパ人* 人口(1000人)	ヨーロッパ人* 1人当たり所得	合計 人口(1000人)	合計 1人当たり所得
1700 年	13,015	47	80	156	7.5	1,245	13,103	48.4
1820 年	17,829	49	90	193	8.3	2,339	17,927	50.8
1870 年	28,594	50	279	187	49.0	2,163	28,922	54.9
1913 年	49,066	64	739	240	129.0	3,389	49,934	76.2
1929 年	58,297	78	1,334	301	232.0	4,017	59,863	98.2

注）　＊は欧亜混血を含む．実質所得は純国内生産を指す．
出所）　Maddison(2001: 87).

表 3.11b　インドネシアの実質所得とその民族グループ別シェア, 1700～1929 年

	総所得(100万・1928年ギルダー)	現地人シェア(%)	中国人とその他のアジア人シェア(%)	ヨーロッパ人シェア(%)
1700 年	633.5	96.7	1.9	1.4
1820 年	910.4	96.0	1.9	2.1
1870 年	1,587.9	90.0	3.3	6.7
1913 年	3,806.9	82.5	6.0	11.5
1929 年	5,880.6	77.4	6.8	15.8

出所）　Maddison(2001: 87).

1820 年から 1870 年までにほとんど伸びなかったが，GDP に占めるオランダ人のシェアは 2% から 7% 近くに増え，オランダ国籍住民の数は 6 倍近く増えた．インドネシアにおける政府歳入の半分はオランダに送られ，オランダの王は作物輸出の海運独占によって収益を得た．政府は砂糖とコーヒーの生産を支配し，その独占的販売権をアヘン商人に売却したが，しかしたばこの収穫はほとんど民間の手にあった．特別に目をかけられた個人は助成金をもらって砂糖加工工場を設立した．

　ジャワの 76 の地方の支配者や 3 万 4000 のジャワの村の長には汚職の機会がたっぷりあった．これはインドネシアからの資源の流出の一部であっただけでなく，原地住民内の階級分化を強めるものでもあった．農村社会の従来の年貢取り立ては，オランダ人によるもっと効率的で官僚的な手法により強化された．

表 3.12　実質(1928年)価格によるインドネシアの商品輸出, 1830～1937年(1000ギルダー)

	1830年	1870年	1913年	1928年	1937年
砂　糖	995	21,747	217,848	375,796	167,372
茶		3,140	37,430	98,210	94,062
キナ皮		2	5,561	4,866	128,235
ゴ　ム		0	8,497	278,050	522,605
パーム油		0	15	9,197	62,725
コーヒー	13,824	61,121	20,450	80,935	69,862
たばこ	359	11,930	119,383	95,823	66,689
コプラ		n.a.	49,776	106,490	117,003
こしょう		n.a.	27,618	42,870	54,957
とうもろこし		n.a.	3,962	12,950	17,241
キャッサバ		n.a.	3,563	33,775	85,670
石　油		0	24,720	108,482	187,625
錫		17,688	74,088	96,555	108,440
その他	11,949	53,813	102,795	233,027	291,719
計	27,127	169,441	695,706	1,577,026	1,974,205

出所)　Maddison(1989b: 666-7). Creutzberg(1975)から引用.

第2段階：プランテーション経済, 1870～1929年　オランダがより民主的な政治制度を採用した1848年から, インドネシアでの搾取的慣行や官僚の縁故主義に対する批判が巻き起こった. 1870年には, スエズ運河開通と蒸気船航行の発展により, インドネシアの潜在的可能性が十分利用されていないことが明らかとなり, オランダ当局は植民地を民間企業や民間投資に開放することを決定した. それ以後, 経済成長は急速に加速され, スマトラ, ボルネオ, セレベス, 小スンダ列島にまで政治支配と経済発展が及んだ.

1870年から民間企業は商業ベースでプランテーション農業を設立した. 費用と利益はより合理的に見積もられ, 特に砂糖に関しては農学的研究によって増産がもたらされた. ヨーロッパ人はプランテーションについて相続可能な75年間の借地権を得ることが認められ, オランダ人社会の規模は急速に拡大した. 1870年には政府は輸出用作物生産の55%を担っていたが, 1890年代初めまでにそれはゼロにまで落ち込んだ. 世紀の変わり目以降, スマトラからの新しい輸出品(石油, ゴム, 錫)が急速に発展した. その時までにスマトラはオランダ領東インドに完全に編入されていた. 英国はスマトラに対する権益を黄

表3.13 インドネシアの輸出の成長と輸出超過, 1698〜1930年

	インドネシアの商品輸出の純国内生産に対する%	インドネシアの輸出超過の純国内生産に対する%	インドネシアの輸出超過のオランダの純国内生産に対する%
1698-1700年	1.8	0.7	1.1
1778-80年	1.7	0.9	1.7
1868-72年	18.4	7.4	5.5
1911-15年	21.9	7.6	8.7
1926-30年	29.4	10.3	8.9

出所) Maddison(1989b: 646-7).

表3.14 アジア諸国に対する外国資本純投資額, 1938年

	100万米ドル	1人当たり米ドル
ビルマ	187	12
セイロン	104	21
中　国	1,787	3
インド	3,441	11
インドシナ	391	17
インドネシア	2,371	35
日本(1932)	637	10
朝鮮(1941)	1,718	73
マラヤ	695	164
フィリピン	279	18
台　湾	201	31
タ　イ	200	14

注と出所) Maddison(1990: 369). 日本に関してはAllen and Donnithorne(1954: 264). 円からドルに換算. 中国は満州を含む. Van der Eng(1998: 309)も参照のこと. 彼はインドネシアへの投資はオランダの在外資産の約半分を占めることを示している.

金海岸(ガーナ)におけるオランダの権益と引き換えに譲り, オランダとアチェ族との犠牲の多かった30年戦争は終わりを告げた. インドネシアには外国から多額の投資(主にオランダ)がおこなわれた. それは人口1人当たりでみると, マラヤや朝鮮を除き他のアジア諸国のどの国よりも多かった(表3.14参照).

1870年から1937年にかけて, インドネシアの1人当たり生産は4分の3以上増え, 1人当たり輸出は5倍に増えた. 現地住民の1人当たり所得は, 一部は労働投入の集約化によって約半分増えた. 中国人社会(彼らの貢献による小規模企業は経済成長の重要な構成部分だった)の1人当たりの平均所得は60%増えた.

表 3.15 アジアにおける外国人人口の規模，1929～41 年

	外国人人口	総人口に対する %
オランダ植民地		
インドネシア(1930)	240,162	0.40
英国植民地		
ビルマ(1931)	34,000	0.23
セイロン(1929)	7,500	0.15
インド(1931)	168,134	0.05
マラヤ(1931)	33,811	0.77
フランス植民地		
インドシナ(1937)	42,345	0.18
日本植民地		
朝鮮(1930-35)	573,000	2.62
台湾(1930)	228,000	4.96
満州国(1941)	1,200,000	2.80
米国植民地		
フィリピン(1939)	36,000	0.15
中　国	267,000	0.06

注と出所）Maddison(1990: 363)およびMaddison(1998: 52)．インドネシアには(13万4000人)，マラヤには(1万6043人)，インドシナには(約1万4000人)の欧亜混血人を含む．フィリピンの数字には1万500人の日本人を含むが，米駐留軍人および20万人のスペイン・フィリピン混血人を除く．日本には1935年に9700人の外国人が居住していた．

最大の利益はオランダ人社会居留民の手に入り，その1人当たりの平均所得は倍加し，その水準は現地住民の50倍に達した．国内生産に占めるシェアは約7％から16％近くにまで増えた．

　オランダへの送金も増加した．それは海外投資および生産とマーケティングの効率性から得られた利益を示すものであった．強制栽培制度時代にはそれは略奪を示すものであった．

　植民地時代の末期，インドネシアにおけるオランダ人のプレゼンスは，マラヤを除いてアジアにおけるヨーロッパのどの植民地よりも大きかった(表3.15参照)．それは英国人のインドにおけるプレゼンスよりも人口比で8倍も大きかった．ヨーロッパ人軍要員の人数もほぼ同じ割合であったが，政府職員中のヨーロッパ人の数はインドにおけるよりも15倍近く多かった．民間部門(特に鉱業とプランテーション)におけるオランダ人のプレゼンスもまたはるかに大き

かった．彼らはまた家族として住み着く傾向が大きく，インドネシア生まれの比率も高かった．

「倫理」政策　19世紀末，オランダでは植民制度の収奪的性格について議論が広がり，政府は1900年に理屈の上では原地住民の福祉向上を意図する，いわゆる「倫理」政策を開始した．当局はかえって自分たちの支出を増やそうとし，また現地人行政機関内の彼らの協力者への監視を強めた．ちょうどスマトラで大植民地戦争が起きていたし，ナショナリスティックな政治運動を処理する必要が大きくなってきていたからである．

　この政策の主なインパクトは，既存の官僚制の規模と給料の額を増やし，専門家技術サービスを新設し，政府投資を増やすことであった．政府投資の多くは灌漑事業につぎ込まれ，その恩恵は主に西部の砂糖プランテーションに流れ込んだ．1932年まで，政府は「苦力」条例を維持し，それによってプランテーションへの安い労働力の供給(主にスマトラ)をささえ，逃亡労働者に懲罰を課した．現地住民に対する社会サービスと教育とへの支出は極端に低い水準のままであった．1930年の統計によれば，読み書きができる者は原地住民のわずか6.4%にすぎず，オランダ語を理解できるのはわずか0.32%であった．

　オランダ人は二重行政機関を働かせて，弱体化した現地支配階級の残党を自分たちの官僚システムに取り込もうとした．それは「ヨーロッパ人行政府」にいるヨーロッパ人官僚と，それに並んでもっぱら現地人の貴族層とそれより身分の低い層の縁故者とからなる「現地人行政府」との二重行政機構である．実質的な統制権はヨーロッパ人官吏の厚い層が行使した．彼らは現地政府に対する監視を常時怠らず，現地政府の権威と特権は見せかけで，傀儡としての基本的役割をカムフラージュするものだった．1930年に現地人の国々には人口の20.6%が居住しており，インドではこの比率は24.2%であって，これら諸国にはより大きい自治が認められ，支配者たちはより高い所得を得，独自の軍隊を維持していた．

インドネシアの独立　インドネシアの独立国家への移行はインドの独立に比べてずっとスムーズではなく，経済的にはマイナスの結果をもたらした．日本の

侵略は1942年3月だった．オランダ軍はすぐ降伏し，すべてのオランダ国籍人は抑留された．日本は占領すると現地住民の協力を奨励する措置をとった．オランダ人の補助者をやっていた現地の貴族や役人にはオランダ当局時代の職務を引き継ぐ権限が与えられた．しかし彼らの威信と政治的影響力は，日本がオランダ統治下では何の役割も演じなかった他の2つのグループを支援したことにより，大きく損なわれた．イスラムの人々を味方につけるために新組織マシュミ党が創設され，政策決定にもある程度加わらせた．国民党(PNI, 1927年創立)の指導者スカルノ(1901～70)とハッタ(1902～80)はオランダ政府によって投獄されていたが，日本の占領を支持する大衆運動を起こすために釈放された．後者のグループが最大の受益者であった．1945年夏の日本の降伏の後，スカルノは独立を宣言し，彼自身は大統領に，ハッタは副大統領となった．1959年まで政治制度は3つの党が政治過程に参加する議会制民主主義であった．

　オランダは植民地支配復活のために軍事介入したが強力な抵抗にあい，不承不承インドネシアの独立を承認して1949年12月に撤退した．1959年にスカルノは議会制を廃止し「指導のある民主主義」というものに代えた．彼は軍と共産党の支持を受けて最高指導者となった．彼が主に力を注ぎ込んだのは，国の国際的地位を高めるために強力な対外政策を推進することだった．彼はネール，ナセル，チトー，周恩来とともに非同盟運動創設の指導者となり，1955年のバンドンでの準備会議を主催した．その運動は東西対立のもとで第三世界の中立を維持することを意図するものであったが，スカルノは多くの西側の利益に反対する立場をとり，ソ連の軍備供給依存に傾いた．

　1957年，政府はインドネシアにおけるオランダのすべての財産を没収した．1962年には西ニューギニアに残っていたオランダの植民地を奪いとり，イリアンジャヤとして併合した．1963年，スカルノはマレーシア新国家の建国に強く反対し，抗議のため国連から脱退した．彼はまた米国のベトナムへの介入を声高に非難した．最後にスカルノは1967年，軍によって免職させられた．

　スカルノは経済には真剣な関心を払わなかった．彼の「政策」はインドネシア国内の民間企業の活動を妨げ，外国からの投資を追いはらった．1966年には財政赤字は歳出の50%を占めた．1957年から1965年の間に生計費指数は年70%以上あがった．1967年の1人当たり所得は1941年に比べて4分の1

低下した．その当時，国民所得の約16%がオランダ人居留民の手にわたっていたが，その後，彼らはオランダに帰国した．それにもかかわらずインドネシア庶民の生活は26年前よりも悪くなってしまっていた．

スハルト将軍は1967年に大統領の座につき，スカルノの同盟者であった共産主義者の少なくとも4万人が虐殺された．スハルトの外務大臣であったアダム・マリクは親西欧の立場をとり，スカルノの外交政策をただちに逆転させた．ジョグジャカルタのスルタン（独立運動を支持した最も著名な貴族）が経済相に選ばれた．彼は民間企業と外国投資を促進し，外国企業に没収資産の補償をおこない，予算を均衡させ，インフレ率を抑え，国を世界経済に統合した．その結果，外国債権者はインドネシアの巨額の対外債務の帳消しに同意し，続いて外国からの資本流入，特に石油産業への資本流入が大きく増えた．1967年から1997年までの間にインドネシアの1人当たりの国民所得は4倍近くに増え，年間4.7%の増加率を記録した．

スハルト政権は1997年中ごろ，大量の外国短期資本の流出をもたらした東アジア金融危機の結果，厳しい事態に直面した．この危機はインドネシアで最も深刻で，為替レートは12月までに55%下落し生産は減退した．政権はスハルトの健康問題や後継予定者に対する不満，彼の一族の金融取引嫌疑などによってさらに弱体化した．スハルトは1998年5月辞任し，以来4人の大統領が就任した．2004年まで1人当たり所得の伸びは，対1997年比でわずか1%の伸びであったが，経済回復の兆しは見えてきた．

西欧に対する日本の対応

ヨーロッパからの接触に対する日本の反応は他のアジア諸国とは違っていた．それはより注意深く検討され，統制され，操作されたものであり，また日本人は西欧の技術の借用にはるかに多くの関心を持っていた．日本は経済的にも軍事的にも西欧にキャッチアップしようとして1868年に社会と経済を立て直した．日本はすでに16世紀末に社会を徹底的に改造する能力があることを示していたし，さらに第二次世界大戦後には再び徹底的な変化があった．

西欧からの最初の接触は1543年，九州の最南端の先にある種子島にポルトガル人の船員が難破漂着したときに始まる．彼らは日本ではまだ知られていな

かった火器を持っていた．この新兵器の威力を武士はすぐ認め，彼らは日本で銃を何とか模倣し製造した．この武器は，1467年に始まり1573年に終わった日本の内戦の結果を左右する重要な影響をもたらした．日本はまたポルトガルの船，地図および航海技術にも関心を持った．これらの「南蛮人」の技術と行動は数枚のパネルでつくられた巨大な漆屏風に非常に明瞭に表示された．それは安土桃山時代(1568～1603年)の主要な芸術上の革新でもあった．

この当時は，中国・日本間貿易の仲介者としてのポルトガルの貿易業者にとって，特別に望ましい時期であった．中国は日本との貿易関係を打ち切り，日本の船は朝鮮，琉球諸島，ベトナムを経由してのみ間接的に中国と貿易できる状態であった．両国の敵対関係は日本の政変によって強められた．16世紀の中ごろまでに中国との間に朝貢貿易という形式を受け入れていた足利将軍時代は末期に近づいていた．その後を信長(1573～82年)，秀吉(1582～98年)，そして徳川家康という冷酷な軍事独裁者が引き継ぎ，家康は1598年〔秀吉の死〕から1616年〔家康の太政大臣任命〕までに日本を支配し，潜在的な敵を一掃し，新しい強力な政府システムをつくり出した．

この政治的展開は日本が銀の主要な生産者となったそのときに起こった．1530年代に豊富な鉱床が発見され，低品位鉱から金属を抽出する新技術がその直後に広まった(Innes 1980参照)．15世紀末までに中国はインフレで大膨張した紙幣を廃止し，銀通貨に取り換えた．中国では金と銀の交換比率は日本よりも好ましいものであった．中国は日本の船が自国の港に入ることを許していなかったので，銀は中国の密輸船かポルトガル人によって運ばれた．ポルトガルの船はまたインドネシアの香辛料をマラッカからマカオに輸送し，それを中国で売り，中国の絹と金を購入した．そしてマカオから日本の南の港(最初は平戸，その後長崎)に運び，これらの中国製品を売り日本の銀を購入した．そしてそれをマカオで売り，再び絹を買って日本に運んだ．

ポルトガル人の貿易商人の後にすぐイエズス会の宣教師が続いた．フランシスコ・ザビエルは1549～51年に初めて日本に到着した．彼らはキリスト教への改宗に大成功を収めた．最終的には日本のキリスト教信者は約30万人に増えた(インドあるいは中国でイエズス会が改宗させた人数より多い)．1596年，マニラにあるスペイン当局はフランシスコ修道会の宣教師を布教のために派遣した．

表3.16　日本とフィリピンからの中国の銀輸入，1550〜1700年(トン)

	日本からの輸出	マカオ経由の ポルトガルの輸出	フィリピン経由の メキシコの輸出	計
1550-1600年	1,280	380	584	2,244
1601-40年	1,968	148	719	2,835
1641-85年	1,586	0	108	1,694
1685-1700年	41	0	137	178
1550-1700年合計	4,875	428	1,548	6,951

注と出所）Von Glahn(1996: 140 and 232).スペイン人がフィリピンに居座った1571年以来，メキシコ銀はアカプルコからマニラに輸入された．しかしスペイン人はマニラ・中国間貿易にほとんどかかわらなかった．マニラに居住する華僑が中国船のための仲介役を果たした．

日本はスペインがフィリピンでやったように日本を支配しようとしていると考え，秀吉の命令でスペインの使節と20人の日本人信者を長崎で磔に処した〔スペイン人4人，メキシコ人1人，ポルトガル人1人を合わせ殉教者は26人〕．それ以来，ポルトガル人の布教活動に対する日本人の敵意は増幅され，あまり強引ではなく宗教的野望も持たない英国やオランダの商人と接触するようになった．結局キリスト教は法に反するとされた．イエズス会とポルトガル人は1639年に追放された．英国人は1623年に引き揚げていた．それ以来日本本土との貿易は中国人とオランダ人の商人に限られることになり，日本人は外洋船の建造と海外渡航を禁じられた．しかし対馬を経由する日本の朝鮮との貿易はその後も続き，琉球諸島(沖縄)との貿易は南九州の薩摩藩によっておこなわれた．

オランダ人は1639年から1858年まで日本との貿易を許された唯一のヨーロッパ人であった．オランダ人は1641年から長崎港につくられた小さな人工島(出島)に閉じこめられた．この貿易の収益性は，コスト上昇による銀の生産の減少のために17世紀末には少なくなり，また中国の絹や磁器への需要も日本国内で輸入代替産業が成長したために減少した．外国貿易の重要性は減ったけれど，この小さいオランダの出先地は日本にとって有益であった．長期にわたって続いた日本滞在期間中に，オランダ人は出島に3人の優れたドクターを駐在させた．冒険好きの碩学で科学者であるドイツのエンゲルベルト・ケンペル(滞日期間1698〜92年)，有名なスウェーデンの植物学者C.P.ツンベルク(同1775〜76年)，ドイツの医師であり博物学者フランツ・フィリップ・フォン・シーボルト(同1823〜29年，1859〜62年)である．これらの学者が著した書物は

日本に関する西欧人の知識の重要な源泉となったが，しかしオランダ人はまたヨーロッパの科学技術の知識を日本に伝えるうえで重要なインパクトとなった．

日本人は中国やインドのように外国のものを文化的に排除するということはなかった．彼らはすでに中国の事物を多く取り入れていたので，何か良いものがあればそれを真剣に考慮する気を持っていた．

7世紀，日本はその社会，宗教，文学，制度を中国の唐をモデルにした．日本は唐の長安をモデルに奈良に首都を築いた．中国式の仏教を取り入れ，僧侶が非常に大きな財産と所得を得ることを認めた．また中国の表意文字である漢字，中国式文章スタイル，中国式衣装，中国式の暦，年齢や時間の数え方を採り入れた．日本人と中国人の農作物の組み合わせや食料消費は，米作農業が優位を占めヨーロッパ人と比べて肉の消費と生産がはるかに少ないという点で，もともと本質的類似性があった．日本と中国はヨーロッパやインドと比べて土地の希少性が大きかったので，両国の農業は非常に労働集約的であった．

しかし18世紀末まで日本の経済実績は中国に後れをとったままであった．中国とは異なり，日本は能力選抜主義的な官僚制度をつくらず，教育のある非宗教的エリートを持っていなかった．印刷の知識が得られたのは中国とほとんど同じくらい早い時期であったが，仏教徒の勘定書と護符以外には印刷物はほとんどなかった．1185年〔平氏滅亡〕から天皇は片隅に追いやられ，国の実質的な支配は世襲の将軍と地域割拠の武士たちの手に握られた．その結果，農業における土地所有関係は中国よりもむしろヨーロッパの封建制にごく似たものであった．日本が分権的で相互競争的な封建的管轄地に分割されていたことは，農耕と灌漑が防衛上，丘陵の斜面に発達するようになったことを意味する．荘園制度もまた農業の特化と換金作物の発展をはばんだ．

日本は工業でも後れをとった．中国が14世紀に麻の衣類から綿の衣類に転換したのに対して，日本では17世紀まで変化がなかった．日本の絹の生産はわずかで，その消費は17世紀末まで中国からの輸入に依存していた．海運業や鉱業の技術も17世紀まで中国に劣っていた．農村の副業の発展は遅かった．

旧体制は一世紀にわたる内戦の後，1598年〔秀吉死去〕に崩壊した．古い首都・京都はほぼ破壊され，破壊の中から江戸（東京）を首都とする新秩序が出現した．家康は信長と秀吉に仕えた後，1603年に徳川幕府を開いた．家康が採

用したいくつかの統治技術は信長と秀吉が開発したものだった．秀吉は1582年と1590年の間に2度の地籍調査をおこなった〔地籍調査(太閤検地)は1582年から始まり，その後秀吉の死まで各地ごとにおこなわれた．全国いっせいに2度の検地がおこなわれたととれるような原書の記述は誤り〕．この調査は土地の生産性を収穫米の重量，石に換算して測定した(1石は150 kg．1人が1年間生活するのに必要な量)．この石高評価は後に将軍が大名に所得を配分する際の基礎となった．大名の所得は当初は収穫の約40%を表していた．

秀吉の地籍調査は社会組織と土地所有権に重要なインパクトとなった．それは封建制からの決定的な離脱を印するものであった．

> 新システムのもとで田畑はそれを耕す自由な耕作者(百姓)の名前で登録された．百姓の家族はさらに当時，農村の標準的な財政および統治の単位となったvillage(村)にまとめられた．……日本社会の中に農民と非農民を分ける線が引かれ，士農工商という法的に異なる扱いを受ける四階級システムを最終的に完成する基礎がつくられた．(Hall 1971: 154-5)

徳川幕府 1603〜1867年　実質的な支配者は統一国家をよりきびしく統治する将軍という新しいタイプの支配者だった．将軍とその上級家臣(旗本)は全国の米穀収量の約4分の1を生産する国土を支配した．京都にいる傀儡天皇，皇室，公家たちの土地の米穀収量は全国収量の0.5%にすぎなかった．寺社の身分が受け取った分け前は1.5%を占めたが，これは以前の水準をはるかに下回った[7]．日本の残りの部分は270人の世襲の領主(大名)によって支配され，その統治は城下町にいる武士の家臣(サムライ)によっておこなわれた．石高の約3分の1は比較的小さい(譜代)大名に分配され，残りは内戦を生き残った軍事的エリートの指導的メンバーであった強力で遠隔地にいる領主(外様)に分配された(Hall and McClain 1991: 150-6 参照)．外様大名のうちの何人かは1600年の関ヶ原の決定的な戦いで家康に敵対した．そのなかで最も強力であったのは本州西部の長州と南九州の薩摩であった．家康は巨大なサムライ集団を擁する諸藩と戦う危険を冒さないよう彼らの所領の規模を削った．彼らは自領内における自治を認められたのでこの状況を受け入れた．しかし参勤交代制度により，すべての大名は江戸に居住地(屋敷)を設け，従順な態度を守らせるための人質

としてそこに夫人と子息を永久に住まわせるよう求められた．大名自身も交代の年には領国を離れ，家臣と家族とともに江戸に住まなければならなかった．

この制度は負担の多い義務であった．Roberts (1998: 18)は1690年代の南四国・土佐藩への影響について以下のように書いている．

> 土佐藩は毎年1500〜3000人の人と荷物を，山を越え海を渡り海岸の街道を通って，領国と江戸との間500マイルの行程を移動させた．藩の記録によれば，1694年春の江戸住まいのとき，江戸に住む土佐藩の人々は4556人に達した．土佐藩の支出の優に半分以上がこの居住交代システムにかかる費用に関係しているといっても過言ではない．

大名領土の規模はさまざまであった．将軍の所得は700万石(100万トン超)であった．小さな大名の最低所得は米1万石(1500トン)であったが，28の大名は毎年10万石から100万石以上の所得を得ていた．徳川時代の末期には金沢，仙台，薩摩，長州が最大の藩であった(Craig 1961: 11; Reischauer and Fairbank 1958: 605)．大名は収入米の一部を商人に売って現金を得た．時の経過とともに，大名は次第に大坂に集中していた商人や両替商に負債を負うようになった．

それはチェック・アンド・バランスのシステムであった．それは儒教的価値基準を重視し国内平和を永続的に維持する，多少なりとも非宗教的な国家を確立した．農村地域は完全に非武装化された．秀吉は1588年にサムライ以外のすべての人々を武装解除する刀狩を実施し，武器生産禁止が次第に強められる一時期を経た後，1615年に火器の使用は禁止された．徳川将軍は1615年に秀吉の生き残り親族を殺し大坂城を破壊した後，挑戦者無しの覇権的な権力を手にした．大名と家臣のサムライは各領国内の1つの城下町に住むこと，彼らの小規模な城砦なみの屋敷地を破壊すること，そして以前担っていた農業管理の役割を放棄することを強制された．その補償として彼らは領国の農民が提供する現物(米)の給付を受け取った．大名は固定した土地所有権をもたず，それを売買することもできなかった．将軍は大名の所業(あるいは監視やスパイ行為で露見した彼らの本心)を考慮して，彼らを国内の他の地に移したり，その石高を没収したり切り取ったり増やしたりすることができた．1601年から1705年までに「約200の大名家がとりつぶされ，172が新規に創設され，200が所領の加増を受け，280が国替えをさせられた」(Hall and McClain 1991: 150-1)．将軍の幕

閣は巨大都市(江戸,京都,大坂その他)を直接に統治し,対外関係や金銀鉱山からの収入を管理した.

農業への影響 新体制のもとで農村住民はもはや,封建支配層を支えるための恣意的な要求に従わされる奴隷家族ではなくなり,米年貢は大きかったがその量はおおむね固定されており,時とともに生産が増大するので負担率は低下した.地方の戦争状態終結は広い平野部での農地開拓が安全になったことを意味した.土地の開墾と耕作面積の拡大に大きな展望が開けてきた.特に首都である江戸を取り巻く未墾の関東平野では,まさにその通りのことが言えた.

1戸当たり約1ヘクタールという耕作単位が多かったが,村の長や副長たちが大きな面積を占有するなど村内での不平等はかなり大きかった.土地台帳に登録されている者だけが土地税を納め村の集会に参加することができた.小作制も無視できなかったが,小作人は土地所有者より社会的に低い地位に置かれた.土地税は村全体に対して課され,その負担の分担は村の集会で決められた.

封建制の終了は本質的な社会変化をもたらし,17世紀における人口の増加を加速した.

> 家族の形成が一般的となり,人口爆発に火がつき,そして17世紀には村にベビーブームがおこった.生涯結婚しない使用人は次第にいなくなり,婚姻者の割合が増えた.一つの家族は結婚した一夫婦とその直系の親族で構成されるようになり,その結果,家族の平均規模が著しく縮小した.この現象は1670年以来の村の人口台帳に明瞭に表れている.徳川時代を通じて耕作可能な土地のほとんどすべてが耕作され,わずかな面積の平地牧草地や森林が残っただけであった.(人口の増加もまた)多くの男女を急ごしらえの都市に流れ込ませた.(Hayami 1986: 3)

模範的な農法についての印刷されたハンドブックが,中国にならって出現し始めた.『農業全書』(農業百科事典,1697年)はその最初の商業出版物であり,18世紀初めまでにその種の書物の出版は数百種類にのぼった(Robertson 1984参照).促成栽培用の種子や二毛作が導入された.購入肥料(大豆かす,海藻など)の使用が増え,脱穀機の改良が進んだ.商業作物——綿花,たばこ,油糧種子,砂糖(南九州と琉球諸島)の生産が大幅に拡大し,養蚕が非常に大きく拡大した.

これらの農業技量の変化は1人当たりの労働投入量を著しく増加させ,そして農村の副業産業を大きく成長させた.

　徳川時代の日本の農業生産の進歩の状況は地積調査からも見て取ることができる. 1598年に総産出量は1850万石と見積もられていた. 18世紀の初めには2610万石に増加し,これは人口の増加とほぼ同じであった(Hall and McClain 1991: 152参照). Nakamura(1968)は1600年から1872年までの穀物生産を推計しており,1人当たりの穀物生産は徳川時代全体を通じて4分の1増加した. 1874年には米とその他の穀物は農産物粗産出額の72%を占めていた. その他在来の生産物は10.7%, 比較的新規の作物(綿花,砂糖,たばこ,油糧種子,繭,じゃがいも)は17.2%を占めていた. これらの作物のほとんどは1600年には栽培されておらず課税もされていなかったので,生産の伸びは穀物よりもより速かった. もしこれらの他の作物が1600年に総生産物の5%程度を占めていたと仮定すると,徳川時代全体の1人当たりの農産物の伸びが約40%だったことを意味している. 1600年より以前の時期についてはまともな数量的証拠資料がないが,16世紀には内戦による大きな災厄で1人当たりの農業生産はほとんど伸びなかったと思われる.

　18世紀の人口増の減速の解釈　18世紀に日本の人口の増加は大きく減速した. 1600年から1700年の間に46%の伸びを示した後, 1700年から1820年までにその伸び率は15%以下に下がった[8]. この変化の旧来の解釈はマルサス主義的なもので,人口増の減速の理由を土地の希少性の結果としての飢饉や病気による死亡率上昇だとするものであった.

　出生率,死亡率,平均寿命に関する村落調査にもとづく現代の解釈はそれとは大きく異なっている. 18世紀と19世紀初期には飢饉が起こったが,人口減少は自発的抑制——生涯独身を通したり,結婚しても産児制限をしたり,晩婚を選択するなどによるものだったと考えられている. 証拠資料が示すところでは, 1720年代から1840年代にかけての特徴は,低い出生率とそれを前後するくらいの低い死亡率,そして高い平均寿命である. 平均寿命は約34歳で,当時のヨーロッパ(36歳)に近く,中国やインド(24歳と21歳 Maddison 2001: 29-30)よりはるかに高い. その結果,年齢構成は高い労働投入に好適であり,人口の

60%またはそれ以上が15～64歳の年齢グループに属し，総人口の3分の2が生産年齢人口で従属人口はわずか3分の1であった．一方それとともに住民大衆の生活水準の向上——耕作面積，収穫量，肥料，および農具の増加，手工業やサービス業副業の増加，商業化の発展，経済の特化などによる——があった．

都市化　　1600年には人口1万人以上の町に住む日本人は人口の4.4%かそれ以上であった．1800年までに12.3%以上がそのような町に住むようになった．この変化は，その割合が1500年から1800年の間は4%でおおむね安定状態にあった中国と鋭い対比をなしている[9]．日本におけるこの変化は徳川幕府の政策によるところが大きい．もとは一村落であった江戸は住民100万人の都市になった．その約4分の1は江戸に住むことを義務付けられた大名の親族とその家臣たちであった(Smith 1986: 350参照)．200以上の城下町が生まれ，そこに住む住民の半数以上はサムライであった．これら城下町のほとんどは1600年以前は都市ではなかった．金沢と名古屋は10万人以上の人口を持つ最大の城下町であった．京都と大坂はともに18世紀半ばには30万人以上の人口を擁していた．京都は天皇と宮廷の所在地であり，また裕福な農業地帯の中心にあった．大坂は巨大な商業都市になっていた．都市人口が3倍に増加した理由の一部はサムライが城下町に集中したためであり，また大名が江戸に第2の居住地を持つことを義務付けられたためである．しかしそれはまた生活水準の向上を反映していた．

都市センターはその周囲の農業地域の市場を生み出した．またそれは奉公人やサービス商売，娯楽，芝居小屋などに対する需要をつくりだした．商人はたんなる軍隊の補給役ではなくなり，商品ブローカー，銀行家，金貸しとして活躍した．彼らは沿岸交易と内海海運の発展に活躍した(Crawcour 1963参照)．こうして多様なタイプのサービス事業が人口1人当たりで大きく増加した．

教育と西欧知識への関心　　教育水準は飛躍的に向上し，仏教よりも非宗教的な朱子学(Neo-Confucian)に力点が置かれるようになった．書物の出版と木版の印刷物の流通が大きく増加した．8世紀から17世紀の初頭の間の日本における絵入り本の出現は100冊に満たなかったが，18世紀には多色刷りの絵が入っ

た本が多数出版され，男子人口の40%は読み書きができた．

　日本人は西欧の知識を中国の書物(たとえばマテオ・リッチその他，北京にいたイエズス会員の著作の中国語訳本)に頼っていたが，1720年に将軍吉宗はヨーロッパの書物に対する禁書令を廃止した．重要な転換点は1771年であった．そのとき2人の日本人医師が死体解剖を観察し，身体の諸部分(肺，腎臓，腸)を中国の書物およびオランダの解剖学テキストに記述されたものと比較した．オランダのテキストは彼らが見たものと対応していた．中国のテキストは不正確であった．その結果，オランダの学識(蘭学)の翻訳が重要な文化的影響を持つことになった．それらの量は限られていたが，日本人の「唐物」崇拝を打ち砕き，「洋風」への好奇心を強めた．西欧世界へのオランダの窓口は，1868年の明治維新の土台の準備に知的な影響を与えた．(艱難辛苦の末に我がものとされた)蘭学は，日本最大の欧化主義者，福沢諭吉(1832～1901)の開明の主要な媒体になった．彼の著書の販売部数は数百万部に達し，また彼は西洋風な慶應義塾大学を創設した．

　徳川体制は経済成長に肯定的な影響を与え，日本のキャッチアップと1人当たりGDPで中国を追い越すのを助けたにもかかわらず，同時に重大な後退もあった．

　徳川体制は多数の支配層(人口の約6%)の維持をともない，その実際の軍事力は19世紀にやってきた挑戦者たちに対してはきわめて無力であったし，また彼らのライフスタイルは極端に浪費的なものであった．彼らの消費はGDPの4分の1を占めた．明治政府はこれらの徳川時代の仕組みを解体することによって，経済発展と軍備近代化のための多大の資源を手にすることができた．

　能力選抜的な原理のない世襲の特権と大きな身分差別のあるシステムは，潜在的な能力者の大量な浪費を意味していた．これらに対する不満は福沢諭吉の自伝にはっきりと描かれている．徳川体制は現物による財政収入の徴収という不器用なやり方に依存し，経済活動に過剰な監視をおこなうなど，非効率なものであった．それはまた技術の普及にも制限を加えた．最も重要なことは，日本の街道を車両が通行することを禁止したこと，そして事実上架橋をおこなわなかったことである．これらの制限は安全保障上の理由から課されたものであったが，旅を非常に費用と時間のかかるものにした．沿岸航海と海軍力整備を

おさえるため船の大きさは制限された．財産権(土地の売買)は制限され，幕府による恣意的な課税がおこなわれ，そして大名やサムライの債務不履行が銀行家や商人を破綻させた．西欧との直接的あるいは外交的な接触をすべて拒絶する鎖国政策は安全保障上の考慮によるものであったが，経済成長の可能性に重大な制約となった．

　西欧からの最初の衝撃，1853～69年　徳川体制の鎖国政策は西欧諸国の侵入によって破られた．1853年6月，米国海軍ペリー提督が4隻の軍艦で，修好通商条約を協議したいというフィルモア大統領の要請を持って東京湾に侵入した．幕府は以前に日本の港に入ろうとした西欧人に対したときと同じように米国人を拒絶しようとした．しかし外国の軍艦の出現は初めてのことであり〔1808年，英国軍艦が長崎港に侵入するフェートン号事件があった〕，また日本人は中国が1842年のアヘン戦争で陸海軍の侵略により通商を開くにいたったことを知っていた．将軍の顧問たちは自分たちの武器が西欧人に太刀打ちできないので慎重でなければならないということを知っていた．彼らは事態の引き延ばしをはかったが，1854年3月，ペリーは9隻の戦艦でふたたびやってきた．幕府は2つの港を外国艦船の補給と修理のために開く条約に同意した．その条約は貿易条項を含まなかったが，アメリカの総領事が駐在することを承認した．1856年に総領事ハリスが着任し，さらに野心的な条約を推進しようとした．彼は日本の不承諾に対する警告として，英国とフランスによる中国への攻撃(1858～60年)を例にあげた．1858年7月に，貿易のために6つの港を開き，そのすべての港に外交特権を持つ米国の領事を置くことを認め，輸出入にはゆるやかな関税をかけるだけにするという新しい条約が締結された．数週間のうちに日本はフランス，オランダ，ロシア，英国と同様の条約を締結することを迫られた．これはアヘンの輸入に関する条項がないのを除いて，英国が中国に強制した条約と同じ流れのものであった．

　これらの条約は徳川幕府に大きな政治的問題をつきつけた．外圧によって鎖国政策を放棄するという面目失墜があった．幕府の主席顧問官〔大老〕は1853年の米国の提案のコピーをすべての大名に回し，日本の対応のあり方についての意見を求めた．そうすることによって彼は，対外政策を単独で決定するとい

う将軍の特権を放棄した．大名たちの回答は鎖国政策の継続に賛成する強い意思を示すものだった．にもかかわらずこの最初の条約は署名された．より野心的な1858年の条約が問題になったとき，新大老井伊直弼は天皇の承認を求めた．通常なら天皇の承認は形式的なものであったが，天皇は鎖国派の圧力を受けてこれを拒否したが，この条約も署名された．1860年，井伊は十分な組織性を持った暗殺の犠牲になり，反幕府運動が力を増した．1858年に将軍が亡くなり12歳の将軍がその跡を継いだという事実が反幕府運動を力づけた．

徳川幕府は大名を懐柔するために，二重の住まいを求める参勤交代制度を1864年に廃止し，江戸に住む大名の数は急減した．二大外様である薩摩と長州は天皇を実質的な支配者として復活させるよう朝廷をそそのかした．短期間の衝突の後，徳川の最後の将軍慶喜（1866年に就任し，すでに辞任を表明していた）は1867年に打倒された．体制転換は内戦もなく比較的スムーズにおこなわれた．勝利者たちは「不平等条約」を破棄しようとはつとめなかった．

新しい天皇である明治天皇は1867年2月に14歳で父の位を相続した．彼は1868年1月に国家元首となった〔明治天皇即位は1868年10月23日（慶應4年9月8日）．改元はさかのぼって慶應4年1月1日（1968年1月25日）を明治元年1月1日とした．原書はこれをとっている〕．彼は2000年前から続いた日本の伝統のシンボルであった．彼の家系は神を起源とするものと考えられた．その正当性は決して挑戦を受けることはなく，新種の日本ナショナリズムの中心となった．

明治維新の性格　日本は西欧の挑戦に対して最新の西欧資本主義制度を取り入れる徹底的な改革で応じ，日本を経済成長の加速と軍事力強化の道にしっかりとすえた．その変化は徹底的かつ実効的であった．

明治維新は幕府と270の大名領を廃止した．天皇は中央集権国家の元首として京都から江戸（東京と改称）に移った．国は1871年に46の府県に分割された〔1871年に廃藩置県がおこなわれ，1使（北海道開拓使），3府（東京，京都，大阪），302県が設置され，1890年には1庁（北海道庁），3府，43県になった〕．サムライは徴募兵士に置き換えられた．異なる社会階級の間の法的平等が確立され，武士・農民・職人・商人の衣服や権利などの古い差別は廃止された．衣服や社会習慣の西欧化が奨励され，ちょんまげは姿を消した．人々は自由に商売や職業を選択

できるようになり,どんな作物や商品でも作ることができるようになった.土地私有が認められ土地売買が自由になった.国税の金納がかつての米による徴収に取って代わり,負担は全国均一となった.商品の国内運送に対する内国関税や人の移動のための通行証のチェックポイント〔関所〕は廃止された.米,小麦,銅,生糸の輸出禁止は廃止された.

大名やサムライの俸給は政府による恩給〔秩禄〕と国債に取って代わられた.武士階級の機能は国民皆兵制度にもとづいて徴募された近代的な軍に取って代わられた.暦は変えられ,一般大衆に対する予防接種がおこなわれるようになり,仏教の国教扱いは廃止された.国家通貨と銀行制度が創設された.農工業の発展が促進された.

この革命のリーダーであり新政府と軍に最も大きい影響力をもったのは,将軍に最も敵対的だった長州と薩摩,その他の南部の諸藩(土佐と佐賀)の出身者であった.この新しいエリートは富裕な商人,特に三井家による財政支援を受けていた.

大名は概して変化に無抵抗だった.彼らはもはや二重の居住地制を維持する費用に耐えられなかった.彼らは巨額の負債から解放され,職を失った代わりに恩給を受け取った.1884年に,大名の家族の507人と徳川以前から京都宮廷に属していた貴族である公家の家族137人とに新しい爵位が認められた(Jansen and Rozman 1986: 85 参照).彼らの恩給は1876年に公債に切り替えられた.この公債の年利は1867年の俸禄米のわずか3分の1であった.1876年から明治期末にかけて物価は2倍に高騰し,これらの公債からの実質所得はさらに減った.

サムライは職を見つけなければならず,新政府の諸機関がその第一の就職口となった.国,府県,町村の行政機関は彼らで一杯になり,警察や軍隊も同様であった.政府はサムライを商工業にも就職させようとしたが,多くのサムライは憤激し,短期間だった1877年の薩摩反乱に動員された.

ヤマムラ(Yamamura 1974: 119-20)は,廃止された秩禄に代わり秩禄公債が発行された1872年当時のサムライの人数推計の問題について書いている.補償の対象となるサムライとサムライに準ずるものとの総計は42万6000人であった.家族も含めると総数は194万人,人口の5.6%であった[10].

税が定額金納に切り替えられたことによって，多くの小農民は保有する土地を手放さざるを得なかった．明治時代の初期に31%であった小作地の比率は，明治末期には46%に達した．

経済における政府の役割は，ほとんどのヨーロッパ諸国や米国と比べてかなり大きかった．政府の財やサービスに対する支出は1880年代にはGNPの約10%に達した．政府は国内の資本形成の約40%を受け持ち，それとならんで旧サムライに対する巨額の移転支出と高水準の軍事費とをまかなった．

高い優先度が置かれたのは人的資本の充実であった．教育制度は近代的熟練を生み出すことを目的に再設計された．識字率を高めるために文字は簡略化された．1886年に4年間の義務教育が定められたが，1907年には6年間に延長された．明治時代の終わりまでに児童のほとんど3分の2は小学教育を，5分の1は中学教育を受けた．近代的な大学が創設された．医学，軍事科学，航海，商業，漁業の高等技術学校が創設された．東京帝国大学は官吏を育成するために設立され〔1886年に帝国大学設立，1897年に東京帝国大学となった〕，またいくつかの研究機関が設立された．政府は研究のために人々をヨーロッパに派遣し，また外国人を招いて近代的な陸海軍，法制度，公衆衛生サービス，警察，行政の諸制度の設立あるいは農工業の近代化のための援助を求めた．外国の書物や技術文献の公式の翻訳には財政援助が与えられた．

政府は作物生産の技術改善への助言サービスを発展させ，肉，牛乳，乳製品，羊毛の消費を促進した．徳川時代には牛馬は輸送と軍事目的のみに使用された．政府は外国種の牛，馬，羊，豚，鶏を輸入した．それは日本人の食事を多様化し，牽引力と肥料に重要な貢献となった．政府はまた畜産業に関する文献のスポンサーにもなり，また獣医を育成した．

明治時代の初期には商人は近代工業施設経営の経験がなく，企業家になることをためらった．そこで政府自身が数多くの分野で企業を開始した．政府はいくつかの鉄道路線を建設し，他の分野では投資収益を保証した．政府は綿紡績工場，製糸工場，農機具工場，セメント工場，ガラス工場，れんが工場，近代的鉱業を設立した．それらの多くは1880年代初め以降，民間企業に払い下げられたが，軍備関連重工業には引き続き政府が積極的にかかわった．

三菱の海運事業が政府の継続的な援助のもとに設立されたので，1913年ま

でに日本は世界で6番目に大きい商船隊を有するに至った．海運からの大きな利益が急速に拡大する輸入をまかなう助けになった．全商船の蒸気トン数は1873年の2万6000トンから1913年には150万トンに増えた．商船隊は1914年には貿易の57%を，貿易外収支が黒字化した1919年には80%を輸送した．

政府は諸種の特別機関を通じて産業に中長期の資金を供与した．資本市場がなく外国からの直接投資を人為的に避けていた国では，これは非常に重要であった．日本興業銀行(1902年)が産業に信用を供与した．農工業のための地方銀行(農工銀行)のネットワークが46府県で発足した．貯蓄銀行，郵便貯金，保険会社が育成され，横浜正金銀行(1880年創設)が日本の輸出に短期信用を供与した．

近代的経済部門では産業活動は少数の巨大持ち株会社(財閥)の手にますます集中していった．財閥は政府と政治的に密接に結びつき，産業と銀行事業とを結びつけた．財閥の指導的人物の多くは官吏出身であった．

日本の繊維産業は安い女性労働による比較優位によって成長した．ヨーロッパの生産が1860年代の蚕の病気でひどく痛めつけられていたので，生糸産業は経済開放後の最初の繁栄産業となった．生糸は明治時代の最大の輸出品であった．最初，綿産業が輸入によってひどい打撃を受けた．1890年代以降，状況が変わり，綿紡錘の数は1887年に7万7000であったが1913年には240万に増えた．紡ぎ糸と反物の輸入はなくなり，日本はその重要な輸出国となった．

1868年までに日本はほとんど完全な自由貿易に移行した．そのいくつかの直接的な結果として混乱が生じた．日本の通貨制度と金銀比価は海外とは異なっており，この勘定で日本は損害を被った．外国製品はいくつかの日本の工芸産業に損害を与えた．しかし日本は外国の技術と資本財から大きい恩恵を受けた．海上交通に恵まれ天然資源が非常に少なかった日本は，たいていの国よりも国際分業から多くの利益を受けた．1930年代までずっと日本は，インドや中国の巨大な市場が意味のある関税障壁や他の貿易障壁で保護されていなかったという事実によって利益を受けた．日本が最初に工業製品の輸出市場を打ち立てたのはこのような国と日本の植民地とであった．

最初は日本で治外法権を持っていた外国人が独占利益を得ていた．その多くはもともとインドで設立された英国「代理店」であった．日本人はこのタイプ

の会社を模倣した．明治時代の末期までに日本の財閥は，海外での販売と輸入品買い入れのための海外代理店を持つ強力な専門的商社を設立した．それ以後，ほとんどの日本企業は生産に集中し，海外でのマーケティングは専門商社に任せられた．

日本の帝国主義　軍隊の近代化の主な目標は，日本の国際的立場を高め，それによって不平等条約を破棄し国家主権の尊厳を取りもどすことにあった．日本の軍事的成功は所期の成果をもたらした．1899年に外国人の治外法権は終わり，1911年には輸入関税改定の完全な自由を回復した．これを達成したことで，日本は西欧諸国の干渉なしに自由に植民地帝国を拡張できると感じるようになった．

　主な懸念はロシアの拡張主義であった．1860年にロシアは東シベリアにある8200万ヘクタールの旧中国領を獲得した．その地域は長い太平洋沿岸地域を含み，朝鮮に国境を接していた．日本は人口が希薄な北方の島，蝦夷(明治政府によって北海道と改称)に対するロシアの浸透に無防備であると感じていた．1870年の蝦夷の人口12万人のうちの半数以上が原住民のアイヌ人であり，彼らのライフスタイルはアラスカのエスキモー人に似ていた．日本人の移住と元サムライの定住のおかげで，人口は1900年までに80万人に増えた．1875年の協定は，カムチャツカ半島に伸びる千島列島に日本の主権を認めることと引き換えに，サハリン島(樺太)にロシアの主権を認めた．

　琉球諸島(日本と台湾の中間にある)の主権は曖昧であった．琉球は二世紀もの間，南九州の薩摩藩の商業活動の重要基地であり，薩摩の属国とみなされていた．中国は琉球を中国領と考えていたが，琉球との接触はほとんどなかった．1879年に日本は中国に対し公式に主権を主張し中国は拒否したが，同年に沖縄県となった．1876年に日本は沖縄の1300km東にあるボーニン(小笠原)と火山列島(硫黄島)に対する領有権を主張し，それにはどこからの異議もなかった．

　日本の野心は朝鮮を属国とし日本の貿易のために開放することであった．これは新しい考えではなかった．秀吉が16世紀末に一度それを試みていた．1869年には外交関係樹立は成功しなかったが，1876年に強大な海軍力によって釜山，仁川，元山の港を貿易に開かせる条約の締結に成功した．しかし朝鮮

は依然として中国の属国にとどまり，ますますロシアの影響を受けるようになった．1894年，日本陸軍は朝鮮を侵略し，中国人を追い出し，鴨緑江を渡り中国に入った．日本軍は黄海沿岸遼東半島(関東)南部の旅順港と大連を奪いとり，また南側の山東半島沿岸の威海衛を占領した．同時に日本海軍は中国本土と台湾の間にある澎湖諸島を占領した．

下関条約(1895年)によって中国は朝鮮に対する宗主権の消滅を認めさせられた．台湾と澎湖諸島および遼東半島は日本に割譲された．重慶，蘇州，杭州，沙市の諸都市は条約港として日本に開放された．日本国民は(したがって他の外国人も)中国でいまや自由に工場や製造業を開始することができるようになった．日本は2億両(テール)の賠償金を手にし，遼東半島からの引き揚げに同意(フランス，ドイツ，ロシアの圧力による)したとき，それは2億3000万両に引き上げられた．これは中国がこれまでに支払った最大の賠償金であった．それは日本のGDPの3分の1の金額であった．

日本の勝利は中国に対する外国の要求の大雪崩を発生させた．1896年，ロシアはウラジオストクへの新しい「東支鉄道」(シベリア鉄道を完成させる近道)を建設するために，満州を横切る細長い土地(長さ1700km)を手に入れた．1897年にロシアは旅順と大連を占領し，ハルビンと旅順を結ぶ1100kmの「南満州鉄道」を建設する権利を獲得した．同年，ドイツは山東に海軍基地を手にした．1898年，英国は香港における基盤を拡大するために「新界」に対する99年期限の租借権を獲得し，同時に山東の港の租借権と揚子江地帯での勢力圏を認めさせた．フランスは海南島の対岸にある広州の租借権を獲得し，南中国における勢力圏を広げた．日本は台湾対岸の福建に対する勢力圏を認めさせた．

1904～05年，日本は朝鮮と南満州に対するフリーハンドを求めてロシアを攻撃した．日本軍は大連，旅順，南満州，南サハリンからロシア軍を駆逐した．海軍は1904年8月，ロシアの太平洋艦隊を打ち破った．ロシアはより大きいバルチック艦隊を派遣し，1905年5月に到着した．ロシア艦のほとんどは月末に対馬沖で破壊された．9月に結ばれたポーツマス(ニューハンプシャー)平和条約は，日本に南サハリンを割譲し，朝鮮における政治的，軍事的，経済的な優先権を認め，南満州鉄道の所有権を日本に譲るとともに，中国の同意を得て旅順，大連，遼東半島を日本に割譲することを認めた．1910年に朝鮮は日本

の植民地となった.

1914年，日本は連合軍の側に立ったが敵対行為には積極的に加わらず，物的人的被害は少なかった．日本自身は犠牲を払わずに，ドイツの植民地だった山東半島の青島とミクロネシア諸島(グアム以外のマリアナ諸島，カロリン諸島，マーシャル諸島)を獲得した．大戦後，日本は国際連盟からミクロネシアに対する統治を引き続き委任されたが，青島は中国に返還することを義務づけられた．

第一次世界大戦は，交戦諸国からの輸入が途絶えた日本国内向けの輸入代替工業製品の生産と，他のアジア市場向け生産に大きな刺激を与えた．日本は英国に代わって中国とインドの織物市場でのシェアを大きく伸ばした．需要が大きく正常な供給ルートが大幅に制限された世界で海運業は大いに繁盛した．日本は対外債務を完済し，国際収支の黒字が多額の外貨準備の蓄積をもたらした．

1930年代初め世界貿易が破綻し，差別的な保護主義的ブロックが出現したとき，日本は満州を統合した自身の「共栄圏」の創設で対応した．

1911年に清朝が崩壊した後，満州は中国の支配から抜け出した．1920年代には満州は親日的な張作霖軍閥に支配されていた．1928年の張作霖殺害の後，日本の関東軍は首都〔張の本拠地〕奉天を占領し，満州を支配した．1932年，日本は上海を攻撃することによって第2の戦線を開き，そして上海からの撤退と引き換えに，北京と天津の周辺を非武装地帯に変えるよう中国に強制した．それは中国北部を無防備化するものであった．1932年，日本は傀儡国家，満州国を建国し，1933年には内モンゴルを含む熱河を満州国に組み入れた．1934年に清朝の前皇帝であった溥儀を満州国皇帝にすえたが，しかし実際の権力は関東軍(30万人)司令官が行使した．中国政府は国際連盟にこの行動を非難するよう訴えた．日本は国際連盟を脱退したが何の制裁も課されなかった．1935年，ソ連(1916年以来アムール川の北のウラジオストクにつながるもう一つの鉄道を所有していた)は東支鉄道を日本に売却し満州から撤退した．

日本は1930年代に満州の石炭，金属鉱業，製造業に巨額の投資をおこなった．1929年から1941年までの間に近代的製造業の付加価値は4倍以上に増え，鉱業は3倍に増えた．1945年までに満州は中国の近代製造業の約半分を生産していた．1924年から1941年までのGDPの成長率は年平均4.1%であった．農業，林業，漁業はGDPのわずか3分の1を占めるにすぎなかった．1945年

表 3.17 日本とその旧植民地の経済実績比較, 1820〜2003 年(実質 GDP 年平均複利成長率)

	1820-70 年	1870-1913 年	1913-41 年	1941-55 年	1955-90 年	1990-2003 年
日　　本	0.4	2.4	4.0	1.1	6.6	1.1
朝　　鮮	0.1	1.0	3.7	0.0	8.0	5.6
満州国	n.a.	n.a.	3.8 a	n.a.	n.a.	n.a.
台　　湾	0.3	1.6	4.5	2.1	8.4	5.1
中　　国	−0.4	0.6	0.7 b	1.2 c	5.3	8.6
インド	0.4	0.8	0.4	1.3	4.1	5.7
インドネシア	1.1	2.0	2.5	−0.3	4.9	4.1
英　　国	2.1	1.9	1.7	0.8	2.8	2.3

注) a=1924〜41 年. b=1913〜38 年. c=1938〜55 年.
出所) 満州国は Chao(1979: 258), その他の国は Maddison(2003)から. 更新済み.

に満州国には 100 万人以上の日本の民間人がいた. この民間人グループは主に官僚, 技術者, 行政・経営・監督の要員からなっていた. うち 10% が農業関係で, 製造業・商業・運輸業が 45%, 公務員が 26% であった.

満州国は日本の他の植民地よりも大きかった. 1941 年には満州国の人口は 4500 万人(面積 130 万 km^2)であったのに対して, 朝鮮は人口 2400 万人(面積 22 万 1000 km^2), 台湾は 600 万人(面積 3 万 6000 km^2)であった. サハリン(樺太)は台湾と同じくらいの広さであったが, わずか 40 万人の日本人が住んでいただけであった. 太平洋の委任統治の島々は小さく(面積 2000 km^2), 4 万人の原住民と約 10 万人の日本人が住んでいた. 関東租借地の面積は 3500 km^2 であった. 当時の日本の本国の人口は 7400 万人(面積 38 万 2000 km^2)であった.

日本の植民地経営は西欧諸国のアジア植民地経営とは異なっていた. 日本の植民地にははるかに多くの日本民間人が住み, 軍と警察の統制が強く, 産業への投資が大きかった(特に朝鮮と満州国). 日本の貿易の約 40% は帝国内取引であり, 植民地の発展は日本の生産計画に密接に結びつけられていた. このような投資は植民地から離脱後のこれらの国の経済発展に重要な影響を及ぼした(表 3.17 参照).

1913 年から 1941 年の間に日本の GDP は年 4% 成長し, 1 人当たり所得の先進資本主義諸国との差はかなり狭まった. 表 3.17 に見られるように, 日本の植民地もこの時期に他のアジア諸国や世界の平均よりもかなり速く成長した.

帝国主義的野望の膨張，1937〜45年　1937年7月，日本は中国北部を攻撃し北京と天津を占領した．南京は抵抗したが12月に占領され10万人の中国民間人が虐殺された．中国政府は奥地南西の重慶への撤退を余儀なくされた．日本は中国東部のほとんどの大都市とほとんどの豊かな地域を占領した．1940年に日本は南京で中国の著名な政治亡命者である汪兆銘のもとに傀儡政府を樹立した．中国の状況は1945年までこのままであった．

日本は1940年にドイツと同盟条約を結び，そしてまもなくヨーロッパの植民地主義者と米国とに代わってアジアに帝国を拡大する一大旋風を巻き起こし始めた．ベトナムは1940年9月に占領された．1941年12月の先制攻撃はパール・ハーバーの米太平洋艦隊，空港，港湾施設の一部を破壊し，2カ月間にわたって米国の海軍力を一時的に活動不能にした．このことによって日本は香港，マラヤ，シンガポール，ビルマ，インドネシア，フィリピン，ニューギニア，ソロモン諸島を非常に少ない犠牲で占領することができた．

敗戦と占領，1945〜52年　海空の激戦のあと，米軍は1943年8月，日本をソロモン諸島から押し返し始めた．1945年の中ごろまでに米軍はフィリピン，沖縄，マリアナ諸島を奪還した〔沖縄とマリアナは「奪還」ではない〕．米軍は，沖縄から日本に通常兵器による攻撃をおこなって兵士50万人程度を犠牲にするか，それともマリアナ諸島から出撃して原子爆弾を投下するかの選択をせまられた．彼らは8月6日に広島に，そして9日に長崎に原爆を投下した．日本は8月15日に無条件降伏した．米軍は平和的に日本を占領し，マッカーサー将軍が1951年まで独裁権を握った．

講和条約は1952年まで締結されなかった．日本はすべての植民地を失い，1968年まで沖縄とマリアナ諸島を回復することができなかった〔沖縄の返還は1972年，マリアナ諸島は講和条約で放棄〕．500万人の難民が海外から引き揚げてきた．軍事力は解体された．米国が組織した改革によって農地の3分の1が再分配された．大企業グループ(財閥)は解体された(占領終了後，動きは反転した)．天皇の地位を弱め貴族制度を廃止する新憲法が制定された．

朝鮮戦争の勃発は日本の状況に幸いした．戦争自体が経済の刺激であった．米国は日本に防衛力を与え，経済復興を促進することに関心を持つようになっ

た. 日本はアジアで米国の最重要な同盟国になった.

　日本は1950年代に未曽有の急速な経済成長過程を開始することができた. 日本は次の2種類の遅れを発展の機会に利用することができた. (a)戦争からの復興と平和目的への資源の再配分, (b)1868年に始まった先進資本主義国へのキャッチアップ努力のリニューアル.

1950～70年代の日本の高度成長の理由
1. 社会的政治的安定：日本の国民は民族的にも言語的にも比較的きわめて同質的であり, 宗教上の対立や移民もなかった. 教育はアジアの通常よりもはるかに高度でかつ平等にいきわたる水準にあった. 企業別労働組合や終身雇用という一般的慣行は労働市場に調和をもたらした. 実質的な一党支配が過去50年間続いてきた.
2. 完全な非軍事化：完全な非軍事化は大きな経済余剰(明治政府が徳川時代の化石化した軍事構造の解体から得た利益よりも大きい)を解き放った. GDPの25%に相当していた軍事費を事実上ゼロにした. 何百万人という復員軍人や, 軍需品, 航空機, 船艦の生産から解放された人々, かつて植民地で働いていた人々が熟練した規律ある労働力を供給し, また技術・経営・管理の人材の巨大な供給源となった. 何年かかかってこれらの変化は達成され, 1人当たり所得は戦前水準を回復した(1941年の水準は1956年まで上回ることはなかった). その後1973年までに1人当たり所得が年間8.3%の率で伸びるキャッチアップの奇跡が起きたのである.
3. 投入された労働の量と質：集約的な多毛作の米作農業を数世紀にわたって経験したほとんどの国と同様, 日本には重労働, 長時間労働, 事実上の休日なしの伝統があった. なだらかな人口の伸びのおかげで, 年齢構成は高い就業人口率の維持に都合が良かった. 1950年に平均的な教育水準〔就学年数〕は西ヨーロッパと同水準であり(英国10.8年, ドイツ10.4年, フランス9.6年に対して日本は9.1年), アジア諸国より相当高い水準であった(インド1.4年, 中国2.2年, 韓国3.4年, 台湾3.6年)[11]. 教育はさらにかなりの勢いで伸び, 2001年の平均の水準は16.6年で英国の15.5年を追い越した. このことが経済的なキャッチアップの促進に巨大な影響を与えた. 私は1961

年に1カ月日本を訪れた．当時はGDPが毎月1%増える神武景気の時代であった．私は盛田昭夫と井深大(元海軍技師)が創設したソニーを訪れた．ソニーは簡易なトランジスタラジオを製造していた．班長たちは理学博士号を持ち，工場で働き生活するすべての作業員は高等学校教育を受けていた．石川島播磨の造船所を訪問したときも，東京から京都までの弾丸列車に乗ったときも，同じように効率性の高さに深い印象を受けた．日本銀行，経済企画庁，文部省，農林省を訪ねたときも同じであった．農林省では10人ほどのエコノミストが朝の体操の後，一室で生き生きと熱心に論じ合っている姿を見ることができた．

4. 慎ましい習慣と高い貯蓄性向：1950年から73年までに日本の非居住用固定資産のストックは1人当たりで年8%成長した．これは個人の貯蓄率が高かったことと，政府の異常に巨額な財政投資とからきたものであった．

5. 世界市場への参入に有利な機会があったこと：米国の同盟者として日本は容易に米国市場や西ヨーロッパ市場，さらに世界市場に参入できる機会に恵まれ，早い段階にGATTに参加し，1964年にはOECDに加盟した．1970年代半ばまで日本は競争上有利な為替レートを維持していた．その結果，輸出は1950年から73年までに年間15%以上の率で成長した．これは韓国と台湾を除く他のすべて国より急速であった．

1973年以来の日本の成長の急激な停滞　1973年から1990年までの間に日本の経済成長の勢いは劇的に減速した．1人当たりGDPの成長率はかつての超高度成長段階の8.1%に比べて年3%の成長だった．日本の1人当たり所得の水準が他の先進資本主義国に肩を並べるところに達してしまっていたから，この減速は驚くにあたることではなかった．以前の高度成長を支えていたキャッチアップの大切なボーナスはほぼ使い果たしてしまっていた．しかし3%の成長率は先進経済グループの平均以上の速さであった．1990年以降，経済の減速は目立ってきた．1990年から2003年までのGDPの成長率は低迷し，年率0.9%を下回った．同様にこの時期には輸出の伸びも1973～90年の間に比べて弱かった．

不幸にも成長と利益増の可能性について過大な期待があった．1980年代後

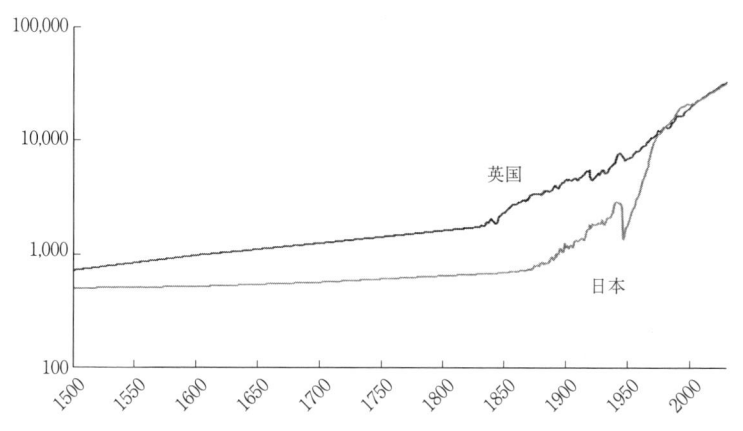

図 3.3 日本と英国の 1 人当たり GDP の比較，1500～2030 年（1990 年国際ドル）

半には高い投資率が継続した．株式市場のバブル，土地・住宅価格のブームがおこった．1989 年にピークをつけた後，1992 年には株価指数は半分に下落し，いまなおそのピークを回復していない．破綻は住宅地と住宅でも同じく厳しかった．家計の純収入と企業利潤の下落は深刻なデフレ状況をもたらした．日本銀行の公定歩合は 1995 年に 0.5% に引き下げられ，最近までそのままであったが，消費者は消費と借り入れに極端に慎重になったままであった．多くの企業が支払い不能に陥るか破綻し，銀行自身が巨額の不良債権を抱えこんだ．

このような非常に弱い需要と先行き不安に，政府は公共事業支出の大幅増と財政赤字とをもって応えた[12]．政府は破産されるべき企業に財政援助を与えた．日本の過剰投資の程度がどの程度かは，2003 年の非居住用資本・産出高比率が日本 3.95，米国 2.34，英国 1.75 という第 6 章の表 6.5 の数字の比較から見てとれる〔表 6.5（本書 391 頁）では日本 2.48，米国 1.23，英国 1.08 となっている〕．

15 年間の停滞ののち，今改善のきざしが見え始めた．政府は銀行の不良債権の半分を償却させ，郵貯銀行を民営化しようとしている．外国投資家にとっては利便性が増した．日産自動車はルノーが投資するまでは破綻に瀕しており，ルノーは経営と販売を握り，日産を自動車産業界で最優良な企業の一つに変えた．多くの企業は終身雇用の保証という伝統的な方針をやめ，活発にコスト削減と技術革新を図るようになった．収益が向上するにつれ，2005 年に株式市場はいちじるしい活況を呈した．にもかかわらず日本の成長は図 3.3 に示すよ

うに西ヨーロッパより低く推移することが予想される．

中国の転形

　世界的な展望の中で中国の実績は例外的なものであった．1300年に中国は1人当たり所得で世界をリードする経済国であった．中国は技術水準，自国の天然資源の使用密度，巨大な領域の帝国を管理する能力の点で，その実績はヨーロッパを凌駕していた．1500年までに西ヨーロッパは1人当たり実質所得，技術・科学力で中国を追い越した．1840年代から20世紀の中ごろにかけて，他の地域では経済進歩が非常に大きかった世界の中で，中国の経済実績は実際に低下した．過去半世紀の間に中国はキャッチアップ過程のなかで転形をとげてきている．そしてこの過程は次の四半世紀，継続すると思われる．2030年までに中国の1人当たり所得は世界平均を十分上回るであろう．GDPでは米国を追い抜き，世界最大の経済国家になる可能性が非常に大きい(図3.5参照)．

　中国は官僚支配のパイオニアであった．中国はすでに10世紀に，能力主義にもとづく試験で選抜され職業的に訓練された公務員による行政がおこなわれていた．儒教の古典で教育された官僚たちは，広大な地域にわたる単一国家に社会政治秩序を課する主な道具であった．それは土地貴族，既存の宗教界，司法，反体制派の知識人あるいは都市ブルジョアジーからの挑戦を受けることはなく，まれに軍からの挑戦を受けることがあっただけだった．彼らは中国全土で共通の書き言葉を使用し，公認の儒教思想は教育制度に深く植え付けられた．このシステムは封建時代のヨーロッパや日本のような多重支配構造に比べて効率的で安上がりだった．徳川時代の日本では幕府，大名，サムライとその家族は人口の6%を占めており，それに対して中国の支配エリートを構成していた宮廷，官僚，軍，科挙合格者の郷紳は人口の3%であった．GDP中の税負担の割合は日本が25%であったのに対して中国では5%であった．しかし中国の官僚は「慣習的な科金」や税金外取立てにより公式所得の数倍の所得を得ていたし，郷紳は賃貸収入を得ていた．すべて合わせると中国の支配者はおそらくGDPの15%程度の所得を得ていたと思われる．

　西欧では能力主義にもとづく職業的に訓練された公務員の雇用は1000年以上遅れてナポレオンが始めたが，ヨーロッパの官僚は中国の知識人のような社

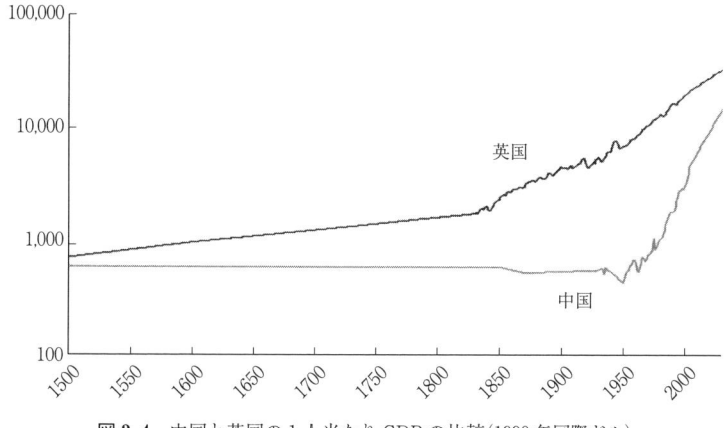

図 3.4 中国と英国の 1 人当たり GDP の比較(1990 年国際ドル)

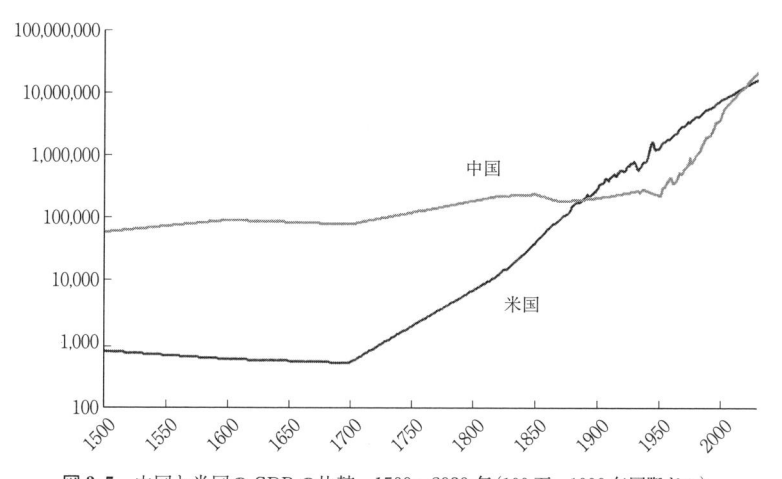

図 3.5 中国と米国の GDP の比較, 1500～2030 年(100 万・1990 年国際ドル)

会的な地位や権力を持たなかった．ヨーロッパの各国では権力は拮抗するはるかに多様な諸勢力の間に細分化されていた．ヨーロッパ各国はきわめて類似した国民国家制度を持っていた．諸国家は外に開かれており，貿易関係も深く，知的交流も比較的簡単だった．こうした適度な分化が，中国では不可能であった競争と革新を促進した．

　中国の官僚制度は農業には非常に積極的な経済効果をもった．重農主義者のように，彼らは農業を税や強制賦課のかたちで剰余を搾り出せる中心部門と考

えた．彼らは水利工事をおこなって農業を育てた．早くからの印刷術の発展（ヨーロッパよりも500年前）のおかげで，彼らは図解付きの農業ハンドブックをいきわたらせ，最良の技術を広めることができた．彼らは農民を将来性のある新地域に入植させた．彼らは飢饉緩和のための公的な穀倉システムを開発した．彼らは二毛作，三毛作が可能な早生種の導入によって技術革新を推進した．彼らは新しい農産物——唐時代には茶，宋時代には綿，元時代にはもろこし，明時代にはとうもろこし，じゃがいも，さつまいも，落花生，たばこなど新世界の農産物——の導入を推進した．

土地不足は労働の集約的投入，灌漑，天然肥料の使用によって補われた．農地は休閑されず継続して耕作された．家畜の飼料や牧草用の土地の必要はごくわずかだった．家畜はもっぱら掃除屋（豚と家禽）であった．牛肉，牛乳，羊毛の消費はまれだった．たんぱく質供給は小規模水産の魚やアヒルの生産によって増加した．土地生産性が高かったので，人々は集落に密集して住み，輸送費を下げ，市場向け農産物の生産割合を増やし，余剰となった労働を農村手工業に回すことができた．特に綿紡績と綿織布は，より快適で，洗濯しやすく，より衛生的な衣類を提供した．

8世紀から13世紀までの間に経済の中心地は大きく変動した．8世紀には人口の4分の3は中国北部に住んでおり，そこでは主な作物は小麦ときびであった．13世紀末には人口の4分の3は揚子江の南部に住んでいた．この地域は当時湿地帯で人口が少なかったが，灌漑と早生種によって米作の大規模な発展に理想的な機会を得，1人当たり所得は3分の1増加した．その後，13世紀から19世紀初めにかけて中国は人口を4倍にし，その間1人当たり平均所得をおおむね安定的に保つことができた．その外延的な成長の力は18世紀に最も明白に現れた．ヨーロッパでは1人当たり所得が5分の1増加するという産出高の成長があったが，〔1人当たり所得は変わらなかった〕中国におけるGDPの成長は西ヨーロッパの成長よりも速かった．

農業以外では官僚制度は否定的な効果をもたらした．官僚とそれに結びつく郷紳は典型的な寄生利得者であった．彼らはヨーロッパ型の独立した商工ブルジョアジーの出現を阻んだ．企業家活動は私的事業に対する法的保護が乏しい枠組みのもとで安全は保証されなかった．利益を約束するどんな事業も官僚の

搾取にさらされた．大規模な事業は国有か公認の独占体に限定された．

　世界経済にさらされた中国　官僚統制の悪影響の最大の事例は，15世紀初めに中国が国際貿易の窓口を事実上閉鎖したこと，そしてその結果として中国の高度な造船業が消滅したことである．この撤退は歴史的に重要な出来事なので，中国がアジア貿易で最もダイナミックな力を持っていた13世紀から15世紀初頭にかけての経験は，もう一度たどってみる価値がある．
　中国の世界貿易へのかかわりは，宋が北中国を追い出されて首都を揚子江の南の杭州に移したときから非常に大きくなった．その地域は豊かで人口濃密な米作地帯であった．食料を遠方から運んでくる必要はなかった．宋は意図的に「大運河」の堤防工事をサボタージュした．宋王朝は他の大部分の中国の王朝よりも商業税に大きく依存し，港湾と外国貿易の発展に力を入れた．主要な港は広東の北約600 kmにある泉州であった．彼らは輸出市場向けに陶磁器産業と新生産物とのための大規模生産技術に力を入れた．その結果，景徳鎮（江西省）の窯業は大いに繁栄した．
　揚子江と沿岸地方をモンゴルの攻撃から守るため，1232年に最初の職業的な中国海軍が創設された．それらの軍艦は足踏み車でまわす外輪船で，鉄の防護鈑を備えており，揚子江の防衛にたずさわった．さらに軍艦は，重い石を投擲できる強力な投石機や敵艦を攻撃するその他の飛び道具で武装していた．
　宋の敗北後，元王朝（1279〜1368年）が北京への穀物輸送，アジアとの海上商業，また海軍の作戦のために造船を拡大した．彼らはヨーロッパと中東に向けてシルクロードによる陸上交易を再開した．彼らはまた1274年と1281年の2度にわたって日本を海から侵略しようとして失敗した．最初の攻撃は900隻の艦隊を擁し，2度目はずっと大規模で25万人の侵略部隊を引き連れていた．
　宋時代と同様，元王朝時代の貿易商人たちの大部分は，イスラム世界のあらゆる地方から出てきた人々であった．このことは13世紀の最後の四半世紀に中国を訪れたベネチア人マルコ・ポーロや，その50年以上後にモロッコからやってきたイブン・バットゥータの観察から明らかである．この両人はともに，当時の活気あふれる中国の国際貿易について衝撃的な証言を残している．
　明王朝（1368〜1644年）の初期，中国は「東の海」および「西の海」に向けて

表 3.18 明の紙幣と銀の
交換率, 1376～1540 年

年	公 定	市 場
1376	1.00	1.00
1397	0.07	
1413	0.05	
1426	0.0025	
1540	0.0003	0.0001

注と出所) Atwell in Twitchett and Mote(1998: 382).

一連の海洋遠征に乗り出した〔原文は eastern and western oceans で，マディソン特有の用語であり，直訳すると誤解を生むので，このように訳した．それぞれの定義は表3.19で明確である〕．航海は明朝の第3代皇帝，永楽帝(在1402～24)によって始められた．彼は自分の甥を武装反乱で退位させることに成功した王位簒奪者であった．海洋遠征は中国の力と富を示し，自らの正統性を誇示しようとするものであった．それはまた中国の宗主権をより広い地域に広げようとするものであった．朝鮮は中国と朝貢関係にある恒久的なメンバーであった．永楽帝は1404年，日本に対しても同じ地位を受け入れるよう説得した(こうして生まれた日本の中国への朝貢関係は，短い中断もあったが1549年まで続いた)．このような朝貢制度では，最初に「贈り物」の交換がおこなわれ(中国からは絹，金蒔絵，磁器など)，他方の側からはそれより安価な品物で返礼することが認められた．

朝貢関係は中国の道徳的・文化的な優位性を主張する手段であって，辺境の夷狄を文明化する力として働き，それによって国の安全を強化できるものと考えられていた．この理由から政府は交換関係の発展と監視の指導的役割を果すよう期待され，私的な貿易は禁止された．底流にある考え方は植民地帝国をつくることにあるのではなく，中国の寛容なヘゲモニーを主張することにあった．外の世界との関係についての中国のこの伝統的な考え方は，世界征服を狙ったモンゴル王朝とは非常に異なっており，永楽帝はおそらく中国文明のより魅力的なイメージを再確立する必要があると感じていたのであろう．

1405年から1433年まで7回にわたる遠征は「西の海」の奥深くまで到達した．遠征は15歳の時から宮廷の一員となって皇帝の戦友でもあった鄭和提督が司令した．彼は宦官であった．明の帝室には数千人の宦官がおり，王朝の皇

帝は彼らを官僚に対する信頼に足る忠実な対抗力として利用した．ほとんどの官僚は，南京から北京への遷都と「大運河」再建事業を抱えているとき遠征はカネの浪費だとみなしていた．これらは巨額の財政負担となり，沿岸諸省には特別の賦課金が課された．永楽帝は紙幣を大量に印刷することによって収入を増やした．その結果インフレが起こり，民間経済では紙幣による取引は消滅してしまった．1430年代から銀が民間の経済取引の主な手段となり，政府は銀による納税を受け入れた．

永楽帝のもとで明の海軍は，監視基地や島の基地に配置された2700隻の巡視船や戦闘艦，南京の近くに配備された400隻の巨大戦艦の他，400隻の穀物輸送貨物船を擁していた(Needham 1971: 484 参照)．そのほか7つの非常に巨大な乾式ドックを持つ南京近くの龍江造船所で，鄭和の遠征用に317隻の船が建造された．西の海への遠征に使われた最大の船は「宝船」と呼ばれた．鄭和の旗艦はその一つであり，コロンブスのサンタマリア号よりもはるかに大きい容積を持っていた．鄭和の旗艦は全長120〜125 m，幅約50 m，深さ12 mと推定され，これに対してサンタマリア号は全長34 m，幅7.9 m，深さ4 mであった(Xi and Chalmers 2004 参照)．

中国の船はヨーロッパの船やインド洋のアジアの船と本質的に違うものであった．宝船は9本のマストを持ち，それより小さな船も数本のマストを持っていた．帆布に取り付けられた竹製の横木摺によって，帆を少しずつ正確にたたみ込むことができた．帆が巻き上げられるとただちにプリーツ状になった．帆の破損は木摺によって傷の拡大を防ぐようになっていた．大きい船には15以上の区切られた防水室があったので，船が部分的に破損しても沈没せず，洋上で修復することができた．船にはまた60室のキャビンがあり，乗組員の居住区はヨーロッパの船よりずっと快適であった．防水室がイギリス海軍に最初に取り入れられたのは1795年であった(Xi and Chalmers 2004 参照)．

表3.19 は永楽帝の6回にわたる海洋遠征とその死後おこなわれた7回目の遠征の特徴を示している．最初の3回はインドとインド産出の香辛料を目的とするものであった．後の3回はアフリカ東海岸，紅海，ペルシャ湾の探検だった．艦隊は非常に大規模で，巨艦は訪問先の各国指導者を威圧することをねらっていた．その意図は平和的だったが，軍事力の大きさは艦隊への攻撃に効果

表 3.19 中国の海洋外交―「西の海」と「東の海」への航海,1405～33 年

年	隻数	海軍軍人その他要員数	西の海の訪問先	東の海の訪問先
1405-07	大型船 62,小型船 255	27,000	カリカット	チャンパ,ジャワ,スマトラ
1407-09	少数	n.a.	カリカットとコーチ	シャム,スマトラ,ジャワ
1409-11	48	30,000	マラッカ,クゥイロン	スマトラ
1413-15	63	29,000	ホルムズ,紅海,モルディブ,ベンガル	チャンパ,ジャワ,スマトラ
1417-19	n.a.	n.a.	ホルムズ,アデン,モガディシュ,マリンディ	ジャワ,琉球諸島,ブルネイ
1421-22	41	n.a.	アデン,東アフリカ	スマトラ
1431-33	100	27,500	セイロン,カリカット,アデン,ホルムズ,ジェッダ,マリンディ	ベトナム,スマトラ,ジャワ,マラッカ

注と出所) Needham(1971)およびLevathes(1994).これらの航海の詳細な公式記録はこのような遠征の再開に反対した官僚の手によって破棄された.ここに掲げるデータは参加者と後の帝国の歴史にもとづいている.

的に対応するに十分であって,そうした攻撃は3回しかなかった.

　これらの航海の主目的は,贈り物によって良好な関係を確立することであり,使節や支配者の中国への招待や中国からの派遣に付き添うことであった.商業や軍事目的の拠点をつくろうとはしなかった.医療目的の新植物探索があり,使節団の1つに180人の医療関係者を連れていったものもあった.また中国では知られていない種類のアフリカ家畜への関心もあった.遠征隊はだちょう,きりん,縞馬,象牙,犀の角などを持ち帰った.しかしこれらは異国趣味からくるものであった.動植物の国際交流はヨーロッパ人のアメリカ遭遇後に生じた事態に比べれば無視できる程度でしかなかった.

　鄭和が7回目の航海の途中で亡くなった後〔鄭和は帰国後亡くなった〕,遠方外交への支持は消えてなくなった.西の海諸国との朝貢関係の拡大は中国の安全保障を高めなかったし,海洋遠征は財政・通貨危機状態をいっそう悪化させてしまっていた.科挙合格者である官僚は,宦官の利益になる事業につねに反対してきた.彼らはこの事業をやめさせ,遠征の公式記録を廃棄した.ますます増大する関心の対象となったのは,北の新首都北京をモンゴル族や満州族による侵略のおそれから防衛することだった.新首都への食料供給は1415年に全線再開の「大運河」(パリからイスタンブールまでの距離に相当する2300 km)によって保証された.いくつかの新しい閘門によって運河は常時稼働可能になったの

で，以前より機能が向上した．首都への穀物の海上輸送はすでになくなり，穀物海上輸送船は運河用のはしけに取って代わられ，沿岸防備のための海軍の負担を軽減できた．

　海洋外交が終わり，もはや宝船は必要なくなった．沿岸防備隊は削減され，1474年までに大型戦艦の艦隊は400隻から140隻に減らされた．造船所はほとんど閉鎖され，海軍兵力は削減と脱走によって減少した．東の海の諸国（ビルマ，ネパール，シャム，インドシナ，朝鮮，琉球諸島）との朝貢関係は維持された．しかし民間貿易の禁止は続き，2本以上のマストを持つ海上ジャンクは禁止された．

　中国が世界経済に背を向けたのは，その優れた海洋技術がヨーロッパに勝っているまさにそのときであった．明および清王朝のほとんどの期間を通じて国際交易から自らを事実上隔離した．その結果，密貿易や海賊が大規模に展開された．主たる受益者は中国と日本の海賊であり，そして1557年にマカオに基地の建設を認められて1999年まで居続けたポルトガル人であった．17世紀にオランダ人はマカオからポルトガル人を駆逐しようとして失敗し，1661年には台湾からも追い出された．

　中国人の西欧軽侮とその結果　中国は20世紀の中ごろまで西欧の技術のチャレンジに適切に対応しそこなった．それは主として，自民族中心主義と中国外での発展への無関心で助長された官僚制のイデオロギー，思考方法，教育制度によるものであった．二世紀近くにわたって北京にはイエズス会の学者がいた．なかでもリッチ，シャル，フェルビーストは支配層と親しい関係にあったが，しかし中国エリートの間には西欧の知識や科学の発展に関する好奇心がほとんどなかった．1792〜93年にマッカートニー卿が1年を中国ですごし，600箱にのぼるジョージ3世の贈り物を届けた．そのなかにはプラネタリウム，地球儀，計算用具，経線儀，望遠鏡，計測器，板ガラス，銅製品などやその他たくさんの品物があった．彼がそれらの品物を乾隆帝の献上したのに対して中国側の公式の反応は，「われわれに足りないものはない．……われわれは珍奇なもの，巧みなものを尊重しない．われわれは貴国の産物をこれ以上必要としない」というものであった．このような根の深い精神的態度が，1500年から1800年ま

での西洋の原始資本主義の発展の模倣と，その後のよりいっそうダイナミックな経済成長過程への中国の参加とを妨げることになった．中国が海外に大使館や公使館を置き始めたのは 1877 年だった．

1820 年から 1950 年までの間に世界経済は以前のいかなる尺度からみても巨大な進歩をなしとげた．世界の生産物は 8 倍に伸び，世界の 1 人当たり所得は 2.6 倍に増えた．米国の 1 人当たり所得は 8 倍に増え，ヨーロッパは 4 倍，日本は 3 倍に伸びた．日本を除くアジア諸国では経済進歩は非常に緩やかであったが，中国の 1 人当たり生産は実際に下落した．世界の GDP に占める中国のシェアは 3 分の 1 から 20 分の 1 に落ちた．1 人当たりの実質所得は世界平均の 90% から 20% に落ちた．ほとんどのアジア諸国は中国と同じような問題をかかえていた．すなわち近代化を妨げた旧来の制度と外国の植民地的侵入という問題である．しかしこれらの問題は中国ではさらに悪く，そのことが中国の経済実績がなぜ例外的に情けないものだったかの理由を説明する助けとなる．

満州人政権を崩した内部的な諸力　中国の発展は内部の要因と外国の侵略とによってさまたげられた．国内の混乱は人口動向と経済の繁栄とに大きな負担となった(表 3.20 参照)．太平天国の乱(1850〜64 年)は中国の半分以上の省に影響を与え，最も富裕な地域に広範な損害を与えた．5 つの省で最も損害が大きく，1890 年代初期のこの地域の人口は 70 年前と比べて 5000 万人も少なかった．この地域の一部は 1855 年の黄河氾濫の襲来の矢面に立たされた．政府が水利

表 3.20　中国の省別人口，1819〜1953 年(100 万人)

	1819 年	1893 年	1953 年
太平天国の乱で最も大きな被害を受けた省[a]	153.9	101.8	145.3
ムスリム反乱の被害を受けた省[b]	41.3	26.8	43.1
中国本土のその他の 10 省[c]	175.6	240.9	338.6
満州の 3 省[d]	2.0	5.4	41.7
新疆，モンゴル，チベット，寧夏，青海	6.4	11.8	14.0
計	379.4	386.7	582.7

注)　(a)安徽，浙江，湖北，江西，江蘇，(b)甘粛，陝西，山西，(c)福建，河南，河北，湖南，広西，広州，貴州，山東，四川，雲南，(d)黒龍江，吉林，遼寧．
出所)　Maddison(1998: 47)．

工事を怠ったために氾濫は堤防を破り，安徽省，江蘇省一帯を荒廃させた．黄河は以前，淮河の下流を通じて海にそそいでいたが，1855年以降，開封から分かれ，もとの流れから400 km以上北方にある山東半島に流れるようになった．陝西，甘粛，新疆ではムスリムの反乱があり，1860年代と1870年代の残忍な抑圧のために人口が減った．中華民国の時代になってからは蔣介石の国民党軍と毛沢東率いる共産党との間に20年間(1927〜49年)にわたる内戦があった．

　　植民地主義的侵入の影響　　植民地主義的侵入は1842年に英国砲艦による香港占領とともに始まった．直接の動機はインドのアヘンを中国の茶と交換できるよう広東への自由なアクセスを保証させることであった．1858〜60年の英仏の第二次攻撃によって北京にある皇帝の夏季用離宮が破壊された．この結果締結された条約は，揚子江や上海につながる巨大な水路のネットワークを通じて中国内陸部にアクセスする道を開いた．

　当時は自由貿易帝国主義の時代であった．西欧の貿易業者は個別企業であって独占会社ではなかった．商業資本主義時代のような敵対的，排他的な貿易体制とは全く対照的に，英国とフランスはコブデン＝シュバリエ条約を締結して，最恵国待遇の原則でヨーロッパ貿易を開かせた．ヨーロッパ諸国は自分たちが中国に押しつける諸条約にも同じ原則を適用するよう，結託して行動した．それ以後，ヨーロッパの他の12カ国，日本，米国，ラテンアメリカの3カ国が第一次世界大戦前に同じ貿易特権を手にした．

　これらの諸条約は中国に低関税を押しつけた．これらの条約はアヘン貿易を合法化し，1842年から1917年までに開港された92の「条約港」で外国人に治外法権と領事裁判権とを与えた．開港された「港」のいくつかは，たとえば満州中央部のハルビン，揚子江の1400 km上流の重慶など内陸の奥深くにあった．6つの地域が英国，フランス，ドイツ，日本，ロシアに「租借」された．中国の低関税順守を監視するために海関監督官署がつくられ(1861年から1908年にかけてロバート・ハート卿が監督総官に)，中国政府に代わって関税を徴収した．関税収入の大部分は，植民諸国が中国攻撃の際にかかった費用の補償として要求した「損害補償金」の支払いに充てられた．この条約港のシステムは

1943年まで続いた.

これらの「港」に関する取り決めに加え，中国はまた領土上の大きな損失と朝貢国体制のネットワークの解体という損失を被った. 1860年には8200万ヘクタールの土地と巨大な長さの太平洋沿岸地域がロシアに割譲され，ロシアはそこに新しい港ウラジオストクを建設した. 1860年代にはハンが統治していたタシュケント，ブハラ，サマルカンド，ヒヴァ，コーカンドの諸ハン国がロシア帝国の一部となった. 1879年には琉球を失い日本のものとなった〔本書194頁参照〕. 1885年にインドシナはフランスに割譲されフランスが宗主権を得，1886年にはビルマは英国が宗主権を得た. 1895年には台湾が日本に割譲され，また日本は朝鮮に対する宗主権を獲得した. 1911年，チベットが独立を宣言し，中国人住民を追い出した. 1915年，ロシアは外モンゴルに対する宗主権を獲得した. 1931〜33年に日本は中国の満州諸省と熱河省を占領し，傀儡国家満州国を建国した. これらの侵略に対する満州人の反発は弱く効果的でなく，中国の本格的な抵抗は1937年の日本の攻撃までは開始されなかった.

この複数国による植民地主義システムのセンターは上海の共同租界であった. 英国人は1843年に「旧市街」の北部内の地域を最初に手に入れた. フランス人，ドイツ人，イタリア人，日本人，米国人は黄浦江沿岸の浦東対岸に並びあって租界を置いた. 上海共同租界の広大な敷地には会社の本社，クリケットクラブ，カントリークラブ，テニスクラブ，スイミングプール，競馬場，ゴルフクラブ，映画館，教会，学校，ホテル，病院，キャバレー，売春宿，バー，領事館，植民地国の警察署などが立ち並んでいた. 天津と漢口にも小規模な同様の施設があった. この隔離された租界に入ることを許された中国人のほとんどは使用人であった.

この自由貿易帝国主義と治外法権の主な受益者は外国人であった. 条約港は近代的な光り輝く地帯であったが，中国の他の都市の性格は改善されず，1850〜64年の太平天国の大衆的反乱によって破壊された都市は荒廃した. 中国の農業は経済の開放によって大きな影響を受けることはなかった.

条約港の施設の持続的な拡大と外国人が1895年に獲得した製造業の自由とは，鉄道，銀行，商業，工業生産，鉱業などの近代部門の成長にいちじるしく貢献した. またそれと結びついた中国人資本家の活動の成長もあった. 彼らの

起源は主として条約港の買弁仲介商人であった．アジアの他の国に移住していたおおぜいの華僑からの資本流入があった．

中国のGDPに占める輸出の割合は小さく(1870年にはGDPの0.7%，1913年には1.2%)，インド，インドネシア，日本と比べてかなり小さかった．中国は1928年に関税自主権を回復し，条約港における主権の制限はいくらか緩和された．20世紀前半，中国はかなり大きい貿易赤字を計上しており，大きな貿易黒字を計上していたインドやインドネシアの状況とは全く違っていた．華僑900万人のうちの一定数からの家族向け送金が貿易赤字の一部を補填し，1932年の米国の平価切下げと1935年の銀から紙幣への中国通貨制度切り替えとが，1930年代の大量の銀流出をまねいた．

1860年代から中国経済で最もダイナミックに発展した地域は上海と満州であった．満州は1860年まで満州人王朝によって漢族の移住を禁じていた．アムール川北部の人口がごく希薄な地域をロシアに割譲させられて以降，満州王朝は漢民族の移住に関心を持つようになった．1860年から1930年までに満州の人口は330万人から3130万人へと10倍に増えた(日本にかんする前項中にある満州人の経験についての論述参照)．

上海は巨大な水路システムの出口にあるという位置のゆえに名声を博した．

> ほとんど四季を通じてジャンクが航行できる内陸水路の全長はおよそ3万マイルであった．それにデルタ地帯にある推定50万マイルの運河と人工水路を付け加えなければならない．それゆえ1865年から1936年までに上海が中国の対外貿易の45%から65%を取り扱ったことは驚くにあたらない．(Eckstein et al. 1968: 60-1)

上海はすでに1840年代に人口23万人を有する清朝の重要な沿海の港であった．1938年までに人口は360万人に増え，中国最大の都市となった．現在の人口は1600万人である．

清朝は70年にわたる国内の大反乱と屈辱的な外国の侵入の後，1911年に崩壊した．官僚エリートは真面目な改革や近代化を達成する能力をもたなかった．彼らは1000年以上続く古い政体に深い保守的執着を抱いており，この政体こそが自分たちの特権と地位の基となっていたからである．清朝の崩壊の後，軍による政治権力の掌握が40年近く続いた．彼らもまた大きな内戦に没頭させ

られ，さらに清朝時代よりも重大な外国の侵略に直面した．彼らは経済に新しい勢いをつけることはなく，国民政府の五層の政治構造〔行政院，立法院，司法院，考試院，監察院〕は民主主義とはほど遠いものであった．植民地主義的な条約港という形態は1943年まで続いた[13]．経済のわずかな近代化は主として条約港と満州からやってきた．そこには外国企業が入り込み，中国の資本主義が芽生えていた．

毛沢東時代の経済実績，1949〜78年　人民共和国の成立は中国の政治的エリートと統治様式に急激な変化をもたらした．中央集権の度合いは清朝や国民党の時代よりはるかに大きかった．それは最底部の統治機関，職場，農場，家庭にまでいきわたった．党は高度に規律化され，正規の官僚機構に対する厳密な監督を怠らなかった．軍はこのシステムに確固として組み込まれた．政府の政策とイデオロギーのプロパガンダは党の指導の下で大衆運動を通して広げられた．地主や内外の資本家の権益は私有財産収奪によって消滅した．中国はソビエト型の指令経済となった．

一世紀にわたる外国の侵入と侵略への屈服と服従の後，新体制は中国の国民的完全無欠性の確固とした成功的な擁護者となり，世界経済とのつながりを最小限にとどめようとした．毛沢東時代の大部分にわたって外の世界との接触はほとんどなかった．1952年から1973年まで米国は貿易，旅行，金融取引を全面禁止し，1960年からはソ連が同じことをした．

毛沢東時代，これらの政治的変化は中国の発展努力の成果を大きくそこなった．それは壮大な規模の危険な実験を含む共産主義の一バージョンであった．「大躍進」(1958〜60年)，そしてさらに教育と政治のシステムを深く揺るがした「文化大革命」(1966〜76年)の間に，自ら招いた傷が経済的政治的システムを崩壊の瀬戸際に立たせた．資源配分は極端に非効率であった．中国の成長は他の共産主義国に比べて緩慢であり，世界の平均よりもいくらか緩慢であった．にもかかわらず経済実績は過去よりずっと改善された．1952年から1978年までにGDPは3倍に，1人当たりの実質生産は80％以上，労働生産性は60％増加した．経済構造は様変わりした．1952年にはGDPに占める工業のシェアは農業の6分の1だった．1978年までにそのシェアは農業より大きくなった．中

年表 3.1 中国の国際的な孤立化からの脱出，1949～2001 年

1949 年 10 月	中華人民共和国成立．1949 年にビルマ，インドおよび共産国が，1950 年にアフガニスタン，デンマーク，フィンランド，イスラエル，ノルウェー，パキスタンおよび英国が承認．
1950 年 2 月	ソ連が金融・技術援助供与に同意——総額 14 億ドルの借款と 1 万人の技術者．中国は外モンゴルの独立を認め，満州鉄道の中ソ共同運営，旅順と大連におけるソ連の軍事基地，新疆におけるソ連の鉱業企業に同意．
1950 年 6 月 25 日	北朝鮮が南朝鮮侵略，釜山まで到達．
1950 年 6 月 27 日	米国が台湾に対する中立方針を変更，第七艦隊派遣．
1950 年 10 月	中国が鴨緑江の国境まで進んできた国連軍を押し戻すために「義勇軍」（総数 70 万）を北朝鮮に派遣．
1950-51 年	中国がチベット占領．
1953 年 7 月	朝鮮休戦．
1954 年	インドがチベットにおける旧英治外法権を放棄．
1958 年	中国が金門・馬祖攻撃で台湾脅迫．フルシチョフが核援助提供を撤回．
1959 年	チベット動乱，ダライラマがインドに亡命．
1960 年	ソ連が専門家引き揚げ．未完成プロジェクトを放棄．
1962 年	新疆からチベットに至るアクサイチン道路をめぐり国境紛争．
1964 年	中国の最初の原爆実験．1969 年に最初の水爆実験．
1963-69 年	満州でソ連との国境紛争．中国は満州と新疆における中ソ国境の正当性に疑義．
1971 年 4 月	米国が中国への禁輸を解除．
1971 年 10 月	中国が国連加盟．台湾は追放．
1972 年 2 月	ニクソン大統領訪中．
1972 年 9 月	田中総理大臣の訪中で日本との外交関係正常化．
1973 年	米中が事実上の外交関係樹立．
1978 年 12 月	米国が公式の外交関係樹立．台湾との外交関係破棄．
1979 年 2-3 月	中国人追放とベトナムによるカンボジアのクメール・ルージュ政権打倒の後，ベトナムとの国境紛争．
1980 年	中国が世界銀行と IMF の加盟国に．1986 年にアジア開発銀行に加盟．
1997 年	香港が中国に復帰．1999 年にマカオが中国に復帰．
2001 年	中国の WTO 加盟承認．

出典）　MacFarquhar and Fairbank (1987 and 1991).

国は政治的・経済的な孤立，米ソ両国との敵対関係，南朝鮮およびインドとの戦争にもかかわらず，それを成し遂げたのである．

　1978 年以降の改革期　1978 年以降，中央集権的政治統制を緩和し，経済システムを深く変更するプラグマティックな改革への大きな政治的移行が起こった．これらの変化は経済をずっと安定的な発展の軌道に乗せ，経済成長を大きく加

表 3.21 名目価格での GDP に対する
総固定資本投資の比率(%)

	1978-89 年	1990-99 年	2000-03 年
中　国	29.0	33.3	38.5
イ ン ド	20.2	22.2	22.7
インドネシア	23.4	26.4	19.4
日　本	29.4	29.5	25.0
香　港	26.9	29.3	26.3
マレーシア	29.6	36.1	24.0
シンガポール	39.5	35.4	27.3
南朝鮮	29.5	35.6	29.9
台　湾	23.4	22.9	19.4
タ　イ	28.0	36.8	23.0
ソ連／ロシア	28.7	18.0*	18.0
米　国	19.3	17.5	18.8

注) ＊ 1995〜99 年.
出所) 中国は *China Statistical Yearbook 2005*, China Statistics Press, Beijing, pp. 63-4. 日本，朝鮮，米国は *National Accounts for OECD Countries*, vol. 1, *Main Aggregates, 1993-2004*, Paris, 2006, 1978〜92 年は the 1999 edition から. インドネシアは Indonesian national accounts からの Pierre van der Eng 提供. その他のアジア諸国は Asian Development Bank, *Key Indicators of Developing Asian and Pacific Countries*, 1999 and 2005 editions. ソ連の 1978〜89 年は Maddison (1998)，ロシアは Goskomstat から.

速した．1978 年から 2003 年までに GDP は年 7.9% で伸び，人口増は減速し，そして 1 人当たり実質所得は年 6.6% 伸びた．成長はアジアのどの国よりも速かった．その主な理由は投資が例外的に高率で加速的に成長したことであった（表 3.21 参照）．

　成長加速の他の主要な理由は資源配分の効率性の向上である．集団農業は放棄され，生産の決定権は個別農家に戻された．小規模な工業とサービス業は政府の統制から外れ，それらの経済実績のペースは国有部門をはるかに上回った．外国貿易と外国資本投資の開放度は大きく高まった．これらの変化は市場の力を強め，消費者に幅広いさまざまな新商品を提供した．

　中国の新政策は自国独自に生み出されたものであり，ソ連が提起し追求した「移行」のための処方箋の追随では全くなかった．改革期の中国とソ連の実績のコントラストは特に印象的である．中国は繁栄する一方，ソビエト経済は破

表 3.22 名目価格でのアジアと西欧の財貨輸出, 1870-2003 年
(100 万・1990 年国際ドル)

	1870 年	1913 年	1929 年	1950 年	1973 年	2003 年
日　本	51	1,684	4,343	3,538	95,105	402,861
中　国	1,398	4,197	6,262	6,339	11,679	453,734
インド	3,466	9,480	8,209	5,489	9,679	86,097
インドネシア	172	989	2,609	2,254	9,605	70,320
韓　国	6	171	1,292	112	7,894	299,578
フィリピン	55	180	678	697	2,608	27,892
台　湾	7	70	261	180	5,761	134,884
タ　イ	88	495	640	1,148	3,081	72,233
アジア 8 カ国計	**5,243**	**17,266**	**24,294**	**19,757**	**145,412**	**1,547,589**
フランス	3,512	11,292	16,600	16,848	104,161	404,077
ドイツ	6,761	38,200	35,068	13,179	194,171	785,035
英　国	12,237	39,348	31,990	39,348	94,670	321,021
米　国	2,495	19,196	30,368	43,114	174,548	801,784
4 カ国計	**25,005**	**108,036**	**114,026**	**112,489**	**567,550**	**2,311,917**

注と出所)　1870〜1973 年は Maddison(2001: 361), 日本と西欧諸国は OECD *Economic Outlook*(2002) to (2001), より更新, それ以降は IMF, *International Financial Statistics*, 他のアジア諸国は ADB *Key Indicators*(2005)を. 台湾 1870〜1913 年は Ho(1978: 379-80); 韓国の 1900〜13 年は Maddison(1989b: 140), 1870〜1900 年の量的変化は日本と同じと仮定. 香港 1990 年ドルの 1973 年の輸出は 103 億 7900 万ドル, 2003 年の輸出は 2408 億 1300 万ドルであった.

綻し, ソ連邦は解体した. 1978 年に中国の 1 人当たり所得は旧ソ連の 15% であった. 2003 年には 89% であった.

　改革期は国際緊張の大きな緩和期の一つにあたっていた. 中国の地政学的な地位, 威信, 影響力は大きく高まった. 中国は世界第 2 の経済大国となり, 日本をかなり追い越し, 旧ソ連を大幅に追い越した. 中国は香港とマカオを平和的に取り戻し, 中国の柵の中に台湾を取り戻すことを意図して「一国二制度」を開始した.

　1978 年以降, 硬直的な外国貿易の独占とアウタルキー的な自力更生政策は放棄された. 外国貿易の決定権は非中央集権化された. 元は切り下げられ, 中国は高い国際競争力を持つようになった. 経済特区が自由貿易地域としてつくられた. 市場の力の役割の高まりに応えて競争が生まれ, 資源配分が改善され, 消費者の満足度も向上した. 貿易を通ずる世界経済との交流(表 3.22 参照), 直

表 3.23 アジアと西欧の所得と輸出力の比較(年平均複利成長率)

	1人当たりGDP			輸出量		
	1950-73年	1973-90年	1990-2003年	1950-73年	1973-90年	1990-2003年
日　本	8.1	3.0	0.9	15.3	6.7	2.6
中　国	**2.8**	**4.8**	**7.5**	**2.7**	**10.3**	**16.5**
インド	1.4	2.6	3.9	2.5	3.7	12.8
インドネシア	2.6	3.1	2.6	6.5	6.0	8.1
韓　国	5.8	6.8	4.7	20.3	13.2	12.5
フィリピン	2.7	0.7	1.0	5.9	6.9	10.0
台　湾	3.7	5.5	3.4	4.9	11.5	5.5
タ　イ	6.7	5.3	4.3	16.3	12.6	9.2
香　港	5.2	5.5	2.1	0.6	5.5	2.1
フランス	4.0	1.9	1.3	8.2	4.2	5.2
ドイツ	5.0	1.7	1.2	12.4	4.5	5.1
英　国	2.4	1.9	2.0	3.9	4.0	4.3
米　国	2.5	2.0	1.7	6.3	4.9	5.6

接投資の流入が大幅に増加し，また海外留学や海外旅行の機会，外国人の中国訪問の機会も非常に大きく増えた．1998年までの直接投資残高は米国，英国を除くどの国よりも大きかった．同時に中国は浮動的な国際資本移動に対するコントロールを慎重に維持してきた．世界貿易機関への加盟が認められるまでには15年を要したにもかかわらず，中国はいまや世界で3番目の輸出大国である．

　中国はいまなお解決すべき重要な諸問題をかかえている．国内の地域不均衡の度合いは非常に大きく，平均家族所得は上海では最も貧しい省である貴州省の8倍に近い．所得，教育，保健，就業機会の都市・農村格差は不満の大きな原因である．

　毛沢東時代の一遺物である国有工業大企業がなお存在する．大部分は大きな赤字を出している．これらの企業の相対的重要性はいちじるしく低下しているにもかかわらず，政府補助金と，国営銀行が余儀なくおこなっているローンの返済不履行とによって操業を維持している．1992年には国有工業部門は4500万人を雇用していたが，2005年までにその数は1000万人に減少してしまった．

　もう一つの大きな問題は銀行部門が抱える多額の不良債権である．銀行はたいてい国の管理のもとにあり，国は預金者から集めた資金の効率的配分を怠っている．

しかし過去四半世紀にあのようなダイナミズムを示し，海外からの投資や外国貿易が資源配分の効率性を大きく改善してきた経済の見通しについて，悲観的立場をとることは難しい．中国はいまだ低所得，低生産性の国であり，技術の最先端に近いところで活動している先発経済国の前には開かれていない急速なキャッチアップの機会が与えられている．追随諸国は人的物的資本のストックを積み上げ，経済を国際貿易に開き，吸収能力を育て政治的安定を維持する諸制度を発展させることによって先進諸国の技術ファンドを利用できる．キャッチアップ諸国が先発諸国に近づくとその成長率は減速することになろう．

中国の市場経済移行でなぜロシアより順調であったのか　中国は共産主義の指令経済を放棄して以来，ロシアよりもはるかに大きい成功を収めてきた．表3.24は1990年以来の中国の成長率とロシア，インド，日本，米国のGDPの成長実績とを比較している．中国はこれらのどの国よりも急速に成長しているが，ロシアとの比較はきわめて衝撃的である．1990年に中国のGDPはロシアの2倍弱であったが，2003年には6倍半に急増している．それゆえ中国の実績との差異がなぜ生じたのかは注目に値するので，以下に要約する．

1. 中国の改革者たちは農業に第1の優先度を置いた．彼らは毛沢東の集産主義の愚行を終わらせ，個別農家は自ら努力すれば所得を増やせるようにした．ロシアの改革者たちは多かれ少なかれ農業を無視したし，そのうえ個別農家経営の潜在能力は1920年代にスターリンによって圧殺されてしまっていた．中国政府は郷鎮企業の小規模生産を奨励した．地方幹部や党エリートには，自分たちの企業経営がうまくいけば所得を合法的に大幅に増やす機会が与えられた．
2. 中国の国家はソ連のように解体されることはなかった．ソ連と比べると少数民族の比率はずっと小さく，政治システムが崩壊することはなかった．粘り強い外交交渉と資本主義の飛び地をつくるというかたちで，香港やマカオを特別行政地域として再統合した．
3. 中国は改革期に多数の華僑から大きな便益を受けた．外国からの投資と外国企業家の大部分は香港，シンガポール，台湾，およびその他世界中に住む中国人からのものであった．

表3.24 中国，インド，日本，ロシア，米国の経済実績比較，1990～2003年

	GDP(1990年購買力平価換算10億ドル)					対各国GDPの中国GDPの比率(%)			
	ロシア	日本	中国	米国	インド	ロシア	日本	米国	インド
1990年	1,151	2,321	2,124	5,803	1,098	185	92	37	199
1991	1,093	2,399	2,264	5,792	1,112	207	94	39	204
1992	935	2,422	2,484	5,985	1,169	266	103	42	212
1993	854	2,428	2,724	6,146	1,238	319	112	44	220
1994	745	2,455	2,997	6,396	1,328	402	122	47	226
1995	715	2,504	3,450	6,558	1,426	483	138	53	242
1996	689	2,590	3,521	6,804	1,537	511	136	52	229
1997	699	2,636	3,707	7,110	1,611	530	141	52	230
1998	662	2,609	3,717	7,407	1,716	561	142	50	217
1999	704	2,605	3,961	7,736	1,820	563	152	51	218
2000	774	2,667	4,319	8,019	1,900	558	162	54	227
2001	814	2,673	4,781	8,079	2,009	587	179	59	238
2002	852	2,664	5,374	8,209	2,080	631	202	65	258
2003	914	2,699	6,188	8,431	2,267	677	229	73	273

出所) www.ggdc.net/Maddison から入手可能．

4. 中国は非常に低い水準の生産性と国民所得から出発した．改革期が始まった1978年に1人当たりの所得は旧ソ連の15％以下であり，工業化の程度もさらに低かった．正しい政策がとられるなら，急速なキャッチアップを望む国民にとって後進性は都合のいい状況である．中国の所得水準が香港，日本，マレーシア，韓国，シンガポール，台湾と比べてきわめて低かったというその事実こそが，中国に後進者の利益の享受と大きな構造変革遂行をたやすくしたのである．このことは中国の超成長の時期が上記の諸国よりも先の将来まで続くということを意味する．

5. 中国指導部は中国が国民党時代に経験したハイパー・インフレーションの危険に非常に神経質であった．ロシアのように個人貯蓄を無に帰するのではなく，貯蓄は奨励され大きく増加した．それこそ投資をきわめて高い水準に引き上げることができた主な理由である．ロシアの改革期はハイパー・インフレーション，大規模な資本逃避，通貨暴落，そして対外債務不履行の時期であった．中国政府は国際的な信用を勝ちとり，資本逃避もほとんどなかった．

6. 国営部門は民営化されなかったが業績不振で衰微している．中国には現

表 3.25 世界経済の中の中国, 1500～2030 年

	中 国	日 本	インド	西ヨーロッパ	米 国	世 界	中国/世界
人口(100 万人)							
1500 年	103.0	15.4	110.0	57.3	2.0	438.4	0.23
1820	381.0	31.0	209.0	133.0	10.0	1,041.8	0.37
1913	437.1	51.7	303.7	261.0	97.6	1,791.1	0.24
1950	546.8	83.8	359.0	304.9	152.3	2,524.3	0.22
1973	881.9	108.7	580.0	358.8	211.9	3,916.5	0.23
2003	1,288.4	127.2	1,049.7	394.6	290.3	6,278.6	0.21
2030	1,458.0	121.0	1,421.0	400.0	364.0	8,175.0	0.18
1 人当たり GDP(1990 年国際ドル)							
1500 年	600	500	550	771	400	566	1.06
1820	600	669	533	1,204	1,257	667	0.90
1913	552	1,387	673	3,458	5,301	1,526	0.36
1950	448	1,921	619	4,579	9,561	2,113	0.21
1973	838	11,434	852	11,416	16,689	4,091	0.20
2003	4,803	21,218	2,160	19,912	29,037	6,516	0.74
2030	15,763	30,072	7,089	31,389	45,774	11,814	1.33
GDP(100 万・1990 年国際ドル)							
1500 年	61.8	7.7	60.5	44.2	0.8	248.3	0.25
1820	228.6	20.7	111.4	160.1	12.5	694.6	0.33
1913	241.4	71.7	204.2	902.3	517.4	2,733.3	0.09
1950	245.0	161.0	222.2	1,396.2	1,455.9	5,336.7	0.05
1973	739.4	1,242.9	494.8	4,096.5	3,536.6	16,022.9	0.05
2003	6,187.9	2,699.0	2,267.1	7,857.4	8,430.8	40,913.0	0.15
2030	22,982.8	3,488.0	10,074.0	12,556.0	16,662.0	96,580.0	0.24

注と出所) 1500～2003 年は Maddison(2003)を更新, 2030 年は本書第 7 章から. 推計は計量経済学の計算にもとづいたものではなく, 世界経済のさまざまな部分の成長の勢いの変化, およびそれらの継続または変化の可能性の分析にもとづくものである. GDP 水準の計測は 1990 年を基準年とした購買力平価を反映して調整されている(Maddison 1998: 149-66 参照). 中国では元の購買力は為替レートよりも相当高い. 比較経済分析がしばしば大きな誤りを犯すことがあるのは, 為替レートによる換算の落とし穴に対する無知が中国の GDP 水準の著しい過小評価に導くからである. これはジャーナリスト, 政治家の演説, あるいは何人かのエコノミストについて真実である. 新聞はしばしば日本は世界で第 2 の経済大国であると言うが, しかし日本の GDP は中国の半分以下である. 同時に中国の公式統計は, Maddison(1998)がその理由を説明しているように, GDP の成長を過大評価していることにも注意を払うべきである. 同書は中国経済の実績を詳細に再計測している. ハリー X. ウー[伍暁鷹]教授の援助で私は 1952～2003 年について改訂し更新し, 工業と「非財貨」サービスとの実質付加価値の成長に関する公式数値に同様のタイプの下方修正をおこなった.

在多くの富裕な経営者がおり，政府の便宜を受けている者もいるが，ロシアのようにオリガルヒが生まれるようなことはなかった．
7. 中国は工業製品の輸出を優先し，沿海部に非課税企業特区を置いた．輸出は割安な為替レートの維持によっても促進された．1998年以降のロシア経済の回復は石油と天然ガスの輸出価格の上昇が主導した．
8. 中国の家族計画政策は出生率を引き下げ，人口構造を経済成長促進的となるように変えた．1978～2003年の間に労働可能年齢人口比率は54%から70%に増えた．中国では寿命が伸びたのに対して，ロシアでは低下した．

見通し　表3.25は次の四半世紀における中国の経済成長の見通しの比較表である．私は1人当たりGDPの成長について1990～2003年の年率7.3%から，2003～30年の4.5%へと大幅にスローダウンするものと仮定する．スローダウンには数々の理由がある．改革期には年齢構造の変化が二度とありえないほどの活動人口率の引き上げを可能にした．出発点が低かったために，労働力の平均教育水準は1952年から1995年までに5倍に引き上げられた．中国は急速な経済成長を推し進める中で深刻な環境悪化の被害を受けてきた．将来この危険を緩和するのに大きな資源をつぎ込まなければならないだろう．

農村地域の所得の相対的な低下と農村教育および保健施設の軽視が起こってきている．これを補うには巨額の資源投入を要するだろう．平均的な技術水準が先進国の最先端に近づいていることからくるスローダウンも考えられる．技術の模倣がイノベーションに代わるので，技術進歩にかかる費用はかさむようになるだろう．私の控えめな見積もりでも中国は2018年までにふたたび世界最大の国になり，米国は第2位になるであろう．1人当たりの平均水準は依然として米国，西ヨーロッパ，日本よりもかなり低い水準にとどまるが，世界平均よりかなり上回るようになるであろう．

注
1) Curtin(1984: 142)．ポルトガルは1500年から1634年までにインドへの航海で28%の船を失ったとしている．
2) 英国綿織物の市場開拓における輸入の効果についてはO'Brien et al.(1991)を参照．

3) Stokes(1959: 53)参照.

ジェームズ・ミルの英領インド史は基本的にはインド社会の哲学的な分析を試みたものであり,「文明の尺度」でその位置を評価した. 彼の目的の一つは, 初期の啓蒙思想家が示した東洋的専制に対する馬鹿げたセンチメンタルな賞賛を退けることにあったのは疑いない. ボルテールのような「鋭い眼力と懐疑的判断」の持ち主でさえ屈服し, 啓蒙主義の保守的傾向がやたらに強められてしまった. ミルのいわゆるヒンドゥー文明とイスラム文明に対する告発は見事なものであった. インドには「社会の忌まわしい状況」が存在し, それは最暗黒の封建時代にヨーロッパが身につけていたものより劣悪である. インドに関する個人的な経験の全くの欠如に気後れすることなく, ミルは自分の厳しい判断がまさにその公平性のゆえにいっそう正当化されると自負していた.

4) セポイの乱の前, まだベンサム主義の西欧化政策がおこなわれていた時にマルクスが書いた, 英国支配の影響に対する期待を想起することは興味深い.「英国はインドで二重の使命を果たさなければならない. 一つは破壊, もう一つは再生——古いアジア的社会の一掃とインドに西欧社会への物質的基礎をつくること」(*New York Daily Tribune*, 1853年8月8日(Avineri 1969にリプリント)). インドにかんする論説でマルクスは, 英国人が農村共同体を解体し, 手工業を根絶し, 土地に対する私的所有——「インド社会にはなくてはならぬもの」——を確立しつつある事実を強調した. 彼はまた灌漑と鉄道が経済成長にいちじるしい影響をもたらすこと, 工業化がカースト制度を破壊することを期待した.「鉄道システムの発展から生まれてくる近代工業は, 世襲の分業を解体するであろう. この世襲的分業はインド人の進歩とインド人の力とに対する決定的な障害物であるカースト制の土台なのである」.

5) バタビアはVOC事業のアジア全体を統括する司令部であった. それはバンタムから13マイル, チェリボンから38マイル, パレンバンから82マイル, スラバヤから96マイル, マラッカから160マイル, アンボンから300マイル, バンダから325マイル, テルナテから350マイル, タイから328マイル, コロンボから430マイル, コーチンから496マイル, ベンガルから600マイル, 日本から738マイル, モカから900マイル, 喜望峰から1483マイル, オランダから3500マイルの距離だった(Glamann 1981: 26参照).

6) 香料諸島は18世紀の最後の四半世紀に, フランスの外交官が苗木をひそかに持ち出したために独占を失った. 今日, それはグレナダ, マダガスカル, スリランカ, タンザニアで栽培されている.

7) 日本における仏教徒の力と財産は信長によって徹底的に減殺された. 信長は1570年代に数千の寺院を破壊し, さらに多くの僧侶も殺した(Hall 1971: 144参照).

8) 1700年から1820年までの中国と日本の人口の推移は鋭い対比を示している. 日本では人口の増加率は15%, 年率0.12%であったのに対して, 中国では2.75倍の増で, 年率0.85%の増加であった.

9) 中国と日本の都市化率, すなわち人口1万人以上の町に住む人々の割合は表1.7参照——Rozman(1973)から引用.

10) 1870年には日本の人口は3440万人で, うちサムライは42万6000人であった. 同じ時期に中国はその10倍以上の3億8100万人の人口であったが, しかし兵力(満州八旗および緑営)は約100万人であった. このことから徳川体制の軍事負担は異常に重かったことがわかる.

11) 15歳およびそれ以上の教育年数の比較(性別および初等教育年数で加重した)についてはMaddison(1989a: 78)参照.

12) *The Economist*, 8 October(2005: 11)は次のように解説している.

日本の潜在力に関して OECD の予測者たちを暗くさせた生産性成長のスローダウンは, 1990年代の驚くべき資本の浪費と, それに労働者の解雇に踏み出さなかったことが結びついた結果である. 1980年代の株式と不動産の巨大なバブルの間, 誤った資金配分がおこなわれたが, しかしそれ以後, 次の10年間にずっと多くの浪費がおこなわれた. 銀行は破綻した死に体企業を生きながらえさせ, 政治家は史上最大のバラマキを冒した.

13) *China Handbook, 1937-1943* と *Chinese Ministry of Information*(1943: 178-9)は外国租界の廃止の詳細をのべている. 第一次世界大戦前には「19カ国が不平等条約にもとづいて中国における治外法権と領事裁判権を享受した」. これらの国はオーストリア＝ハンガリー, ベルギー, ブラジル, デンマーク, フランス, ドイツ, 英国, イタリア, 日本, メキシコ, オランダ, ノルウェー, ペルー, ポルトガル, ロシア, スペイン, スウェーデン, スイス, 米国であった. オーストリア＝ハンガリーとドイツは第一次世界大戦でその権利を失い, ロシアの権利は1920年に中国によって停止され1924年にソ連がそれを承認した. 1919年のベルサイユ平和会議は治外法権廃止を考えるのを拒み, 中国が1921年と1929年にこのシステムを終わらせようとしたとき, ほとんどの条約諸国は非協力的だった. 1930年末にメキシコ, フィンランド, ペルシャ, ギリシャ, ボリビア, チェコ, ポーランドの諸国民が中国の司法に従うようになった. 1937年の日中戦争の勃発の後, 中国はイタリア, 日本, ルーマニア, デンマーク, スペインの諸国民に対する治外法権を終わらせた. 1943年に英国と米国が中国との条約で治外法権を放棄し, これによってこのシステムは終わりを告げた.

文 献

ADB(Asian Development Bank)(2005), *Key Indicators*, Manila.

Allen, G. C. and A. W. Donnithorne(1954), *Western Enterprise and Far Eastern Economic Development*, Allen & Unwin, London.

Avineri, S.(1969), *Karl Marx on Colonialism and Modernization*, Anchor Books, Doubleday, New York.

Barrett, W.(1990), 'World Bullion Flows, 1450-1800', in Tracy.

Boomgaard, P.(1993), 'Economic Growth in Indonesia, 500-1990', in Szirmai et al.

Boserup, E.(1965), *The Conditions of Agricultural Growth*, Allen & Unwin, London.(エスター・ボズラップ『農業成長の諸条件——人口圧による農業変化の経済学』安澤秀一, 安澤みね共訳, ミネルヴァ書房, 1975年)

Bray, F.(1984), *Agriculture*, vol. VI: 2 of Needham(1954-94).(フランチェスカ・ブレイ『中国農業史』古川久雄訳解説, 京都大学学術出版会, 2007年)

Bruijn, J. R. and F. Gaastra(eds)(1993), *Ships, Sailors and Spices*, NEHA, Amsterdam.

Chao, K.(1979), 'The Sources of Economic Growth in Manchuria, 1920-1941', in C. Hou and T. Yu(eds), *Modern Chinese Economic History*, Academia Sinica, Taipei.

Craig, A. M.(1961), *Chōshū in the Meiji Restoration*, Harvard University Press.

Cranmer-Byng, J. L.(1962), *An Embassy to China: Being the Journal kept by Lord Macartney during his Embassy to the Emperor Ch'ien Lung, 1793-1794*, Longmans, London.

Crawcour, E. S.(1963), 'Changes in Japanese Commerce in the Tokugawa Period', *Journal of Asian Studies*, pp. 387-400.

Creutzberg, P.(1975), *Indonesia's Export Crops, 1816-1940*, vol. 1, *Changing Economy in Indonesia*, Nijhoff, The Hague.

Cullen, L. M.(2003), *A History of Japan, 1582-1941*, Cambridge University Press.
Domar, E. D.(1989), *Capitalism, Socialism and Serfdom*, Cambridge University Press.
Eckstein, A., W. Galenson and T. C. Liu(eds)(1968), *Economic Trends in Communist China*, Aldine, Chicago. (A. エクスタインほか編『中国の経済発展』市村真一監訳, 〈東南アジア研究叢書〉, 創文社, 1979 年)
Eckstein, A., K. Chao and J. Chang(1974), 'The Economic Development of Manchuria: The Rise of a Frontier Economy', *Journal of Economic History*, pp. 235-64.
Flyn, D., A. Giraldez and R. von Glahn(eds)(2003), *Global Connections and Monetary History, 1470-1800*, Ashgate.
Frank, A. G.(1998), *Reorient: Global Economy in the Asian Age*, University of California, Berkeley. (アンドレ・グンダー・フランク『リオリエント——アジア時代のグローバル・エコノミー』山下範久訳, 藤原書店, 2000 年)
Fukuzawa, Y.(1972), *An Autobiography of Yukichi Fukuzawa*(revised translation by Eiichi Kiyooka), Schocken Books, New York. (福沢諭吉『新訂 福翁自伝』富田正文校訂, 岩波文庫, 1937 年)
Furber, H.(1976), *Rival Empires of Trade in the Orient, 1600-1800*, Oxford University Press.
Glamann, K.(1981), *Dutch-Asiatic Trade, 1620-1740*, Nijhoff, the Hague.
Grassman, S. and E. Lundberg(eds)(1981), *The World Economic Order: Past and Prospects*, Macmillan, London.
Habib, I.(1963), *The Agrarian System of Mughal India, 1556-1707*, Asia Publishing House, London.
Habib, I.(1978-9), 'The Technology and Economy of Mughal India', *Indian Economic and Social History Review*, XVII, No. 1, pp. 1-34.
Hall, J. W.(1971), *Japan from Prehistory to Modern Times*, Tuttle, Tokyo. (ジョン・W. ホール『日本の歴史——伝統と革新の偉大なる歩み』全2冊, 尾鍋輝彦訳, 講談社現代新書, 1970 年)
Hall, J. W. and M. B. Jansen(eds)(1968), *Studies in the Institutional History of Early Modern Japan*, Princeton University Press. (ジョン・W. ホール, マリウス・B. ジャンセン編『徳川社会と近代化』宮本又次, 新保博監訳, ミネルヴァ書房, 1973 年)
Hall, J. W. and J. P. Mass(eds)(1974), *Medieval Japan—Essays in Institutional History*, Yale.
Hall, J. W. and T. Toyoda(eds)(1977), *Japan in the Muromachi Age*, Berkeley. (豊田武, ジョン・ホール編『室町時代——その社会と文化』吉川弘文館, 1976 年)
Hall, J. W., K. Nagahara and K. Yamamura(eds)(1981), *Japan Before Tokugawa: Political Consolidation and Economic Growth, 1500-1650*, Princeton University Press.
Hall, J. W. and J. J. McClain(eds)(1991), *Early Modern Japan, Cambridge History of Japan*, vol. 4, Cambridge.
Hanley, S. B. and K. Yamamura(1977), *Economic and Demographic Change in Preindustrial Japan*, Princeton University Press. (S. B. ハンレー, K. ヤマムラ『前工業化期日本の経済と人口』速水融, 穐本洋哉訳, ミネルヴァ書房, 1982 年)
Hayami, A.(1986), 'Population Trends in Tokugawa Japan, 1600-1868', paper presented at the 46th session of the International Statistical Institute Congress.
Ho, P. T.(1959), *Studies on the Population of China, 1368-1953*, Harvard University Press.

Ho, S. P. S. (1978), *Economic Development of Taiwan*, Yale University Press.

Hooley, R. (2005), 'American Economic Policy in the Philippines, 1902-1940', *Journal of Asian Economics*, 16, pp. 464-88.

Innes, R. L. (1980), *The Door Ajar: Japan's Foreign Trade in the Seventeenth Century*, PhD. thesis, University of Michigan, microfilm.

Jansen, M. B. and G. Rozman (1986), *Japan in Transition: From Tokugawa to Meiji*, Princeton University Press.

Kodansha Encyclopedia of Japan (1983), 6 vols, Tokyo University Press.

Lal, D. (2005), *The Hindu Equilibrium*, Oxford University Press.

Legge, J. D. (1980), *Indonesia*, 3rd edn, Prentice Hall of Australia, Sydney.

Levathes, L. (1994), *When China Ruled the Seas: The Treasure Fleet of the Dragon Throne, 1405-1433*, Simon & Schuster, New York.（ルイーズ・リヴァシーズ『中国が海を支配したとき──鄭和とその時代』君野隆久訳,〈Shinshokan history book series〉, 新書館, 1996年）

Li, B. (1998), *Agricultural Development in Jiangnan, 1620-1850*, Macmillan, London.

Lin, J. Y. (1995), 'The Needham Puzzle', *Economic Development and Cultural Change*, January, pp. 269-92.

Liu, G. W. (2005), *Westling for Power: The State and the Economy in Late Imperial China, 1000-1770*, PhD. thesis, Harvard University.

McEvedy, C. (1998), *Historical Atlas of the Pacific*, Penguin, London.

McEvedy, C. and R. Jones (1978), *Atlas of World Population History*, Penguin, Middlesex.

MacFarquhar, R. and J. K. Fairbank (eds) (1987 and 1991), *The Cambridge History of China*, vols. 14 and 15, Cambridge University Press.

Maddison, A. (1969), *Economic Growth in Japan and the USSR*, Norton, New York.（アンガス・マディソン『日本とソ連の経済成長』大来佐武郎, 江川俊夫共訳, 日本経済新聞社, 1971年）

Maddison, A. (1971), *Class Structure and Economic Growth: India and Pakistan Since the Moghuls*, Allen & Unwin, London; Norton, New York.

Maddison, A. (1989a), *The World Economy in the 20th Century*, OECD, Paris.（アンガス・マディソン『20世紀の世界経済』金森久雄監訳, 東洋経済新報社, 1990年）

Maddison, A. (1989b), 'Dutch Income in and from Indonesia 1700-1938', *Modern Asian Studies*, 23, 4, pp. 645-70 (reprinted in Maddison 1995b).

Maddison, A. (1990), 'The Colonial Burden: A Comparative Perspective', in Scott and Lal, pp. 361-75.

Maddison, A. (1995a), *Monitoring the World Economy, 1820-1992*, OECD, Paris.（アンガス・マディソン『世界経済の成長史 1820〜1992年──199ヵ国を対象とする分析と推計』金森久雄監訳,（財）政治経済研究所訳, 東洋経済新報社, 2000年）

Maddison, A. (1995b), *Explaining the Economic Performance of Nations: Essays in Time and Space*, Elgar, Aldershot.

Maddison, A. (1998), *Chinese Economic Performance in the Long Run*, OECD, Paris.

Maddison, A. (2001), *The World Economy: A Millennial Perspective*, OECD, Paris.（アンガス・マディソン『経済統計で見る 世界経済2000年史』金森久雄監訳,（財）政治経済研究所訳, 柏書房, 2004年）

Maddison, A.(2003), *The World Economy: Historical Statistics*, OECD, Paris.
Maddison, A.(2006), 'Do Official Statistics Exaggerate China's GDP Growth? A Reply to Carsten Holz', *Review of Income and Wealth*, March, pp. 121-6.
Maddison, A.(2006) Available at: www.ggdc.net/Maddison/
Maddison, A. and G. Prince(eds)(1989), *Economic Growth in Indonesia*, Foris, Dordrecht.
Maddison, A., D. S. Prasada Rao and W. Shepherd(eds)(2000), *The Asian Economies in the Twentieth Century*, Elgar, Aldershot.
Moosvi, S.(1987), *The Economy of the Moghul Empire c. 1595: A Statistical Study*, Oxford University Press, Delhi.
Morineau, M.(1985), *Incroyable garettes et fabuleux metaux*, Cambridge University Press.
Mukherjee, M.(1969), *National Income of India*, Statistical Publishing Society, Calcutta.
Myers, R. H. and M. R. Peattie(1984), *The Japanese Colonial Empire, 1895-1945*, Princeton University Press.
Nakamura, J. I.(1966), *Agricultural Production and the Economic Development of Japan, 1873-1922*, Princeton.
Nakamura, S.(1968), *Meiji Ishin no Kiso Kozo.* (中村哲『明治維新の基礎構造』未来社, 1968年)
Naoroji, D.(1901), *Poverty and Un-British Rule in India*, London(Government of India Reprint, Delhi, 1962).
Needham, J.(1970), *Clerks and Craftsmen in China and the West*, Cambridge University Press.
Needham, J.(1971), *Science and Civilisation in China*, vol. 4, part III, *Civil Engineering and Nautical Technology*, Cambridge University Press. (ジョゼフ・ニーダム『中国の科学と文明』全11巻, 思索社, 新版1991年～)
Needham, J.(1981), *Science in Traditional China: A Comparative Perspective*, Harvard University Press.
Perkins, D. W.(1969), *Agricultural Development in China, 1368-1968*, Aldine, Chicago.
Pomeranz, K.(2000), *The Great Divergence: China, Europe and the Making of the Modern World Economy*, Princeton University Press.
Prakash, O.(1998), *European Commercial Enterprise in Pre-colonial India*, Cambridge University Press.
Qaisar, A. J.(1982), *The Indian Response to European Technology and Culture*, Oxford University Press, Bombay. (A・J・カイサル『インドの伝統技術と西欧文明』多田博一, 篠田隆, 片岡弘次訳, 平凡社, 1998年)
Raffles, T. S.(1978), *The History of Java*, 2 vols., Oxford University Press, Kuala Lumpur(reprint of 1817 edition).
Reid, A.(ed)(1983), *Slavery, Bondage and Dependency in Southeast Asia*, University of Queensland Press.
Reid, A.(1993), *Southeast Asia in the Age of Commerce, 1450-1680*, Yale University Press. (アンソニー・リード『大航海時代の東南アジア――1450-1680年』全2冊, 平野秀秋, 田中優子訳, 〈叢書・ウニベルシタス〉, 法政大学出版局, 1997・2002年)
Ren, R.(1997), *China's Economic Performance in International Perspective*, OECD, Paris.
Ridgway, R. H.(1929), *Summarised Data of Gold Production*, Economic Paper No. 6, Bureau

of Mines, US Dept of Commerce, Washington, DC.
Roberts, L. S.(1998), *Mercantilism in a Japanese Domain*, Cambridge University Press.
Robertson, J.(1984), 'Japanese Farm Manuals: A Literature of Discovery', *Peasant Studies*, 11, Spring, pp. 169–94.
Rozman, G.(1973), *Urban Networks in Ch'ing China and Tokugawa Japan*, Princeton University Press.
Scott, M. and D. Lal(eds)(1990), *Public Policy and Economic Development: Essays in Honour of Ian Little*, Oxford University Press.
Shinohara, M.(1962), *Growth and Cycles in the Japanese Economy*, Kinokuniya, Tokyo.
Singh, M.(2005), *'Address by Prime Minister Manmohan Singh at Oxford University'*, in acceptance of an honorary degree on 8 July.
Smith, H. D.(1986), *'The Edo-Tokyo Transition: In search of Common Ground'*, in Jansen and Rozman.
Stokes, E.(1959), *The English Utilitarians and India*, Oxford University Press.
Szirmai, A., B. van Ark and D. Pilat(eds)(1993), *Explaining Economic Growth: Essays in Honour of Angus Maddison*, North Holland, Amsterdam, London and New York.
Teng, S. Y., J. K. Fairbank et al.(eds)(1954), *China's Response to the West: A Documentary Survey*, Harvard University Press, Cambridge, MA.
Tracy, D.(ed)(1990), *The Rise of Merchant Empires: Long Distance Trade in the Early Modern World, 1350–1750*, Cambridge University Press.
Tracy, D.(ed)(1991), *The Political Economy of Merchant Empires*, Cambridge University Press.
Turnbull, C. M.(1997), *A History of Singapore, 1819–1975*, Oxford University Press, Kuala Lumpur.
Twitchett, D. and F. W. Mote(1998), *The Cambridge History of China, 1368–1644*, Part 2, Cambridge University Press.
Van der Eng, P.(1998), 'Exploring Exploitation: The Netherlands and Colonial Indonesia, 1870–1940', *Revista de Historia Econmica*, XVI, No. 1, pp. 291–321.
Van Leur, J. C.(1955), *Indonesian Trade and Society*, van Hoeve, The Hague.
Von Glahn, R.(1996), *Fountain of Fortune: Money and Monetary Policy in China, 1000–1700*, University of California Press.
Vries, J. de(2003), 'Connecting Europe and Asia: A Quantitative Analysis of the Cape Trade Route, 1497–1795', in Flyn et al.
Xi, L. and D. W. Chalmers(2004), 'The Rise and Decline of Chinese Shipbuilding in the Middle Ages', *International Journal of Maritime Engineering*, Royal Institute of Naval Architects.
Yamamura, K.(1974), *A Study of Samurai Income and Entrepreneurship*, Harvard University Press.

付　録

表 3.26a　アジアの人口 1820〜2003 年(各年央, 1000 人)

	1820 年	1870 年	1913 年	1950 年	1973 年	1990 年	2003 年
中　国	381,000	358,000	437,140	546,815	881,940	1,135,185	1,288,400
インド	209,000	253,000	303,700	359,000	580,000	839,000	1,049,700
インドネシア	17,927	28,922	49,934	79,043	124,271	178,500	214,497
日　本	31,000	34,437	51,672	83,805	108,707	123,537	127,214
フィリピン	2,176	5,063	9,384	21,131	41,998	64,318	84,620
韓　国	9,395	9,753	10,589	20,846	34,073	42,869	48,202
タ　イ	4,665	5,775	8,689	20,042	40,302	55,197	63,271
台　湾	2,000	2,345	3,469	7,981	15,526	20,279	22,603
バングラデシュ				45,646	72,471	109,897	138,448
ビルマ	3,506	4,245	12,326	19,488	29,227	39,655	46,030
香　港	20	123	487	2,237	4,213	5,688	6,810
マレーシア	287	800	3,084	6,434	11,712	17,504	23,093
ネパール	3,881	4,698	5,639	8,990	12,685	19,325	26,470
パキスタン				39,448	71,121	114,578	156,127
シンガポール	5	84	323	1,022	2,193	3,047	4,277
スリランカ	1,213	2,786	4,811	7,533	13,246	17,193	19,742
アジア 16 国計	**666,075**	**710,031**	**901,247**	**1,269,461**	**2,043,683**	**2,785,773**	**3,319,505**
アフガニスタン	3,280	4,207	5,730	8,150	13,421	14,669	27,060
カンボジア	2,090	2,340	3,070	4,471	7,534	9,355	13,160
ラオス	470	755	1,387	1,886	3,027	4,210	5,922
モンゴル	619	668	725	779	1,360	2,216	2,712
北朝鮮	4,345	4,511	4,897	9,471	15,161	20,019	22,466
ベトナム	6,551	10,528	19,339	25,348	45,736	67,283	81,791
アジアの 23 小国計	1,798	1,903	2,237	3,364	5,781	8,625	11,542
東アジア 29 国計	**19,153**	**24,912**	**37,385**	**53,469**	**92,020**	**126,378**	**164,654**
東アジア 45 国計	**685,228**	**734,943**	**938,632**	**1,322,930**	**2,135,703**	**2,912,151**	**3,484,159**
バーレーン				115	239	500	667
イラン	6,560	8,415	10,994	16,357	31,491	57,036	67,148
イラク	1,093	1,580	2,613	5,163	10,402	18,135	24,683
イスラエル				1,286	3,197	4,512	6,117
ヨルダン	217	266	348	561	1,674	3,262	5,460
クウェート				145	894	2,142	2,183
レバノン	332	476	649	1,364	2,825	3,147	3,728
オマーン				489	857	1,773	2,807
カタール				25	142	481	817
アラビア／サウジアラビア*	5,202	5,749	6,658	3,860	6,667	16,061	25,157
シリア	1,337	1,582	1,994	3,495	6,931	12,436	17,586
トルコ	10,074	11,793	15,000	21,122	38,503	56,085	68,109
アラブ首長国連邦				72	391	1,951	2,485
イェーメン				4,777	7,580	12,416	19,350
パレスチナ	332	429	700	1,017	1,124	1,897	3,512
西アジア 15 国	**25,147**	**30,290**	**38,956**	**59,847**	**112,918**	**191,834**	**249,808**
アジア計	**710,375**	**765,233**	**977,588**	**1,382,777**	**2,248,621**	**3,103,985**	**3,733,967**

注)　* 1820 年から 1913 年までの数字はバーレーン, クウェート, オマーン, カタール, アラブ首長国連邦, イェーメン, サウジアラビアを含む.
出所)　1820〜1949 年は US Bureau of the Census, April 2005 version から更新した Maddison (2003). ただし中国, インド(national sources より), インドネシア(Pierre van der Eng より)を除く.

表 3.26b　アジアの 1 人当たり GDP 1820～2003 年(100 万・1990 年 GK ドル)

	1820 年	1870 年	1913 年	1950 年	1973 年	1990 年	2003 年
中　国	600	530	552	448	838	1,871	4,803
インド	533	533	673	619	853	1,309	2,160
インドネシア	612	654	904	840	1,504	2,526	3,555
日　本	669	737	1,387	1,921	11,434	18,789	21,218
フィリピン	584	624	988	1,070	1,964	2,224	2,536
韓　国	600	604	869	854	2,824	8,704	15,732
タ　イ	570	608	841	817	1,874	4,633	7,195
台　湾	550	550	747	924	4,091	9,886	17,284
バングラデシュ				540	497	640	939
ビルマ	504	504	685	396	628	778	1,896
香　港	600	683	1,279	2,218	7,105	17,541	24,098
マレーシア	603	663	900	1,559	2,560	5,132	8,468
ネパール	397	397	539	496	622	808	1,007
パキスタン				643	954	1,589	1,881
シンガポール	500	682	1,279	2,219	5,977	14,220	21,530
スリランカ	550	851	1,234	1,253	1,504	2,448	3,839
アジア 16 国計	**580**	**549**	**679**	**668**	**1,568**	**2,707**	**4,459**
アフガニスタン				645	684	604	668
カンボジア				482	778	880	1,268
ラオス				613	770	929	1,322
モンゴル				435	860	1,333	1,040
北朝鮮	600	604	869	854	2,824	2,841	1,127
ベトナム	527	505	727	658	836	1,025	2,147
アジアの 23 小国計	556	535	752	1,151	2,080	2,254	2,966
東アジア 29 国計	**556**	**535**	**752**	**702**	**1,213**	**1,339**	**1,704**
東アジア 45 国計	**580**	**549**	**682**	**669**	**1,553**	**2,647**	**4,329**
バーレーン				2,104	4,376	4,104	5,589
イラン	588	719	1,000	1,720	5,445	3,503	5,539
イラク	588	719	1,000	1,364	3,753	2,458	1,023
イスラエル				2,817	9,645	12,968	16,360
ヨルダン	590	718	1,000	1,663	2,388	3,792	4,220
クウェート				28,878	26,689	6,121	10,145
レバノン	657	845	1,350	2,429	3,155	1,938	3,507
オマーン				623	3,279	6,479	6,896
カタール				30,387	43,806	6,804	8,915
アラビア／サウジアラビア*	550	575	600	2,231	11,040	8,993	7,555
シリア	658	844	1,350	2,409	4,017	5,701	7,698
トルコ	643	825	1,213	1,623	3,477	5,445	6,731
アラブ首長国連邦				15,798	24,887	13,070	17,818
イェーメン				911	1,640	2,272	2,619
パレスチナ	614	751	1,250	949	2,184	3,806	2,563
西アジア 15 国	**607**	**742**	**1,042**	**1,776**	**4,854**	**4,863**	**5,899**
アジア計	**581**	**556**	**696**	**717**	**1,719**	**2,784**	**4,434**

注)　* 1820 年から 1913 年までの数字はバーレーン，クウェート，オマーン，カタール，アラブ首長国連邦，イェーメン，サウジアラビアを含む．
出所)　表 3.26a および 3.26c より．

表 3.26c　アジアの GDP 1820～2003 年（1990 年 GK ドル）

	1820 年	1870 年	1913 年	1950 年	1973 年	1990 年	2003 年
中　国	228,600	189,740	241,431	244,985	739,414	2,123,852	6,187,984
インド	111,417	134,882	204,242	222,222	494,832	1,098,100	2,267,136
インドネシア	10,970	18,929	45,152	66,358	186,900	450,901	762,545
日　本	20,739	25,393	71,653	160,966	1,242,932	2,321,153	2,699,261
フィリピン	1,271	3,159	9,272	22,616	82,464	143,025	214,595
韓　国	5,637	5,891	9,206	17,800	96,231	373,150	758,297
タ　イ	2,659	3,511	7,304	16,375	75,511	255,732	455,204
台　湾	1,100	1,290	2,591	7,378	63,519	200,477	390,671
バングラデシュ				24,628	35,997	70,320	130,013
ビルマ	1,767	2,139	8,445	7,711	18,352	30,834	87,269
香　港	12	84	623	4,962	29,931	99,770	164,103
マレーシア	173	530	2,776	10,032	29,982	89,823	195,543
ネパール	1,541	1,865	3,039	4,462	7,894	15,609	26,660
パキスタン				25,366	67,828	182,014	293,666
シンガポール	3	57	413	2,268	13,108	43,330	92,079
スリランカ	667	2,372	5,938	9,438	19,922	42,089	75,786
アジア 16 国計	386,556	389,842	612,085	847,567	3,204,817	7,540,179	14,800,812
アフガニスタン				5,255	9,181	8,861	18,088
カンボジア				2,155	5,858	8,235	16,687
ラオス				1,156	2,331	3,912	7,830
モンゴル				339	1,170	2,954	2,821
北朝鮮	2,607	2,725	4,257	8,087	42,819	56,874	25,310
ベトナム	3,453	5,321	14,062	16,681	38,238	68,959	175,569
アジアの 23 小国計	1,000	1,018	1,682	3,871	12,022	19,439	34,239
東アジア 29 国計	10,651	13,328	28,115	37,544	111,619	169,234	280,544
東アジア 45 国計	397,207	403,170	640,200	885,111	3,316,436	7,709,413	15,081,356
バーレーン				242	1,046	2,054	3,729
イラン	3,857	6,050	10,994	28,128	171,466	199,819	371,952
イラク	643	1,136	2,613	7,041	39,042	44,583	25,256
イスラエル				3,623	30,839	58,511	100,065
ヨルダン	128	191	348	933	3,999	12,371	23,040
クウェート				4,181	23,847	13,111	22,149
レバノン	218	402	876	3,313	8,915	6,099	13,072
オマーン				304	2,809	11,487	19,358
カタール				763	6,228	3,276	7,284
アラビア／サウジアラビア*	2,861	3,303	3,995	8,610	73,601	144,438	190,056
シリア	880	1,335	2,692	8,418	27,846	70,894	135,372
トルコ	6,478	9,729	18,195	34,279	133,858	305,395	458,454
アラブ首長国連邦				1,130	9,739	25,496	44,274
イェーメン				4,353	12,431	28,212	50,678
パレスチナ	204	322	875	965	2,455	7,222	9,000
西アジア 15 国計	15,269	22,468	40,588	106,283	548,120	932,968	1,473,739
アジア計	412,476	425,638	680,788	991,393	3,864,556	8,642,381	16,555,095

注）　* 1820 年から 1913 年までの数字はバーレーン，クウェート，オマーン，カタール，アラブ首長国連邦，イェーメン，サウジアラビアを含む．

出所）　Maddison(2003: 154-7 and 180-8) を ADB, *Key Indicators* 2005 で更新（中国を除く）．2003 年の日本と韓国は OECD *National Account, vol. 2006*. 中国の 1950 年以降は，ハリー X. ウーによる工業セクターの新推計によって改訂．韓国と北朝鮮（1911～74 年）は Maddison(2003) のエラー訂正で修正．フィリピンの 1902～40 年は Hooley(2005) に沿って修正．1820 年の推計は香港，フィリピン，シンガポール，スリランカ，台湾，タイについて修正．

第4章
イスラムとヨーロッパがアフリカの発展に与えた影響
紀元1～2003年

序論

アフリカの長期の経済発展を多少とも正確に数値化するのは難しい．しかし，人口増加の大まかな輪郭を見出すことは可能であるし，1人当たり所得の動きについてもいくらかの手がかりはある．

サハラ以北と大陸のその他の地域がたどった道にははっきりとした違いがある．過去2000年間のほとんどにわたって北部は南部に比べて所得と都市化の水準がより高く，経済および政治の制度がより高度であった．北部アフリカの歴史は文書記録が豊富にあるので成文化して明らかにすることができる．南部についての知識は9世紀までは考古学的，言語学的証拠にもとづく文書記録，それ以後は北部からの訪問者の文書記録が利用できる．

長期的に言えば人口増加はサハラ以南のほうがずっとダイナミックだった．今から2000年前には全アフリカ人のおよそ半分は北部に住んでいた．1820年頃には5分の4が南に住んでいた．紀元1世紀から1820年までの間北部の人口増加は（多くの逆転をはさんで）3分の1であった．南部の増加は8倍弱であった（表4.1参照）．外延的成長（換言すれば1人当たり所得を減少させることなく人口増を受け入れる能力）という点では南部が明らかに勝っている．北部の1820年の1人当たり所得は1世紀より低いようである．サハラ以南では多少の増加があったと思われる（表4.2参照）．

南部のより大きな人口躍進は奴隷貿易による大量のロスを考えると驚くべきことである．これには2つの理由がある．(a)北部アフリカでは6世紀から19世紀にかけてペストが風土病であったようだ．それがサハラを越えることはなかったようだ．(b)農業技術の変化が南部ではずっと大きかった．

表 4.1 アフリカの人口,紀元 1〜2003 年(1000 人)

	1年	1000年	1500年	1600年	1700年	1820年	2003年
エジプト	4,500	5,000	4,000	5,000	4,500	4,194	74,719
モロッコ	1,000	2,000	1,500	2,250	1,750	2,689	31,689
アルジェリア	2,000	2,000	1,500	2,250	1,750	2,689	31,714
チュニジア	800	1,000	800	1,000	800	875	9,873
リビア	400	500	500	500	500	538	5,499
北アフリカ計	8,700	10,500	8,300	11,000	9,300	10,985	153,494
サヘル	1,000	2,000	3,000	3,500	4,000	4,887	34,335
その他西アフリカ	3,000	7,000	11,000	14,000	18,000	20,777	217,536
西アフリカ計	4,000	9,000	14,000	17,500	22,000	25,664	251,870
エチオピアとエルトリア	500	1,000	2,000	2,250	2,500	3,154	74,098
スーダン	2,000	3,000	4,000	4,200	4,400	5,156	38,114
ソマリア	200	400	800	800	950	1,000	8,025
その他の東アフリカ	300	3,000	6,000	7,000	8,000	10,389	108,841
東アフリカ計	3,000	7,400	12,800	14,250	15,850	19,699	229,078
アンゴラ,ザイール,赤道ギニア	1,000	4,000	8,000	8,500	9,000	10,757	94,136
マラウィ,ザンビア,ジンバブエ	75	500	1,000	1,100	1,200	1,345	34,917
モザンビーク	50	300	1,000	1,250	1,500	2,096	18,801
南アフリカ,スワジランド,レソト	100	300	600	700	1,000	1,550	47,659
ナミビアとボツワナ	75	100	200	200	200	219	3,629
マダガスカル	0	200	700	800	1,000	1,683	16,980
インド洋	0	0	10	20	30	238	2,856
南アフリカ計	300	1,400	3,510	4,070	4,930	7,131	125,246
アフリカ計	17,000	32,300	46,610	55,320	61,080	74,236	853,422

注) サヘルはチャド,モーリタニア,マリ,ニジェールを含む.その他の西アフリカはベニン,ブルキナファソ,カーボヴェルデ,コートジボワール,ガンビア,ガーナ,ギニア,ギニアビサウ,リベリア,ナイジェリア,セネガル,シエラレオネ,トーゴ,西サハラを含む.その他の東アフリカはブルンジ,ジブチ,ケニア,ルワンダ,タンザニア,ウガンダを含む.赤道はカメルーン,中央アフリカ共和国,コンゴ,赤道ギニア,ガボン,サントメ・プリンシペを含む.インド洋はコモロ,モーリシャス,マヨット,レユニオン,セーシェルを含む.
出所) 紀元 1〜1820 年は McEvedy and Jones(1978)から,ただしエジプトの紀元 1 年は Frier (2000)から.2003 年は International Programs Center, US Bureauw of the Census, www.census, gov/ipc, 26/4/05 から.

2000 年前にはブラックアフリカのほとんどには石器時代の技術を使う狩猟・採取の人々が住んでいた.1820 年までに彼らは押しのけられ,人口中のほんのわずかな一部になった.鉄器時代の道具や武器を使う農民や牧畜民の割合が劇的に増加した.1500 年以降アメリカからのとうもろこし,キャッサバ,さつまいもの導入と普及によっても土地生産性は増大した.

サハラを越える通商の可能性は 5 世紀から 8 世紀間のらくだの導入によって

表 4.2 アフリカの 1 人当たり GDP，紀元 1〜2003 年 (1990 年国際ドル)

	1 年	1000 年	1500 年	1600 年	1700 年	1820 年	2003 年
エジプト	600	550	500	500	500	500	3,034
その他の北アフリカ	479	430	430	430	430	430	3,227
サヘルと西アフリカ	400	415	415	415	415	415	1,176
その他のアフリカ	400	400	400	415	415	415	1,245
平　　均	472	428	416	424	422	421	1,549

注と出所) 第 1 列は第 1 章，表 1.15．1000〜1820 年は標準的推計である．2003 年は 1820〜2001 年を示す Maddison (2003: 197-201) を IMF, *World Economic Outlook*, April 2005 によって補正して作成．推計の理論的根拠はアフリカ史の主潮流の分析から引き出した．紀元 1 世紀には北アフリカはローマ帝国に属していた．エジプトはファラオの時代に統治者のために，またモニュメント建造のために使われた巨大な剰余を生み出す農業の特質により最も富裕な地域であった．その後，その剰余は貢納としてローマやアラブの支配者によって大部分吸い上げられた．マグレブの大部分には繁栄し都市化した沿岸地域があり，これら地域とサハラの間にはベルベル人が住んでいた．当時はブラックアフリカとの接触は存在しなかった．私の推定ではブラックアフリカ人の平均所得は生存水準をわずかに上まわる程度であった(私のヌメレールでは 400 ドル)．7 世紀のアラブの北アフリカ征服の後ではらくだ輸送によるサハラ越えの交易が始まり，モロッコ，サヘル，西アフリカの 1 人当たり所得を向上させた．私の考えでは当時ブラックアフリカでは狩猟・採取から農業への生産様式のゆるやかな変化が始まり，人口密度が増加し，1 人当たりの労働投入度が高まったが，1 人当たり所得への影響はわずかであった．

革命的に増大した．1 頭のらくだはおよそ 3 分の 1 トンの荷物を運び，数日間餌なしで，また 15 日間以上水なしで歩くことができた．

　それは，10 分間で 25 ガロンの水を飲み干し——それを体内に保持し，さらに水飲み場の所在を記憶しているという驚異的な能力のせいである．らくだはほかの動物にくらべると発汗，皮膚蒸発，排尿による水分の喪失が少ない．らくだはほかの動物が消化できない有棘植物や乾燥した草で生きていける(Goldschmidt 1979: 21)．

　ローマアフリカではサハラ以南との接触は事実上なかったし，エジプトを除けば経済の進歩した地域は地中海沿岸 200 km 以内に限られていた．11 世紀までは，1000 頭以上のらくだのキャラバンを率いるムスリムの商人がブラックアフリカとの通商の通常の姿だった．アラブ人による征服が北部アフリカの文明と制度を変え，大西洋から紅海の間の 6000 km にわたるサハラ以南のサヘルおよびサバンナの地域に強力なイスラム化の影響を及ぼした．14 世紀にはムスリムの文化と影響が及ぶ地域はローマの領土より南へさらに 3000 km 以上伸びた．サハラ以南ではイスラム化の程度は異なるが，赤道より北で，イス

ラム化の範囲外にある唯一の地域はキリスト教王国エチオピアであった．

7世紀以前のヨーロッパの北部アフリカへの影響

7世紀までの1000年間，地中海沿岸の西部の地域はカルタゴやローマの覇権エリートたちに支配されていた．エジプトは紀元前323年からローマの支配に陥った前30年まで，ギリシャ王朝(プトレマイオス朝)によって支配されていた．ローマは前146年にカルタゴをチュニジアにおけるその繁栄した農業後背地とともに奪った．ローマはキレナイカを前96年に，ヌミディアのベルベル人諸王国を前46年に，モロッコの北端を紀元44年に属州にした．エジプトとキレナイカの公用語は引き続きギリシャ語であった．ローマアフリカの残りの地域の公用語はラテン語になった．

紀元前30年から，北部アフリカはしっかりとローマの支配下に入った．地中海はイタリアの素晴らしい諸港とアレクサンドリア港を持つローマの湖になり，アフリカ，ヨーロッパ，中東の間に大量の貿易の流れが生まれた．ホプキンズ(Hopkins 1980)は日付のある545件の難破船についての情報を使って，紀元前200～紀元200年の時期に「地中海の海上交易はそれ以前またそれ以後の1000年よりも多かった」との結論を得た．エジプトの農業生産性はイタリアよりずっと高かったが，それは豊富で確実なナイルの水の流れと沈泥の形での表土の毎年の更新のためであった．種子収量比がイタリアの4倍に対し10倍というほど土地が大変肥沃であった[1]．その結果エジプトはファラオやプトレマイオスが輝ける文化を支えるのに使った余剰を生み出したのである．ローマの植民地としての新制度のもとでかなりの額(エジプトのGDPの10％近く)が吸い上げられた[2]．大型の穀物運搬船がローマの住民を養うために小麦をアレクサンドリアから積み出した．エジプトは亜麻布およびリネン類，パピルス，ガラス製品，宝石を輸出した．アレクサンドリアはまたインド，アラビア，東アフリカから紅海を北上する商品の主な中継港であった．

ローマ人は思弁的および論理的研究には興味をもたなかったが，アレクサンドリアはローマの征服後三世紀間ずっと古代世界の知的センターであった．この時代の著名人には天文学者・地理学者クラウディウス・プトレマイオス，数

学者パップスがいた．アレクサンドリアの図書館は紀元前30年のローマの占領の際，甚大な損害を受けたが，紀元270年に最終的に破壊された(Casson 2001: 47 参照)．

ローマ帝国は3世紀末ディオクレティアヌスによって分割された．エジプトは東方帝国の支配下に入り，アレクサンドリアからの穀物輸出は紀元330年にコンスタンチノープルに向け直された．アレクサンドリアの知的生活の質は323年にコンスタンチヌス皇帝がキリスト教を国教にして以来，激しく劣化した．以後，エジプトの教養ある階級の人々はギリシャ教会ではなくコプト教会に日増しに傾斜し，コンスタンチノープルの正統派教義に反対してコプトの単性論の教義を擁護することを主な知的活動とする修道士たちの大きな世界を支えるために，多額の経済余剰が使われた．

チュニジアおよび西方の諸属州は429年にヴァンダル族侵入者によって占領された．これらの地域は533年にユスティアヌス帝の軍勢によって再占領されたが，ローマ帝国領アフリカの経済が低下しつつあり，ローマの政治的支配も弱化しつつあることは明らかであった．ホプキンズ(Hopkins 1980)は400～650年の地中海貿易が1,2世紀の水準のおよそ5分の1に低下したとしている．

アフリカの西部属州と南方の土地との陸上交易はないに等しかった．ローマの植民地は，主として小作農によって耕作される大規模な灌漑農場のあるチュニジアを例外として，最初は海岸にかなり近いところにあった．ローマの支配下で耕作地域は拡大された．アウグトゥスとティベリウスは南方の元・砂漠地域まで開拓を推し進め，ローマアフリカの耕地を倍加させた(Whittaker 1996: 618)．アフリカ属州からの輸出はカルタゴからイタリアに積み出される穀類とトリポリタニアからのオリーブに大きく集中していた．輸出品の大部分は徴税を財源とする貢納品であったが，一部には不在地主の小作料収入の本国への送還を意味するものもあった．住民は主にイタリアからの植民者や除隊した兵士またはカルタゴ人の子孫やギリシャ化した先祖の子孫からなっていた．主要都市はカルタゴで，紀元前146年にローマ人によって破壊されて一世紀以上たって再建されたのである．南の辺境ではひとつながりの要塞が国境(limes)となっている〔limes＝ローマ帝国の国境の長城〕．国境の内部では私有財産が支配的であり，土地税の負担額を査定するために土地台帳調査が用いられた．サハラとこ

の国境の間には大変さまざまな部族が住んでいた．多くは遊牧民あるいは牧畜民で所有権とか境界という観念はほとんど持っていなかった．ローマ人は彼らを野蛮人(barbari)と呼んだが，ベルベル人という名称はこれから来ている[3]．彼らはローマの支配に対し概して敵対的であり，手にも負えないし，しばしば奇襲攻撃をおこなった．少量ではあるがリビア砂漠のフェザンのオアシス経由でサハラ越えの交易もあった．ヘロドトス(紀元前450年頃執筆)はモロッコの南部，サハラより南の金を若干手に入れていたとしたが，ローマがこのような交易をおこなったという記録はないし(Mauny 1961; Bovill 1995参照)，奴隷貿易もほとんどなかったようだ．ローマはサーカスのための動物をモロッコから輸入しており，この地の動物相は今よりはずっと変化に富んでいたようだ．

　西アフリカではローマの船はボハドル岬(カナリア諸島のすぐ南)をあえて越えることはなかった．卓越風のため帰路の航海が不可能だったからである．

　ローマエジプトの境界はアスワンのナイル第1急流の南約80 kmと定められていた．南のナイロ・スーダン(メロエ)とエチオピアとはごく限られた接触があったが，両王国はビザンチン時代にキリスト教国になった．

　東アフリカ，アラビア，インドとの間に大規模な海上貿易がおこなわれた．インドとの直接貿易はプトレマイオス朝エジプトの船員たちがモンスーンの風のなかでの航海法を発見した紀元前2世紀に始まった．アウグストゥスの時代に地理学者ストラボンはエジプトからインドに年120隻の船が航海したと報じていた．ワイン，青銅，錫，金その他種々の製造品がナイルをさかのぼってコプトスまで運ばれ，そこからさらに陸路紅海沿岸の港ミオス・ホルモス(Myos Hormos)あるいはベレナイセ(Berenice)に運ばれた〔ミオス・ホルモスは現在のエル・クセイル(El Quseyr)の北6 km，ベレナイセはスーダンとの国境の北〕．船にはエジプトのギリシャ人が乗り込み，アデン湾を通り2つの主要経路でインドに行った——北ルートはグジャラート辺へ，南西海岸ルートはケララへ，さらに南はセイロンへである(Casson 1989参照)．復路，香辛料，こしょう，宝石を持ち帰った．彼らは陸路インドから運ばれてくる中国の絹，鏡その他を買うことができた．このようなインドからの輸入は大部分，銀と金の輸出でまかなわれた．インドで発見されるローマの貨幣の量や日付によって，商売の場所，商売の繁華の移り変わりを推定することができる．東アフリカとの交易はエリトリア，

ソマリの沿岸に沿ってソマリアの角を回り，ザンジバルのやや南の地点にいたる．東アフリカの主たる輸出品は金，象牙，シナモン，奴隷，獣皮，象であった．紅海のなかではアクスム（エチオピアの北東部）との貿易がアドゥリス（Adulis）港経由でおこなわれ，輸入品はアラビア沿岸からの香料（乳香，没薬）であった〔アドゥリスはエリトリアにあったアズム（Axum）王国の貿易港〕．

アラブ，アジア，「ローマ」の商人たちはインド洋で平和共存していたようだ．実際にはアラブ，アジアの商人たちはローマ人が来る前も去った後も活動していた．東アフリカ沿岸に沿ってアジアとの貿易が長く続いていた．熱帯東アフリカの食料供給の重要な部分はマダガスカル経由でインドネシアから導入された——バナナとプランタンであった．

4世紀の終わりごろまでにはエジプトからインドへの航海は大変少なくなった．ヨーロッパ市場のほとんどは西ローマ帝国の崩壊とともに消滅し，新しい帝国の首都へのアジアの商品はペルシャ湾経由でコンスタンチノープルへ送られてきた．エジプトへの海上運輸に残されたものは主にアラブあるいはアクスムの仲介業者が扱った．

イスラムによる征服とその意味するもの

7世紀，エジプトおよびその他北部アフリカのローマ帝国は新しい文明によって破壊され，その覇権はローマより長期にわたり，また南へもより遠く浸透した．その文明は12世紀までは地中海を隔てるヨーロッパ諸国とはほとんど接触がなかったが，通商や文化的つながりを急速に，また深くアフリカの心臓部へまでひろげていった．

ムスリムのエジプト征服は639年に始まり642年に終わった．侵略者がマグレブと呼ぶ北部アフリカの残りの地域への攻撃は，647年に始まり60年後に完了した．スペインは711年から713年の間に西ゴート支配者からもぎ取られた．西アジアではムスリムのパレスチナおよびシリア（634年），イラク（637年），イラン（643年）の征服は，あっと言わせるほどの早さだった．

ムスリムの征服はその力を新しい非妥協的な一神教から得ており，この宗教は預言者ムハンマドとその信者たちが敵対的なメッカから友好的なメディナへ

移住(hijra)して622年に作ったのであった．忠実な信者の熱情は，異教徒との戦いで殉死することが極楽にいたる最も確実な道であるという信念と，敵は必ず地獄で朽ち果てるという確信によって強められた．シリア，イラク，イランにはかなりのアラブ人がいたこと，また攻撃対象の二大帝国が弱体であったことが征服の助けになった．ビザンチンはよろめいており，イラクとペルシャのササン朝はすでに壊滅状態であった．彼らは数十年にわたる相互抗争と国内不和によって弱化していたのである．

632年の預言者の死後，政治指導者のマント〔mantle＝支配権の比喩的表現〕は身近な側近や親族から出た4人の後継者(カリフ)に受け継がれた．第1代は彼の義父の一人であり，第4代は彼のただ一人の娘婿であった．引き継ぎは基本的には世襲ではなく，それにムハンマドには男子の跡継ぎはなかった．結局，長い間には彼の子孫か，家系を偽った地位要求者によってカリフの地位が争われるようになった．最初のカリフであるアブー・バクルはアラビアのムスリム勢力の基盤を強化した．彼の後継者たちウマル，ウスマーンはメディナからのコントロールを続け，また預言者の啓示の最初の文書版(コーラン)の作成を命じた．ビザンチンとペルシャの帝国を攻撃するため将軍たちを派遣し，征服した地域の統治者を任命したのは彼らであった．彼らの機動騎兵隊——らくだや馬にまたがった——は信じられないくらいの成功をおさめた．彼らはペルシャ帝国から金や財宝の山を奪い取った．彼らはイラク，エジプトの肥沃な農業地帯の支配権を獲得したが，これらの土地からは莫大な税収入を搾り取ることができた．彼らはシリアを占領した．シリアは貿易のためにも，ビザンチン帝国の残党を監視するためにも，戦略的に重要なところであった．彼らはまた一神教の中心部であるパレスチナをも奪取した．

656年にウスマーンは暗殺された．後継者アリは首都をイラクに移したが，その後起こった内戦のおりナジャフで死亡した．彼はカリフの地位をねらうライバルのムアーウイアに敗北したのである．ムアーウイアはウスマーンの親類で輝ける将軍であり，キプロスとロードスを占領したアラブ海軍の創設者であった．彼は自分が統治者であったシリアに確固たる基盤を持っていた．661年に彼はダマスカスにウマイヤ王朝を創立した．新政権は680年に預言者の孫フサインの挑戦を受けたが，フサインとその家族はカルバラで虐殺された．

750年，ウマイヤ朝最後のカリフとその家族の大部分は，預言者の叔父の子孫である新しいカリフ，アッバースによって殺された．彼は五世紀間続いた王朝を建てた．アッバース朝は新しい，より国際的な首都をバグダッド（ササン朝の首都クテシフォンに隣接する）に建設した．彼らのライフスタイルや統治の様式は，アラブの伝統よりもペルシャモデルに近かった．彼らはカリフという称号は維持したが，945年からモンゴルの侵略者によって王朝が滅ぼされた1258年の間，実効的政治権力は軍事指導者たち（スルタンたち）に移っていた．

10世紀ごろになると，ムスリムの世界は政治的には一枚岩ではなくなり，支配者の力は世俗的勢力を基礎とするということがはっきりしてきた．カリフ体制は政治的には無力化し，宗教の分野でも分離的傾向を阻止することはできなかった．

政治的多様性や細分性はローマ世界よりムスリム世界のほうがずっと大きかったけれども，それにもかかわらず普遍性，一貫性を与える強い力が存在した．

1. 1日5回定期的にアラビア語の単純な祈禱の詠唱，コーランの綿密な勉強と記憶という宗教教育がおこなわれ，アラビア語がムスリム世界の共通語になった．10世紀の宗教学校（madrasas）の導入は，男性がある程度の読み書き能力を得る助けになった．8世紀にサマルカンドを経て導入された中国の紙の製造は文通に役立った．これによってパピルスの巻物が紙を重ねた本に代わることが可能になった．しかし，ムスリム世界の印刷の採用は遅かった．オスマン帝国は最初の印刷を1729年に許可した（Lewis 1989: 49-50参照）．

2. 預言者〔ムハンマド〕自身が商人であったので，スペインから北部インドまで，中央アジアを経て中国まで，地中海沿岸からブラックアフリカの奥深くまでにひろがるムスリム地域の商業交通の自由が最高度に保証されていた．ムスリム世界の統一は，余裕のあるすべての信者が少なくとも一度はメッカへの巡礼（hajj）をおこなう義務を持つことで高度に強められていた．すべてのムスリムの統治者は巡礼者の通行を容易にし，安全を保証するよう要求されていた．

3. イスラム圏内のユダヤやキリスト教社会に対するイスラムの態度は，キリスト教ヨーロッパが非キリスト教徒に対するよりは寛容であった．しか

し彼らはムスリムより重税を課され，多くが最終的にはイスラムに改宗した．

4. ムスリム世界はかなりの同化力，吸収力を示した．ローマの世界は文明と野蛮との間に厳しい区別を設けた．イスラムへの改宗はローマの市民権取得よりはずっと簡単であった．かくてこの新宗教はマグレブのベルベル人を取り込み，ブラックアフリカの大部分を同化し，東アジアからの野蛮人侵入者(セルジュークトルコおよびモンゴル)を吸収した．

5. イスラムの法律制度はローマのようには法典化されていなかったが，ムスリム世界全体に存在するある程度の共通性をもたらした．コーラン自体は実際的な事柄についての指針を大量に含んでいる．その後，より詳細な法制，判例，家族の規則，財産法，社会的行為の規範，宗教的慣例がハディース(hadiths〔預言者の言行録〕)にまとめられた．それは口承の記録であって，その権威の元は究極のところ，預言者が語ったとされるさまざまな言葉にある．文書化されたハディースはその智恵を後世に伝えた学識ある注釈者を列記している．ムスリム世界各地の統治者は裁判官(qadis)を任命し，彼らは政治体制に反抗するというようなことに関係のない事件については比較的自主的に行動できた．彼らは家族や財産についての事案でハディースの権威をもとに判決を下し，調停をし，仲裁をした．このやり方はユダヤ社会の仲間の紛争を，ラビがタルムードの智恵を借りて政治権力の介入なしに解決するユダヤ法のやり方に似ている．正統スンニの法学には4学派(マーリク，ハナフィー，シャーフィイー，ハンバル)があった．シーアには3学派(イスマーイル，サイド，イマーム)があった．またハワーリジュ派のイバード学派があった(Udovitch 1981: 438; Schacht 1964 参照)．

　裁判官はムスリムの学者・知識人であるウラマーから選ばれる．文書化されたハディースや慣例にはムスリム世界の各地域で違いがあるが，広く離れた各地域で著名な学者が裁判官になるということは，イブン・バットゥータやイブン・ハルドゥーンの経験に照らしても明らかである．

6. ムスリム世界はヨーロッパが昏睡，記憶喪失の状態の時にめざましい知的活力を示した．初期アッバース朝のカリフたち(特にハールーン・アッラシード，マアムーン)は世俗的学問を奨励する先駆的役割を演じた．彼らはバ

グダッドに図書館，天文台，智恵の館(bayt alhikwah)を作った．彼らはシリア，メソポタミア，ペルシャ，トランスオクシアナから学者を招いた．彼らは哲学，天文学，数学，医学に関するギリシャ，インドの著作の翻訳に資金を出し，ペルシャの文献の研究を奨励した．彼らは書家や写字生を雇い，こうした仕事を書物の形にして頒布させた．数学ではアル・クワーリズミー(780~850)，アル・ビールーニー(973~1050)，ウマル・ハイヤーム(1038~1124, ホラーサーン生まれ)が天文学，代数学，三角法を進歩させ，インド数字と十進法の主要点を導入した．アヴィケンナ(イブン・シーナ，973~1037, ブハラ生まれ)は著名な医学的知識への貢献者でありその集成者であった．諸政権はまた航海用具(アストロラーベ，四分儀，天球儀，磁気コンパス)の発展も推進した．

　バグダッドの学問的活動は12世紀になると次第に衰え，モンゴルの侵入によって消滅した．知的指導権はすでにアフリカとの関係が緊密なムスリムスペインに移っていた．高度に国際的な著名人の中には11世紀の地理学者アル・バクリー；合理主義哲学者，セビリアの裁判官およびマラケシュの宮廷医師アヴェロエス(イブン・ルシュド, 1126~98)；コルドバで生まれモロッコに移り，サラディンの侍医およびカイロのユダヤ人社会の指導者になった，理性と宗教を両立させようと試みた哲学者モーシェ・マイモニデス(イブン・マイムーン, 1135~1204)がいた．コルドバの図書館とグラダナの大学はスペインの知的生活に重要な貢献をした．北アフリカではフェス，カイラワーン，アル・アズハルの諸大学が同様な貢献をした．13世紀にはスペインのムスリム支配地域は劇的に縮小し，知的活動も衰えた．

　しかし，マグレブで3人の著作家がアフリカの歴史，地理，諸制度について素晴らしい洞察を提供した．世界旅行者イブン・バットゥータ(1304~77)はタンジールに生まれ，彼の時代のムスリム世界のすべての地域(中東，中国，インド，イスラムおよびブラックアフリカ)の社会政治的状況の比較を提供し，またウラマーの人たちがムスリム世界全域で享受している高い地位と普遍的な受容に光を当てている．

　イブン・ハルドゥーン(1332~1407)はチュニスで生まれ，『歴史序説』(Muqaddimah)で，マグレブのベルベル王朝のより学問的な通時的観察とア

ラブやアル・アンドゥルス〔イスラムスペイン〕と王朝との相互的影響関係，そしてムスリムの歴史の長期的パターンの，魅力的な，深い悲観的な評価を提供した．レオ・アフリカヌス（アル・ファジ）はグラナダに生まれたが1493年に追放され，フェスで教育を受け，1518年にチュニジア沖で捕らえられ，メディチ法王レオ10世の被保護者としてバチカンに連れて行かれ，旅行記ではあるが当時のアフリカの状況の有用な記述を書いた．

7. ワトソン（Watson 1983）は，700年から1100年の間にイスラム世界に農業「革命」があり，その後遊牧民の侵入と塩害によって衰退したと論じている．「革命」は，植物，農業，薬理学の知識を帝国の主要都市の図書館で利用可能な形で収集し普及するという，アッバース朝カリフたちの組織的努力によるものであり，バスラ，ダマスカス，アル・フスタート，マグレブ，セビリア，コルドバ，バレンシアの植物園での実験によるものでもあった．知識の普及は共通語としてのアラビア語の使用，移住の動き，商用や巡礼のためのメッカへの旅行による交流のために，いやが上にも効果的であった．西方へ広まった新しい作物は砂糖きび，綿花，米，硬質小麦，もろこし，タロいも，インディゴ，レンジ，なすであった．砂漠地帯の休閑地に夏作物を栽培することで土地のより集約的な利用が可能になった．灌漑の改善，貯水，貯水池，地下水路（カナート）および揚水技術の改善がそれを可能にしたのであった．ワトソンはこのような進歩がより急速な人口増加をもたらしたと論じた．

> 農業革命は実証に乏しいが，それでもおよそ8世紀の初めから10世紀の終わりまでの間にイスラム世界のほとんどのところで人口革命が起こったことは真実であった．(p.129)

ワトソンが生産性向上と1人当たり所得の増加について作物の普及の重要性を強調するのは正しいが，人口増加を誇張している．マッケヴェディとジョーンズ（McEvedy and Jones 1978）の推計はイスラム世界の700年から1000年（その時の総計は3000万）の間に12.5％の増加，すなわち年0.04％の増加率だったとしている．ワトソンはまた，ありそうもなく高い都市化の推計を示している(p.133)．彼はイラクの3新市（バグダッド，バスラ，サマラ）は50万以上の人口をもち，クーファーは40万に達したかもしれない

表 4.3 西アジアの人口，1 人当たり GDP，GDP，紀元 1～2003 年

	1 年	1000 年	1500 年	1700 年	1820 年	2003 年
(a) 西アジアの人口，紀元 1～2003 年(1000 人)						
アラビア*1	2,000	4,500	4,500	4,500	5,202	53,466
イラン	4,000	4,500	4,000	5,000	6,560	67,148
イラク	1,000	2,000	1,000	1,000	1,093	24,683
トルコ*2	8,000	7,000	6,300	8,400	10,074	68,109
その他*3	4,400	2,000	2,000	1,900	2,218	36,403
計	19,400	20,000	17,800	20,800	25,147	249,809
(b) 西アジアの 1 人当たり GDP，紀元 1～2003 年(1990 年国際ドル)						
アラビア*1	400	600	550	550	550	6,313
イラン	500	650	600	600	588	5,539
イラク	500	650	550	550	588	1,023
トルコ*2	550	600	600	600	643	6,731
その他*3	550	645	645	645	645	7,707
計	521	620	590	591	607	5,899
(c) 西アジアの GDP，紀元 1～2003 年(100 万・1990 年国際ドル)						
アラビア*1	800	2,700	2,475	2,475	2,861	337,528
イラン	2,000	2,925	2,400	3,000	3,857	371,952
イラク	500	1,300	550	550	643	25,256
トルコ*2	4,400	4,200	3,780	5,040	6,478	458,454
その他*3	2,420	1,290	1,290	1,226	1,431	280,549
計	10,120	12,415	10,495	12,291	15,270	1,473,739

注) *1 バーレーン，クウェート，オマーン，カタール，サウジアラビア，アラブ首長国連邦，イェーメンを含む．*2 1～1000 年についてはトルコのヨーロッパ部分を除く．*3 シリア，レバノン，パレスチナ，ヨルダンを含む．
出所) www.ggdc.net/Maddison

としている．彼はフスタート＝カイロ，カイラワーン，コルドバはそれぞれ 50 万，イランの二大都市（イスファファン，ニーシャープール）はそれぞれそのレベルに近いと信じている．

8. 奴隷制はムスリムとローマ世界に共通の制度である．奴隷は売買できる家財であり，その地位は代々である．大部分は戦争で捕らえられた敵であり，一部は売るために商人またはその仲介業者に捕まえられたものであった．長い間勤めたローマの奴隷が解放されることはまれではなかった．ム

スリムの場合にはイスラムに改宗すれば原則的には解放された．ローマ帝国の場合ほとんどの奴隷はヨーロッパ人であった．イスラムの世界では黒人の割合が多かった．両方とも，彼らは家事使用人あるいは農業，鉱山の肉体労働者として使われたが，一夫多妻の家庭では第一夫人以外の妻と去勢男子への需要が大きかった．ムスリムの軍隊では奴隷が広く使われており，特にセルジュークトルコ，マムルークエジプト，オスマン帝国で多かった．ローマ時代アフリカの奴隷制の規模はそんなに大きくはなかった（ムスリム時代あるいはなんとローマイタリアと比較して）．バグナルとフライヤー（Bagnall and Frier 1994: 48）は2世紀のエジプト人口について，奴隷は彼のサンプルの11％以下だったとしている．北アフリカの残りのローマ属州には「ローマ型の輸入奴隷の証拠はほとんどない」（Bowman et al. 1996: 611参照）．17世紀頃のビザンチンの支配下では奴隷の存在はさらに小さなものになった（Ostrogorsky 1968: 76参照）．

9. ムスリムの結婚と家族制度は西ヨーロッパに一般的なものと全く異なっていた．一夫多妻が4人を限度に認められており，離婚は容易，婚姻関係は妻を増やすことによって簡単に拡大できる．支配階層の人は通常，奴隷や去勢男の従者を持つ異常に巨大な一家を構える．このような制度は度が過ぎた消費や，相続をめぐる兄弟間の紛争や政治的不安定のもとになった．それはまた資本蓄積の妨げになった．未亡人は再婚を勧められたが，西ヨーロッパでは再婚せずに教会に遺産を寄進することが期待された．宗教に位階性がなく，任命された，あるいは独身の僧侶はなく，西ヨーロッパのように僧侶に巨大な財産が蓄積されていくということもなかった．

イスラム国家としてのエジプト

ウマイヤ朝とアッバース朝の属国，642～969年

エジプトは比較的大きな都市人口，定着農業，かなり発達した貨幣経済，大きな工商セクター，そして組織的国家としての非常に長い歴史を持つ，アフリカでは最も繁栄した地域である．農業は都市人口を養い，コンスタンチノープルへの貢納穀物を送り出すことができるほど豊かであった．天然の水路が人口

稠密な国の真ん中を通って貨物や人間を運ぶコストを安価にした．卓越風は北から吹いているので上流へは帆走，下流へは流下できる．東西両側と南側は砂漠に囲まれていて侵略を防ぐのにいくらか役にたった．経済繁栄度と人口は3世紀から後退に転じた．542～543年のユスティニアス帝時の(腺ペスト)病は破壊的な損害をもたらし，回復は，続いて起こった疫病とナイルの水位低下によって何回も起こった不作のために妨げられた．

西ローマ帝国の崩壊はヨーロッパとの貿易を事実上すべて終わらせた．紅海を下る貿易は，コンスタンチノープルが帝国の首都になったために消滅した．ビザンチンのアジアとの通商は，ペルシャ湾経由か陸路のキャラバンによっておこなわれた．首都アレクサンドリアの中継貿易および製造品の輸出は大きく減少した．ギリシャ正教の総主教が統治に大きな役割をはたしたが，エジプトのキリスト教徒の大部分は単性論のコプトであった．こうしてキリスト教社会は教義上の不一致と教会財産についての紛争によって分裂した．

619年にササン朝ペルシャがエジプト，シリア，パレスチナを占領し，ビザンチン・ヘラクレイオス帝がペルシャ軍を627年ニネベで撃破して占領は終わった．ササン朝は崩壊し，ビザンチンは領土をすべて回復したが，この戦いや同時に起こったバルカンでの敵との戦いでさらなる戦いへの力をなくしてしまい，ヘラクレイオス帝も肉体的，精神的破滅の状態に陥った．

ムスリムのエジプト征服は急速で，また比較的スムーズであった．住民の大部分が従順であり，また積極的に協力的でもあったので大変楽だった．第1段階ではアラブ軍はパレスチナからナイル川とバビロンのデルタの接点まで進み，そこで正教会大主教でありエジプト総督でもあったキュロスがバビロンを明け渡した．侵略者たちは近くのアル・フスタートに駐屯地を設けたが，そこがエジプトの新しい首都になった．アレクサンドリアへの攻撃は失敗であったが，642年にここもまたキュロスによって引き渡された．エジプト艦隊はコプト教会の優遇とひきかえに引き渡された．この段階でコプト大主教ベンジャミンが姿を現し，教会全財産の完全な所有を認められた(Brett 1978参照)．

ギリシャ人支配層はアレクサンドリアから大量に脱出した．ビザンチン国家に属していた領地は新しいアラブの支配層に接収された．それ以外の土地については従来の地方行政当局(pagarchy)が引き続き税を徴収した．この地方行政

当局は村落および地方レベルの水関連事業(水路, 運河, 堤防, 排水溝)にも責任を負っていた. 以前コンスタンチノープルに向けられていた貢納穀物は先ずアラビア, ついでダマスカスとバグダッドに送られた.

大きな地所から上がる収入で, アラブ貴族たちは大勢の奴隷を従える贅沢な家庭をつくることができ, 目下の随員とか従者とかに恵みを与えることもできた. フスタートはもはや軍駐屯地ではなく, 大きなモスクや宮殿で彩られた宮廷生活の中心になった. しかしエジプトの本質はダマスカスによって任命された総督のいるウマイヤ朝の植民地であった. 700年以降は財政能力評価のための国勢調査もおこなわれ, 行政について独立してクロスチェックをおこなう財政監査役(wali)もできた.

ウマイヤ朝が滅びたとき, エジプトの支配層はバグダッドから来た新しい支配者たちとその随員たちに取って代わられたが, 地方の行政にはあまり変わりがないようであった. 9世紀にはトルコ出身のエジプト総督が任命されたが, これまでよりも大きな自治権を持ち, 西アラビアについても追加の責任を持っていた.

長期的にはエジプトのコプト人口のイスラムへの改宗が増加していった. 言葉と地方行政のアラブ化も漸次進行した. 結局コプト語は礼拝用の言葉になり, 話し言葉ではなくなった. ムスリムは税金が軽くなるのでムスリム人口の割合が増え, 政府の歳入が減り, 財政問題が生じた.

遊牧アラブ人の移住は, 政府の政策でほとんどナイルの両岸の辺境砂漠地域とナイルのデルタに制限されるか, または南方, ヌビアとの国境地域への滲み出しであった.

ヨーロッパとの貿易, また紅海を下る貿易は, 植民地時代にはほとんどないに等しかったが, 東方のムスリム地域との貿易は増加したし, 南西にチャド湖を経由するブラックアフリカとの金と奴隷の貿易の新しいルートが開けた.

969年に政治体制の大変化が起こり, 1000年の中断の後にエジプトは独立国になった. 独立は1517年まで続いた.

独立国エジプト, 969〜1517年
ファーティマ朝, 969〜1171年

　9世紀の終わりにシーア派の新王朝ファーティマ朝(ムハンマドの娘ファーティマの子孫であると主張したことから名づけられた)がチュニジアで権力を樹立した. 909年に新首都としたマフディーアに対抗カリフ国を立ち上げ, マグレブ全域を支配するにいたった. 969年その将軍ジャウハルがエジプトを占領し, 新都市カイロ, 新しいモスク＝大学アズハルを建設した. 973年にファーティマ朝は首都をマフディーアからカイロに移した. 彼らはチュニジアからかなり大きな艦隊を移し, エジプトにレバノンからの輸入木材を使用する造船所を作った. 新しい支配層は放逐されたアッバース朝政府の財産を接収し, バグダッドへの貢納を中止し, 西アラビア, シリア, パレスチナを支配したことにより自ら貢納収入を得られることになった. 資金源を得て彼らは, カイロにモスクや宮殿を建て, 贅沢な生活スタイルを確立することができた. 彼らは新しい汎イスラム帝国を建設し, アッバース朝カリフ国を滅ぼすことを望んだ. このため彼らはカイロにシーア信仰の研究センター(Dar al-Hikmah)を設け, シーア宗教を宣伝して主流派スンニのイスラム教義を攻撃した. 彼らは伝道者としてはほとんど成功を収めなかった. エジプトにおいてさえ, ムスリム人口の大部分は感化を受けなかった.

　ファーティマ朝の下で国際貿易でのエジプトの役割は大きく拡大した. 彼らは紅海のアフリカ, アジア両岸の支配を獲得してインドとの貿易を再開し, そのためにアッバース朝のペルシャ湾経由の貿易は打撃を受けた. 数世紀の間ほとんど接触がなかった後に, ジェノバ, ピサ, ベネチアのイタリア貿易商がヨーロッパとエジプトとの貿易(マグレブとも)を再開した. ファーティマ朝の最初の2人の大臣はユダヤ教徒とキリスト教徒であり, その経済政策は寛容でリベラルであった. 彼らはユダヤ教徒とコプトキリスト教徒の商人が主な役割を果たしているエジプト国内の私的商業活動には干渉しなかった. ゴイテイン(Goitein 1967: vol. 1, chap. 1)によると, 国の関税収入は増加したが, 徴収の率は「リーゾナブル」であった.

　最初の一世紀を過ぎると, ファーティマ朝は分解し始めた. エジプト国内では遊牧アラブ人といざこざが生じた. ファーティマ朝はヒラールとスライム族

を西方に放逐し，両者はマグレブで大騒動を起こしてファーティマ朝はコントロールできなかった．ノルマン人は1072年にシチリアを奪取し，1134年から1159年にかけてチュニジア沿岸を占領した．11世紀の末にはヨーロッパ十字軍にシリアとパレスチナを奪われた(本章末の補論参照)．

ファーティマ朝の軍隊はもともとはベルベル部族民から成っていた．エジプトではトルコ出身の奴隷兵(mamuluks)を騎兵として使い，ヌビア人の奴隷を歩兵として使った．1065年に軍隊の反乱が起こり，ダムや運河に大きな損害をもたらし，飢饉を引き起こした．軍隊の統制は再建されたが，十字軍(アラブ世界ではフランクと呼ばれる)に対する力は弱かった．

1153年，エジプトはパレスチナの最後の拠点を失い，1168年にはカイロが包囲された．ダマスカスの支配者ヌール・アッディーンの派遣した軍隊の援助があって，十字軍はエジプトから駆逐された．援助軍の将軍はアイユーブ家のサラーフ・アッディーン(クルドの貴族で1138年ティクリートに生まれ，1193年ダマスカスで死去)であり，フランクにはサラディンとして著名であった．1169年彼は自らファーティマ朝の宰相(vizir)になった．1171年ファーティマのカリフを廃して新しいスンニ王朝をカイロに建て，アッバース朝のカリフに承認された．ヌールの死後1174年にサラディンは第2代アイユーブスルタンになった．

アイユーブ朝，1171～1250年

サラディンはファーティマの支配層の土地や収入を没収し，彼の軍隊や自分の家族に分配した．彼は財産制度や外国貿易の規制について大きな制度的改革をおこなった．

彼はフランク(十字軍)との間で，1000年も前に地中海がローマの湖であったときとかわらぬ規模で，利益の見込めるヨーロッパとの貿易を開く暫定協定を結ぼうとした．不幸にもフランクはあまりに野心的で，自分たちの力を過大評価していた．彼らはエジプトに対する覇権とアジア貿易の支配を望んでいた．サラディンの生存中は彼らは窮地に陥っていた．1182年彼らはアカバ湾を下って紅海両岸の要塞を攻撃したが，サラディンの海軍はフランクのすべての船を捕獲し，乗組員を処刑した．1187年彼はエルサレムを奪還した．それからフランクは3度目で最大の十字軍を組織した．サラディンは若干の後退を余儀

なくされたが，エルサレムは守り抜き，十字軍の指導者たちは1192年に撤収した．

　土地配分にあたって，サラディンはファーティマの徴税請負制度を廃して，後のムガールやオスマン帝国が採用したものと似たところもある軍事的封建制度にかえた．軍人に割り当てられた領地は俸給に当たるものであり，部隊を養うのに充てられるものでもある．これらの領地は原理的には世襲ではなく，しばしば再配分もされたが，実態的には家族財産になるものもあった．

　外国人との貿易は綿密に規制されて保護主義的であった．ムスリムでないものは商館(fundaca)の設置を認められたアレクサンドリアだけで営業できた．これら商館は商品の倉庫として使用され，住居および事務所となるもので，ベネチアの外国人商人のための商館と同じものである．契約の取り決めは，すべての取引に課税する政府に登録すれば大体確実であった．外国人は税関の役人が検査を終わるまで荷下ろしができなかった．これら商人のなかで群を抜いていたのはベネチアとジェノバの商人であった．エジプトはアジアとの紅海貿易の独占を維持した．外国人はエジプトの商品やアジアからの輸入香辛料，香料，染料，織物，磁器その他をエジプトの卸売商から買わなくてはならなかった．彼らはまた商品をこれらカーリミー商人(karimi trader)に売らなければならなかった．エジプト国内のコプト教徒やユダヤ教徒の商人は，ファーティマ朝のもとで享受していた優遇待遇を失った．カーリミー商人はインド船が荷下ろしするアデンに拠点をもち，アラビア，インド，インドネシア，中国に交易所を設け，陸路のキャラバン交易にもいくらか関与していた．当時エジプトの東アフリカとの交易はほとんどなく，サハラ以南とはなおさらであった．

　主なエジプトの輸出産業は亜麻と綿の織物，絨毯とクッション，ガラスおよび水晶製品，紙，陶磁器，精糖，装飾剣，金属製品であった．農業ではアラブの支配のもとで農産物の種類も多くなり，新しい輪作のやり方もおこなわれた．主な新しい作物は綿花，米，砂糖きびであった．砂糖の導入は広範な菓子類生産の刺激になった．

　サラディンの後継者たちは引き続きフランクとの戦いに巻き込まれ，1218年と1249年のフランクの侵入は撃退した．侵入者は2回ともダミエッタ〔ディムヤート〕港を占領したが，デルタのマンスーラの戦いで敗北した．1250年エ

ジプトのマムルーク軍団がフランス王ルイ9世を虜にし，その軍隊を壊滅させ，さらに最後のアイユーブ朝スルタンを殺してエジプトの支配者の地位を奪った（本章末の補論を参照）．

マムルーク朝，1250～1517年

　政権交代による財産の移動は以前の場合より少なかったが，これはマムルークがアイユーブの体制内ですでに重要な部分を占めていたからであるが，支配の形態を変えた．マムルークの支配層はロシアの大草原地帯やコーカサスから連れてこられたトルコ人，タタール人少年たちから選ばれた．彼らは奴隷としてビザンチン当局の黙認のもとにボスポラス経由で黒海から運ばれてきた[4]．厳しい軍事訓練を経て解放され，騎兵隊に編入された．彼らは以後その中からエジプトのスルタンが選ばれる支配的エリートであったが，彼らの子供たちは原則的に最高の地位になる資格があったわけではない．領地を与えられたが，定期的に割当替えされ，売却はできなかった．

　彼らはずっとトルコ語で通し，決して真にアラブ化されなかった．彼らはムスリム文化にはほとんど貢献しなかったが，強力な軍事力であった．彼らは傀儡カリフをカイロに据え，西アラビア，シリア，パレスチナを支配下に置く中東の最高権力者としての地位を正統化した．1258年モンゴルの侵略者がセルジュークスルタンの帝国を壊滅させ，アナトリア，ペルシャ，イラクを支配下に置いた．1260年，彼らはシリアに侵入したが，マムルークが撃破した．1291年，パレスチナの十字軍の最後の足がかりが消滅した．その後マムルークにとって幸いなことに，ティムール（Tamerlane）はエジプトには入ってこなかった．1387年から1400年の間この名目ムスリムは，ペルシャ，イラク，シリアを荒らし，征服し，その経済に大打撃を与えた．ティムールは1401年の1月と2月ダマスカスでイブン・ハルドゥーンにエジプトとマグレブについて根ほり葉ほり質問した後，さらに西へと征服を続ける考えを放棄し，1401年に中国へ出発したのは幸いであった（Rosenthal 1967: vol. 1, pp. lxiii-lxv 参照）．

　十字軍が消え去った後，ヨーロッパとの貿易は盛んになった．エジプトはフィレンツェ，ジェノバ，ベネチア，シチリア，カタロニア，マルセイユと大体サラディンの敷いた路線にしたがって通商条約を結んだ．カーリミー商人は紅

海を下ってインド，インドネシア，中国と貿易をした．関税が政府の貿易からの大きな収入となった．カイロはまた毎年アフリカからのメッカやメディナへの護送巡礼団を組織した．巡礼者たちは宗教のみならず商業にも関心があった．カイロはマグレブおよびムスリムスペイン(al-Andalus)との貿易の中継地であった．

　西アフリカに現れた金の富鉱を有する諸国との貿易も盛んであった．セネガルと東アフリカの間の大草原地帯はアラビア語で Bilad al-Sudan(黒人の土地)として知られていた．1324 年，これらの国々とのもうけの多い貿易の可能性が，マリの王マンサ・ムーサの壮大な巡礼の旅によって芝居がかりに登場した．当時この国は西スーダンでは最大で最も繁栄しており，12 世紀にイスラム化していた国であった〔この場合のスーダンはサハラ以南，ギニア湾以北，西の大西洋から東の紅海にいたる広大で帯状のイスラム化した地域をさす言葉．歴史的スーダンとも〕．王は大勢の奴隷，軍人の従者および 10 トン以上の金を運ぶらくだのキャラバンを従えてカイロにやってきた[5]．彼はスルタンから宮殿を 1 つ借り，3 カ月滞在した後メッカに向け旅立った．彼は帰りにも滞在した．この時，彼は贅沢な贈り物，施し，宗教的チャリティへの寄付，奴隷その他の購入にお金を使い果たし，借金を負ったが，帰国後に金で返済した．この記憶すべき訪問は，サハラ越え貿易発展の可能性を示すのにきわめて効果的であった．伝統的な金の(エジプト南東砂漠のアルーアラキ鉱山からの)供給が枯渇してしまったエジプトにとって，これは特別な関心事であった．

　1272 年，マムルークはドンゴラでヌビアの軍隊を撃破し，エジプトは南部国境にあるこの以前の独立国への強い影響力を獲得した．1315 年，ムスリムの王子を国王に据え，2 年後ドンゴラの大聖堂はモスクになった．イスラム化は遊牧アラブ人の大量流入を招き，これらの人はさらに南へエジプトの南西のサハラにまで浸透した．これら政治的，宗教的，人種的変化はエジプトのこれら地域との通商を容易にした．しかしながら，東アフリカとの接触はほとんどなかった(Hrbek 1977 参照)．

　1348～50 年，エジプトは黒死病の被害を最も激しく受けた地域の一つであった．伝染性肺ペストは人口稠密な地域を襲った．その被害は西ヨーロッパの場合と同じであるように思われる．もしそうであるならエジプトはおそらく人

口の3分の1を失ったことになる.

　実際エジプトとマグレブでは18世紀の末までこの疫病は風土病となって居座り続け,都市部を繰り返し襲った(Iliffe 1995: 161-2 参照).その毒性,持続性,影響力はヨーロッパの場合よりもずっと大きかったようだ.それが恐らく北アフリカの長びく人口停滞の主な原因であった.1820年の人口は800年前と大差なかったのである(表4.1参照).

　エジプトが受けた疫病の影響は,都市化がより進んでいたため,北アフリカの他の地域より大きかった.最初の病気の襲撃の後,政府収入が落ち込んだため,マムルーク政権は厳しい財政問題に直面した.1400年ティムールの侵略によって引き起こされた破壊のために,シリアからの公的収入は消滅した.〔支給された〕領地(iqta)が大量に宗教的チャリティ(waqf)に寄進されて土地税は無税となり〔政府〕収入は悪影響を受けた.

　土地税の減少を相殺するため,政府は1424年通貨価値を引き下げ始めた.同時に政府は私営の砂糖プランテーションと精糖所を没収し,利益幅を増やすため価格を引き上げたが,国内消費と輸出は低下した.ベネチアの商人たちが対抗してクレタ,キプロスで砂糖生産を開発し始めた.1429年,政府はエジプト商人が輸入香辛料を外国人に販売することを禁止した.政府が香辛料の価格をも引き上げたので,カーリミー商人の収入は打撃を受け,彼らは大量の資本を国外に移した.ヨーロッパ商人は憤激し,密輸あるいは海賊行為で香辛料を得る方法を開発し,アジアにいたる別のルートを考慮し始めた.この世紀の終わりにポルトガルはアフリカ周航路を開き,エジプトの香辛料独占を破壊した.ポルトガルはアジアのエジプト通商基地や船舶を攻撃し,紅海の航海を妨害した.1509年,ポルトガル人はインド北西部のディウ沖でエジプト艦隊を撃破した.

オスマン帝国の属州としてのエジプト,1417〜1798年

　新しいトルコ人国家が,1300年頃にセルジュク帝国の廃墟のなかから出現した.オスマンの勃興は速やかであった.バルカンおよびアナトリアの最初の帝国は1402年にティムールの攻撃で崩壊したが,30年の間に復活した.彼らの主な目標は,瀕死のビザンチン帝国であった.1453年に彼らはコンスタン

チノープルを占領し，市の人口は5万人に縮小した．多くの教会がモスクに変わったが，ユダヤ教徒，キリスト教徒は寛大に扱われ，正教総主教もそのままであった．オスマンはイスラム世界の最高権力になることを夢見ていた．彼らの軍隊は1516年にシリアで，1517年にカイロでマムルークと交戦した．キルトの鎧，弓と矢，サーベル，槍で武装したマムルークはオスマンの火薬と大砲にたやすく敗れた．エジプトはシリアと西アラビアの支配を失い，トルコの総督の下の辺境属州になり，オスマンのスルタンへ毎年貢納を支払うことになった．

1529年オスマン帝国はハンガリーを付け加え，1534年サファーヴィー朝ペルシャからクルディスタンとメソポタミアを奪取した．1551年までに彼らの領土はモロッコを除くマグレブ全域を含むまでになった．彼らの帝国はユスティヌス帝のビザンチンにほぼ匹敵した．

オスマンのエジプト奪取はマムルークのアレッポ知事の裏切りによって容易になり，彼はエジプトの最初の総督(pasha)になった．それ以後は総督の地位はイスタンブールからの高官たちに占められた．オスマンは皇帝保有地の割合を増やしたが，マムルークとその子孫たちは財産のほとんどを保有し続け，政治権力の重要な部分を担っていた．彼らはメッカへの毎年の巡礼キャラバン，イスタンブールへの毎年の貢納輸送船団を指揮し，エジプトの財務官となり，パシャ不在の時には臨時総督を務める慣習的権利を持っていた．彼らはまた地方知事としても重要であった(Holt 1975: 14-39 参照)．

時がたつにつれ，エジプトに対するオスマン支配はイスタンブールからのパシャを拒否したり辞めさせたりする地元有力者によって蚕食されていった．政治的支配力の弱化は税収入の減少をもたらした．その結果，大規模なインフレーションが発生し，灌漑事業がおろそかになり，マムルーク政権がやったと同じように商人を搾り取る行動に出た．

18世紀の終わり頃のエジプトの人口と1人当たり生産は11世紀の水準をかなり下回った．同じ期間に西ヨーロッパの1人当たり所得はほぼ3倍になり，人口は5倍以上に増加した．

ナポレオンの侵略とその影響，1798～1805年

　エジプトの政治的，社会経済的体制は1798～1801年のフランスの侵略と占領で変わった．腐敗し無能なマムルーク支配層は粉砕され，彼らの軍隊は壊滅し，財産権は剥奪された．それは西洋の教育と組織の価値をあらわに示した．それはエジプト史の研究を国家意識を強化するような方向に革命的に変えた．フランス撤退後の4年間にエジプトは国を近代化し，経済を強化し，統治のありようを変える新しい政治指導部を得た．

　フランスの侵略はナポレオンが考え組織した．1796～97年，彼は電撃戦をおこない，アルプスからトスカナ，ボローニャへと伸びるチザルピーナ共和国を作り，ジェノバの寡頭制を廃してリグリア共和国に変え，イタリアの政治状況を一変させた．教皇領をローマ共和国に変え，法王はフランスに追放された．ナポレオン軍は前進してウイーンに迫り，ナポレオンはオーストリアから多くの地域を取り上げ，代わりにベネチア共和国を引き渡して和解するという講和条件を押しつけた．彼は1797年12月にパリに帰還し，総統府は28歳の将軍に英国侵略を組織するよう命じた．1798年2月，彼はダンケルクとフランドル沿岸を訪ね，軍隊と船を集合させて検閲した．彼は戦力が不十分であると判断し，エジプトをフランス植民地にし，スエズ地峡を通る運河を開削し，英国のインドへの道をおびやかしたほうが，より効果的に英国に損害を与えることができ，リスクも少ないと結論した．総統府は賛成し，イタリア，スイスから取り上げた巨額の賠償金を財源にした軍隊の指揮権を彼に与えた．

　彼の遠征軍は1798年5月中旬，ツーロンとイタリアの諸港から出発した．陸軍は3万5000名の部隊，自ら選んだ将軍26名，洗濯婦および裁縫婦300名，馬700頭，攻城砲，銃砲，火薬という編成であった．海軍は戦艦13隻，フリゲート艦7隻，小砲艦8隻，部隊輸送船200隻以上，水兵1万5000名を含んでいた．その上エジプトの資源を調査し，その歴史を作り直すための150名の科学者からなる学術派遣団が加わっていた．学者(savants)には数学者，地理学者，測量技師，工学者，化学者，医学関係者，考古学者，植物学者，動物学者，鉱物学者，気球戦争の権威，花画家，音楽家，詩人を含んでいた．また翻訳者とアラビア文字対応の印刷機もそろえていた．デッサン画家で彫刻士のヴィヴァン・ドノンが中心人物であった——イタリア戦役の際には捕獲した美術品

の選択と輸送を指揮しており,さらに『エジプト紀行』(Description de l'Egipte, 1810-22)24巻に収録されている古代の遺物や建物の目録作成を助けたりした.

6月9日,マルタを占領するため遠征は10日間中断した.聖ヨハネ騎士団は解散させられ,行政府が再組織され,駐屯軍を後に残し,ナポレオンは戦利品の財宝を携えて出帆した.

アレクサンドリアは6月の末に簡単に占領された.マムルーク軍(騎兵1万,歩兵1万6000)がカイロ入城を阻止しようとしたが3週間で敗北し,フランス軍の死傷者はわずかであった.残存軍はパレスチナおよび上エジプトに逃走した.

カイロを掌握するとナポレオンは,新しい植民地行政府と徴税制度創設に着手した.マムルークの徴税請負人の保有土地は没収され(耕地のほぼ3分の2),土地財産の登録制度が創設され,土地台帳測量が開始された.学者たちは新設のエジプト研究所で5日ごとにセミナーを開き,研究報告をおこなった.諮問会議(diwans)が地域の法曹と宗教の権威者,非マムルーク有力者たちの協力を得て国家と地方的レベルで作られた.それらは行政,司法,徴税についての助言を諮問された.ナポレオンはイスラムへの尊敬を宣言し,彼がイスラムの敵,法王と聖ヨハネ騎士団に辱めを与えたと指摘した.迅速な軍事的成功によってオスマンのスルタンはフランスのエジプト支配を無抵抗で受け入れざるをえないものと彼は期待した.

この期待は英国海軍の行動によって打ち砕かれた.ネルソン提督はアレクサンドリア近くのアブキール(Aboukir)湾に停泊していたフランス艦隊の大部分を1798年8月2日に破壊した.スルタンは英国,ロシアの一層の援助の約束を得てフランスに宣戦を布告した.ナポレオンはオスマン攻撃の先手を打って1万3000の兵を率いて1799年1月パレスチナとシリアの敵軍の攻撃に向かった.シナイ砂漠を通るきびしい行軍を経て迅速な進軍を続け,ガザをぬけ,ヤッファを占領し,3月はじめに捕虜3000人を処刑した.彼は6世紀以前に十字軍が建設したアクル〔現イスラエルの港〕の海軍基地および海岸要塞を占領したいと思った.しかしここでも英国海軍の行動によって阻まれた.包囲がはじまる前に,英国の東地中海司令官シドニー・スミスは,ナポレオンが先立って送り込んだ砲艦群を包囲用の大砲や弾薬もろとも拿捕した.スミスは800人の水兵と自分の船と拿捕した船の火力でアクルの防衛に成功できた.フランス軍は

トルコの大救援軍を撃滅はしたが，死者，負傷者，ペスト犠牲者で5000人を失い，9週間の包囲を放棄した．

ナポレオンの軍隊はなんとかエジプトに帰ることができ，トルコ艦隊がアブキールに上陸させていた部隊を打ち破った．アクルの失敗にもかかわらずエジプトにおけるフランスの地位はまずまず安泰であった．マムルークとオスマンの軍隊は何回かの大きな会戦で敗北し，フランスは植民地行政府を作り上げ，学術研究の面でもめざましい進歩をなしとげた．本国との接触の欠如はエジプト支配者としてのナポレオンの自主性を強め，彼はその役割を大いに楽しんでいた．

アブキールの戦いのすぐ後，彼は本国の破滅的状況を暴露したフランスの新聞を入手した．新しい反フランス同盟が結成され，オーストリア・ロシア連合軍がイタリアでの彼の仕事をひっくりかえし，敵軍はオランダ，スイスに侵入し，ブルボン復辟（ふくへき）がパリで起こりそうであった．彼は8月23日，エジプトのことをクレベール将軍に託して，若干の幕僚と学者とともに2隻のフリゲート艦で出発した．彼は10月16日にパリに到着した．11月19日総裁政府は覆された．ナポレオンは12月，第1統領としてフランスの支配者になった．

1800年1月，クレベール将軍がフランス軍の安全な移動と護送を条件に撤退交渉を始めた．オスマン軍はエジプトに侵攻したがクレベールはこれをヘリオポリスで全滅させ，フランス軍は最初の協定通り1801年8月に撤退した〔事実はこれと違い，最初の協定を破棄した英国軍の進撃でフランス軍は降伏し，本国に送還された〕．

ムハンマド・アリーと近代化，1805～48年

英国遠征軍は戦前の政治体制復活を意図して1801～03年までエジプトに駐留したが，実際には政治的空白を後に残して撤退した．マケドニアのカバラ出身のトルコ人ムハンマド・アリー(1769～1849)はエジプトの新しい支配者として現れ，ナポレオンのモデルや，1867年以後の明治日本のモデルに類似した近代化政権を樹立した．彼はオスマン陸軍のアルバニア人派遣隊の司令官としてエジプトにやってきた．彼はナポレオンと同じエネルギー，野心，軍事的，行政的手腕を持っていた．彼は自分が総督に任命される前，1805年に，オス

マン帝国が任命した総督の後継者を廃した．彼はイスタンブールの宗主権を認め毎年の貢納を支払ったが，1848年までエジプトの支配権を完全に握り，1841年彼の家族は世襲の支配者であると認められた．

彼は自分の家族，友人から新しいトルコ語を話すエリートを作り出した．彼は残存していたマムルークを虐殺し，彼らおよび宗教的権威者が農業から搾り取っていた所得を没収した．彼はナポレオンが始めた土地台帳を完成させた．(フランス技術者の援助で作られた)灌漑事業のために農業生産性は増進した．彼は機械式ポンプを導入し，年間を通じた規則的給水が可能になって，可耕地が増え，多毛作ができるようになった．主要輸出品としてスーダンから長繊維綿花が導入された．米，インディゴ，砂糖きびの生産と輸出が拡張された．農業からの公的収入は農産物の独占販売によって増加した．増大した収入は行政の近代化に，産業発展の推進に，軍事力の増強に使われた．徴兵制度がしかれて多数の農民が兵士になった．部隊はフランス人教官の指導で訓練された．幹部学校や騎兵学校が将校たちを訓練し，フランス人将校の指導で海軍造兵廠が作られた．彼と彼の息子のトゥスーン，イスマイル，イブラーヒーム等はきわめて有能な将軍であった．

公衆衛生の施設も大いに改善された．1827年以後に近代的な軍病院，市民病院が建てられ，新設の衛生局がペストとコレラの罹病予防のための検疫を開始，新しい診療所が天然痘予防のためのワクチン接種を広範囲に実施した．助産学校が，非常に多かった死産を少なくした．400人以上の医師が近代的な職業訓練を受け，そのかなりがフランスで訓練を受けた．これらの衛生政策は人口成長にいちじるしい影響を及ぼした．1800年の人口は1000年より少なかった．1850年には60%近く増加した．

教育分野での改善も大きかった．1820年にはブーラーク印刷所が作られ，学校教科書がトルコ語，アラビア語に翻訳され，出版された．政府は官報やニュースビラを流布させた．西洋のカリキュラムによる近代的，世俗的学校が設立された．高等教育の分野では，医学校，工学校が創設された．19世紀中ごろになるとエジプトでは，これまでの宗教的エリート(ウラマー)をしのぐ影響を持つ，西洋化された職業階級の中核が形成された．伝統的なイスラムの裁判所とqadis〔裁判官〕の権限は新しい刑法，商法，行政手続き法の導入によって

制限された.

　外国人顧問の助言を得，また輸入機械を活用しながら産業発展促進のために大きな努力が払われた．綿，絹，ジュート，羊毛織物，制服，兵器，軍用品，ガラス，砂糖，皮革製品を生産するための官営工場が設立された．これら工場の多くは多額の補助金を必要とした．関税その他の貿易障壁と政府専売が，輸入代替を促進するために作られた．1838年の英オスマン条約によってこれら障壁の引き下げが必要になった．そのため政府企業の市場は甚大な損害を被ったかもしれないが，アリーが生きている間はさまざまな口実で引き延ばされた.

　軍事的負担がエジプトの資源を大きく吸い取った．ムハンマド・アリーはエジプトにおける自立的地位をスルタンに認めさせる代償に，アラビア(1811〜18年)とギリシャ(1824〜27年)で軍事援助を提供することに同意した．

　アラビアでの問題はイスラム原理主義であった．宗教指導者アブドゥル・アッハーブ(1703〜92)はトルコ支配の弛みを糾弾した．彼が特に腹を立てていたのはトルコで栄えていたスーフィ神秘主義であった．彼はラシドゥン(Rashidun,「正しく導かれた」アラビアの最初の4人のカリフ)が実践していたような純粋で混じりけのないイスラムに戻ることを勧めていた．彼はオスマンを異端と見なし，それと戦う聖戦を提唱した．彼の主な支援者はディルイーヤの首長ムハンマド・イブン・サウドであった．世紀の終わり頃，彼は中央アラビア全域を支配するサウジ＝ワッハーブ国を打ち立てた．1802年ワッハーブ派はカバラーを略奪し，シーア派ムスリムの巡礼の場所であるフサインの墓を破壊した．彼らはメッカ，メディナに進出し，ヒジャーズからすべての巡礼キャラバンを閉め出した．ワッハーブ派は紅海およびペルシャ湾における英国の権益にとって脅威であり，彼らの思想はムハンマド・アリの世俗的，西洋化した統治スタイルにとっても明らかな脅威であった．エジプト軍は1818年，彼らをメッカおよびメディナから追放し，サウジの首都を占領し，ワッハーブ派のウラマーを殺害し，サウジの支配者をイスタンブールに送って処刑した．このような働きへの見返りとして，エジプトはヒジャーズを保護領として与えられ，またイェーメンを1839年に英国が取り返すまで占領できた．同時にサウジ＝ワッハーブ国は再編されて小規模なものになった.

　1824〜27年，スルタンの援助を得て2回目の遠征がおこなわれた．1万

7000の軍勢がムハンマド・アリの息子イブラーヒームの指揮で送られ，独立戦争中のギリシャと戦った．エジプト軍は陸上戦では成功を収め，アテネを占領したが，艦隊は英仏露連合艦隊に1827年ナバリーノで撃滅された．スルタンは戦闘を継続することを望んだが，ムハンマド・アリーは拒否し，西洋諸列強と自軍の撤退を交渉した．

ムハンマド・アリーは1831～41年，3度目の軍事冒険をシリアに向けておこなった．彼はこの属州を収入源として加え，また将来のオスマンの攻撃への緩衝地帯にしたいと望んだ．彼はアラビア，ギリシャでの努力の報酬として，総督の地位を得られるものと期待していた．侵攻はナポレオンと同じ道をたどった．すなわちシナイおよびガザを通り，ヤッハを占領し，アクルを6カ月間包囲した．アクル占領の後，シリアを通ってアナトリアに進軍し，アダナを取り，オスマン軍にコニヤで打ち勝った．1833年スルタンはイブラーヒームをシリアの主要都市（アクル，アレッポ，ダマスクス，トリポリ）の総督に1年年期ですることを承諾した．アリーがこのような穏和な決着に同意したのは，強く〔シリアの〕独立を主張すれば英国，フランス，ロシアの介入を招くことを知っていたからである．結局は1840年，英国軍がベイルートに上陸，エジプト人をシリアから撤退させた．1841年の和解でスルタンはアリーの家族をエジプトの世襲支配者と認め，ひきかえにアリーが軍の規模大幅削減に同意した．

4回目の軍事冒険はエジプトの南に一つの帝国を作ることだった．国境はアスワンのすぐ南，第1瀑布のところであった．下ヌビアは第1瀑布と第3瀑布の間であり，理論的にはオスマン帝国の一部だった．さらに南は，北のドンゴラから青ナイル岸のセンナールまでの，消滅しかけているフンジュスルタン国であった．さらに西はフンジュからコールドファンをもぎ取ったダルフールのスルタン国であった．ムハンマド・アリーの目的は紅海の港湾スワーキン，マッサワを含むこれら3地域を統合してエジプトの植民地とし，さらにこれをエチオピアとの係争地にまで拡大することであった．1820～21年，彼の軍隊はフンジュスルタン国を占領し，コールドファンをダルフールから切り取った．主たる経済的目的はエジプトへの奴隷貿易と，この地域に存在すると噂されていた金を支配することであり，またエジプトでやったと同じやり方でスーダンの農業から収入を搾り取ることであった．1821年に戦略的軍事駐屯地が（白ナ

イルと青ナイルの合流点にある)ハルツームに作られ，それが新国家の首都になった．地域の首長や総督を有する近代的な行政府が作られた．可耕地をひろげ，作物や家畜の品質改良のため，農業顧問，獣医，灌漑専門家が送り込まれた．ばったその他害虫による損失軽減のための諸施策も導入された．

ムハンマド・アリーの後継者と英国の奪取

ムハンマド・アリーの後継者たちは引き続きエジプトの近代化を推し進め，特にインフラストラクチャの近代化を実行した．1851年から1858年に鉄道がカイロ，アレクサンドリア間に建設され，スエズにまで延長された．橋が建設され，港は改良された．1854年から1869年にスエズ運河が建設され，9500マイルにおよぶ電信網が作られた．農業から収入を搾り取る政府の能力は，支配層のメンバーや外国人が土地を取得し，農民の財産権が強化されたために薄められた．貿易，輸出への政府管理は公的専売の廃止によって弱められた．1860年代以降，ヨーロッパ列強が強制したオスマンの「屈服」により，エジプト司法と課税の適用外になった外国人の流入が大きく増えた．1798年にはエジプトの外国人はほんの僅かであった．1840年には6000人，1907年には14万人になった(Daly 1998: 254 and 274)．

エジプトの対外負債は激増した．ヨーロッパの銀行がエジプト公債を大幅な割引で売却するという操作をおこなったのである．スエズ運河建設に関する取り決めの協約はとりわけ重い負担であった．スルタンサイードは当初資本の大部分を拠出し，建設労働者を提供し，運河両岸の帯地を引き渡した．

1875年に債務危機が起こり，スエズ運河資本の44%を英国政府に売却することを求められ，エジプトの対外債務を整理統合し，債務利子支払いのための税収入をあらかじめ確保しておくために債務基金を設立した外国人公債保有者の代理人たちに主権を譲り渡すことになった．英国の指名者が財務大臣と関税長官になり，フランス人が公共事業の責任者になった．利払い額の引き下げを提起したヘディーブ・イスマーイールは1879年に追放された．1882年アラービー大佐が外国干渉に反対する運動を指導し，陸軍大臣としてトルコ語を話す将校600人を強制的に退役させ，将校団をエジプト化した．英国は侵攻軍をアレクサンドリアに派遣し，アラービーを破り，英国将校指揮下の新エジプト軍

第4章　イスラムとヨーロッパがアフリカの発展に与えた影響——263

を創設した．1883年以降，実質的な国の統治は総理大臣を含む大臣の任免の権力を持つ英国の「総領事」の手に移った．エジプトは英国の植民地になったが，公式の併合ということはなく，ムハンマド・アリーの家族は引き続きオスマン帝国の理論的宗主権のもとでのヘディーブの地位を維持した．

エジプト植民地帝国に対して最初は無関心の態度を示していた英国は，1898年スーダンを乗っ取り，アングロ＝エジプトのスーダンと呼んだが，エジプトがおこなったよりきびしい管理をおこなった．

ヘディーブ・イスマーイールはスーダンに対して積極政策をとり，上ナイルへの蒸気船の航路を開き，支配地域を拡大するために電信網を作り上げた．南西部では1874年にダルフールを取り，そのスルタンを殺戮した．南部では1869年に英国の探検家サミュエル・ベイカーをエクアトリアの総督に任命，次いで1874～76年，ゴードン将軍を後継に任じた．彼らの任務はウガンダまでの要塞の鎖を作ることだった．

これら地域へのエジプトの拡大は，非イスラムでアラビア語を話さない人たちの強い抵抗にあった．暴力沙汰も多く起こり，奴隷商人も流入した．南部のさらに奥地ではブガンダのムテサ王がエジプト軍を撃退したが，シルック族（首都はファッショダ），アザンデ族，ディンカ族，ヌエル族は心ならずもエジプト帝国に統合された．ムスリム住民の中にも不満を持つ者もいたが，それはエジプトの課す重税のためだけではなく，スーフィ信仰の指導者の追放のためでもあった．彼らはまた1877～79年にゴードンがスーダン総督に任命されたことにも憤慨した．1881年スーフィ信仰の指導者ムハンマド・アフマドに率いられた反乱が成功し，彼自身はマフディ（神に導かれた指導者）を名乗り，占領者を不信心者と非難した．彼は南西部に清教徒的支配体制樹立に成功し，ヒックス大佐率いる軍を打ち破り，ハルツームを包囲した．マフド派の支配は1896年まで続き，新しい行政府，司法府，徴税体制を作り上げた．この頃は英国はエジプトを乗っ取り，この動きに介入の意志はなかった．1884年，英国はハルツームからのエジプト軍および行政府の撤退をとりしきるためにゴードン将軍を派遣した．数カ月後に彼はマフド派軍に捕らえられ斬首された．1896年，英国は侵攻軍を派遣しマフド派政権を崩壊させた．1898年アングロ＝エジプトのスーダンが創設され，これが1956年のスーダン独立まで続き，今日とほ

とんど変わらない境界を持っていた．250万 km^2 の広さを持つアフリカ最大の国である．

マグレブおよび金と奴隷のサハラ越え貿易の開始

　ムスリムの北アフリカ征服は，キレナイカとリビア（トリポリタニアとして知られるレプティス・マグナ，オエア，サブラタの沿岸3都市）の征服によって642～645年に開始された．ビザンチン軍は647年にチュニジアのスベイトラで敗北したが，海軍は698年まではカルタゴ防衛に成功した．数十年間にわたるベルベル族との戦いの後の710年にマグレブの征服は完了した．ビザンチン文化は消え失せ，沿岸諸都市は廃墟となり，キリスト教徒の社会はかつて存在したもののごく小部分が残ったが，結局はそれも消滅した．定住ベルベル住民のほとんどは山岳地帯へ，あるいは砂漠の周辺に追い立てられた．ローマ時代の灌漑された，輸出志向の農業はほとんど破壊された．アラブ軍はベルベル住民のかなりを奴隷として捕らえたが，ベルベル人の疎外感は何時までも残り，政治的不安定のもとになった．711年のスペインの征服はマグレブの場合よりもずっとスムーズであった．エジプトの場合と同様に住民の大部分は侵略者を歓迎し，経済的損失はごく僅かであった．

　北アフリカでのアラブの主な駐屯地と行政本部は，カルタゴの南150 km のフリーキーヤ（チュニジア）のカイラワーンにおかれた．また重要な基地がアルジェリアのトレムセンおよびモロッコのタンジールにあった．ベルベル族のイスラム化プロセスは完了した．彼らは相互にほとんど敵対的なさまざまな部族からなっており，統合力である書き言葉をもたず，組織的な国家というものにまとまったこともなかった．改宗に際しては，彼らは別れ別れにその時の都合でそれぞれ異なる宗派に入り，これまでの敵意をいっそう強めることになった．ムスリムの指導権が750年にバグダッドのアッバス朝カリフに移ってから状況はより複雑になった．スペイン（アル・アンダルス）のムスリム支配者たちはウマイヤ朝に忠誠であり続け，また西マグレブ（モロッコ）のベルベル族との結びつきを強めた．

　9世紀の最初にアッバース朝は〔イフリーキーヤの〕統治権をカイラワーンの自

立的(アグラブ)王朝に託した．アグラブ朝は精力的で冒険心に富んでいた．832年に彼らはシチリアを占領し自国領土に加えた．権力にあること一世紀の後に彼らはより強力，独立，野心的なファーティマ朝にとって代わられた．ファーティマは預言者の血統と自称し，バグダッドに対抗する新しいシーア派のカリフの地位を作り，マフディーアに新首都を建設，マグレブのほとんどを支配するにいたった．それから1517年まで北アフリカの運命はリビア以東の世界とは縁がなくなった．しかしシーア派チュニジアのファーティマ朝と929年に独自のウマイヤカリフの地位を建てたスペイン(アル・アンダルス)のスンニ派ムスリムとは，相互に激しく敵対した．抗争の中心地はモロッコであり，そこでは両者ともベルベル人の同盟者と自己の影響圏とを持っていた，すなわち南部のサンハージャ系はファーティマにつき，北東部のザナータ系はアル・アンダルスに味方した．

11世紀にはこれら両カリフ国の影響は徐々に縮小していった．ファーティマは本部をカイロに移しマグレブの支配力を失った．ウマイヤカリフ国は1031年に崩壊し，アル・アンダルスは23の小王国に分解した．したがってマグレブにより大きな独立の国が出現する好機が到来したのであった．かつては部族のよどんだ水たまりであったモロッコが1055年に独立のベルベル人国家になった．それはブラックアフリカとスペインとの貿易に有利な地理的位置のために，はっきりとより繁栄すべき国になった．

アラブはマグレブを征服したとき，当時存在していた地中海との貿易関係を断ち切り，砂漠越えの新しい機会を探求した．彼らはチュニジアおよびリビアから出てサハラの奥深く，南からの商人が携える奴隷と北の馬とを交換できる場所へと至るらくだキャラバンルートを確立した．もっと大きな利益が古ガーナ(現ガーナの北西約800 km，セネガルとニジェール川の間，現モーリタニアの南国境線のちょうど内側)との金貿易で得られた．その古ガーナは8世紀初めにアラブが接触する前に国家としての長い歴史を持っていた．最も直接のルートはモロッコ経由であった．このルートを通るムスリムの商人はイスラムへの改宗のために活発に活動した．11世紀の初め，古ガーナはイスラムに改宗したブラックアフリカ最初の国になった．

ムスリムアフリカの最も重要な貿易品目は西スーダンからの金であった．8

世紀以降生産は確実に増加した．レヴィツィオン(Levtzion 1973: 132)は14世紀，世界金生産の3分の2に達したとしている[6]．12世紀までは金は大部分ムスリム世界内部で流通していたが，それ以降ヨーロッパ特にジェノバ，ベネチア，ピサ，フィレンツェ，マルセイユからの需要が増大し続けた．ヨーロッパの商人は地中海沿岸のムスリムの港で取引をおこなった．15世紀の後半ポルトガルが西アフリカ沿岸に足がかりを持つまでは，ヨーロッパ商人のアフリカ金生産地との接触はほとんどなかった．

8世紀から12世紀の間，ムスリム商人への主な供給地は古ガーナのアウダガストであった．金鉱山はそれより若干南のバンブクにあったが，その正確な位置は秘密とされた．輸出の大部分は砂金の形でおこなわれ，溶解され成形されてインゴットになった．金塊はアフリカの首長あるいは王の手元におかれ，階級章として使用された．ガーナ王は15kgの金塊を所有し，それに馬をつないだといわれる．13世紀にはマリ〔マリ帝国〕のワラタが貿易の主たる中心地になり，生産はブーレ金鉱床に集中した．レヴィツィオン(Levtzion 1973: 156)は産出量がバンブク鉱床の8倍に達するとしている．14世紀になって需要の圧力が強くなって生産は南に伸び，アカン鉱山(現ガーナ)の採掘が始まった．15世紀と16世紀には主たる金交易の中心地はソンガイ帝国のトンブクトゥであった．ガーナ，マリ，ソンガイが技術が相対的に遅れていた地域に強力な国家として出現し得た主な理由は鉱山による富であった．金からの収入は経済的余剰を生み出し，支配者たちは権力の象徴を持つことができた．支配者はそれで馬や武器を輸入することができ，騎兵隊を維持することが可能になった．

主なバーター取引は金と塩であった．サヘル地域では塩が不足していた．重労働をする人々にとって塩は必需品であった．一部は大西洋沿岸の海の塩でまかなわれた．しかし岩塩を輸送するほうがずっと容易であった．11世紀から16世紀にわたって主要供給源はサハラのタガーザーで，奴隷労働によって採掘され，大きなブロックにカットされ，らくだによって輸送された．レヴィツィオン(Levtzion 1973: 173)は塩/金の交換比率はおよそ16/1という考えを提起している．トンブクトゥへ塩を運んだ400頭のらくだのうち，25頭だけが金を運んで北に帰り，残りはサヘルで売り払われた．塩だけが南北貿易の対象品目だったわけではない．スーダン内部の商業中心地間で特にコーラナッツ──

表4.4 世界の地域別金産出量，1493～1925年(100万トロイオンス)

	1493-1600年	1601-1700年	1701-1800年	1801-50年	1851-1900年	1901-25年
アフリカ	8.153	6.430	5.466	2.025	23.810	202.210
アメリカ	8.976	19.043	52.014	22.623	140.047	152.463
ヨーロッパ	4.758	3.215	3.480	6.034	17.379	8.296
アジア			0.085	6.855	49.150	51.900
オーストラレーシア					104.859	62.658
その他	1.080	0.161	0.161	0.498	0.986	
世　界	22.968	28.849	61.206	38.036	336.231	477.527

出所) Ridgway(1929: 6).

コーヒーあるいはたばこに相当するアフリカの興奮性嗜好品——の取引が盛んにおこなわれた．さらに東，中央スーダンではカネムが奴隷貿易の中心地だった．

　サハラ越えにはいくつかの代替ルートがあった．8世紀から10世紀の間，金貿易はイラク起源のハワーリジュ派に属するイバーディ派の商人によって牛耳られていた[7]．11世紀と12世紀の前半，それは大体アルモラヴィド朝〔ムラービト朝〕の商人に独占されていたが，彼らの主貿易基地はモロッコ南部のシジルマーサで，これはガーナのアワガーストかららくだで20日行程のところにある．後になるとモロッコへ，アルジェリアへ，チュニジアへ，エジプトへとさまざまな金ルートが生まれ，地中海の港からヨーロッパの顧客へと運ばれた．11世紀と12世紀に金貨を鋳造したのはムスリム諸国だけであった．マルセイユが最初に発行したのは1227年，フィレンツェは1252年，ベネチアは1284年だった．

モロッコ王朝の性格変化とそのヨーロッパおよびブラックアフリカとの相互作用

　長い間に4つのアラブ国家がマグレブに出現した．モロッコ，アルジェリア，チュニジアおよびリビアである．7世紀に最も発展が遅れていたのは現在のモロッコの地域である．当時その社会組織は部族性であり，経済は主として遊牧で，書き言葉はなかった．タンジールとセウタだけが町だった．1820年の人

口はアラブの征服時と比べて 2.5 倍だった．成長はマグレブのどの地域よりも早かった（表 4.1 参照）．モロッコは国家らしきものを形成した点でも，1 人当たり所得を引き上げた点でも，また都市化の点でも一番の成功者であった．モロッコとヨーロッパおよびブラックアフリカとの相互交流はマグレブの他の地域の場合よりも濃密であり，その発展により大きな影響を与えた．モロッコはその独立を危うくするポルトガル，スペイン，オスマン帝国の攻撃への抵抗に成功した．北アフリカ諸国のなかではモロッコがヨーロッパの植民地になった最後の国であった．以下の分析はモロッコの経験に集中し，マグレブの他の諸国の展開は省くものとする．

アルモラヴィド朝，1055〜1147 年

アルモラヴィドはモロッコに 1055 年，最初のベルベル人帝国を創建し，そのヘゲモニーをガーナからスペイン北東部まで拡大した．彼らはサハラ南端から出た遊牧のサンハジャ族に率いられていた．彼らの最も驚くべき外見上の特徴は，男がベールをつけ女がつけないということだった．彼らの出発点は 1055 年，古ガーナの征服とイスラム化であり，ついで彼らは 1070 年モロッコ南部を攻略し，首都としてマラケシュを作った．1075 年にはフェスを占領し，1083 年セウタを獲得することで彼らのアフリカ帝国を完成させた．

アルモラヴィドの人たちはムスリム原理主義者であった．彼らの精神的指導者イブン・ヤーシーンはコーランの狭い解釈と宗教法（shari'a）の厳格な適用とを主張した．彼はルーズな解釈を腐敗，退廃，異端と見なした．イブン・ヤーシーンは彼らの名前をアルモラヴィド（Almoravids）としたが，これはアル・モラビトゥン（al-Morabitun）（ribat の人）のスペイン語版であった．リバト（ribat）はもともとは孤立した国境の要塞の名前であったが，意味が変わって聖人の隠れ家あるいは修道院を意味するようになった．

だが彼らの成功はイデオロギーによるだけのものではなかった．彼らはサハラの金貿易の安全を保障し，都市人口の規模を大きくし，金鋳貨を導入することによって経済の貨幣化を助け，スペインから学者や行政官を呼び寄せ，一時の遊牧部族民を上出来の国民軍に編成した．

アルモラヴィド朝はその帝国を完成させた少し後にヨーロッパへ支配を拡大

した．1031 年，コルドバのカリフ国の分解後出現したアル・アンダルス(スペインのムスリム地域)の 23 の小ムスリム王国は非常に弱体で，アルモラヴィド朝に助けを求めた．カスティーリャのアルフォンソ 6 世は 1085 年ドゥエロ川とタホ川の間の広大な地域を占領し，トレドを首都とした．アルモラヴィド朝はキリスト教国の前進を食い止め，23 の小ムスリム王国を廃止し，1094 年から 1147 年にいたるアル・アンダルス全域にわたる権力を確立した．キリスト教徒，ユダヤ教徒，異端と考えるムスリムの人たちに対する彼らの偏狭さは，アル・アンダルスで彼らを不人気にし，これまで双方で寛容の度が大きかったスペインでイスラムとキリスト教徒との宗教的対立を深化させた．

同時に起こっていたパレスチナでの十字軍とムスリムの衝突はスペインにもこだました．3 騎士団が結成された——カスティーリャのカラトラヴァ騎士団 (1158 年に)，レオンのアルカンタラ騎士団 (1166 年に)，サンチャゴ騎士団 (1170 年に)．彼らはイスラムとの戦いに身をささげ，かつ征服の戦利品を渇望する騎士たちであった．後に彼らはスペインの統治と再植民，民族浄化に強力な役割を果たしたが，民族浄化はムスリム，ユダヤ教徒亡命者の大量脱出を引き起こした．彼らの多くはモロッコに落ち着いた．

アルモハード朝〔ムワヒッド朝〕，1147～1250 年

アルモラヴィド朝の支配はライバルのベルベル人グループのマスムーダ族によって終了させられた．マスムーダ族は南のアンティ＝アトラス山地から出た定着農耕民であった．彼らの宗教的指導者イブン・トゥーマルトの思想はアルモラヴィド朝の思想とは大きく異なっていた．彼はコーランの解釈を個人が自由におこなう権利があると主張し，個人が神秘の啓示をおこなったり聖人になったりする余地を認めた．彼は自らが預言者の子孫であり，マフディ (mahdi)〔人類の最終救世主〕とみなさるべきであり，真の信仰を再建するために送られてきた天来の指導者であると主張した．彼に従うものはアル・ムワヒィドゥン (al-muwahhidun ユニタリアン)あるいはアルモハド (almohads)と呼ばれた．

アルモハード帝国は南へはアルモラヴィド朝ほどは拡大しなかったが，東へはずっと延びて，危なっかしくはあったが全マグレブの支配を打ち立てた．東方への拡大の主な負の側面は大量の遊牧アラブ人がモロッコ平原に流入し，そ

の略奪行為が定着農業に重大な損害を与えたということであった.

　1172年アルモハードはアル・アンダルスのアルモラヴィド朝を乗っ取ったが, 1212年ナバス・デ・トロサの戦いで〔十字軍に〕大敗を喫した. その後アル・アンダルスは解体した. ポルトガルが1249年に独立した. 1235年から1250年の間にカスティーリャはコルドバ, セビリア, カディスの支配権を得た. カタルーニャは1229年にバレアレス諸島, 1238年にバレンシア, 1282年にシチリア, 1327年にサルディニアとコルシカを占領した. しかしグラナダのムスリム王国はカスティーリャへの貢納国として1492年まで存続した.

　1291年ジェノバが, ジブラルタル海峡を支配していたモロッコの艦隊を撃破した. これによってヨーロッパの商人は地中海, 大西洋, 北海間の海上ルートを数世紀ぶりに開くことができた. しかし地中海西部はバーバリ〔北アフリカ地中海岸のバーバリ諸国〕の海賊に19世紀初めまで悩まされ続けた.

マリーン朝, 1250～1472年

　1248年アルモハード朝はモロッコ北部, アルジェリア西部, アル・アンダルスの支配を失った. 1250年, マリーン朝はアルモハード軍がスペインから撤退したときそれを破り, フェスを首都とした. 彼らの政治基盤はザナータ系ベルベル人, アラブ人との同盟であった. 彼らの公用語はアラビア語であり, 帝国はモロッコだけに版図をもち, はっきりした宗教上の教義をもたなかった. 都市住民は正統派イスラムを実践していたが, 地方のベルベル人はスーフィーの神秘主義への愛着と隠者聖人崇拝とをますます募らせた. 王朝の全期間を通じてこれらの聖人(marabouts〔隠者〕)が村落の宗教指導者であった.

　1275年から1334年にかけてマリーン朝は金貿易から十分な資金を得て, スペインで軍事的冒険をおこなったが, それは脅威というより迷惑という程度にすぎなかった. 彼らはそこでキリスト教国の軍隊に敗れ撤退した. マリーン朝政権は1472年に崩壊した. 彼らの前宰相家, ワッタース朝が1517年にサード朝が出現するまで, フェスとその周辺を支配した. 一方1492年にはスペインから大量のムスリムとユダヤ教徒の避難民がモロッコに流入した.

サード朝，1517〜1660年代

　サード王朝は歴代モロッコの諸王朝のなかで最も強烈な印象を呼ぶ王朝である．彼らは北および西からはポルトガル，スペインの脅威，東からはオスマントルコの脅威を受けていたが，それに対する軍事的，外交的対応は輝かしいものであった．彼らはオスマンを離反したトルコ人の顧問を持つオスマン式近代的軍隊を作った．陸軍の装備と海軍用品は砂糖および硝石と引き換えに英国から輸入した．

　1415年から1521年の間にポルトガルはアガディール（ここに1505年新しい港が作られた）を含む13の沿岸基地をモロッコに建設した．彼らの動機はアフリカを回る新しい航海ルートを守ることと，金の陸上交易を支配することであった．スペインのレコンキスタが完了すると，スペインもまたアフリカの基地獲得に乗り出し，1497年にアルジェリアやチュニジアの港とともにメリリャを占領した．

　1541年サード朝はセウタ，タンジール，マサガ〔アルジャディーダ〕を除くモロッコのすべての港からポルトガル人を追い払った．1578年ポルトガル王セバスチャンは傀儡政権樹立をめざしてモロッコに侵攻した．彼と彼の傀儡はアルカサルの戦い〔マハザン川の戦い〕でサード朝軍に殺され，彼の軍隊は全滅した．ポルトガルは1580年にスペインに併合されたが，当時スペインはオランダと戦い，アメリカに帝国を建設するのに忙しく，アフリカに脅威を与えるほどの余裕はなかった．サード朝の外部からの挑戦に対する対応は大変印象的で，モロッコの主権に対するヨーロッパの攻撃を20世紀初頭まで許さないほどだった．

　サード朝の支配者アル・マンスールは帝国を南に拡大し，アルモラヴィド朝が享受したと同様な金貿易に対する確固たる支配に乗り出すことが十分可能だと考えた．1586年彼の軍隊はサハラのテガーザ塩鉱床を占領し，1591〜93年にソンガイ帝国を滅ぼした．モロッコの太守がトンブクトゥにおかれ，大量の金が貢納としてマラケシュに送られた．この冒険はアフリカの奥深くに及び，この地域へのイスラムの影響を強め，ヨーロッパ列強の内陸への侵入を妨げた．

　ギャンブルは危険であり高くついた．モロッコ軍はソンガイにたどり着くまでに2500 kmをカバーしなければならず，砂漠の横断で2万5000名以上が死

んだ．戦利品および恵まれた金へのアクセスがモロッコの支配者に大きな繁栄の時期をもたらし，軍事的防衛力強化を導いた．ムスリムのパシャ〔知事〕たちが1770年まではトンブクトゥに存在した．しかし17世紀の中期以降モロッコによる支配はなくなり，その金貿易独占も消滅した．

アラウィー朝，1660年代以降

1603年のスルタン・マンスールの死後モロッコ王国は，彼の2人の息子が支配し，競合するマラケシュとフェスを首都とする2つに分裂した．引き続く戦争は無政府状態と不安定をもたらし，その上モロッコは1609〜10年にスペインから追放された30万人のモリスコ〔カトリックに改宗したイスラム教徒〕避難民を受け入れざるをえなかった．難民の一部はサレとラバトで海賊になった．

モロッコは東部のタフィラルトのオアシスから出た新しい王朝，アラウィー朝によって再統一された．サードと同様，アラウィーもシャリフすなわち預言者の子孫であって，彼らの弱々しい帝国を統合していくうえで預言者の宗教的カリスマ性が重要だったのである．彼らの実績はサード朝のそれと比較するとずっと印象の薄いものであった．彼らの主要業績は独立国家を維持したその長さである．

新支配者ムーラーイ・アルラシードは1666年フェスで新王朝のスルタンであると布告された．1669年彼はマラケシュを占領した．彼の権威はブレド・エル・マフゼン(bled el Makhzen)すなわちアラブ化された常住耕作農民および都市住民が住む平原地帯――フェス－メクネス－ラバトの三角地帯，北部沿岸からタンジール，南へラバト－マラケシュ－モガドールの三角地帯――の正統派の宗教指導者たち(ulama)，地方指導者(ca'ids)，裁判官(qadis)から認められた．彼はベルベル部族民が住む山岳および砂漠地帯ブレド・エス・シダ(bled es sida)はほとんど支配できなかった．ベルベル人は人口の半ばを占め，土地は国の3分の2であり，牧羊民，遊牧民，あるいは半遊牧民で部族や血族でグループを作り，地域指導者や聖者(marabouts)に率いられていた．これらの地域へはマフゼン政府の代表者が立ち入ることはできず，彼らのすべてからの徴税は事実上不可能であった．

第2代のスルタン，ムーラーイ・イスマーイール(1672〜1727)は，その長期

の治世の大部分を反乱の鎮圧と国全体に支配権を及ぼすことに費やした．南部では彼は全西サハラ（後にスペイン領サハラ，モーリタニア，南部アルジェリア，北部マリになる地域）に名目的支配権を獲得し，トンブクトゥのカリフと認められた．彼はこの地域で奴隷狩りをおこなったが，16世紀にアル・マンスールがやったように金による貢納を獲得することはできなかった．

彼は地元民にルーツをもたない黒人奴隷(abid)の親衛隊を作って中央権力を強化した．彼は南部サハラで襲撃と買い付けで奴隷を集めた．奴隷は奴隷妻をあてがわれ，その子供たちは養育所で育てられ，10歳になると訓練のためにメクネスの王宮に連れて行かれ，18歳で兵士になった．彼が死んだとき，このような兵士が15万人いてマハラとメクネスに集中的に配置され，国境守備兵として勤務していた者もいた(Levtzion 1975: 145-60 参照)．彼の治世の期間およびその後の長期にわたって，モロッコの海賊はサレとラバトを基地にして北大西洋でヨーロッパの船を襲撃し，また英国，フランス，アイスランド，アイルランド，イタリア，ポルトガル，スペイン，米国の沿岸を攻撃し，キリスト教徒を捕らえ，奴隷として売却した．ムーラーイ・イスマーイールはこのような活動をやめさせようとする英国外交に執拗に抵抗した(Milton 2004 参照)．

イスマーイールには息子が500人いたので継承は明朗なものではなかった．彼の死後，ムハンマド2世が位を継ぐまでの30年間，親衛隊が11人の傀儡スルタンを即位させ廃位した．ムハンマド2世は1757年から1790年の長期間，位を維持した(Abun-Nasr 1987 参照)．彼および以後のスルタンは親衛隊の規模の思い切った削減をおこない，免税と引き換えに採用したアラブ部族出の兵士により強く依存するようにした．ムハンマド2世はサレの海賊を鎮圧し，ヨーロッパ諸国と米国との間に自国を合法的な貿易に開放する協定を結んだ．

彼以後のスルタンの権威と実質的な支配力にはかなりの違いがあった．スルタン・ムーラーイ・ハッサン(在1873〜94)は軍と行政の改革によって権威の強化に最も成功した一人であった．彼の軍事力は植民地列強の侵略を阻止するには弱すぎるが，彼の外交力はフランス，スペイン，英国の間の利害の不一致や衝突を利用する上で有効であった．これがアフリカの他の地域が植民地化されるときにモロッコの独立を守ったのであった．モロッコが最終的に植民地化されたのは1912年であったが，「フランスのモロッコ獲得を認めた列強間の国際

協定と取引はフランスにモロッコを保護領として扱うことを余儀なくさせた」(Gellner 1981: 183). これはフランスが地元中央権力を解体したアルジェリアの場合と全く異なることを意味した. モロッコではフランスは王朝とモロッコ政庁を存続させた. フランスはまたスルタンとその宮殿, パシャ(pasha), カイズ(caids〔部族長, 裁判官の称号〕), 村落有力者の評議会を残したが, 大量の人間を新しく入植させた. 1956年には55万5000人のヨーロッパ人がいたが, これは1912年の10倍以上であった. これに対し1956年のチュニジアは25万5000人, アルジェリアはほぼ100万人であった. モロッコの1956年のユダヤ人口は17万人でアルジェリアやチュニジアよりはるかに多かった. アラブの征服以前からマグレブにはユダヤ人社会が存在していた. ユダヤ人の増加がモロッコで不釣り合いに大きかったのは, スペインからの脱出がモロッコに集中したからである(Amin 1966: 25).

ブラックアフリカとイスラムの影響

ブラックアフリカの農業条件はエジプトの条件とは全く対照的であった. 人口に比べて土地は豊富であったが, 土壌は痩せており, 肥料, 輪作, 天然あるいは人工の灌漑によって改良されることはなかった. その結果, 広範な移動農耕がおこなわれ, 土地は最初の収穫後10年あるいはそれ以上の間, 休閑地として放置された. 遊牧民は同じ理由——痩せた土壌——で, 家畜を追って広い地域をわたり歩くのが普通であった. 主な農機具は土掘り棒, 耕作用鉄製くわ, 木や藪を切り払うための斧やなたであった. プラウはエチオピアを除いて無かった. 牽引用の家畜を農業で使用することは事実上なかった. 車輪付きの乗り物, 水車, 風車も無かったし, また水管理のための道具もなかった(Goody 1971参照).

個人の土地所有権は存在しなかった. 部族, 親族グループ, あるいはその他の共同体が, 居住地域で耕作あるいは放牧の慣習的権利を持つが, 集団的所有権も境界も曖昧であった. 首長, 支配者たちは地代や土地税を徴収しなかったし, 封建的課徴で農民を搾り取ることもなかった. 搾取の主な道具は奴隷制度であった. 奴隷は近隣のグループへの襲撃で得られるのが普通であった. した

がってグループ間の関係では近隣窮乏化政策の要素が重要であった．

　奴隷制は西洋との接触以前，アフリカに特有のものであった．1500年以前の800年間のサハラ越えのブラックアフリカからの流れは400万人以上に達し，年平均5000人以上だったのである（表4.5a参照）．輸送は北からのムスリム商人によって組織された．北から南への流れはほとんどなかった．

　ラブジョイ（Lovejoy 2000: 25）は主なルートを次のように描いている．

　　1番目は古ガーナから北へモロッコにいたる，2番目はトンブクトゥから北へアルジェリア南部のトゥワト（Tuwat）へ延びる，3番目はニジェール渓谷とハウサの町々からアイル山地を通ってガートとガダメスへいたる，4番目はチャド湖からリビアのムルズクへの旅である，5番目は東スーダンのダルフール〔ここのスーダンは歴史的スーダン〕からナイル渓谷のアシュートにいたる，6番目は青ナイルと白ナイルの合流点からエジプトにいたる．

　奴隷は通常食料，水，奴隷監督およびその他の乗客を運ぶらくだのキャラバンとともに砂漠を歩いた．

　イブン・バットゥータ（Ibn Battuta 1929: 337-8）は1353年9月にマリ北部のタガッダ（Tagadda）で砂漠の縁を行くこのようなキャラバンに参加した状況を叙述している．彼はモロッコ南西部のシジルマサ（Sigilmasa）への旅のため2頭のらくだと70日分の食料を購入した．キャラバンには600人の女性の奴隷が含まれていた．旅はおおむね無人の地域を通ったが，時折泉に出会ったし，ナツメヤシの実や乾燥したイナゴを主食にしている部落もあったし，自由通行の代償として反物を要求する，ベールをしたベルベル人のホールドアップにも出会った．トゥワトで彼は西に向かう別の護送隊商に加わった．タガッダからシジルマサまでは2000 km以上の距離がある．砂漠を越えるキャラバンに付き添う案内人は，主に星を頼りに道をたどった．

　ブラックアフリカでは輸送手段は貧弱であった．らくだは砂漠の酷熱には耐えたが，さらなる南方には駄目であった．ムスリムアフリカには，地中海を航行し交易できる船があったし，エジプトではナイルの帆船で大容量でかつ比較的安全な旅ができた．西スーダンでは河川，特にニジェール川，セネガル川，ガンビア川は部分的にのみ航行可能であった．14世紀にイブン・バットゥー

タ，160年遅れてレオ・アフリカヌスの両者が，これら河川の船は丸太をくりぬいてできた手こぎの幼稚な船だと叙述している．瀑布や急流が頻繁に現れるので，荷物も頭に荷をのせるポーターによって頻繁に積み替えられる．イブン・バットゥータは危険な鰐や河馬が現れると記録している．ろばはブラックアフリカで運搬用家畜として役だったように思えるが，馬は非常に高価だったし，また気候の関係とツェツェバエに非常に弱いという理由で寿命が短かった(Law 1980参照)．馬は北アフリカからの主要輸入品目ではあり，サハラ以南では容易に繁殖できず，それにアラブ商人は繁殖用雌馬を売ることをいやがった．馬はほとんど例外なく支配層によって，あるいは軽武装騎兵によって，軍用あるいは威信目的に使用された(馬も騎乗者も矢からの防衛のため詰め物入りの甲冑を着けていた)．これは古ガーナ，マリ，ソンガイ，カネムおよびそれ以後のエリートグループ(ガーナのアシャンティ，ナイジェリア北部のハウサ，フラニ)の場合に当てはまる．

　イスラムとの接触以前のブラックアフリカの驚くべき特徴は，普遍的な非識字と書き言葉の欠如であった(エチオピアを除く)．このため世代間で，またアフリカ諸社会の間で知識を伝えることは困難であった．商人としてやってきたアラブ人は書き言葉をもっており，伝道に熱心であった．これらアラブ人の中には財産制度，法律の知識，統治ならびにサハラ越え商取引のテクニックを広めることのできるムスリムインテリゲンチャの高級なメンバー(Ulama)がいた．1591年にモロッコがソンガイを征服する以前にはムスリムの訪問者は概して平和的で，アフリカの首長や支配者たちになんの脅威も与えなかった．これら首長たちはイスラム改宗が明らかに利益になると見てとった．イスラム改宗は，より大きな帝国を築きより強力な威圧の道具を手に入れる助けになるのである．彼らは金および奴隷との交換に馬と武器(鉄製の刀の刀身と槍の穂先，後には銃と弾薬)を手に入れることができた．ブラックアフリカの商人たちも改宗に利益を見出した．彼らは改宗商人(dyulas)としてエクメーネ〔oecumene，人間が居住している全地域〕のメンバーになり，これまでよりはるかに広い市場に自由にアクセスできた．こうして11世紀以降ブラックアフリカでは混種イスラムが徐々にひろがっていった．改宗の主な影響は支配グループに対してであって，彼らの権力の印章や承認はイスラムと慣習との混合に従い，一方彼らの臣民は

アニミズム信仰者であり続けた．支配者は交易取引への課税によって大きな収入を得，ディウラス(dyulas)はこの商売で直接に利益を得た[8]．北からの商人には法的保護と財産権が与えられた．バットゥータとレオ・アフリカヌスはこの点を強調したが，両者とも宮廷の生活と儀礼における慣習的要素については軽蔑的であった．

ブラックアフリカのムスリムは最初の数年代は正統派のスンニで，マグレブに普及していたシーアやスーフィーには無関心であった．何世紀にもわたる接触，メッカ巡礼への参加，トンブクトゥの大金曜モスク(Great Friday mosque)にあった高級学問センターの設立を通じ，イスラム化は次第に深みのあるものになっていった．ブラックアフリカの大部分の地域の統治および経済の制度は，これら数世紀にわたるイスラムとの相互交流から深い影響を受けた．

18世紀と19世紀にはジハード〔聖戦〕が武力の使用によるイスラム化を強力に推進し，農村地域奥深くにまで浸透させた．これらの運動はもともとセネガルとギニアにおこったもので，すでにスーフィの狂信者やマラブーが内部で大きくなっており，多くの人がカダル派兄弟団に属していた．彼らは18世紀にフタ・トロ(Futa Toro〔セネガル川をはさんで現セネガルとモーリタニアにまたがる地域〕)とフタ・ジャロン(Futa Jallon〔現ギニアのフータ・ジャロン山地〕)にスーフィ国家建設に成功していた．19世紀にはニジェールデルタのアムダラーイ(Hamdallahi)に新しいカリフ国が作られ，トンブクトゥとジェンネ(Jenne〔Djenne，トンブクトゥ地区〕)を支配した．最も成功したのは1804年の聖戦で，北ナイジェリアに新しい強力な国家を作り上げ，以前のフルベ遊牧民とハウサの農民を統合した．ソコトが1819年に新しい首都として建設された．カリフはもろこしやきびを栽培する農民をたばねる30人の首長を支配した．コーラの実，塩，布の取引をおこなっていたが，その繁栄の基盤は奴隷貿易であった．毎乾期，非ムスリムの住民から奴隷を獲得すべく馬に乗った連中が出陣した．奴隷は農耕や荷物運搬に，またハーレムにも使役され，サハラ越えで販売された(Iliffe 1995参照)．

ブラックアフリカの国家形成の研究者たちは，複合的集団と指導者無しの集団(Goody 1971)，国家を持つ社会と国家を持たない社会(Lvtzion, Lovejoy and others)とを区別した．ヨーロッパとの接触が確立された当時，政治形態はさまざ

まに大きく異なっていたし，イスラムとの接触の程度の違いによってその差異はさらに大きくなった．奴隷商人はおおむね最もイスラム化されていた．奴隷は指導者無し，国家無し，イスラム化最低の集団から連れてこられる傾向があった．これには2つの理由があった．ムスリム諸国家が大体最も強力な軍事力をもっていたこと，そして彼らは概してムスリムの奴隷化を避けたということである．

ヨーロッパのアフリカとの出会い

11世紀から14世紀にかけてのヨーロッパのアフリカとの接触は地中海で起こった．十字軍の動機の一つはアジアとの直接貿易を再開することであったが，サラディンは1182年に紅海で十字軍の艦隊を撃破し，十字軍をエルサレムから放逐した．彼の後継者たちは十字軍のアレクサンドリアに対する攻撃を撃退し，1291年にはパレスチナにおける彼らの最後の足がかりを奪った．キリスト教徒の商人は，オスマンがエジプトおよび残りの北アフリカ（モロッコを除く）を占領した1517年までは，アレクサンドリアの自分たちの商館で商売をすることができた．1571年にオスマンは三世紀にわたって十字軍帝国の最後の残り物であったキプロスを占領した．

西部地中海では状況は全く違っていた．ムスリムは1249年までにポルトガルから放逐された．13世紀の終わりにはスペインのレコンキスタはほとんど完了した．アンダルスのほんの一部にグラナダ王国が残っていた．11世紀の終わりにノルマンがシチリアを占領した．バレアレス諸島は13世紀中にカタロニア人によって占領された，サルディニアとコルシカは1327年に．ジェノバはジブラルタル海峡を支配していたモロッコの艦隊を1291年に撃破した．それ以後ヨーロッパの商人は地中海と大西洋，北海との航路を開くことができた，ただしバーバリ海賊によって悩まされ続けてはいた．これが終わったのは英国海軍が海賊を殲滅した1816年のことであった．

レコンキスタが終わりに近づく頃，イベリア人の北アフリカへの侵入が何回かあった．動機は単純ではなかった．レコンキスタはポルトガルとスペインで宗教的熱狂行動を引き起こした．ムスリム世界は滅ぼされるべき敵とみなされ

た．新しい十字軍結成の言辞や真剣な計画が大量に飛び交った．また金貿易に直接参加したいという欲望もあった．11世紀以降ヨーロッパの商人（ジェノバ，ピサ，フィレンツェ，マルセイユ，カタロニア）は，ムスリム当局が商館の設置を認め，商取引の安全を保証しているセウタ，タンジール，チュニスその他の地中海沿岸の港で金を買い付けた．〔しかし侵入によって〕イベリア人たちはムスリム国家に重大な影響を及ぼすことも，北アフリカにキリスト教を持ち込むこともできなかった．大変なコストで彼らが得たすべては沿岸の若干の基地だけで，それもムスリム当局がこれまで提供交渉に喜んで応じた商業施設よりも大きな経済価値があるわけでもなかった．

ブラックアフリカとの接触に果たしたポルトガルの先駆的役割

ヨーロッパの介入で最も野心的だったのはモロッコへのポルトガルの介入であった．1415年にセウタを占領したが，1437年タンジールを奪おうとする最初の試みは不名誉な失敗に終わった．1521年までにモロッコの大西洋岸にいくつかの基地を建設したが，モロッコ軍が1541年に奪い返し，1578年にはポルトガル侵入軍を殲滅した（すでに述べたとおり）．このモロッコの成功と，モロッコ以外の北アフリカをオスマン帝国が支配したということで，1798年のナポレオンのエジプト侵略，1830年のフランスのアルジェリア占領までは本格的なヨーロッパの侵入はもはやなくなった．

ヨーロッパとブラックアフリカとの直接の接触は，船や艤装の設計，航海術，航海用装備，海図のポルトガルによる革新によって可能になった．これらの進歩によって1497年以降，アフリカ一周航海とインドおよびその他のアジア地域との直接の貿易が可能になった．これらの展開の動機は単純ではなかった．一つには異教徒を改宗させ，アフリカ（エチオピア）とアジアにあるキリスト教徒の社会と連絡をつけるという福音伝道的な使命があった．事業の資金はエンリケ王子が団長のキリスト騎士団が賄った．1455年の教皇教書ロマヌス・ポンティフェクス（Romanus Pontifex）はポルトガルにアフリカ貿易の独占権を与えた．主な経済的思惑は大西洋諸島嶼の砂糖生産を発展させること，西アフリカの金やアジアの香辛料貿易に直接参入することであった．さらにもっと重要なことには，1492年のアメリカ発見によって〔新しい〕経済的刺激が生み出され

たことであった．トルデシリャス条約は新大陸の一部をポルトガルに与えた．これがアメリカに奴隷を輸出する動機となった．

ポルトガルは1445年にモーリタニアの沿岸のアルキム (Arquim) に貿易基地を作り，1460年カーボベルデ (セネガルの向かい側) に島植民地を作った．この土地で反物，馬，装身具，塩と交換に金を買うことができた．アフリカの一つの市場で奴隷を買い，他の市場でそれを売却するというもうけの多い仲介貿易をおこなうこともできた．1482年に現ガーナ海岸のエルミナに強力な要塞基地が作られ，アシャンティ金鉱山に直接立ち入ることが可能になった．1471年から1500年のあいだに，ポルトガル商人はアフリカの金17トンを輸出した．

彼らの活動によって若干の金がサハラ越えのこれまでのルートから離れることになった．レヴィツィオン (Levtzion 1975: 144) はポルトガルの影響を次のように述べている．

> サハラ越えの貿易は減少はしたが，なくなりはしなかった．サハラの塩はニジェール川上流とセネガル川上流の金の多くを引きつけ続けた．これら地域の金でセネガンビアのヨーロッパ商人のもとに届いたのはほんのわずかであったが，これら商人は奴隷獲得で大きな成功を収めていたのである．しかし南のアカンの森からは大量の金が北へ流れなくなり，黄金海岸のヨーロッパ人のもとに向けられたのである．

金貿易の場合も奴隷貿易の場合も，ポルトガルの存在がアフリカ貿易ネットワークの沿岸地域への伸張をもたらした．ポルトガル人は奥地深くまでは入らなかったし，自身での強奪も実行可能ではなかった．彼らが直接奴隷を捕まえようとすると大変な死傷者が出た．彼らが奥地に入って金鉱山を発見しようとすると，黄熱病，マラリア，眠り病でいっそう大きな損失が出た．したがってポルトガルの政策は沿岸の貿易拠点と市場取引に依存するということであった．

ポルトガル人の布教活動で最も大きな努力が向けられたのは，現アンゴラの地域にあったコンゴ王国であった．国王ンジンガ・ムベンバ (在1506～43) は改宗し，ドム・アフォンソ1世になった．コンゴの1人の王子が教育のためリスボンに送られ，1518年法王は説得されて渋々ながら彼を最初のブラックアフリカの司教に任命した．しかし実験の成功も長くは続かず，アフォンソの死後色あせていった．宣教師の多くは熱帯病のためにどんどん死んでいった．この

キリスト教王国は1568年から73年にかけてジャガ食人族に攻撃され，彼らはポルトガル遠征軍に放逐されるまでに王国の数地域を廃墟と化した．4人のイエズス会会員が数年間捕虜になり，生還したうちの1人がこの国は武力によってのみ改宗されうると報告した．1480年代に新しい島基地がサントーメ・プリンシペ(コンゴの西北のビアフラ湾内)に創設され，奴隷労働による砂糖プランテーションが作られた．これらの島は後のアメリカへの奴隷輸出の便利な立ち寄り地になるものだった．1530年代ポルトガルの商人はコンゴ-アンゴラ地域から年5000人の奴隷を輸出した．それ以後ポルトガルは人間の魂の救済よりは人間の奴隷化の方に高い優先権を与えるようになった．19世紀までアンゴラにおける活動はルアンダ，ベンゲラの両港とその後背地に限定された(Birmingham 1976参照)．

東海岸ではポルトガルの遭遇した状況は全く異なっていた．経済生活はずっと高度で，住民ははるかに国際的であった．ソマリアからモザンビークに伸びるイスラム化した住民の居住地が帯のように連なっていた．それぞれは多かれ少なかれ独立していて，他を政治的に支配しようとする企てはほとんど存在しなかった．彼らはローマ時代にすでにアラビア南部，ペルシャ湾，アジアとの広範な貿易関係をもっていた．地域住民はアフリカ・アラブ混合で，海岸リングア・フランカ(lingua-franca〔共通語〕)のスワヒリ語を使っていた．これは長いアラブとの接触に影響されたバントゥー語である．名称はアラビア語で「沿岸の土地」を意味するアス・サウェイル(as-Sawail)からきている．沿岸の港——キルワ，マリンディ，モンバサ，モザンビーク，ソファラ——にはアラビア，ペルシャ，グジャラート，マラバールの商人が頻繁に訪れた．これらの港では絹，綿織物，香辛料，中国の磁器，たからがい(貨幣として用いられた)を輸入した．輸出は綿花，木材，象牙，金，奴隷であった．それらはインド洋のモンスーンという条件を熟知した専門の案内人を有していた．船は頑丈であったが，木材が釘付けされず，ココヤシの実の繊維で作った綱で結びあわされていたので，ポルトガルの大砲に対しては非常に弱かった．

ポルトガルはこの地域では3つの目的をもっていた．(a)アジア貿易の船のために安全な中継基地を作ること，(b)東アフリカの金入手の道をつくること，(c)沿岸地域のムスリム商人にできるだけ損害を与えること．

彼らのインド貿易のための主要基地はモザンビークの島であった．ここは船には便利なところであったが，船員には非衛生であることがわかった．1528年から1558年の間にここで3万人のポルトガル人が熱帯病や壊血病の後遺症で死んだ(Boxer 1991: 218参照)．

最初の金の積荷は1506年にリスボンに着いた．しかしその量は西アフリカから出荷されたものより少なかった．金は内陸の鉱山からポルトガル人が要塞基地を建てた海岸のソファラに運ばれた．後に彼らはずっと北のケリマネに移動し，ザンベジ川の谷をカヌーで，また急流では頭担ぎ運搬人を使って，沿岸への積み出しの主要動脈として使用した．金は現ブラワヨからソールズベリ(現ハラレ)へ伸びる地域からももたらされた．南のグレートジンバブエが11世紀から14世紀まで金生産の中心地であったが，ポルトガル人が来る前に(石造階段状建物の遺跡を残して)放棄された．ポルトガル人は金をローデシア北部のムタパ部族連合から得ていた．多数のポルトガル冒険家たちがザンベジ川流域に大所有地を獲得した．これらのプラゼロス(prazeros〔ラテンアメリカのラティフンディオに似た大農場主〕)は金，奴隷，象牙の取引で財産を作ったが，多くは熱帯病で死亡した．

ポルトガル人はアラブ商人をインド洋貿易から追い払うことに最善を尽くした．彼らはオマーンの主貿易港マスカットを1508年に占領し，1515年にホルムスを奪取してアラブの貿易を閉じこめた．彼らは東アフリカのアラブ人居住地に何度も遠征し，アラビア，ペルシャ湾，インドとの貿易を妨害した．彼らはこのやり方をほとんど二世紀の間成功裏に遂行したが，1622年ペルシャのサファビ朝が英国東インド会社の艦隊の助けを借りてホルムスを奪回した．1650年にはアラブは港内の多数のポルトガル船とともにマスカットを再占領した．これらの船をモデルにアラブ人はポルトガル船と対等にわたり合える武装船の建造に目立った成功を収めた．「17世紀の終わりまでに彼らはポルトガル人をモンバサおよび東アフリカ沿岸のスワヒリのすべての島——あるいは都市国家(パテ，ペンバ，ザンジバール，マリンディ等)から追い出してしまい，このうちデルガド岬以北については宗主権を主張した」(Boxer 1991: 134)．ポルトガルに残されたのはモザンビーク島と隣接の沿岸地域だった．

オマーンは東アフリカ沿岸地域にゆるい宗主権を維持し，18世紀の末まで

奴隷貿易を続けた．19世紀になるとその地位は強まった．オマーンの支配者は1840年に，首都をザンジバールに移し，その地とペンバ島でプランテーション農業を始めた．1860年代にはこれらの島はちょうじの世界主要生産者になった．

ポルトガルは1520年以降アビシニアのキリスト教王国と若干の接触をもったが，1541～43年にはこの国がオスマン帝国に征服されないように軍事介入をおこなった．しかしエチオピアとローマカトリックの教義と儀式の違いが仲違いをもたらし，イエズス会は1633年に追放された．

ポルトガルのブラックアフリカとの接触の一つの重要な結果はアメリカからの農産物の導入であった．アフリカの食料供給と人口増加の能力にとって最も重要なのは根菜類と塊茎類であった．キャッサバ（マニオク）はブラジルからコンゴ王国，ニジェールデルタ，ベニン湾に16世紀初期にもたらされた．それは高収穫の作物で，でんぷん，カルシウム，鉄分，ビタミンCに富んでいる．多年生植物で，広範な種類の土壌に耐性をもち，イナゴ被害が小さく，干ばつに強く，耕作も容易である．自らの貯蔵機能を持つ．すなわち熟して後は収穫されなくても長期間良好な状態を保つ．キャッサバ粉は長距離旅行用に固形にでき，大西洋を越えて輸送される奴隷の主食になった（Jones 1959参照）．さつまいもアフリカの食料供給にとって大変重要であった．

とうもろこしはポルトガル人がアフリカの東西沿岸地域に導入したアメリカ農産物である．それは17世紀にはセネガル，コンゴ盆地，南アフリカ，ザンジバルに出現していた．

数世紀にわたってこれらの農産物は広範囲に普及していった．1960年代の半ばアフリカの根菜類，塊茎類生産の3分の2（4300万トン）はキャッサバとさつまいもであった（FAO, *Production Yearbook*, 1966参照）．とうもろこし（1500万トン）はブラックアフリカの穀物生産の3分の1，伝統的なきびともろこし47%，米12%，その他の穀類8%であった．

長期的に重要なアメリカからのその他の主な植物は豆，落花生，たばこ，ココアであった．バナナとプランタンはポルトガル人が来る前にアフリカ東部に普及していたアジアの農産物である．コーヒー，茶，ゴム，ちょうじはその後にアジアから導入された．

大西洋奴隷貿易とアフリカ奴隷制の状況

オランダ，英国，フランスが 17 世紀にポルトガルのライバル(相互にも)としてアフリカ貿易に参入した．彼らの行動は赤道以北の西海岸地域に集中し，その主要関心は奴隷貿易に向けられた．例外はオランダの南アフリカ植民地 (1652 年創設) と 18 世紀初期にフランス島 (モーリシャス) およびブルボン島 (レユニオン) で始められたフランスのプランテーション農業であった．これらオランダ，フランスの植民地はほとんど奴隷労働に依存した．

表 4.5a はラブジョイのアフリカ奴隷制の最近の研究の要約を示している．彼の主要な貢献は，大西洋貿易をアフリカの奴隷制と奴隷貿易の全体の脈絡の中において示したことである．奴隷制こそがムスリム世界の大きな特徴だった．650 年から 1500 年までの 8 世紀半のイスラムの北アフリカ支配時代にサハラを越えてブラックアフリカから運ばれた奴隷は 430 万人に達した．すなわち年平均 5000 人であった．さらに 220 万人がアフリカの港からアラビア，ペルシャ湾地域，インドに運ばれた．すなわち年 2600 人で，全部あわせると年 7600 人になる．オーステン (Austen 1979: 66) は砂漠越え輸送中の死亡率を 20% と推

表 4.5a　ブラックアフリカからの輸出先別奴隷輸出，650〜1900 年 (1000 人)

	650-1500 年	1501-1800 年	1801-1900 年	650-1900 年
アメリカ	81	7,766	3,314	11,159
サハラ越え	4,270	1,950	1,200	7,420
アジア	2,200	1,000	934	4,134
計	6,551	10,716	5,448	22,713

注と出所)　Lovejoy (2000: 19, 26, 47, 142 and 147)．ラブジョイは「アフリカ」からの輸出としているが，サハラ以北のアフリカを「域外市場」の扱いに (p. 24) しているので，実際には彼はサハラ以南のアフリカからの輸出だけをカバーしているのである．アメリカ向けの彼の数字は 1500〜1800 年ではカーティン (Curtin 1969) のと似ているが，1800〜1900 年に関してはかなり大幅に多くなっている (Maddison 2003: 115 参照)．相違の一部はカーティンのが到着であるのに，ラブジョイは輸送中の死亡を斟酌していないように思われるからである．相違はまたラブジョイが Du Bois 文書を使用したことにもよる．今のところこの文書は CD-ROM でしか手に入らず，カーティンが提供したような出所資料の細心な文書的記述を欠いている．サハラ越えの輸出に関してはラブジョイは 1979 年の R. A. オーステンの推計を使用し，アジア向けに関しては 14 の異なる出典を引用している (p.142)．これら 2 地域向けはアメリカ向けに比べると根拠薄弱で，したがってあり得る誤差の幅も大きい．この表にある奴隷輸出にくわえてアフリカ内部には巨大な奴隷経済が存在していた．この経済はずっと存在し続けてきたが，19 世紀に大西洋奴隷輸出が停止すると，きわめて急激に膨張した．

表4.5b　アメリカに輸出されたアフリカ人奴隷の出身地，1662〜1867年（1000人）

セネガンビア	600
シエラレオネ	756
黄金海岸	710
ベニン湾	1,871
ビアフラ湾	1,658
中西部アフリカ	3,928
東南部アフリカ	392
計	9,915

出所）　Klein(1999: 209).

定している．もしこれが東アフリカ積み出しにも適用されうるとすれば，人口漏出の総計は年9500人に達していたと思われる．

大ざっぱに言ってこの時期の中点である1100年に，ブラックアフリカの全人口はおそらく2500万人ぐらいであったろう．1500年から1900年までには，これらイスラム地域への奴隷の流出は年平均1万2700人に増加し，輸送中の死亡率が同じだったとすれば，年々の漏出は1万5800人になる．1700年（この時期の中点）のブラックアフリカの人口はほぼ5200万人だから，650〜1500年の間よりは漏出の比率は低いことになる．しかしながら，1500年以後のアメリカへの積み出しは新規であり，はるかに大きいものであった．1500〜1900年のラブジョイの合計は1100万人で，年平均2万8000人であった．イスラム地域への漏出を含めた総合計は年4万人以上となる．カーティンの合計は940万人であるが，これにクラインの輸送中死亡率——1590〜1867年間の大西洋越えの平均12％(Klein 1999: 140)——を適用するなら1070万人に達したであろう．表4.5bはクラインによる奴隷が連れ去られた地域ごとの数字である．

大西洋貿易の年齢別・性別構成はイスラム地域向けとは異なる．大西洋の場合の3分の2は労働適齢期の若い男性で，プランテーション農業のきつい労働がその運命であり，寿命は短く，解放の望みはほとんどなかった．ムスリム地域向けの場合には比率は逆であった．3分の2は女性と児童であった．女性は第一夫人以外の妻か，家事使用人になるかであった．男の子は軍人として訓練するために連れ去られることが多かった．若干の者はあらかじめ去勢されて宦官にするために売られた．男子奴隷が望むことができる職業の範囲はアメリカ

の場合より広く,また自身およびその子孫の解放への望みもずっと大きかった.

英国は250万人のアフリカ人を米国に輸出したが,その大半はシエラレオネとギニア沿岸の出身であった.フランスは120万人をセネガル=ガンビア地域から,オランダはおよそ50万人を主に黄金海岸から連れ去った.ポルトガルはこれらの地域からは追放され,アンゴラからブラジルおよびスペイン領アメリカへの積み出しに集中した.1500年から1870年までの総数は450万人であった.

> 圧倒的に多くの場合,販売の時まで奴隷を管理したのはアフリカ人だった.アフリカの奴隷商人は海岸か比較的安定し御しやすい流れの岸に沿って周知の取引場所にやってきた.ヨーロッパの商人は海岸に数カ月滞在することが多いが,川をさかのぼって旅をし,少数の奴隷を集めることもあった.
> (Klein 1999: 90-1)

アフリカ内では奴隷を獲得するにはいくつかの方法があった.若干は奴隷の子孫から得られる.大部分は戦争で得られるか臣下または従属部族からの貢納で得られた.16世紀にはコンゴ王国とジャガ侵入者との戦争でアンゴラからの供給が盛りあがった.18世紀,19世紀の西アフリカの聖戦の時期にも全く同様なことが起こった.さまざまな罪人は確実な供給源であった.強力な中央権力をもたず武力が貧弱な部族への襲撃や,個人の誘拐が大規模に起こった.

クライン(Klein 1999: 208-9)は1662年から1867年の大西洋越えの流出数の推移を示している.1662~80年の年平均9000から着実に増えて1760~89年の7万6000のピークに達し,1816~30年には6万1000に,1831~50年には5万1000に,1851~65年には1万500に落ちた.ラブジョイは1663~1775年の奴隷1人当たりの平均価格を固定価格(1601年)で示している.1663~82年の平均価格は2.9ポンド,1703~32年は10ポンド,1733~75年は15.4ポンドであった.したがってアフリカの奴隷貿易からの収入は17世紀末から18世紀の末までに40倍に増加したように思われる.実際には売買は物々交換の形でおこなわれた.主な輸入品はもともとはポルトガル商人がモロッコで買い付けた織物であった.18世紀にはそれは主に西アフリカ市場のために特別に作られたインド織物であった.その他の重要な貿易品はたばことアルコール,宝石,棒鉄,武器,弾薬およびモルディブのたからがいの貝殻であった.18世紀のピ

ークの時でもクライン(Klein 1999: 125)によると,「これらの輸入は年間わずか210万ポンド相当の商品でしかなく,西アフリカの2500万人ほどの住民の全収入のおそらく5%以下にすぎなかった」.

奴隷制廃止の運動が大西洋流出を減らし,奴隷価格の低下をもたらした後,ブラックアフリカ内部の奴隷制がかなり勢いを増した.奴隷化の勢いは続き,捕らわれた者のより大きな部分がアフリカ内部に吸収された.ラブジョイ(Lovejoy 2000: 191-210)は19世紀末の西,中,ナイロスーダンの住民の30〜50%は奴隷だと推定している.1850年の北ナイジェリアのソコトカリフ国の人民の半数は奴隷だった.ザンジバルでは奴隷人口は1818年の1万5000人から1860年代の10万人に増加した.輸出向けパーム油製品,落花生,ちょうじ,綿花を生産する農家,プランテーションの奴隷使用が大きく増大した.19世紀末ベルギー領コンゴ,南東および南部アフリカで,事実上の地位が奴隷と同じ奴隷的労働力による鉱山事業が急拡大した.エルティス(Eltis 1991: 101)は19世紀にアフリカからの商品輸出が激増したことを示している.

1500〜1820年のヨーロッパとアフリカの相互作用の結論

大西洋越えの奴隷貿易の費用と利益は大変不平等に感じられる.最大の損失者は輸送中に死亡した150万人だったし,奴隷にされて激しい労働,貧弱な食事,残酷な取扱いのため命を縮めた110万人であった.正常な家族生活は破壊され,解放への望みは事実上皆無であった.利益を得たのは奴隷商人と奴隷労働を搾取したアメリカのヨーロッパ人入植者であった.アフリカ内部では人口減少は自己防衛力最低の部族と住民に集中していた.人口増加率は間違いなく減少した.1500年から1820年の間アフリカの人口増加は年約0.16%であったが,西ヨーロッパは0.26%,アジアは0.29%であった.奴隷制によってひきおこされた混乱は奴隷が連れ去られた地域の1人当たり所得を引き下げた.奴隷輸出商人が交換によって得た輸入品は消費を増加させたが,生産潜在力を高めはしなかった.

ヨーロッパ諸国はアフリカに技術知識を伝えようとしなかったばかりか,教育,印刷,アルファベットの開発を推進する企てもおこなわなかった.中国は9世紀に印刷術をもっていたが,西ヨーロッパは1453年,メキシコは1539年,

ペルーは 1584 年，北アメリカ植民地は 17 世紀の初めに印刷術を獲得した．アフリカにおける最初の印刷機は 1820 年にカイロに到来した．アメリカからアフリカへはかなりの植物（主にキャッサバ，さつまいも，とうもろこし）が伝えられたが，そのインパクトは，ヨーロッパの食用および運搬用動物，繊維の大規模移動を含むヨーロッパとアメリカ間の生態交換ほど，大きくも急速でもなかった．アフリカではアメリカに比べてヨーロッパとの相互作用はずっと少なかった．1820 年にアフリカにいたヨーロッパ人は 3 万 5000 人足らずだが，アメリカには 1300 万人がいた．

ヨーロッパ人にとってアフリカに住むのは，アメリカに移るのに比べるとはるかに魅力が少なかった．アフリカではヨーロッパ人は死亡率が非常に高い疾病にかかったが，アフリカ人はヨーロッパの疾病に特にかかりやすいということでもなかった．アフリカ人の自己防衛のための武器はアメリカの原住民のよりはずっと良かった．ヨーロッパ人のアフリカへの関心は主に奴隷と金の貿易に向けられていた．ヨーロッパ人はアフリカ人の仲介業者から奴隷を獲得していた．もし奴隷が征服と捕獲によって獲得されねばならなかったら費用ははるかに高くつき，アメリカの開発はそれだけ遅れていたであろう．

われわれは，発展を妨げたアフリカのいくつかの制度でヨーロッパの影響によらないものに目を向けるべきである．その一つはイブン・ハルドゥーン（Ibn Khaldun 1982）が詳細に論じたイスラム世界に出現した諸国家のもろさ（ブラックアフリカにはいっそう当てはまる）であった．彼は部族帰属や血族家系への執着，遊牧の慣習の継続が定着農業や都市文化を発展させる上での障害になったと強調している．このために 7 世紀から彼自身が生きていた 14 世紀の間なんの進歩も見られなかったのだと言っている．彼はムスリム政権が周期的に興亡をくりかえしたと強調し，また彼の先祖が何世紀も暮らしたアル・アンダルスの衰退を深く嘆いていた．ゲルナー（Gellner 1969, 1973 and 1981）の分析がイブン・ハルドゥーン見解に呼応している．彼は弱体な中央権力が強力な部族と共存しているマグレブ諸国の脆弱性を強調したが，「神権的ではあるが名ばかりの絶対者で弱体化した統治者が，無政府的で軍事的には強力な部族民，またどっちつかずの小さな地域的な暴君という元々のもの」を利用しているモロッコを，特に脆弱なものと強調した（Gellner 1981: 182）．

年表 4.1　アフリカでのヨーロッパの飛び地と植民地，1415～1919 年

ポルトガル
セウタ：1415-1580，Arquim〔モーリタニア〕：1445，カボ・ベルデ：1460，タンジール：1471-1662，エルミナ〔ガーナ〕：1482-1637，アンゴラ：1484，Fernando Po（赤道ギニア）：1493-1778，サントメ・プリンシペ：1493，モザンビーク：1505，アガディール：1505-49，ギニア・ビサウ（カボ・ベルデより分離）：1879.

スペイン
メリリャ：1497，セウタ：1580，赤道ギニア：1778，Rio de Oro（西サハラ）：1884，Spanish Morocco〔モロッコ北部の地中海沿岸地域保護領〕：1912.

オランダ
モーリシャス：1600-1712，エルミナ：1637-1872，ケープ植民地：1652-1797.

フランス
レユニオン（ブルボン島）：1649，モーリシャス：1715-1810，セーシェル：1742-1814，エジプト：1798-1800，アルジェリア：1830，マヨット：1841，ガボン：1843，コモロ：1843，セネガル：1854，チュニジア：1882，コートジボアール：1883，仏領ソマリランド（ジブチ）：1884，コンゴ（ブラザビル）：1885，コモロ：1885，ギニア：1889，ダホメー（ベナン）：1892，オートボルタ（ブルキナ・ファソ）：1892：中央アフリカ共和国（Qubangui-Chari〔植民地時代の名称〕）：1894，マダガスカル：1895，マリ：1898，チャド：1900，モーリタニア：1903，ニジェール：1908，モロッコ：1912，トーゴ：1919，カメルーン：1919，仏領西アフリカ連邦（8 植民地）：1895：首都はセネガルのダカール，仏領赤道アフリカ連邦（4 植民地）：1910：首都はブラザビル.

英　国
タンジール：1662-84，ケープ植民地：1797，シエラレオネ：1808，モーリシャス：1810，セイシェル：1814，ナタール：1845，Basutoland（レソト）：1868，黄金海岸：1874 とアシャンティ：1896（ガーナ），エジプト：1882，ソマリランド（ソマリア）：1884，Bechuanaland（ボツワナ）：1884-88，ナイジェリア：1884-90，ケニア：1886，Zululand〔南ア〕：1887，ガンビア：1888，ウガンダ：1888，南ローデシア（ジンバブエ）：1890，北ローデシア（ザンビア）：1891，ニアサランド（マラウィ）：1891，スワジランド：1894，ザンジバル：1895，スーダン：1898，トランスバール：1902，オレンジ自由国：1902，南アフリカ連邦（ケープ，ナタール，オレンジ自由国，トランスバール）：1910，独領カメルーン：1919，ナミビア：1919，タンガニーカ：1919，独領ザンジバル：1919.

ベルギー
レオポルド国王の私領地としてのコンゴ自由国：1885，ベルギー政府が引きついだベルギー領コンゴ：1908，ブルンジ：1919，ルワンダ：1919.

ドイツ
カメルーン：1884，トーゴ：1884，独領西アフリカ（ナミビア）：1884-85，独領東アフリカ（タンガニーカ）：ブルンジとルワンダ：1890〔原文を一部訂正〕，ザンジバルの一部：1895；1919 に喪失.

イタリア
ソマリランド：1886，エリトリア：1889，リビア：1912，エチオピア：1936；1941 に喪失.

イスラム化したアフリカの進歩を妨げた大きな障害は，アッバース朝の最盛期にバグダッドで広がり，コルドバカリフ国で盛んに追求されていた世俗的知識や学習への傾倒が無くなってしまったことであった．それは啓示宗教への依存にとって代わられ，非ムスリム社会への寛容も狭くなった．イスラムが浸透する前にはブラックアフリカは非識字一色（エチオピアを除く）であった．イスラムとの接触はこの状況を和らげたが，非識字は依然として進歩への大きな障害であった．

アフリカ社会は財産権を保障しなかった．パワーエリートは独裁的かつ強奪的で，それが資本を蓄積することやリスクをとって実業に従う意欲を持つ妨げになった．この点はエジプトのマムルーク朝の場合に大変明白であった．アフリカ社会には対抗する諸勢力がほとんどなかった．ゴイテインはカイロのゲニザ文書を精査して，ファーティマ朝での商人階級の出現を大きく評価したが，続く王朝では営業の自由はなくなった．所有権の欠陥の最も衝撃的事例は，一夫多妻制家族構造と女性の権利制限とに密接に結びつく奴隷制そのものであった．この２つがおそらく物的，人的資本形成の主な障害であったろう．

1820年から1960年までのアフリカ

1820年，アルジェリア，チュニジア，リビア，エジプトはオスマン帝国に属していた．スペインはモロッコに，ポルトガルはアンゴラ，モザンビークに足がかりをもっていたし，英国はケープのオランダ植民地を接収していた．大陸のその他の地域は未知，未開発であり，狩猟・採取民，牧羊民，生活維持農業を営む者が住んでいた．技術の水準は幼稚であった．今日のものに似ている地域単位はエジプト，エチオピア，モロッコだけであった．奴隷が主な輸出品であった．

大西洋越えの奴隷貿易が終わってからは熱帯アフリカへのヨーロッパ人のかかわり合いは減少したが，一連の変化が彼らの関心をよみがえらせた．新しい医学技術がヨーロッパ人の死亡率を大きく減少させた．「1850年代以前には新しく移住してきたヨーロッパ人の年死亡率は1000人中250人から500人であった」(Curtin et al. 1995)．キニーネが蚊に刺されてうつる寄生生物に対し有効で

あるという発見が，19世紀の後半のヨーロッパ人の死亡率を1000人中50人にまで減少させた．その後の各種発見や薬剤の開発によって黄熱病や眠り病による死亡率も減少した．

1800年から1870年代の間に熱帯アフリカに関するヨーロッパの知識は飛躍的に増加した．ジェームズ・ブルック，マンゴ・パーク，ハインリヒ・バート，リチャード・バートン，ジョン・ハニング・スピーク，ディヴィッド・リビングストン，ヘンリー・モートン・スタンレイのような大胆な探検家による探検が，その地理や鉱物やプランテーション用作物の可能性を明らかにした．

蒸気船，鉄道，電信技術の発達，道路，港湾の建設，1869年のスエズ運河の開設は沿岸地域を越えて奥地に進入することを可能にした．

機関銃の発明はアフリカ人との軍事衝突の際のヨーロッパ人の優位を増大させた．1870年以後の国際資本市場の成長，アフリカでのヨーロッパ銀行業の発展は投資金融の可能性を大いに増進させた．

1880年代，ヨーロッパ列強はアフリカの植民地争奪に乗り出した．フランスと英国が最も成功を収めた．最終的には22カ国がフランスの，21カ国が英国の，5カ国がポルトガルの，3カ国がベルギーの，2カ国がスペインの植民地であった．ドイツは第一次世界大戦の後，またイタリアは第二次世界大戦の後すべての植民地を失った．1820年にアフリカにいたヨーロッパ人は3万5000人弱であった(3万人がケープに，5000人弱がその他地域に)．1950年代までにはこの数は600万人に増加した(170万人がマグレブに，350万人が南アフリカに，80万人がその他地域に)．また東部アフリカと南アフリカ〔連邦〕にほぼ50万人のインド人がいた．

征服は比較的安上がりであった．原住民は(エチオピアを除いて)ヨーロッパ人の火器にあまり長期に抵抗することはできなかったし，ヨーロッパ列強同士の直接対決は重大な衝突なしに解決された．

新しい支配者たちはお互いの間では都合の良いように，現地の伝統や民族の状況にはほとんどかまわずに国境線を定めた．英語，フランス語，ポルトガル語が公用語になった．ヨーロッパの法律と財産権が最良の土地を獲得した植民者の利益を守ったが，アフリカ人の所得は強制労働やアパルトヘイトによって強いられた差別や同族主義的慣行によって低く抑えられた．経済や社会的事柄

に関してはやり方はミニマリスト的なものであった．普通教育への配慮はほとんどなされなかった．

　1820年におけるアフリカの1人当たり所得は1500年とほとんど相違がなく，それより1000年以前と比べればいくらか低かったであろう．1820年から1960年の植民地時代にはそれは2.5倍以上に増加した．これは6倍近くに増加した西ヨーロッパ，4.5倍に増加したラテンアメリカに比べると大幅に低いが，アジアの場合よりは良かったし，1960年のアフリカの水準はアジアよりもいくらか高かった．

　植民地主義がアフリカ諸地域経済にある程度の力強さを導入したことは明らかであるが，所得増が2倍であったブラックアフリカの実績と，1人当たり平均所得が4倍近くに増加し，白黒不平等が大きくなったことで白人住民が利益を得た白人植民の国の実績との間には大変な違いがあった．多くのアフリカ諸国の1820年以降の植民地化の時期の実績を数量化することは容易ではないが，6カ国については満足できる研究がある．

南アフリカ

　鉄道網の拡張に関する表4.6，人口と1人当たりGDP成長に関する表4.7からみて南アフリカ経済が最も躍動的なことは明らかである．主な受益者は白人植民者であった．R.ロス(Ross 1975: 221)は1795年には彼らは1万5000人であったと推定した．その数は1701年以降，早婚，多産，移入のために急速に増加した．この成長率が次の25年間も同じと仮定すれば1820年には2万7000人になっていたであろう．しかし〔実際には〕3万人(総人口の2%)であったが，この増加には英国からの移民も寄与したと考えられる．

　主としてアジアとの貿易の足場になっていたケープ植民地に比較的少数でまばらに住んでいた牧夫や狩猟民(コイサン語族)は，膨張する白人に取って代わられた．1870年までに25万人の白人が東，北へとナタール，オレンジ自由国，トランスバールにひろがった．彼らはコーサ族，ズールー族やその他の原住民から最上の土地と水供給を奪った上，彼らをさまざまな形の半奴隷的労働で搾取した．その後の20年間のダイヤモンドと金の発見は，南アフリカとローデシアへの投資と移民のブームを引き起こした．1913年には南アフリカには130

表 4.6 鉄道の稼働延長, 1870～1913 年(人口 100 万人当たり km)

	1870 年	1913 年
アルジェリア	70	632
エジプト	168	359
ガーナ	0	165
モロッコ	0	84
チュニジア	0	1,105
南アフリカ	0	2,300
アルゼンチン	408	4,374
オーストラリア	861	6,944
インド	38	184
英　国	685	715
米　国	2,117	9,989

出所) Mitchell(1982)および Maddison(1995: 64).

万人の白人(総人口の 22%)がいて, 特権的地位を守るための手の込んだ社会的隔離の仕組みに支えられていた. 1950 年代には 350 万人になった(総人口のほぼ 4 分の 1).

アルジェリア

アルジェリアはフランスのマグレブでの最初の占領地であった. それは 16 世紀以来オスマン帝国の 1 州であり, 駐屯軍のオスマン帝国親衛軍団によって, そしてその中から選ばれた「太守」によって統治されていた. 彼の統治はアルジェとその周辺地域に限られていた. 太守の下に, 東部はコンスタンティーヌに, 中央部はティッテリ(Titteri)に, 西部はオランに知事がおかれた. 遊牧のベルベル人やアラブの部族が南部の砂漠地帯を支配した. アルジェと東のコンスタンティーヌの間のカビリア山地は独立のベルベル人の飛び地であった. アルジェリアの領地の 85% を占めるサハラは, トゥアレグ族が住む以外は事実上無人の砂漠であった. 都市ではウラマ(ulama)がムスリム正統派を代表しており, 部族地域ではマラブー(marabouts)が支配していた.

1820 年代までは太守の主な収入源は海賊であった. ムスリムの船はヨーロッパの港に入れなかったので定期的な商船隊は存在しなかった. 海賊船は利益の大きな分け前をとる太守のためにヨーロッパの船を捕獲し, 積荷を略奪し,

表 4.7 アフリカの人口, GDP, 1 人当たり GDP, 1820〜2003 年

	1820 年	1913 年	1960 年	1980 年	2003 年
人口 (1000 人)					
アルジェリア	2,689	5,497	10,909	18,806	31,714
エジプト	4,194	12,144	26,847	42,634	74,719
ガーナ	1,374	2,043	6,958	11,016	21,020
モロッコ	2,689	5,111	12,423	19,487	31,689
チュニジア	875	1,870	4,149	6,443	9,873
南アフリカ	1,550	6,153	17,417	29,252	44,482
6 カ国計	13,371	32,818	78,703	127,638	213,497
その他 51 カ国	60,865	91,879	205,116	344,285	639,925
アフリカ計	74,236	124,697	283,819	471,923	853,422
GDP (100 万・1990 年国際 GK ドル)					
アルジェリア	*1,157*	6,395	22,780	59,273	99,362
エジプト	*1,992*	10,950	26,617	88,223	226,683
ガーナ	*570*	1,595	9,591	12,747	28,595
モロッコ	*1,156*	3,630	16,507	44,278	92,385
チュニジア	*376*	1,651	5,571	18,966	49,048
南アフリカ	*643*	9,857	52,972	128,416	191,742
6 カ国計	*5,894*	34,078	134,038	351,903	687,815
その他 51 カ国	*25,267*	45,408	167,540	374,002	634,272
アフリカ計	*31,161*	79,486	301,578	725,905	1,322,087
1 人当たり GDP (国際 GK ドル)					
アルジェリア	*430*	1,163	2,088	3,152	3,133
エジプト	*475*	902	991	2,069	3,034
ガーナ	*415*	781	1,378	1,157	1,360
モロッコ	*430*	710	1,329	2,272	2,915
チュニジア	*430*	883	1,343	2,944	4,968
南アフリカ	*415*	1,602	3,041	4,390	4,311
6 カ国計	*441*	1,038	1,703	2,757	3,222
その他 51 カ国	*415*	494	817	1,086	991
アフリカ計	*420*	637	1,063	1,538	1,549

注と出所) 表 4.1 と 4.2 同様に 2003 年に延長した Maddison (2003: 200). アフリカ諸国の GDP 成長の推計は世界の他の地域のものよりも質的に劣る. イタリック体で示したものは推測である.

船員を奴隷にした．この収入は英国が 1816 年に海賊船隊を撃沈し，アルジェを砲撃してから著しく減少した．太守たちは軍隊への支払いにもともと困っており，1805 年から 1815 年の間に 6 人が暗殺され，政権は崩壊に向かった．

某太守はナポレオン戦争当時供給された穀物の代金の借金をめぐってフランスと争った．フランスの強硬姿勢のために太守がフランスの領事を蠅叩きでたたく騒ぎになった．ブルボン王朝最後の数カ月の 1830 年，アルジェで報復の力を誇示するためフランス艦隊が派遣された．これが軍事占領にまでエスカレートし，太守はナポリに亡命した．ルイ・フィリップの政府はこの企てに熱意をもってはいなかったが，1834 年にアルジェリアを植民地として併合した．1848 年にはアルジェリアはオラン，アルジェ，コンスタンティーノの 3 県を持つフランス領土と宣言された．南部はフランス軍と大規模な土地強奪を始めたその将軍たちによって支配された．

太守や知事の土地財産は没収され，早い段階からフランスの入植者や投機業者に売却された．1844 年にはハブスの土地（宗教財団の財産）が没収され，1846 年には使用権を持つかなりの部族の土地が空き地と宣言され，フランス当局に接収された．1840 年代には西のアブドゥル・カーディル，東のアーメド・ベイ，その他地域のアル・モクリによって，また 1871 年にはカビリアのベルベル人によって，フランス支配に対する大きな反乱が起こった．これらが鎮圧された後，これら地域ではさらに大規模な土地収奪がおこなわれた．1955 年ごろにはフランスの農園主たちは 270 万ヘクタール（耕地の 40%）を占拠していた．このほとんど 90% はムスリム労働者を雇う大規模所有であった．第一次世界大戦まで穀物生産は急速に増加した．ヨーロッパ人たちはぶどうの栽培を導入し，ワイン生産は急増した．彼らは果物や野菜の特化生産を発展させ，国内消費や輸出にあてた．

ヨーロッパ人の大部分は都市に住んだ．1950 年代の中頃，ヨーロッパ人は全人口の 10% だったが，都市人口の 3 分の 1 を占めた．アミン（Amin 1966）は 1955 年の非ムスリム人口の平均収入はムスリム人口の 8 倍近くと推定した．

ガーナ

ガーナはブラックアフリカで最も成功した国の一つである．伝統的セクター

は 1891 年から 1991 年まで人口増と同テンポで増大し，1911 年から 1960 年までには人口増よりほぼ 50% 高いテンポで増大した．新興のココア産業は実に急速に成長した．輸出は 1891 年の 80 ポンドから，1911 年には 60 万エーカーと 18 万 5000 人・年が生産に投入されて 8900 万ポンドに増加した．空前のココアブームを支えたのは，大部分，土地利用の集約化であり従来雇用されていなかった農村労働力であった．主たる受益者は農民であった (Szereszewski 1965 参照)．

クラークとハスウェル (Clark and Haswell 1970: 193 and 203) は生計維持農業から綿花，油糧種子，落花生，ココア，コーヒー，バナナ，たばこ，ゴム，鉱産物の大量輸出への移行に果たした近代運輸の役割を強調した．19 世紀の中ごろのガーナではとうもろこしの国内価格は世界市場価格のわずか 15 分の 1 だったが輸出の可能性はゼロだった．彼らは頭上運搬，船，蒸気船，鉄道，自動車による穀物運送コストの継起的低下のインパクトを評価した．典型的熱帯アフリカの条件のもとではトン/km の費用は，蒸気船あるいは鉄道は頭上運搬の 6% 以下であった．古代的運送から現代的運送への飛躍はアフリカの他のどの地域よりも突然であった．馬は熱帯の疾病に弱かったので，馬による牽引はあり得なかった．したがって道路建設へのインセンティブは存在しなかった．

ガーナの第 2 の躍動の要素は金であった．金は幾世紀にもわたって輸出されてきていたが，1870 年代に近代的操業が開始された．1886 年の南アフリカでの巨大な埋蔵量の発見はガーナにも陶酔状態と投資ブームに火をつけた．1901 年までに 42 の企業が操業しており，1911 年までには産金地帯を通り沿岸とクマシをつなぐ鉄道が建設された．アクラからココアを生産するその後背地への運輸施設も改善されたし，セコンディとアクラに近代的港湾施設のための投資がおこなわれ，蒸気ランチによる内陸河川輸送も開発された．GDP に占める輸出の比率も 1891 年から 1911 年の間に 8% から 19% に増加した．成長によるかなりの利益を現地民も感ずるようになった．1911 年には 2245 人のヨーロッパ人 (総人口の 0.1%) がいた．当時アルジェリアでは 75 万人のヨーロッパ人の植民者 (総人口の約 14%) がいた．

脱植民地のアフリカ，1960年以後

　西ヨーロッパの戦後状況は急速な経済成長期であった．植民地領有ががその繁栄に貢献したのでないことは明らかであり，ヨーロッパの植民地は結局はすべて放棄された．英国の植民地との結びつきは，エジプトでは1956年，ガーナでは1957年，ナイジェリアでは1960年，タンザニアでは1961年，ケニアでは1963年に切断された．植民者の利害がジンバブエとナミビアでの進行過程を遅らせたし，南アフリカでは原住民は1994年まで政治的権力を得られなかった．フランスの非植民地化はモロッコで1956年に始まり，ブラックアフリカでは1960年に終わり，1962年のアルジェリアからの脱出でほとんど完了した．ベルギーは1960年にコンゴを放棄した．ポルトガルとスペインは1975年に退出した．独立は多くの深刻な難問を生み出した．一つは国民国家というものの新しさであった．その政治的指導層は国家的統一と安定をゼロから作り出さねばならなかった．フランスの12の植民地は2つの大きな連邦に属し，その行政と交通のネットワークはダカールとブラザビルに集中していた．これらのネットワークは作り直さなければならなかった．いくつかのケースで新しい政治的エリートたちは，在職の大統領が終生在位する一党体制をつくることによって政治的安定を達成し，自らの正当性を強固にしようとした．農民や都市貧困層からの対抗勢力がなかったため，政権は世襲的となり，自分の部族，一族，地域あるいは宗教グループを優遇するようになった．これが腐敗を助長し，誤った政策の変更を迫る圧力を弱化させた．ある場合にはこのような専制政治がかなり開明的であり，別の場合には善意のユートピアンが自国を破滅的状況に陥れ，少数例ではあるが腐敗し抑圧的な支配者がさらに悪い諸結果をもたらした．

　国造りの過程は多くの場合軍事抗争を伴った．アルジェリア，アンゴラ，モザンビーク，スーダン，ザイール，ジンバブエでは独立を目指す闘争が植民地国あるいは白人植民者との戦争を伴った．数年後にはナイジェリア，ウガンダ，エチオピアが内戦や残虐な独裁者によって苦しめられた．もっと最近ではブルンジ，コートジボアール，リベリア，ルアンダ，シエラレオネ，ソマリア，ス

ーダン，ウガンダ，ザイールがすべて同じ問題を抱え込んだ．これらの戦争は人的，経済的両面で重い負担であり，発展への主な障害であった．

　教育や行政の経験を持つ人材は極度に不足していた．これらの国は突然，政治的エリートを作り出し，国家官僚を配置し，司法制度を創設し，警察力や軍隊を作り出し，何ダースもの外交官を送り出し，学校教師を見つけ出し，保健サービスを確立しなければならなかった．就業機会の最初の大波はコネやたかりの役割を強め，企業家精神への魅力を弱めた．新しい需要に応えるには大卒者のストックは少なすぎ，外国の人材への依存を大きくした．

　多くの国がその弱い国家体制に新しい経済課題という過大な重荷を背負わせた．「計画化」が流行だった．計画化は外国人顧問によって推奨され，また何人かの新しい指導者たちの社会工学的野心に訴えるものがあった．旧植民地時代の物価や為替相場の操作は弱められるどころか強化された．外国援助への依存は当然のことと受け取られた．

　アフリカの独立は冷戦最高潮の時であり，大陸は別種の国際抗争の舞台になった．中国，ソ連，キューバ，東ヨーロッパ諸国は，世界的利害の対立のなかで自分たちの代理人と認める国に経済的，軍事的援助を供与した．西側諸国はこのような競争的状況に強く影響を受けた．彼らは普通ならあり得ないようなゆるい態度で援助を供与した．その結果，発展にはたいして役立たなかったのに債務が山と積み上がった．

　アフリカは世界人口の13％以上を占めるが，世界GDPのわずか3％を占めるにすぎない．世界で最貧の地域であり，1人当たり所得は最富裕な地域の5％にすぎない．2005年の平均寿命は51歳——サハラ以南（エイズの罹患率がとりわけ高い）では49歳，北アフリカでは72歳である．比較してアジアでは67歳，ラテンアメリカでは72歳，西ヨーロッパでは79歳である．アフリカは人口の増加が最も急激である．2005年アフリカ大陸の年人口増加率は2.25％であり，同年の西ヨーロッパの0.25％に比べて9倍の速度であった．

　急速な増加の結果，人口の年齢構成は西ヨーロッパとは全く違っている．アフリカでは56％が労働年齢だが西ヨーロッパでは67％であり，アフリカ人の41％が15歳以下，3％が65歳以上である．西ヨーロッパでは16％が15歳以下で17％が65歳以上である．アフリカの成人人口の40％以上が非識字であ

表 4.8 アフリカ内の所得水準の相違,2003 年

	1人当たり GDP (1990 年国際ドル)	GDP (100 万・1990 年国際ドル)	人 口 (1000 人)
アルジェリア	3,133	99,362	31,714
エジプト	3,034	226,683	74,719
リビア	2,427	13,348	5,499
モロッコ	2,915	92,385	31,689
チュニジア	4,968	49,048	9,873
地中海 5 カ国	**3,133**	**480,826**	**153,494**
ボツワナ	4,938	8,078	1,636
ナミビア	3,778	7,529	1,993
南アフリカ	4,311	191,742	44,482
スワジランド	2,751	3,125	1,136
南アフリカ 4 カ国	**4,274**	**210,474**	**49,247**
コンゴ	2,006	6,847	3,413
赤道ギニア	13,556	6,873	507
ガボン	3,737	4,974	1,331
モーリシャス	11,839	14,330	1,210
レユニオン	4,926	3,719	755
セイシェル	5,850	468	80
特殊 6 カ国	**5,100**	**37,211**	**7,296**
15 カ国計	**3,468**	**728,511**	**210,037**
その他 42 カ国計	**923**	**593,576**	**643,385**
アフリカ計	**1,549**	**1,322,087**	**853,422**

出所) www.ggdc.net/Maddison

る.彼らは伝染病や寄生虫病(マラリア,眠り病,鉤虫症,オンコセルカ症)の罹病率が高い.エイズウイルスに感染した人の3分の2以上がアフリカに住んでいる.以上の結果,人口1人当たりの労働投入の量と質は世界のどの地域よりも非常に低い.

貧困と経済停滞あるいは減退はアフリカの顕著な特徴であるが,所得の水準や成長の実績には重要な相違が存在する.表4.8は1人当たり平均所得が2000ドル(為替レートではなく購買力平価換算)以上の15カ国とこの水準以下の42カ国を区別した.最初のグループの1人当たり所得は2003年で平均3468ドル,後はわずか923ドルであった.最初のグループの平均所得は西ヨーロッパの1913年に相当し,後のグループは西ヨーロッパの1700年水準のはるか下

であった.

　第1のグループは地中海沿岸の5カ国(アルジェリア, エジプト, リビア, モロッコ, チュニジア)である. このうちエジプト, モロッコ, チュニジアの1973〜2003年の成長実績はまずまずだったが, アルジェリアの2003年の1人当たり所得水準は1985年ピークを8%下回り, リビアは1970年ピークの4分の1であった.

　大陸南端の第2グループはボツワナ, ナミビア, 南アフリカ, スワジランドである. ボツワナは世界最速経済成長国の一つで(1960年から2003年まで1人当たりで6%), 主にダイヤモンド資源の開発にもとづいている. 南アフリカの2003年の1人当たり所得は1981年ピークの4%を下回り, ナミビアは9%下回った.

　6小国からなる第3のグループは特殊なケースである. 赤道ギニア, ガボン, コンゴの石油産出と輸出の水準は高く, 拡大中である. 他の3カ国はインド洋に浮かぶ島国で人口増加率はアフリカ平均をかなり下回る. レユニオンはフランスの海外領土で本国から多額の補助金を得ている. セイシェルとモーリシャスは人口の大部分がインドからで英語とフランス語を話す. セイシェルには多額の観光収入がある. モーリシャスは工業製品輸出の開発に成功し, ごく最近ではサービスの輸出も始めている.

　アフリカ人口の4分の3以上は1人当たり所得が最低の第4のグループ〔42カ国〕に属している. その所得は1980年がピークであった. このグループ諸国がアフリカの貧困の中核である.

　アフリカの経済実績の弱さ解明の最近の多くの試みは, 以前のイブン・ハルドゥーンやアーネスト・ゲルナー(Ernest Gellner)のアフリカ国家脆弱説と相呼応するものがある. ブルームとサックス(Bloom and Sachs 1998), コリアーとガニング(Collier and Gunning 1999), ナダルとオコンネル(Ndulu and O'Connell 1999)はすべて「制度の質」または「統治」の問題に力点を置いている. ナダルとオコンネルは1988年にわずか5カ国だけが「国家レベルで意味のある政治的競争可能な複数政党制を持つ」ことを発見した. 彼らは11カ国を軍事寡頭制国, 16カ国を憲政的一党制国, 13カ国を競争的一党制国, 2カ国を植民者寡頭制国(今は状況は変わっているがナミビアと南アフリカ)に分類している. 一党制国の

表 4.9 アフリカ諸国の対外債務総額, 1980〜2003 年(100 万ドル)

	1980 年	1990 年	1998 年	2003 年
アルジェリア	19,365	27,877	30,678	23,573
アンゴラ	n.a.	8,594	10,786	9,316
カメルーン	2,588	6,679	9,660	9,414
コートジボワール	7,462	17,251	14,852	12,187
エジプト	19,131	32,947	32,440	31,383
エチオピア	824	8,634	10,347	7,151
ガーナ	1,398	3,881	6,933	7,551
ケニア	3,387	7,058	6,824	6,860
モロッコ	9,258	24,458	23,739	18,910
モザンビーク	n.a.	4,653	8,289	4,543
ナイジェリア	8,921	33,440	30,295	34,963
南アフリカ	n.a.	n.a.	24,753	27,807
スーダン	5,177	14,762	16,843	18,389
タンザニア	5,322	6,438	7,670	6,990
チュニジア	3,527	7,691	10,845	16,736
ザイール	4,770	10,270	13,203	11,254
ジンバブエ	786	3,247	4,581	4,483
17 カ国計	91,916	217,879	263,044	251,510
その他諸国	20,217	52,171	63,572	70,668
アフリカ計	112,133	270,051	326,616	322,178

出所) 1980 年と 1990 年は Maddison(2001: 166)から, 1998 年と 2003 年は The Statistical Annexes of OECD(2005 and 2006).

大部分では在職の支配者はその地位の終生化を求めた. たいていの国では支配者は公職を汚している狭い連中の支持に依存していた. 腐敗は広範になり, 財産権は不安定で, 事業に関する決定にはリスクが伴った. コリアーとガニング(Collier and Gunning, p.93)は 1999 年にはアフリカの私的資産の 5 分の 2 近くは海外に保有されている資産からなるとした(ラテンアメリカの 10%, 東アジアの 6% と比較される). このような推定値はもちろんラフなものではあるが, ザイールのモブツやナイジェリアのアバチャのような大統領をみれば, その数値が高いと容易に信ずることができる.

1980 年以後の停滞の主な要因は対外債務であった(表 4.9 参照). 1980 年代中ごろから冷戦はしぼみ始め, 対外援助は低下に向かい, アフリカに対する純融資額は減少した. 過去数年, 外国直接投資額は増加したが, それはアジア, ラ

テンアメリカ，東ヨーロッパに比べると少ない(2003年1人当たり18ドル)．公的援助額も増加したが債務累積額に比べれば少ない．2003年にはアフリカへの純公的開発援助額(贈与および貸与，2国間および多国間)は総計263億ドル，人口1人当たり31ドルであった[9]．

アフリカの債務負担は1人当たり所得で比べると最高に重い．国内貯蓄で投資をまかなう能力は他の大陸に比べて低い(Sachs et al. 2004: 144)．アフリカ諸国は世界銀行，IMF，パリクラブのイニシアティブによる債務救済を過去10年受けてきたが，2003年の対外債務総額は3210億ドル(人口1人当たり337ドル)に達した．

アフリカ経済は輸出収入が少数の1次産品に集中しているので不安定である．天候は極端にきびしく(干ばつと洪水)，大きな負担になっている．

アフリカ内部で大きな変化がない限り将来への見通しは暗い．教育も保健の水準も貧しい．人口増加は依然爆発的である．政治的安定の問題，軍事紛争，構造調整，世界経済への統合は引き続き成長への巨大な障害である．これらの問題の大部分はアフリカ内部での変化を必要とするが，その道筋がいっそうの金融的援助やEU，日本，米国の農業保護主義の放棄の影響を受けることも確かである．

過去数年の間にアフリカの極端な貧困に対する認識が高まり，問題に対処する重要なイニシアティブも提起された．2000年に国連は2015年までに世界の貧困を半分にし，教育と衛生を改善するミレニアム開発目標(MDGs)を採択した．2001年に「アフリカ開発のための新パートナーシップ」(NEPAD)がアフリカ諸国により創設された．ナイジェリアのオバサンジョ大統領の主導のもとに，NEPADは民主主義と良き統治，平和と安全への前進を涵養する「戦略的枠組み」を採択した．それは先進諸国と協力して経済発展を促進する地域協力機構を創設した．2002年国連はジェフリー・サックスの指導下でMDG遂行のためのミレニアム開発プロジェクトをつくった．

このような改革の勢いは英国政府のアフリカ委員会(18人の委員のうちアフリカ人とヨーロッパ人が半々)によって弾みがつけられた．委員会は非常に積極的なメンバーとして財務相のゴードン・ブラウン，開発担当相のヒラリー・ベンを含んでおり，首相が委員長であった．その報告，『われわれの共通の利益』

(*Our Common Interest*)は 2005 年初めに出版された．将来への悲観的見方は少なく，提案の内容，計画期間とも国連のプロジェクトより野心的であった．それは主として贈与で 3 年ないし 5 年の短期間でアフリカへの援助を倍加すること，2015 年までの債務 100% 棒引きの計画，自然災害の破壊的影響や輸出価格の不安定性への緩和策を援助するための 40 億ドル基金の創設を勧告した．報告は先進国が農業保護をやめなければならないと率直に論じている．農業補助金の廃止のほうが援助提案よりずっと大きな効果があるだろう．「豊かな国は農業の保護と補助金に年 3500 億米ドルを使っており，EU がそのうちの 35%，米国が 27%，日本が 22% である」(p. 54 参照)．

このような野心的計画の効果的な遂行には，効果的な資源配分への制度的障害を削減し，紛争の平和的解決のための手はずを強化し，発展のための努力の大きな部分を教育と保健の改善に向けるアフリカ諸国の相応の努力が必要である．p. 114 で，アフリカからの資本逃避が年およそ 150 億ドルに達しているとし，アフリカの諸国政府が貯蓄者に対し，彼らの投資が盗まれたり，没収されたり，勝手気ままに課税されたりしないと説得すべきであると強く促している．報告はかなり包括的であり，実行の困難性についても現実的であるが，NEPAD や MGD と同様，避妊技術の知識の普及とその利用の促進については全くふれていない．もしも死亡率の低下と出生率の低下のバランスがうまくとれたら，アフリカは労働年齢人口の割合の増加と生産力の急上昇という両輪の増加を経験することができるだろう．このような増加は中国の成長促進戦略成功の重要な因子であった．

英国の報告，国連の MDG は重要な反響をもたらした．2005 年の 5 月，EU の 15 カ国が 2010 年までに対外援助を GDP の 0.51% に引き上げ，2004 年の総額 790 億ドルから 1250 億ドルに増加させることに同意した．2005 年 7 月の G8 グレンイーグルズ・サミットは，アフリカへの開発援助を倍増して 2010 年に総額 500 億ドルにし，18 カ国に対して債務棒引きをスタートさせることに同意した．農業補助金を漸次廃止していくことに原則同意したが，その範囲の特定，実行の時期にはふれられなかった．農業保護や輸出補助金の実質的削減の展望は暗い．

補論：十字軍, 1096〜1270年

　主な十字軍は6回あった．1096〜99年の第1回が最も大きな成功を収めた．それはムスリム世界の複雑な状況に応じて組織された．パレスチナはファーティマ朝のエジプトによって支配されていた．キリスト教徒は武器を携行できず，騎乗できず，ムスリムには免除されていた人頭税を払わねばならなかったが，すべてのキリスト教宗派やユダヤ教は信仰の自由を享受でき，その神殿は尊敬され，ヨーロッパ人の巡礼は可能であった．しかしファーティマはシーア派であり，バグダッドのスンニ派からは異端とみなされていた．そのバグダッドのアッバース朝はセルジュークトルコに征服されていた．セルジュークトルコはビザンチン帝国を攻撃し，アナトリアの大部分を占領し，そこではキリスト教徒はムスリム入植者や牧羊者による掠奪に見舞われた．そのため聖地への陸上経由の巡礼には非常に大きなリスクが伴った．

　自らの帝国の崩壊の危機に直面しビザンチンの支配者は，法王ウルバン2世に軍事援助を要請した．法王は1095年戦闘準備を命じ，パレスチナとその聖地の占領を訴えた．この呼びかけは，新領土獲得の見込みがあれば歓迎という西ヨーロッパの封建貴族の関心を誘った．十字軍は軍事的に成功し，1099〜1109年の間に4新緩衝国家を作った．(a)エルサレム王国，(b)アンティオキア公国，(c)トリポリ伯国，(d)エデッサ伯国．初めの3カ国はパレスチナとシリアの沿岸にあった．エデッサ〔現トルコのウルファ〕はずっと奥の内陸であった．占領地域の統治はヨーロッパの，主にフランスの貴族や王族たちに委ねられた．全体が外地(Outremer)と呼ばれ，前記4カ国は自治権をもっていた．

　1144年トルコがエデッサを奪い返し，1147年にエウゲニウス法王によって第2回十字軍がつくられた．これはフランスのルイ7世とその妻アキテーヌのエレノア，ドイツ王コンラド3世に率いられた．クレルヴォーの聖ベルナールが霊感を授けるため加わった．彼らはエデッサを奪回しようとはせず，ダマスカスを攻撃した．そこは豊かであったとみられ，固く守られていた．攻撃は大失敗であった．4日たって十字軍は退却し，指導者たちは国に帰った．海路パレスチナに向かった英国，フランドル，フリースランドのグループだけが成功といえるものだった．悪天候のために彼らはやむを得ずポルトガルに上陸し，新興の王国がリスボンをムスリム支配から解放するのを援助した(1147年)．

第3回の十字軍が最大だった．それはドイツ皇帝フリードリヒ1世，フランス王フィリップオーギュスト，フランスに広大な領地をもち英国王でもあったアンジュー家のリチャード1世が率いた．彼らは1189年にヨーロッパを別々に出発した．彼らの目的はエルサレムとアクレ〔アッコ〕の奪還であった．これらの町はエルサレム王国の度重なるエジプト攻撃への報復としてサラディンが占領していた．十字軍は失敗であった．1190年フリードリヒ皇帝は，敵との本格的な交戦の前に落馬して川に落ち，甲冑の重みで溺死した．これで彼の軍隊は戦闘への参加を実質的に停止した．リチャード軍は1191年，キプロスでの難破とその地のキリスト教徒支配者の敵対のために遅れてしまった．リチャードはアクレ占領のためにフランス軍に加わる前にキプロス占領に手間取った．リチャードはアクレで降伏したムスリム軍2700人を虐殺したことで，サラディンとの休戦を破った．十字軍はエルサレムを奪還することはできなかった．フィリップオーギュストは1191年病気で帰国した．1192年リチャードはサラディンとの休戦に同意し故国に向かったが，オーストリアのレオポルド5世により，パレスチナでの戦争の際彼を侮辱したということで1年以上囚人として拘束された．

　第4回十字軍はインチキであった．実際にはそれはベネチア人が組織し出資したコンスタンチノープル攻撃であり，ベネチア人はこれで大もうけをした．それは十字軍戦士といわれる者にとって，ムスリムとの戦いよりはずっともうけのあがるものだった．フランス人ボードワンがビザンチン皇帝におされ，コンスタンチノープルの4分の1を与えられ，新設のラテン帝国の大部分の統治を任された．ベネチア人が総主教に任ぜられた．コンスタンチノープルの残りの部分はベネチア商人に分け与えられ，また十字軍騎士の領地になった．ベネチアはギリシャのペロポネソスの南半分，コルフ，クレタ，ダルマチアの諸基地を取った．ベネチアはまた，以前ジェノバがもっていた黒海とアゾフ海の特権的貿易権を手に入れた．コンスタンチノープルでは主な十字軍部隊は略奪と破壊をもっぱらにした．ベネチア人たちは自分たちの町を美しく飾る材料を念入りに選んだ．戦利品が分配されると不信心者との戦いは忘れ去られた．ラテン帝国はミカエル・パレオロゴスがビザンチンの支配を奪回した1261年まで続いた．

第5回(1218〜21年)と第6回(1248〜50年)十字軍は2回ともエジプトに向けられた．その主たる目的は，インドにいたる貿易ルートに対するヨーロッパ支配の確保であった．2回とも同一パタンの大失敗であり，最初ダミエッタ港〔ディムヤート〕を占領し，デルタ地域のマンスーラでエジプト軍に敗退した．
　この6回の冒険とは別に言及に値する別の企てがあった．1097年，隠者ピエールに率いられた民衆の十字軍がトルコ軍によって皆殺しにされた．1212年の子供の十字軍が同じく悲運にあった．第6回十字軍を災難に導いたフランスのルイ9世は，1270年にチュニスを攻撃したが赤痢にかかって死んだ．法王イノセント3世はプロバンスのアルビ派異端を絶滅するため1208〜09年に「十字軍」を作った．
　パレスチナでのヨーロッパの冒険で最も抜け目なかったのは1228〜29年のフリードリヒ2世の立ち回りであった．彼はシチリアのアラブ・ノルマンの宮廷で育ち，ハレムをもち，アラビア語を話し，取引のやり方も知っていた．彼はイタリアでいくつかの領土の王であり，うまいことドイツ皇帝になった．彼はパレスチナで力を誇示し，エルサレムを開放都市にし，キリスト教徒とムスリムの両方が自由に出入りできる協定を戦いなしにムスリムと結んだ．彼は当時破門されていたので十字軍戦士と考えることはできない．
　シリアおよびパレスチナの西ヨーロッパの支配地はさまざまな利害集団を含んでいた．教会はエルサレムの大主教が代表していた．さまざまなヨーロッパの貴族や王族は，要塞化した城で臣下に守られた小王国の統治者としての尊厳と収入を獲得した．騎士団——聖ヨハネ騎士団〔ホスピタル騎士団〕(1113年創立)，テンプル騎士団(1119〜1312年)，ドイツ騎士団〔チュートン騎士団〕(1190年創立)は教会からも世俗的権威からも独立で行動できた．主としてベネチアおよびジェノバの通商グループが存在し，本国当局の庇護を受けていた．彼らは富裕な，高度に洗練された，比較的に独立した都市ブルジョアジーを形成し，しばしば他の利害集団を操ることができた．地域のキリスト教徒は非常に種々雑多——ギリシャ正教徒，単性論者，マロン教徒等——であり政治組織の一部であった．さらにムスリムがおり，その一部は奴隷であった．ヨーロッパ人の存在はそのムスリムの隣人との絶えざる紛争の種であったが，それはもうけのあがる中東との貿易，またアジアの他の部分との間接的な大規模貿易とを作り出した．綿

第4章　イスラムとヨーロッパがアフリカの発展に与えた影響——307

花と絹織物，砂糖生産と精製，ガラス製品と宝石，紙製造，航海の技術と用具のアジア技術の導入は，ヨーロッパにそれらに劣らぬ長期的な利益をもたらした．十字軍の経験に関するランシマン（Runciman 1954）の素晴らしい概説を参照せよ．

注
1) エジプトの種子収量比が10倍という点についてはBowman(1996: 18)を，イタリアで4倍という点についてはHopkins(2000: 198)を参照．
2) ローマの税収についてはJohnson(1936)を，ローマへの貢納穀物の船積み量についてはGarnsey et al.(1983: 118-30)を参照．遷都後，330年からは貢納穀物はコンスタンチノープルに送られた．Bowman(1996: 46 and 237)はユスティニアス皇帝の6世紀の年貢納を800万アルタブス(24万トン)に固定する勅令を引用している．その後のアラビア，シリア，バグダッドへの貢納量についてはよく分かっていない．
3) ベルベル人の言語についてはBright(1992: vol.1, pp.174-5)参照．現在30の違った，しかし密接に関連したベルベル語を話す1200万人以上の人がいる．それはおおむねアラビア語と共存している．大部分のベルベル語話者はモロッコおよびアルジェリアのカビール地方にいるが，さらに東，またはるか南のマリやニジェールにも話す者がいる．
4) Labib(1970: 73)はマムルーク政権の初期スルタン・バイバルスと皇帝ミカエル・パレオロゴスとの間で結ばれた協定，毎年2隻の奴隷船が奴隷を乗せてボスポラス海峡を通りエジプトに行くことを許す協定に言及している．「15世紀の中ごろにかけて毎年黒海の諸港なかんずくタナ，カッファからアレクサンドリアに向かう船は2000隻に達した」．これら黒海の諸港はジェノバの特権範囲で，ジェノバのマムルークエジプトとの貿易上のつながりは強化された．
5) マンサ・ムーサの金の詳細についてはBovill(1995: 85-91)参照．国外旅行に彼は500人の奴隷を伴い，トルコやエチオピアの奴隷少女と宦官をカイロから連れ帰った(Mauny 1961: 374 and 378)．彼はまた1人の詩人を連れ帰ったが，それが後にガオとトンブクトゥのモスクの設計者となった(Ibn Battuta 1929: 381 参照)．
6) レヴィツィオンはWatson(1967: 30-1)を自分の出所として引用している．ワトソンはほとんど3分の2と言い，アフリカ全体としてそうだと言っている．彼の出典はB. Homan (1943), *Geschichte des ungarischen Mittelaltes*.
7) ハワーリジュ派(脱退者)はイスラムの最初期の背教分派であった．彼らは第4代カリフのアリ(預言者の養子)の時に出現した．アリはハワーリジュ派の人間に暗殺された．彼らは精神指導者(彼らはそれをcaliphとは呼ばずimamという)は全員投票で選ばれるべきで家族関係や軍事力で選ばれるべきではないとする．彼らは非ハワーリジュ派を異端と見なした．アッバース朝カリフ国が創立されたとき，派の多くはイラクを去ってマグレブに向かった．ハワーリジュ主義のいくつかの変種がマグレブで発展した．若干のものは好戦的だったが，商人たちのイバード派は穏健であった(Ibn Khaldun, vol. 1, pp. 203-4; Brett 1978: 518)．
8) ムスリムと非ムスリムの仲介者としての改宗商人の生活と行動の原則を15世紀にサーリム・スワーリが定めた．平和的共存のためのSuwariの処方箋は7つの主な戒めからなっている．(a)非ムスリムは無知ではあるが悪人ではない，(b)ある人々が他の人よりも長く無知でいるのも神の業である，(c)彼らの改宗は神が定める時に起こるので改宗を強いる必要

はない，(d)聖戦は自衛のためだけにおこなわれるべきである，(e)預言者のスンナに従った生活を営む自由が許されるかぎり，ムスリムは非ムスリムの支配者の権威を受け入れる，(f)ムスリムは非ムスリムに対し模範を示すべきであり，そうすれば彼らは改宗した後どのように振る舞ったらいいか知ることになろう，(g)ムスリムは教育，学習への参加を通じて法の誤りなき遵守を確実なものにしなければならない(Wilks in Levtzion and Pouwels 2000: 98参照)．

9) OECD(2005: Statistical Annex)参照．

文　献

Abu-Lughod, J. L.(1989), *Before European Hegemony: The World System, AD1250-1350*, Oxford University Press, New York.（J. L. アブー＝ルゴド『ヨーロッパ覇権以前——もうひとつの世界システム』佐藤次高ほか訳，〈岩波人文書セレクション〉，岩波書店，2014年）

Abun-Nasr, J. M.(1987), *A History of the Maghrib in the Islamic Period*, Cambridge University Press.

Acemoglu, D., S. Johnson and J. A. Robinson(2001), 'The Colonial Origins of Comparative Development: An Empirical Investigation,' *American Economic Review*, December.

Ajayi, J. F. A. and M. Crowder(1985), *Historical Atlas of Africa*, Cambridge University Press.

Amin, S.(1966), *L'Economie du Maghreb*, Editions de Minuit, Paris.

Ashtor, E.(1976), *A Social and Economic History of the Near East in the Middle Ages*, University of California Press, Berkeley.

Ashtor, E.(1978), *Studies on the Levantine Trade in the Middle Ages*, Variorum Reprints, London.

Ashtor, E.(1983), *Levant Trade in the Later Middle Ages*, Princeton University Press.

Austen, R. A.(1979), 'The Trans-Saharan Slave Trade: A Tentative Census,' in Gemery and Hogendorn.

Austen, R. A.(1987), *African Economic History*, Heinemann, Portsmouth, NH.

Barrett, W.(1990), 'World Bullion Flows, 1450-1800,' in Tracy, pp. 224-54.

Birmingham, D.(1976), 'The Forest and Savannah of Central Africa,' in Fage and Oliver et al., vol. 5.

Bloom, D. E. and J. D. Sachs(1998), 'Geography, Demography and Economic Growth in Africa,' *Brookings Papers in Economic Activity*, 2, pp. 207-73.

Bovill, E. W.(1995), *The Golden Trade of the Moors*, Wiener, Princeton.

Bowman, A. K.(1996), *Egypt after the Pharaohs, 332BC-AD642, from Alexander to the Arab Conquest*, British Museum Press.

Bowman, A. K., E. Champlin and A. Lintott(1996), *The Augustan Empire, 43BC-AD69, The Cambridge Ancient History*, vol. X, Cambridge University Press.

Bowman, A. K., P. Garnsey and D. Rathbone(eds)(2000), *The High Empire, AD70-192, The Cambridge Ancient History*, vol. XI, Cambridge University Press.

Bowman, A. K. and E. Rogan(eds)(1999), *Agriculture in Egypt from Pharaonic to Modern Times*, Oxford University Press.

Boxer, C. R.(1991), *The Portuguese Seaborne Empire, 1415-1825*, Cancarnet, Lisbon.

Brett, M.(1978), 'The Arab Conquest and the Rise of Islam in North Africa,' in Fage and Oli-

ver et al., vol. 2.
Bright, W.(ed)(1992), *International Encyclopedia of Linguistics*, Oxford University Press.
Bruijn, J. R. and F. S. Gaastra(1993), *Ships, Sailors and Spices*, NEHA, Amsterdam.
Casson, L.(1989), *The Periplus Maris Erythraei*, Princeton University Press.
Casson, L.(1995), *Ships and Seamanship in the Ancient World*, Johns Hopkins University Press, Baltimore.
Casson, L.(2001), *Libraries in the Ancient World*, Yale University Press, New Haven. (L. カッソン『図書館の誕生——古代オリエントからローマへ』新海邦治訳,〈刀水歴史全書〉,刀水書房, 2007 年)
CHA, see Fage and Oliver et al.(1975-78).
Clark, C. and M. Haswell(1970), *The Economics of Subsistence Agriculture*, 4th edn, Macmillan, London.
Collins, R. O.(ed)(1968), *Problems in African History*, Prentice Hall, New Jersey.
Commission for Africa(2005), *Our Common Interest: Report of the Commission for Africa*, London.
Cook, M. A.(ed)(1970), *Studies in the Economic History of the Middle East*, Oxford University Press.
Crone, G. R.(1937), *The Voyages of Cadamosto and Other Documents on Western Africa in the Fifteenth Century*, Hakluyt Society, London.
Crosby, A. W.(1972), *The Columbian Exchange: Biological and Cultural Consequences of 1492*, Greenwood Press, Westport.
Crosby, A. W.(1986), *Ecological Imperialism: The Biological Expansion of Europe, 900-1900*, Cambridge University Press. (アルフレッド・W・クロスビー『ヨーロッパ帝国主義の謎——エコロジーから見た 10〜20 世紀』佐々木昭夫訳, 岩波書店, 1998 年)
Curtin, P. D.(1969), *The Atlantic Slave Trade: A Census*, University of Wisconsin, Madison.
Curtin, P. D.(1984), *Cross Cultural Trade in World History*, Cambridge University Press. (フィリップ・カーティン『異文化間交易の世界史』田村愛理, 中堂幸政, 山影進訳, NTT出版, 2002 年)
Curtin, P. D.(1989), *Death by Migration: Europe's Encounter with the Tropical World*, Cambridge University Press.
Curtin, P., S. Feierman, L. Thompson and J. Vansina(1995), *African History: From Earliest Times to Independence*, Longman, London and New York.
Daly, M. W.(ed)(1998), *The Cambridge History of Egypt*, vol. 2, Cambridge University Press.
Day, C.(1921), *A History of Commerce*, Longmans Green, New York. (クライブ・デー『世界商業史 附 要領と問題』三上正毅譯述, 隆文堂書店, 三省堂書店(發賣), 修正増補第 6 版, 1914 年)
Deerr, N.(1949-50), *The History of Sugar*, 2 vols, Chapman & Hall, London.
Diagram Group(2000), *Encyclopedia of African Peoples*, Fitzroy Dearborn, Chicago and London.
Dols, M.(1977), *The Black Death in the Middle East*, Princeton University Press.
Duncan-Jones, R.(1994), *Money and Government in the Roman Empire*, Cambridge University Press.
Eltis, D., S. D. Behrendt and D. Richardson(forthcoming), *The Transatlantic Slave Trade: A*

Census.
Engerman, S. L.(1995), 'The Atlantic Slave Economy of the Eigteenth Century: Some Speculations on Economic Development in Britain, America, Africa, and Elsewhere,' *Journal of European Economic History*, Spring, pp. 145-76.
Engerman, S. L. and R. E. Gallman(1996-2000), *The Cambridge History of the United States*, 3 vols, Cambridge University Press.
Fage, J. D. and R. Oliver et al.(1975-78), *The Cambridge History of Africa*, 8 vols, Cambridge University Press.
Feinstein, C. H.(2005), *An Economic History of South Africa*, Cambridge University Press.
Fourie, L. J.(1971), 'Contribution of Factors of Production to South African Economnic Growth', paper presented to conference of the International Assocociation for Research in Income and Wealth.
Frier, B. W.(2000), 'Demography,' in Bowman et al., pp. 787-816.
Garnsey, P., K. Hopkins and C. R. Whittaker(eds)(1983), *Trade in the Ancient Economy*, University of California Press, Berkeley.
Garrard, T. F.(1980), *Akan Weights and the Gold Trade*, Longman, London.
Gellner, E.(1969), *Saints of the Atlas*, Weidenfeld & Nicolson, London.
Gellner, E.(1981), *Muslim Society*, Cambridge University Press. (アーネスト・ゲルナー『イスラム社会』宮治美江子, 堀内正樹, 田中哲也訳,〈文化人類学叢書〉, 紀伊國屋書店, 1991年)
Gellner, E. and C. Micaud(eds)(1973), *Arabs and Berbers*, Duckworth, London.
Gemery, H. A. and J. S. Hogendorn(1979), *The Uncommon Market: Essays in the Economic History of the Atlantic Slave Trade*, New York.
Godinho, V. M.(1978), 'L'emigration portugaise(xve-xx siecles),' *Revista de Historia Economica e Social*.
Goitein, S. D. F.(1967-93), *A Mediterranean Society: The Jewish Communities of the Arab World as Portrayed in the Documents of the Cairo Geniza*, 6 vols, Berkeley and Los Angeles.
Goldschmidt, A.(1979), *A Concise History of the Middle East*, Westview Press, Boulder, CO.
Goody, J.(1971), *Technology, Tradition and the State in Africa*, Oxford University Press.
Goody, J.(1996), *The East in the West*, Cambridge University Press.
Grassman, S. and E. Lundberg(eds)(1981), *The World Economic Order: Past and Prospects*, Macmillan, London.
Hansen, B.(1979), 'Income and Consumption in Egypt, 1886/1887 to 1937,' *International Journal of Middle Eastern Studies*, no. 10
Hansen, B.(1991), *The Political Economy of Poverty, Equity and Growth: Egypt and Turkey*, Oxford University Press, New York.
Hansen, B. and G. A. Marzouk(1965), *Development and Economic Policy in the UAR(Egypt)*, North Holland, Amsterdam.
Hibbert, C. (1982), *Africa Explored: Europeans in the Dark Continent, 1769-1889*, Allen Lane, London.
Hitti, P. K.(1970), *History of the Arabs*, 10th edn, St Martins Press, New York. (フィリップ・K・ヒッティ『アラブの歴史』全2冊, 岩永博訳, 講談社学術文庫, 1982-83年)

Hodgson, M. G. S.(1974), *The Venture of Islam*, 3 vols, Chicago University Press.
Holt, P. M.(1975), 'Egypt, the Funj and Darfur,' in Fage and Oliver et al., vol. 4.
Holt, P. M., A. K. S. Lambton and B. Lewis(1970), *Cambridge History of Islam*, Cambridge University Press.
Hoodbhoy, P. A.(1991), *Islam and Science: Religious Orthodoxy and the Battle for Rationality*, Zed, London.
Hopkins, K.(1980), 'Taxes and Trade in the Roman Empire(200BC-400AD),' *Journal of Roman Studies*, vol. LXX, pp. 101-25.
Hopkins, K.(2002), 'Rome, Taxes, Rents and Rates,' in Scheidel and von Reden.
Hourani, A.(1983), *Arabic Thought in the Liberal Age, 1798-1939*, Cambridge University Press.
Hourani, G. F.(1951), *Arab Seafaring in the Indian Ocean in Ancient and Early Medieval Times*, Princeton University Press.
Hrbek, I.(1977), 'Egypt, Nubia and the Eastern Deserts,' in Fage and Oliver, vol. 3.
Huntingford, G. W. B.(ed)(1980), *The Periplus of the Erythraean Sea*, Hakluyt Society, London.
Ibn Battuta(1929), *Travels in Asia and Africa, 1335-1354*(translated and edited by H. A. R. Gibb), Routledge, London.
Ibn Khaldun(1958), *The Muqaddimah: An Introduction to History*, 3 vols(translated by Franz Rosenthal), Routledge & Kegan Paul, London.(イブン＝ハルドゥーン『歴史序説』全4冊，森本公誠訳，岩波文庫，2001年)
Ibn Khaldun(1982), *Histoire des Berberes et des dynasties musulmans de l'Afrique septentrionale* 4 vols, (translated by M. G. de Slane, new edn. P. Casanova), Geuthner, Paris.
Iliffe, J.(1995), *Africans: The History of a Continent*, Cambridge University Press.
Issawi, C.(1966), *The Economic History of the Middle East*, University of Chicago Press.
Issawi, C.(1995), *The Middle East Economy*, Wiener, Princeton.
Johnson, A. C.(1936), *Roman Egypt to the Reign of Diocletian*, Johns Hopkins Press, Baltimore.
Johnson, A. C. and L. C. West(1949), *Byzantine Egypt: Economic Studies*, Princeton University Press.
Jones, W. O.(1959), *Manioc in Africa*, Stanford University Press.
Kiple, K. F. and K. C. Ornelas(2000), *The Cambridge World History of Food*, 2 vols, Cambridge University Press.(石毛直道監訳『ケンブリッジ世界の食物史大百科事典』朝倉書店，2004-05年)
Klein, H. S.(1999), *The Atlantic Slave Trade*, Cambridge University Press.
Kuran, T.(2003), 'The Islamic Commercial Crisis: Institutional Roots of Economic Underdevelopment in the Middle East', *Journal of Economic History*, July, pp. 414-46.
Kuran, T.(2004), 'Why the Middle East is Economically Underdeveloped: Historical Mechanisms of Institutional Stagnation', *Journal of Economic Perspectives*, Summer, pp. 71-90.
Labib, S.(1970), 'Egyptian Commercial Policy in the Middle Ages,' in Cook.
Laiou, A. E.(ed)(2002), *The Economic History of Byzantium from the Seventh to the Fifteenth Century*, 3 vols., Dumbarton Oaks, Washington.
Lambton, A. K. S.(1981), *State and Government in Medieval Islam*, Oxford University Press.

Landes, D. S.(1958), *Bankers and Pashas: International Finance and Economic Imperialism in Egypt*, Heineman, London.

Law, R. C. C.(1980), *The Horse in West African History*, Oxford University Press.

Leo Africanus(1981), *Description de l'Afrique* 2 vols, (translated by A. Epaulard, with notes by Monod, Lhote and Mauny), Maisonneuve, Paris.

Levtzion, N.(1973), *Ancient Ghana and Mali*, Methuen, London.

Levtzion, N.(1975), 'North-West Africa: From the Maghrib to the Fringes of the Forest,' in Fage and Oliver et al., vol. 4.

Levtzion, N. and J. F. P. Hopkins(eds)(2000), *Corpus of Early Arabic Sources for West African History*, Wiener, Princeton.

Levtzion, N. and R. L. Pouwels(eds)(2000), *The History of Islam in Africa*, Currey, Oxford.

Lewis, B.(1982), *The Muslim Discovery of Europe*, Weidenfeld & Nicolson, London.（バーナード＝ルイス『ムスリムのヨーロッパ発見』全2冊，尾高晋己訳，春風社，2000-01年）

Lewis, B.(1995), *The Middle East: 2000 Years of History*, Phoenix Press, London.（バーナード・ルイス『イスラーム世界の二千年——文明の十字路中東全史』白須英子訳，草思社，2001年）

Lewis, B.(2002), *What Went Wrong? Western Impact and Middle Eastern Response*, Phoenix, London.（バーナード・ルイス『イスラム世界はなぜ没落したか？——西洋近代と中東』今松泰，福田義昭訳，日本評論社，2003年）

Lewis, W. A.(ed)(1970), *Tropical Development, 1880-1913*, Northwestern University Press, Evanston.

Lovejoy, P. E.(2000), *Transformations in Slavery*, Cambridge University Press.

McEvedy, C.(1995), *The Penguin Atlas of African History*, Penguin Books, London.

McEvedy, C. and R. Jones(1978), *Atlas of World Population History*, Penguin, Middlesex.

McNeill, W.(1963), *The Rise of the West*, University of Chicago Press.

Maddison, A.(2001), *The World Economy: A Millennial Perspective*, OECD, Paris.（アンガス・マディソン『経済統計で見る 世界経済2000年史』金森久雄監訳，（財）政治経済研究所訳，柏書房，2004年）

Maddison, A.(2003), *The World Economy: Historical Statistics*, OECD, Paris.

Mauny, R.(1961), *Tableau geographique de l'ouest africain au moyen âge*, Memoires de l'IFAN, No. 61, Dakar.

Mead, D. C.(1967), *Growth and Structural Change in the Egyptian Economy*, Irwin, Illinois.

Milton, G.(2004), *White Gold*, Hodder & Stoughton, London.（ジャイルズ・ミルトン『奴隷になったイギリス人の物語——イスラムに囚われた100万人の白人奴隷』仙名紀訳，アスペクト，2006年）

Mitchell, B. R.(1982), *International Historical Statistics: Africa and Asia*, Macmillan, London.（B. R. ミッチェル編『マクミラン世界歴史統計〈2〉日本・アジア・アフリカ篇』原書房，1984年）

Montagne, R.(1930), *Les Berbères et le Makzhen dans le sud du Maroc*, Félix Alcan, Paris.

Montagne, R.(1973), *The Berbers, Their Social and Political Organisation*, London.

Mortimer, E.(1982), *Faith and Power: The Politics of Islam*, Faber & Faber, London.

Newman, J. L.(1995), *The Peopling of Africa: A Geographic Interpretation*, Yale University Press.

Nordenskjiold, A. E.(1897), *Periplus*, Norstedt, Stockholm.
O'Callaghan, J. F.(1975), *A History of Medieval Spain*, Cornell University Press.
OECD(2005), *African Economic Outlook, 2004/2005*, Development Centre, Paris.
OECD(2006), *African Economic Outlook, 2005/2006*, Development Centre, Paris.
Oliver, R. and J. D. Fage(1995), *A Short History of Africa*, Penguin Books, London.（ローランド・オリバー, J・D. フェイジ『アフリカの歴史』全2冊, アフリカ協会訳, 時事新書, 1964年）
Ostrogorsky, G.(1968), *History of the Byzantine State*, Blackwell, Oxford.
Parry, J. H.(1967), 'Transport and Trade Routes,' in Rich and Wilson, pp. 155-222.
Petry, C. F.(ed)(1998), *The Cambridge History of Egypt*, vol. 1, *Islamic Egypt, 640-1517*, Cambridge University Press.
Rich, E. E. and C. H. Wilson(1967), *Cambridge Economic History of Europe*, vol. IV, Cambridge University Press.
Richards, J. F.(ed)(1983), *Precious Metals in the Later Medieval and Early Modern Worlds*, Carolina Academic Press, Durham, North Carolina.
Ridgway, R. H.(1929), *Summarised Data of Gold Production*, Economic Paper No. 6, Bureau of Mines, US Dept. of Commerce, Washington, DC.
Rose, J. H.(1924), *The Life of Napoleon I*, Bell, London.
Ross, R.(1975), 'The 'White' Population of South Africa in the Eighteenth Century', *Population Studies*, 2, pp. 217-30.
Runciman, S.(1954), *A History of the Crusades*, Cambridge University Press.
Sachs, J. et al.(2004), 'Ending Africa's Poverty Trap,' *Brookings Papers on Economic Activity*, 1.
Said, E. W.(1995), *Orientalism*, Penguin Books, London.（E. W. サイード『オリエンタリズム』全2冊, 今沢紀子訳, 平凡社ライブラリー, 1993年）
Samuels, L. H.(ed)(1963), *African Studies in Income and Wealth*, Bowes & Bowes, London.
Schacht, J.(1964), *An Introduction to Islamic Law*, Clarendon Press, Oxford.
Scheidel, W. and S. von Reden(eds)(2002), *The Ancient Economy*, Edinburgh University Press.
Shepherd, V. and H. M. Beckles(eds)(2000), *Caribbean Slavery in the Atlantic World*, Wiener, Princeton.
Soetbeer, A.(1879), *Edelmetall-Produktion seit der Entdeckung Amerikas*, Perthes, Gotha.
Solow, B. L.(ed)(1991), *Slavery and the Rise of the Atlantic System*, Cambridge University Press.
South African Bureau of Census and Statistics(1960), *Union Statistics for Fifty Years*, Pretoria.
Steensgaard, N.(1974), *The Asian Trade Revolution of the Seventeenth Century, the East India Companies and the Decline of the Caravan Route*, University of Chicago Press.
Szereszewski, R.(1965), *Structural Changes in the Economy of Ghana*, Weidenfeld & Nicolson, London.
Temperley, H.(2000), *After Slavery: Emancipation and its Discontents*, Cass, London.
Thomas, R. P.(1965), 'A Quantitative Approach to the Study of the Effects of British Imperial Policy upon Colonial Welfare: Some Preliminary Findings,' *Journal of Economic Histo-*

ry, December.

Thornton, J.(1998), *Africa and the Africans in the Making of the Atlantic World, 1400-1800*, Cambridge University Press.

Tracy, J. D.(1990), *The Rise of Merchant Empires: Long Distance Trade in the Early Modern World, 1350-1750*, Cambridge University Press.

Udovitch, A.(ed)(1981), *The Islamic Middle East, 700-1900: Studies in Economic and Social History*, Darwin Press, Princeton.

UNESCO(1981-99), *General History of Africa*, 9 vols, Paris. (アフリカの歴史起草のためのユネスコ国際学術委員会編『ユネスコ・アフリカの歴史 日本語版』同朋舎出版, 1988年〜)

Usher, A. P.(1932), 'Spanish Ships and Shipping in the Sixteenth and Seventeenth Century,' *Facts and Figures in Economic History, Festschrift for E. F. Gay*, Harvard University Press.

Vicens Vives, J.(1972), *Approaches to the History of Spain*, University of California Press, Berkeley.

Vilar, P.(1969), *A History of Gold and Money*, NLB, London.

Vries, J. de (forthcoming), 'Connecting Europe and Asia: A Quantitative Analysis of the Cape Trade Route, 1497-1795'.

Warmington, E. H.(1928), *The Commerce between the Roman Empire and India*, Cambridge University Press.

Watson, A. M.(1967), 'Back to Gold and Silver', *Economic History Review*, XX, pp. 1-34.

Watson, A. M.(1983), *Agricultural Innovation in the Early Islamic World: Diffusion of Crops and Farming Techniques, 700-1100*, Cambridge University Press.

Williams, E.(1944), *Capitalism and Slavery*, Russell & Russell, New York. (E. ウィリアムズ『資本主義と奴隷制——ニグロ史とイギリス経済史』中山毅訳, 理論社, 1968年／山本伸監訳, 明石書店, 2004年)

第 II 部
マクロ計測の進歩

第5章
マクロ計測の先駆者たち
政治算術学派と歴史人口学者

　マクロ経済分析の始まりはウィリアム・ペティがイングランドとウェールズの財産，労働所得，人口，労働投入，資本ストックの集計をおこなった時に遡る(W. Petty, *Verbum Sapienti*, 1665)．ペティ(1623〜87)の活動は信じられないほど多岐にわたっている．彼は知的な起業家，医者，社会工学者，発明家，王の側近，マクロ経済計測の先駆者であり，新しい世界主義的西洋知識人の典型であり，英国の啓蒙主義の最良の見本である．この分野の後のほとんどすべての専門家と同様に，彼の方法は帰納的であり，この世界を事実と体系的数量化の詳細な研究により解明しようとした．彼がフランシス・ベーコン(1561〜1626)の教えに忠実なのは全く明らかである．彼は以下に述べる専門家グループの創始者であり，そのグループの中でも着想に富んだ人物だった．そのグループの一人はジョン・グラント(1620〜74)で，彼は近代歴史人口学の先駆けとなる方法を発展させた最初の人口学者で，ペティの親友だった．グループの3人目のメンバーはグレゴリー・キング(1648〜1712)で，他の2人より若い世代に属していた．彼はペティのマクロ経済会計の体系化・拡張をおこない，グラントの人口学的分析を発展させた．4人目のメンバーはチャールズ・ダヴナント(1656〜1714)で，彼の貢献(Whitworth 1771 参照)はもう少し控えめなものだった．彼は財政政策や戦費調達の方法，植民地問題や外国貿易の専門家で，キングと密接に交流し，さまざまな政策の費用便益評価をキングの推計を使っておこなっている．

　これらの政治算術学派に関して最も目立つ特徴は，彼らのマクロ経済アプローチの現代性であり，また現在の国民経済計算と歴史人口学を特徴づける諸概念や方法を先取りしていることである．

　彼らは政策問題と同時に当時明瞭に国民国家として出現していた国(イングラ

ンドとウェールズ)の経済的実績を扱っている．権力と資源の古い封建的な断片化は，ずっと中央集権的な制度に置きかえられてしまっていた．1540 年にヘンリー 8 世はイギリスの不動産の 4 分の 1 を修道会から奪取した．彼の娘のエリザベス 1 世は没収をいっそう進めた．それに対応して教会の政治力と知的影響力は弱まっていった．教会資産の大部分は王室による売却と贈与によって世俗エリートの手にわたった．貴族は武装解除され，もはや私兵を持たず，彼らの邸宅ももはや砦で囲まれてはいなかった．大部分の貴族はロンドンで時を過ごすことが多くなった．この時代ロンドンの規模はすでに巨大になっていた．16, 17 世紀にはこの国の国際的地位は著しく拡大した．その理由は北アメリカで植民地を確立したこと，ラテンアメリカで海賊行為によりスペインの貿易独占を切り崩したこと，アジアと貿易をおこなう独占的会社を設立したことである．1650 年代にはイングランドが支配するアイルランドの植民地で重要な所有関係の変化があり，農業に適した土地の 3 分の 2 以上がアイルランドの地主からイングランドの地主の手に移った．スコットランドのイングランド王国への公式の編入は 1707 年だったが，しかし 1603 年にスコットランド王（ジェームズ 1 世）がイギリスの王位についていてその地ならしはできていた．17 世紀の間に英国の統治方法に重要な変化があった（この変化の中には一時的に共和国が成立し貴族院が廃止されたことも含まれる）．この変化は王室の専制支配の縮小と大地主・大商人という世俗エリートの権力の増大で終わった．その結果イングランドは力強い人口成長と経済成長，そして富の蓄積過程を有する国となった．そしてそれは政治的な力や支援と同じくらいに市場の力に依存していた．外国との経済関係は近隣窮乏化という重商主義的原則に本質的にもとづいていた．

ウィリアム・ペティ (1623〜87)

17 世紀に知的生活はとても活発になり，ますます世俗的になり，そして西ヨーロッパの国々の間には密接な相互作用が働いていた．ペティはこのコスモポリタニズムとさまざまな学問をまたぐプロメテウス的好奇心の好例であった．彼はサザンプトンとノルマンディーの間を交易する船の給仕係として仕事を始めた．14 歳の時に足を骨折してフランスに取り残されたが，自作のラテン詩

を賢明に使ってカーンのイエスズ会のカレッジに入った．そこで彼は1年以上フランス語と数学を学んだ．イギリスに帰国し海軍での仕事に従事した後，1643〜46年の間大陸に戻り，苦学してオランダとパリの医学部を卒業した．

　パリでペティはマラン・メルセンヌ(1588〜1648)が主催する非公式なアカデミーに足しげく通った．メルセンヌはベーコンの経験的帰納法の信奉者だった．彼は数学や測量に興味のある知識人を呼び集め，他国の学者たちと活発な文通を続け，知的ブローカーとして活動した．例えばデカルトとホッブスの間でアイディアのやり取りを助けた(de Waard 1932-72 中の11巻からなるメルセンヌの書簡集参照)．メルセンヌのグループは1666年にコルベールによって創設されるフランス科学アカデミーの手本となった．また彼のグループはガッサンディやフェルマーのような数学者や，デカルトやパスカルといった哲学者を含んでいた．またトマス・ホッブス(1588〜1679)は11年間のフランスでの亡命生活の間このグループの重要なメンバーだった．ペティはしばらくの間ホッブスの研究助手をしていた．ホッブスの広範囲にわたる興味と人脈(彼はベーコンやガリレオと知り合いだった)はペティの知的関心の領域を広め深めることを助けた．またホッブスは1647年に皇太子(後のチャールズ2世)の教師になり，これは王政復古後のペティの宮廷接近を容易にしたかもしれない．

　1646年にペティはイングランドに戻り，父の死後ラムジーの小さな家族経営の衣料品店を短期間継いだが，そこで1647年にコピー機(複写装置)の特許を取り，ロンドンでクロムウェル派と同盟し，多方面の知的活動を追求する手立てを得た．1648〜52年の間彼はオックスフォード大学にいたが，これは大学から王党派の学者が追放された際の新たな人事の一例である．1650年に彼は死亡宣告されていた少女を蘇生させ大騒ぎを引き起こした．この少女アン・グリーンは召使をしており，自分が生んだ私生児の殺害容疑で絞首刑にされた．彼女の遺体は解剖のため大学に送られたが，実は彼女は昏睡状態にあり，ペティは彼女を蘇生させることができた．その後彼女は許され自由の身となった．1651年に彼は27歳でオックスフォード大学ブレイズノーズ・カレッジの副学長となり，解剖学の教授になった．同時にロンドンのグレシャム・カレッジの教授にもなった．このカレッジは1597年にきわめて裕福な銀行家で王室財務代理人だったトマス・グレシャム卿の寛大な資産提供で設立された．その目的

はさまざまな話題について日常的に講義をおこなうことで高等教育を一般に開放することだった．グレシャム・カレッジはとりわけ応用数学や航行用具や造船についての実用的研究が盛んだった．1640年代と50年代にこのカレッジは実験科学の新しい成果の活発な議論の中心となり，王立協会の先駆けとなった．王立協会はカレッジの敷地に1662年設立された．協会設立の有力な活動家は次の通りである．クリストファー・レンはグレシャム・カレッジとオックスフォード大学で天文学教授を務め，ロンドン大火後にロンドンの教会を再建した建築家．ジョン・ウィルキンズは数学者，ウォダム・カレッジ学長で，オリバー・クロムウェルの義弟．科学者のロバート・ボイル，そしてペティである．当時ペティの関心は天文学，解剖学，顕微鏡，望遠鏡，空気ポンプなど自然科学に集中していた．1660年代までに彼は裕福になっており，その関心は経済学に移った．

1652年にペティはクロムウェル軍の軍医総監としてアイルランドに渡った．クロムウェル軍はアイルランドの反乱にほぼ10年間悩まされてきたが，その鎮圧に成功した．戦争の結果は無惨なものだった．『アイァランド〔アイルランド〕の政治的解剖』(*Political Anatomy of Ireland*, 1691)の中でペティは，アイルランドの人口が1641～72年の間に戦死，飢饉，伝染病，国外追放で4分の1減少したと示唆している．戦争に続き大量の土地没収とアイルランドの所有関係の再編がおこなわれ，その際ペティは社会工学者およびこの再編の主要な受益者として指導的役割を演じた．

1654～56年の間，ペティはアイルランドの土地測量を組織的におこなった．それは詳細な土地測量を実行する何百人もの人間を雇用し訓練するとともに，アイルランドという敵対的な地域で働いているかなりの数の測量技師の小部隊の安全確保を必要とした．1673年に測量の個別の調査が完成すると，彼はアイルランド全土の詳細な地図の作製に取りかかった．この測量事業(Down Survey)が完成すると，ペティは土地の配分委員の中で最も活動的な委員となり，給料が支払われていない兵士やこのキャンペーンに資金提供した「投機師」に土地を配分した．同時に彼はオリバー・クロムウェルの息子でアイルランド総督のヘンリー・クロムウェルの秘書になった．所有関係が変化する前は69.3%の土地がカトリック，30.7%の土地がプロテスタントの所有だった．再配分後

この比率は逆転した.

　ペティの報酬は主に現金で一部は土地だった. 彼は困窮している兵士から土地の債務証書を安く買い集めたし, 直接購入した土地もあった. 彼の土地のほとんどは南西部のケリー州にあった. また彼はリムリック州にも土地を持ち, 彼の妻はコーク州に不動産を持っていた(Barnard 1979 参照). ペティの子孫であるランズダウン侯爵は, ケリー州での土地の買い集めの経過を詳細に記している(Lansdowne 1937 参照). ペティは最初に給料の一部分として 3500 エーカーの優良地を配分され, 次いで兵士の取り分の土地を 2000 エーカー購入した. 1661 年に彼は要領よく君主制の支持者に鞍替えし, チャールズ 2 世によってナイトに叙された. チャールズ 2 世はペティに 3 万エーカーの隣接する「森, 沼地, 荒れた山地」を授与した. さらにペティは 1668〜69 年の間に, 6 万エーカーの没収地を確保した. ランズダウンの見積もりでは「ペティは死んだ時, ケリー州南部におよそ 27 万エーカーの土地を持っていた」(p. 8 参照).

　ペティはかなりの時間を使って放牧地と耕作地の効率的開拓に努め, ケンメアに漁業, 鉱業, 製材業を持つ港湾開拓地を作った. 彼はさらに多くの時間, すなわち 20 年以上を彼の所有権に関する訴訟に費やした. 収入という点では利益は期待はずれであったが, ペティは自分の広大な所有地を愛し, 土地持ちの貴顕となって名門一族の創始者になれると喜んでいた.

　ペティは晩年(1686 年)に友人のウィリアム・ペンと話しあって, ペンシルベニアの 5 万エーカーの土地の永代借地権を途方もなく安い頭金で得ようとした. その見返りとしてペティは土地を切り開き, 新たな入植者を移住させることになっていた. この提案は実行されなかった. しかしペティのひ孫シェルバーン伯爵ウィリアム(1737〜1805)は, アメリカ独立戦争の終わりの 1782〜83 年に英国首相であって, ペティに倣った. 1777〜91 年の間, 彼はフィラデルフィアとその周辺の土地の相続権を強く求めて失敗した(「アメリカのプランテーション」については Lansdowne 1927: section XVII on *American Plantations* 参照).

　ペティはオリバー・クロムウェルの息子で後継者のリチャードによって招集された議会の一員として, 1659 年ロンドンに戻った. リチャード・クロムウェルが護国卿の辞任を強いられると, ペティは公的な職とブレイズノーズ・カレッジのフェローの地位を失った. 以後彼は重要な公的, 学術的地位には就か

ず，活動的な社会工学者としての経歴も終わった．しかし今や彼は働かなくても暮らしていける資産を持ち，彼の持つアイルランドの財産権を守ることにも成功し，そしてクロムウェル派とのつながりにもかかわらず，チャールズ 2 世とジェームズ 2 世の関心を引くことに成功した．

ペティは知的起業家・発明家としての活動を再開したが，彼の精力のかなりの部分を経済政策・行政，人口，マクロ経済会計(彼の言葉では政治算術)の問題に向けた．

ペティは 1662 年の王立協会，1684 年のダブリン理学協会の設立で主要な役割を演じた．そして発明家としての活動を強化した．最大の計画は「二重底」船(双胴船)で，これは風と波に対抗し，アイルランドとイングランドの間の旅程をより短くするよう設計されていた．この船は 1662 年から 1684 年の間に 4 種類建造された．3 番目の船は乗組員総員とともに沈没した．4 番目の船は試運転で失敗した(これは日記作家，海軍本部の書記官で公的支援の確保に助力したサミュエル・ピープスを困惑させた)．その他彼の発案になるものには迅速な陸上輸送，送水ポンプ改善案，海水の脱塩，重武装の戦車，郵便事業改善の提案などがあった．

経済運営を改善するためのペティの主な提案は，人口センサス(出生，死亡，結婚，年齢，性別，職業構成を含む)の作成，交易，輸送，価格を定期的に公表する統計局の創設，土地やほかの形態の財産の登記簿を作成し，財産権をいっそう明確にし，財産の移転を容易にすること，イングランド，ウェールズ，アイルランド，スコットランドの経済運営の統合とこれらの地域内での貿易障壁の除去であった．

ペティのマクロ計測の先駆者としての役割には 2 つの主要な面——国民経済計算と人口学とがあった．国民経済計算では彼の構想は驚くほど独創的で素晴らしかった．人口論では彼の貢献は友人のジョン・グラントの貢献に次ぐものであった．ペティの著作の多くは生前には出版されなかった．これは彼の国民経済計算とアイルランド経済についての主著(1690 年と 1691 年に出版)にも当てはまる．アイルランドの土地測量は 1851 年にラーコム(Larcom)により出版され，経済論文集はハル(Hull 1899)により，他の未公表論文と書簡集はランズダウン(Lansdowne 1927, 1928)により出版されている．その他にもペティは死に際

して53箱の論文と手稿を残しており，これは1975年までボーウッドのランズダウン家アーカイブにあった．それらは今，ロンドンの英国図書館にある．

国民経済計算へのペティの傑出した貢献である『賢者一言』(Verbum Sapienti)は1665年に書かれ，彼の死後1691年に出版された．この論文はイングランドとウェールズの経済全体を説明する統合された一組の数字として，人口，所得，支出，土地のストック，その他の物的資産，人的資本の推計値を記述している．それらの数字によって，戦時(すなわち1664～67年の第2次英蘭戦争)の財政政策や国力動員を効率的に遂行するための数量的枠組みが与えられた．こうした説明の独創性と大胆な目的は全く驚くべきものだった．彼は物的・人的資本を足し合わせる方法や成長会計の手法の先駆となる方法を考案した(ただしこの方法は20世紀にエドワード・デニソンが発展させるまでは完全ではなかった)．また資本支出や所得フローの導出が分かりやすく明瞭に述べられている．彼が市場価格で評価した物的資本は3種類ある．(a)平均して年800万ポンドの地代を生む2400エーカーの土地(荒蕪地を除く)，これを彼は購買年数18年で資本還元し総資本価値1億4400万ポンドとする．(b)帰属家賃年250万ポンドの都市と農村地域の住居，これを購買年数12年で資本還元し総資本価値3000万ポンドとする．(c)3番目は種々雑多な財産で彼はこれを7600万ポンドと見積もっている．そのうち3600万ポンドは家畜と漁場，300万ポンドは船舶，600万ポンドは金銀鋳貨(当時王国には紙幣はなかった)，そして3100ポンドは店舗や農場にある物品，家具，宝石，食器，衣類，鉱山資源，森林資源(「煩わしいので詳しく述べない」)である．この3番目の財産からの所得をペティは450万ポンドと見積もった．1665年に彼はこの所得を「収益」(yield)と言い表したが，後に『政治算術』(Political Arithmetic, 1676: 267)では「利潤」(profit)と呼んでいる．こうして年当たりの財産所得の総計は1500万ポンドで，これは2億500万ポンドの総資本ストックに対し6%の利益である．

労働所得2500万ポンドは次のように導き出された．600万の人口の半分がさまざまな水準の報酬で雇われ，1年当たり287日(日曜，祝日，病気・休養の欠勤を控除)働き，1日当たりの報酬が平均で7ペンスと仮定する．こうして300万人の人々が雇用され1人当たり年平均8.33ポンドを稼ぐ．ペティの考えでは「政治経済学で最も重要な検討事項は」「土地と労働の間でいかに等価関係

を作り出すか」(『アイァランドの政治的解剖』*Political Anatomy of Ireland*, 1672: 181)ということである.「労働は富の父であり土地は母である」.こうしたわけで彼は労働所得を財産所得と同率で,すなわち 1665 年については購買年数 16.7 年で資本還元する.労働所得は平時のわずかな税金の他は消費に費やされると仮定され,貯蓄(余剰利得)は資産家に限定されると仮定している.彼の評価では平時の課税可能な税率は国民所得の 2.5%,戦時には上昇して 7.5% である.

ペティはイングランド,アイルランド,スコットランドの経済統合を主張したにもかかわらず,王国全体の統合会計は示さなかった.彼の短い覚書「人口の倍加」(Doubling the People, 1678)の見積もりでは,その年の王国の人口は 970 万で,資本ストックはイングランド 3 億 7000 万ポンド,アイルランド 2000 万ポンド,スコットランド 2500 万ポンドである.彼はこの覚書で所得格差を数値で表していない.またそれを推測するのも難しい.なぜならペティは各々の国で異なった資本還元率を想定し,各々の国の労働力人口を推計していないからである.『アイァランドの政治的解剖』(p. 188)では,彼の推計はアイルランドの 1 人当たり所得 4 ポンド,『政治算術』では,ほぼ同じ時期にイングランドとウェールズの 1 人当たり所得 7 ポンドである.

ペティの『政治算術』は 1676 年に書かれ,1690 年に出版されたが,英国,オランダ,フランスの経済実績の比較研究である.この論文は論争的で,散漫で,整理されておらず,彼の基準からすれば幾分長めで,主にオランダとフランスの両国間の比較が中心となっている.この著作は「わずかな人口の小さな国がより大きな人口と領土を持つ国に富と力で対等になりえる」ことを示した.ここではマクロ経済会計の比較は試みられていない.しかしペティはオランダの優越性を示すために一連の主要な指標を用いている.その議論は反フランスに大きく偏っていた.そのためこの論文はチャールズ 2 世に献呈されているが,彼は出版に反対した.

主な論点についてのペティの議論は簡潔で鋭く,非常に興味深い.そしてアダム・スミスやダグラス・ノースが後に使ったある種の推論の先駆となっている.彼の推計では,フランスの人口は 1300 万人,オランダの主要な 2 州(ホランド州とゼーラント州)の人口は 100 万人だった.しかし,オランダの商船隊はフランスより 9 倍大きく,外国貿易は 4 倍大きく,利子率は大体フランスの半

表 5.1 イングランドとウェールズの所得・資産統合勘定，ペティ(1665年)とキング(1688年)(100万ポンド，現在価値)

	ペティ(1665)		キング(1688)	
	資産所得	有形資産の資本還元価値	資産所得	有形資産の資本還元価値
土　地	8.0	144.0(18.0)	10.0	180.0(18.0)
住　宅	2.5	30.0(12.0)	2.0	36.0(18.0)
その他	4.5	76.0(16.9)	1.0	86.0(86.0)
資産計	15.0	250.0(16.7)	13.0	320.0(24.6)
	労働所得	労働力の資本還元価値	混合所得	人口の資本還元価値
労働総計	25.0	417.0(16.7)	30.5	330.0(11.0)
合　計	**40.0**	**667.0(16.7)**	**43.5**	**650.0(14.9)**

注と出所)　Petty, *Verbum Sapienti* (Hull 1899: vol. 1, pp. 104-10). カッコ内の数字は購買年数(資本還元率). ペティは *Political Arithmetic* (Hull 1899: vol. 1, p. 267)で2つ目の推計をしている(1676年の数値の推計). そこでは財産所得は1600万ポンド，労働所得は2600万ポンド，ただし有形資産と労働力人口は購買年数20年で資本還元されている. 上記キングの統合会計は *Obsevations*, pp. 30-2 より.

分，海外資産はフランスが取るに足らなかったのに対し，巨額だった．オランダの経済は高度に特化していた．すなわち食料の大部分を輸入し，戦争をおこなうために傭兵を雇い，自国の労働力は生産性の高い分野に集中した．その平坦な地勢は風力の大規模な利用を可能にした．都市へ高密度の定住，良港，国内の水路は輸送費やインフラストラクチャーの費用を減じ，政府サービスを安価にし，在庫の必要を少なくした．

オランダの諸制度も経済成長に有利だった．宗教的寛容は熟練工の移住を促進した．財産権は明確で，その移転は登記簿の保存により促進された．効率的法体系，健全な銀行経営は営利企業に都合がよい．税金は高いが，所得ではなく支出に課されている．これは貯蓄，倹約，勤勉を促した．こうしてオランダは経済的効率性の手本となり，フランスの国力がひどく誇張されて広まっていた英国に疑う余地のない政策上の教訓を示した．

この論文の当初の目的は，イングランド経済が衰退しつつあるという考えに反論することだった．そこには経済成長のマクロ的数量化はないが，耕作地の拡大，疫病からの回復，住居数，船舶数の増加，利子率の下落，「馬車，その装具，家具」の壮麗さの増加といった例証を挙げている．

『租税貢納論』(*The Treatse of Taxes and Contributions*, 1662)はペティの最も入念に体系化された著述である．この論文はイングランドの国家財政の構造の包括的概観を示し，その効率性，公平性を改善する革新的方法，税収を増やす可能性を提案している．また明快なマクロ経済的構想を反映しており，選択可能な税源の費用と便益を明らかにしている．それは時代によって必要とされていた．この時代は新しい財政制度が生まれつつあったが，それは封建的貢納への依存から抜け出し，何十年も続いた財政危機を食い止めるため作られたその場しのぎの方法の寄せ集めからも脱却せねばならなかった．この論文は英国の財政分析と財政政策の改善に長期にわたって大きな影響を与えた．

ペティの(硬貨が流通する国での)通貨政策と通貨の分析への貢献は『貨幣小論』(*Quantulumcunque Concerning Money*)で，1682年に書かれ，銀貨改鋳が進行中だった1695年に出版された．

ペティの経済学に関する多くの論文は，彼の社会工学者としての才能をはっきりと示している．彼の考えでは，最低限の生活手段を超えるかなりの量の経済的剰余があり，それは既得権益や個人の財産権をひどく損なわずに，統治者が公共の利益のため容易に再分配できる．また1662年の『租税貢納論』では，聖職者の数を少なくとも半分減らし，聖職給を大幅に削減すること，法律家とその所得をいっそう削減すること，医者と大学の教員数を厳しく制限することが提案されている．ペティは貧民への所得補助を拡大し，公共施設，道路を通じて彼らに雇用の機会を創り出すことを支持した．

『政治的解剖』(1672年執筆，1691年出版)はペティが立案に一役買ったアイルランドの財産権の大変革を分析している．『アイルランド論』(*The Treatise of Ireland*. 1687年ジェームズ2世のため執筆，初版1895年)が示唆するところでは，5年間で100万人のアイルランド人がイングランドに移住し，残ったのは30万人の牛飼いと乳搾りの女だった．彼の主張によると，この結果生じたイングランドの富と地価の増大は，移住のコストとアイルランドの地価の下落を上回る大きさだった．また彼はアイルランドのカトリックの比率の減少とイングランド人の比率の上昇により，政治的安定性が増したと示唆している．

ペティは1683～87年の間に人口についての小論を10篇書いている．そこには方法論上の貢献はなかったし，彼の推計はあやふやであった．最も興味深い

のは『政治算術余論』(Another Essay in Political Arithmetic, 1683)で，この著作はロンドン，イングランド，ウェールズ，そして世界の人口成長を扱っている．それは1665～82年の埋葬データを使って，グラントがロンドンについておこなった分析を引き継いでいるが，グラントに比べると大雑把である．彼は埋葬数を30倍して，ロンドンの人口を約67万人と推計している．同様に彼はイングランドとウェールズの総人口を740万人と推計するに当たり（グラントの14倍より小さい）11倍という数字を使った．彼の考えでは，この数字は人頭税・炉税の税収や教会による陪餐会員数の推計という証拠を使って確かめられる．彼は過去についてはノルマン征服時代まで遡って外挿法でロンドンの人口を推計し，将来についても同様に1842年の人口まで推計している．また彼は世界の人口を1682年に3億2000万人としているが，推計方法が明確ではない．

ジョン・グラント：最初の人口統計学者(1620～74)

最初の本格的な人口統計学者はペティの親友のジョン・グラントである．彼の著作『死亡表に関する自然的および政治的諸観察』(Natural and Political Observations Made Upon the Bills of Mortality)は1662年の初めに出版された．この書は天才的で統計的推測の傑作であり，執筆に何年もかかったに違いない．それはロンドンの埋葬と洗礼についての膨大なデータベースを細心の注意で組み合わせ，調整している．このデータベースは1603年以降，男女別に分かれた週ベース・年ベースのものが利用できる．彼は1629～36年と1647～58年の計20年間について，81のカテゴリーに分けられた死因のデータを持っていた．彼は死亡年齢と婚姻年齢については直接的な情報を持っていなかった．彼の情報はロンドンの市壁内の97の教区，市壁外の16の教区，そして彼の言う「大ロンドン地域」に含まれる9の教区についてのものだった．さらに彼は1631年の29の教区についての部分的調査の報告書を使用して，人口成長推計のクロスチェックができた．

グラントはまず長い1節を使って，22万9250人の埋葬データにもとづいた死因の分析をおこなっている．「年配の女性管理者(Ancient Matrons)」がわずかなお金をもらって検死をし，推定された死因を教区の事務官に報告する．こ

の部分については，小間物商だったグラントが，彼より医療知識が豊富だったペティから助言を得たのは明らかである．

グラントは慢性疾患の規則性と一時的影響しか持たない流行病を区別した．ペストは風土病であり，不定期に繰り返され，数年で弱まる傾向がある．最悪の年は1603年で，ペストが死亡の82%だった．彼の指摘によると，くる病は1634年まで死因として認められておらず，したがってそれまでは間違って分類されていた．また性病についても数字はかなり控えめである．フランス病(梅毒)による死はグラントが調べた期間0.2%となっている．しかし彼の指摘するところによると，これは2つの教区でしか報告されていない．そこで彼は，報告をする女性が賄賂をもらい「生殖器の感染症」を隠したと結論した．

グラントは死亡年齢についての直接的情報を持っていなかったが，幼児や子供がかかる病気と高齢者と関係のある病気を分類することでその粗い代用物を作った．彼は大ざっぱな生存表を作ったが，それによると0〜6歳の死亡率は36%，66歳以上の生存率はたった3%だった．これが生命表や平均余命の推計の原型だった．この本がイングランド，フランス，オランダで幅広い注目を集めたのはこの点で，これらの国では終身年金やトンチン年金(ロレンゾ・トンティによって1652年に考案された余命を使った籤のようなもの)が公的債務の一部になっていた．エドモンド・ハレー(1656〜1742)はグラントの荒削りな平均余命分析を改良し，生命保険の基本的数学的原理を明確に示した('Degrees of Mortality of Mankind; with an Attempt to Ascertain the price of Annuities', *Philosophical Transactions of the Royal Society*, 1693)．ロンドンの人口は規則正しく増加していたので，ハレーはずっと人口が安定していたブレスラウのデータを使って推計をおこなった．このデータを提供したのはキャスパー・ノイマン(Casper Neumann)だったが，これはおそらくライプニッツの提案による(Stone 1997: 240-51 参照)．

またグラントは男女別出生パターンを分析し，男女比が男14に対し女13であることを発見した．この男女差は彼の時代以前一般的だった予想よりずっと小さかった．

ロンドンの埋葬と洗礼のデータを見て，グラントは埋葬の方が多いことに気づいた．これはある程度は非国教徒の増加による洗礼数の過小報告，親としてのふさわしさに関して疑わしい時には洗礼を拒否する熱心な聖職者の存在，登

録料がかかることによる洗礼の忌避で説明できる．洗礼率は時とともに変化しているが，以上のことを補正しても埋葬と洗礼の数にかなりの不一致があった．埋葬数が時とともに大幅に増加しているのに人口が増加しているのは明らかだったし，住宅ストックの増加もこれを裏付けていた．そこでグラントは農村地域や田舎町からロンドンへかなりの移住があったと結論した．出生数と死亡数の平均的な不一致を数量化することによって，彼はロンドンへの純移住が1年当たり約6000人あったと結論付けた．

クロスチェックとしてグラントは，サザンプトン近郊の町ラムジーの90年間の年データを分析した．この町はペティが生まれ埋葬された町である．グラントがラムジーのデータを利用するに当たりペティが手助けしたのは明らかなようだ．このデータは出生，死亡の他に婚姻のデータも含んでいた．それでラムジーについては，グラントは出生率を推計することができた．彼は平均的家族は4人の子供を持つと結論し，ロンドンの出生率はこれより低いと考える理由を挙げた．彼はラムジーの洗礼数が死亡数より多いことを発見した．90年以上の間に1059人の人口の純増があったが，そのうち300人はラムジーにとどまり，400人はアメリカ大陸に，300〜400人はロンドンに移住した．この書の第3版(1665年)で，グラントはデボン州のティヴァートンとケント州のクランブルックへと田舎町の分析を拡張した．その結果は彼が以前発見したラムジーとロンドンの差を確認するものだった．

グラントは出生数，死亡数，仮定された移住数の歴史的パターンの分析から大ロンドンの人口は1660年ごろに46万人と結論した．彼の推定ではイングランドの人口はおそらく14倍位大きい644万人である．この14倍という数字は次のようないくつかの指標から導かれた．すなわちロンドンの税負担に占める割合，英国のさまざまな地域の地図による分析ともっともらしい居住密度(英国全体で1人当たり4エーカー)，そして英国の1万の教区が平均的に含む人口は600人という彼の推計である．年齢構成ともっともらしい出生率についての推定，さらにその他の資料も使ってグラントが示すところによると，ロンドンの人口は過去56年の間に2.5倍になった．すなわち彼のデータベースの最初の年である1603年には人口は18万4000人だったことになる．

グラント以前には誰も死亡表を使ってロンドンの人口統計を再構成しようと

は考えなかった．確かにグラントがやったことを彼以前に考えついた人間はいなかった．彼は明らかにペティから励まされ助言を受けていた．しかし，データの綿密な調査，誤測定の補正，注意深く構築された推論を説明する際の慎重さと謙虚さ，これらはペティが持つ気質とは全く異なっている．グラントの分析方法は現代的歴史人口学の基礎であり，彼が17世紀の科学の殿堂に属しているは明らかである．

グレゴリー・キング(1648～1712)と
チャールズ・ダヴナント(1656～1714)

　グレゴリー・キングの政治算術への貢献はペティよりずっと広範囲にわたり，そのスタイルはグラントにずっと近かった．彼の研究は学術的で細部まで行き届いていた．彼は財政やその他の情報源からの途方もない範囲の証拠をふるいにかけ，まとめあげた．また彼は補足的研究をおこない，彼のデータベースの欠陥を訂正し，彼の推論が代表的標本にもとづいていることを確実にした．彼の主な関心事は経済政策上の意思決定に数量的基礎を与えることだった．彼の説明は包括的，体系的で一貫性があり，人口学，国民所得・支出，富の推計，不完全な生産勘定に結びついていた．彼はまたイングランド，フランス，オランダの経済実績と戦費調達能力の国際比較をおこなった．後者は1688～97年の間，西ヨーロッパの大部分が参加したアウグスブルク同盟戦争についてのものである．

　キングのこの分野の仕事はとても集約的で，1695～1700年の比較的短い期間に集中していた．キングの研究成果のいくつかはダヴナントの著作に引用されて知られていたが，彼自身は何も公表しなかった．彼の著作『イングランドの状態に関する自然的政治的諸観察と結論』(*Natural and Political Observations and Conclusions Upon the State and Condition of England*, 1696)はようやく1802年に出版された(以下『諸観察』と略す)．この著作はキングの成果をきわめて密度の濃い形で示した．しかしキングの方法を理解し，その背後にある洗練された分析の豊かさを評価するには，彼の草稿を見る必要がある．具体的にはラスレット(Laslett 1973)によってファクシミリの形で出版されたキングの『ノート』

(Notebook) である.

　キングのこの著作は少し詳しく見る価値がある. それは十分利用されていない資料を含んでいて, その資料は 17 世紀のイングランド経済に新しい洞察をもたらしうるからである. 人口史についてのケンブリッジ・グループ (Wrigley et al. 1997) の成果を踏まえると, 彼の人口勘定の質は信じられないほど高く, 現代でも通用する. しかし彼の経済勘定は調整が必要で, 説明の対象を現代のものに合わせる必要がある.

　以下で私はキングの経歴, 彼が働いた環境と知的雰囲気を調べ, 彼の勘定システムと私によるその改訂版を説明するよう努める.

　キングは測量技師で数学者だった父親の手伝いを幼少期にした後に 14 歳で学校を去り, ウィリアム・ダグデール卿のもとで店員として働き始めた. ダグデールは著名な古物研究家であり, 紋章官として家系に関すること, 貴族称号継承証書, 紋章のデザインと認証に責任を負い, イングランドのトレント川以北における社交儀礼の監督責任者だった. 1662 年にチャールズ 2 世はダグデールに北部の州の巡視を命じ, 貴族と紋章を持つ資格のある人々の地位と称号の正当性を確立しようとした. その前の巡視が 50 年前だったので, これは重要な任務だった. 5 年の間キングは多くの地方を見て, ダグデールから家系, 紋章学, 文書記録の評価について多くを学んだ. また彼はフランス語の知識も獲得し, 紋章をデザインし描くことも学んだ. その後 1667〜72 年まで彼は彫刻家, 測量技師, 地図製作者, 古物研究家などのさまざまな仕事についた. 1672〜77 年の間に彼は紋章学に立ち戻り, 紋章院総裁のオフィスでさまざまな職務を遂行した. またキングは比較的裕福で彼の女家主だった「未婚の貴婦人」と最初の結婚をした.

　1677 年, キングは 29 歳で紋章官補として紋章院の 13 人の会員の一人となった. 7 年後に彼は紋章院の登録官になり, 1689 年にはランカスター中級紋章官に昇進した. ガーター紋章官とクラレンス紋章官の 2 つの最高位職を除けば紋章官は薄給なので, キングは不動産投機や本業外の活動 (測量, 彫刻, 地図製作) で収入を補わねばならなかった. この分野の専門知識のおかげで, キングはイングランド南部で 11 回の「巡視」をどうにか拝命することができた. しかしこのような機会も巡視が 1688 年に廃止されると消滅した. 彼が出世する

と彼の任務も高められた．すなわち，彼は1685年のジェームズ2世の戴冠式，1689年のウィリアム3世とメアリー2世の戴冠式，1695年のメアリー女王の葬儀などの儀礼の準備で主要な役割を果たした．またとても実入りのよい仕事もあった．すなわちガーター勲章の授与を1689年にブランデンブルク選帝侯へ，1691年にツェレ公ゲオルク・ヴィルヘルム(ジョージ1世の義父)へ，1692年にはザクセン選帝侯へ，1701年にブラウンシュヴァイク＝リューネブルク選帝侯(後のジョージ1世)へおこなっている．これらの国への訪問は英国の外交政策にとって重要な意味を持った．それはウィリアム3世とアウグスブルク同盟戦争の同盟国とのつながりを補強し，プロテスタント側の継承権を強化した．それぞれの訪問は3カ月かそれ以上の長さだった．キングはお仕着せの従者を伴って豪華な旅をし，王族と親しく語らい，豪勢な歓待と贈り物を受けた．これらの旅はキングの出世への期待を高めるものだった．こうした機会のうち3回で彼はガーター上級紋章官代理だった．1693年の終わりにジョン・ダグデール卿(キングの最初のパトロンの息子)が紋章官をキングに譲って辞任する申し出をした．これは紋章院総裁によって拒否され，さらに彼は登録官の職を失い冷遇が続いた．

　紋章官としてのキングのキャリアは終わってはいなかったが，いっそうの出世をするなら今や他のところでするしかなかった．1703年，キングとその同僚はクラレンス紋章官に全くその資格がない人間が任命されたことに激怒した．成功した劇作家，建築家であるジョン・ヴァンブラが37歳で任命されたのだが，これは彼が紋章院総裁代理のカーライル伯爵のためにカースル・ハワードを建築したことへの見返りだった．その直後，後のジョージ2世にガーター勲章を授与するためドイツに行ったのはキングではなく，ヴァンブラだった．

　紋章院は公務の古い秩序を代表していた．総裁は世襲だった．そのほかの任官も後援者の存在，買収，縁故主義によっていた．高位の在職者はよぼよぼで，もうろくし，仕事を閑職とみなす傾向があった．大望を抱いた者は，家族関係やお金がなくても，才能を示したり，熱心に働いたり，従順で賢明であればたまには成功することができた．ウィリアム・ダグデールやキングの専門知識は紋章官にとって必要な属性ではなかった．この古い官僚的秩序はエイマー(Aylmer 1961)に詳細に描かれている．キングの職歴の状況は，海軍本部での

サミュエル・ピープスのそれと大差なかった(Bryant 1943 参照).

　経済政策の分野では，その執行の大規模な現代化が何年にもわたって進行中だった．専門的能力が次第に公職で重要となり，改善された統計は政策の重要な指針となった．パトロンは依然重要だったが，政治的縁故主義が血族的縁故主義に取って代わった．

　炉税徴税請負人は1679年から全勘定書を示すことが義務付けられた．関税徴収請負制は1671年に廃止され，1696年には輸出入監察長官が任命された．ダヴナントは1678年に年500ポンドで物品税長官に任命された．彼の報酬は1683年に徴税請負制が廃止されると倍増した(Waddell 1958)．そして彼は1703年に年1000ポンドで輸出入監察長官になった(Clark 1940)．商務省が1696年に設立され，哲学者のジョン・ロックが年1000ポンドで局長の一人になった(Laslett 1969)．イングランド銀行が1694年に設立され1696年には貨幣大改鋳がおこなわれた．金融政策は現代的になり，公債のための適切に管理された市場が生まれつつあった．

　キングは政治算術についての仕事と政治的縁故のおかげで，この新しい官僚的エリートに加わることができた．1702年に彼は会計監査局長官に，1705〜06年には軍会計局長官に，1708年には国王ウィリアムの負債評価委員と再度軍会計局長官になっている．

　キングは人口統計勘定とマクロ経済勘定を展開する際に2人の重要な人物と密接にやり取りをした．一人はロバート・ハーレイ(1661〜1724)で，彼は1697年にキングの『諸観察』(Observations)を綿密に調べた．ハーレイの批評とそれに対するキングの詳細な返答が残っていて，それはキングの政治算術の精巧さと真剣さを示している．後にハーレイは下院議長，財務大臣，オックスフォード伯になった．また彼は膨大なハーレイ文書館(Harleian Collection of Manuscripts)(この中にキングの原稿も多数含まれる)を創設し，これは1753年に英国図書館に売却された．

　よりいっそう重要なやり取りはチャールズ・ダヴナント(1656〜1714)とのもので，ダヴナントは経済政策の多産で才能ある分析家だった．彼は桂冠詩人ウィリアム・ダヴナントの息子で，彼の祖父はウィリアム・シェイクスピアだとうわさされていた．また彼は議員にもなったが，公職についていなかった

1690年代には定職がなかった.

　ダヴナントは1694年に戦時財政の問題を扱った『戦費調達論』(*An Essay Upon Ways and Means of Supplying the War*)を出版した.この本はキングに衝撃を与えた.それは戦争開始時(当時税収は主に物品税,炉税,救貧のための地方財源からなっていた)の英国の租税構造の数量的分析を示していた.ダヴナントはこれらの税を戦費調達のためすでに課税されていた財産税,所得税による新しい税収と比べた.内訳も付いている彼の統合表は統計的傑作であり,それはイングランドとウェールズの39の州と行政単位について10種類の異なる税収を示していた.またこの書は1690年の春季支払日における世帯数と炉の数(これは炉税の納税申告書の分析から導いた)も示していた.

　春季支払日は3月25日(キリスト受胎の日でお告げの祝日)だが,1752年にイングランドやそのアメリカの植民地がユリウス暦からグレゴリオ暦に移行するまでは1年の最初の日だった.ユリウス暦は紀元前45年にユリウス・カエサルが導入した.その後18の世紀が経過すると,ユリウス暦は何日も遅れることになった.ヨーロッパのカトリック諸国では,教皇グレゴリウス13世の大勅書に従って1582年にグレゴリオ暦が採用された.北ヨーロッパのプロテスタント諸国では1700年にグレゴリオ暦への改暦がおこなわれた.英国議会はこの変更を1751年に承認し,この年は12月31日に終わり,翌年は1月1日に始まることを決めた.改暦を完成するために,1752年の暦から9月3日～13日までが取り除かれた(9月2日水曜日の次の日は9月14日木曜日).以前の時代遅れの暦制では1月1日から3月24日に間に出版されたものは前の年のものと見なされた(Richards 1998: 252-3 参照).

　ダヴナントの表はキングに次のことをはっきりと示した.すなわちこの新たな財政についての知識が,グラントやペティがなし得た以上の優れた基礎を人口統計的・マクロ経済的分析に与えるかもしれないということである.租税構造が変化しただけでなく,税の徴収もずっと透明になった.徴税請負人制が政府の徴税に置き換えられたからである.

　ダヴナントはイングランドとウェールズについてのペティの過大な推計(550万人ではなく740万)を引用し,ペティを「われわれが持った最良の計算者」としている.キングは異なる見解を持っていた.彼はペティを杜撰で偏った分析

家と見ており，ダヴナントの判断を正す必要があると感じていた．キングがダヴナントに自分の人口計算の詳細な原稿を送り，政治算術学派としての技量で彼を感動させたのは明らかである．

ダヴナントが『公収入論』(Discourses on the Public Revenue)を1697～98年に出版した時，彼の考えは変わっていた．ペティは政治算術，すなわち「統治に関連したことを数字で判断する技術」を創始したが，新しい租税構造が作り出した情報を欠いていて不利な立場にあった．より重要なのはダヴナントがペティを政治化された算術派と見なし，イングランドの人口を過大評価し，他国の統計，国力，富を過小評価し，それ自体あまり正しくないが「統治する人間にはとてもありがたい」説を唱える傾向があると考えるようになったことである．

ダヴナントの賞賛はグレゴリー・キングへと移った．キングは「かつてどの他国民についてなされた推測より明確で整然とした理論体系を，イングランドの住民について持っている」．またダヴナントは「多くの知識と情報を与えてくれた，計算術の素晴らしい天才で達人」のキングに感謝している．彼は続けてキングの所得勘定の若干の修正版を引用している．すなわち財産所得が1400万ポンド，営業所得が1000万スターリング，技芸・労働所得が2000万スターリングである．さらに彼はキングがおこなったイングランド，フランス，オランダの所得と税収の比較推計を引用している．

キングとの交流のいっそうの成果は，1699年に出版されたダヴナントの著書(An Essay Upon the Probable Methods of Making a People Gainers in the Balance of Trade)である．彼はキングへの謝意から始め，この「熟練した勤勉なジェントルマン」がどのように彼の勘定システムを発展させたか，また彼がどんな資料を使ったかを説明している．ダヴナントはキングの人口統計上の発見と，所得・支出明細表の若干の修正版(Whitworth 1771: vol. II, p. 184参照)，そして農業生産勘定の修正版(pp. 216-21)を引用している．

明らかにキングとダヴナントはこれらの問題について詳細に議論し，そしてキングはダヴナントに広範囲に及ぶ引用を許して自分でそれを出版することを控えた．政策という微妙な事柄を扱った本を出版するには官許が必要であり，承認されなかった場合著者は制裁の対象になる．用心深い公僕として，キングはこうした危険を避けることを選んだ．彼は公的な覚書を書いて回覧すること

に慣れており，ダヴナントのペンのような自由闊達さは持っていなかった．

以下は私が閲覧した彼の主要著作である．

1. 自伝．これは 1695 年初頭で終わっていて，その大部分は紋章官職トップに出世する願望を正当化する経歴書といったものである．言及はしていないが，彼はこの時までにグラントの著作を精読し，ペティの人口統計と政治算術についての公刊書を読んでいたようである．この自伝はダラウェイ (Dallaway 1793) が出版した．

2. 『諸観察』(英国図書館の Harleian manuscript 1898) はグロスターの人口と病院の費用についての覚書と一緒にチャーマース (Chalmers 1802) が出版した．これはバーネット (Barnett 1936)〔文献では King (1696) のところに記載〕により復刻され，これが以下で私が引用している版である．またこの書はラスレット (Laslett 1973) によっても再出版されている．

3. 『諸観察』(*Observations*. 以下 O と略す) の 2 つ目の原稿は，1697 年のハーレイの批評とキングの詳細な返答を含む列，さらに第三者 (たぶんダヴナント) によるコメントを記す空白の列がついた manuscript 1458 で，オーストラリア国立図書館にある (マイクロフィルムで利用可能)．

4. キングの『ノート』(*Notebook*. 以下 N と略す) はページ番号付き 297 ページと番号なしの 5 ページ，白紙 15 ページを含んでいる．その量は『諸観察』の 5 倍以上ある．それは並外れてきちんとしていて読みやすい．そしてキングによって索引がつけられ，さらに詳細が知りたい人が読めるように書かれている．ラスレット (Laslett 1973) にはファクシミリ版が収録されている．

5. イギリス国立公文書館の一束の文書 (T64/302) には，キングがハーフィールドについておこなった小センサス (1699 年) や財政問題，富の分配，私信といったその他 16 の文書が含まれている．

6. 英国図書館の『ハーレイ文書』(Harleian manuscripts. 詳細は *Catalogue of the Harleian Manuscripts in the British Museum* (1808) 参照)．これらの多くはキングの紋章学の仕事についての文書と書簡であり，前述の自伝以降の彼の経歴の詳細を知るのに役立つ．例えば，Harleian 6815 folio 288 は 1701 年 6 月 29 日～10 月 7 日の彼のドイツ訪問の旅程と経費を示している．また

folio 226 はヴァンブラがクラレンス紋章官に任命されたことに抗議する 1703 年の紋章官請願書である．政治算術についての文書も少しある．例えば Harleian 6832 は 1698 年のバックファストリーについての小センサスを含み，それはキングの人口統計への関心が弱まっていなかったことを示している．

7. 『1688 年イングランドにおける海洋貿易』(*Of the Naval Trade of England, 1688*) は 1697 年に執筆され，バーネットによって出版された (Barnett 1936)．これは多分ダヴナント (Davenant 1699) の参考資料だった．政治算術にとってこの著作の一番の興味は，それが資本ストックの成長を時価で，しかも 1600 年，1630 年，1660 年，1688 年で資本還元率を変えながら推計していることである．

加えて，グラス (Glass 1965) による人口勘定の詳細な分析とストーン (Stone 1997b) によるキングの全業績の解釈は極めて有益である．

キングの貢献を以下で 6 項目に分け考察する．(a) 人口統計勘定，(b) 富と所得の統合勘定，(c) 支出勘定，(d) 所得勘定，(e) 不完全な生産勘定．以上はイングランドとウェールズについてのものである．(f) フランス，オランダ，イングランドとウェールズの実績の国際比較．

キングの人口分析

キングの人口統計の主要目的はイングランドとウェールズの人口を推計することだった．彼はグラントの推計に重要な改善を加えた．これができたのは，彼がグラントに比べてロンドン以外の人口についてより多くの知識を持っていたからである．彼は住居数については炉税の納税申告書を得ていたし，住居占有率についてはダヴナント (Davenant 1694) から煙突税による証拠を得ていた．彼は出生，埋葬，結婚にかかる新税の最初の納税申告書 (1695 年) を利用できた．この税は 10 年間課税され，英国に前例のない統計的な報告制度を生み出した．またこの税は財産と所得を 20 に区分し，それがさらに結婚関係・家族関係で細分化された上で累進的に課税されていた．この税は評判は良くなかったし，そのやや低い税収に比べると費用がかかりすぎだったが，政治算術にとっては願ってもないものだった．この税の創設にキングがどんな役割を果たしたのか

は明らかでないが，1693年に法案が通過した理由の一つは紋章院からの請願であった．キングが税負担表を公表した，ということは彼がこの表を考案したと考えていいであろう(Glass 1966: ix-xvii 参照)．確かに彼は人口統計的説明と経済的説明のため納税申告書を大規模に活用した．この税の運用は完全からは程遠かったので，キングはデータベースの対象と誤差を補正しなければならなかった．クロスチェックとして，彼はリッチフィールド(彼の故郷)，ハーフィールド，バックファストリーの小センサスをまとめた．これらのセンサスにより人や世帯規模，年齢，性別の構造についての付加情報が確認できた．

キングの人口分析は彼の全業績の中で最も印象的な部分で，彼はそれをとても誇りにしていた．1697年に彼はハーレイに書いている．「私は人口についての計算を他のすべて計算の試金石にするほど自信を持っている」．表5.2はイングランドとウェールズについての彼の計算結果を示している．意外なのは思ったより世帯の規模が小さいことで，この時代は「伝統的」家族の規模がもっと大きいと信じられていた．実際，キングの世帯には53万6000人の「使用人」，すなわち住み込みの家事使用人，徒弟，未婚の農業労働者が含まれている．「使用人」を引くと，世帯規模4.2人に対し，平均家族規模は3.8人である．

表5.3はキングの結果とグラント，ペティ，そして現代の学者の結果を比べている．キングの人口推計はリグリィら(Wrigley et al. 1997)が精密に再構成したものとほぼ同一である．

表5.4は年齢と性別構造のキングの推計で，主に彼自身の標本調査の分析から導かれた．この表によると明らかに出生率と女性の平均余命の方が長いという点で性差が見てとれるが，これはグラントの分析を確認し，拡張している．リグリィらの推計(Wrigley et al. 1997)では1696年の0〜4歳児層の比率はキングより低いが，その差は，リグリィとショフィールド(Wrigley and Schofield 1981)がおこなったようには明確に検討されていない．

キングはアイルランドとスコットランドの人口推計には真剣な努力を払っていない．『諸観察』には何もない．『ノート』にはかなり思いつき的な言及があり，そのp.2では各々100万人とされている．アイルランドについての現代の推計はもっと大きい．ディキンソンら(Dickson et al. 1982: 156-62)は1687年の人口を197万人と見積もっている．ディーンとコール(Deane and Cole 1962: 6)の

表5.2 イングランドとウェールズの人口(1695年),グレゴリー・キングによる推計値とその導出法

	居住者住宅 (1000戸)	人　口 (1000人)	世帯人数
大ロンドン	105	530	5.05
他の都市と市場町村	195	870	4.46
村,小村	1,000	4,100	4.10
計	**1,300**	**5,500**	**4.23**

注と出所) *Observations*, p. 18. 居住住宅の推計値は炉税の納税申告書から.区分住宅,空き家の分を補正してある.1世帯当たりの「人」(souls)は「王国のいくつかの地域」の結婚・出生・埋葬税の評価から,対象範囲が狭い点と報告の誤りの分は補正してある.キングは短期滞在者について広範囲の補正をおこなっている.すなわち,最初の推計には含まれていなかった海員,兵士,行商人,ロマ人,泥棒と物乞いの人数を3つの地域の推計値に比例配分している.大ロンドンとは城壁内外の135の教区を指す.キングの世帯は53万6000人の住み込み使用人を含んでいる. *Notebook*, p. 277参照.平均的世帯人数のキングの推計はWall (1983)の研究によって確かめられた.ウォールの推計では1650〜1799年の時期に平均は4.18人である.彼は家族の歴史についてのケンブリッジ・グループの文書にある証拠を主に使っている.以前Laslett(1973)はキングの推計値は低すぎるとしていた.

表5.3 キングの人口推計値(1695年)と他の人口学者の推計値の比較(1000人)

出　　所	イングランドと ウェールズ	ロンドン	対象年
グラント(1662)	6,440	460	1660
ペティ(1683)	7,369	670	1682
キング(1696)	5,500	530	1695
グラス(1950)	4,918	430	1695
リグリィとショフィールド(1981)	5,311	n.a.	1695
リグリィら(1997)	5,486	n.a.	1695
リグリィ(1967)	n.a.	575	1700

注と出所) グラント,ペティ,キングについては前述.Glass(1950)はGlass and Eversley (1965: 203)に転載.Wrigley and Schofield(1981: 553)は,モンマスを除いたイングランドの人口495万1000人.モンマスとウェールズを含めるため係数1.0728をかけて補正.係数はDeane and Cole 1962: 203から導出.Wrigley et al.(1997: 614)はイングランドの人口511万3000人をモンマスとウェールズを含めるため補正した.Wrigly(1967: 44).

　推計が示すところでは,キングはスコットランドの人口については正しかった.現代の推計では1688年に英国全体で840万人の人口だった.

　キングには1695年の世界人口について2つの推計値があり,それぞれ『諸観察』(*O*: 21)と『ノート』(*N*: 1, 2)に記載されている.後者の説明の方が優れている.表5.5は彼の推計値をイエズス会のリッチョーリ(Riccioli)の推計値,そして現代の推計値と比べたものである.キングはリッチョーリ(1661年の人口)

表5.4 キングによるイングランドとウェールズの年齢別・性別人口推計値, 1695年(1000人)

年齢	男	女	計	男/女	各年齢層の割合
0-1歳	90	80	170	1.125	3.09
1-4歳	325	325	650	1.000	11.82
5-9歳	349	351	700	0.994	12.93
10-15歳	358	362	720	0.989	13.09
16-59歳	1,308	1,352	2,660	0.968	48.36
60歳以上	270	330	600	0.818	10.91
計	2,700	2,800	5,500	0.964	100.00

注と出所) *Observations*, p.23. 5000人の人口サンプルから導出. このサンプルはキングが作成した質問票への回答から構成. Wrigly et al.(1997: 615)はキングが14.91%とした0〜4歳の割合をもっと低く見積もり, 11.76%としているが, 性別による区分はしていない.

表5.5 地域別世界人口推計値: リッチョーリ(1672年人口), キング(1695年人口), 現代の推計(1700年人口)(100万人)

	リッチョーリ 1672	キング 1695	マディソン 1700	マッケヴェディ他 1700	クラーク 1700
ヨーロッパ	100	115	127	120	106
アジア	500	340	400	415	420
アフリカ	100	70	61	61	100
アメリカ	200	90	13	13	13
オセアニア	100	11	2	2	2
計	1,000	626	603	611	641

注と出所) Riccioli(1672: 677-81). King, *Notebook*, pp.1, 2. Maddison(2001: 232 and 241). McEvedy and Jones(1978). Colin Clark(1967: 64). 表の最後の地域(オセアニア)をリッチョーリは南の地(terra australis)と呼んでいる. キングはハーレイへの返信で次のように言っている. 「世界の未知の部分という言葉で私が意味しているのは, いまだその沿岸を航行していない未知の地(terra australis incognita)とアジア, アメリカの北部だけである」. 現代の推計値はオーストラリア, ニュージーランド, メラネシア, ポリネシアについてのものである. リッチョーリとキングはよく似た方法を使っている. ヨーロッパに関しては, キングは17カ国の推計値を, リッチョーリは6カ国と4つのグループの国々についての推計値を挙げている. アジアに関しては, ヨーロッパに比べると推測が多くなる. しかしアジアでも他の大陸でも, 彼らは国土面積を推計し, 人口密度を仮定して人口の推計をしている. 人口密度はヨーロッパの国ごとの差異からある程度推測することができた.

やペティ(1682年の人口)よりずっと現代の数値に近い.

　キングの『ノート』には計算のページが11ページあり, 天地創造やノアの大洪水以来の世界人口のさまざまな推計値が記されている(表5.6参照). 彼はキリスト生誕時, 世界は3935歳だったと仮定している. ダーウィン以前の学問ではこの仮定は普通だった.

表 5.6 世界人口：キングの推計値と現代の推計値，未来学の推計値との比較，紀元前 3935 年〜紀元 2300 年 (1000 人)

紀元前		キング	マッケヴェディ
3935 年	天地創造 (アダムとイブ)	0.002	7,811
3000 年		11,000	14,000
2279 年	大洪水 (ノアの家族)	0.008	23,077
1000 年		11,944	54,000
1 年		84,000	170,000

紀 元	キング	マディソン
1 年	84,000	230,820
1000 年	315,000	267,573
1695 年	626,000	601,030
2000 年	834,000	6,071,144

	キング	国連人口部
2300 年	1,078,000	9,000,000
8100 年	9,334,000	

注と出所）　最初の列はキングの *Notebook*, pp. 1, 4, 5 (Laslett 1973) より．2 列目の紀元前 3935 年と紀元前 2279 年は表 5.7 の McEvedy の推計値から補間．紀元 1〜2000 年については Maddison (2004: 256)．紀元 2300 年の予測は国連人口部中位のシナリオから (UN 2003: 3)．1695 年のキングの数字は，さまざまな国や大陸の表面積と技術水準により変わると仮定された人口密度の推計にもとづいている．紀元前 1000 年以前のキングの表は聖書によっている．彼の天地創造の日付は Scaliger (1583) と大司教 Usher (1650) のものに正確に一致している．だがキングはこの世界が 8100 年に終わると示唆してはいない．なぜなら彼はもっと広い時間的視野を予見する別の仮説を試していたからである．

　表 5.3 と表 5.5 では 1695 年についてのグレゴリー・キングの推計値と現代の研究の成果がどれくらい近いかを示した．ロンドンとウェールズ，世界全体については近い．キングが適切な空間的比較ができたのは，ひょっとするとコペルニクス，ケプラー，ガリレオが地球は平らで宇宙の中心だという考えを覆していたからかもしれない．だが彼の過去についての時間的視野は創世記に依っている．だから紀元前 3935 年については，彼の世界人口はアダムとイブだけである．そして紀元前 2279 年の大洪水の生き残りは，ノアとその家族だけだと考えられている．

　キングはノアの大洪水の後に急速な人口回復を想定している．紀元後 1000〜1695 年については，彼の人口成長率の推計値は現代の見解と合っている．彼の 2000 年と 2300 年の予測は成長率が 1000〜1695 年と同様と想定している．また 2300 年から 8100 年までの 5800 年間については成長率が 3 分の 2 落ちる

表5.7 マッケヴェディの世界人口推計値，紀元前7500年〜紀元1年(1000人)

	紀元前7500年	5000年	4000年	3000年	2000年	1000年	紀元1年
オーストリア	2	4	10	20	40	120	500
ベルギー	3	3	10	20	40	100	400
デンマーク	2	2	5	10	20	50	200
フィンランド	1	2	3	4	5	7	10
フランス	50	100	200	400	1,000	2,000	5,000
ドイツ	20	40	80	150	300	600	3,000
イタリア	30	75	150	300	1,000	2,000	7,000
オランダ	2	2	5	10	20	50	200
ノルウェー		1	1	2	5	10	100
スウェーデン		1	2	4	10	50	200
スイス	1	2	5	10	20	60	300
英 国	6	6	6	27	81	212	780
12カ国計	117	238	477	957	2,541	5,259	17,690
ポルトガル	5	10	20	40	100	200	450
スペイン	50	100	200	400	1,000	2,000	4,600
ギリシャ	4	25	50	100	300	1,000	2,000
その他	1	1	13	19	28	63	210
西ヨーロッパ計	177	374	760	1,516	3,969	8,522	24,950
東ヨーロッパ	27	66	160	355	770	1,600	4,750
旧ソ連	80	200	335	680	1,100	2,070	5,100
アメリカ計	200	250	300	600	1,250	2,500	4,700
日 本	5	5	5	10	15	20	100
中 国	200	500	1,000	2,000	3,500	6,000	50,000
インド	200	500	1,000	3,000	6,000	12,000	36,000
その他アジア	600	1,360	2,020	3,400	6,745	13,340	28,400
アジア計	1,000	2,365	4,020	8,400	16,260	31,360	114,400
オセアニア	300	370	440	520	640	800	1,000
アフリカ	1,250	1,300	1,450	2,200	3,960	6,670	14,200
世 界	3,039	4,925	7,520	14,281	27,964	53,542	169,200
世界概数	3,000	4,900	7,500	14,000	28,000	54,000	170,000

注と出所) 表の推計値の提供についてコリン・マッケヴェディに深謝する．これらの数値はMcEvedy and Jones(1978)の第2版に掲載の予定である．彼の世界人口総計は1978年の初版の数字(p.344)と実質的に同じである．初版では紀元前400年以前は国と地域の詳細は記載されていない．この期間のマッケヴェディの推計方法はpp.13-15に説明されている．その基礎は次の通り．(a)可住地域の評価．可住地域は氷結しない地域の増加に伴い紀元前1万年以降大幅に増加した．(b)仮定した人口密度は，石器時代，青銅器時代，鉄器時代と技術が進歩しても一定で，それぞれの時代の中で人口が拡散していく．狩猟・採取経済から食物生産経済への移行は紀元前7500年頃エリコで始まった(Kenyon 1958)．青銅器時代は紀元前3000年より少し前から．この時，金属製の道具や武器が導入され，文字が発明された．鉄器時代は紀元前1200年から．この時代に道具や武器がずっと安価になり，文字はアルファベット式への移行が始まり，硬貨鋳造が発明され，科学思想が始まり，地域間の技術の伝播が加速した．

と想定している．彼の未来学はマルサス的でも宗教的でもなかった．彼は世界の終末が近いとは考えていなかった．国連の最近の未来学はキングより時間的視野が短いが，2300年についての中位のシナリオでも過去三世紀の経験から大幅な成長率の低下を予測している．実際，時間についての聖書の考えは19世紀前半まで残っており，ライエル，ダーウィン，考古学者たちの研究によって覆されるまでは消えなかった．

　宗教的信念の問題はさておき，キングは複利率の導き出し方を知らずに経年的な成長率の比較問題と格闘していた．キング，グラント，ペティは初期の数字が2倍になるのに必要な年数で成長率を常に比較していた．それでペティはロンドンは40年ごとに，イングランドは360年ごとに人口が倍になると考えていた．彼らは推計値をきちんと出すために，こうしたつまらない努力をしなければならなかった．対数はネイピアによって考案されていて，実は1614年には対数表も発表されていた．常用対数表やその他の対数表もブリッグスによって1631年に作られて，航海士によって広く使用されていた．しかし複利法の経済成長分析への導入は比較的最近である．カフーンは1815年になってもまだ成長率の比較に2倍になるのに必要な年数を用いている．複利による比較はマルホール(Mulhall 1899)やクラーク(Clark 1940)でも用いられていない．

キングの富と所得の統合勘定

　この分野はペティが考案した唯一のマクロ経済的勘定で，キングによるいくつかのマクロ経済勘定の最初のものである．またキングの統合勘定はペティのものよりずっと複雑である．

　表5.1はペティ(1665年)とキング(1688年)のイングランドとウェールズについての数字を比較したものである．財産と人口〔労働力〕の資本還元した推計値は，ペティが6億6700万ポンド，キングが6億5000万ポンドである．国民所得はペティの推計が4000万ポンド，キングの推計は4350万ポンドである．ペティの想定は人口600万人と1人当たり所得6.7ポンド，キングの想定は人口550万人と1人当たり所得7.9ポンドである．

　最大の資本的資産は土地で，両者とも購買年数18年で資本還元している．キングは3900万エーカーの土地を地代の収益率によって8種類の土地に分類

した．彼は土地からの所得を1000万ポンドと推計した．ペティは2400万エーカーの土地（荒蕪地を除く）を同一と見なしている．彼は土地からの所得を800万ポンドと推計した．実際にはイングランドとウェールズの面積は3700万エーカーである．住宅は2つ目の資産である．ペティの推計では住宅からの所得・帰属所得は250万ポンドで，購買年数12年で資本還元される．キングの推計は200万ポンドと購買年数18年である．ペティの3番目の資産項目は船舶，家畜，貴金属，家庭用耐久財，営業在庫を含む．彼はこれらのものからの所得を450万ポンドと評価し，17年より幾分低い購買年数で資本還元している．キングの3番目の項目は種々雑多な「相続財産」と表現され，100万ポンドの所得を生み，資本還元された価値は8600万ポンドである．こうして彼の総財産所得は1300万ポンドになり資本還元価値は3億2000万ポンドである．

『諸観察』(*O*: 35)でキングは「動産」(personal estates)からの所得100万ポンドを新たに加え，総財産所得を1400万ポンドにしている．この評価は彼の小論『1688年イングランドにおける海洋貿易』(1697)で繰り返されているが，そこでは全物的資産の資本還元価値が2億5200万ポンドに減らされている（すなわち平均購買年数が18年）．この2つ目の見解は総財産所得と資本価値の推計をペティに近づけるが，4450万ポンドになるはずの総所得金額に矛盾を残すことになる．

ペティは人口の半数が雇用され，2500万ポンドの総所得を得ることを仮定して労働所得を見積もっている（すなわち300万人が1年当たり8.33ポンドの所得）．財産所得と労働所得の平均資本還元率は同じである（購買年数16.7年）．こうして労働の資本価値は4億1700万ポンドになる．

キングのやり方は全く異なる．彼にとっては非財産所得は，労働所得と同じく「産業」(trade)と「技芸」(arts)から導かれる．

キングが人的資本の価値を推計した方法は『ノート』(*N*: 245)に別のやり方(pp. 244 and 248)とともに示されている．彼は全人口一人一人に，あたかも彼らが奴隷や馬であるかのごとく資本価値を割り当てている．また彼は幼い子供の潜在的労働所得にも職に換算することで正の価値を与えている．彼らが「幼い頃」は「国民にとって利益より負担」になるにもかかわらずそうしている．「だが将来有用であるという可能性が内在的価値を持つ．ちょうど有効期間満

了後の復帰財産と同じように」．男性の場合，9歳未満の資本価値は27ポンド，それが15〜20歳では124ポンドに上昇し，その後80〜90歳では9ポンドに下落し，90歳以上では1ポンドになる．男性の平均資本価値は(各年齢層の人口で加重して)67.6ポンドである．「職」(business)の評価は購買年数10年なので男性の全年齢の年平均所得稼得力は6.76ポンドである．女性の場合，平均資本価値は36.5ポンド，年平均所得稼得力は3.65ポンド，すなわち男性の約54％である．女性の所得の年齢別状況は，15〜20歳がピークで，それから50〜60歳までは男性よりゆっくりと下降し，その後男性より急激に減少する．この性別，年齢別の等級制は明らかに潜在的労働所得という考えに関係している．しかしキングは労働力/人口比率，所得の構造，活動率や所得の性差をどう導いたか説明していない．

　キングは男女を11の年齢集団に分け，その生殖能力を別々に評価している．9〜20歳の女性の評価は男性より高い．20〜30歳では両者の評価は同じになり，それ以降は女性の評価が低くなる．男性の全年齢の平均生殖価値は，意外にも女性より5分の1ほど高い．

　こうした細目にわたる推計値と『諸観察』の非常に集計的な記述を調和させるのは不可能である．後者では男女の平均評価は1人当たり60ポンド——「ほぼ購買年数11年」——でこれは営業と生殖の合成能力に対してのものである．キングが「営業」の能力を購買年数10年，生殖価値を購買年数1年未満と評価したと推測する研究者もいる．

　キングの人的資本の推計値と1850年のアメリカ合衆国の奴隷についてのフォーゲルとエンガーマン(Fogel and Engerman 1974: 74-85 and 124-5)の推計値との比較は興味深い．イングランドの1688年の平均余命は1850年の合衆国の奴隷の平均余命と等しく(36年)，幼児死亡数の数字は近い(イングランド189，合衆国183)．年齢別の合衆国奴隷の資本価値はキングのものと似ているが，性差は合衆国のほうが少なかったようだ．女性奴隷の「職と生殖」の価値を分解するフォーゲルとエンガーマンの方法はキングと似ているが，前者は男性の生殖能力の価値を認識していない．合衆国奴隷を資本還元すると1850年のオールドサウスでは大体所得8年分に等しい．すなわちキングの数字に比べると低い．

キングの支出勘定

これはキングの勘定体系の中で最も文書が充実している分野で，ペティの業績にはこれに対応するものはない．キングの支出の対象は不完全で，商品の個人消費に限定され，サービスを含まない．また政府消費，資本形成を除外している．ただし資本形成は彼の所得勘定と支出勘定の差から推測できる．彼はこの差を「増加量」(increase)と呼んでいる．

『諸観察』(O. 54-5)では消費支出のどちらかというと要約的な記述がなされている．それは8つの食品(diet)項目(食物，飲み物)から始め，衣料品(apparel)の総額，雑費(incidental charges)の総額が出典なしに示されている．『ノート』にある細目を用いれば，衣料品と雑費のより詳細な内容を示し，支出勘定の対象を拡大してサービス，政府消費，総固定資本形成を含むようにできる．表5.8は43項目の支出の内訳とその総額を調整して国内総支出という現代的概念に近づけた集計量を示している．これはキングの総額より30%ほど高くなる．「a」の印をつけた項目は私が追加した項目である．注意深く検討すると，キングがそれぞれの項目を採用した理由がわかる．またこの表の細かさから，キングが情報を求めるのに当たって示した驚くべき勤勉さ，そして首尾一貫性と信頼性を確認する際に見せた精巧さがわかる．こういうわけで，この点の研究をいっそう進めようとしている研究者の利益のために，以下で推計値の出典を少し詳しく説明することにする．

食　　料

最初の6つの項目は『諸観察』(O. 54-5)から．キングは生産面から始める．土地使用の詳細な内訳を与え，主要な穀物，野菜，織物繊維，まぐさ，家畜，食肉生産，酪農製品，羊毛，獣脂，皮革，駄獣，材木の付加価値の推計値を示している．キングはじゃがいもに言及していないが，これは当時全く重要でなかったからである．彼は種子と家畜の飼料の詳細を示しているが，これは第1次産業の付加価値を得るために控除する必要があるからである．肉と酪農製品については，彼の消費の推計値は生産についてのものと同じである．このため彼がこれらの品を評価する際に，小売価格で評価したのか，農場価格で評価したのか明らかでない．穀物品の場合は加工費・販売費の金額を含めているよう

表 5.8 イングランドとウェールズの国内総支出, 1688 年(1000 ポンド, 市場価格)

食　料	**13,900**	シーツと食卓用リネン	1,500
パン, ビスケット, 焼き菓子	4,300	真鍮・白目製品	1000
牛肉, 羊肉, 豚肉	3,300	木製およびガラス製品	1000
魚, 鳥肉, 卵	1,700	**教育と保健**	**1,150**
酪農製品	2,300	授業料	250
果実と野菜	1,200	紙, 書籍, インク	500
塩, 香辛料, 油, 砂糖菓子	1,100	医療費	400[a]
飲料とたばこ	**7,350**	**個人的サービス, 専門的サービス**	**3,100**
ビールとエール	5,800	家事使用人	1,600[a]
ワインとブランデー	1,300	娯　楽	500
たばこ, パイプたばこ, 嗅ぎたばこ	250[a]	法律, 金融, 理髪, 宿屋, 酒場,	1,000[a]
衣　料	**10,393**	**旅客輸送**	**430**
男子上着	2,390	道　路	280[a]
シャツ, ネクタイ, ひだ付きハイカラー	1,300	水　上	150[a]
男子下着	100	**政府, 宗教, 防衛**	**4,844**
男子装身具	85	軍人給与	1,530[a]
女子上着	904	聖職者報酬	514[a]
女子下着	1,400	公務員給与	1,800[a]
ナイトガウンとエプロン	500	物　品	1,000[a]
女子装身具	335	**総資本形成**	**3,675**
帽子とかつら	568	建　築	975[a]
手袋, ミトン, マフ	410	運輸設備	700[a]
ハンカチ	200	その他の設備	2,000
ストッキングとソックス	1,011	**国内総支出**	**54,042**
靴	1,190	グレゴリー・キングの合計	41,643[b]
家　事	**9,200**	追加項目	12,399[a]
家賃と帰属家賃	2,200[a]	**人口(1000 人)**	**5,427**
暖房, ろうそく, 石けん	2,000	**1 人当たり GDP**	**£9.958**
ベッドと寝具	1,500		

注) a はキングの勘定に追加した項目, b はキングの総計. さらにキングは 180 万ポンドの「増加量」すなわち貯蓄を示している. これを投資とすれば, キングの総計は 4344 万 3000 ポンドになる.

出所) キングの *Notebook*(Laslett 1973)と *Observations*(Barnett 1936: 54-6). 食料 6 項目と飲料 2 項目はキングの *Observations* から採られ, 1695 年の数字である. 1688 年について彼はこの 8 項目に関して 30 万ポンド高い数字を示している. しかし細目が示されていないので, 私はそれを加えていない. 他のすべての項目は 1688 年のものである. *Observations* の中でキングは概数で支出総額 4170 万ポンド, 所得総額 4350 万ポンドを示している. イングランドの人口は Wrigley et al.(1997: 614)によると 505 万 9000 人だが, モンマスとウェールズを含めるため 1.0728 倍した.

だ．酪農製品の生産額は乳牛，乳生産，飲料としての乳使用，チーズ生産での乳使用，バター生産での乳使用を推計して導いている (N: 214)．野菜，果物の消費の推計値の導出は『ノート』(N: 213) に示されている．その中には果物，花き，野菜の調査が含まれている．これらは週に4日，ロンドンの主要市場 (ニューゲイト) に水運，ポーター，馬，荷車を使い届けられた．キングはロンドンの1人当たりの消費額を人口に比例して膨らませ，イングランドとウェールズ全体の消費額とした．その際，地方の低い価格を考慮し，農民やその他の者が自家消費する非市場商品の帰属計算をし，都市と地方の1人当たり消費水準の違いを想定して調整をおこなった．

飲料とたばこ

大麦がモルトになり，自家製や商業生産されたビールやエールに変化していく段階が物品税の負担と併せて詳しく書かれている (N: 259)．たばこ，パイプたばこ，嗅ぎたばこへの支出は『ノート』(N: 211) に示されている．ワイン，ブランデーへの支出は輸入統計から導かれている．コーヒーと紅茶の消費は1650年代に始まったので言及はない (Brewer and Porter 1993: 140-1, 184 参照)．

衣　料

1688年の衣料消費の非常に詳しい描写が『ノート』(N: 203) にある．キングは40の品目については数量と価格を示しているが，4つの品目 (リボンとレース) については価格しか示していない．表5.8はキングの詳細な記述を要約し，13種類の衣料支出のみを示したものである．彼の推計値の基礎になっているのは，さまざまな種類の織物繊維の投入についての知識と織物業者向けの価格と生産量の調査である．彼自身の家族の予算がかなり詳細に示されている (N: 250)．キングは12の異なった所得グループについて衣料支出のパターンを推計している (N: 210)．1人当たり消費は，最下位の所得グループの0.53ポンドから最上位のグループの150ポンドまで幅がある (この驚くべき表の手ごろな説明はストーン (Stone 1997: 79 参照)．ただしその出典はキングの草稿では不明瞭)．キングは (N: 203) 衣料の半分以上 (530万ポンド) が羊毛製品と見積もっている．イギリス国立公文書館にある彼の表の1つ (PRO 64/302) は毛織物・絹織物の衣料品

は125万ポンド，革のものは125万ポンド，リネンのものは200万ポンド，その他の材料のものは50万ポンドと見積もっている．彼は綿の衣料品には言及していない．当時そのほとんどは東インド会社により輸入されていたキャラコだった(Chaudhuri 1978 参照)．

家　　事

　暖房，ろうそく，石けん；ベッド，寝具；シーツ，食卓用リネン；真鍮・白目製品；木製・ガラス製品．以上の項目は『ノート』(N: 211)より．石けんとろうそくについては，キングは彼自身の世帯の消費から始めて，異なった所得水準の世帯の間の差を調整している(N: 257)．家賃と帰属家賃は『諸観察』(O: 35)から導出．そこで彼は帰属賃貸価格を住居用建物が200万ポンド，住居用土地が45万ポンドとしている．これらは教会，教会付属の土地，菜園，果樹園の評価を含んでいる．そのため私は住宅の数字は少し低いと推測した．

教育と保健

　授業料，紙，本，インクは『ノート』(N: 211)より．キングは紙の推計値を「文具店店主のカー氏」と議論して導いている．輸入関税の評価額から判断すると年間輸入は20万ポンドで，50の製紙工場での国内付加価値は6万ポンドである．キングとカーはこの産業の原材料費，人件費，地代，利潤の相対的割合も議論している(N: 205参照)．医療支出には3つの構成要素がある．国民を6種類に分けて出した疾病にかかる費用のキングの推計値は23万2000ポンド．ラスレット(Laslett 1973)は病人と貧民の世話をする1104の病院と救貧院の年間費用の推計値を示している．そのうち病気の部分は11万5000ポンド．私はこれにキングが省いた助産婦のサービス5万3000ポンドを加え，総計を40万ポンドとした．

個人的サービス，専門的サービス

　娯楽支出は『ノート』(N: 211)から．家事使用人への支出はディーン(Deane 1955: 9)がキングの推計値から推測したもの．私の推定では専門的サービス(法律関係・金融関係)は30万ドル(キングが法律家に帰している所得の約5分の1)，宿

屋，酒場，理髪，その他の個人的サービスは 70 万ポンド．後者はキングが何の手がかりも示していないので推量であるが，かなり保守的な数字だろう．マッシー (Massie) は宿屋や酒場の経営者の所得は 1760 年に約 140 万ポンドと推計している．なおこの年の国民所得はキングの 1688 年の国民所得の推計値より約 50% 高い値になっている (Mathias 1957 参照)．

旅客輸送

　キングは旅客輸送を消費に含めていない．しかし馬の総数の推計値 (N: 200) は馬の最終使用と中間使用 (農耕，牽引用家畜，輸送馬車等々) の内訳を与えている．総計として彼は 40 万の世帯が 140 万頭の馬を保有していたと推計している．このうち 4 万頭は貴族，騎士，郷士，郷紳の乗用馬か貸馬車用の馬だった．4 万 2200 頭は 1 万 2200 両の大型馬車用に用いられた．彼は馬による燕麦，えんどう，豆の消費量と馬の年齢分布を推計している．『諸観察』(O: 37) はまぐさの消費量を示している．私の推計ではこれら 8 万 2200 頭の馬の飼料の費用が 10 万ポンド，御者，蹄鉄工のサービス，馬小屋の費用がもう 10 万ポンド，死んだ馬や引退した馬の更新にかかる費用 3 万ポンド，鞍，馬勒，1 万 2200 両の大型四輪馬車の保守費用が 5 万ポンドである (N: 211 参照)．キングは船舶数の推計値を提供し (N: 208)，置換率と年更新費用を示している．彼の費用・数量を使った私の推計では，旅客輸送，フェリーのサービス等々ための新規建造への支出は 10 万ポンド，更新支出は 5 万ポンドである (N: 211 に示されている船舶の減価総額の約 5%)．

政府，宗教，防衛

　軍人給与，聖職者報酬，文民給与は『諸観察』(O: 32) から．6 万 4000 人の軍人 (海軍将校，陸軍将校，兵卒，2 万人の「平船員」) の報酬は 153 万ポンド．聖職者の報酬 51 万 4000 ポンドは「聖職者上院議員」(大主教，主教) と他の 2 階級の聖職者の手にわたる．文民給与は「さまざまなオフィス」すなわち公官庁の 1 万人の役人のキングによる総計である．さらに私の想定では，海軍の船舶，船の消耗品，銃，弾薬，騎兵のための 2 万頭の馬の飼育費，兵舎・軍事施設の維持費，さらに軍人向けほどではないが公務員や聖職者のための消耗品への支出は

合計で100万ポンドになる．

総資本形成

　キングは資本形成を彼の支出勘定に含めていないが，総所得と総支出の差を「増加量」(increase)の尺度として示している．これは貯蓄または投資を表しているとみなせる．1688年のその純額は社会移転後の金額で180万ポンドである．さらに彼の支出総額は「農業，商業，製造業のための道具」として200万ポンドを含んでいて，私はこれを投資に分類した．したがって私の資本形成の総額370万ポンドは，キングの勘定の380万ポンドと近い．

　キングの推定では年間の住宅投資10万ポンドは人口増加に合わせる必要がある．また住宅改修は145万ポンド，1万の教会の改修は20万ポンド，大学，病院，その他の公的建物の改修は10万ポンド(N: 246)である．私は現代の国民経済計算の慣行にしたがい，最後の3つの項目の半分は大改修（すなわち最終支出），残りの半分は保守（中間支出）とした．

　キングは海軍艦艇や商船，消防船，病院船，補給船，ヨット，スループ型帆船，連絡船のストックの細目を原価と1688年価格で示し（船体と艤装で分類），また排水トン数で15種類に分類して示している(N: 208)．彼は船の更新費用を年間40万ポンドと推計している．

　キングは10万両の荷馬車と客馬車と8000両の大型馬車(coaches)のストックの減価(decay)を30万ポンドと見込んでいる(N: 211)．

キングの所得勘定

　キングの最もよく知られたイングランドとウェールズの表は，「1688年を対象としたイングランドの複数の家族所得と支出の表」である．それは若干修正されてダヴナントの著作(Davenant 1699)に再録されたので，彼のほとんどの著作と違い視界から消え去ることはなかった．その存在は同時代の人にも知られていた．例えば哲学者で，ヴォルフェンビュッテルのハノーファー図書館長であったライプニッツ．その他にもフランスの国民経済計算の2人の先駆者ボアギュベールやヴォーバンにも知られていた．

　キングは社会的階層性を劇的に写した．すなわち彼は世俗上院議員から路上

生活者に至る 26 種類の世帯の所得と支出を示している(表 5.9a 参照). 彼の最上位集団は最下位集団の 35 倍の平均 1 人当たり所得を得ている. 37.6% の世帯が 79.3% の国民所得を得ていて, 経済全体の総貯蓄を担っている(彼らの所得の 7%). 最下位の所得集団(平民と路上生活者)は貯蓄がなく, 所得移転(さまざまな貧民救済)を受けていて, その金額は彼らの所得の約 7% である. 純貯蓄の総額(superlucration)は国民所得の 4.2% になる. その時代(1688 年)の社会全体をこのように定量的に描写したのは彼が初めてである. 1600 年についてはトーマス・ウィルソン(Thomas Wilson)の推計値があるし, キングの同時代人ということなら 1692 年についてチェンバレン(Chamberlayne)の推計がある. しかしそれらの推計は不完全で, 経済計算の明確な枠組みの一部となっていなかった. その結果, 政治算術的志向を持ち, 時間とともに変化する社会構造に関心を持ったキングの後継者たち(マッシー, カフーン, リンダート, ウィリアムソン)はキングの所得勘定を出発点とした.

過去半世紀にわたり多くの著名な歴史家――エイマー(Aylmer 1961), ミンゲイ(Mingay 1963), ストーン(Stone 1965), クーパー(Cooper 1967), ホームズ(Holmes 1977)――はいろいろな資料を調べ, 英国エリートの人々の富と経歴に新たな光を投げかけた. 彼らの多くが示唆するのは, キングが上流階層の所得を少なく見積もったということである. 最近まで最も激しい批判者はホームズで, 彼の分析は学術的, 啓発的である. しかし, キングが政治的理由で故意に事実を歪めたという彼の主張は全く誤りだと思う. アーケル(Arkell 2006)はホームズの弟子だが, キングは「不可能なことを企てた」と考えており, キングの業績を見下し, 捨て去るべきだとしている. 「彼の脆弱な企てはひとたび粉砕されれば, 〔マザーグースの〕ハンプティ・ダンプティのように, 元に戻すことはできない」. これはきわめて奇妙な結論である. リンダートとウィリアムソン(Lindert and Williamson 1982)の扱い方はもっと理性的である.

リンダートとウィリアムソンは, キングの推計値にある弱点とギャップを建設的な批判精神で再検討し, 綿密に考証された理由を示して広範囲にわたる修正と補正をしている(表 5.9b 参照). 彼らは上流貴族, 準男爵, 騎士, 郷士, 郷紳の所得の推計値を増加させ, キングが省いた世帯の所得の推計を加えている. これらの調整全体で 1100 万ポンドが加わる. 彼らは他のところでいくつかの

表 5.9a キングによるイングランドの世帯の種類別所得序列，1688 年

	世帯	人数	合計所得 (1000 ポンド)	1 人当たり所得 (ポンド)
世俗上院議員	160	6,400	448	70
聖職者上院議員	26	520	33.8	65
準男爵	800	12,800	704	55
騎士	600	7,800	390	50
郷士	3,000	30,000	1,200	40
郷紳	12,000	96,000	2,880	30
上級官吏	5,000	40,000	1,200	30
下級官吏	5,000	30,000	600	20
商人と貿易業者	2,000	16,000	800	50
小さな商人，貿易業者	8,000	48,000	1,600	33
法曹人	10,000	70,000	1,400	20
聖職者	2,000	12,000	120	10
下位聖職者	8,000	40,000	360	9
自由土地保有権者	40,000	280,000	3,360	12
小自由土地保有者	140,000	700,000	7,000	10
農民	150,000	750,000	6,600	8.8
自然科学・人文科学者	16,000	80,000	960	12
小売店主，小売商人	40,000	180	1,800	10
職人，手工業者	60,000	240,000	2,400	10
海軍士官	5,000	20,000	400	20
陸軍士官	4,000	16,000	240	15
上記計	511,586	2,675,520	34,496	12.9
平船員	50,000	150,000	1,000	*6.7*
労働者と屋外労働者	364,000	1,275,000	5,460	*4.3*
日雇い農夫，被救恤窮民	400,000	1,300,000	2,000	*1.3*
平兵士	35,000	70,000	490	*7.0*
平民計	849,000	2,795,000	8,950	3.2
路上生活者	30,000	30,000	60	2
総計	1,390,586	5,500,520	43,506	7.9

注と出所　キングの *Observations*(1696), Barnett(1936: 31)に所収．4列目のイタリック体は訂正箇所．この表は元の表を簡約化したもので，元の表には支出額，貯蓄額，社会移転額も示されている．キングは序列の基本的単位を「家族」と表現しているが，その中には住み込みの使用人や被雇用者が含まれているので，私は世帯と記した．「商人と貿易業者」は船で交易する人だけを指している．数字はイングランドとウェールズの数字．

表5.9b　リンダートとウィリアムソンの世帯別所得序列，1688年

	世帯数	平均所得（ポンド）	総所得（1000ポンド）
世俗上院議員	*200*	*6,060*	1,212
聖職者上院議員	26	1,300	34
準男爵	800	*1,500*	1,056
騎　士	600	800	480
郷　士	3,000	563	1,688
郷　紳	*15,000*	280	4,200
富裕なエリート	**19,626**	**442**	**8,670**
上級官吏	5,000	240	1,200
下級官吏	5,000	120	600
法曹人	*8,062*	154	1,242
聖職者	2,000	72	144
下級聖職者	*10,000*	50	500
人文・自然科学者	*12,898*	60	774
専門職	**42,960**	**104**	**4,460**
海上の商人，貿易業者	2,000	400	800
海上の小商人と貿易業者	8,000	200	1,600
陸上の商人，貿易業者	*3,264*	400	1,306
陸上の小商人，貿易業者	*13,057*	200	2,611
小売店主，小売商人	*107,704*	45	4,577
商　人	**128,025**	**85**	**10,894**
職人，手工業者	*6,745*	*200*	1,349
製造業者	*162,863*	38	6,189
建築業者	*73,018*	25	1,825
鉱業者	*14,240*	15	214
製造業，建築業	**256,866**	**37**	**9,577**
自由土地保有権者	*27,568*	91	2,509
小自由土地保有者	*96,490*	55	5,307
農　民	*103,382*	42.5	4,394
農　業	**227,440**	**54**	**12,210**
海軍士官	5,000	80	400
陸軍士官	4,000	60	240
平船員	50,000	20	1,000
平兵士	35,000	14	490
軍人，船員	**94,000**	**23**	**2,130**
労働者と戸外労働者	*284,997*	15	4,275
日雇い農夫，被救恤窮民	*313,183*	6.5	2,036
路上生活者	*23,489*	2	47
労働者，貧民	**621,669**	**10**	**6,358**
総　計	**1,390,586**	**39**	**54,299**

注と出所）Lindert and Williamson (1982: 393). 彼らはキングが示していない5種類の世帯を追加している．すなわち陸上の大商人，小商人，製造業者，建設業者，鉱業者である．また彼らは世俗上院議員，準男爵，騎士，職人の所得の推計値を引き上げている．彼らが使っているのは，7つのケースで Davenant (1699) に再録されたキングの表の改訂版 (Whitworth 1771: vol. II, p. 184 参照). 14のケースでは，キングが示した1人当たりの世帯所得．さらに13のケースでは，キングが示した世帯数を変更しながら，総計はキングと同じとしている．彼らは世帯所得に修正を加え，キングの計算間違いを訂正している．彼らの変更点は最初の2列にイタリック体で示している．私は最初の2列を掛け合わせ第3列を導いた．私の総計5429万ポンドは彼らの総計5440万ポンドよりわずかに小さい．

削減をおこなっているので,キングの総計への純追加分は1080万ポンドである.

リンダートとウィリアムソンは,キングの所得勘定を活動部門別によって詳細に再構築することを試みた唯一の批評家である.彼らの主な関心は所得分布の経時的比較であり,キングの1688年の所得分布,マッシー(Massie)の1759年の所得分布(1ページのパンフレット),そしてカフーン(Colquhoun 1806 and 1815)を比較している.リンダートとウィリアムソンが利用したのはリンダートの著作(Lindert 1980)の試みだった.それは人口史についてのケンブリッジ・グループの文書にある26の教区の埋葬記録から,職業構造の典型的状況を回帰によって導き出そうとするものだった.彼らがおこなったキングの所得推計値の修正はホームズに依存するところが大きい.彼らの主張は次の4点である.(a)歴史家の批判を承認し,富裕なエリートの所得推計値を増加させた.(b)製造業やサービス活動で生じる所得の推計値(キングのもの)を大幅に増やした.(c)農業所得と貧民の所得を減少させた.(d)最終結果はキングの所得推計値の4分の1の増加である.彼らはキングの世帯数は受け入れた.

所得の部門間分布

リンダートとウィリアムソンによる経済活動の部門ごとの所得配分は包括的なものではない.表5.10は,富裕なエリートと勤労貧民に所得がどのように分配されているかを経済部門ごとに示し,彼らの分析を拡張したものである.これは暫定的な改良である.リンダートとウィリアムソンの推計値を検討するためには,さらに調査をおこなうことが有益だろう.ここで大きな問題はキングの原稿中の所得についての原資料は,支出についての原資料より少ないということである.それにもかかわらずリンダートとウィリアムソンの集計的推計値や先程の(a),(b)の判断は全く立派なものと思われる.実際,彼らの所得推計はキングの支出推計値を私が拡張したもの(表5.8)にとても近い.

所得勘定のいっそうの調査で有益なのは,世帯アプローチから脱却し,個人の労働力の活動状況の具体化に努めることであろう(本書第2章,1700年の労働力を3部門に分類した表2.5参照).ペティはこの方法をとても簡潔な形で採用した.そしてそれはもっと先に進むことが可能なはずである.例えば世帯から使

表5.10 経済部門別所得，1688年，リンダートとウィリアムソンを補正（1000ポンド）

自由土地保有権者と農民	12,210
富裕エリートの賃貸所得	4,400
20万の農業労働世帯の農業所得	3,000
20万の日雇い農夫世帯の農業所得	1,300
農業計	**20,190**　(39.2%)
工業，鉱業，建築業	9,577
富裕エリートの工業所得	500
5万の労働世帯の工業所得	750
5万の日雇い世帯の工業所得	325
工業計	**11,152**　(20.9%)
専門職と商業の所得	15,354
富裕エリートのサービス所得	3,770
兵士と船員の所得	2,130
サービス計	**21,254**　(39.9%)
経済的活動世帯の所得	**53,316**（100.0%)
失業者，被救恤窮民，路上生活者の所得	**983**
国民所得	**54,299**

注と出典）　この表は（表5.9bにある）富裕エリートと勤労貧民に所得がどのように分配されているかを経済部門ごとに示した暫定的な表である．富裕エリート：このグループについて，キングはイギリス国立公文書館の文書(T64/302)でウェールズを除いたイングランドの土地賃貸料所得の配分額を示している．800万ポンドに近い集計中，貴族，騎士，郷士，郷紳の割合は約44.3%，自由土地保有権者が50%，聖職者は1.9%，王室は3.8%だった．この割合をキングが所得・資産統合勘定（表5.1）で示したイングランドとウェールズの不動産所得総計1000万ポンドに当てはめれば，富裕エリートの農業部門所得総計は440万ポンドとなる．彼らのその他の所得の大半は，公官庁の所得，住宅の賃貸所得，金融資産の運用益などのサービス活動から得られたものである．最後のものは証券取引所，中央銀行，長期国債がない国では限定的だったが，貿易会社からの所得はあった．貿易会社で最大のものは東インド会社である．また忘れてはならないのはこれらの勘定は世帯に関してのものなので，住み込みの使用人，家庭教師，事務員，不動産管理人などの所得を含んでいるということである．全人口の平均的世帯規模は4.2人であるが，富裕なグループの平均的世帯規模は9.2人である．ここから推論できるのは，富裕な世帯には平均で約4人のサービス従事者がおり，その総数は6万6000人で，50万ポンド近い所得を得ていたということである．私の推測によると，全体では上流世帯の所得370万ポンドがサービスから，50万ポンドが製造業(industry)からである．上記の推計値はキングやリンダートとウィリアムソンの推計がそうであったように王室の所得を除いている．カフーン(Colquhoun 1815: 174-7)は公費で賄った王室の支出の詳細を伝えている．1688～89年の間，年間王室費は42万5000ポンドに達し，それはサービス部門の活動とみなせる．加えて，王室御料地の賃貸料30万ポンドがあった．

　リンダートとウィリアムソンは62万1699の貧民世帯を部門別に分けていない．私の推測では50万世帯が雇用されており，その80%が農業，20%が製造業(industry)に従事，残り12万1669世帯が職のない世帯である．これはかなり恣意的な配分であるが，キングの*Notebook*(p. 209)にいくらかの根拠がある．

用人を分離し年齢別・性別のキングの表(表5.4)を有効に使って労働力の潜在能力を評価することなどである.

活動人口率と所得の性別構造をより詳しく吟味することも有益だろう. これはキングが労働価値を資本還元する際に人間を奴隷のように見なす方法に暗に表れていることである. A. J. トーニーと R. H. トーニー(Tawney and Tawney 1934)と斎藤修の著作(Saito 1979)にあるような職業構造と活動率の追加的資料が助けになるだろう. キングの生産勘定を拡張することで, クロスチェックを進めることも可能なはずである.

生産勘定の欠如

キングは包括的な生産勘定を示していないが, 農畜産業と林業の付加価値を推計するのに十分な詳細は示している. それは表5.10の所得勘定と大まかに合致している. 彼は『諸観察』(O: 36)で穀物, 野菜, 麻, 亜麻, 大青, サフラン, その他の染料の生産での付加価値930万ポンドを示している. 畜産製品(肉の価値については2つの推計値の高い方を含めている)は再び合計930万ポンドになる. キングは牛の飼料である干し草は100万ポンドとしているが, これは無視できる. なぜならすでに計算に入っている畜産製品の生産に使われるからである. もう一つの馬用の干し草130万ポンドは多分含めるべきだろう. なぜならキングは馬の現存ストックからの産出価値は示さず, ストックの増加量だけ示しているからである. また彼は材木と薪の価値として100万ポンドを示しているが, 漁業については言及がない. こうして農畜産業, 林業の付加価値の合計は約210万ポンドとなる. われわれは今日では製造業に分類されるだろう活動(例えばバター, チーズ製造)の価値を差し引き, 馬以外の家畜のストックの純増を加えるべきだろう. 馬を除外するのは, 彼が示しているのは馬については総ストックのようだからである. キングはハーレイの質問への返答で農畜産業の計算に小さな変更を提案している. ダヴナント(Davenant 1699)はこの修正の詳細を伝えている(Whitworth 1771: vol. II, pp. 216-20 参照).

キングは工業生産の構成部分をいくつか数量化している. 『諸観察』(O: 41 and 46)ではビールとエールの生産の詳細を示している. 『ノート』では繊維部門の商品フローの詳細な数量化, 製紙業の付加価値, 建設業と造船業の原料投

表5.11　生産構造の近似推計，1688年（総計に対する％）

	ディーンとコール	クラフツ	リンダートと ウィリアムソンを修正
農　業	40.2	37.0	39.2
工　業	20.6	20.0	20.9
サービス	39.2	43.0	39.9
計	100.0	100.0	100.0

注と出所）　Deane and Cole (1962: 156) は GDP のセクター別の大まかな内訳を大ざっぱに示している．それは農業と林業についてのキングの生産推計と，サービスについての彼の所得推計の増補版を用いている．ディーンとコールはキングの所得総計を 4800 万ポンドに増やした後で，工業（製造業，鉱業，建設業）を残余として導き出した．Crafts (1983a: 188-9) は Lindert and Williamson (1982) を用いて総所得の推計値の部門別明細を構成した．第3列は表 5.10 からのもので，配分可能な総所得の割合を示している．

入と労働コストの内訳を示している．この本の p.211 では家具，陶磁器，ガラス，工具，輸送設備への支出が与えられている．概算で輸送，流通マージンと原料投入を引き去ることができれば，支出額を生産額に変換できるだろう．

　表 5.8 の支出勘定ではサービスの項目は 19％ 以下だが，表 5.10 では配分可能な所得のうち 40％ 近くがサービスに割り当てられている．しかし，支出勘定の最終消費の観点からすると，多くのサービス活動（輸送，保管，マーケティング）の費用は小売価格に含まれているので，表に出てこないものである．支出勘定と所得勘定・生産勘定間のサービスの割合の不一致はごく普通のことである．マディソン (Maddison 1983) は，GDP の生産勘定，支出勘定間のサービスの割合の差を 1975 年の 14 の国で示している．

　1688 年の生産額の構成の推計値はそれ以降の経済成長の速度の分析に役立つ．ディーンとコール (Deane and Cole 1962) とクラフツ (Crafts 1983) は GDP 成長率の長期にわたる推計値を得るため，産出産業ごとのウェイトとして利用できるようなこの時期の近似推計値を作ることを必要としていた．表 5.11 は彼らのそれぞれの評価をリンダートとウィリアムソンのものと一緒に示す．

キングによる所得の国際比較

　表 5.12 は総所得，人口，1 人当たり所得のキングの推計値を，イングランドとウェールズ，フランス，オランダについて比較したものである．キングは 1695 年について 8 種の消費項目（飲食物）の詳細を記し，「衣料」，「付随的費用」，

表 5.12　イングランドとウェールズ，フランス，オランダの人口と所得，1688 年

	イングランドとウェールズ	フランス	オランダ
キングの推定値　1688 年			
総所得(100 万・1688 年ポンド)	43.5	84.0	17.8
人　口(1000 人)	5,500	14,000	2,200
1 人当たり所得(1688 年)	7.9	6.0	8.07
イングランドとウェールズの GDP＝100	100	193	41
イングランドとウェールズの人口＝100	100	255	40
イングランドとウェールズの 1 人当たり GDP＝100	100	76	102
マディソンの推定値　1688 年			
GDP(100 万・1990 年購買力平価ドル)	7,660	19,012	3,735
人　口(1000 人)	5,427	21,091	1,847
1 人当たり GDP(1990 年購買力平価ドル)	1,411	901	2,022
イングランドとウェールズの GDP＝100	100	248	49
イングランドとウェールズの人口＝100	100	389	34
イングランドとウェールズの 1 人当たり GDP＝100	100	64	143

注と出所)　キングの推計値は Barnett(1936: 55)中の『諸観察』(1696)．マディソンのイングランドとウェールズについての人口と GDP の推計値(1688 年)は Maddison(2001: 247)から内挿，フランスとオランダは Maddison(2003: 34-35, 46-7 and 58-9)から内挿．1688 年に 1 人当たり GDP はアイルランド 702 ドル，スコットランド 1056 ドル，英国全体では 1213 ドルである．

「増加量(increase)」(すなわち支出と所得の差)の項目を記載している．しかし 1688 年については，この勘定はもっと簡潔な形式で書かれている．主な目的がアウグスブルク同盟戦争のための資源動員の能力を比較することだからである．ウィリアム 3 世は英国，オランダ，ドイツ諸邦，スペイン，サヴォイア公国の同盟を結成しフランスに対抗した．フランスは彼の英国国王の継承権に異議を唱え，領土の拡張を試みて隣国を悩ませていた．戦争は 9 年間続いたが，キングの結論ではその費用は大きすぎた．彼の結論は国の政策目標に対する批判をより明確にした．ダヴナント(Davenant 1694)は彼の「戦争への物資供給の方法と手段」についての研究でこの批判をさらに進めた．

　キングの示すところでは英国の歳入，租税は 1688 年(戦前の最後の年)の 200 万ポンドから 1695 年の 650 万ポンドに上昇した．フランスは 1050 万ポンドから 1750 万ポンドに，オランダは 475 万ポンドから 690 万ポンドに上昇した．これらの数字は名目値であるが，この時期は一般物価水準が目立って上昇していたようには見えない．またキングは 1688 年から 1695 年の間に消費がフラン

スでは著しく減少し，英国とオランダもフランスほどではないが減少したことを示している．さらに彼の示すところでは，1688 年に英国とフランスでは純投資がかなりのプラスであったのに，1695 年には大きくマイナスになった．

キングは彼のすべての推計値を為替レートでポンド・スターリングに換算している．彼は 3 つの通貨の間にありうる購買力の差異を調整しようとはしていない．

以上の推計値についてはキングの『ノート』の中に追加的情報があるが，その量は他の勘定に比べるとずっと少ない．恐らくキングは 1 人当たり財政負担や戦争への動員の程度を適正に評価できたのだろうが，どのようにオランダとフランスの消費水準，GDP，人口を推計したのかは明らかでない．

1688 年の人口，GDP，1 人当たり GDP の水準についてのキングの推計値を私の推計値(Maddison 2001 and 2002)と比較して表 5.12 に示した．キングはフランスの人口を 3 分の 1 少なく見積もり，オランダの人口を 5 分の 1 多めに見積もっている．また彼はイングランドやウェールズとの比較で，(a)フランスの経済規模を小さく見積もり，オランダの経済規模を誇張している．(b)フランスの 1 人当たり所得の水準を多めに見積もり，オランダを低く見積もっている．

国際比較はキングの説明の中で最も弱い部分の一つである．私は『資本主義的発展の原動力』(Maddison 1982)の中でキングがオランダの 1 人当たり所得をかなり少なく見積もっているとした．デ・フリース(De Vries 1984)も同様の見解である．ル゠ロワ゠ラデュリ(Le Roy Ladurie 1978)は，キングの推計値が資料を示さずフランスの人口を少なく見積もっているので，その推計値を認めていない．

パトリック・カフーン(1745〜1820)

キングとダヴナントの政治算術への貢献は 1699 年以降なく，18 世紀にはこの分野で何の進展もなかった．例外はヤングによる英国農業の付加価値推計(Young 1770)とフランス，北イタリア，スペインの農業の状態の比較(1794)である．

最後の重要な政治算術学派はカフーンだった．彼が興味を持つきっかけになったのは，シャルマー(Chalmers)によるキングの『諸観察』の出版(1802)と新たな統計資料が利用できるようになったことだろう．彼は 1801 年と 1811 年の最初の人口センサス(対象はイングランド，ウェールズ，スコットランド)を利用できた．ピット，ベーケ，ベルは 1798〜1816 年の所得税を利用し，国民所得の新たな情報と推計値を得た．エデン(Eden 1797)は貧困とその軽減についての重要な歴史的研究を著した．政府の統計はペティやキングの時代より体系化され，国民の監視の目にさらされることが多くなった．

カフーンは企業家精神に富む成功した実業家で，16 歳の時ヴァージニアで運試しをするためスコットランドを出た．後にグラスゴーに戻り，1782〜84 年の間市長になり，グラスゴー商工会議所を設立し，綿織物業者のためのロビイストとして活動した．1789 年にはロンドンに移り，犯罪防止，治安維持の改善，貧困の軽減へとその関心を移した．その後，彼は財政問題やマクロ経済的問題に専念した．

カフーンの『貧困論』(*A Treatise on Indigence*, 1806: 24)はキングの 1688 年についての所得表を再現し，1803 年のイングランドとウェールズの所得の状態について彼自身の推計値を示している．彼はキングが扱った 26 種類の所得の分類を評価し，さらに農業労働者とその他の労働者の分類を加えている．また彼はキングが扱わなかった 20 種類の経済活動の詳細を示している．これらの活動は彼の所得推計総額の 30% を占める．半分以上を占めるのは製造業とサービス業の活動で，両者とも 1688 年以降重要性を増していた．これらの項目で最大のものは製造業の資本主義的企業家の項目である．

カフーンの『大英帝国の富・権力・資源論』(*A Treatise on the Wealth, Power, and Resources of the British Empire in Every Quarter of the World*, 1815)はずっと入念な習作であり，彼の考察の十分明確で余すところない記述 540 ページからなっている．この論文はナポレオン戦争の結果生まれた大英帝国全体を扱っている．そこで彼は 4 つの項目を扱っている．(a) 人口勘定．ここでカフーンはイングランドとウェールズについてはセンサス報告に頼り，そのほかの地域については大ざっぱな見積もりをしている．後者は特に正確というわけではない．アイルランドの最初のセンサス(1821 年)が示唆するところでは，人口はカフー

ンの推計より3分の1多い．(b)土地，住宅，船舶，企業在庫，耐久消費財，民生・軍事両部門の政府資産についての資産項目．(c)1812年の所得項目．これは1803年について彼が以前示していた48の経済活動を統合して説明している(Colquhoun 1815: 124-5とStone 1997: 198参照)．(d)91のさまざまな活動の産出高を示す付加価値項目．これはキングの非常に不完全な生産勘定の著しい改善だが，カフーンはキング同様，政府サービス，住宅賃貸，専門サービス，家事サービスを支出勘定から省いている．われわれは現在ではこれらの項目を含めるだろう．カフーンがこれらの項目を省いたのは，グラスゴーの同時代人アダム・スミスの影響による．スミスは上述の活動を非生産的とみなしたからである．

　カフーンの勘定はキングに比べて大ざっぱで洗練されていないが，その間に英国の経済に起こっていた変化に興味を起こさせる．綿製品とじゃがいもはキングの勘定には入っていなかったが，非常に重要になっていた．綿製品は製造業の付加価値の20%を占め，毛織物を追い越していた．じゃがいもの価値は穀物生産額の5分の1に等しかった．それに比例して外国取引は以前よりずっと大きくなった．書籍と印刷物は以前よりずっと重要になっていた．蒸気機関も重要になっていた．政治的統治範囲はスコットランドとアイルランドを合併して拡大していた．アメリカの植民地の喪失にもかかわらず，海外領土は英国本土の2.6倍の人口を持っていた．

フランスの政治算術，1695〜1707年

　1695年から1707年の間に2人のフランス人が政治算術に挑んだ．2人ともペティとキングに比べるとはるかに洗練されていなかった．

　1695年にピエール・ド・ボアギュベール(1646〜1714)はノルマンディー州の首都ルーアンの司法代理官(高等法院の審判長，裁判長)だったが，匿名で『ルイ14世の治下で衰退したフランス』(*La France ruinee sous la regne de Louis XIV*)を出版した．この書はフランスの経済状態を非常に悲観的に評価しており，フランスの財政構造をより効率的で公平にし，経済政策をより非統制的にする必要を説いている．1697年にはもう1冊の本が出版された．それはやはり匿名だ

が，前より挑発的でない題名『フランス詳論』(Le detail de la France)が付いていた．ボアギュベールはフランスを1690年代初めに襲った飢餓の危機と人口減少に強く影響された．彼は1660年以降，国民所得が3分の1減少したと断言したが，その詳細は示さなかった．

ボアギュベールの著作はほとんど注目を集めなかったが，セバスティアン・ル・プレストル・ヴォーバン(1633～1707)の好奇心を刺激した．彼は軍事技術者でフランス北部・東部国境の要塞の建設で設計と指揮をおこない，都市の攻囲戦で多くの勝利を収め，大西洋岸に港と要塞を建設した．ヴォーバン元帥は何十年もの期間にわたって地域や地方の自治体を活性化し，フランスの多くの地域の建設プロジェクトで資源を動員した経験を持っていた．だから彼がその経歴の終わりに社会工学者としての大望を育んだとしても驚くにはあたらない．ボアギュベールとヴォーバンはどちらも祖国の経済が危険な状況にあると確信していた．イギリスの政治算術学派が自国についてずっと楽観的だったのとは対照的である．

1707年にヴォーバンは『王室の十分の一税』(La dime royale)を出版した．この本は租税構造の転換の提案書であり，潜在的歳入の詳細な評価をおこなっていた．彼は1695年1月に一時的な戦時人頭税についてルイ14世に提言をしており，この時の成功に勇気づけられて本書を出版したのだった．人頭税の方は1695年に採用され，戦争が終わった1697年に廃止された．それは1695～1705年の英国の人頭税とよく似たものだった．その課税範囲は等級付けられていて，納税者は王太子から始まって降順に22の等級に分けられていた．社会的な地位が所得評価の代わりとなっていたのだった．この税は1701年に復活したが，その時は支払い能力による等級付けという肝心な特徴が抜けていた(Collins 2001[1995]: 133-4 and 165-7 参照)．

ボアギュベールとヴォーバンが変えようとしていたフランスの歳入体系は，非常に非効率的で不公平なものだった．主な直接税であるタイユ税(taille)には，貴族と役人に対して広範な適用除外があった．適用除外は個人に対するものであったり(taille personnelle)，特定の財産に対するもの(taille reelle)であったりした．税率はペイ・デレクシオン(pays d'election)とペイ・デタ(pays d'etat)(ブルターニュ，バーガンディ，ラングドック，プロヴァンスなどではかなりの程度地方政府

によって税率が決められていた）の間で地域によって異なっていた〔エレクシオン地方とは租税に関する訴訟を扱う初審裁判所であるエレクシオンが置かれた地区で，エタ地方とは地方3部会が置かれた地区．ブルターニュなどはエタ地方に属する〕．国内には通過税（traites）もあり，商品が地域の境を通過するとき課せられたが，これは国内市場の発展を妨げた．直接税と間接税の徴収は主に徴税請負人（traitants）がおこなったが，彼らは徴税する前に当局に前払いをし，徴税した分は自分の収入にした．最基層の3万6000の教区では徴税は団体責任だった．役人の大部分はそのポストを買うか，身内の者から受け継いだ．彼らのほとんどは地位の相続を保証するため年会費（paulette）を払っていた．実際彼らの給料（gages）は，彼らが自分のポストのために支払ったお金の利子に等しかった．結果として部分的に雇われているに過ぎない役人によって，官僚組織が膨張した．主要な間接税は塩税（gabelle）だったが，税率は地域によって異なり，ブルターニュのような塩の産地ではほとんどゼロだった．バーガンディでは塩税の税率は高かったが，ワインの税率は低かった．その結果，大規模な国内密輸と財務警察への支出があった．これらすべての点でイングランドはより効率的で，透明で，公平な財政制度を持っていた．イングランドは1694年に中央銀行を創設し，長期国債市場の創造に向け前進した．フランスでは国家予算へ向けての初めての試みは1781年のネッケルの国王への財政報告書（Compte Rendue au Roi）で，中央銀行であるフランス銀行は1800年まで創設されなかった．

　ヴォーバンの提案は現存のすべての財産税，所得税，通過税を廃止し，それを適用除外がなく，地域によって差のない単一の所得税に変えることだった．また彼は密輸を減らすために塩税の税率体系を簡易化することも提案した．さらに奢侈品や酒場で消費される酒に課される新しい間接税も提案した．

　この新しい税体系から生じる歳入を評価するため，ヴォーバンは国民所得，人口，国土面積の推計をおこなった．面積に関しては，彼はフランスの38の地域の5つの異なる地図製作資料の大まかな平均を用いた．彼の推計総面積は6000万ヘクタール相当のものだった．これは過大評価だった．現在のフランス本土の面積は5500万ヘクタールで，当時はロレーヌとサヴォアの併合前だったので面積は約5000万ヘクタールだった（Le Roy Ladurie 1992: 280参照）．実のところキングの推計値（5100万ヘクタール）の方がずっと正確だった．人口に

関しては，ヴォーバンは28の州の当局者が提供した1694〜1700年の推計値を用いた．彼の総計は1910万人で，これは彼が対象にしていた地域の現代の推計値にとてもよく合っている(Bardet and Dupaquier 1997: 449参照)．キングの推計値1400万人は低すぎる．

ヴォーバンの国民所得の推計値は粗く，雑多である．農業を計る尺度は総生産で，飼料，種子，建物や設備の維持費を控除していない．彼は異種の農業所得を区別せず，農村地域の非農業活動を対象にしなかった．彼は財産と労働から生じる10種類の非農業所得を記述している．分析の洗練度はキングに大きく劣っている．彼が対象としている国は，首尾一貫した全国的な分析に必要な財政的情報やその他の情報がイングランドより乏しい国だったのである．

ヴォーバンは農業の総生産額をノルマンディーの標本調査にもとづいて推計した．これに関して彼は匿名の友人（たぶんボアギュベール）から助力を受けた．彼の推定では国土の80%が穀物，家畜，ぶどう園，森林から所得を生み出している．耕作地の3分の1は休耕地である．また彼は平方リーグ($20 km^2$)当りの小麦の物的生産高とその価値を推計している．彼の推定によると，リーグ当りのこの価値生産は牧畜活動やぶどう園，林業にも当てはまる．ここから彼は，ノルマンディーでは税収の見込みは教会の十分の一税より24%多いと推計した．それにもかかわらず彼は十分の一税の方を取り上げ，それに(フランスの面積/ノルマンディーの面積)をかけ膨らませた．さらに控えめに見積もるためそれを約10%縮小した．こうして彼が得た結論は総生産額に5%(20分の1)の課税をすれば，フランス全体での税収は6000万リーブルということだった．もし5%の税収を20倍すれば，フランスの農業の総生産額は12億リーブルだったことになる．なお彼の最初の推計を使えば16億6700万リーブルになる．もし農業への投入物を控除し，フランスの面積の過大評価を調整し，さらにノルマンディーはフランス全土に比べて人口密集地域であることを考慮に入れれば，ヴォーバンは農業からの国民所得をかなり過大評価していることになる．

農業以外の所得のヴォーバンの推計は3億5200万リーブルである．彼の推計では，都市の32万戸の住居からの家賃と帰属家賃(修繕および保守費用の純額)は3200万リーブルだった．国債の利子は2000万リーブル，商業，銀行業，

漁業，海運業，製粉業の混合所得は5800万リーブル，役人の年金と給与は4000万リーブル，法律家の所得は1000万リーブルだった．彼は家事使用人が150万人いて，3000万リーブルの給与を得ていたと推定した．また非農業労働者と職人が200万人いて，1億6200万リーブルを稼いでいると推定した．彼はこの推定を彼らの平均日給から導き，年185日(1年から日曜日52日，祝日38日，悪天候日45日，市場に行く日20日，病気の日25日を除いた日数)の労働を仮定した．最後の3つの集団を除いて，彼は農業・非農業の活動に関わった人々の人数を挙げていない．この欠陥を改善するため，彼は中国風の世帯登録制導入を提案し，年齢，性別，職業の細目を示す書式も添えている．この記録は毎年地方のお偉方によって蓄積されるべきものだった．彼の非農村地域の住居の推計値32万戸は，350万人以上の非農業労働者とその家族のためには明らかに少なすぎる．

　ヴォーバンの主張では，彼の提案したシステムを採用すれば徴税コストが大幅に減少し，現状からの移行も痛みを伴わない．彼の考えでは，彼が吸血鬼(Sang-sues d'etat)とみなした徴税請負人(traitants)のサービスなしで済ますことができるし，農業での徴税も税金が現物で徴収され政府の倉庫に保管される形への円滑な移行が可能だろう．彼は政府がこの農作物をどのように処理するかは説明していない．また彼は免税特権を失うエリートの抗議には無頓着であった．第8章で彼は，彼の提案に反対するすべての集団を識別するとともに，国王が自由に使える20万人の武装兵で反対派をたやすく鎮圧できると指摘している．政治的には彼の提案はナイーブで挑発的だった．ヴォーバンの死の1ヵ月前の1707年2月，彼の書は当局により非難され，残部は破棄された．

　ストゥデンスキ(Studenski 1958)は，18世紀後半のフランスの国民所得計測の試みを9つ引用している．そのいくつかはヴォーバンの試みを改善している．特にラヴォアジェ(Lavoisier)の『フランス王国の富について』(*De la richesse territoriale du royaume de France* 1791)とヤング(Young 1794: chap. 15)の1787～89年のフランス農業生産の詳細な推計値がそうである．ヤングが見出したところではノルマンディーの土地生産性はフランスのほかの地域よりずっと高く，それはヴォーバンが農業生産額を過大評価したという印象を裏付けている．

19世紀と20世紀前半のマクロ計測

　19世紀にはマクロ経済計測の統計的基礎が大いに改善された．人口センサスは人口学的分析に以前よりずっと良い基礎を提供した．統計当局は貿易，輸送，財政，通貨，雇用，賃金，価格についてのデータを集めていた．農業製品，鉱業製品，工業製品の生産額についてのたくさんの情報がますます増大している．指数の技術が進歩したことで，合成された集計量の経時的変化や空間的差異の計測が可能になった．

　個々の国についての国民所得推計値は急速に広まったが，その質と比較可能性については17世紀からほとんど改善がなかった．この推計値はたいてい所得面に集中し，支出面，生産面のクロスチェックがない．経済成長の真剣な分析にはあまり役に立たない．またそれはたいてい一定の時点でのその時だけの推計値であり，その対象と方法論には国ごとに著しい差異があった．オーストラリアを除けば，この国民所得推計値は統計当局によるものではなかった．

　マイケル・マルホール(Michael Mulhall, 1836～1900)は国際比較に大きな貢献をした．彼は1894～95年の世界の生産額の約60%を占める22の国について統一された推計値を示した．マルホールは各々の国の付加価値を計測した．すなわち彼は各々の国の経済を9つの部門に分け，それぞれの部門の総生産額を推計し，二重計算を避けるため投入物を控除するという調整をおこなった．

　クラーク(Colin Clark, 1905～89)はマクロ経済計測の歴史の中心人物で，17世紀以来最も革新的な人物である．彼のヒーローはこの分野の創始者ペティだった．ペティ同様，彼も科学者として出発し，独学で経済学を学び，休むことのない活動力と創造的な想像力を持ち，自信にあふれ，ショーマンシップを持っていた．また彼は学者，政治家，公僕であり，多角的野心を持っていた．1937年に彼は英国について最初の統合勘定を作った．それは名目価格と実質価格で所得額，支出額，生産額の成長を計測していた．また彼は1913年の彼の推計値を1688年のキングの推計値と結び付け，歴史的見通しを示した．クラークはケンブリッジでケインズと密接にやり取りをし，国民経済計算が経済政策の道具として重要であることを示した．彼の著作はミードとストーン(Meade and

Stone)が1941年に作る英国政府による最初の国民経済計算の先駆けとなった.

　クラークは通貨の購買力の差異に調整を加えて，実質所得水準の推計値を国ごとに示した最初の人物である．この推計値は彼が以前作成していた実質値での国民総生産(GNP)の異時点間計測と合体した．その結果，異なる国，異なる時代の経済実績の比較分析の枠組みができ，それは比較経済史の可能性と成長と発展の問題の分析に革命を起こすことになった．

文　献

Andrews, J. H.(1997), *Shapes of Ireland: Maps and their Makers, 1564-1839*, Dublin.
Arkell, T.(2006), 'Illuminations and Distortions: Gregory King's Scheme Calculated for the Year 1688 and the Social Structure of later Stuart England', *Economic History Review*, February, pp. 32-69.
Aylmer, G. E.(1961), *The King's Servants: The Civil Service of Charles I*, Routledge, London.
Bardet, J.-P. and J. Dupaquier(1997), *Histoire des Populations de l'Europe*, 2 vols. Fayard, Paris.
Barnard, T. C.(1979), 'Sir William Petty, his Irish Estates and Irish Population', *Irish Economic and Social History*, VI, pp. 64-9.
Barnard, T. C.(2000), *Cromwellian Ireland*, Oxford University Press.
Barnard, T. C.(2003), *A New Anatomy of Ireland*, Yale University Press.
Beeke, H.(1800), *Observations on the Produce of the Income Tax and its Proportion to the Whole Income of Britain*, London.
Bell, B.(1802), *Essays on Agriculture*, London.
Boisguilbert, P. de(1696), *La France ruinée sous la règne de Louis XIV par qui & comment*, Marteau, Cologne(anonymous, author's name not shown).
Boisguilbert, P. de(1697), *Le détail de la France*(author and publisher's name not shown).
Bottigheimer, K. S.(1971), *English Money and Irish Land*, Oxford University Press.
Braudel, F.(1985), *Civilization and Capitalism, 15th-18th Century*, 3 vols, Fontana, London. (フェルナン・ブローデル『物質文明・経済・資本主義 15-18 世紀』全6冊，村上光彦，山本淳一訳，みすず書房，1985-99年)
Braudel, F. and F. Spooner(1967), 'Prices in Europe from 1450 to 1750', in Rich and Wilson.
Braudel, F. and E. Labrousse(eds)(1977), *Histoire economique et sociale de la France*, vol. 2, P.U.F., Paris.
Brewer, J.(1989), *The Sinews of Power: War, Money and the English State, 1688-1783*, Unwin Hyman, London. (ジョン・ブリュア『財政＝軍事国家の衝撃——戦争・カネ・イギリス国家 1688-1783』大久保桂子訳，名古屋大学出版会，2003年)
Brewer, J. and R. Porter(eds)(1993), *Consumption and the World of Goods*, Routledge, London.
British Library, Petty Papers, Manuscripts Catalogue item 72850-76986; http://www.bl.uk/catalogues/manuscripts/DESC0010.ASP?CiRestriction=petty
Bryant, A.(1943), *Samuel Pepys: The Man in the Making*, Cambridge University Press.

Chalmers, G.(1802), *An Estimate of the Comparative Strength of Great Britain*, Stockdale, Piccadilly, London.
Clark, C.(1940), *The Conditions of Economic Progress*, Macmillan, London.（コーリン・クラーク『經濟進歩の諸條件』金融經濟研究會訳，〈金融經濟研究叢書〉，日本評論社，1945年／全2冊，大川一司ほか訳編，勁草書房，1953-55年）
Cohen J. E.(1995), *How Many People Can the Earth Support?* Norton, New York.（ジョエル・E・コーエン『新「人口論」——生態学的アプローチ』重定南奈子，瀬野裕美，高須夫悟訳，農山漁村文化協会，1998年）
Collins, J. B.(1995), *The State in Early Modern France*, Cambridge University Press.
Colquhoun, P.(1806), *A Treatise on Indigence*, Hatchard, London.
Colquhoun, P.(1815), *A Treatise on the Wealth, Power, and Resources of the British Empire in Every Quarter of the World*, 2nd edn, Mawman, London.
Cooper, J. P.(1967), 'The Social Distribution of Land and Men in England, 1436-1700', *Economic History Review*, 20, pp. 419-40.
Crafts, N. F. R.(1983a), 'British Economic Growth, 1700-1831: A Review of the Evidence', *Economic History Review*, May, pp. 177-99.
Crafts, N. F. R.(1983b), 'Gross National Product in Europe, 1870-1910: Some New Estimates', *Explorations in Economic History*, 20, pp. 387-401.
Crafts, N. F. R. and C. K. Harley(1992), 'Output Growth and the British Industrial Revolution: A Restatement of the Crafts-Harley View', *Economic History Review*, November, pp. 703-30.
Dallaway, J.(1793), *Inquiries into the Origin and Progress of the Science of Heraldry in England*, Gloucester and London.
Davenant, C.(1694), *An Essay Upon Ways and Means of Supplying the War*, in Whitworth (1771).
Davenant, C.(1699), *An Essay Upon the Probable Methods of Making a People Gainers in the Balance of Trade*, in Whitworth(1771).
Deane, P.(1955), 'The Implications of Early National Income Estimates for the Measurement of Long-Term Economic Growth in the United Kingdom', *Economic Development and Cultural Change*, vol. 4, no. 1, pp. 3-38.
Deane, P.(1955-56), 'Contemporary Estimates of National Income in the First Half of the Nineteenth Century', *Economic History Review*, VIII, 3, pp. 339-54.
Deane, P.(1956-57), 'Contemporary Estimates of National Income in the Second Half of the Nineteenth Century', *Economic History Review*, IX, 3, pp. 451-61.
Deane P.(1957), 'The Industrial Revolution and Economic Growth: The Evidence of Early British National Income Estimates', *Economic Development and Cultural Change*, vol. 5, no. 2, pp. 159-74.
Deane, P.(1968), 'New Estimates of Gross National Product for the United Kingdom, 1830-1914', *Review of Income and Wealth*, June, pp. 95-112.
Deane, P. and W. A. Cole(1962), *British Economic Growth, 1688-1959*, Cambridge University Press.
Deevey, E. S.(1960), 'The Human Population', *Scientific American*, September, pp. 195-204.
Denison, E. F.(1993), 'The Growth Accounting Tradition and Proximate Sources of Economic

Growth', in Szirmai, et al.

Dickson, D., C. O. Grada and S. Daultrey(1982), 'Hearth Tax, Household Size and Irish Population Change, 1672-1981', *Proceedings of the Royal Irish Academy*, vol. 82 C, No. 6, Dublin.

Eden, F. M.(1797), *The State of the Poor*, 3 vols., Davis, London.

Feinstein, C. H.(1972), *National Income, Expenditure and Output of the United Kingdom, 1855-1965*, Cambridge University Press.

Feinstein, C. H.(1998), 'Pessimism Perpetuated: Real Wages and the Standard of Living in Britain during and after the Industrial Revolution', *Journal of Economic History*, September, pp. 625-58.

Fitzmaurice, E.(1895), *The Life of Sir William Petty*, J. Murray, London.

Fogel, R. W.(1964), *Railroads and American Economic Growth*, Johns Hopkins, Baltimore.

Fogel, R. W. and S. L. Engerman(1974), *Time on the Cross: The Economics of American Negro Slavery*, Little Brown, London.(R. W. フォーゲル, S. L. エンガマン『苦難のとき――アメリカ・ニグロ奴隷制の経済学』田口芳弘, 榊原胖夫, 渋谷昭彦訳, 創文社, 1981年)

Gille, H.(1949), 'The Demographic History of the Northern European Countries in the Eighteenth Century', *Population Studies*, III: 1, June, pp. 3-65.

Glass, D. V.(1965), 'Two Papers on Gregory King', in Glass and Eversley, pp. 159-221.

Glass, D. V.(1966), *London Inhabitants Within the Walls 1695*, London Record Society, London.

Glass, D. V. and D. E. C. Eversley(eds)(1965), *Population in History: Essays in Historical Demography*, Arnold, London.

Glass, D. V. and E. Grebenik(1966), 'World Population, 1800-1950', in H. J. Habakkuk and M. Postan, *Cambridge Economic History of Europe*, vol. VI: 1, Cambridge University Press.

Glass, D. V. and R. Revelle(1972), *Population and Social Change*, Arnold, London.

Graunt, J.(1662), *Natural and Political Observations Made Upon the Bills of Mortality*(reprinted in Laslett).(グラント『死亡表に関する自然的および政治的諸観察』久留間鮫造訳, 〈統計学古典選集/大原社会問題研究所編〉, 栗田書店, 1941年/第一出版, 1948年)

Halley, E.(1693), 'An Estimate of the Degrees of Mortality of Mankind, Drawn from Curious Tables of the Births and Funerals at the City of Breslaw; With an Attempt to Ascertain the Price of Annuities Upon Lives', *Philosophical Transactions of the Royal Society*, vol. XVII, No. 198, pp. 596-610.

Holmes, G. S.(1977), 'Gregory King and the Social Structure of Pre-Industrial England', *Transactions of the Royal Historical Society*, 5th series, vol. 27, pp. 41-68.

Hull, C. H.(ed)(1899), *The Economic Writings of Sir William Petty*, 2 vols, Cambridge University Press.

Hunter, M. C. W.(ed)(forthcoming), *Archives of the Scientific Revolution: the Formation and Exchange of Ideas in Seventeenth Century Europe.*

Keynes, G.(1971), *A Bibliography of Sir William Petty*, Oxford University Press.

King, G.(1696), *Natural and Political Observations and Conclusions Upon the State and Condition of England*, in G. E. Barnett(ed), *Two Tracts by Gregory King*, Johns Hopkins (1936).

King, G.(1697), *Natural and Political Observations and Conclusions upon the State and Condi-

tion of England(replica of 1696 manuscript with additional columns containing detailed comments and queries of Robert Harley on pp. 1-26, and 29 made between 26 April and 11 May 1697 and King's replies. Original manuscript MS 1458 in National Library of Australia, purchased from Museum Bookshop of Leon Kashnor in London in 1950s, downloadable from microfilm G20783. Manuscript bears bookplate and coat of arms of Reginald Marriott of Parsons Green in the County of Middlesex).

King, G.(1695-70), *Manuscript Notebook*, in Laslett(1973).

Kreager, P.(1988), 'New Light on Graunt', *Population Studies*, pp. 129-40.

Lansdowne, 6th Marquess(1927), *The Petty Papers*, 2 vols, Constable, London.

Lansdowne, 6th Marquess(1937), *Glanerought and the Petty-Fitzmaurices*, Oxford University Press.

Laslett, P.(1969), 'John Locke, the Great Recoinage, and the Origins of the Board of Trade', in Yolton.

Laslett, P.(ed)(1973), *The Earliest Classics: John Graunt and Gregory King*, Gregg International, London.

Lenihan, P.(1997), 'War and Population, 1649-52', *Irish Economic and Social History*, XXIV, pp. 1-21.

Le Roy Ladurie, E.(1978), 'Les comptes fantastiques de Gregory King', *Le territoire de l'historien*, 2 vols, Gallimard, Paris.

Le Roy Ladurie, E.(1992), in Vauban.

Lindert, P. H.(1980), 'English Occupations, 1670-1811', *Journal of Economic History*, XL, 4, pp. 685-713.

Lindert, P. H. and J. G. Williamson(1982), 'Revising England's Social Tables, 1688-1812', *Explorations in Economic History*, 19, pp. 385-408.

McEvedy, C. and R. Jones(1978), *Atlas of World Population History*, Penguin, Middlesex.

Maddison, A.(1982), *Dynamic Forces in Capitalist Development*, Oxford University Press.

Maddison, A.(1983), 'A Comparison of Levels of GDP per Capita in Developed and Developing Countries, 1700-1980', *Journal of Economic History*, March, pp. 27-41.

Maddison, A.(1998a), *Chinese Economic Performance in the Long Run*, OECD Development Centre, Paris.

Maddison, A.(1999a), 'Poor until 1820', *Wall Street Journal*, 11 January, p. 8.

Maddison, A.(2004), 'Quantifying and Interpreting World Economic Development Before and After Colin Clark', *Australian Economic History Review*, March , pp. 1-34.

Maddison, A. and H. van der Meulen(1987), *Economic Growth in Northwestern Europe: The Last 400 Years*, Research Memorandum 214, Institute of Economic Research, University of Groningen.

Maddison, A. and H. van der Wee(eds)(1994), 'Economic Growth and Structural Change: Comparative Approaches over the Long Run', proceedings of the Eleventh International Economic History Congress, Milan, September.

Marczewski, J.(1961), 'Some Aspects of the Economic Growth of France, 1660-1958', *Economic Development and Cultural Change*, April.

Mathias, P.(1957), 'The Social Structure in the Eighteenth Century: A Calculation by Joseph Massie', *Economic History Review*, pp. 30-45.

Meade, J. R. and R. Stone(1941), 'The Construction of Tables on National Income, Expenditure, Savings and Investment', *Economic Journal*, vol. 51, pp. 216-33.

Mersenne, in Waard(1932-72).

Mingay, G. E.(1963), *English Landed Society in the Eighteenth Century*, Routledge, London.

Mulhall, M. G.(1880), *The Progress of the World*, Stanford, London. (ミチェール・ヂ・マルホール『萬國進歩之實況』全3巻, 伴直之助訳, 経済雑誌社, 1882-83年)

Mulhall, M. G.(1881), *Balance Sheet of the World for 10 Years, 1870-1880*, Stanford, London.

Mulhall, M. G.(1884), *The Dictionary of Statistics*, 4th edn 1899, Routledge, London.

Mulhall, M. G.(1896), *Industries and Wealth of Nations*, Longmans, London.

Ohlin, G.(1955), *The Positive and Preventive Check: A Study of the Rate of Growth of Pre-Industrial Populations*, Harvard PhD. thesis, reprinted by Arno Press, New York(1981).

Overton, M.(1996), *Agricultural Revolution in England: The Transformation of the Agrarian Economy, 1500-1850*, Cambridge University Press.

Pebrer, P.(1833), *Taxation, Revenue, Expenditure and Debt of the Whole British Empire*, Baldwin & Cradock, London.

Petty manuscripts, see British Library.

Petty, W.(1997), *The Collected Works of Sir William Petty*, 8 volumes, Routledge/Thoemes Press, London(includes Hull's(1899)collection of Petty's economic writings; E. G. Fitzmaurice's(1895)biography of Petty; Lansdowne's(1927 and 1928)collection of Petty papers and the Southwell-Petty correspondence; Larcom's(1851)edition of Petty's Irish Land Survey, and critical appraisals by T. W. Hutchinson and others). (ペティ『政治算術』『アイァランドの政治的解剖』『租税貢納論 他1篇』岩波文庫など)

Riccioli, G. B.(1672), *Geographiae et Hydrographiae Reformatae, Libri Duodecim*, Venice.

Richards, E. G.(1998), *Mapping Time*, Oxford University Press.

Roncaglia, A.(1985), *Petty: The Origins of Political Economy*, Cardiff University Press. (アレッサンドロ・ロンカリア『ウィリアム・ペティの経済理論』津波古充文訳, 昭和堂, 1988年)

Saito, O.(1979), 'Who Worked When: Life Time Profiles of Labour Force Participation in Cardington and Corfe Castle in the Late Eighteenth and Mid-Nineteenth Centuries', *Local Population Studies*, no. 22, pp. 14-29.

Scaliger, J. J.(1583), *De Emendatione Temporum*.

Schultz, T. W.(1961), 'Investment in Human Capital', *American Economic Review*, March.

Slack, P.(2004), 'Measuring the National Wealth in Seventeenth-Century England', *Economic History Review*, November, pp. 607-35.

Slicher van Bath, B. H.(1963), *The Agrarian History of Western Europe, AD 500-1850*, Arnold, London. (B. H. スリッヘル・ファン・バート『西ヨーロッパ農業発達史』速水融訳, 〈慶応義塾経済学会経済学研究叢書〉, 日本評論社, 1969年)

Snooks, G. D.(1990), 'Economic Growth during the Last Millennium: A Quantitative Perspective for the British Economy', *Working Papers in Economic History*, 140, pp. 44, ANU, Canberra.

Snooks, G. D.(1993), *Economics Without Time*, Macmillan, London.

Spooner, F. C.(1972), *The International Economy and Monetary Movements in France, 1493-1725*, Harvard University Press, Cambridge: Mass.

Stone, L.(1964), 'The Educational Revolution in England, 1560-1640', *Past and Present*, 28, pp. 41-80.

Stone, L.(1965), *The Crisis of the Aristocracy*, Oxford University Press.

Stone, R.(1997b), *Some British Empiricists in the Social Sciences, 1650-1900*, Cambridge University Press.

Studenski, P.(1958), *The Income of Nations: Theory, Measurement and Analysis: Past and Present*, New York University Press.

Szirmai, A., B. van Ark and D. Pilat(eds)(1993), *Explaining Economic Growth: Essays in Honour of Angus Maddison*, North Holland, Amsterdam.

Tawney, A. J. and R. H.(1934), 'An Occupational Census of the Seventeenth Century', *Economic History Review*, October.

Taylor, G. R.(1964), 'American Economic Growth Before 1840: An Exploratory Essay', *Journal of Economic History*, December, pp. 427-44.

Thorold Rogers, J. E.(1866-1902), *A History of Agriculture and Prices in England*, 7 vols, Clarendon Press, Oxford.

Thorold Rogers, J. E.(1884), *Six Centuries of Work and Wages*, Swan Sonnenschein, London.

UN(2001), *World Population Prospects: The 2000 Revision*, vol. 1, Comprehensive Tables, Population Division, Dept. of Economic and Social Affairs, New York(Annual estimates on CD ROM Disk 2, Extensive Set).

UN(2003), *World Population in 2300*, Draft Report of Working Group on Long-Range Population Projections, Population Division, Dept. of Economic and Social Affairs, New York (ESA/P/WP. 187, 9 December).

Usher, J.(1650), *The Annals of the Old and New Testament*, Armagh.

Vauban, S.(1707), *La dîme royale*(1992 edn, with introduction by E. LeRoy Ladurie), Imprimerie Nationale, Paris.

Waard, C. de(ed)(1932-72), *Correspondance du père Marin Mersenne*, eleven volumes and index, Beauchesne(1932-6); Presses Universitaires de Paris(1946-56); CNRS(1959-72), Paris.

Waddell, D.(1958), 'Charles Davenant(1656-1714): A Biographical Sketch', *Economic History Review*, pp. 179-88.

Westergaard, H.(1932), *Contributions to the History of Statistics*, King, London(Kelley reprint, 1969).（ウェスターゴード『統計學史』森谷喜一郎訳，〈統計學文庫〉，栗田書店，1943年／東京統計協会，1936年）

Whitworth, C.(ed)(1771), *The Political and Commercial Works of Charles Davenant*, 5 vols, London.

White, E. N.(2001), 'France and the Failure to Modernise Macro-economic Institutions' in Bordo and Cortès-Conde.

Willcox, W. F.(1931), 'Increase in the Population of the Earth and of the Continents since 1650', in W. F. Willcox(ed), *International Migrations*, vol. II, National Bureau of Economic Research, New York, pp. 33-82.

Wrigley, E. A.(1967), 'A Simple Model of London's Importance in Changing English Society and Economy, 1650-1750', *Past and Present*, July, pp. 44-70.

Wrigley, E. A.(1987), *People, Cities and Wealth*, Blackwell, Oxford.

Wrigley, E. A.(1988), *Continuity, Chance and Change*, Cambridge University Press.（E・A・リグリィ『エネルギーと産業革命——連続性・偶然・変化』近藤正臣訳，同文舘出版，1991年）

Wrigley, E. A. and R. S. Schofield(1981), *The Population History of England, 1541-1871*, Arnold, London.

Wrigley, E. A., R. S. Davies, J. E. Oeppen and R. S. Schofield(1997), *English Population History from Family Reconstitution, 1580-1837*, Cambridge University Press.

Yolton, J. W.(ed)(1969), *John Locke: Problems and Perspectives*, Cambridge University Press.

Young, A.(1770), *A Six Month's Tour through the North of England*, 4 vols, Strahan & Nicoll, London.

Young, A.(1794), *Travels During the Years 1787-9 with a View to Ascertaining the Cultivation, Wealth, Resources and National Prosperity of the Kingdom of France*, 2nd edn, Richardson, London.（アーサー・ヤング『フランス紀行——1787, 1788 & 1789』宮崎洋訳，〈叢書・ウニベルシタス〉，法政大学出版局，1983年）

第6章

現代のマクロ計測
われわれはどこまできたか？

　マクロ計測は17世紀に始まった．しかしそれは1940年代までは，政策分析家と経済史家とにとって基礎的な分析の道具にはなってはいなかった．過去60年間に政策分析の精緻化と歴史の解釈とに爆発現象が起こった．この爆発は1940年に2つの労作をもって始まった．ケインズの『戦費調達論』(*How to Pay for the War*)はそれがマクロ経済管理の道具に役立つことを証明し，またコリン・クラークの『経済進歩の諸条件』(*Conditions of Economic Progress*)は経済史の解釈でその価値を示した．マクロ経済計測の技術の普及と開発が国際国民所得国富学会(International Association for Research in Income and Wealth: IARIW)の生みの親たちの主目標であった．イニシアティブをとったのは数量経済史のパイオニア，サイモン・クズネッツ(1901～85)である．ミルトン・ギルバート(1909～79)とリチャード・ストーン(1913～91)とは，公式の統計当局による国別比較可能な国民経済計算作成のための標準的な手法を創始し普及するうえで，巨大な国際的な梃子となった戦略的パートナーであった．

　この章では，マクロ経済計測の発展の程度および経済実績の評価へのその影響を，3つの時代に分けて概観する．

1. 1940年代以来マクロ経済計測の主な目的は，国民経済レベルで成長実績を高めるための政策選択を明らかにすることであり，また国家間の実質所得の差異を分析してキャッチアップのための政策案出を手助けすることであった．われわれは今日では，1950年以降の世界の経済成長と経済水準についての膨大な量の公式政府統計を持っている．マクロ計測は，はるかに明晰で成功的なマクロ管理に貢献した．1950年から2003年までの間に世界の1人当たりGDPは年平均2.1%増加し，それは1900年から1950年までの間の年平均1.1%の2倍に近いものであった．

2. 1820年までさかのぼる資本主義的経済成長の時代について，成長実績を計測しその原因を解釈するうえで，数量史家たちは大きい進歩をなしとげてきた．空白部分を穴埋めしたり，既存の数字同士をクロスチェックする必要は今日でも残されているが，しかしこの時代の世界経済発展のおおまかな輪郭については，重大な異議は出ていない．
3. 1500〜1820年の重商主義時代の真剣な数量的探求は，最近まで次の3つの理由によって軽視されてきた．(a)後に続く過去2つの世紀より成長がずっと遅かったこと，(b)証拠資料が乏しく手がかりや推測への依存が大きくなること，(c)多くの人々は(マルサスの影響のもとに)この時代は大災厄によって中断された停滞の時代だと考え，今でもそう考えていること．私はアダム・スミスと同様，この時代に起こったことをもっとはるかに肯定的にみている．

最後に，重商主義から近代的経済成長への移行の本性について私の解釈を述べる．近代のルーツは突然の「テイクオフ」ではなく長期の見習い修行にあった．西ヨーロッパの世界とその他の世界との所得水準の分岐が始まったのは1820年よりずっと以前であった．

1950年以後の経済政策の道具としてのマクロ計測の発展

GDP成長の標準的算定法

標準化された国民経済計算は，経済全体をカバーする首尾一貫したマクロ経済的枠組みを与え，それを3つの仕方で検証することができる．国民所得は定義により3つの側面のどれもが等しい．需要側では消費者，投資家，政府による最終消費の合計であり，所得側では賃金，レント，利潤の合計であり，生産側ではさまざまな部門(農業，工業，サービス業)の二重計算を除いた付加価値の合計である．3つの側面のすべてにおいてその計測には，該当期間中の価格水準の変化を除去するよう調整することを要し，そうすることによって量の面での変化を示すことになる．

ミルトン・ギルバートは第二次大戦中は米国政府会計の責任者であり，1950年から1961年まではOEECの統計と国民勘定部門の長であった．マーシャ

ル・プランでは援助割当の基準を作成する必要があり，またNATOでは費用分担のための基準を作成する必要があった．ギルバートはこの要請にこたえて，OEEC 16カ国にリチャード・ストーン考案の標準化された国民経済計算体系(SNA)を採用するよう求めた．

ストーンはヨーロッパ各国統計当局者が標準化システムを実行できるよう，ケンブリッジ大学で養成講座を立ち上げた．この標準的な方式に切り替える際の諸問題について解説した一揃えの手引き書が作成された．OECD加盟16カ国の1938年分および1947～52年分の最初の比較経済計算書が1954年に発表され，それには比較を可能にする調整を説明する長文の注意書きがつけられていた．

1953年にストーンは，世界中に適用する標準化体系作成のための国連委員会議長になった．国連は加盟国に対してOEECほど大きな力は揮えなかった．共産圏諸国はSNAよりも経済活動の範囲を狭く見るソ連のMPS(物的生産体系)を採用していた．MPSは，「非生産的」と考える多くのサービス活動(旅客輸送，住宅供給，保健，教育，娯楽，金融，保険，個人サービス，政府と党の行政，および軍)を除外していた．MPSには二重計算(総産出額の計算から投入の部門間移転を控除しない)があり，また経済成長の誇張があった．価格制度と租税構造は資本主義諸国のものとは異なっており，その計測手法では，新生産物が導入された場合には質的変化を誇張するインセンティブが働くようになっていた．エイブラム・バーグソン(Abram Bergson, 1914～2003)は，ソ連のGDPを全体として西欧の諸概念にほぼ一致する基準にもとづいて再計算する手法のパイオニアであった．その手法は，ソ連で無視されていた経済諸活動を算入し，二重計算を除外し，ソ連型の計算では考慮されていなかった資本コストを考慮に入れた「調整要素費用」にもとづく価格の付け直しをおこなうものであった．この修正手法はワシントンのCIAソ連研究チームによってソ連の諸統計に適用された．ニューヨークではタド・アルトン(Thad Alton)とその同僚たちが，ブルガリア，チェコスロバキア，東ドイツ，ポーランド，ルーマニア，ユーゴスラビアについて同じことをおこなった．この仕事の費用は情報目的費用から出ていたが，その成果は米国議会への年次報告でだれでも手にすることができた(Maddison 1998b参照)．

その後1990年代になると，大部分の旧共産圏諸国は原則として標準化されたSNAを採用するようになったが，しかしその実行は，所有制度，価格の水準と構造，消費と投資への資源の配分，そして統計報告の手続きなどに生じた巨大な変化によって混乱した．これらの問題が完全に解決されるまではまだ何年かかるであろう．

もう一つ国民経済計算で弱い地域はアフリカ諸国である．そこではこういう作業をおこなうのに必要な人間のスキルと資金とが大幅に不足していたし，いまでも不足している．GDP成長計算の空白部分はOECD開発センターの手で相当程度埋められ，51のアフリカ諸国の1950年から1990年までの毎年のGDP成長の数字が集積された．同センターはマラウィで統計部門の長を8年間つとめたデレク・ブレイズ(Derek Blades)の専門知識と，ガンビアで同じ経験を積んできたデイヴィッド・ロバーツ(David Roberts)との手助けを得た．

第3の問題は，高所得諸国のGDP成長実績の計算で，最近1995年以来，計測手法に変更が起こったことからくる問題である．その変更とは，生産物の質の変化を考えた調整をおこなうヘドニック指数の採用，連鎖指数(chain index)の使用，コンピューターのソフトウェアを投資として扱うことなどである．

ヘドニック指数は少々使用するのであれば全くかまわないが，生産物の質の変化がきわめて大きく，一本調子で進んできているという，広く行き渡っている考えには疑問を持たざるをえない．米国ではヘドニック指数への切り替えが最も目立っているが，その正味のインパクトは，それによって測定した計測値が西ヨーロッパや日本よりもかなり高くなるということだった．米国の政府統計数字は1929年までさかのぼっており，測定手法の変化によるインパクトは1925年から50年の間で最大であり，この期間のGDP成長率を2.6%から3.5%に押し上げた．このような長期の過去にわたって調整した例は他の諸国にはない．そこで私は1929～1950年の期間については，米国についても以前の統計を用い続けてきている．その理由の説明はマディソンの著書(Maddison 2001: 138，および2003a: 79-80)を参照されたい．すでに40年以上前にミルトン・ギルバートは，そのような調整をおこなうとパンドラの箱を開けることになると警告していた．「結局のところ，そのようなことをすれば，経済成長の研究にとって有用な，産出と価格の変化を示す数字の作成は不可能になろう」

(Gilbert 1961: 287 参照). ヘドニック指数の乱用から生ずる危険は本章末の補論3で論じている.

エドワード・デニソン(Edward Denison, 1915～92)は知識の増加を投資として扱うという国民経済計算の変更に反対した. 彼はこれを成長分析をカオスにする「誤分類」(misclassification)であると考えた(Denison 1989: 10 参照). 彼の苦情申し立ての主な理由は, 彼の成長計算には「ヒューマン・キャピタル」, すなわち教育水準の向上による労働力の質の増進を含んでいるということであった. 事実, 今日投資として扱われている知識の形態はコンピューター・ソフトウェアだけである. このような急速に陳腐化する知識を投資として扱いながら, より耐久的な影響を持つ書籍や教育を無視するのは奇妙なことである.

GDP 水準の国別比較のための購買力平価換算

実質 GDP の標準的な計算法ができあがれば, 経済実績の国家間比較と複数国家の合計とのための次のステップは, 為替相場の比較によらないで実質GDP 水準を測定する購買力平価換算(PPPs)の開発であった. 時間による経済成長の測定は時間による価格変化の影響を除いて修正しなければならない. 購買力平価の目的も厳密に同じことである. すなわち価格水準の国家間相違を取り除いて, 経済活動の量の相違を国家間で比較することができるようにすることである. 経済成長の時系列数値と現在利用可能な GDP 水準の多国間比較推計値をあわせることで, われわれは首尾一貫した時空間比較をおこなえるようになっている.

OEEC は購買力平価と GDP 水準との国家間相違の公式推計を開始した. 最初の研究はミルトン・ギルバートとアーヴィング・クラヴィスの共同労作(Gilbert and Kravis 1954)であり, 2番目はギルバートと協力者たちの労作(Gilbert and Associates 1958)であった. これらの研究は西ヨーロッパ6カ国と米国との実質消費水準を比較するために, 1950 年と 1955 年の購買力平価を算定した. アーヴィング・クラヴィス, アラン・ヘストン, ロバート・サマーズ(Kravis, Heston and Summers 1975, 1978 and 1982)はそれを引き継いで, 1968 年以降ペンシルベニア大学の国際比較プロジェクト(ICP)でさらに野心的な研究をおこなった. これらの研究は消費と投資と政府サービス支出とを表す 2000 を

超える項目につき，各国の政府統計局によって注意深く特定された価格情報を収集したものを含んでいた[1]．

OEECの研究は2国間の価格水準の違いの対比であった．そこには3つの選択肢があった．(i)「自国」の量的ウェイトによるパーシェ購買力平価，(ii)基準国，すなわち米国の量的ウェイトによるラスパイレス購買力平価，(iii)この両者折衷のフィッシャー幾何平均．これに対応する実質支出の測定は次のようであった．(i)通貨交換比率基準国の価格(単位価格)にもとづくGDP水準のラスパイレス方式比較，(ii)「自国」価格(単位価格)にもとづくパーシェ方式水準比較，(iii)2国間のフィッシャー幾何平均．例えば独／米，英／米という2国間比較は「スター国」としての米国につながっている．そのような「スター国」を介しての比較から独英の比較の代理数値が得られるが，それは推移性を有しないであろう(すなわちこうして得られた結果は独英の直接比較から得られたものとは一致しないであろう)．このことはOEEC諸国のように国家間の経済実績にあまり大きな開きのない場合には大きな欠陥とはならなかった．しかしクラヴィス，ヘストン，サマーズたちは，それよりもずっと広い範囲の諸国にわたる比較に取り組んだ．彼らはそれゆえロイ・ゲアリー(1896～1983)とセイルム・ケーミス(1919～2005)とが発明したゲアリー＝ケーミス(GK)法を採用した．この方法は推移性その他のすぐれた性質を有するものであった．彼らはこの方法を，サマーズが考案した商品生産ダミー法(CPD)とあわせ用いて，基礎的なデータが欠けているところの穴埋めをした．彼らの傑作はその3番目の研究『世界の生産と所得』(*World Product and Income*)の1982年版であり，それは1975年価格と国際ゲアリー＝ケーミス・ドル(GKドル)で34カ国(アフリカやアメリカやアジアやヨーロッパの)の数値を含んでいた．これらの諸国は2001年の世界GDPの64％におよぶものであった．

国連統計局はICPの作業を拡大して，1985年までには84カ国におよんだ．同統計局は後にこの作業をやめたが，いくつかの地域的な国連機関がそれを続けた．1982年にOECDはこのような比較を定期的におこなうよう勧告した．その最近の仕事はOECD 28国(OECD 2002参照)，そのほかに東ヨーロッパ20カ国と旧ソ連継承15カ国，それにモンゴルを含んでいた(OECD 2000参照)．

1978年以来，アラン・ヘストンとロバート・サマーズはICPタイプの計測

表 6.1 使用した購買力平価換算率の 1990 年の性質別 GDP 水準
(1990 年の 10 億 GK ドルと国の数)

	ヨーロッパとウェスタン・オフシューツ	ラテンアメリカ	アジア	アフリカ	世界
ICP	15,273(28)	2,131(18)	8,017(24)	0 (0)	25,421(70)
PWT	59 (3)	71(14)	524(16)	891(51)	1,516(84)
代理数値	16(10)	38(15)	87(17)	14 (6)	155(48)
合 計	15,349(41)	2,240(47)	8,628(57)	905(57)	27,122(202)

出所) Maddison(2003a: 230).

値が全面的には得られない諸国について,購買力平価と実質所得水準との簡略法による数値を発表してきた.彼らの「ペンの世界表」(Penn World Tables: PWT 6.1, October 2002)〔Pennはペンシルベニア大学を表す〕の最新版は,彼らのウェブサイトで見ることができる[2].その結果,われわれは世界 GDP の 99% 以上について,合理的と認められる調整済み購買力平価の計測値を手にすることができる.

アフリカの 22 カ国の購買力平価については欧州連合統計局(Eurostat)による 3 回の推定値がある(1980, 1985, 1993 の各年)がその結果には誤りがあり,したがって私はより包括的でもっともと思われる「ペンの世界表」の結果を使いたい.表 6.1 には私が 1990 基準年の世界 GDP 推計額を算出したときに利用した購買力平価の性質をまとめてある.

表 6.2 は 10 の大国(2003 年に世界 GDP の 65%)について,購買力平価と為替レートによる換算との違いを示している.表の右側の為替レートによる変換は,より貧困な諸国(中国,インド,ブラジル)の水準がきわめて低く,そして西ヨーロッパ諸国と日本の GDP 水準は,購買力平価換算よりも米国との対比のほうがいくぶん高いことを示している.中国の場合は乖離が非常に大きい.1990 年には購買力平価換算は為替レート換算の 5 倍以上である.インドは 3 倍以上,ロシアは 2 倍以上高く,ブラジルは 50% 以上高い.日本と西ヨーロッパ諸国とでは,為替レート換算のほうが対米購買力平価換算より大きくなっている.実際,より貧困な諸国での乖離が大きいのは,こうした比較ではかなり系統的な結果となっている.西ヨーロッパ諸国と日本の場合には両者の差は小さく,過去 20 年間にわたって平価の上になったり下になったりしている.為替レー

表 6.2　10 大国の比較ランキング，1950 年と 2001 年
(GK 換算率と 1990 年為替レートとによる 1990 年実質価格)

	1950 年	2001 年	1950 年	2001 年
GDP	(1990 年購買力平価，10 億ドル)		(1990 年為替レート，10 億ドル)	
米　国	1,456	8,080	1,456	8,080
中　国	240	4,613	47	886
日　本	161	2,672	206	3,358
インド	222	2,009	62	558
ドイツ	265	1,579	337	1,951
フランス	221	1,289	261	1,491
英　国	348	1,228	363	1,253
イタリア	165	1,103	191	1,272
ブラジル	89	988	58	638
ロシア	315	814	154	388
1 人当たり GDP	(1990 年購買力平価，ドル)		(1990 年為替レート，ドル)	
米　国	9,561	28,347	9,561	28,347
中　国	439	3,627	85	695
日　本	1,921	21,062	2,458	26,466
インド	619	1,963	172	545
ドイツ	3,881	19,196	4,928	23,717
フランス	5,271	21,613	6,244	24,985
英　国	6,939	20,554	7,266	20,985
イタリア	3,502	19,076	4,046	21,996
ブラジル	1,672	5,559	1,077	3,588
ロシア	3,086	5,573	1,515	2,669

出所)　Maddison(2002a: 7，更新済み)．

トによる換算が当てにならないことは，1950 年の中国とインドの結果を見れば明らかである．1950 年当時，為替レート換算では中国は 1 人当たり GDP が 85 ドルであり，インドでは 172 ドルであった(ともに 1990 年価格)．こうした水準は最低の生存水準よりはるかに低く，信じがたい．

　多くのより貧困な諸国の側は購買力平価換算に乗り気でなかった．なぜなら外国からの援助や IDA(世界銀行の低利融資の窓口)タイプの有利な融資計画に関して，彼らの立場が不利になるのではないかと考えたからである．実際には，世界銀行は ICP の計画に多額の資金援助をおこなったが，分析作業や融資決定の際に，購買力平価をあからさまに使うことは一般に避けてきている．

購買力平価による調整数値は徐々に受け入れられているにもかかわらず，為替レートによる換算が有する落とし穴への無知から，国際経済比較分析の際に大きな誤りが生じ続けている．この点はジャーナリズムについても政治談義についても，また若干のエコノミストについても真実である．新聞は日本のGDPが現在中国の半分以下であるのに，日本を世界第2位の経済大国と言うことが多いし，また何人かの英国の政治家たちは英国経済が中国よりも大きいと信じ続けている[3]．このような状況下で強く望まれることは，各国の政府統計当局が購買力平価換算による調整のメリットをもっと精力的に説明し，世界的な規模でこの仕事の再活性化を推進することである．

1950年以降，マクロ計測が世界的に採用されるようになった理由

1950年以降，政府による国民経済計算のカバーする範囲が大きく広がり，その質も大幅に向上した理由は，それがマクロ経済政策の道具として役立つことが認識されたからである．英国と米国にいたデニソン，ギルバート，カルドア，クズネッツ，ラグルズ，ストーンやその他の人々は，そういう国民経済計算が戦時の資源動員のためにきわめて重要であるということも，個人的な経験から知っていた[4]．

1950年代にはケインジアンの経済分析が多くの西欧諸国の経済政策に強い影響力を持っており，その基本的な関心事はマクロ経済の重要さにあった（ケインズは弟子のミードとストーンとが作った英国で最初の国民経済計算の名付け親であった）．ハロルド・マクミランは1956年に大蔵大臣になったときに，国民経済計算というものがあることを発見した．彼は国民経済計算を列車時刻表にたとえ，それがないと列車がいつ動くか分からないとした．

この新しいマクロ経済的な見方はハイエクやシュンペーターの見方とは大きく異なっていた．シュンペーターは「産出額の総計なるものは価格水準とは違って虚構であり，もしそれを作り出す統計家たちがいなかったならば，全く存在しないはずのものである．われわれは無意味な堆積物——多くの目的のためにも非常に使い勝手の悪い混合物——を目の前にしているようである」(Schumpeter 1939: 484. 561) と考えていた．

国民経済計算を使用することの重要性がOEECで明瞭になったのは，ミル

トン・ギルバートが1955年から1961年にかけてOEECの経済政策分析責任者になって，その質を大幅に改善したときである．国民経済計算は成長実績の比較分析の礎石となった．国民経済計算はこれまで存在したことのなかった，経済政策の成功を評価する尺度を提供した．われわれは当時，新しい経済専門家グループ(Group of Economic Experts)の事務局員として働いていたが，そこにはドイツ連邦銀行からきたオトマール・エミンガー，フランス経済計画の長であったエティエンヌ・イルシュ，オランダからきたヤン・ティンベルヘン，米国の大統領経済諮問委員会委員長のアーサー・バーンズ，英国大蔵省主席顧問のロバート・ホールがいた．ロバート・ホールは1955年にこの仕事の重要性を次のように書いた．

> これらのミーティングはエコノミストたちにとって本当に異例なものであり，私は世界の歴史のなかでも全く新しいものではないかと考えている．なぜなら過去には経済専門家というものは，ケインズの考え方が西側世界で共通して受け入れられるようになるまでは，たとえ政府への助言者として存在はしていても，一般にはたいして重要な人物とはみなされてこなかったからである．そのため過去には，今われわれがおこなっているように経済専門家が会合するなどということはなかった．しかし今われわれの会合には，大体のところ主要な西側諸国の政府で主要な経済助言者の役割を担っている7～8名もの人々が集まってきている．これらの人々はすべて，多かれ少なかれ共通の専門的訓練を受けてきており，どうすれば経済活動の水準を維持することができるか，また経済活動に対してはどんな力が働いているのかということについての共通の理解を持っている．(Cairncross 1991: 35)

1820年以降の世界経済成長の数量化と解釈

サイモン・クズネッツ(1901～85)は，経済成長についての歴史的証拠資料の掘り起こしと，経済成長の駆動力の解釈とによって，数量化の時期を1950年よりさらにさかのぼらせるという仕事を，他の誰にもましておこなった人であった．彼は数量的な下支えを与えることによって経済史の分析視角を革命

化した.

1930年代と1940年代には，彼は米国のマクロ経済史(GDPの成長と構造，資本ストック，雇用，移民，所得分配，外国貿易)に巨大な学問的貢献をおこない，最初の米国の公的国民経済計算を作成した．1950年代と1960年代には他の国々について同様の計算作成を促進するのに大きな役割を演じた．彼はこの活動を国際国民所得国富学会(IARIW)の諸会議でもおこない，またエール大学成長センター(Yale Growth Center)を創設する推進者になった．このセンターの卒業生たちは，アルゼンチン，エジプト，韓国，スリランカ，台湾，ソ連などの成長研究を生み出していった．また彼は「社会科学研究評議会」(Social Science Research Council Committee)の議長をつとめた．この評議会は中国，フランス，ドイツ，イタリアの基礎的な歴史的経済計算作成に財政援助を与え，さらにそれに引き続いておこなわれたフランス，ドイツ，イタリア，スウェーデン，ソ連での経済成長に影響した諸要因についての研究計画にも財政援助を与えた．彼は1953年から1989年までの間に出版した43篇の解説的エッセイを含む国際的な経済成長に関する証拠資料を4冊の本にまとめた．

クズネッツは40年以上を大学教員として過ごした．彼は数量経済史における比較研究が実行可能でありエキサイティングであり重要であるということを，優秀な学生たちの多くに，そして学者の国際的ネットワークに確信させた．彼の説得力と影響力の大きさは，主に彼の職業的誠実さと学問の深さとから出てきていたものであった．彼は党派性とは無縁であり，論争的対決を避け，新しいアイディアに対してオープンであり，他人の仕事を快く共感をもって詳細に論評した．彼の影響力はその分析のスタイル――比較的単純な統計手法で実行可能な，文章のかたちで明瞭に表現できるアイディアと概念の使用――によってさらに強められた．

彼の説明の技法は代数や回帰を用いておこなわれることは事実上けっしてなかった．彼のアプローチは基本的に帰納的であった．彼は経済成長の慎重な「解釈者」であり，数量的証拠資料の質にきわめて敏感であり，因果関係の重層的複雑さに対しても敏感であった．彼は経済実績を計量経済学者や成長会計学者(growth accountant)たちが熱中したがる厳密性(exactitude)で「説明」しようとはしなかった．彼が執着したのは，範囲と意味が明瞭できちんと定義され

表 6.3　マディソンによる地域・世界 GDP サンプルのカバー範囲

	1500 年	1700 年	1820 年	1870 年	1913 年	1950 年
西ヨーロッパ	61.6	74.2	84.5	98.7	99.6	99.9
ウェスタン・オフシューツ	0.0	84.9	94.2	99.2	99.0	100.0
東ヨーロッパと旧ソ連	0.0	0.0	10.4	76.2	79.2	99.8
ラテンアメリカ	49.2	49.4	54.5	63.6	85.0	99.9
アジア	80.6	85.5	92.9	91.8	94.8	98.5
アフリカ	0.0	0.0	0.0	0.0	37.9	99.5
世　界	64.8	70.2	78.6	88.5	93.1	99.6

出所）　Maddison(2003a: 226).

ている，尊重に値するマクロ経済測定値であった．彼の推定手続きは完全にまた透明に記述されていた．彼は代理推計や，比喩や，定型化された事実や，先導的部門分析や，実質賃金指数にかかわっている時間はなく，過度に潔癖になることもあった．しかしながら彼はポール・デイヴィッド(David 1967)が抑制の効いた推測と呼んだものには反対ではなかった．クズネッツと彼の後継者たちとの仕事のおかげで，われわれは現在，1820年以降の資本主義時代全体にわたり，かなりの程度まで包括的な推計値を手にできるようになっている(表6.3参照)．なお改善の余地はあるが，しかし今日では資本主義時代の世界経済の実績について手にできる証拠資料の豊富さは60年前とは比べものにならない[5]．

1820 年にさかのぼる資本主義時代の諸特徴——われわれは何を学んできたか？
1. クズネッツの証拠資料はかなりヨーロッパ中心的であった．彼は世界の実績を計測できなかった．今日われわれはずっと広い範囲の国々の成長と水準についての証拠資料を持っている．第2章の表2.1は，先進資本主義グループとその他の諸国との間での所得水準の，長期間にわたる分岐の進行を示している．西の1人当たり平均所得は1820年から2003年までの間に20倍になったが，その他の諸国ではその間に7倍になったにすぎなかった．両グループの差は2.1対1から5.7対1に広がった．諸地域間ギャップの幅は3対1から18対1へともっと大きく広がった．とはいえ世界GDP中の西のシェアのピークは1950年代であって，もしインドと中国が

高い成長の勢いを維持するならば，それは今後いっそう著しく低下するであろう．

2. 今日利用できる証拠資料によれば，加速度的成長への移行はクズネッツが考えた 1760 年ではなく，1820 年ごろからであった．クラフツその他による 18 世紀英国の経済実績に関する著作 (1983, 1992) は，18 世紀後半に英国の経済実績に突然のテイクオフが生じたという旧来の観念を打破する助けになった．英国例外性に関する重要点は産業革命にあるのではなくて，1500 年以来，オランダを除く他のヨーロッパ諸国のどこよりもはるかに急速な 1 人当たり成長をともなう，もっと長期間にわたる上昇過程にあった (www.ggdc.net/Maddison 参照)．

3. 西ヨーロッパの加速は同時的に起こったのであり，ガーシェンクロンやロストウが信じていたように互い違いに起こったのはなかった．ハンセンのデンマークに関する著作 (Hansen 1974-76) は，19 世紀初め頃にデンマークで大幅な進歩が生じた証拠を示した．ティリー (Tilly 1978) はプロシアについて同じことを見出し，レヴィ＝ルボワイエとブルギニョン (Levy-Leboyer and Bourguignon 1985) とトゥーテン (Toutain 1987) はフランスについて，ヒーペと協力者 (Hjerppe and Associates 1987) はフィンランド，クランツ (Krantz 1988) はスウェーデン，グリッテン (Grytten 2004) はノルウェー，スミッツ，ホーリングス，ファン・ザンデン (Smits, Horlings and van Zanden 2000) はオランダについて同じことを見出した．彼らの研究は，経済成長の加速がナポレオン戦争後の西ヨーロッパでは全く一般的であったことを強く示唆している．その経済成長は 1820〜70 年では 1870〜1923 年よりも遅かった．にもかかわらず 1820〜70 年の西ヨーロッパの進歩のペースは 18 世紀とそれ以前の時期よりも明らかにずっと速かった．

4. クズネッツ (Kuznets 1930) はコンドラチェフの長期波動という見方を否定し，クズネッツ (Kuznets 1940) はシュンペーターの景気循環シェーマが受け入れがたいことを見出した．「時系列分析という筋道たった方法にしたがわないと，統計的方法をグラフの印象，しかも同意しにくいことが多い印象の記録に解消することになる」(p. 269)．技術進歩はシュンペーター式の大きい波のかたちで進行するのではなく，それはよりスムーズでより拡

散的な過程であって,「継続的な一つの流れ,しかも模倣者たちの努力によって一定の率で大きくなる流れで進む」(p.263). この考え方を,クズネッツは彼の弟子たちに伝え,フォーゲル(Fogel 1964)とシュムークラー(Schmookler 1966)はこれをより完全に表現している.

5. クズネッツは資本主義時代の経済実績に注意を集中したが,今日われわれは 1820 年から 2003 年の期間を,経済成長率の勢いや経済政策の様式が大きく異なる 5 つの局面に区分けするに足る十分な証拠資料を持っている. 1950 年から 73 年までは比類のない繁栄の黄金時代であった. 世界の GDP は年 5%,1 人当たり GDP は年 3% 増加し,世界の貿易も年約 8% 増加した. 大多数の諸地域が米国(先導経済国)より速い速度で成長して,1 人当たり所得に著しい程度の収斂が生じた. 1973 年以後にはどの国の経済成長率も目立って低下し,異なる諸地域間にかなり大きな分岐が生じ,そして多くの地域で経済実績が潜在能力を下回るようになった. にもかかわらず世界規模で見れば,この最新の局面は 1820 年以来 2 番目に良い局面であった. クズネッツが「近代経済成長」と呼んだものは,その中のどの局面をとってもそれ以前の諸世紀よりはるかに高いものだったことは明白である. 1500 年から 1820 年にかけては世界の 1 人当たり所得は年率 0.05% の上昇だったが,1820 年から 2003 年にかけては平均年 1.25% であり,前者の 25 倍であった.

6. 技術普及のダイナミクスを理解し,またキャッチアップと立ち後れとの過程を分析するためには,先導国と追随国とを区別して見ることが重要である.「先導」国とはその経済が技術の最先端に最も近接して運営されている国のことであり,「追随」国とは労働生産性(または 1 人当たり GDP)の水準が低い国のことである. 1500 年以来 4 つの先導国が存在してきた. 16 世紀には北イタリア,16 世紀からナポレオン戦争にいたるまでの間はオランダであり,ナポレオン戦争後には英国が取って代わった. 英国の先導は 1890 年頃まで続き,それ以後は米国が先導国になった.

成長原因の数量化

GDP の成長率を比較する証拠資料が蓄積されるにつれて,経済実績の時間

的・空間的な差違の原因の数量化が実行可能になってきた．

　成長計算の分析の第一歩は労働の投入量と生産性とを計測することであった．労働投入量は時間的にも国によっても不均等に成長してきている．それは人口の動きとは大きく異なるものであった．1820年以来，労働投入量の増加率は人口の増加率よりも低く，そして労働生産性は1人当たりGDPよりかなり急速に伸びてきた．

　第二次大戦後の初期の分析家たちは，経済成長における資本の役割を強調したが，しかし正確な情報が欠けていたにもかかわらず，資本・産出量係数を安定的なものと見なした者もあれば，逓増的な投資・産出係数，資産調査，保険の資産評価額，企業資産の簿価，あるいは株価等を代理数値として使用した者もいた．大きな突破口となったのはゴールドスミスの著書(Goldsmith 1951)であった．この書で彼は，過去の投資を実質価格で評価して歴史的に積み上げ，そこからスクラップにした資産や減価償却済みの資産や戦争で破壊された資産を差し引くという「逐次的棚卸法」(perpetual inventory)というものを先駆的に提唱した．1970年代と1980年代とを通じてOECD諸国のうちのいくつかの国々は，このタイプの公式の資産評価をおこなった．その際これらの国々は，そうした作業を可能にするに十分な，長期にわたる一連の投資データを蓄積しおわった．それらの公式数値は概念的には同じものではあるが，資産の耐用年数の想定がさまざまなので，その点についての調整を要する．ファインシュティーンとポラード(Feinstein and Pollard 1988)やガルマン(Gallman 1986, 1987)などはこれらの資本ストックを，さらにずっと過去にまでさかのぼって推定した．

　私は著書(Maddison 1995c)でフランス，ドイツ，日本，オランダ，英国，米国での非居住用固定資産の標準的な評価を，構造物と機械とに区別しておこなった．これは非常に適切な区別である．なぜなら機械の成長率は構造物の成長率よりもずっと急速であったし，そして技術の進歩はおそらく構造物よりも機械にもっと速やかに体現されてきたと考えられるからである．

　シュルツ(Schultz 1961)は「人的資本」を生産要素とみなした．彼が念頭においていた主要なものは公的教育であったが，精巧な装置を使って働くことによるスキルの向上や健康の増進にも，また同様に当てはまる．こういう考えは魅力的であることが分かり，教育を要素投入の一部として取り扱う全要素生産性

表 6.4 英国, 米国, 日本の経済成長決定要因, 1820〜2003 年

	英国	米国	日本	英国	米国	日本
	1 人当たり機械・施設ストック(1990 年ドル)			1 人当たり非居住用構造物(1990 年ドル)		
1820 年	92	87	n.a.	1,074	1,094	n.a.
1870	334	489	94[a]	2,509	3,686	593[a]
1913	878	2,749	329	3,215	14,696	852
1950	2,122	6,110	1,381	3,412	17,211	1,929
1973	6,203	10,762	6,431	9,585	24,366	12,778
2003	14,291	32,240	31,232	22,957	35,687	52,589
	1 人当たり 1 次エネルギー消費(石油換算トン)			従業者 1 人当たり平均教育年数*		
1820 年	0.61	2.49	0.20	2.00	1.75	1.50
1870	2.21	2.45	0.20	4.44	3.92	1.50
1913	3.24	4.47	0.42	8.82	7.86	5.36
1950	3.14	5.68	0.54	10.60	11.27	9.11
1973	3.93	8.19	2.98	11.66	14.58	12.09
2003	3.86	7.86	4.06	15.79	20.77	16.78
	1 人当たり土地面積(ヘクタール)			1 人当たり輸出(1990 年ドル)		
1820 年	1.48	48.1	1.23	53	25	0
1870	1.00	23.4	1.11	390	62	2
1913	0.69	9.6	0.74	862	197	33
1950	0.48	6.2	0.44	781	283	42
1973	0.43	4.4	0.35	1,684	824	875
2003	0.41	3.2	0.30	5,342	2,762	3,152
	人口 1 人当たり労働時間			労働 1 時間当たり GDP(1990 年ドル)		
1820 年	1,153	968	1,598	1.49	1.30	0.42
1870	1,251	1,084	1,598	2.55	2.25	0.46
1913	1,181	1,036	1,290	4.31	5.12	1.08
1950	904	756	925	7.93	12.65	2.08
1973	750	704	988	15.97	23.72	11.57
2003	694	746	853	30.69	38.92	24.86

注) a 1890 年, * 初等教育年数と同値.
出所) Maddison(1995: 252-5). 一部を修正・更新. 付録統計 B 参照. エネルギー消費については第 7 章の表 7.11 参照.

の計測が間もなくおこなわれるようになった. 経済成長計算では教育の増進は, 物的資本と類似した生産の独立した要因としてよりも, 労働の質の改善として扱うのが通常のこととなっている[6]．

エドワード・デニソン(Denison 1962)は 20 世紀の米国の経済実績の高さを説明するために, 拡大経済成長計算を創り出した. 1967 年には彼はその手法を用いて 1950〜64 年の西ヨーロッパ 8 カ国と米国の成長率と達成水準の違いを

表6.5 英国,米国,日本の資本・産出の比率,労働生産性,全要素生産性,1820〜2003年

	英国	米国	日本	英国	米国	日本
	(資本・産出の比率)					
	機械・設備のGDP比			非居住用構造物のGDP比		
1820年	0.05	0.07	n.a.	0.63	0.87	n.a.
1870	0.11	0.20	0.10[a]	0.79	1.51	0.59[a]
1913	0.18	0.52	0.24	0.65	2.77	0.61
1950	0.31	0.64	0.72	0.49	1.80	1.00
1973	0.52	0.64	0.93	0.80	1.46	1.12
2003	0.67	1.11	1.47	1.08	1.23	2.48
	(年平均複利成長率)					
	労働生産性			全要素生産性		
1820-70年	1.10	1.10	0.18	0.15	−0.15	n.a.
1870-1913	1.22	1.93	2.00	0.31	0.36	−0.21[b]
1913-50	1.66	2.47	1.79	0.81	1.62	0.20
1950-73	3.09	2.77	7.75	1.48	1.75	5.12
1973-2003	2.20	1.66	2.58	0.91	0.65	0.63

注) a 1890年, b 1890〜1913年.
出所) 表6.4参照. 労働生産性は労働時間当たりのGDP成長率.

説明した．デニソンとチャン(Denison and Chung 1976)はそれらの国々に日本もサンプルに加えてこれをおこなった．

表6.4と6.5は19世紀から20世紀にかけて連続的に先導国となった英国と米国の計算を1820年までさかのぼって示し，また最も成功したキャッチアップ国である日本の計算を「近代経済成長」の全期間にわたって示したものである．これらの計算は次のことを示している．

1. 物的資本ストックの激増，非居住用固定資産の大幅な増加，なかでも機械・設備のセンセーショナルな急増．機械・設備のGDPに対する比率は，1820年から2003年までの間に英国では13倍，米国では16倍に増え，日本では1890年から2003年の間に15倍に増えた．これらの増加は技術進歩の加速と結びつき，技術進歩の多くは機械のなかに体現されたにちがいない．

2. 教育水準は英国では8倍に，米国と日本では11倍以上に高まった．従業者の公的教育経験の年数(初等，中等，高等教育年数と関係する給与の差でウ

ェイトづけした)で測ったこの人的資本の増加もまた技術進歩と関連していた．複雑になった生産過程はそれを操作できる良好な教育を受けた人々を必要とし，そして教育を受けた人々が研究開発にかかわることがイノベーション過程を制度化するのを助けた．

3. 国際的特化はきわめて著しく進んだ．GDP に対する輸出の比率は 1820 年から 2003 年の間に英国では 3% から 25% に，米国では 2% から 10% に増加した．日本は 1850 年代まではほとんど完全な閉鎖経済であったが，1870 年から 2003 年の間に GDP に対する輸出の比率は 0.2% から 15% に増加した．

4. 自然資源の希少性は制約にはならなかった．1 人当たり土地面積は米国では 15 分の 1 に，日本と英国では約 4 分の 1 に減った．

5. 生産に向けられ得る潜在的能力の増加の著しい部分は余暇のかたちをとった．1 人当たり労働投入量は 1820 年から 2003 年の間に日本では 47%，英国では 40%，米国では 23% 減少した．

6. エネルギー投入の増加は米国では比較的軽微だった(19 世紀には木材資源をふんだんに消費したが)．米国の 1 人当たりエネルギー消費は 1820 年から 2003 年の間にわずか 3 倍に増えただけだった．英国は 19 世紀に石炭を大量に消費したが，石炭の 1 人当たり消費は 1820 年から 2003 年の間にわずか 6 倍に増えただけだった．日本では同じ期間に 20 倍の増加だった．

重商主義時代の経済実績，1500～1820 年

重商主義時代についてのさまざまな解釈

すでに 18 世紀末に成長実績にかんする 2 つの非常に異なった見方があった．アダム・スミス(Smith 1776)は穏やかな楽観的な見方をとっており，マルサス(Malthus 1798)は深く悲観的な見方をとっていた．

楽観論

アダム・スミス(Smith 1776)は，アメリカの発見とアジアへの南回り航路の発見とが，国際貿易を通ずる規模の経済と特化の経済とを実現する新しい重要

な機会になったと論じた．それらの機会は相互に敵対的な貿易制限のため十分には生かされてはいなかったが，スミスは成し遂げられた進歩に関してほどほどに楽観的であった．彼は経済成長率を明白なかたちでは数量化しなかったが，列国を進歩の度合いに応じて上から下へ，オランダ，英国，フランス，北アメリカ植民地，スペイン領アメリカ，中国，ベンガル，アフリカという順序に位置づけた．彼にとっては政策と制度とがこの諸国間相違の主要な理由であった．

悲 観 論

トーマス・マルサス(Malthus 1798)の成長図式にはたった2つの生産要素——自然資源と労働——しかなく，技術進歩も資本形成あるいは国際的特化による利益も入る余地がなかった．それは人類の全般的な状態を次のように描き出した．人口増が人間の生存必要物を生み出す自然資源の能力への重圧となり，それを均衡させるにはさまざまな大破局——戦争，饑饉，疾病——による人間の大規模な早死にしかない．それを彼は「積極的な」チェックと呼んだ．そういう大破局を防ぐための唯一の政策手段として彼が考えたのは，出生率を低下させる「予防的」チェックであった．その影響が非常に強く持続的であったのは，主として彼のレトリックが力強く，議論が素朴で単純な人に訴えるところがあるからである．

楽観論と悲観論との間の二分は続いている．クズネッツ(Kuznets 1965)，ランデス(Landes 1969)，チポラ(Cipolla 1976)，ジョーンズ(Jones 1981)，ヤン・デ・フリース(de Vries 1993 and 1994)とマディソン(Maddison 2001)はスミスと同じ見方をとったが，しかしまだ現代の悲観論者の筏は浮遊している．

フランスのマルサス主義者，ル゠ロワ・ラデュリ(LeRoy Ladurie 1966 and 1978)は，フランス経済は1300年から1720年まで停滞していたと考えた．「実質賃金」論者はさらに悲観的である．フェルプス・ブラウンとホプキンズ(Phelps Brown and Hopkins 1956)は，1820年の英国の生活水準は1500年よりも44%も低かったとした．ヴィルヘルム・アベル(Abel 1978)はそのような低下は西ヨーロッパ全体にとって特徴的なものと考えた．これらの判断はベロック，ブローデル，リグリィとスコフィールドによって是認されたが，後には三者ともその立場を変えた．実質賃金悲観論の新しい波がロバート・アレン(Allen

2001)とヤン・ラウテン・ファン・ザンデン(van Zanden 1999 and 2002)とによってはじめられた．アレンは1500年から1820年までの間に1人当たりGDPがマイナスだったことを発見し，ファン・ザンデンは成長が私の推定値の半分以下であったことを発見した(本章末の補論1参照)．これらの実質賃金計測の問題点は，それらがマクロ経済計測によるものではなかったということである．それらは経済活動の小部分をカバーしているだけであり，それらの数字の代表性はほとんど検討されていない．

悲観論者の文献は大部分ヨーロッパ中心的であるが，スーザン・ハンレー(Hanley 1997)とケネス・ポメランツ(Pomeranz 2000)はそれぞれ，日本と中国の生活水準は19世紀初期には英国と同じであったと主張した．彼らは1500～1820年の間にはヨーロッパは著しい向上はなかったと主張または示唆している[7]．

経済実績についての数量的証拠資料の性質，1500～1820年

1965年にクズネッツは，15世紀末から18世紀後半までの間の西ヨーロッパの人口増加率と1人当たりGDPの増加率について有力な推測値を発表した．彼は当時入手可能だった人口資料(Carr-Saunders 1936とUrlanis 1941)，また18世紀の英国の1人当たり所得の成長率についてのディーンとコールの著作(Deane and Cole 1962)から判断し，さらに英国の平均経済実績よりも良かった可能性を考慮した調整をおこなって，西ヨーロッパの発展した諸国の1500～1750年の1人当たり所得の「可能な(そしておそらく最高の)長期的成長は年約0.2%であった」と推定した(Kuznets 1973: 139)．彼はそれよりも高い成長率はおそらくありそうもなく，もっと低い成長率の方が本当らしいと感じていた．クズネッツは世界の他の地域の成長率についての推測値は発表しなかったが，彼は明らかに，それらの地域の成長率は西ヨーロッパよりも低く，また1750年の1人当たりGDP水準もヨーロッパよりも低かったと考えていた．

クズネッツの推測をテストし，1820年以前の世界の経済実績の数量的証拠資料を収集したのがマディソン(Maddison 2001)の主要な成果であった．その証拠資料の性質は下記にまとめてあり，数量的結果は表6.6で示してある．

1. 西ヨーロッパについて．私は他の研究者たちに，1820年以後の証拠資料

表 6.6 1人当たり GDP 水準，1500 年と 1820 年(1990 年 GK ドル)

	1500 年	1820 年	成長率
活力ある国・地域			
ベルギー	875	1,319	0.13
フランス	727	1,135	0.14
ドイツ	688	1,077	0.14
イタリア	1,100	1,117	0.00
オランダ	761	1,838	0.28
ポルトガル	606	923	0.13
スペイン	661	1,008	0.13
アイルランド	526	877	0.16
英国(アイルランドを除く)	762	2,122	0.32
その他の西ヨーロッパ	650	1,051	0.15
すべての西ヨーロッパ	**772**	**1,202**	**0.14**
ブラジル	400	646	0.15
メキシコ	425	759	0.18
カリブ諸国	400	635	0.14
ラテンアメリカ計	416	691	0.16
米国とカナダ	400	1,231	0.35
すべてのアメリカ	**415**	**871**	**0.23**
活力が劣る国・地域			
中 国	600	600	0.00
インド	550	533	−0.01
日 本	500	669	0.09
すべてのアジア	**568**	**581**	**0.01**
ロシア帝国	499	688	0.10
東ヨーロッパ	496	683	0.10
エジプト	475	475	0.00
その他の北アフリカ	430	430	0.00
ブラックアフリカ	405	415	0.01
すべてのアフリカ	**414**	**420**	**0.004**
オーストラリアとニュージーランド	**400**	**490**	**0.06**
世 界	566	667	0.05

出所）www.ggdc.net/Maddison

を作る際に非常に有効だとが分かった相互ネットワーキングという方法によって，対象時期を過去にさかのぼらせることを勧めた．私は 1985 年から 1994 年までの間に，数量経済史についての 6 つの研究会を組織した(オランダのフローニンゲン大学で 2 つ，国際国民所得国富学会(IARIW)で 2 つ，国際

経済史学会の会議で2つ).

報告書の大部分は,近代以前の西ヨーロッパの成長についての研究であり,証拠資料は主に生産側と支出側とからのものであった.表6.6が示すように,1500年から1820年の間の1人当たり成長は年平均0.14%であって,クズネッツの仮説より著しく低い(Maddison 2001参照.推計手続き詳細とGDPデータベースの欠落を埋めるのに使った推測とは巻末の付録統計B).

現代の歴史人口学者の成果のおかげで,人口の水準と変化の推計値の質とカバー範囲とは大いに向上してきており,またヨーロッパ例外主義が明らかである都市化と平均寿命の変化に関する有用な充実した証拠資料も得られている.

ヤン・デ・フリース(de Vries 1984, 1993, 1994, 2000)は次の3つの次元でこの時期の分析に大きな貢献をおこなった.すなわちヨーロッパ都市化の比較,ヨーロッパ人の消費支出の構造変化,そしてこの時期の1人当たり労働投入が増加して生産性の成長は1人当たり所得の成長よりも遅かったことを明らかにしたこと.彼はこの最後の現象を19世紀から20世紀にかけての労働時間の減少という長期傾向と対照させて,「勤労」革命と呼んだ.

2. 米国とカナダ,オーストラリアとニュージーランド,ブラジルとメキシコについて.私はノエル・バトリン(Butlin 1986)が原住民,奴隷,白人移住者を別々に推計をおこなう「多文化」推計と呼んだ方法を採用した.初めの2つのグループについては私は,1500年の1人当たり所得を生活維持ぎりぎりの400ドルとするという定型化された数字を用いた.

3. 極度に特化された輸出経済地域であるカリブ諸国について.私は商品生産と輸出に関する推計を基にした.全体としてのアメリカでは1人当たりGDPの成長は西ヨーロッパより速かった.

4. 中国,インド,日本について.これらの国々については生産,消費パターン,人口についての証拠資料がある.日本の1人当たり実績は中国やインドよりも良好であったが,アジア全体では所得水準は停滞的であった.しかし中国がこの時代に「大きな」成長をとげたことは明らかであった.中国はこの時代を通じて,生活水準の低下なしに人口の巨大な増加を支え続け,GDPの成長率は西ヨーロッパの成長率と同じであった.

中国には強力な重農主義的官僚制度があって，人口や農業実績に関する9世紀までさかのぼる印刷記録を保存していた．また膨大な量の学問的研究もあって，私はそれらを著書(Maddison 1998)で利用した．それらの中には中国の技術発展に関するニーダム(Needham 1954-97 and 1970)，中国の人口に関する何(Ho 1959)，唐・宋王朝時代の経済史に関するバラージュ(Balazs 1931-3)やエルヴィン(Elvin 1973)，1368年からの農業発展についてのパーキンスの解説的分析(Perkins 1969)があった．穀物の産出は1400年から1820年の間に人口の増加に比例して約5倍に増加した．耕作面積は3倍に増え収穫高も80％増加した．エスター・ボズラップ(Boserup 1965)が明らかにしたところでは，これは1人当たり労働投入量の増加と，二毛作による土地のより集約的な利用，改良種子，細心な肥料収集とその投入，そしてアメリカからの新作物の導入等によって達成されたものであった．ロズマンの人口記録についての分析(Rozman 1973)は，この時期を通じて都市人口の相対的な規模には著しい変化は生じなかったことを示している．それより以前，宋王朝時代(960〜1280年)に中国が人口1人当たり農業生産高とGDPの増加とを経験していたことは明らかである．

インド：マディソン(Maddison 1971)にはムガル帝国と英国の支配下のインドの社会構造と制度の分析がある．ムガル時代については私は，アクバル大帝のためにアブアル・ファザール(Abul Fazl)が16世紀におこなった経済調査に大きく依存した(Jarrett and Sarkar 1949参照)．1600年代から1862年代の間，数量的証拠資料はあまり良くないが，ムガル・インドの2人の指導的歴史家であるイルファン・ハビブ(Irfan Habib)とシレーン・モスウィ(Shireen Moosvi)(アリガル・ムスリム大学の)が証拠資料を提示し，そこからムガル帝国の崩壊と東インド会社による乗っ取り以後，1人当たり所得はいくらか低下したという結論を出しており，私はこれを正しいと考える．

日本は7世紀以来，経済，社会，文字，制度について中国をモデルにした．西欧に追いつくということを政府が言いはじめたのは1867年であるが，日本が中国に大体追いついた時期である18世紀には中国モデルは放棄された．1720年に将軍はヨーロッパの書籍禁止を解除し，蘭学(オランダ

の学問の翻訳)はヨーロッパ科学技術知識の移入に大きな影響を与えた(Maddison 2001: 204-6 and 252-60，および本書第2章参照)．豊臣秀吉の太閤検地は16世紀末の徳川時代の農業の数量化に有益である．速水融と斎藤修の労作は日本の歴史人口学に関するきわめて貴重な証拠資料を含んでいる．

5. アフリカについてはサハラの北と南ではっきりした区別がある．エジプトはナイル川から豊かな灌漑と容易な水上輸送を得たために特別に有利だった．マグレブ地方では都市化と識字化が高度に進み，より精巧な経済政治制度をもち，国際貿易への参加もブラックアフリカより大規模だった．奴隷貿易による人口の喪失にもかかわらず，農耕民が狩猟・採取民に取って代わったことにより，またアメリカからの新しい作物——とうもろこしとキャッサバ——の導入により，ブラックアフリカより人口増が速かった．

重商主義時代の経済成長の代理数値的諸要因

重商主義時代の成長の原因を分析する際には，表6.4や6.5と同種の成長計算を示すことは不可能である．しかしながらボズラップ(Boserup 1965)とデ・フリース(de Vries 1994)は，この時期の人口1人当たり労働投入量は，それ以後のように減少したのではなく増加したということを示した．われわれはまた海運業で資本形成が大きく増加したこと，人的資本と知識の改善があったことも知っている．グローバリゼーションの過程が非常に重要だったことは明らかである．

国際貿易

西での海運と航海の劇的進歩によって，1500年から1820年の間に世界貿易は20倍に増加した(第2章の表2.6参照)．それはアダム・スミスが強調したタイプの特化の利益をもたらした．それはヨーロッパの消費者に新しい産物——茶，コーヒー，カカオ，砂糖，じゃがいも，たばこ，磁器，絹，綿織物を提供した．このグローバリゼーション過程は，これら数世紀にとっては20世紀以上に重要な構成要素であった．ヨーロッパ諸国はまた植民地からの剰余を引き出すことができた．すなわちスペインとポルトガルは16世紀にアメリカから，オランダは1600年以後アジアから，英国とフランスは18世紀にそれぞれ剰余

を引き出した．スペインの略奪は主として貴金属の形をとった．アジア人はヨーロッパの生産物をあまり買おうとしなかったので，これはヨーロッパ人の対アジア人貿易をまかなうのに非常に重要なものであった．ヨーロッパの大部分の貿易諸国はアフリカ人の奴隷化から利益を得た．

アメリカの生態・技術・人口の転形

アメリカの農業生産力は小麦，米，砂糖，コーヒー，ぶどう，オリーブ，たまねぎ，キャベツ，レタス，オレンジ，バナナ，ヤムいも，牛，豚，鶏，羊，山羊の導入によって向上した．牽引力と輸送力は馬，牛，ろば，らばの導入によって改善された．潜在生産力は鉄製の武器や道具や犁，車輪付きの乗り物，船舶と造船，印刷，読み書き能力，教育，政治および経済制度の導入によって増加した．ヨーロッパの鉱業技術の導入により，金1700トンと銀7万3000トンが1500年から1820年の間に生産・輸出され，ヨーロッパ人の対アジア貿易をまかなった．

ヨーロッパからの疾病の持ち込みは大きなマイナス作用を生んだ．この疾病は原住民の3分の2を殺してしまった．この大陸の人口は，アフリカ人奴隷と，1人当たりではるかに大きい土地資源にひかれて移ってきたヨーロッパ移住民とが補充した．1820年にはアメリカの人口の37%は先住民と混血民から成っており，白人が41%，黒人または黒人と白人の混血民22%だった．

アメリカ発の生態系上の獲得物

アメリカから移転されたとうもろこし，キャッサバ，じゃがいも，さつまいも，そら豆，落花生，トマト，パイナップル，カカオなどの作物は，ヨーロッパ，アフリカ，そしてアジアの生産能力を高めた．新作物を手にしたことは，これら3地域の人口成長の加速を支える助けとなった主要な要因であり，その影響は特に中国とアフリカで大きかった．

西の興隆を下支えした知的・制度的変化

原因となった代理数値的で計測可能な諸要因のその先を見ていくと，そこに西の経済的興隆にとって重要であって他地域には比肩するものがなかった4つ

の知的・制度的変化に気づくことができる．

世俗的な知識と科学の発展

　1500年ごろから，合理的な探求と実験とを通じて自然力を変換する人間の能力への新しい自覚が生じたことが証拠立てられる．1080年にはボローニアにヨーロッパ最初の大学ができた．1500年までにはそのような世俗的教育のセンターが70も存在するようになった(Goodman and Russell 1991: 25 参照)．15世紀半ばまで教育は大部分口頭でおこなわれ，教育課程は古代ギリシャと似たものであった．グーテンベルクが1455年にマインツで最初の書籍を印刷してから事態は変わった．1500年までに220の印刷機が西ヨーロッパ中で作動し，800万の書籍を製作した(Eisenstein 1993: 13-17 参照)．大学の生産性と新思考への開放とが大いに拡大した．

　ベネチアの出版業者たちは1000部かそれ以上の部数の印刷物を定期的に刷り上げた．16世紀の中頃までに彼らは，楽譜，地図，医事，それに非宗教的学問の洪水などを含む約2万ものタイトルの書籍を生産した．印刷が発明されるまで書籍は芸術的な価値や聖像的な価値を持つものとして珍重され，その中身は主として過去の知識やドグマの反映であった．印刷術によって書籍の値段は大幅に下がった．出版業者たちは新思考を普及するというリスクテイクや新しい書き手たちへの出番提供を，以前よりはるかに喜んでおこなうようになった．書籍を手にする人の数は大幅に増え，識字意欲は大幅に拡大した．ヨーロッパの印刷革命に比肩するものは，中国を例外として，世界の大部分には19世紀初めまでは存在しなかった．ヨーロッパと中国との大きな相違は，ヨーロッパの出版の競争的性格と書籍の国際貿易であった．

　知的地平の根本的変化は，地球中心の宇宙という中世的観念が放棄された16世紀から17世紀にかけて起こった．ルネサンス，17世紀の科学革命，18世紀の啓蒙思想のおかげで，西のエリートたちは迷信や魔術，宗教的権威への服従を次第に投げ捨てるようになった．科学的アプローチが教育制度に次第に胚胎した．制限された地平は捨て去られた．進歩に対するプロメテウス的探求心が解き放たれた．科学のインパクトは経験主義的研究と実験とを開始した科学アカデミーと天文台との創設によって強められた．実験結果の体系的記録と

文書によるその普及が彼らの成功のカギとなる要素であった．

都市ブルジョアジーの出現と財産権の保護

11世紀と12世紀に，自治的財産権を有するフランドルと北イタリアに重要な都市交易センターが出現した．これが経営者精神を鼓舞し，財産売買への封建的制約を廃止した．会計の発展は契約を実効あるものにする助けとなった．新しい金融諸機関と諸手段が信用と保険，リスク評価の確立と大規模なビジネス組織形成へのアクセスを可能にした．

家族，結婚，相続の性質の変化

紀元380年のキリスト教の国家宗教化は，ヨーロッパの結婚，相続，親族関係の性格に基礎からの変化をもたらした．法王はギリシャ，ローマ，エジプト以前，また後のイスラム世界でおこなわれていたのとは劇的に異なるパターンを押しつけた．結婚は厳重に一夫一婦であるべきで，多妻，養子，離婚，寡夫・寡婦の再婚が禁止され，第1・第2・第3いとこあるいは結婚による義理の兄弟姉妹関係者たちの結婚は「同族結婚」として禁止された．紀元385年の法王の決定は僧侶に独身を課した．この新制度のもともとの意図は，巨大な規模の財産所有者となった教会に資産を流し込もうということであったが，しかしこれは，さらにはるかに広範な結果を生んだ．近い家族だけに相続を制限し長子相続を広範に適用したことは，一家や一族やカーストへの忠誠心を打ち砕き，個人主義と蓄財主義を強め，国民国家への帰属意識を強めた（Goody 1983とLal 2001参照）．

国民国家システムの出現

第4の特徴は，言語が違うのにさかんな貿易関係をもち，比較的容易な知的相互交流とをもった，近接した国民諸国家のシステムが出現したことであった．こうした適度の分裂状態が競争と革新とを促進した．冒険心や革新の心を抱く人々には，異なった文化や環境への移住や亡命という選択の道が開かれていた．ヨーロッパの指導的諸国家の重商主義的交易政策は相互に差別的・制限的で，戦争になることがよくあった．しかしながらヨーロッパの体制をオスマン帝国，

ムガル帝国や中華帝国の体制とくらべれば，ヨーロッパのほうに軍配が上がる．

近代化のルーツ——「テイクオフ」か長期の「見習い修行」か

　近代経済成長と重商主義の時期のマクロ経済実績の数量的証拠資料，そしてその成長の強さを規定した駆動力の違いを考慮してくると，2つの時期の間の移行の性質を考えることが有益である．実は「近代化のルーツ」にかんする見解には，すでに述べたような重商主義の時期に生じたスミスとマルサスの解釈に現れたのに似た鋭い分岐がある．

突然の「テイクオフ」

　現代の経済成長をマンチェスターの「産業革命」に帰着させ，それ以前にはマルサス的停滞の数世紀があったという思想の学派がある．このメタファーは1884年にアーノルド・トインビーが最初に広め，その後，たとえばロストウの中の「テイクオフ」(Rostow 1960)やモキアの技術史(Mokyr 2002)にひきつづく反響が生じたことがある．モキアの技術史は次のように書いている．「1800年以前の技術の大部分は偶然の発見の結果として出現した．……産業革命以前には経済は負のフィードバックに支配されていた．一番よく知られていた負のフィードバックのメカニズムはマルサスのわなであった」(pp.31-2)．ノードハウス(Nordhaus 1997)とデロング(DeLong 1998)はヘドニック指数という薬を飲み過ぎて，1800年以後の過程をひどく過大評価するおとぎ話の筋書きをつくりあげた．彼らはそれ以前の人々が穴居人のような生活をしていたと信じているようにみえる(本章末の補論3参照)．それらの見方には根本的欠陥がある．

それとも長期の見習い修行か？

　1500年には西ヨーロッパにはすでに70の大学があった．教育と知識の普及は印刷術によって革命化された．

　18世紀末までには船舶と艤装の設計，砲術，気象と天文の知識，航海用具の精密さに大きな進歩があった．船員たちは対数表，六分儀，海軍用海事暦や正確な携帯時計を手に入れた．地図はめざましく改良され，さらに詳細な沿岸

調査,風と潮流の知識によって補充された.航海の安全度は増し,航海期間の予測はしやすくなり,難破事故は減り,長期航海中の病死は大幅に減った.

これらの変化は科学的努力の結果であった.1543年にコペルニクスは地球が宇宙の中心だという考えをしりぞけた.ケプラーとガリレオは天体とその性質と軌道の変化を詳しく観測した.ニュートンは1678年に全宇宙が運動と重力の法則にしたがっていることを示した.天文学と物理学の進歩にともなって数学と,望遠鏡,顕微鏡,マイクロメーター,温度計,気圧計,空気ポンプ,置時計・柱時計と携帯時計,蒸気機関の設計が大きく進歩した.

ヨーロッパでのこうした発展は,19世紀と20世紀に生じた経済発展加速の不可欠な前奏曲であった.これらに比肩するものは他の地域にはなかった.

補 論

補論1:実質賃金論の復活者たち
────ロバート・アレンとヤン・ラウテン・ファン・ザンデン

マディソン(Maddison 2001)に対する広範囲な書評の中でジョヴァンニ・フェデリコは,私が重商主義期の西ヨーロッパの経済実績を誇張しているのではないかということを示唆し(Federico 2002),この時期には西ヨーロッパ全体の1人当たり所得は実際には低下したというロバート・アレンの代理推計値と,成長率は年0.06%にすぎなかったと見るファン・ザンデンの代理推計値とを引用した.彼らの暗鬱な結論は次に説明する理由から私の推計値に対する有効な反論とは認められない.

アレンは1500年から1913年の間のヨーロッパの実質賃金推定値を提示した(Allen 2001).彼はヨーロッパの18都市の建築業の職人・労働者の名目賃金(1日当たりの銀グラム数)と,12品目(うち3分の2はパン,ビール,肉)の消費者物価指数を示した.その結果は50年という部分期間ごとに提示された.基礎データは1日当たり賃金であったので,彼はこれを年間労働時間250日と仮定して年間数字に換算した(250という倍率は彼の時間的データにも国家間データにも明白に一様に適用されている).1500~49年分と1750~99年分の職人の賃金が分かるヨーロッパの14の都市についてみると,1700~49年の実質賃金は1500~40年の実質賃金の66%であって,ロンドンの場合だけがわずか1%足らずでは

あったが上がっていた．同じ2つの期間分の建築労働者の賃金が分かる12都市についてみると，アムステルダムだけが約3%の上昇で，他の都市ではすべて下がっていた．建築労働者の平均実質賃金は1750～99年には1500～49年の76%であった(p.428)．この結果はフェルプス・ブラウンよりもましな暗さであるが，それが明らかに意味するものは，西ヨーロッパの生活水準は1500年から1800年の間に大幅に低下したということである．アレンの著書(Allen 2000)は，1500年から1800年の間のヨーロッパ9カ国の1人当たり農業産出の動きの数値を提示しただけの「単純な経済理論にもとづく歴史見直しの試み」であった．彼はこの2つの時期の間，ヨーロッパ9カ国では農業産出が減少し，しかも大部分の場合，それが非常に大幅だったことを示している．イングランドについては彼は32%の減少だったという(p.19参照)．これはイングランドの1人当たり農業産出が1600年から1800年という短期間に2倍になったというリグリィの推計と著しく食い違っている．それはファン・ザンデンとホーリングスが提示した推計(van Zanden and Horlings 1999: 28)とも大幅に食い違っている．アレンは農業産出の直接計測をおこなっていない．彼はそれを，自分が推定した職業構造と，彼の実質賃金計測が1人当たり総産出の代理数値として通用するという仮定とをもとに，数量経済学的方法を用いて導き出している．

ファン・ザンデンは5カ国の実質GDPの推計値を示しており，それによれば1500年から1820年の間の西ヨーロッパの1人当たり所得の成長は，私が著書(Maddison 2003a)で推定した速さの半分以下だった．表6.7は彼の推計値と私の推計値とを比較したものである(van Zanden 2002)．

英国について彼はわずかに遅い成長数値を示しており，それは彼が農業について別の証拠資料を使ったからである．われわれ2人が一致しているのは，成長が英国では最も速いという点であり，私の推計を訂正する理由はない．オランダについては2人の推計値は1570年以降ほとんど全く同じである．主な相違は，彼がオランダの1人当たり所得が1500年から1570年まで停滞しており，それに対して私は大幅な増加があったとみている点にある．1470年から1570年にかけてオランダの商船隊は4倍近くに増強されており(成長率年1.4%)(Maddison 2001: 77参照)，さらに都市化がめざましく進行しつつあった．

ファン・ザンデンはオランダの1500年の1人当たり所得が現在のベルギー

表 6.7 ヨーロッパ 5 カ国の 1 人当たり GDP 推計値 マディソンとファン・ザンデンとの対比, 1500〜1820 年

	マディソン		ファン・ザンデン	
	1500 年	1820 年	1500 年	1820 年
ベルギー	875	1,319	989	1,319
イタリア	1,100	1,117	1,353	1,117
オランダ	761	1,838	1,252	1,838
英 国	714	1,706	792	1,706
スペイン	661	1,008	946	1,008
平 均	882	1,345	1,116	1,345

注と出所) 第 1, 2, 4 列は Maddison(2003a: 262) から. 第 3 列は van Zanden(2002: 76)の指数によって示される成長率から算出. ファン・ザンデンは彼の数値をマディソンが示した 1820 年の 1 人当たり GDP 水準を英国に対する比率で示した. スペインについて私は, ザンデンの 1500〜1820 年の成長率が 1500〜1820 年にも適用されると推定した. 最下行は 5 カ国についての加重平均値である. 1500〜1820 年について私の平均成長率は年率 0.132% でありファン・ザンデンのものは 0.058% である.

よりも低かったという点で私と一致している. それにもかかわらず彼の推計値は, 1500 年についてはその反対の状況だったということを示している. この矛盾を緩和するために彼はブロンメとファン・デア・ヴェー(Blomme and van der Wee 1994)のベルギーの成長率を下方修正しており, 私もこれに同意した. ファン・ザンデンと私とは 1500 年にイタリアは最高の所得国だったという点で一致しているが, 彼は 1500 年から 1820 年に 1 人当たり GDP が 18 ポイント低下したと想定しており, それに対して私は停滞状況だったと想定している. 彼は北イタリアについてのマラニマ(Malanima 1994)の推計値を出所として引用している. 実際にはマラニマ(Malanima 1994 and 1995)は 7% の低下だったとしているが, ファン・ザンデンの推計値はマラニマ(Malanima 2003)の推計に近く, 約 5 分の 1 の低下となっている. イタリアについての証拠資料は全体としてあまり良くなく, この時期の実績をめぐって現在 2 派の考え方がある. マラニマの判断はチポラに近く(Cipolla 1976), 他方ラップ(Rapp 1976)とセッラ(Sella 1979)は 1500 年から 1820 年にかけて 1 人当たり所得は停滞していたと主張し

ている．私は後者の判断に傾いているが，都市化率が 1500 年にくらべてわずかに高かったので，きわめて僅かの上昇と想定した．スペインについてファン・ザンデンは 1570～1820 年間に年成長率 0.02％ という数字を示しており，これは彼が 1580～1820 年間のカスティリーアについてのユンの推計値(Yun 1994)を修正して得たものである．実際にはユンの推定値(p. 105)はこれの 2 倍の速さの成長を示している．私はユンの推計を修正する理由を説明して，彼の推計はスペインの経済がアメリカ征服から大きな上昇力を得た 1500～80 年抜きの推計だからであると指摘した(Maddison 2001, p. 249)．

ファン・ザンデンは穀物価格(ライ麦と小麦)をデフレーターにして，ヨーロッパの 14 の都市・地域の建築業不熟練労働者の実質賃金を提示した(van Zanden 1999)．彼は推計をおこなった 1500～20 年と 1780～1800 年の 2 つの期間で 10 の事例すべてが低下しており，後の時期の平均は 1500～20 年の 60％，年平均の変化が －0.17％ であったことを示した．これはアレンの得た労働者についての結果(Allen 2001)より悲観的であるが，フェルプス・ブラウンとホプキンズが同じ時期の英国建築業職人について得た発見(Phelps Brown and Hopkins 1956: 29-30)と似かよっている．ファン・ザンデンは実質賃金推定値は，たとえその他の膨大な量の証拠資料と鋭く対立するものであっても「生活水準にかんする重要情報源」(p. 178)であると感じている．彼は一致が可能かもしれないとしている．彼の推計値は 1 日当たり賃金であり，そしてこの時期には労働者の平均年間労働時間が大幅に増加したかもしれないということ，彼らの家族の所得が女性や児童の労働の増加によって補充されたかもしれないということを，彼は示唆している．デ・フリース(de Vries 1993)が示したようにこの方向へ向かう変化はあったようであるが，ファン・ザンデンはそれを数量化しようとはしておらず，こうした効果が一致を達成するほど大きいかどうかはきわめて疑わしい．ファン・ザンデンの一致希望が彼の著書での 1500～1800 年の 1 人当たり GDP 推計値における下方バイアス(van Zanden 2000)に導いたのかもしれない．

実質賃金分析の創始者ソロルド・ロジャース(Thorold Rogers, 1823～90)はオックスフォードの経済学教授であり，英国の賃金取得者の生活条件は参政権の拡大や労働組合運動の奨励によって向上できると主張する議会のリベラル派メ

ンバーであった．彼にとって低賃金は支配エリートによる労働者搾取の結果であった．グレゴリー・キングの1688年の不平等の推計からの引用(Rogers 1884: 463-5)から明らかなように，彼は賃金所得と国民所得とをきびしく区別した．彼は自分の立場を次のように言って要約している(p.355)．「社会は富の面でめざましく進歩を遂げたかもしれないが，賃金は低いままだ……相対的に述べるならば，今日の働く人は15世紀ほどには裕福ではない」．

「実質賃金論」復活論者の中にはこのことを忘れてしまって，労働者の小グループの実質賃金を，マクロ経済分析におけるその代表性を考慮せずに1人当たりGDPの代理数値として使う者もいる．リンダートとウィリアムソンは1688年に建築業で生計を得ていた家族は5.3%しかなかったということを示している(Lindert and Williamson 1982: 393)．資料を細心に跡づけたフェルプス・ブラウンとホプキンズの研究では，建築労働者の賃金相場の決定は年3回であり，1500年から1800年までの間に相場が立たなかった年が82年もあった．実質賃金低下論の熱狂的な主張者は建築労働の性質の変化を論じていない．このような長期間の間には，賃金記録が残っている人たちにとっては，装飾的な聖堂用石積み作業かられんが積みへの移行という大きな変化があったのである．

補論2：ジョエル・モキアと「産業革命」

「産業革命」メタファーの最も最近の著名な信奉者は，近代経済成長が産業技術の突然の躍進から生まれたと考えるモキアである(Mokyr 2002)．彼は18世紀半ば以後の「命題的」(prepositional)な知識と「規範的」(有用な)知識との相互作用についての，詳細で博学的，啓蒙的だがしかし複雑な歴史を提示し，あわせてそれ以前に起こったことについての粗っぽい確認をつけくわえた．彼は「1800年以前の大部分の技術は偶然の発見と試行錯誤の結果として出現した」(pp.31-2)という．彼は印刷技術の重要性をしぶしぶながら承認し(p.8)，海運や航海術の進歩にはちょっとだけ言及しているが，それらが与えた影響についてはふれていない．

> これら初期のミニ産業革命は，その効果が経済を持続的成長の軌道にのせる前に消えうせてしまうのが常だった．産業革命以前，経済は負のフィードバックに服していて，成長のエピソードは何らかの障害や抵抗に阻まれ

終止符が打たれたのである．……こうした負のフィードバックのメカニズムで最もよく知られているのは，所得の向上が人口増と有限な自然への圧力とをつくり出すというマルサスのわなである」(p.31)

彼は1800年以前の「認識的基礎」の狭さについて非常にしつこく言及し，2つのタイプの知識の間の正のフィードバックが18世紀以後の第1次から第3次の3つの「産業革命」が進むにつれて大きく広がったと主張する．両知識の相互作用の流れも起こり(p.100)，今やわれわれは現代の情報技術の進歩が「規範的知識から命題的知識への非常に強力な正のフィードバック効果を生み出す」(p.115)地点に到達している．この新しい知識の経済的インパクトについての彼の主張は，数量的な証拠資料を欠く主張にとどまっている．その分析はたとえば彼のいう第2次「産業革命」の影響に対する評価に見られるように，次のように特徴的な情熱をもって表明されている．「命題的知識群で要となった飛躍は1865年，ドイツの科学者アウグスト・フォン・ケクレによるベンゼン分子構造の特定によって開かれた．……この化学構造の発見こそ現存技術の認識的基礎拡大のパラダイム的実例である」(p.85)．モキアの分析に関する私の疑問は，科学のインパクトについての彼の判断に関してであって，17世紀の科学革命の結果を実際化することが遅れたのはなぜか，そして科学・技術の革新的影響が過去2つの世紀の間に加速化したのはなぜかということを説明するのに役立つ，彼のモデルについてではない．問題があるのは，1800年以前には生活水準の「純」向上が生ぜず，それ以後に豊饒が継続的に加速されたという彼の想定である．この想定は，クズネッツと彼の弟子たちによって見出された1800年の前と後の時期に関する国民所得計算の諸数値と矛盾する．モキアはもちろんこのことを知っている．彼は自説の弁明文(pp.116-17)で，「産出の総額と生産性の成長によるその分析は，長期間にわたる経済成長を理解するには限られた有用性しかもたないかもしれない．このやり方では，過去二世紀にわたる重要な発明のうちのいくつかによる全経済的インパクトが欠落してしまうだろう」と述べている．彼はこのやり方の代わりにデロングの「シリコンバレーの掘り出し上手」を選ぶのである（次の補論3参照）．

補論3：幻覚的歴史（ノードハウスとデロング）

　ノードハウス論文(Nordhaus 1997)はヘドニック指数を用いて光の価格の長期的変化を測定するという野心的な試みであった．彼は「真の」指数すなわちヘドニック指数を用いて，米国では1800年から1992年の間に人工光のヘドニック価格は年4.2%の「低下」(約3450分の1に)だったと推計したが，これに対して通常の消費者価格を使ってみると年1.2%の上昇であった．彼は日光の供給が1800年から1992年まで変化しなかったという事実を無視している．もしこれを考慮すれば，人工光の影響は彼が言うよりもずっと軽微なものになったであろう．その分析の冒頭で彼は「太陽光が妨げられずに地上に達すれば約1万ルックスであり，一方普通の家庭の照度は約100ルックスである．ろうそく時代には一室に2本のろうそくにより5ルックスだったであろう」(p.31)といっている．このように1戸当たりの人工光は20倍になったが，総日光は1800年以来たった1%しか増加しなかったことになる．人工光の主な影響は月光を補充し，夕刻を明るくし，勤労や読書に使う時間を長くすることにあった．眼鏡の発明が勤労や読書の関係で非常に重要だったことは明らかだが，ノードハウスはこれにはふれていない．

　彼は自分の実質賃金測定アプローチが意味するところを説明している．普通の測定では1800年から1992年の間に13倍になった．「真の」増加は40倍から190倍の間であったと彼は言う．彼は3つの部門について普通の価格指数をヘドニック指数に変換してこの結果を引き出した．ものとサービスの特性の変化が比較的少なかった「普通型」変化部門については，年0.5%と想定した「バイアス」を除去して下方修正した．1800年のものとサービスが変化したがなお見分けがつく「地震型」部門については，光について彼が測定したバイアスの半分に等しい数字だけ普通の価格指数を下方調整した．ものとサービスの性質が根本的に変化してしまったか，または1800年には存在しなかった「地殻変動型」部門については，彼の光に関するバイアスによる調整を適用した．彼は1800年にはものとサービスの75%が第1のカテゴリーに属しており，1992年にはその割合は28%に低下し，「地震型」部門は36%，「地殻変動型」部門は37%になったと想定した．私は米国の1人当たりGDPは1800年の1087ドルから1992年には2万3169ドルへ21倍になったと推定した．190倍

に増加したということは 1800 年の水準が生活維持水準よりずっと低い 122 ドルだったということを意味することになろう．

ノードハウスの合図を受けてデロング (DeLong 1998) は「マディソンによる世界の 1 人当たり GDP の増加の推計値は，品質の改善 (それが何であるかをデロングは特定していない) をとらえていないから大幅な過小推計を含んでいる」と騎士気取りで言い出した．言うところの誤推計を正すために，彼は「いくらか恣意的に……1800 年から後の 1 人当たり産出を追加的に 4 倍にする」とした．彼の示すところでは 1800 年から 2000 年の間の世界の 1 人当たり GDP は，私の言う 9 倍ではなくて 35 倍になるという．

注
1) OEEC は生産側からの経済実績水準の比較に別のやり方を使う実験をおこなった (Paige and Bombach 1959 参照)．このやり方は生産性の比較には特に役にたった．これは国際諸機関には無視されてきているが，私は多数の諸国についてこの種の推計をおこない，またこれを推奨した．Maddison (1970) は 1870 年から 1968 年の間にわたる世界 GDP のほぼ 75% を占める OECD の 6 つの最大諸国，ソ連および 22 の発展途上諸国の成長経験を比較調査したものであった．統計上の最大の課題は当時 GDP を比較する尺度がなかったことであった．私は部門ごとの実質付加価値を米国価格で計る 1965 年基準値を作りだした．農林水産物の産出額は，FAO の詳細なデータから食料，種子および非農産物投入額を差し引いて導き出した．鉱業，製造業，ガス・水道・電力などの公益事業については篠原 (Shinohara 1966) を利用した．彼は米国製造業センサスから導き出した付加価値で加重平均した商品 70 品目のサンプルを持っていた．サービス部門については直接の測定は不可能だったので，商品部門 (すなわち農業プラス工業) と系統的な関係にあると考えられる雇用統計と労働生産性の推定水準を利用した．Maddison (1998a) で私は，1990 年の中国の GDP 水準を米国の GDP 水準ともっと念入りに比較するために，産業源泉比較 (industry of origin approach) という方法を使った．Maddison (1983) は Maddison (1970) の産出額推計法と Kravis, Heston and Summers (1982) の支出額推計法とを対比した．先進諸国については私の結果は平均して約 4% 低かった．発展途上国については開きはもっと大きかった．支出推計法の結果では 1 人当たり GDP は米国の 16.7% であり，生産額推計法の結果では 11.3% であった．この差違は第 1 に比較困難なサービス業の取り扱いから生じた．教師や公務員については，これらの推計値は発展途上国の平均労働生産性が米国の平均労働生産性と同じであると想定し，これに対して私の平均の推計値では米国の水準の 3 分の 1 であった．大学生活に戻ってから私は 1983 年にフローニンゲン大学に ICOP 計画 (International Comparisons of Output and Productivity, 産出・生産性国際比較研究計画) を設立し，同計画はその後 80 以上のリサーチ・ペーパーと 1 ダースの博士論文を生み出し，この分野での研究の世界的ネットワークを確立した．ICOP 計画の成果の全体については Maddison and van Ark (2002) にサーベイがある．ICOP 基準の総合経済報告のうち現在入手できるのは，ブラジル，メキシコ，韓国，日本と 1975 年の米国のものだけとなっている．これら 4 カ国の 1 人当たり GDP の平均は米国の 34.8% であり，これに対する ICP の 36.9% という数字との開きは，私が 1983 年に対比した時の開

きよりずっと小さくなっている．この2つの方法の対比や調整はより厳密に，より多数の国々についておこなうことを要する．
2) http://www.pwt.econ.upenn.edu 参照．
3) 最後の英国香港提督クリストファー・パッテンは『エコノミスト』誌1997年1月4日号掲載の論文で，「英国の今日のGDPは中国の2倍の規模である」と述べた．もし彼がPPP（購買平価換算率）について知らされていたら，英国のGDPは中国の3分の1の規模だと言ったかもしれない．
4) Kaldor(1945-46)は「ドイツは1944年8月から9月という短期間を除いては，自身の戦争対応能力をフルに発揮すべく真剣な努力をはらおうとしなかった．何らかの成果を得るには時すでに遅かったけれども」と結論した．Galbraith(1971)は同じ点を指摘した．Kaldorの分析は米国戦略爆撃調査団(1945年)のスタッフとして収集した証拠資料と，ドイツ軍需省アルベルト・シュペーアの副官カール・オットー・ザウルに対する尋問から引き出されたものであった．この調査団を指揮したのはガルブレイスで，ポール・バラン，Ed Denison, Burton Klein, Tibor Scitovsky(戦時名Thomas Dennis)などが参加していた．KaldorとScitovskyは終戦の日にオーストリアでザウルの尋問をおこなった(Scitovsky 1999 参照)．ザウルは戦時の生産記録が見つかる場所を教え，この二人はロシア軍がやってくる直前にこれらの記録を急いで持ち去った．DenisonとHaraldsonは軍事動員を概観するために1936年から44年の間のドイツのGNPの詳細な推計をおこなった．Richard Ruggles はロンドンにあった米国戦略事務所で働き，鹵獲した兵器に付いていたシリアル・ナンバーにかんする情報を解読して，ドイツの戦車，トラック，航空機の生産状況を推測した(Tobin 2001 参照)．ストーンは英国情報機関と協力し，地中海での艦船の動きの追跡によってイタリア参戦の日時を予測した．クズネッツは Moe Abramovitz の手助けのもとに，彼の国民経済計算を利用して米国戦時生産局計画委員会で軍需生産の大拡張を組織するのを助けた(Kapuria-Foreman and Perlman 1995 参照)．このような余談がおしえることは，国民経済計算や歴史的計算を作成する仕事の最初の段階は，退屈な役人仕事ではなかったということである．それは探偵作業と想像力を必要とし，シャーロック・ホームズの冒険のようにエキサイティングなものでもあった．
5) Colin Clark(1940)は16カ国について，1820年以来の平均19年間をカバーするGDPの成長を(いくつかは非常にラフなものであったが)推計した．われわれは現在ずっと多くの国々についての経済計算を持っており，16カ国については平均151年をカバーするもっと質の良い経済計算を持っている．当時何らかの種類の公的国民経済計算を持っていた国は10カ国にすぎなかった．2001年には179カ国が標準化されたSNAガイドラインを用いて公的な経済計算を作成している．
6) 人的資本ストックの推計は物的資本の推計手続きと似ている．一つの有益な主発点は，公的教育終了時年齢の回答がある継続的な人口センサスを精査することである(19カ国の性別および年齢集団別の推計値については OECD 1975: vol. 1, pp. 31-108 参照)．これらの証拠資料はそのストックに追加分を毎年積みかさねることによって更新でき(毎年の入学者については OECD, Education at a Glanc とそれ以前の篇参照)，労働力からリタイアした人についてはそれを差し引く．ストックの価値は初等・中等・高等の各教育の人々の収入の推計値から導くことができる(Psacharopoulos 1975 参照)．この手続きは私が OECD 加盟先進諸国の経済成長計算で(Maddison 1987 参照)，また発展途上22カ国について(Maddison 1970: 45-50)利用したものである．
7) Kenneth Pomeranz(2000)は1800年までは中国はヨーロッパに先んじていたと主張した．

彼は「西ヨーロッパは超異常経済ではなかった．西ヨーロッパが幸運な変わり種になったのは，それまで限界と誰もが思っていたエネルギーと資源の入手に関する根本的な制約が，18世紀後半とくに19世紀におこった予期せぬ大断絶によって打破可能になってからである」と述べた．これに対する私の不同意はMaddison(2003: 248-51)で細大漏らさず説明した．Hartleyは日本について同じ意見を発表した．それに対する私のコメントはMaddison(1999)参照．

文　献

Abel, W.(1978), *Agrarkrisen und Agrarkonjunktur*, Parey, Hamburg.（W. アーベル『農業恐慌と景気循環——中世中期以来の中欧農業及び人口扶養経済の歴史』寺尾誠訳，未来社，1986年）

Abramovitz, M.(1956), 'Resource and Output Trends in the United States since 1870', *American Economic Review*, May, pp. 5-23.

Abramovitz, M.(1986), 'Simon Kuznets, 1901-1985', *Journal of Economic History*, March, pp. 241-6.

Abramovitz, M.(1989), *Thinking About Growth*, Cambridge University Press.

Abramovitz, M.(2000), 'Days Gone by: A Memoir for my Family', Stanford University Press.

Abrams, P. and E. A. Wrigley(eds)(1978), *Towns in Societies: Essays in Economic History and Historical Sociology*, Cambridge University Press.

Abu-Lughod, J. L.(1989), *Before European Hegemony: The World System, AD1250-1350*, Oxford University Press, New York.（J. L. アブー＝ルゴド『ヨーロッパ覇権以前——もうひとつの世界システム』佐藤次高ほか訳，〈岩波人文書セレクション〉，岩波書店，2014年）

Aldcroft, D. H. and A. Sutcliffe(eds)(1999), *Europe in the International Economy, 1500-2000*, Elgar, Cheltenham.

Allen, R. C.(2000), 'Economic Structure and Agricultural Productivity in Europe, 1300-1800', *European Review of Economic History*, 3, pp. 1-26.

Allen, R. C.(2001), 'The Great Divergence in European Wages and Prices from the Middle Ages to the First World War', *Explorations in Economic History*, 38, pp. 411-47.

Allen, R. C., T. Bengtsson and T. Dribe(eds)(2005), *Living Standards in the Past*, Oxford University Press.

Balazs, S.(1931-33), 'Beiträge zur Wirtschaftsgeschichte der T'ang-Zeit(618-906)', *Mitteilungen des Seminars für Orientalische Sprachen*, pp. 34-36.

Beckerman, W.(1966), *International Comparison of Real Incomes*, OECD, Paris.

Blomme, J. and H. van der Wee(1994), 'The Belgian Economy in a Long-Term Historical Perspective: Economic Development in Flanders and Brabant, 1500-1812', in Maddison and van der Wee.

Boomgaard, P.(1993), 'Economic Growth in Indonesia, 500-1990', in Szirmai et al.

Booth, A., W. J. O'Malley and A. Weideman(eds)(1990), *Indonesian Economic History in the Dutch Colonial Era*, Yale University Southeast Asia Studies.

Boserup, E.(1965), *The Conditions of Agricultural Growth*, Allen & Unwin, London.（エスター・ボズラップ『農業成長の諸条件——人口圧による農業変化の経済学』安澤秀一，安澤みね共訳，ミネルヴァ書房，1975年）

Boserup, E.(1981), *Population and Technology*, Blackwell, Oxford. (エスター・ボーズラップ『人口と技術移転』尾崎忠二郎, 鈴木敏央訳, 大明堂, 1991年)

Braudel, F.(1985), *Civilisation and Capitalism, 15th-18th Century*, vol. 3, Fontana, London. (フェルナン・ブローデル『物質文明・経済・資本主義 15-18世紀』全6冊, 村上光彦, 山本淳一訳, みすず書房, 1985-99年)

Braudel, F. P. and F. Spooner(1967), 'Prices in Europe from 1450 to 1750', in Rich and Wilson.

Brewer, J. and R. Porter(eds)(1993), *Consumption and the World of Goods*, Routledge, London.

Butlin, N. G.(1983), *Our Original Aggression*, Allen & Unwin, Sydney.

Butlin, N. G.(1993), *Economics and the Dreamtime: A Hypothetical History*, Cambridge University Press.

Cairncross, A.(ed)(1991), *The Robert Hall Diaries, 1954-61*, Unwin Hyman, London.

Carr-Saunders, A. M.(1936), *World Population, Past Growth and Present Trends*, Oxford University Press.

Cipolla, C. M.(1974), *The Economic History of World Population*, Penguin, London. (カルロ・M. チポラ『経済発展と世界人口』川久保公夫, 堀内一徳共訳, ミネルヴァ書房, 1972年)

Cipolla, C. M.(1976), *Before the Industrial Revolution: European Society and Economy, 1000-1700*, Norton, New York.

Clark, C.(1940), *The Conditions of Economic Progress*, 1st edn, Macmillan, London. (コーリン・クラーク『經濟進歩の諸條件』金融經濟研究會訳, 〈金融經濟研究叢書〉, 日本評論社, 1945年／全2冊, 大川一司ほか訳編, 勁草書房, 1953-55年)

Clark, G.(2005), 'The Condition of the Working Class in England, 1209-2004', *Journal of Political Economy*, vol. 113, no. 61, pp. 1307-40.

Cole, A. H. and R. Crandall(1964), 'The International Scientific Committee on Price History', *Journal of Economic History*, September, pp. 381-8.

Crafts, N. F. R.(1983), 'British Economic Growth, 1700-1831: A Review of the Evidence', *Economic History Review*, May, pp. 177-99.

Crafts, N. F. R. and C. K. Harley(1992), 'Output Growth and the British Industrial Revolution: A Restatement of the Crafts-Harley View', *Economic History Review*, November, pp. 703-30.

Crosby, A. W.(1972), *The Columbian Exchange: Biological and Cultural Consequences of 1492*, Greenwood Press, Westport.

David, P.(1967), 'The Growth of Real Product in the United states Before 1840: New Evidence, Controlled Conjectures', *Journal of Economic History*, June.

Deane, P. and W. A. Cole(1962), *British Economic Growth, 1688-1959*, Cambridge University Press.

Delbeke, J. and H. van der Wee(1983), 'Quantitative Research in Economic History in Europe after 1945', in Fremdling and O'Brien.

DeLong, J. B.(1998), 'Estimating World GDP, One Million BC-Present', http://www.j-bradford-delong.net

DeLong, J. B.(2000), 'Cornucopia: Increasing Wealth in the Twentieth Century', http://www.j-bradford-delong.net

Denevan, W. M.(ed)(1976), *The Native Population of the Americas in 1492*, University of Wisconsin.
Denison, E. F.(1947), 'Report on Tripartite Discussions of National Income Measurement', *Studies in Income and Wealth*, vol. 10, NBER, New York.
Denison, E. F.(1962), *The Sources of Economic Growth in the United States*, Supplementary Paper no. 13, Committee for Economic Development, Washington, DC.
Denison, E. F.(1967), *Why Growth Rates Differ*, Brookings, Washington, DC.
Denison, E. F.(1969), 'Some Major Issues in Productivity Analysis: An Examination of Estimates by Jorgenson and Griliches', *Survey of Current Business*, May, pp. 1-27.
Denison, E. F.(1989), *Estimates of Productivity Change by Industry*, Brookings, Washington, DC.
Denison, E. F.(1993), 'The Growth Accounting Tradition and Proximate Sources of Growth', in Szirmai, van Ark and Pilat, pp. 37-64.
Denison, E. F. and W. K. Chung(1976), *How Japan's Economy Grew So Fast*, Brookings, Washington, DC.
Eisenstein, E. L.(1993), *The Printing Revolution in Early Modern Europe*, Cambridge University Press. (E. L. アイゼンステイン『印刷革命』別宮貞徳監訳, みすず書房, 1987年)
Elvin, M.(1973), *The Pattern of the Chinese Past*, Methuen, London.
Federico, G.(2002), 'The World Economy 0-2000: A Review Article', *European Review of Economic History*, 6, pp. 111-21.
Feinstein, C. H. and S. Pollard(1988), *Studies in Capital Formation in the United Kingdom, 1750-1920*, Oxford University Press.
Fogel, R. W.(1964), *Railroads and American Economic Growth*, Johns Hopkins University Press, Baltimore.
Fremdling, R. and P. K. O'Brien(eds)(1983), *Productivity in the Economies of Europe*, Klett-Cotta, Speyer.
Galbraith, J. K. et al.(1945), *The Effects of Strategic Bombing on the German War Economy*, US Strategic Bombing Survey, Washington, DC. (米国戦略爆撃調査委員会編『独逸戦争経済に対する戦略爆撃の効果』航空自衛隊幹部学校訳, 航空自衛隊幹部学校教育部, 1958年)
Galbraith, J. K.(1971), 'A Retrospect on Albert Speer', *Economics, Peace and Laughter*, Deutsch, London.
Gallman, R. E.(1986), 'The United States Capital Stock in the Nineteenth Century', in Engerman, S. L. and R. E. Gallman(eds), *Long Term Factors in American Economic Growth*, University of Chicago Press.
Gallman, R. E.(1987), 'Investment Flows and Capital Stocks: US Experience in the Nineteenth Century', in P. Kilby(ed), *Quantity and Quiddity: Essays in US Economic History*, Wesleyan University Press, Middletown.
Gerschenkron, A.(1965), *Economic Backwardness in Historical Perspective*, Praeger, New York. (アレクサンダー・ガーシェンクロン『後発工業国の経済史——キャッチアップ型工業化論』絵所秀紀ほか訳,〈Minerva 人文・社会科学叢書〉, ミネルヴァ書房, 2005年)
Gilbert, M.(1961), 'Quality Changes and Index Numbers', in Hoselitz, pp. 287-94.
Gilbert, M. and I. B. Kravis(1954), *An International Comparison of National Products and*

Purchasing Power of Currencies, OEEC, Paris.
Gilbert, M. and Associates(1958), *Comparative National Products and Price Levels*, OEEC, Paris.
Glass, D. V. and D. E. C. Eversley(eds)(1965), *Population in History: Essays in Historical Demography*, Arnold, London.
Goldsmith, R. W.(1951), 'A Perpetual Inventory of National Wealth', in M. R. Gainsburgh(ed) *Studies in Income and Wealth*, vol. 14, Princeton University Press.
Goldsmith, R. W.(1961), 'The Economic Growth of Tsarist Russia, 1860-1913', *Economic Development and Cultural Change*, April.
Goodman, D. and C. A. Russell(eds)(1991), *The Rise of Scientific Europe, 1500-1800*, Hodder & Stoughton, London.
Goody, J.(1983), *The Development of the Family and Marriage in Europe*, Cambridge University Press.
Grytten, O.(2004), 'The Gross Domestic Product for Norway, 1830-2003', in Eitrheim et al.(eds), *Historical Monetary Statistics for Norway, 1819-2003*, Norges Bank, Oslo.
Habib, I.(1978-79), 'The Technology and Economy of Moghul India', *Indian Economic and Social History Review*, vol. XVII, no. 1, pp. 1-34.
Habib, I.(1995), *Essays in Indian History*, Tulika, New Delhi.
Hanley, S.(1997), *Everyday Things in Premodern Japan*, University of California, Berkeley.
Hansen, S. A.(1974-76), *Økonomisk vaekst i Danmark*, 2 vols, Institute of Economic History, Copenhagen.
Heikkinen, S. and J. L. van Zanden(2004), *Explorations in Economic Growth*, Aksant, Amsterdam.
Heston, A.(1983), 'National Income', in Kumar and Desai(eds), Cambridge Economic History of India, vol. 2, pp. 376-462.
Heston, A., R. Summers and B. Aten(2002), *PWT Version 6.1(CICUP)*, http://www.pwt.econ.upenn.edu
Hjerppe, R. and Associates(1987), 'Förändringar I levnadsstandarden I Finland, 1750-1913', in G. Karlsson(ed), *Levestandarden i Norden 1750-1914*, Reykjavik.
Hoselitz, B. F.(ed)(1961), 'Essays in the Quantitative Study of Economic Growth presented to Simon Kuznets on his Sixtieth Birthday', *Economic Development and Cultural Change*, April.
Hulten, C. R.(2003), 'Price Hedonics: A Critical Review', *Federal Reserve Bank of New York Policy Review*, September, pp. 5-15.
Jarrett, H. S. and J. N. Sarkar(1949), *'Ain-I-Akbari of Abul Fazl-I-'Allami*, Royal Asiatic Society of Bengal, Calcutta.
Jones, E. L.(1981), *The European Miracle*, Cambridge University Press.（E. L. ジョーンズ『ヨーロッパの奇跡——環境・経済・地政の比較史』安元稔，脇村孝平訳，名古屋大学出版会，2000 年）
Jones, E. L.(1988), *Growth Recurring: Economic Change in World History*, Clarendon Press, Oxford.（E. L. ジョーンズ『経済成長の世界史』天野雅敏ほか訳，名古屋大学出版会，2007 年）
Jones, E. L.(2001), *The Record of Global Economic Development*, Elgar, Cheltenham.

Jorgenson, D. W. and Z. Griliches (1969), 'The Explanation of Productivity Change', *Survey of Current Business*, May, pp. 249-82.

Jorgenson, D. W. and Z. Griliches (1972), 'Issues in Growth Accounting: A Reply to Edward F. Denison', *Survey of Current Business*, May, pp. 65-94.

Kaldor, N. (1945-46), 'The German War Economy', *Review of Economics and Statistics*, vol. XIII, (1).

Kapuria-Foreman, V. and M. Perlman (1995), 'An Economic Historian's Economist: Remembering Simon Kuznets', *Economic Journal*, November, pp. 1524-47.

Kendrick, J. W. (1961), *Productivity Trends in the United States*, Princeton University Press.

Keynes, J. M. (1940), *How to Pay for the War*, Macmillan, London. (ケインズ『戰費と國民經濟』救仁郷繁訳, 東亜書局, 1940 年／『戰費支辨論』日本銀行調査局訳, 〈歐米經濟彙報, 號外第 2 號〉, 日本銀行調査局, 1940 年)

Kim, K. S. and S. D. Hong (1997), *Accounting for Rapid Economic Growth in Korea, 1963-1995*, Korea Development Institute, Seoul.

Krantz, O. (1988), 'New estimates of Swedish Historical GDP Since the Beginning of the Nineteenth Century', *Review of Income and Wealth*, June.

Kravis, I., A. Heston and R. Summers (1975), *A System of International Comparisons of Gross Product and Purchasing Power*, Johns Hopkins University Press, Baltimore and London.

Kravis, I., A. Heston and R. Summers (1978), *International Comparisons of Real Product and Purchasing Power*, Johns Hopkins University Press, Baltimore and London.

Kravis, I., A. Heston and R. Summers (1982), *World Product and Income: International Comparisons of Real Gross Product*, Johns Hopkins University Press, Baltimore and London.

Kremer, M. (1993), 'Population Growth and Technological Change, One Million BC to 1990', *Quarterly Journal of Economics*, August, pp. 681-716.

Kuznets, S. (1930), *Secular Movements in Production and Prices*, Houghton Mifflin, Boston.

Kuznets, S. (1940), 'Schumpeter's Business Cycles', *American Economic Review*, XXX, June, pp. 250-71.

Kuznets, S. (1956-67), 'Quantitative Aspects of the Economic Growth of Nations', ten articles in *Economic Growth and Cultural Change*.

Kuznets, S. (1961), *Capital in the American Economy*, NBER, Princeton.

Kuznets, S. (1965), 'Capital Formation in Modern Economic Growth', paper presented to third International Conference of Economic History (reprinted in Kuznets 1973: 121-64).

Kuznets, S. (1971), *Economic Growth of Nations: Total Output and Production Structure*, Harvard University Press. (サイモン・クズネッツ『近代経済成長の分析』塩野谷祐一訳, 東洋経済新報社, 1968 年)

Kuznets, S. (1973), *Population, Capital and Growth: Selected Essays*, Norton, New York.

Kuznets, S. (1989), *Economic Development, the Family and Income Distribution: Selected Essays*, Cambridge University Press.

Lal, D. (1988), *The Hindu Equilibrium*, Oxford University Press.

Lal, D. (2001), *Unintended Consequences*, MIT Press, Cambridge, MA.

Landes, D. S. (1969), *The Unbound Prometheus*, Cambridge University Press. (D. S. ランデス『西ヨーロッパ工業史——産業革命とその後 1750-1968』石坂昭雄, 冨岡庄一訳, みすず書房, 1980 年)

Landes, D. S.(1998), *The Wealth and Poverty of Nations*, Little, Brown and Company, London.（デビッド・S. ランデス『「強国」論——富と覇権の世界史』竹中平蔵訳, 三笠書房, 2000 年）

LeRoy Ladurie, E.(1966), *Les paysans de Languedoc*, Mouton, Paris,

LeRoy Ladurie, E.(1978), 'L'histoire immobile', *Le territoire de l'historien*, vol. II, Gallimard, Paris.（E. ル゠ロワ゠ラデュリ『新しい歴史——歴史人類学への道』樺山紘一ほか訳,〈藤原セレクション〉, 藤原書店, 2002 年）

Levy-Leboyer, M. and F. Bourguignon(1985), *L'economie française au XIX siècle*, Economica, Paris.

Lindert, P. H. and J. G. Williamson(1982), 'Revising England's Social Tables, 1688-1812', *Explorations in Economic History*, 19, pp. 385-408.

McDonald, J. and G. D. Snooks(1986), *Domesday Economy: A New Approach to Anglo-Norman History*, Clarendon Press, Oxford.

McEvedy, C.(1995), *The Penguin Atlas of African History*, 2nd edn, Penguin, London.

McEvedy, C.(2002), *The New Penguin Atlas of Ancient History*, Penguin. London.

McEvedy, C. and R. Jones(1978), *Atlas of World Population History*, Penguin, London.

Macfarlane, A.(1997), *The Savage Wars of Peace: England, Japan and the Malthusian Trap*, Blackwell, Oxford.（アラン・マクファーレン『イギリスと日本——マルサスの罠から近代への跳躍』船曳建夫監訳, 北川文美, 工藤正子, 山下淑美訳, 新曜社, 2001 年）

Maddison, A.(1952), 'Productivity in an Expanding Economy', *Economic Journal*, September.

Maddison, A.(1964), *Economic Growth in the West*, Allen & Unwin, London and Norton, New York.（A. マディソン『西欧の経済成長——ヨーロッパと北アメリカの比較研究』松浦保訳, 紀伊国屋書店, 1965 年）

Maddison, A.(1969), *Economic Growth in Japan and the USSR*, Allen & Unwin, London and Norton, New York.（アンガス・マディソン『日本とソ連の経済成長』大来佐武郎, 江川俊夫共訳, 日本経済新聞社, 1971 年）

Maddison, A.(1970), *Economic Progress and Policy in Developing Countries*, Allen & Unwin, London and Norton, New York.

Maddison, A.(1971), *Class Structure and Economic Growth: India and Pakistan Since the Moghuls*, Allen & Unwin, London.

Maddison, A.(1972), 'Explaining Economic Growth', *Banca Nazionale del Lavoro Quarterly Review*, September, pp. 211-62.

Maddison, A.(1983), 'A Comparison of Levels of GDP Per Capita in Developed and Developing Countries, 1700-1980', *Journal of Economic History*, March, pp. 27-41.

Maddison, A.(1985), 'Alternative Estimates of the Real Product of India, 1900-46', *Indian Economic History Review*, April-June.

Maddison, A.(1987a), 'Growth and Slowdown in Advanced Capitalist Countries: Techniques of Quantitative Assessment', *Journal of Economic Literature*, June, pp. 649-98.

Maddison, A.(1987b), 'Recent Revisions to British and Dutch Growth, 1700-1870 and their Implications for Comparative Levels of Performance', in Maddison and van der Meulen.

Maddison, A.(1988), 'Ultimate and Proximate Growth Causality: A Critique of Mancur Olson on the Rise and Decline of Nations', *Scandinavian Economic History Review*, no. 2, pp. 25-9(reproduced in Maddison 1995b).

Maddison, A.(1989a), *The World Economy in the Twentieth Century*, OECD, Paris. (アンガス・マディソン『20世紀の世界経済』金森久雄監訳, 東洋経済新報社, 1990年)

Maddison, A.(1989b), 'Dutch Income in and from Indonesia, 1700-1938', *Modern Asian Studies*, pp. 645-70.

Maddison, A.(1991a), *Dynamic Forces in Capitalist Development*, Oxford University Press.

Maddison, A.(1991b), 'A Revised Estimate of Italian Economic Growth, 1861-1989', *Banca Nazionale del Lavoro Quarterly Review*, June, pp. 225-41.

Maddison, A.(1992), 'Brazilian Development Experience, 1500 to 1929', see website http://www.ggdc.net/Maddison/

Maddison, A.(1995a), *Monitoring the World Economy, 1820-1992*, OECD, Paris. (アンガス・マディソン『世界経済の成長史 1820〜1992年――199ヵ国を対象とする分析と推計』金森久雄監訳, (財)政治経済研究所訳, 東洋経済新報社, 2000年)

Maddison, A.(1995b), *Explaining the Economic Performance of Nations: Essays in Time and Space*, Elgar, Aldershot.

Maddison, A.(1995c), 'Standardized Estimates of Fixed Capital Stock: A Six Country Comparison', in Maddison(1995b).

Maddison, A.(1995d), 'The Historical Roots of Modern Mexico: 1500-1940', in Maddison (1995b).

Maddison, A.(1998a), *Chinese Economic Performance in the Long Run*, Development Centre Studies, OECD, Paris.

Maddison, A.(1998b), 'Measuring the Performance of A Communist Command Economy: An Assessment of the CIA Estimates for the USSR', *Review of Income and Wealth*, September.

Maddison, A.(1999), Review of Hanley(1997), *Journal of Japanese and International Economies*.

Maddison, A.(2001), *The World Economy: A Millennial Perspective*, Development Centre Studies, OECD, Paris. (アンガス・マディソン『経済統計で見る 世界経済2000年史』金森久雄監訳, (財)政治経済研究所訳, 柏書房, 2004年)

Maddison, A.(2003a), *The World Economy: Historical Statistics*, Development Centre Studies, OECD, Paris.

Maddison, A.(2003b), 'Growth Accounts, Technological Change, and the Role of Energy in Western Growth', *Economia e Energia Secc. XIII-XVIII*, Instituto Internazionale di Storia Economica 'E. Datini', Prato.

Maddison, A.(2004a), 'Quantifying and Interpreting World Development: Macro-Measurement before and after Colin Clark', *Australian Economic History Review*, March.

Maddison, A.(2004b), 'When and Why did the West get Richer than the Rest', in Heikkinen and van Zanden.

Maddison, A.(2004c), http://www.ggdc.net/Maddison

Maddison, A.(2005), *Growth and Interaction in the World Economy: The Roots of Modernity*, Wendt Lecture, American Enterprise Institute, Washington, DC.

Maddison, A.(2005a), 'Measuring and Interpreting World Economic Performance, 1500-2001', *Review of Income and Wealth*, March, pp. 1-36.

Maddison, A. and B. van Ark(1988), 'Comparisons of Real Output in Manufacturing', *World

Bank Working Paper WPS5, Washington, DC, pp. 1-132.
Maddison, A. and B. van Ark (1989), 'International Comparison of Purchasing Power, Real Output and Labour Productivity: A Case Study of Brazilian, Mexican and US Manufacturing, 1975', *Review of Income and Wealth*, 35, pp. 31-55.
Maddison, A. and B. van Ark (2002), 'The International Comparison of Real Product and Productivity', in Maddison et al.
Maddison, A. and Associates (1992), *The Political Economy of Poverty Equity and Growth: Brazil and Mexico*, Oxford University Press, New York.
Maddison, A. and H. van Ooststroom (1995), 'The International Comparison of Value Added, Productivity and Purchasing Power Parities in Agriculture', in Maddison (1995b).
Maddison, A., D. S. Prasada Rao and W. Shepherd (eds) (2002), *The Asian Economies in the Twentieth Century*, Elgar, Cheltenham.
Maddison, A. and G. Prince (eds) (1989), *Economic Growth in Indonesia, 1820-1940*, Foris, Dordrecht.
Maddison, A. and H. van der Meulen (eds) (1987), *Economic Growth in Northwestern Europe: The Last 400 Years*, Research Memorandum 214, Institute of Economic Research, University of Groningen.
Maddison, A. and H. van der Wee (eds) (1994), *Economic Growth and Structural Change: Comparative Approaches over the Long Run*, Proceedings of the Eleventh International Economic History Congress, Milan, Universitá Bocconi, September.
Malanima, P. (1994), 'Italian Economic Performance, 1600-1800', in Maddison and van der Wee.
Malanima, P. (1995), *Economia Preindustriale*, Mondadori, Milan.
Malanima, P. (1998), 'Italian Cities 1300-1800: A Quantitative Approach', *Revista di Storia Economica*, XVI, August, pp. 91-126.
Malanima, P. (2002), *L'economia Italiana*, il Mulino, Milan.
Malanima, P. (2003), 'Measuring the Italian Economy, *1300-1861*', *Rivista di Storia Economica*, XIX, December, pp. 265-95.
Malthus, T. R. (1798), *Essay on the Principle of Population as it Affects the Future Improvement of Society*, Johnson, London.（マルサス『マルサス 人口論』全2冊，伊藤秀一，寺尾琢磨共訳，〈経済学古典叢書〉，岩波書店，1929-30年）
Manarungsan, S. (1989), *Economic Development of Thailand, 1850-1950*, PhD. thesis, University of Groningen.
Mathias, P. and M. M. Postan (eds) (1978), *Cambridge Economic History of Europe*, vol. VII, I, Cambridge University Press.
Mitchell, B. R. (1975), *European Historical Statistics*, Macmillan, London.（B. R. ミッチェル編『マクミラン世界歴史統計』全3巻，原書房，1983-85年）
Mokyr, J. (2002), *The Gifts of Athena: Historical Origins of the Knowledge Economy*, Princeton University Press.
Moosvi, S. (1987), *The Economy of the Mughal Empire c.1595: A Statistical Study*, Oxford University Press, New Delhi.
Mulder, N. (2002), *Economic Performance in the Americas: the Role of the Service Sector in Brazil, Mexico and the USA*, Elgar, Cheltenham.

Needham, J.(1954-97), *Science and Civilisation in China*, Cambridge University Press.(ジョゼフ・ニーダム『中国の科学と文明』全11巻, 思索社, 新版1991年~)

Needham, J.(1970), *Clerks and Craftsmen in China and the West*, Cambridge University Press.(ジョゼフ・ニーダム『ニーダム・コレクション』牛山輝代編訳, 山田慶兒, 竹内廸也, 内藤陽哉訳, ちくま学芸文庫, 2009年／『東と西の学者と工匠——中国科学技術史講演集』山田慶兒訳, 河出書房新社, 1974-77年)

Nordhaus, W. D.(1997), 'Do Real-Wage Measures Capture Reality? The Evidence of Lighting Suggests Not', in T. F. Bresnahan and R. J. Gordon(eds), *The Economics of New Goods*, NBER and University of Chicago Press.

North, D. C.(1990), *Institutions, Institutional Change and Economic Performance*, Cambridge University Press.(ダグラス・C・ノース『制度・制度変化・経済成果』竹下公視訳, 晃洋書房, 1994年)

North, D. C. and R. P. Thomas(1973), *The Rise of the Western World*, Cambridge University Press.(D. C. ノース, R. P. トマス『西欧世界の勃興——新しい経済史の試み』速水融, 穐本洋哉訳, ミネルヴァ書房, 1980年／新装版2014年)

OECD(1964), *The Residual Factor and Economic Growth*, Conference papers by Ed. Denison, Ingvar Svennilson, Jan Tinbergen, John Vaizey, John Kendrick and Tibor Scitovsky (discussants included Erik Lundberg, Edmond Malinvaud, Trygve Haavelmo, Nicholas Kaldor, Thomas Balogh, Amartya Sen, John Kendrick, and Harry Johnson), Paris.

OECD(1975), *Education, Inequality and Life Chances*, 2 vols, Paris.

OECD(2000), *A PPP Comparison for the NIS*, Centre for Cooperation with Non-Members document CCNM/STD, 2, Paris.

OECD(2002), *Purchasing Power Parities and Real Expenditures, 1999 Benchmark Year*, Paris.(OECD統計局編『購買力平価と実質支出(仮訳):1999年基準年』総務庁統計局統計基準部国際統計課訳, 総務庁統計局統計基準部国際統計課, 2003年)

Olson, M.(1982), *The Rise and Decline of Nations*, Yale University Press.(M・オルソン『国家興亡論——「集合行為論」からみた盛衰の科学』加藤寛監訳, 川野辺裕幸ほか訳, PHP研究所, 1991年)

Özmucur, S. and S. Pamuk(2002), 'Real Wages and Standards of Living in the Ottoman Empire, 1489-1914', *Journal of Economic History*, June, pp. 293-321.

Paige, D. and G. Bombach(1959), *A Comparison of the National Output and Productivity of the UK and USA*, OEEC, Paris.

Perkins, D. H.(1969), *Agricultural Development in China, 1368-1968*, Aldine, Chicago.

Persson, K. G.(1988), *Preindustrial Economic Growth*, Blackwell, Oxford.

Phelps Brown, H. and S. V. Hopkins(1956), 'Seven Centuries of the Price of Consumables, Compared with Builders' Wage Rates', *Economica*, November(reprinted in their(1981) *Perspective on Wages and Prices*, Methuen, London).

Pilat, D.(1994), *The Economics of Rapid Growth: The Experience of Japan and Korea*, Elgar, Aldershot.

Pomeranz, K.(2000), *The Great Divergence: China, Europe and the Making of the Modern World Economy*, Princeton University Press, New Jersey.

Psacharopoulos, G.(1975), *Earnings and Education in OECD Countries*, OECD, Paris.

Rapp, R. T.(1976), *Industry and Economic Decline in Seventeenth Century Venice*, Harvard

University Press, Cambridge, MA.
Raychaudhuri, T. and I. Habib (1982), *The Cambridge Economic History of India, c. 1200-1750*, vol. I, Cambridge University Press.
Rich, E. E. and C. H. Wilson (eds) (1967), *Cambridge Economic History of Europe*, vol. IV, Cambridge University Press.
Rostas, L. (1948), *Comparative Productivity in British and American Industry*, Cambridge University Press.
Rostow, W. W. (1960), *The Stages of Economic Growth: A Non-Communist Manifesto*, Cambridge University Press.（W. W. ロストウ『経済成長の諸段階――一つの非共産主義宣言』木村健康ほか訳, ダイヤモンド社, 1974 年）
Rostow, W. W. (ed) (1963), *The Economics of Take-Off into Sustained Growth*, Macmillan, London.
Rozman, G. (1973), *Urban Networks in Ch'ing China and Tokugawa Japan*, Princeton University Press.
Schmookler, J. (1966), *Invention and Economic Growth*, Harvard University Press.
Schultz, T. W. (1961), 'Investment in Human Capital', *American Economic Review*, March.
Schumpeter, J. A. (1939), *Business Cycles: A Theoretical, Historical, and Statistical Analysis of the Capitalist Process*, McGraw-Hill, New York.（シュムペーター『景気循環論――資本主義過程の理論的・歴史的・統計的分析』金融経済研究所訳, 有斐閣, 1958-64 年／復刻版 1985 年）
Scitovsky, T. (1999), 'A Proud Hungarian, Excerpts from a Memoir', Part 2, *The Hungarian Quarterly*, 156, Winter, pp. 24-43 (excerpt from 'Egy büszke magyar emlékiratai', Közgazdasági Szemle Alapítvány, Budapest, 1997).
Sella, D. (1979), *Crisis and Continuity, The Economy of Spanish Lombardy in the Seventeenth Century*, Harvard University Press, Cambridge, MA.
Shinohara, M. (1966), *Japan's Industrial Level in International Perspective*, Ministry of Foreign Affairs, Tokyo.
Singer, C., E. J. Holmyard, A. R. Hall and T. I. Williams (eds) (1954-8), *A History of Technology*, 5 vols, Clarendon Press, Oxford.（チャールズ・シンガーほか編『技術の歴史』全 14 巻, 平田寛ほか訳, 筑摩書房, 1978-81 年. 増補版）
Sivasubramonian, S. (2000), *The National Income of India in the Twentieth Century*, Oxford University Press, New Delhi.
Sivasubramonian, S. (2004), *The Sources of Economic Growth in India, 1950-1 to 1999-2000*, Oxford University Press, New Delhi.
Smil, V. (1994), *Energy in World History*, Westview Press, BO, and Oxford.
Smith, A. (1776), *An Inquiry into the Nature and Causes of the Wealth of Nations*, University of Chicago (Reprint 1976).（アダム・スミス『国富論』全 4 冊, 杉山忠平訳, 岩波文庫, 2000〜01 年）
Smits, J.-P., E. Horlings and J. L. van Zanden (2000), *Dutch GDP and its Components, 1800-1913*, University of Groningen.
Snooks, G. D. (1990), 'Economic Growth During the Last Millennium: A Quantitative Perspective', *Working Papers in Economic History*, no. 140, Australian National University, Canberra.

Snooks, G. D.(1993), *Economics Without Time*, Macmillan, London.
Snooks, G. D.(1996), *The Dynamic Society: Exploring the Sources of Global Change*, Routledge, London.
Snooks, G. D.(1997), *The Ephemeral Civilisation*, Routledge, London.
Solow, R. M.(1956), 'A Contribution to the Theory of Economic Growth', *Quarterly Journal of Economics*, February. (R. M. ソロー「経済成長理論への一寄与」福岡正夫, 神谷傳造, 川又邦雄訳『資本　成長　技術進歩(付)ノーベル記念講演　成長理論：回顧と展望』竹内書店, 1970年／竹内書店新社, 新装増補改訂版 1988年)
Stone, R.(1997), *Some British Empiricists in the Social Sciences, 1650-1900*, Cambridge University Press.
Studenski, P.(1958), *The Income of Nations: Theory, Measurement and Analysis: Past and Present*, New York University Press.
Szirmai, A., B. van Ark and D. Pilat(eds)(1993), *Explaining Economic Growth: Essays in Honour of Angus Maddison*, North Holland, Amsterdam.
Thorold Rogers, J. E.(1862-92), *A History of Agriculture and Prices in England*, 7 vols, Clarendon Press, Oxford.
Thorold Rogers, J. E.(1884), *Six Centuries of Work and Wages*, Swan Sonnenschein, London.
Tilly, R. H.(1978), 'Capital Formation in Germany in the Nineteenth Century', in Mathias and Postan.
Tinbergen, J.(1942), 'Zur Theorie der langfristigen Wirtschaftsentwicklung', *Weltwirtschaftliches Archiv*, 55.
Tobin, J.(2001), 'In Memoriam: Richard Ruggles(1916-2001)', *Review of Income and Wealth*, September, pp. 405-8.
Toutain, J.-C.(1987), *Le produit intérieur de la France de 1789 a 1982*, PUG, Grenoble.
Toynbee, A,(1884), *Lectures on the Industrial Revolution in England*, Rivingtons, London. (アーノルド・トインビー『英国産業革命史』塚谷晃弘, 永田正臣共訳, 邦光書房, 1958年. 改訂版)
Urlanis, B. Ts.(1941), *Rost Naselenie v Evrope*, Ogiz, Moscow.
Van Ark, B. and N. Crafts(eds)(1996), *Quantitative Aspects of Post-war European Economic Growth*, Cambridge University Press.
Van der Eng, P.(1993), *Agricultural Growth in Indonesia since 1880*, Groningen University Press.
Van Zanden, J. L.(1993), 'The Dutch Economy in the Very Long Run, 1500-1805', in Szirmai et al.
Van Zanden, J. L.(1999), 'Wages and the Standard of Living in Europe, 1500-1800', *European Review of Economic History*, August, pp. 175-98.
Van Zanden, J. L.(2002a), 'Early Modern Economic Growth: A Survey of the European Economy, 1500-1800', in M. Prak(ed), *Early Modern Capitalism*, Routledge, London.
Van Zanden, J. L.(2002b), 'Taking the Measure of the Early Modern Economy: Historical National Accounts for Holland in 1510/14', *European Review of Economic History*, 6, pp. 131-63.
Van Zanden, J. L.(2003), 'Rich and Poor Before the Industrial Revolution: Java and the Netherlands at the Beginning of the 19th Century', *Explorations in Economic History*, 40, pp.

1-23.
Van Zanden, J. L.(forthcoming), 'Economic Growth in Java, 1815-1939: Reconstruction of the Historical National Accounts'(http://iisg.nl/research/jvz-reconstruction.pdf).
Van Zanden, J. L. and E. Horlings(1999), 'The Rise of the European Economy 1500-1800', in Aldcroft and Sutcliffe.
Vries, J. de(1974), *The Dutch Rural Economy in the Golden Age, 1500-1700*, Yale.
Vries, J. de(1984), *European Urbanization, 1500-1800*, Methuen, London.
Vries, J. de(1985), 'The Population and Economy of the Preindustrial Netherlands', *Journal of Interdisciplinary History*, XV: 4, pp. 661-82.
Vries, J. de(1993), 'Between Purchasing Power and the World of Goods: Understanding the Household Economy in Early Modern Europe', in Brewer and Porter.
Vries, J. de(1994), 'The Industrial Revolution and the Industrious Revolution', *Journal of Economic History*, June, pp. 249-70.
Vries, J. de(2000), 'Dutch Economic Growth in Comparative-Historical Perspective, 1500-2000', *De Economist*, 148, no. 4, pp. 443-67.
Vries, J. de and A. van der Woude(1997), *The First Modern Economy; Success, Failure and Perseverance of the Dutch Economy, 1500-1815*, Cambridge University Press.（J・ド・フリース，A・ファン・デァ・ワウデ『最初の近代経済——オランダ経済の成功・失敗と持続力 1500-1815』大西吉之，杉浦未樹訳，名古屋大学出版会，2009 年）
Williamson, J. G.(1995), 'The Evolution of Global Labor Markets since 1830: Background Evidence and Hypotheses', *Explorations in Economic History*, 32, pp. 141-96.
Woytinsky, W. S. and E. S.(1953), *World Population and Production: Trends and Outlook*, 20th Century Fund, New York.（W・S・ウォイチンスキー，E・S・ウォイチンスキー『世界の経済——人口・資源・産業』直井武夫ほか訳，日本経済新聞社，1956 年）
Wrigley, E. A.(1987), *People, Cities and Wealth*, Blackwell, Oxford.
Wrigley, E. A.(1988), *Continuity, Chance and Change*, Cambridge, University Press.（E・A・リグリィ『エネルギーと産業革命——連続性・偶然・変化』近藤正臣訳，同文舘出版，1991 年）
Wrigley, E. A.(2004), *Poverty, Progress and Population*, Cambridge University Press.
Wrigley, E. A.(2006), 'The Transition to an Advanced Organic Economy: Half a Millennium of English Agriculture', *Economic History Review*, August, pp. 435-80.
Wrigley, E. A. and R. S. Schofield(1981), *The Population History of England, 1541-1871*, Arnold, London.
Wrigley, E. A., R. S. Davies, J. E. Oeppen and R. S. Schofield(1997), *English Population History from Family Reconstitution, 1580-1837*, Cambridge University Press.
Yun, B.(1994), 'Proposals to Quantify Long-Term Performance in the Kingdom of Castile, 1580-1800', in Maddison and van der Wee.

第Ⅲ部
来るべき事態の姿

第7章

2030年の世界経済

　未来学は歴史学よりずっと推論的な仕事である．確実な証拠に欠けており，過去からの傾向を投影して示すほかないが，それはもっともらしく見えても予期せぬ事態で逆転しかねない．しかし過去30年の間に世界の異なった地域では成長の速度とパターンに驚くべき相違があらわれており，これはこれからの四半世紀に起こりうる変化を見る際に考慮に値することである．それゆえ2030年の世界経済のあり得る構造を示すシナリオを私は組み立ててみた．

　予測には2つの構成要素がある．人口と1人当たりGDPの増加である．GDPはそれらから導き出した．現に進行中のもの以外の大規模な軍事紛争で世界の発展が妨げられることはないと想定した．

人口の予測と人口統計学上の特徴の変化

　表7.1は歴史的推移に2030年の人口予測を加えたものを示す．これは米国国勢調査局(USBC)国際計画部(www.census.gov/ipc)によって作成された．

　寿命および出生率の変化に関するUSBCの主な推定値は，労働投入量に影響を及ぼしうる年齢構成の必然的変化とともに表7.2に示されている．

　寿命はすべての地域で伸びると予想されており，サハラ以南のアフリカの増加(20%)が最大である．全体としてこれは，地域間の格差が収斂してはいるが，高所得国とアフリカとの間にはなお大きなギャップが残っていることを意味している．出生率は多少の収斂はあるもののすべての地域で低下すると見積もられている．サハラ以南の出生率はなお高所得国の数倍になると予想される．高所得国，東ヨーロッパ，旧ソ連の諸国，中国では労働適齢年齢の比率は低下すると予測される．インド，ラテンアメリカ，アフリカでは増加が予測される．

　USBCの人口予測は移民の影響も含んでいる．最も著しいケースは次のよう

表7.1 世界と主要地域の人口, 1950～2030年

	人口水準(100万人)					平均年変化率	
	1950年	1973年	1990年	2003年	2030年	1990-2003年	2003-30年
西ヨーロッパ	305	359	378	395	400	0.33	0.05
米 国	152	212	250	290	364	1.15	0.84
その他のウェスタン・オフシューツ	24	39	48	56	67	1.15	0.70
日 本	84	109	124	127	116	0.23	-0.33
「富裕国」	**565**	**718**	**800**	**868**	**947**	**0.63**	**0.32**
東ヨーロッパ	88	110	122	121	115	-0.02	-0.21
ロシア	102	133	148	145	126	-0.18	-0.49
その他の旧ソ連	78	117	141	143	161	0.13	0.43
ラテンアメリカ	166	308	442	541	702	1.58	0.97
中 国	547	882	1,135	1,288	1,458	0.98	0.46
インド	359	580	839	1,050	1,421	1.74	1.13
その他アジア	393	678	1,007	1,269	1,795	1.79	1.29
アフリカ	228	390	625	853	1,449	2.43	1.98
「その他」	**1,960**	**3,198**	**4,458**	**5,411**	**7,227**	**1.50**	**1.08**
世 界	**2,526**	**3,916**	**5,257**	**6,279**	**8,175**	**1.37**	**0.98**

注) 「その他のウェスタン・オフシューツ」はオーストラリア,カナダ,ニュージーランドを指す.「ラテンアメリカ」はカリブ諸国を含む.

出所) Maddison のウェブサイト www.ggdc.net/Maddison は 1950 年から 2008 年までおよび 2030 年までの構成 224 カ国すべての年次詳細を示している. 国連人口局の別の推定とは大きな違いはない. 'medium variant' of the UN Population Division, *World Population Prospects, 2004 Rivision*, New York, 2005 参照. 2030 年の世界人口の国連推計は 81 億 9900 万人, うち「富裕国」は 9 億 6100 万人,「その他」は 72 億 3700 万人である.

である. 2003年の米国の移民流入率は住民1000人当たり3.5人であり, 2030年には3.4人と予測される. オーストラリア, カナダ, ニュージーランドの比率はもっと高い. 西ヨーロッパの場合には2003年の移入率は1.9人で2030年には1.7人と予想される. 最も高い純移出率は2003年のラテンアメリカとカリブの1.6人で, 2030年には0.6人に落ちる. バルト3国ではその比率は2003年にはやはり1.6人であり2030年には1.9人になると予想される. 中国の比率は2003年には0.4人であり2030年には0.2人になる.

表7.2 人口推定の基礎になる仮定

	出生時の寿命（2030年）	100人当たり出生数（2030年）	15-64歳の人口中の%（2030年）	平均寿命（2003年）	100人当たり出生数（2003年）	15-64歳の人口中の%（2003年）
西ヨーロッパ	81.9	0.90	61.1	78.8	1.03	66.7
米 国	81.2	1.36	60.7	77.1	1.41	66.7
日 本	83.1	0.78	59.2	80.9	0.96	67.0
東ヨーロッパ	78.9	0.82	64.4	73.7	1.01	69.1
ロシア	71.7	0.81	64.3	66.4	0.94	71.0
CIS	73.0	1.12	64.9	65.8	1.26	68.3
バルト3国	78.0	0.75	63.3	71.8	0.87	68.1
中 国	78.0	0.99	66.9	71.6	1.30	69.6
インド	72.3	1.57	67.7	63.6	2.33	63.1
アジア計	73.9	1.42	66.8	66.5	1.95	65.3
ラテンアメリカ	77.4	1.41	68.7	71.9	2.04	63.9
北アフリカ	77.4	1.48	68.1	71.1	2.25	62.8
サハラ以南アフリカ	57.4	2.95	59.1	48.0	3.93	53.7
アフリカ計	59.1	2.73	60.5	50.6	3.63	55.3
世 界	70.2	1.36	65.0	64.0	2.05	64.3

注と出所) www.census.gov/ipc 「バルト諸国」はエストニア，ラトビア，リトアニアを指す．「CIS」はロシア連邦と旧ソ連の継承11カ国を含む独立国家共同体を指す．「ラテンアメリカ」はカリブ諸国全部を含む．

1人当たりGDPの予想の基礎となる想定

USBCは224カ国について個別の人口予測を作成した．www.ggdc.net/Maddison参照．私の1人当たりGDPの予想ははるかに包括的である．それは七大地域，世界GDPに最大のシェアをもつ4カ国とロシアからなる．その分類は数量経済学の演算にもとづくのではなくて，世界経済の異なった地域の成長の勢いの変化の分析とそれが持続するか変化するかの私の評価にもとづいている．それは1990～2003年の勢いが続くのか外れるのかを考慮したものである．

富裕国グループ

先進資本主義国グループ，すなわち西ヨーロッパ，米国，その他のウェスタン・オフシューツ，日本については，1人当たりGDPの全体は1990～2003年とほぼ同率で成長するものと想定した．これはすべての構成国が同一のペース

表7.3 世界と主要地域の1人当たりGDP, 1950～2030年

| | 1990年国際購買力平価ドル ||||| 平均年変化率 ||
	1950年	1973年	1990年	2003年	2030年	1990-2003年	2003-30年
西ヨーロッパ	4,578	11,417	15,965	19,912	31,389	1.71	1.7
米 国	9,561	16,689	23,201	29,037	45,774	1.74	1.7
その他ウェスタン・オフシューツ	7,424	13,399	17,902	22,853	36,025	1.90	1.7
日 本	1,921	11,434	18,789	21,218	30,072	0.94	1.3
「富裕国」	**5,648**	**13,082**	**18,781**	**23,345**	**37,086**	**1.69**	**1.73**
東ヨーロッパ	2,111	4,988	5,440	6,476	11,054	1.35	2.0
ロシア	3,086	6,582	7,779	6,323	16,007	−1.58	3.5
その他の旧ソ連	2,520	5,468	5,954	4,461	7,614	−2.20	2.0
ラテンアメリカ	2,503	4,513	5,072	5,786	8,648	1.02	1.5
中 国	448	838	1,871	4,803	15,763	7.52	4.5
インド	619	853	1,309	2,160	7,089	3.93	4.5
その他アジア	924	2,046	3,078	4,257	8,292	2.53	2.5
アフリカ	890	1,410	1,449	1,549	2,027	0.52	1.0
「その他」	**1,094**	**2,072**	**2,718**	**3,816**	**8,504**	**2.64**	**3.01**
世 界	2,113	4,091	5,162	6,516	11,814	1.81	2.23

表7.4 世界と主要地域のGDPの成長, 1950～2030年

| | 水準 10億・1990年購買力平価ドル ||||| 年平均変化率 ||
	1950年	1973年	1990年	2003年	2030年	1990-2003年	2003-30年
西ヨーロッパ	1,396	4,097	6,033	7,857	12,556	2.05	1.75
米 国	1,456	3,537	5,803	8,431	16,662	2.91	2.56
その他ウェスタン・オフシューツ	180	522	862	1,277	2,414	3.07	2.39
日 本	161	1,243	2,321	2,699	3,488	1.17	0.95
「富裕国」	**3,193**	**9,398**	**15,020**	**20,265**	**35,120**	**2.33**	**2.06**
東ヨーロッパ	185	551	663	786	1,269	1.33	1.79
ロシア	315	872	1,151	914	2,017	−1.76	2.98
その他旧ソ連	199	641	837	638	1,222	−2.17	2.43
ラテンアメリカ	416	1,389	2,240	3,132	6,074	2.61	2.48
中 国	245	739	2,124	6,188	22,983	8.56	4.98
インド	222	495	1,098	2,267	10,074	5.73	5.68
その他アジア	363	1,387	3,099	5,401	14,884	4.36	3.83
アフリカ	203	550	905	1,322	2,937	2.96	3.00
「その他」	**2,144**	**6,625**	**12,117**	**20,649**	**61,460**	**4.19**	**4.12**
世 界	5,337	16,022	27,136	40,913	96,580	3.21	3.23

表 7.5　先進資本主義諸国の実績比較, 1990〜2003 年

	1990 年	2003 年	1990-2003 年 年成長率(%)	2003 年水準 (米国=100)
1 人当たり GDP (1990 年 GK ドル)				
米　国	23,201	29,037	1.74	100
フランス	18,093	21,861	1.47	75
ド イ ツ	15,929	19,144	1.42	66
アイルランド	11,818	24,739	5.85	85
オランダ	17,262	21,479	1.70	74
スペイン	12,055	17,021	2.69	59
英　国	16,430	21,310	2.02	73
日　本	18,789	21,218	0.94	73
1 労働時間当たり GDP (1990 年 GK ドル)				
米　国	30.10	38.92	2.00	100
フランス	29.12	38.19	2.09	98
ド イ ツ	23.12	30.43	2.14	78
アイルランド	18.60	33.87	4.30	87
オランダ	28.72	32.36	0.92	83
スペイン	19.73	22.79	1.12	42
英　国	21.42	30.69	2.80	79
日　本	19.14	24.86	2.03	64
人口に対する被雇用者数の %				
米　国	48.4	48.0	−0.10	100.0
フランス	39.9	40.9	0.20	85.2
ド イ ツ	47.7	43.5	−0.70	90.6
アイルランド	33.1	45.3	2.44	94.4
オランダ	42.5	49.6	1.20	103.3
スペイン	33.5	41.5	1.66	86.4
英　国	46.9	47.8	0.15	99.6
日　本	50.6	49.6	−0.15	103.3
従業者 1 人当たり年労働時間				
米　国	1,594	1,556	−0.19	100
フランス	1,558	1,398	−0.83	90
ド イ ツ	1,541	1,446	−0.49	93
アイルランド	1,922	1,612	−1.34	104
オランダ	1,414	1,338	−0.42	86
英　国	1,627	1,453	−0.92	93
スペイン	1,824	1,799	−0.11	116
日　本	1,941	1,719	−0.93	110

注)　アイルランドでは GDP (国内総生産) と GNP (国民総生産) との間には大きな差があり, 1990 年の GNP は GDP のわずか 92% だった. 2003 年には外国資本への巨額の利潤送金によりそれは 85% に落ち込んだ. こうして 1 人当たり GNP は 1990 年の 1 万 877 ドルから 2003 年の 2 万 929 ドルへの増加であった.

出所)　米国, 英国, 日本については巻末の付録統計 B, その他の国については Groningen Growth & Development Centre.

で前進するということを意味するものではない．黄金時代(1950～73年)の米国の1人当たり所得水準への急速かつ広範なキャッチアップは多くの国で1990年代に終わった．フランス，ドイツ，イタリア，日本の前進は1990～2003年，米国より緩慢であったが，アイルランドは驚くべき躍進を遂げ，オーストラリア，スペイン，英国はかなりのキャッチアップを続けた．人口1人当たり労働投入量は西ヨーロッパの方が米国にくらべて概して少ない．したがって実績の差では1人当たりGDPよりも労働生産性の場合の方がかなり小さい(表7.5参照)．これは一部は労働時間が短く，休日が多いという事情にもよるが，フランス，ドイツ，イタリアで1990年から2003年の間，失業率が米国や英国よりもずっと高かった．これはヨーロッパの失業率が米国よりもかなり低かった黄金時代とは鋭い対照をなしている．より弾力的な労働市場政策があればヨーロッパの実績に多少の改善の余地が生まれよう(van Ark 2006，およびGordon 2006)．

アジア

過去30年に世界経済の構造に起きた最大の変化はアジアの割合の増大であった．私はこの強力な勢いが継続し，米国へのキャッチアップが著しい程度まで達成されると予期する．中国はアジア諸国のなかで最も躍進した国であったが，2003～30年にはいくつかの理由でその成長はおそらく減速するであろう．改革の時期には人口制限に力点が置かれ，年齢構成の変化によって二度と起こりえないほどの労働力率向上が可能になった．出発点が低かったために，労働者の平均的教育水準は1952年から2003年の間に6倍に高められた．中国は急速な成長追求のなかで環境悪化を被った．将来はこの災害を軽減するために資源投入を拡大せざるを得なくなろう．

所得増加は農村地帯では遅れていたし，農村の教育や保健の施設が無視されてきた．これをつぐなうための資源の投入の増大が必要となろう．中国人の賃金が高くなり，平均的技術水準が先進国の先端水準に近づくにつれ若干の減速も必至であろう．中国の1人当たり所得水準は2030年には1990年の西ヨーロッパの水準に接近すると私は推定する．この水準に近づくと技術進歩は模倣が革新に代わるのでより費用がかかるものとなる．私の控えめな見積もりでも中

表7.6 世界GDPの地域別割合, 1820～2030年

	1820年	1870年	1950年	1973年	2003年	2030年
西ヨーロッパ	23.0	33.1	26.2	25.6	19.2	13.0
ウェスタン・オフシューツ*	1.9	10.0	30.7	25.3	23.7	19.8
アジア(日本を含む)	59.4	38.3	18.6	24.1	40.5	53.3
東ヨーロッパ	3.6	4.5	3.5	3.4	1.9	1.3
旧ソ連	5.4	7.5	9.6	9.4	3.8	3.4
ラテンアメリカ	2.1	2.5	7.8	8.7	7.7	6.3
アフリカ	4.5	4.1	3.8	3.4	3.2	3.0

注) ＊米国を含む.
出所) 表7.4.

表7.7 1人当たりGDP水準の米国対比, 1820～2030年(米国水準に対する％)

	1820年	1870年	1950年	1973年	2003年	2030年
西ヨーロッパ	95.6	80.2	47.9	68.4	68.6	68.6
その他のウェスタン・オフシューツ	60.5	91.8	77.7	80.3	78.7	78.7
アジア(日本を含む)	46.2	24.8	7.5	10.3	15.3	23.5
東ヨーロッパ	56.8	28.3	22.0	29.9	22.3	24.1
旧ソ連	54.7	38.6	29.7	36.3	18.5	24.7
ラテンアメリカ	55.0	27.9	26.2	27.0	19.9	18.9
アフリカ	33.4	20.4	6.6	8.4	5.3	4.4

出所) 表7.3.

国は2018年にはふたたび世界最大の経済国になり，米国は第2位，インドが第3位になろう．1人当たりの平均所得水準は米国，西ヨーロッパ，日本よりはなおかなり低いであろうが，世界平均よりはずっと高くなるであろう．

　私はインドは2030年まで中国と同じ年4.5％の1人当たり成長率を維持するものと想定した．インドの成長は加速しつつある．インドは重工業への高水準の公共投資，私的セクターへの事細かな統制を強調するネールの政策を放棄し，ガンジーの自給自足重視をも捨てた．投資率，財とサービスの輸出は増大しつつあり，1人当たり所得の水準は中国の半分以下であり，キャッチアップ潜在力は非常に有望である．

　その他のアジア(日本を除く)については1人当たり成長率が世界平均を少し上まわると想定した．2030年には世界GDPの53％を生産し，それに比べて西ヨーロッパおよびウェスタン・オフシューツは33％になる．したがって世界の貿易と経済発展の主要推進力となるわけである．

共産主義から資本主義への移行中の諸国

過去4分の1世紀に起こった世界経済の舞台での第2の大きな変化は共産主義指令経済諸国の崩壊であった．彼らは以後，資源の配分や財産所有制度の資本主義様式へと向かおうとつとめ，また事実上のアウタルキーから国際貿易と資本市場とへの参加に移行しようとつとめてきた．最も突然の変化は1990～91年のソビエト体制の崩壊であって，ソ連邦は分解し，15の継承国家（それぞれ独自の通貨と中央銀行をもつ）が生まれた．東ヨーロッパに対するソビエトのヘゲモニーは終わり，コメコン貿易ブロックは解体された．ソビエト継承国家のうち11カ国はロシア連邦とのゆるい政治的結びつきを今なお保っているが，経済政策ではほとんど独立である．バルト3国，チェコ共和国，ハンガリー，ポーランドはEUとNATOに加わった．中国では移行は1978年に始まり，政治の面ではずっと漸進的であるが，経済の面では比べものがないほどの成功をおさめてきた．

表7.8は移行国3グループの成長実績の比較を示した．ソ連の15継承国の実績は1990年以後の世界の他のどの地域よりもはるかに悪い．そのうち11カ国の2003年1人当たり所得は1990年よりずっと下であり，かなりのプラス成長を示したのはただ一国エストニアだけであった．

以前ソビエトブロックに参加していた東ヨーロッパ諸国はずっと良好だったが，1人当たりという条件ではその平均の実績は，ポーランドとスロベニアを除くと西ヨーロッパを下回っている．彼らは資本主義諸国との間に新しい貿易上の結びつきを作り，外国投資を招くことができたが，ソビエト継承国家の大部分にはそれができなかった．西ヨーロッパ諸国が自分たちの統合に注いだ力の一部を東ヨーロッパとの統合に注いでいたら，もっと助けになっていたであろう．彼らはまた，ユーゴスラビアの分解をもたらした暴力的衝突を防ぐために何らかのことができたはずである．

ロシア

ロシアの改革者たちが受け継いだ経済は大変非効率なものであった．資本産出高比率は資本主義国より高かった．原材料やエネルギーはコストより安く供給されたので浪費されていた．物不足が在庫をため込む慢性的傾向を生み出し

表7.8 旧ソ連継承諸国，東欧，中国，ベトナムの1人当たりGDP実績とGDP水準，1973〜2003年

	1人当たりGDP (1990年購買力平価ドル)			成長率		GDP (100万・1990年購買力平価ドル)
	1973年	1990年	2003年	1973-90年	1990-2003年	2003年
アルメニア	6,152	6,066	6,648	−0.80	0.71	19,957
アゼルバイジャン	4,434	4,639	3,394	0.27	−2.38	26,851
ベラルーシ	5,233	7,184	7,387	1.88	0.21	76,250
エストニア	8,657	10,820	14,340	1.32	2.19	19,370
グルジア	5,932	7,616	4,040	1.48	−4.76	19,034
カザフスタン	7,625	7,458	7,566	−0.13	0.20	115,647
キルギスタン	3,727	3,602	2,354	−0.20	−3.22	11,814
ラトビア	7,846	9,916	9,722	1.39	−0.15	22,583
リトアニア	7,593	8,663	7,986	0.78	−0.62	28,911
モルドバ	5,365	6,165	2,581	0.82	−6.48	11,459
ロシア連邦	6,582	7,779	6,323*	0.99	−1.58	914,181
タジキスタン	4,095	2,979	1,102	−1.85	−7.36	7,564
トルクメニスタン	4,826	3,626	2,489	−1.77	−2.85	11,887
ウクライナ	4,924	6,027	3,547	1.20	−4.00	169,088
ウズベキスタン	5,097	4,241	3,768	−1.18	−0.81	97,905
旧ソ連	**6,059**	**6,890**	**5,397**	**0.76**	**−1.86**	**1,552,231**
アルバニア	2,273	2,499	3,173	0.56	1.85	11,189
ブルガリア	5,284	5,597	6,278	0.34	0.89	47,641
チェコスロバキア	7,401	8,512	9,728	0.83	1.03	152,411
チェコ共和国	n.a.	8,895	9,905	n.a.	0.83	101,537
スロバキア	n.a.	7,763	9,392	n.a.	1.48	50,873
ハンガリー	5,596	6,459	7,947	0.85	1.60	79,927
ポーランド	5,340	5,113	7,674	−0.26	3.17	296,237
ルーマニア	3,477	3,511	3,510	0.06	0.00	78,563
ユーゴスラビア	4,361	5,720	5,101	1.61	−0.88	120,440
スロベニア	n.a.	10,160	13,995	n.a.	2.49	28,152
その他旧ユーゴスラビア	n.a.	5,226	4,273	0.51	−1.54	92,288
東ヨーロッパ	**4,988**	**5,440**	**6,476**	**0.51**	**1.35**	**786,408**
中　国	**838**	**1,871**	**4,803**	**4.84**	**7.52**	**6,187,983**
ベトナム	**836**	**1,025**	**2,147**	**0.12**	**5.85**	**175,569**

注）＊ 政府統計委員会(Goskomstat)の実質GDP推計をもとにして人口の減少を斟酌した．ロシア連邦の2005年の1人当たりGDPは7270ドル．
出所）www.ggdc.net/Maddison

た．エネルギー消費のGDP比は西ヨーロッパよりはるかに高かった．鋼鉄消費のGDP比は米国の4倍であった．西からの技術移転は貿易制限，外国直接投資の欠如，外国投資家，技術者，学者との接触の制限によって妨げられた．労働へのインセンティブに乏しく，仕事場での仮病は一般的であった．消費財の品質は貧弱であった．小売店やサービス産業は少なかった．価格はコストとはほとんど関係なかった．パン，バター，住宅には高額の補助金が出た．消費者は欲しい財貨やサービスを手に入れるために行列して時間を浪費したり，物々交換をしたり，時には賄賂を贈ったりした．活発な闇市場があり，ノーメンクラトゥーラ〔特権層〕のための特別な店があった．シニシズムや欲求不満，アルコール依存が増加し，寿命も短くなった．

軍備と宇宙事業への支出は1980年代にはGDPのおよそ15％に達し，米国の比率の3倍近く，西ヨーロッパの5倍という高さであった．

ソ連邦の崩壊は，これまで決定が高度に中央集権化されてきていた経済にとって大きな負担となった．ソ連はロシア大統領エリツィン，ウクライナのクラフチュク，ベラルーシのシュスケビッチの1991年12月初めの秘密会議で解体された．バルト3国が資本主義の道を歩むことは自由とされた．アジアの諸共和国の古い党のボスたちには変化への事前の警告や知らせもなかったが，彼らは黙って従い，大統領になり，緩やかな連合体（独立国家共同体）に加盟した．ソビエト共産党は解散になり財産は没収された．

ロシア共和国では急進的改革者の最初の政府は，2つの目的——ショック療法による古い体制の破壊と市場経済の急速な創造とをもっていた．それは古い指令経済構造を捨て去り，ほとんどの国内物価を自由化し，外国貿易への障害を除去し，軍事予算をほんの僅かにまで削り，国営貿易を廃止し，あらゆる形態の民間貿易を合法化し，国有企業の民営化を進め始めた．国有企業の民営化は最終的にはほとんどの企業を二束三文で「オリガルヒ」に売り渡すことに終わった．1990年から1998年までのロシアの民営化による収入は総計75億ドルであり，それに比べて同一期間のブラジルの民営化による収入は667億ドルに達した．また同期間を通じて両国の平均GDPはほとんど同じであったが，ブラジルの売り渡し額は資本ストックのごく小さい部分を占めたにすぎなかった．

1990年から1998年までのショック療法は失望すべき結果に終わった．ロシアのGDPは46%低下した．固定投資は急激に減少し，政府の軍事支出も激減し，これに比べれば1人当たり実質個人消費の減少（ほぼ10%）のほうが緩やかなくらいであった．しかし改革の過程は消費者購買力の短期間の頻繁で大きな変動，人的，地域的な不平等の増大，所得最低階層における貧困の大幅な増加をもたらし，経済生活の不安定性を増大させた．

　ショック療法がなぜ失敗したか，資本主義への移行がなぜそのように苦痛に満ちたものだったかの一つの理由は，ハイパー・インフレをもたらした金融財政政策の弱さであった．1990年から1998年の間に消費者物価は年率387%で上昇した．法制度があやふやな状態の経済のもとで，新しい課税制度を作り実施することも困難であった．企業は国内での税の回避，脱税，利潤の隠蔽，海外タックスヘイブンへの大規模な資本逃避に急速に熟達した．

　1996年7月のエリツィンの再選後，外資が大規模に流入した．1996年半ばから1997年の終わりまでに為替レートの大きな変動なしに株式相場は3倍に高騰した．多くの外国投資家はロシアの銀行から先物ドル為替予約を買って為替リスクをヘッジした．銀行はこれらをカバーすることなく，ドルを借りて高利率の政府債を購入した．チェルノムイルジン首相の解任にともなって外国ファンドの資金大量引きあげが起こった．ロシア政府はIMFから50億ドル近くを借り入れ，過大評価の為替レートを2～3週間支えていたが，1998年8月には通貨切り下げを実施，国内債務の多くをデフォルトし，ロシアの企業や銀行の対外債務支払いのモラトリアムを宣言した．

　通貨切り下げの後，ロシアは急速な成長を経験した．1998年から2005年の間GDPの成長は年率7%に達した．2005年のGDPの水準は1990年水準よりなお低かったが，個人消費や輸出収入は急速に上昇した．主な推進力は，ロシアの貿易条件を大きく改善させたエネルギーに対する世界需要の増加と，世界市場での石油価格の大幅な高騰（1998年1バレル13ドルから2006年の70ドルへ）であった．輸出の84%は石油，ガス，金属であった．エネルギー輸出の増加は新しい石油やガス田の開発によるものではなく，主に国内消費の低下によってもたらされた．ロシア国内ではエネルギーの使用はなおきわめて浪費的であり，GDPに対する炭素排出量の比率は1990年に比べて著しく低いわけではな

表 7.9 2003 年と 2030 年の最大 20 カ国のランキング

	2030 年 GDP (10億・1990年購買力平価ドル)	人口 (100万人)	1人当たり GDP (1990年購買力平価ドル)	2003 年 GDP (10億・1990年購買力平価ドル)	人口 (100万人)	1人当たり GDP (1990年購買力平価ドル)
中　国	22,983	1,458	15,763	6,188	1,288	4,803
米　国	16,662	364	45,774	8,431	290	29,037
インド	10,074	1,421	7,089	2,267	1,050	2,160
日　本	3,488	116	30,072	2,699	127	21,218
ドイツ	2,406	80	30,179	1,577	82	19,144
フランス	2,171	63	34,462	1,316	60	21,861
英　国	2,150	64	33,593	1,281	60	21,310
ロシア	2,017	126	16,007	914	145	6,323
インドネシア	1,973	285	6,924	763	214	3,555
ブラジル	1,853	223	8,316	1,013	182	5,563
イタリア	1,686	55	30,661	1,111	58	19,450
韓　国	1,532	50	30,643	758	48	15,732
メキシコ	1,442	135	10,668	740	104	7,137
カナダ	1,429	39	36,629	748	32	23,236
トルコ	1,101	84	13,111	458	68	6,731
スペイン	1,046	39	26,832	685	40	17,021
タ　イ	995	71	14,014	455	63	7,195
イラン	928	86	10,789	372	67	5,539
オーストラリア	844	23	36,710	460	20	23,287
台　湾	842	25	33,666	391	23	17,284
20 カ国計	77,722	4,806	16,172	29,577	4,003	7,394
世　界	96,580	8,175	11,814	40,913	6,279	6,516

い．ガスプロム社のパイプラインにつなぐ前の生産者によるガスフレアリングの規模も大きい．エネルギーの国内価格も世界市場価格に比べると今なお大変安い．天然ガスや電気の消費に対する補助金は年 400 億ドルに達する（IEA 2006a: 279 参照）．いくつかのソ連継承国家に対するロシアのガス販売には，減少しつつはあるがかなりの額の補助金が今なお続けられている．

　ガスの生産とパイプラインは主としてガスプロム社の国家独占であり，同社は 2006 年にサハリン 2 プロジェクトの外国 3 社から株式を取得して最大株主になり，その地位は強化された．ほとんどの石油生産は現在国家に接収されている．2004〜05 年に最大の石油会社ユコスの資産は脱税のかどで没収された．新しい石油やガスの資源の発見，開発の可能性が中東よりも高いとみられるに

表 7.10 最大 20 カ国の 1 人当たり GDP の成長, 1950〜2030 年
(年平均複利成長率)

	1950-73 年	1973-90 年	1990-2003 年	2003-30 年
中 国	2.76	4.84	7.52	4.5
米 国	2.45	1.96	1.74	1.7
インド	1.40	2.55	3.93	4.5
日 本	8.06	2.96	0.94	1.3
ドイツ	5.02	1.70	1.42	1.7
フランス	4.04	1.91	1.47	1.7
英 国	2.42	1.85	2.02	1.7
ロシア	3.35	0.99	−1.59	3.5
インドネシア	2.56	3.10	2.66	2.5
ブラジル	3.73	1.41	0.94	1.5
イタリア	4.95	2.55	1.24	1.7
韓 国	5.34	6.85	4.66	2.5
メキシコ	3.17	0.99	1.23	1.5
カナダ	2.82	1.84	1.61	1.7
トルコ	3.37	2.67	1.67	2.5
スペイン	5.60	2.70	2.69	1.7
タ イ	3.68	5.47	3.44	2.5
イラン	5.06	−2.54	3.53	2.5
オーストラリア	2.43	1.68	2.40	1.7
台 湾	6.68	5.33	4.39	2.5
世 界	**2.92**	**1.38**	**1.81**	**2.23**

出所) 1950〜2003 年の成長率は www.ggdc.net/Maddison から. 2003〜30 年は表 7.3 から.

もかかわらず, 政府がエネルギー産業への外国投資を歓迎していないことは明らかである.

輸出ブームのおかげで貿易と国家財政が黒字になり, 対外債務のほとんどを返済し, ルーブル価値は大きく上昇した. 2006 年半ばまでに対外準備 2650 億ドル, さらに連邦安定基金 590 億ドルを蓄積した. くわえてロシア人の民間対外投資額が約 2000 億ドルに達した. この種のけたはずれの成長の特色は, 金融資源が実際の国内投資をはるかに上回っていたことである. もしも資金が国内投資に使われたならば経済成長は大幅に促進されていたであろう (Menshikov 2006 参照).

ロシアにはその政策の欠点にもかかわらず, エネルギー部門の比較優位によ

ってヨーロッパやソ連の他の継承国家にまさる急速な成長の可能性があり，私は2030年まで年3.5%の1人当たり成長の可能性があるものと想定した．その他の前共産主義国家については年2%の1人当たり成長を想定した．

ラテンアメリカ

ラテンアメリカの2003年の1人当たり所得はアジアより3分の1高かったが，米国の5分の1にすぎなかった．黄金時代の実績は相当なもので，米国より僅かではあるが成長が速かった．当時経済政策は大衆迎合的で先進資本主義グループとは非常に違っていた．ほとんどの国はブレトンウッズの固定平価制度を真面目に遵守しようとはしていなかった．通貨は繰り返し切り下げられ，IMFの財政金融節度の推奨は拒否され，高率のインフレーションが常態化した．1980年代の初めに基礎的なパラメーターが変化した．そのころOECD諸国は反インフレ政策を非常に厳格に推進しつつあり，利子率は突然かつ急激に高騰した．1982年のメキシコの債務支払い遅延でラテンアメリカ全体の信用が惨めに傷ついた．外資の流入が突然止まり，ハイパー・インフレーションと財政危機の淵をさまよう経済に大規模な節約の必要がおそった．

これらの問題を解決するための企てが経済政策に大きな変化をもたらした．しかし，たいていの国で変化は渋々おこなわれた．アルゼンチンとブラジルでの異端的政策採用の実験の後，結局多くの国はチリが主導した新自由主義ミックスの若干の要素を試みることになった．彼らは国際市場への開放度を拡大し，政府介入や貿易障害を削減し，為替レートのゆがみを少なくし，財政バランスを改善し，より民主的な政治制度創設に向けて動き出した．しかし1人当たり所得は1980年代は停滞し，1990〜2003年にはわずかにいくらかの増加を見た．優等生はチリであり，1人当たり所得は年4.2%増加したが，これはその他諸国平均の4倍以上の伸びであった．アルゼンチン，コロンビア，メキシコ，ウルグアイ，ベネズエラの2003年の1人当たり所得は数年前に達したピーク以下であった．完全な拒絶から気乗りしない実行まで程度はさまざまであるが，新自由主義政策への幻滅が生じた．

私は2003〜30年のラテンアメリカの1人当たり実績にはいくらかの改善があるものと想定した．

アフリカ

 アフリカは世界人口の13%近くを占めるが世界GDPのわずか3%を占めるにすぎない．1人当たり所得が米国の5%という世界最貧地域である．その人口は西ヨーロッパの9倍という速度で増加している．2003年の1人当たり所得は1980年水準の1%足らずしか伸びなかった．アフリカ諸国の経済は輸出が少数の一次産品に集中しているため，他の多くの国々にくらべてより不安定である．天候の激変(干ばつと洪水)がずっときびしく，その影響は重大である．急速な人口増加の結果，人口構成は西ヨーロッパのとは非常に違っている．ヨーロッパでは労働年齢人口は3分の2である．アフリカは半分ちょっとである．成年人口の40%は非識字である．伝染病および寄生虫病(マラリア，眠り病，鉤虫症，オンコセルカ症，黄熱病)の罹患率が高い．HIV患者の3分の2以上がアフリカ住民である．その結果人口1人当たり労働投入の量と質は世界の他の地域に比べてずっと低い．

 多くのアフリカの国は軍事紛争で悩まされてきたし，現に悩まされている．アルジェリア，アンゴラ，モザンビーク，スーダン，ザイール，ジンバブエでは独立闘争が植民地権力または白人植民者との戦争になった．ブルンジ，エリトリア，エチオピア，リベリア，ナイジェリア，ルワンダ，シエラレオネ，ソマリア，スーダン，ウガンダ，ザイールはすべて内戦か血なまぐさい独裁者に苦しめられてきた．

 多くのアフリカの国では，支配者は役得を分け合う少数のグループの支持に依拠することによってその終身の地位を維持してきた．腐敗は広く普及し，財産権は不確実であり，資本逃避は膨大である．

 1980年以後の減速の主な要因は対外債務の利子支払いの負担であった．冷戦が薄らぎ，外国援助の水準は下がり，アフリカへの純貸し出しは低下した．過去数年，外国直接投資は増加したけれどアジア，ラテンアメリカ，東ヨーロッパへの投資にくらべると低い．公的援助の流入は増加したが債務残高にくらべると低かった．2003年の公的開発援助の流入額(贈与および貸与，2国間および多国間)は総額260億ドルであった．

 アフリカ援助は必要であるという認識は高まってきた．最も重要な動きは2005年7月のG8サミットの，開発援助を2010年に総額500億ドルと倍加し

18カ国に対する債務棒引きをスタートさせるという決定であった．これが成長実績を改善させることはもちろんであるが，もしも西の諸国が農業貿易の障害や補助金を漸減させるという約束を履行すれば，もっと効果があがるであろう．しかしこうなる見込みは大変薄く，実績改善への地域固有の障害も依然非常に大きい．それにまた産児制限や家族計画が1人当たり所得の成長促進に果たす役割へのアフリカ諸政府の認識は非常に弱い．私はアフリカ諸国は2030年までに1人当たり所得の年1％のゆるい成長を遂げると想定した．

経済成長，エネルギー消費，炭素排出量，地球温暖化の関係

2030年までに世界GDPが2.25倍に増加するというシナリオの実現性に疑

表7.11 世界の1次エネルギーの消費，1820〜2030年(石油換算メトリックトン)

	化石燃料 (100万トン)	その他の資源 (100万トン)	合　計 (100万トン)	GDP 1000ドル 当たりトン	人口当たり トン
1820年	12.9	208.2	221.1	0.32	0.21
1870	133.0	255.5	388.5	0.35	0.31
1900	499.0	326.1	815.1	0.41	0.52
1913	737.7	369.1	1,106.8	0.40	0.62
1940	1,229.6	495.6	1,725.2	0.38	0.75
1950	1,567.9	561.7	2,129.6	0.40	0.84
1973	5,405.4	842.6	6,248.0	0.39	1.60
1990	7,126.0	1,684.7	8,810.7	0.32	1.68
2003	8,612.0	2,111.0	10,723.0	0.26	1.71
2030	11,215.1	3,368.9	14,584.0	0.15	1.78

注と出所）化石燃料は石炭，石油，天然ガスを含む．その他のエネルギー源は水力，風力，原子力，バイオマス(木材，泥炭，家畜の糞，わら，その他農産物の残り屑)を含む．動物と人間の筋力は含んでいない．換算は木材1トン＝石油0.323トン，石炭1トン＝石油0.6458トンである．化石燃料，水力，風力，原子力は1820年はMitchell (1975)から，1870〜1950年はWoytinsky and Woytinsky (1953: 930)から．1820〜1950年のバイオマスは人口1人当たり年0.2トンと推定した．これについてはSmil (1994: 185-7)の1700年までさかのぼる大まかな推計を参照．1820〜1950年のバイオマスの私の推定はSmilが示唆しているより幾分低い．世界の人口1人当たりのバイオマスの供給は1973年には0.17トン，2003年には0.18トンであった．1993年と2003年については International Energy Agency, *Energy Balances of OECD Countries, 2002-2003*, Paris, 2005; *Energy Balances of Non-OECD Countries 2002-2003*, Paris, 2005: II, 223-6 and *Key Wold Energy Statistics Paris 2005*: 49 ff から．2030年のエネルギーの数値は表7.15のマディソンの推計から．

表7.12 世界エネルギー需要の構造, 1900, 2003, 2030年

	石油換算(100万トン)			シェア(%)		
	1900年	2003年	2030年	1900年	2003年	2030年
石　炭	474.5	2,582	3,512	58.24	24.1	22.8
石　油	18.0	3,785	4,955	2.20	35.3	32.2
ガ　ス	6.5	2,244	3,370	0.80	20.9	21.9
原子力	0.0	687	1,070	0.00	6.4	6.9
水　力	3.0	227	422	0.36	2.1	2.7
バイオマスと廃棄物	312.7	1,143	1,703	38.40	10.7	11.1
その他の再生可能エネルギー源	*	54	373	*	0.5	2.4
計	814.7	10,723	15,405	100.00	100.0	100.0

注) ＊はバイオマスに含まれる.
出所) 1900年は表7.11から, 2003年はIEA(2005), *World Energy Outlook, 2005*: 270, 2030年(代替シナリオ推計値)はIEA, *World Energy Outlook, 2006*: 528から.

問を呈する向きもあるかもしれない．一つは，エネルギー不足によって，あるいは通常の供給経路を遮断する政治的状況によって，経済発展が中断されるのではないかという恐れである．もう一つは炭素排出量が重大な地球気候変動をひきおこすほどの規模になるのではないかという恐れである．そこで世界GDP，エネルギー消費量，炭素排出量の間の関係を歴史的にたどってみるのが有益である．

1820年には化石燃料は世界エネルギー消費の6%以下であった．それ以前にはエネルギーは有機的資源——樹木，バイオマス，風力，泥炭，動物，人間の筋肉から得られていた．その後はより安くより効率的な化石燃料がエネルギー供給源としてますます大きな役割を占めるようになっていった．2003年には化石燃料がエネルギー必要量の80%を供給した．1820年から2003年までにエネルギー消費は48倍に増加したが，化石燃料の消費量は650倍に増加した(表7.11, 7.12参照)．19世紀にはエネルギー消費の増加はGDPの増加より速かった．1900年から1973年まではほとんど同じペースであったが，1970年代のオイルショック以後，世界GDPに対するエネルギー密度は大幅に低下した．エネルギー価格の騰貴はエネルギーをより効率的に使用する誘因を生み出し，さらにごく最近の騰貴も同じ効果を生み出すかもしれない．IEAは2030年までにエネルギー密度は1990年の比率の半分以下になるものと予想している．それにもかかわらず1人当たり消費は1820年以来8倍に増加しており，1973

表7.13 世界の炭素排出量の推移，1820〜2030年(排出量100万メトリックトン)

	化石燃料排出量	総エネルギーに対する化石燃料の%	排出量(GDP 1000ドル当たりトン)	排出量(人口1人当たりトン)	エネルギー消費量中の炭素排出量のウェイト
1820年	14	6.0	0.020	0.01	6
1870	147	34.2	0.132	0.12	38
1900	534	61.2	0.271	0.34	66
1913	943	66.6	0.345	0.53	86
1940	1,299	71.3	0.289	0.57	75
1950	1,630	73.6	0.306	0.65	77
1973	4,271	86.5	0.267	1.09	68
1990	5,655	80.9	0.209	1.08	64
2003	6,705	80.4	0.166	1.07	63
2030	8,794	76.9	0.091	1.08	60

注と出所）第1列の1820〜1950年は Marland, Boden and Andres (2005), US Dept. of Energy. 1973, 1990, 2003年は International Energy Agency, *CO2 Emissions from Fuel Combustion, 1971-2003*, Paris, 2005: 93. 2030年の排出量は表7.15のマディソンの推計による．推計は化石燃料からの炭素排出に限られている．バイオマス燃焼による炭素排出はその後のバイオマス再生による炭素吸収によって相殺されるものと仮定する．その他のエネルギー源（水力，太陽，風力，原子力）は炭素と関係ない．

年以前のペースよりは落ちるとはいえ，これからも増加し続ける．

化石燃料がバイオマスに取って代わるにつれて，1820年から1913年のGDPおよび人口に対する炭素排出量は劇的に増加した（表7.13参照）．それは1913年から1973年までには若干，1973年から2003年までには鋭く減少した．IEAは2030年までにはさらに減少すると予測している．エネルギー消費に対する排出量の比率は1913年にピークに達し，それ以後急速に低下した（表7.13の最後の列参照）．排出量比率低下の若干はエネルギー効率の増加と大気汚染減少のための立法による．だがエネルギー消費における石炭の比率の低下，ガスの比率の増加（表7.12参照）もまた影響大であった．「天然ガスの炭素密度は石油の比率より25%低く，石炭の密度より40%低い」(Houghton 2004: 272)．

これにもかかわらず排出の総量は増加を続けるだろう．世界の人口およびGDPの増加とともに二酸化炭素やその他の多くの温室効果ガスの大気中濃度は増加するだろう（メタンおよびフロンを除いて）．

表7.14は1990年と2003年の炭素排出量の水準および2003年の人口，GDP，エネルギー使用に対する排出量の比率を示す．トップ10カ国は世界排出量の66%，トップ20カ国は80%に責任をもつ．GDPに対比して排出量の

表7.14 2003年の炭素排出上位20カ国

	2003年排出量(100万トン)	1人当たり排出量(トン)	GDP 1000ドル当たり排出量	1次エネルギー使用(100万石油換算トン)	1人当たりエネルギー使用(石油換算トン)	1990年の排出量(100万トン)
米 国	1,562.3	5.38	0.19	2,280.79	7.86	1,320.5
中 国	1,042.9	0.81	0.17	1,409.38	1.09	615.3
ロシア	416.4	2.88	0.46	639.72	4.42	551.5
日 本	327.7	2.57	0.12	517.10	4.05	276.2
インド	286.3	0.27	0.13	553.39	0.53	163.0
ドイツ	233.0	2.83	0.15	347.12	4.21	263.5
カナダ	150.9	4.69	0.20	260.64	8.09	114.6
英 国	147.3	2.45	0.11	231.95	3.86	152.8
イタリア	123.7	2.13	0.11	181.03	3.12	109.1
韓 国	122.3	2.54	0.16	205.30	4.26	61.7
フランス	106.3	1.76	0.08	271.29	4.51	96.9
メキシコ	102.1	0.98	0.14	159.94	1.55	80.0
イラン	95.2	1.42	0.18	136.44	2.03	47.8
オーストラリア	94.7	4.80	0.20	112.65	5.71	70.8
インドネシア	86.8	0.40	0.11	161.55	0.75	39.9
南アフリカ	86.7	1.95	0.45	118.57	2.67	69.4
スペイン	85.4	2.12	0.13	136.10	3.38	56.4
サウジアラビア	83.6	3.32	0.44	130.78	5.20	48.1
ブラジル	82.6	0.45	0.08	193.24	1.06	52.5
ウクライナ	80.9	1.70	0.63	132.56	2.78	162.4
上位20カ国計	5,316.9	1.33	0.19	8,179.54	2.05	4,352.4
その他	1,388.6	0.62	0.11	2,543.60	1.11	1,302.7
世 界	6,705.5	1.07	0.164	10,723.14	1.71	5,655.1

注と出所) 注意 最初の5列が2003年である．上位20カ国の排出量は International Energy Agency (2005: II, 4-5)．この文書は CO_2 排出量を報告しているもので，その二酸化炭素排出トン数は炭素排出トン数を3.667倍(すなわち44/12——炭素に対する二酸化炭素の分子重量比)して推定されたものである．2003年の炭素総排出量は IEA, *World Energy Outlook* (2005: 93) から．1次エネルギーの供給量(使用量)(石油換算100万トン)は IEA, *Energy Balances of OECD Countries, 2002-2003*, Paris, 2005, and *Energy Balances of Non-OECD Countries, 2002-2003*, Paris, 2005 から．

比率の最低2大国はフランスとブラジルで，原子力とエタノールによるエネルギーの大規模生産がその要因である(ノルウェーも同様の低い比率をもつ)．もしもすべての国が非炭素エネルギーの生産に同様に成功するなら世界の排出量は半減するであろう．

IEA(国際エネルギー機関)は2つの十分にはっきりしたシナリオにもとづいて2030年にいたるエネルギー消費と排出を予測している．「参考」シナリオは，

もしも政府が「潜在的に可能な，あるいは実行可能な，さらには期待がもてる将来の政策選択を考慮せず」に現在の政策を越えては何もしない場合，エネルギー市場はどのように展開するかの「基準の展望」を提供する．「代替」シナリオは，すべての地域の諸国が推定対象期間中の何らかの時点で採用を考慮しているか採用を合理的に期待できる政策があるとして，その影響を分析している(IEA 2006: 54 参照)．2030年の炭素排出量を2004年水準に抑えるのに必要な技術についての短い分析(pp. 256-65)もある．

石油価格が1998年の1バレル13ドルから2006年に60ドル平均に急騰し，多くの国がエネルギー供給の安全度，地球温暖化の見通しに不安を抱いているという事実から考えれば，代替の推定が一番もっともに思えるので表7.15にそれを採用した．

IEAの「世界エネルギーモデル」はエネルギーの7つの種類，10カ国，11地域の使用部門ごとに分けて推定をおこなっているので相当に複雑である．しかし大筋はかなり単純である．予期される人口とGDPの増加がエネルギー需要の基本的推進力である．第2の要因はGDPに対するエネルギー需要密度の変化であり，第3はエネルギー使用増加に対する炭素排出率の変化である．IEAの世界GDP総額は為替レートではなく購買力平価による推定値を使って作られ，人口の推定は国連人口局からとられている．人口とGDPの推定は参考シナリオでも代替シナリオでも同じである．

表7.15は2004年と2006年にIEAによって作成された諸推計の内容を示している．それは2003～30年の世界GDP成長の推計を2004年版の年3.16%から2006年版の3.46%に引き上げている．エネルギー使用の密度は両版ともに大幅に低下しているが，2006年版のほうがより低下している．しかし，2004年推定値の時よりも石油価格上昇が石炭使用の割合を大きくすると考えて，エネルギー消費に対する炭素排出率は2006年版のほうがいくらか高い．

私の2003～30年の世界GDP成長の推定値(年3.23%)はIEA 2004年版推定よりは大きいが，非OECD諸国を高めに見積もっているIEA 2006年版推定値よりは相当小さい．GDP成長に対するエネルギー比率，エネルギー使用に対する排出量比率はIEA 2006年版を使用した．人口増加についての私の推定はIEAのと実質同一である(表7.1の注と出所参照)．

表 7.15 IEA とマディソンによる世界エネルギー需要と炭素排出量の推定, 2003～30 年

IEA 2004 年予測		IEA 2006 年予測		マディソン予測	
2003 年	2030 年	2003 年	2030 年	2003 年	2030 年
世界 GDP (10 億・1990 年購買力平価ドル)					
40,664	94,322	40,664	101,900	40,913	96,580
世界エネルギー需要 (石油換算 100 万メトリックトン)					
10,709	14,654	10,709	15,405	10,760	14,584
GDP 1000 ドル当たりエネルギー密度 (トン)					
0.263	0.155	0.263	0.151	0.263	0.151
炭素排出量 (100 万メトリックトン)					
6,705	8,640	6,705	9,294	6,736	8,794
エネルギー消費量 1 トン当たり排出量 (トン)					
0.626	0.590	0.626	0.603	0.626	0.603

注と出所) IEA 2004 年の代替的推定は *World Energy Outlook*, Paris, 2004: 44 and 416 から; IEA の 2006 年の代替的推定は *World Energy Outlook*, Paris, 2006: 59 and 528-9; マディソンの GDP 推定は表 7.4 から, マディソンの 2030 年エネルギー需要は IEA 2006 年の energy intensity coefficient を使用して作成, マディソンの 2030 年の排出量は IEA 2006 年の emissions coefficient を使用して作成. ここでは排出量は炭素単位 (二酸化炭素 3.667 トン = 炭素 1 トン) で示されている. IEA 2004 年の代替的推定は 2000 年価格・購買力平価であり, その 2003 年の世界 GDP は 49 兆 4340 億ドルであった; IEA 2006 年の GDP 推定は 2005 年価格・購買力平価であり, その 2003 年の世界 GDP は 55 兆 8510 億ドルであった. 私は上記 2 つを私のヌメレール (1990 年価格・購買力平価) の基礎にし, その世界 GDP の 2003～30 年の量的変動を使用した. IEA がその GDP 推定の詳細な内訳を提供されたことに感謝したい.

2000 年から 2006 年のエネルギー価格の騰貴の主な原因は石油供給の非弾力性にあった. 主要輸出国の多くは OPEC カルテルのメンバーであったし, これらの企業を所有する政府は価格下落を招く, あるいは下落を促進するような生産の拡張には熱心でなかった. 1980 年から 1998 年の石油価格の下落のために彼らは投資を抑えた. 中東では 2003 年の石油生産は 1973 年よりわずか 4% 多いだけだったし, ベネズエラでは 4 分の 1 減少した. ナイジェリアでは 6 分の 1 の増加をみたが, 産油地域のサボタージュによって供給は妨げられた. イラクとイランでは戦争のために生産は低下した. 以前ソ連に属していた諸国は 2003 年には 1990 年より 10% 少なかった. 2003 年の世界石油生産は 1973 年より 29% 多かったが, 天然ガス生産は 2.25 倍に増加し, 石炭は 4 分の 3 増加し

た(本章末の付録の表7.19 および 7.20 参照). IEA の専門家たちは供給状況のこの差異が続くと予想している. IEA が予想している 2030 年までの累積消費量よりは「天然ガスおよび石炭の確認埋蔵量の方がずっと大きい」. ガスの埋蔵量は現在の消費の 64 年分であり, 石炭は 164 年分, 原油と液化天然ガスはかろうじて 42 年分にすぎない(IEA 2006a: 72-3).

成長の限界？

1820 年から 2003 年の間に世界人口は 6 倍になり, 1 人当たり所得は 10 倍近くになった. こんなに良いことは長続きするはずがない, そして天然資源が進行を止めるか劇的に減速させるに違いないという警告が繰り返されてきた. 最も著名な悲観主義者はマルサスであった. エールリッヒ, メドウズ, ローマクラブのようなその他の環境予言者たちが, ごく最近でも強調点は違うが金切り声をたててマルサスに呼応した.

トマス・マルサス(1766～1834)の成長理論はわずか 2 つの生産要素——天然資源と労働——でできており, 技術的進歩, 資本形成, あるいは国際特化からの利益を考慮に入れる余地はなかった. 1798 年に彼は, 人口圧力が生存必要品を生み出す自然資源の能力に重い負担となり, その均衡はさまざまな破局によってしか達成されないというふうに, 人類の一般的状況を描き出した. 彼の影響は強力かつ持続的であるが, それは概して彼の強引なレトリックと幼稚な世間を騒がすやり方のためであった.

> 不健康な季節, 伝染病, 悪疫, ペストが恐ろしい陣立てでやってきて, 数千, 数万の人間をさらっていくだろう. 巨大な不可避な飢餓が背後にひろがり, 強力な一撃で人口を世界食料の水準に合わせる.

2003 年, 英国の農業従事者は労働人口の 1.2% にすぎず, 寿命は 78 歳だと知ったならマルサスは仰天したことであろう.

食料不足よりはエネルギーの制約のほうが経済成長への脅威であると強調している分析家が他にいた. ウィリアム・スタンレー・ジェヴォンズ(1835～82)は若き日のマルサスよりは経験的証拠に関心をもっていた. 彼は『石炭問題』(*The Coal Problems*, 1865)で石炭生産こそが英国経済原動力の基本的要素であると認めた. 1865 年, 英国は世界のリーダーであった. その 1 人当たり GDP

(3000ドル)は他のどの先進国(オーストラリア，フランス，ドイツ，オランダ，米国)よりも大きかったし，GDP総額でも同様であった．その石炭産出量は世界全体の1億3600万トンのうち8000万トン以上を占め，石炭大輸出国であった．石炭は唯一の重要化石燃料であり，世界エネルギー供給のほぼ3分の1を占めていた．

ジェヴォンズは1861年の英国の石炭産出量を8360万トンとし，もし「現在の」年成長率3.5%が続くなら(実際には成長は1820年から1860年に年率3.8%であった)1961年には26億700万トン必要になると推定した．このような成長は「われわれの鉱山を4000フィートまで掘り尽くし，すなわちわれわれの最も深い鉱山よりもさらに1500フィート深く掘り尽くし」(Jevons 1865: 274)，禁止的高価格をもたらすであろう．彼は代用品――木材，風，水，潮力エネルギー，水素，あるいは石油の可能性を否定した．彼はこれらの供給は「石炭より限定的かつ不安定」と考えた(p. 185)．彼はまた重い輸送コストがかかるからと，大規模輸入の可能性も否定した．結局彼は「現在の幸福な進歩の条件は長続きするものではなく」，最終的には「これからの世代の大部分は自分を余計な人間だと感じ，大規模に国を離れるか，国に留まって苦痛な圧力や貧乏に耐えねばならなくなる」と結論づけた(p. 422)．彼はもっと大きな石炭埋蔵量があるオーストラリアや米国のような国への「大規模な移民」を勧告した．実際英国の石炭生産は1913年の2億9200万トンがピークであり，1973年には1億1800万トン，2003年には2600万トンと低下した．2003年の英国エネルギー消費量は石炭3億7000万トン相当で，彼が想定した1961年の量のほぼ7分の1にすぎないし，英国の石炭はそのうちの7%を占めるにすぎない．かくてジェヴォンズはエネルギー密度減少の可能性を見過ごし，代用可能性や技術進歩の速度についても間違った．彼はまた100年予測のむなしさをも示したのだった．

1870年代にジェヴォンズはあまり成功しなかったが，日射の強さの10年毎の変化が収穫や景気循環周期の長さに大きな影響を及ぼすという議論をおこなった．裏付けは弱かったが，最近の地球温暖化議論の興味ある先触れを彼は提供した．

地球温暖化

エネルギーに関する現代の議論の大きな前進点は，日射の純影響を変化させて地球温度を上昇させることへの人間の経済活動の影響の評価である．

地球表面は太陽からの放射熱で暖められる．多くは陸地と海洋に吸収される．3分の1は雲と砂漠のような地球表面の反射地域によって跳ね返される．若干は赤外線エネルギーとして宇宙へ逆放射される．この一部は大気中で水蒸気や「温室効果ガス」（たとえば二酸化炭素やメタン）に捉えられて熱として再度地球にはね返ってくる．このブランケット効果がなければ地球の平均表面温度は33℃冷たくなろうし，夜間温度は今よりずっと低くなろう．化石燃料の使用増加，またある程度は土地利用の変化で大気中の二酸化炭素の濃縮はますます進むことが，さらに多くの熱が跳ね返り世界がますます温暖化する原因なのである．

地球温暖化の原因と範囲の数量化

気候変動に関する政府間パネル(IPCC)は「排出シナリオに関する特別報告」(*Special Report on Emissions Scenarios*(SRES 2000))で地球温暖化へと導きやすい諸要因の詳細な検討をおこなった．これは温室効果ガスの削減による温暖化過程の緩和を目的とする京都議定書を批准した164カ国に，手引きを与えるために作成された．それは2100年にいたる数十年毎の展望を検討している．それは付表1構成国に対する京都の政策目標（すなわち2012年までに1990年水準の95％に削減する）の基準線である1990年の状況を基準とした．

SRESは110年間の環境評価を40本提出したが，予測とは呼ばないで「筋書きとシナリオ」と呼んだ．考慮に入れられた主な影響は，人口増加，1人当たりGDPおよびGDP成長，エネルギー使用密度の変化，10タイプの温室効果ガスの排出量，二酸化炭素の累積的増加（飛び抜けて重要）であった．大気中のこれらガスの濃度の増加が気候変動の究極の原因である．IPCCの原因の要因は人間に関するものである．太陽放射の変化の可能性，軌道のコースによる地球への放射の当たり方の違いは考慮されていない．シナリオは6つの異なる予測グループ――日本の2，米国の2，オーストリアの1，オランダの1グループによって開発された．

IPCCの予測の手法はIEAのとは違っている．その未来学はずっと遠くの地

表7.16 IPPCの各シナリオが描く地球温暖化を促進する諸要因

	年複利成長率　1990〜2100年				炭素排出量	1990〜2100年累積排出量(10億トン)	2100年1人当たりGDP(1990年ドル)
	人口	1人当たりGDP	GDP	エネルギー消費			
A1 世界	0.26	2.70	2.98	1.63	0.59	1,499	74,900
A2 世界	0.96	1.30	2.28	1.55	1.45	1,938	15,888
B1 世界	0.26	2.29	2.55	0.78	−0.13	1,060	47,880
B2 世界	0.62	1.60	2.23	1.12	0.62	1,388	22,767
A1 OECD	0.23	1.60	1.83	0.79	−0.18	344	109,099
A1 その他	0.27	3.89	4.18	1.99	0.88	1,155	68,517
A2 OECD	0.51	1.08	1.59	0.91	0.86	507	57,888
A2 その他	1.03	2.15	3.20	1.86	1.70	1,431	11,258
B1 OECD	0.23	1.30	1.53	0.02	−0.78	278	84,734
B1 その他	0.27	3.42	3.71	1.13	0.14	782	41,466
B2 OECD	0.07	1.06	1.13	0.25	−0.36	317	61,099
B2 その他	0.70	2.69	3.41	1.49	0.93	1,071	19,017

注と出所）A1 は SRES 2000, pp. 381-5; A2 は pp. 466-70: B1 は pp. 496-500; B2 は pp. 41-5．炭素排出は化石燃料からとその他のエネルギー源からとを含む．すべてのシナリオは GDP 成長を過小評価している．なぜなら1990年について購買力平価ではなく，為替レートを使用しているからである（表7.17および表7.18参照）．

平を扱っており，1970年代のメドウズの報告のように「システム分析」の分析手法を使用している．

シナリオは世界を4地域に分けて示している．（i）OECD——西ヨーロッパ，北アメリカ，オーストラリア，ニュージーランド，日本，トルコ，すなわち1人当たり所得と炭素排出量が最高の地域と現在は1人当たり所得が非常に少ない3つの地域グループ，（ii）REF——東ヨーロッパの前共産主義国家とソ連邦の継承国家，（iii）日本および若干の西アジア諸国を除くアジア，（iv）ALM——ラテンアメリカ，アフリカ，若干の「中東」諸国の合成．すべてのシナリオは富裕国と非富裕国の1人当たり所得の格差が縮まると想定している．この想定がエネルギー利用と炭素排出との予測をおこなう一つの大きな推進力である．

表7.16の上部〔上の4行〕は世界全体についての4つの基本的「筋書き」を要約している．それは炭素排出量の増加の総体と大気圏（すなわち地表よりほぼ10 km 上の対流圏と50 km 上までの成層圏）中のその累積の主な要因を示している．下部〔下の8行〕は1990年から2100年に予想される OECD 先進諸国の成長の勢いとその他諸国の勢いの大きな違いを示している．成長の予想は一本調子では

ない．2050年までは速いがそれ以後は減速する．

　すべてのシナリオがGDPに対するエネルギー密度の低下を予想しており，炭素排出量の増加はエネルギー消費の増加より少ないと想定している．1990年にはOECDグループが世界排出量の40%を占めていた．2010年までにこれはシナリオA1では17%，A2では21%，B1では19%，B2では14%に低下すると予想される．

　A1は1人当たり世界GDPの最も急速な成長，4グループ間の最高度の格差縮小，新しくより効率的な技術の素早い導入を想定している．石炭は2100年の世界エネルギー消費のわずか4%と想定されている．炭素排出量の増加はエネルギー消費増加の3分の1にすぎない．このシナリオには変種が17存在する．それらは1990年から2100年までの炭素排出の累積量を1兆940億トンから2兆5320億トンと推定している．

　A2はより急速な人口増加を想定している(A1の4倍近く)．2100年の人口は国連の高い推定(2003年)よりもさらに大きいと予想されている．それは1人当たり所得の増加と格差縮小を最低に見積もっている．石炭は2100年の世界エネルギー消費の半分，排出量の増加はエネルギー消費の増加とほとんど同じと想定された．この筋書きの6つの変種は2100年の累積炭素排出量を1兆3520億トンから1兆9380億トンと予想している．

　B1はA1と同じ人口増加，1人当たり所得のいくらか低い増加，格差縮小の遅れを示している．石炭は2100年エネルギー消費の8%と見積もられている．エネルギー消費増加率はGDP増加率のほぼ半分，2100年の炭素排出量は1990年より少ないとされている．この筋書きの9つの変種は累積排出量を7730億トンから1兆3900億トンと推定している．

　B2はA1，B1の2倍以上の人口増加，1人当たり所得増加は遅く，格差縮小は遅れ，技術進歩も遅いと想定する．石炭は2100年エネルギー消費量の19%と見積もる．エネルギー消費の増加はGDP増加の半分，排出量増加はエネルギー消費増加の半分と推定される．この筋書きの8つの変種は2100年の累積排出量を1兆1640億トンから1兆6860億トンと推定している．

　このように，1990年から2100年までの累積排出量は，40のすべてのシナリオの間に7330億トンから2兆5320億トン——比率にして3.5対1の差がある．

これはIPCCの2100年についての地球温暖化のあり得る予想範囲の予備概念である．

IPCCのエネルギー需要と炭素排出量の数量化に関する諸問題

奇妙なことにIPCCは上記の異なる選択肢の妥当性に関する評価をおこなっていない．私の勘ではB1が最も妥当性ありだが，すべてのシナリオについていくつかの問題がある．

1. 歴史への注意が不十分である．1860年から2000年になぜ地球の平均気温が0.65℃上昇したかを説明する要因を数量化することを怠った．この期間には温暖化過程はなだらかではなかったし，その諸要因の歴史的指標が利用可能であった（表7.11, 7.12, 7.13参照）のに，より確実な歴史的証拠を対象にしたその基本的モデルをテストする前にIPCCがこのような詳細な未来学に乗り出したことは奇妙である．1860年から1910年の地球気温の変化は不安定なものであり，この間には上昇はなかった．1910年から1945年までは平均気温は約0.4℃上昇し，世界GDPは年率1.7％で増加した．1945年から1976年までは寒冷化が間に挟まった時期で世界GDPは年率4％増加した．それ以後2000年までに気温は1945年水準より0.25℃上昇した（IPCC, Synthesis Report, 2001: 171）．世界経済成長のテンポが1910〜45年や1976〜2000年よりもずっと急速であった時期に寒冷化が起こったということは奇妙である（www.ggdc.net/Maddison for the pattern of world GDP growth）．寒冷化は〔冷却効果をもつ〕エアゾル（微粒子）放出が最高度に達した時期に起こったのであるが，これがすべてを説明するものかは明確ではない．

2. IPCCは北半球の気候は1860年以前の1000年間安定的だったと想定した．この見解にはリンゼン，マッキトリック，ロビンソン，ライター，ルッディマン，ヴェークマンを含む批判家たちの米国議会への報告が異をとなえている．これら批判家たちは北半球の温暖な中世期と小氷期に注意を向けている．ルッディマンはまた人為的原因——農業の開始と普及により，1820年にいたる8000年の間に地球気温の非常にゆっくりした上昇の動きがあったとしている．この長期にわたる気候の影響は1860年から2000年

のそれと比肩しうる大きさであり，氷河期の開始を阻止したと彼は言っている．彼はまた「熱慣性」の重要性，すなわち地球温暖化を御する力の影響を弱めたり抑止したりする大洋の影響を強調している．大洋は地球表面の70%を占め，深さは平均4 km，二酸化炭素の重要なたまりを提供している．「大洋の総炭素量は大気中の50倍に達し，数百年の単位で大気との交換がおこなわれている」(*Climate Change 2001: The Scientific Basis*, chapter 3.2.3参照).

3. SRES〔IPCC, *Special Report on Emissions Scenarios*〕の報告は大気中の炭素蓄積総量を推計しないで，1990～2100年の110年間のあり得る累積排出量だけを推計した．蓄積量の純変化を計るためには1990年における蓄積の程度と1990年に存在した温室効果ガスの減少率を知らなければならない．気候変動の経済学に関する貴族院の報告(House of Lords, Select Committeeon Economic Affairs(2005), pp. 11, 14, 21 and 32)はこの減少過程に数回言及しているが，SRES(2000)の報告にはふれられていない．IPCCの「統合報告書」(*Synthesis Report*, 2001: 182)は二酸化炭素の「大気中の寿命」を5年から200年と見積もり，「二酸化炭素は大気，海洋，陸上生物圏の間を循環しており，それぞれ異なる時間スケールのさまざまな過程を通じて，大気中から除去される．大気中での二酸化炭素の滞留時間は，その吸収放出のメカニズムによって変わるため，単一に定めるのが困難である」と付け加えた．

4. SRESの作業の最終結果はIPCCの「統合報告書」(*Synthesis Report*)に示された．二酸化炭素の大気中濃度は1750年の280 ppmから1990年の350, 2000年の368に上昇した(ppm: 'parts per million'は乾燥空気100万分子当たりの二酸化炭素分子の数すなわち大気の0.0368%).「SRESシナリオの解説」からとったIPCCの「炭素循環モデル」は2100年には540～970 ppmの範囲になると予測した．不確実なことを斟酌して範囲を10%から30%にひろげ「490から1260 ppm」の範囲にしている(p. 159). p. 244には478から1099という数字もあげられている．結局報告の範囲は1対1.8から1対2.6もしくは1対2.3に訂正されている．しかし，2100年の世界平均気温は1990年の平均気温より1.4～5.8℃高いと予測している(*Synthesis Report*, pp. 1, 69, 156, 159 and 244参照). この最終的な範囲が推計された過程の明解な説明は

第7章　2030年の世界経済——455

ない．

5. 国際エネルギー機関(IEA 2006)は2030年の炭素排出量をIPCCの多くのシナリオより少なく予測している．IEAの参考シナリオは2030年の排出量を110億トンと見ており，またより妥当性の高い代替シナリオでは93億トンとしている（表7.15参照）．IPCCシナリオのうち38が炭素排出量をIEAの代替シナリオより高く，27が参考シナリオより高く見積もった．したがってIPCC大部分のシナリオは2030年までの排出量および気候変化を誇張しているようである．

6. SRESのシナリオは大変大ざっぱであり，世界をわずか4地域にしか分けていない．所得水準も歴史的経過も非常に異なっているのに，ラテンアメリカ，アフリカ，中東の産油地域を一緒にしているのはおかしい．個々の国の経験が吟味されていないのもやはりおかしい．2003年，世界の炭素排出量の69%は12カ国に由来する（表7.14参照）．排出量を削減するにはそれらの国の同一ではない展望や問題点を精査することが大事である．たとえば中国はエネルギーの60%を石炭から得ているが石炭は強力な汚染源である．フランスの石炭の比率は5%，英国は16%，ロシアは17%，米国は23%である．

7. 将来富裕グループのOECD諸国とアジアのような若干の他の地域との間に経済的格差の縮小がある程度起こることを予想するのは妥当なことではあるが，IPCCのシナリオが想定するような格差縮小が起こることはあり得ないことだし，歴史的経験からも甚だしく隔っている．事実彼らが想定している格差縮小は実際よりはずっと大きいのである．なぜなら基準年における各地域の所得水準を比較するのに購買力ではなく為替レート換算が使用されているからである．表7.17上段は世界およびその4構成グループの2100年IPCC A1シナリオを，基準年の1990年為替レートを使用して示している．最後の欄は2100年シナリオを作るためにIPCCが使用した1人当たり乗数を示している．1人当たり平均所得はOECD諸国で10万9000ドル，前共産主義グループは10万1000ドル，アジア7万2000ドル，アフリカ6万1000ドルに達する．

下段はもし換算に購買力平価を，そして同じ1人当たり乗数を使用する

表7.17 為替レートおよび購買力平価表示のIPCC A1シナリオ，1990〜2100年

	1990年 人口 (100万人)	1990年 1人当たり GDP (1990年為替レートドル)	1990年 IPCCによるGDP (10億・1990年為替レートドル)	2100年 人口 (100万人)	2100年 1人当たり GDP (1990年為替レートドル)	2100年 IPCCによるGDP (10億・1990年為替レートドル)	1990-2100年 1人当たり乗数
OECD	859	19,092	16,400	1,110	109,099	121,100	5.71
REF	413	2,421	1,100	339	100,885	34,200	41.67
アジア	2,798	536	1,500	2,882	71,929	207,300	134.20
ALM	1,192	1,594	1,900	2,727	60,836	165,900	38.17
世界	5,262	3,972	20,900	7,056	74,901	528,500	18.86

	人口 (100万人)	1人当たり GDP (1990年購買力平価ドル)	マディソン GDP (10億・1990年購買力平価ドル)	人口 (100万人)	1人当たり GDP (1990年購買力平価ドル)	GDP (10億・1990年購買力平価ドル)	1人当たり乗数
OECD	800	18,781	15,020	1,110	107,240	119,036	5.71
REF	411	6,450	2,651	339	268,772	91,114	41.67
アジア	2,980	2,121	6,321	2,882	284,638	820,327	134.20
ALM	1,066	2,948	3,145	2,727	112,525	306,856	38.17
世界	5,257	5,162	27,136	7,056	189,531	1,337,333	36.72

注と出所）上段パネルは1990年と2100年の人口（100万人）および（1990年為替レートによる10億・1990年ドル表示）のGDPで，出所はIPCC(2000: 381-5)，1人当たりGDPと1990〜2100年の1人当たり乗数は同じ出所から．下段パネルの左の1990年人口は表7.1からおよびGDP推計（ゲアリー＝ケーミス購買力平価による10億・1990年ドル）は表7.4とwww.ggdc.net/Maddisonによる．下段右は2100年の人口とIPCCと異なる地域別1人当たりGDP乗数である．基準年のウェイトが異なり1人当たり世界乗数はIPCCの2倍である．IPCCはトルコをOECDグループに含め，その他13の西アジア諸国（主な石油産出国を含む——イラク，イラン，クウェート，カタール，サウジアラビア，アラブ首長国連邦）をALMグループに入れている．私は西アジア14カ国をアジアに含めた．

ならどうなるかを示している．1990年の出発点のグループ間の1人当たり格差はずっと小さく，世界GDPの総額はずっと大きくなっていたろう．貧困グループの全3地域は2100年OECD諸国よりは富裕になり，世界GDPは25倍ではなく49倍に増加し，つまり成長率は上段の3.0%ではなく3.6%になる．IPCCシナリオでは2100年のGDPの77%は非OECD諸国で生み出されるが，購買力平価シナリオでは91%になる．

表7.18は2000〜30年という短期間について同様なことをおこなったものである．上段は1990年為替レートを使用して世界GDPが年率4.1%成長することを示した．下段は1990年購買力平価を使用して，より大きな格差縮小と5.6%の成長率を示した．両方ともIEAおよびマディソンの

表7.18 為替レートおよび購買力平価表示のIPCC A1シナリオ，2000〜2030年

	2000年 人口 (100万人)	2000年 1人当たりGDP (1990年為替レートドル)	2000年 IPCC GDP (10億·1990年為替レートドル)	2030年 人口 (100万人)	2030年 1人当たりGDP (1990年為替レートドル)	2030年 GDP (10億·1990年為替レートドル)	2000-30年 1人当たり乗数
OECD	919	22,307	20,500	1,043	36,433	38,000	1.63
REF	419	1,909	800	435	12,184	5,300	6.38
アジア	3,261	827	2,700	4,147	6,318	26,200	7.64
ALM	1,519	1,777	2,700	2,557	7,626	19,500	4.29
世界	6,117	4,365	26,700	3,182	10,890	89,100	2.49
	人口 (100万人)	1人当たりGDP (1990年為替レートドル)	マディソンGDP (100万·1990年為替レートドル)	人口 (100万人)	1人当たりGDP (1990年購買力平価ドル)	GDP (10億·1990年購買力平価ドル)	1人当たり乗数
OECD	855	21,929	19,400	947	35,816	33,918	1.63
REF	411	4,882	2,005	402	31,159	12,526	6.38
アジア	3,478	3,179	11,059	4,674	24,286	113,515	7.64
ALM	1,318	3,217	4,240	2,151	13,806	29,697	4.29
世界	6,062	6,054	36,704	8,175	23,200	189,656	3.83

2030年の推定よりずっと速いGDP成長を示す(上記表7.15参照)．A1シナリオは世界エネルギー消費がこの期間に年率2.5%，IEA(2006a)は1.36%で増加と予測する．A1は化石燃料からの炭素排出量を年率2.4%の増加と予測するが，IEAはわずか1.2%と予測する．IPCCは2025年および2050年の地球気温予測をおこなったが(*Synthesis Report*, p.69参照)，この間に内挿法を適用すれば，2030年は1990年水準を0.5から1.3℃上回るということになる．GDP，エネルギー消費，排出量についてのIPCCの高い推定に私は疑問を持っているので，0.5℃の方がより妥当性が高いと思われる．

8. IEAとは異なり，IPCCはそのGDPシナリオで購買力平価ではなく為替レートを使用している．このことから生ずる諸問題は多くの機会にイアン・カースルズ，デイヴィッド・ヘンダーソン，アラン・ヘストン，ウィリアム・ノードハウスおよび私自身によって指摘されてきた[1]．IPCCはこの点に関し2種類の応答をおこなった．(a)為替レートを使った40シナリオにくわえて9シナリオについて「調整した」購買力平価を使用した(pp. 401, 416, 431, 446, 481, 516, 531 and 561 in SRES 2000), (b)購買力平価でな

く為替平価を使ったことによる悪影響はなかった．

IPCCの調整した9つの購買力平価による推定はIIASA（国際応用システム分析研究所）がその「メッセージ」シナリオのために作成したものであった．彼らは1990年から2100年の間に購買力平価の率が為替レートに変わる（収斂する）と想定するという普通ではありえない挙に出たのである．つまり2100年までに相違はなくなる．IIASAのPPPs〔「調整した」購買力平価〕を使用した実質GDP成長率は為替レートウェイトのものに比較するとすべて低いが，これと結びついた1次エネルギーの消費や炭素排出量の増加の推定がメッセージシナリオのすべてに一貫している．IPCCが分析を目的とする40シナリオにこの幻のシナリオを含めなかったのは理解できることである．

気候変動の影響

IPCCは地球温暖化の影響の2つのタイプを予測している．すなわち110年の時間枠のなかでだいたい確実で予測可能とおもわれる変化と，より不確実で，世界気候のシステムに逆転不可能な断絶をもたらすより長期にわたる潜在的影響である．

第1カテゴリーの主な結果
1. 異常気象，大洪水，干ばつ，熱波，ハリケーンの頻発．
2. 2100年までの9 cmから88 cmの範囲での海面上昇，それは沿岸地域やバングラデシュ，モルディブのような海抜の低い国に広範な被害をもたらす．
3. 永久凍土層の溶解，積雪面積や氷河の縮小．
4. 高温による健康被害，これは寒さによる病気や現在の低温のもとでの死亡率の減少によって相殺される．
5. 弱小種の絶滅，陸，海の生物多様性の喪失．
6. 農業への異なった影響，ある地域での作物収穫高の減少と他地域での増加．

これら変化のあり得べき影響は 8 地域に分けて若干詳細に分析されている (アフリカ, アジア, ヨーロッパ, 北アメリカ, ラテンアメリカ, オーストラレーシア, 極地域, 小島嶼国). ヨーロッパでは肯定的特徴が顕著であり, 富裕国は否定的影響を適応する政策行動で緩和する大きな能力を備えている. 悪影響はアフリカで最も強いと予想されている.

IPCC は炭素排出量を削減もしくは除去することで地球温暖化を縮小させる可能性を調査している. 課税, 補助金, 規制の選択とその費用・便益が異なった諸セクターについて調査された. IPCC はまた太陽エネルギー, 光電池の改善, 核融合の開発, カーボンシンク〔二酸化炭素吸収源〕と関連したクリーンな石炭の技術, エタノールその他のバイオ燃料, 風力および波力電力, ハイブリッド車等のジョイント研究の見込みを検討している.

第 2 カテゴリーの長期の逆転不可能な大災害の危険
1. グリーンランドおよび南極西部の氷床の溶解, それぞれが 1000 年間に海面を 3 m 引き上げる可能性がある.
2. 熱塩循環の崩壊はメキシコ湾流の温暖化効果を消滅させ, ヨーロッパの温度を 8℃ 引き下げる.
3. アマゾン雨林は崩壊してサバンナになる.
4. ヒマラヤの氷と雪が溶け, 降雨が洪水をもたらし, インドの河川体系とモンスーンを変える.
5. シベリアの永久凍土層が溶解し, メタンが大量に放出され, 地球温暖化が促進される.
6. アフリカの砂漠化が促進される.

温室効果ガスの濃度が決定的な限界点を越えたとき, この一連の問題が浮かび上がる. これを越えたとき, 効果的な是正行動の余地はなくなると IPCC は論ずる.

これらすべての潜在的で長期の脅威は地球的な意味をもち, その現実化を阻止するには地球規模の共同行動が必要になる. 将来の世代の利益になる費用支出を現在決めること, またその費用を所得水準が大きく異なる諸国に分割することはとても大きな問題となることであろう (Nordhaus 2006 参照).

京都議定書

　2005年に京都議定書が発効して限定的な共同行動が始まった．それは160カ国によって批准された．それは2つのグループからなる．OECD先進資本主義諸国(オーストラリアおよび米国を除く)および旧ソ連ブロックの共産主義諸国(付属議定書1の諸国)は2008～12年に6種類の基本温室効果ガスの排出量を1990年水準の5%削減する共同の約束をおこなった(個々のガスは相対的な放射力によって二酸化炭素に換算された)．付属議定書1の諸国の間でもパーセントは違っていた．中国およびインドを含む低所得諸国はこの種の約束はおこなわなかった．期間は定められなかったが将来京都の約束は更新されるものとされていた．EU諸国が作り出した「排出量取引」スキームは排出量削減の枠を売買することを参加国に認めるものである．クリーン開発メカニズムは先進国が発展途上諸国の排出量削減事業に資金を提供し，排出の枠を受け取りそれを自国削減量とすることを認めるのである．すべての国は炭素削減技術についてのそれぞれの国の計画や研究についての情報を共有することに同意した．

　表7.14を見て分かるように京都の2012年目標は達成がきわめて困難のようである．約束の遵守に失敗した国にも，約束をしなかった「フリーライダー」にも罰則を課する見通しはほとんどない．しかし2012年以後の京都議定書の改訂版はもっと効果的なものになることが考えられる．1987年のモントリオール議定書は成層圏のオゾン層を枯渇させるフルオロカーボンの大幅な削減をもたらすことに成功したし(D. I. Stern 2006参照)，加鉛ガソリンの使用を削減するための税制上のインセンティブも国際的に大きな成功をおさめた．

気候変動に関する貴族院の報告

　2005年7月，貴族院経済問題特別委員会は権威ある報告(*The Economics of Climate Change*)を出版した．それは委員会を構成する15人の議員に対する18人の招請された専門家の証言，その他25人の文書意見をもとに作成された．専門家はコスモポリタンの人々で，20カ国から選ばれている．証言は報告の

第 2 巻で全文出版された．主な関心事は IPCC 報告の SRES(2000) と気候変動(2001)，政策選択のコスト・便益を検討すること，2050 年までに英国の炭素排出量を 60% 削減するという英国政府の約束を精査することにあった．これらの問題について懐疑論者と信奉者の広範なまた公平な論争がおこなわれた[2]．

委員会自身の結論は報告第 1 巻に提示された．(a)「われわれは IPCC の論議の客観性に若干の懸念をもっている．排出量シナリオと要約文書の若干は明らかに政治的考慮に影響されているからである」．(b)「排出量シナリオ，特に高排出量シナリオのある面には重大な疑念をもつ」．(c)「地球温暖化には若干の積極面があるが，IPCC の報告では軽視されている」．委員会の報告は「科学的論議には不確実性がともなう」と結論し，「公平な証拠に基づく討論や決定を推奨した」．

気候変動の経済学に関するスターン報告

これは 2006 年 11 月大蔵省によって出版された英国政府の文書であるが，その視野は地球規模で，内容と発表のやり方は 2 倍サイズの世銀報告といったところである．それは 2005 年のグレンイーグルズ G8 サミットで求められた行動計画である．気候変動に関する政策の内容についての一般の意識を高め，世界各国政府の政策に影響を及ぼす意図をもって製作された．それは行動を呼びかけるラッパであり，1 年前に同じ問題の貴族院の検討に参加した懐疑論者を無視したものである．

それはサー・ニコラス・スターンを主査とする 23 人のチームによって作成されたが，特別に委任して作られた 36 の報告を参考にし，この分野における政策的イニシアティブを調査するために 13 の諸国を訪問した．IEA の特別刊行の「エネルギー技術の展望」(*Energy Technology Perspectives*(2006)〔IEA(2006)〕)も参考にされたが，これは G8 の要求によって作成されたもので，「クリーンで，賢くて，競争的なエネルギーの将来を目指す戦略」を容易にすると思われる技術的進歩の広範な調査をおこなったものである．

気候変動の影響について異なった 40 のシナリオを提示した IPCC とは異なり，スターンは将来の展望の単一の主な流れを，有効な政策行動がある場合と，

ない場合についておこなった議論をもとにしていた．

　最初の 200 ページは世界の経済と環境に対する重大かつ緊急な脅威であるとした地球温暖化の原因と影響を分析している．報告は IPCC が 21 世紀中には不可避と予測する第 1 級の危険と，もしも大気中の温室効果ガスが重大な限界点を越えるならば発生する可能性のある大破局の危険のより長期的な第 2 カテゴリーを承認する．「有収益で採掘しうる地球上の化石燃料の蓄積」が 21 世紀中の使用を満たすのに十分以上であるとすれば，これに対し何もしないのは「地球平均温度が 2℃ 上がるのを」保証するようなものだ．長期的には気温上昇が 5℃ 以上になる確率が 50% 以上になることがあろう．CO_2 を重視する IPCC と異なり，基準尺度は CO_{2e} つまり「二酸化炭素換算」の温室効果ガス 6 種類の合成尺度である．これは 2006 年には 430 ppm に達し，臨界点は 550 ppm であろう．CO_{2e} 排出量は年 3 ppm と推定されるわけだから，40 年で臨界点に達する．したがって化石燃料の使用を削減するための政策行動の余地はこの期間に限られる．かくてトレード・オフは次のように始まる．この蓄積過程を縮小させるために世界 GDP の 1% を今すぐ使用し始めるか，あるいは

　　もし行動しなければ気候変動のあらゆるコストとリスクは世界 GDP の年率最低 5% を今後永久に失うことに相当するであろう．もしより広い範囲のリスクと影響を考慮に入れるならば，損害の推定は 20% あるいはそれ以上に達するであろう．(Stern 2006: vi)

　285 ページにはトレード・オフは次のように再言されている．「大ざっぱに言えば世界のどこかで世界総生産の 1% を平均的に永久に消費すれば世界は世界総生産の 10% を永久に失わなくてすむ」．これら「大ざっぱな」推定は「モンテカルロ・シミュレーションにもとづく推定」を作成する蓋然論的統合評価モデル (Fage 2002 IAM) から引き出したものである．それは，「起こりうる結果のあらかじめ決定された範囲からランダムに抽出した不確実なパラメーターの一組を選び」，確率論的に損害を推定した (p. 153 参照)．

　IPCC シナリオとは異なり，2050 年の世界 1 人当たり所得がどうなるかの数値化はない．「OECD 諸国の経済的産出高はそれまでに 200% 以上，発展途上地域は全体として 400% 以上増加しそうである」という大まかな示唆 (p. 239) は述べられている．だがこれは IPCC B1 シナリオのホルツマルク (Holtsmark) 作

成の分(p.180)から補間法で少し不用意に引きだしたもののように見える．

報告の「今後永久に」のフレーズの使用も説明抜きである．それは炭素排出は無限に蓄積され，蓄積の過程と大気中の濃度との違いもないという意味のように見える．だが表8.1は異なった温室効果ガスの寿命を示している，たとえば二酸化炭素は5〜200年，メタンは10年，亜酸化窒素は115年であり，報告も気候変動を起こすのは大気中の炭素量であり，年々の排出量ではないと述べている．いったん放出されると二酸化炭素は100年は大気中にとどまる(p.310)．つまり有限な大きさであり，これをもってすれば「今後永久に」フレーズが誇張であることは明らかである．

地球温暖化問題の米国の指導的な分析家ウィリアム・ノードハウスはスターン報告を批判して，将来の世代は現在よりもずっと高い所得水準が期待されるという事実からすれば，報告は防止活動の緊急性と規模を誇張していると論じている(Nordhaus 2006b 参照)．

緊急性というスターン報告の政治的呼びかけについてはこのような留保もあるが，報告は印象深い文書であり，この問題を軽視する米国の公式の立場に対抗する有益な文書である[3]．その大部分は地球温暖化の緩和を目指す国際行動の政策選択のための実利的，規範的，説得的分析である．探求された主な政策は炭素税，排出量取引，規制，共同研究とその成果の普及，発展途上国の炭素削減促進への援助である．

そこではスカンジナビアで実行中であり中国で成功裏にテストされたような炭素税の潜在的有効性が主として強調されている．これは化石燃料の使用を抑制する強力な梃子になりうる．それはこのような課税の国際協働と，OECD諸国で1995〜98年間に年570億ドル，発展途上諸国で1620億ドルにのぼる化石燃料補助金の廃止を支持している．

それは京都議定書取り組みの中から生まれた排出量取引のスキーム延長を強く支持している．

それは建築基準法による規制施策とエネルギー使用効率の向上のための電気製品の基準設定の成功を指摘している．

それは非化石燃料化政策の研究と開発への政府援助の増加を勧告している．1980年代にくらべると支出はほぼ半分に低下した．報告はそのための有望な

結果が得られそうな分野を示し,きっかけとなる最初の刺激として一時的な政府補助金を推奨している.「政策は低炭素技術政策の書類鞄を商業的に実行しうるものにかえ,消費を非炭素のものに向け直すためのインセンティブ導入を目指すべきである」.

炭素燃料の使用削減の過程はかなりゆっくり進行するとみられるので,排出炭素を捉え貯蔵する施設の開発とそれへの補助金支給の必要性を強調している.特に石炭使用比率の高い国でその必要性は高い.

報告の主な関心は化石燃料にあるが,炭素排出の18%は土地利用から,14%は農業からである(p.171).「8000年前には地球陸地表面の50%は森林で覆われていたが現在では30%にすぎない」.にもかかわらず,

> 地上の植生と土壌はおよそ7兆5000億トン相当の二酸化炭素……大気中に蓄積されている炭素の2倍以上を現在含んでいる.現在森林という環境システムにしまい込まれている炭素だけで大気中の炭素量より多いのである.(pp.536 and 544)

この理由で報告は,炭素排出削減の主要な,比較的割安な方法として再森林化の重要性を強調している.報告はさまざまな国の政府の行動の結果2000〜05年に森林が純増した地域を列挙している.中国では総計400万ヘクタール以上,スペイン30万近く,ベトナム25万,米国15万9000であった.農業に関しては主な勧告は深耕から環境保全型耕作への転換の奨励である.

報告は現在世界エネルギー消費の3%に達する浪費を削減できる範囲を指示している.たとえばロシアのパイプラインとコンプレッサから漏れるガス損失——700億m^3——またガスフレアリングによる600億をあげている.インドは投資やメンテナンスの立ち後れが送電ロスの原因になっており,電気の窃盗や料金の未徴収が広範に起こっている.

事実,GDPに対する排出密度を大きく引き下げる余地は明らかに存在する.フランスとノルウェーは,あまり費用が高くなく,どこででも実施可能な政策で密度を世界平均の半分にすることに成功している.行動の動機は地球温暖化の危険だけではなく,エネルギー安全保障への期待や大気汚染の削減であった.しかし米国とオーストラリアが離脱し,合意した削減も非常に緩やかな京都議定書実行の経験からすると,スターン報告が定めるような規模での国際協力は

達成困難であろう．

　報告はこのことを認めている．報告は先進諸国間にすでに存在している国際協力のメカニズムの改善可能性を調査し，発展途上諸国の炭素排出量の削減事業のための資金，技術援助の大幅増加を勧告している．

　報告は世界排出量のあわせて64%を占める「10大国」(p.456)の政策経験を評価している．これは国よりも地域を対象とするIPCCよりは有益な前進といえよう．中国はまもなく米国を抜いて最大の炭素排出国になるのだから，報告がかなり詳細に炭素排出量を削減する中国の努力を分析しているのは非常に有益なことである．この分野で中国はただ乗りであるという米国の公式見解を崩すのにも有益であろう．

地球温暖化についての結論

　21世紀についてのIPCCのより高い方のシナリオ，その臨界点を越えて最後の日にいたるという議論については懐疑的であっても，緩やかな地球温暖化は現実であるということと，そのもつ意味を軽視することは間違いであろう．それにいずれにしても化石燃料の確認埋蔵量は今世紀の末までの世界経済の成長潜在力を支えるには不十分であり，それへの依存を減らし，代替エネルギー源の研究と開発を奨励するのが賢明な策と思われる．

　IPCCが大量の炭素排出に責任のある主要諸国の政策に対する詳細な批判的評価をおこなうことは(国連の機関であるから)不可能であるので，IPCCが提起した問題の分析のために他の舞台をつくるのが最も賢明なやり方であろう．

　国際エネルギー機関がこの役割を引き受けるのが適当だと思われる．この機関はすでに世界エネルギー事情を常時監視する機能を備えており，最大の炭素排出諸国の大部分をメンバーとしており，諸国の経済政策の分析に数十年の経験をもっているOECDと密接な関係にある．もし中国，インド，ロシアがIEAの準加盟国になるなら，これは世界エネルギー消費の80%を消費する国をカバーする舞台となろう．

注
1) ほとんどの国では政府の統計担当者たちは，時間的経過によって生ずる価格変化を調整後，実質ベースの総産出高成長率推計を定期的に作成している．PPP(購買力平価)換算の目的もそれと正確に類似したものである．すなわち実質産出高の比較を意味あるものにするため国家間の価格の相違を調整すること，これはある時点での2国間比較にも，ある地域あるいは世界の経済の総推計を作るときにも，また世界経済実績の歴史的あるいは未来学的比較の際にもあてはまる．たとえば米国ドルでの米国，中国の2003年GDP水準を元/ドル為替レートを使って比較すると，米国経済は中国経済の4倍以上ということになる．PPP換算で比較すると中国のGDPは米国水準の70%ほどになる．同様に2つの国のエネルギー使用の効率性の比較をするのに為替レートを使えば中国は大変な非効率ということになる．購買力平価換算値を求めることは為替レートより困難であることは確かであるが，IPCCの基準年である1990年に世界経済の99%以上についてほぼ信頼できる推計値が利用できたのである(第6章の表6.1参照)．IPCCは為替レートを記述するのに頭字語であるMEXあるいはMERを使用している．IPCCは執拗に「市場」レートと呼ぶことによって為替レートをあがめている．実際には元/ドル為替レートは市場現象ではなく，中国政府のペギングの結果である．
2) IPCC報告を是認し弁護した証人はSRESの編集者Nebojsa Nakicenovic，IPCCの会長Rajendra Pachauri，気候変動に関する指導的科学専門家John Houghton，英国政府主任科学顧問David King，英国環境省，王立協会であった．Michael GrubbとAdair ThrnerはIPCC分析を真剣に受け止めたが，技術変化を促進する政策と京都議定書実行過程の改善に力を集中した．懐疑論にはいくつかの種類があった．指導的気象学者Lichard LindzenはIPCCの推定は人騒がせなものと考え，その科学的根拠に挑戦した．彼の議論は次のとおり．(a)IPCCは過去の世紀の温暖化が彼らのモデルが予測したより低かったにもかかわらず，二酸化炭素排出の増加の気候への影響を誇張した．(b)彼らは水蒸気や雲が温室効果ガスの影響を拡幅すると想定の誤りを犯した．(c)彼らは地球温暖化によって異常気象現象の発生頻度が増加すると想定する誤りを犯した．(d)原因を究明することは困難ではあるが，気候は常に動揺をしてきており，過去1000年にわたって安定であったという根拠は薄弱である．Ross McKitrickとDavid HollandもIPCCの気候の歴史の解釈に異議を唱えた．古地球物理学の指導的専門家Nils Axel MornerはIPCCの海面上昇の推測を否定し，海面は「二酸化炭素とではなく，太陽活動の変化とほとんど並行に」変化したとした．指導的疫学者Paul Reiterは地球温暖化がマラリアなど蚊がもとになる病気感染者を増加させるというIPCCの示唆を否定した．彼はそれを「誤って伝えられ，偏った，科学的に受け入れ不能なもの」と考えた．Colin Robinsonは気候変動には有益な効果も有害な効果もあると指摘し，Rosemary RighterはIPCCの長期継続破局の予言を脅し屋と非難した．IPCCのシナリオには何人もの批判家がいた．Ian CastlesとDavid Hendersonは購買力平価ではなく為替レートを使用したことに批判を集中した．Martin Agerupは高排出量シナリオは妥当性を欠き，自分の作ったやり方を用いればその方法は改善できると論じた．Dieter Helmの仕事は主に英国政府の野心的な排出量削減計画の批判であった．彼は，コストを過小評価し，新技術の基礎的な研究よりも再生可能エネルギーに力点をおきすぎていると論じた．
3) Nordhaus(2006b)は2001年に4人の上院委員に送ったブッシュ大統領のきびきびした手紙を引用している．「私は京都議定書に反対する．なぜならそれは中国，インドを含めて世界人口の80%を免除しており，米国経済に甚大な損害をひきおこすだろうからである」．Nordhausは事実を示す刷り物や経済分析などが手紙に何もついていないことに注目

している.

文　献

Ehrlich, P.(1968), *The Population Bomb*, Hutchinson, London. (ポール・R. エーリック『人口爆弾』宮川毅訳, 河出書房新社, 1974年)

Garnaut, R.(2006), 'Driving Forces in Chinese Growth since 1978 and the Outlook to 2030', paper presented to Seminar on World Economic Performance; Past, Present and Future, Queensland University, Brisbane, 5-6 December.

Gordon, R. J.(2006), 'Future US Productivity Growth: Looking Ahead by Looking Back', paper presented to workshop on World Economic Performance; Past, Prent and Future, University of Groningen, 27 October.

Henderson, D.(2005), 'SRES, IPCC and the Treatment of Economic Issues: What has Emerged?', *Energy & Environment*, vol. 16, nos. 3 & 4, pp. 549-78.

Heston, A.(2004), *'The Flaw of One Price: Some Implications for MER-PPP Discussions'*, paper presented to MER vs PPP Workshop, Stanford University.

House of Lords, Select Committee on Economic Affairs(2005), *The Economics of Climate Change*, vol. I: Report, vol. II: Evidence.

House of Representatives, US Congress, Committee on Energy and Commerce(2006), *Wegman Report: The 'Hockey Stick' Global Climate Reconstruction'*, http://energycommerce.house.gov/108/ home/07142006

IEA(2004), *World Energy Outlook*, Paris.

IEA(2005), *CO_2 Emissions from Fuel Combustion, 1971-2003*, Paris.

IEA(2005), *Energy Balances of OECD Countries, 2002-2003*, Paris.

IEA(2005), *Energy Balances of Non-OECD Countries, 2002-2003*, Paris.

IEA(2006), *Energy Technology Perspectives: Scenarios and Strategies to 2050*, Paris.

IEA(2006a), *World Energy Outlook*, Paris.

IPCC(Intergovernmental Panel on Climate Change)(2000), *Special Report on Emissions Scenarios*, Cambridge University Press.

IPCC(Intergovernmental Panel on Climate Change)(2001), *Climate Change 2001: The Scientific Basis*, Cambridge University Press.

IPCC(Intergovernmental Panel on Climate Change)(2001), *Climate Change 2001: Synthesis Report*, Cambridge University Press.

International Programs Department, US Bureau of the Census(www.census.gov/ipc).

Jevons, W. S.(1865), *The Coal Question*, reprint of 3rd edn, Kelley, New York(1965).

Jevons, W. S.(1909), *Investigations in Currency and Finance*, Macmillan, London(contains 'The Solar Period and the Price of Corn', 1875, and 'Commercial Crises and Sunspots', 1878-9).

Houghton, J.(2004), *Global Warming: the Complete Briefing*, Cambridge University Press.

Kander, A.(2002), *Economic Growth, Energy Consumption and CO_2 Emissions in Sweden, 1800-2000*, Almquist & Wiksell, Stockholm.

Lal, D.(2006), 'Driving Forces Behind the Acceleration of Indian Growth and the Outlook to 2030', paper presented to Seminar on World Economic Performance; Past, Present and Future, Queensland University, Brisbane, 5-6 December.

Lin, J. Y.(2006), 'Needham Puzzle, Weber Question and China's Miracle: Long Term Performance since the Sung Dynasty', paper presented to Seminar on World Economic Performance; Past, Present and Future, Queensland University, Brisbane, 5-6 December.

Lomborg, B.(1998), *The Sceptical Environmentalist*, Cambridge University Press.（ビョルン・ロンボルグ『環境危機をあおってはいけない——地球環境のホントの実態』山形浩生訳, 文藝春秋, 2003 年）

Lomborg, B.(ed)(2004), *Global Crises, Global Solutions*, Cambridge University Press.

Maddison, A.(2005), *Memorandum of Evidence*, House of Lords, vol. II, pp. 249-56.

Maddison, A.(2007), www.ggdc.net/Maddison/

Malanima, P.(2006), *Energy Consumption in Italy in the Nineteenth and Twentieth Centuries: A Statistical Outline*, Consiglio Nazionale delle Ricerche, Naples.

Marland, G. T., A. Boden and R. J. Andres(2005), 'Global, Regional and National Fossil Fuel CO_2 Emissions, 1751-2002', in *Trends: A Compendium of Data on Global Change*, Carbon Dioxide Infornation Analysis Center, Oak Ridge National Laboratory, US Dept. of Energy.

McIntyre, S. and R. McKitrick(2003), 'Corrections to the Mann et al.(1998), proxy data base and Northern Hemispheric average temperature series', *Energy and Environment*, 14, 6, pp. 775-7.

Meadows, D. H.(ed)(1972), *Limits to Growth, A Report to the Club of Rome on the Predicament of Mankind*, Potomac, London.（ドネラ・H・メドウズほか『成長の限界——ローマ・クラブ「人類の危機」レポート』大来佐武郎監訳, ダイヤモンド社, 1999 年．56 版）

Menshikov, S.(2006), 'Analysis of Russian Performance since 1990 and Future Outlook', paper presented to workshop on World Economic Performance; Past, Prent and Future, University of Groningen, 27 October.

Mitchell, B. R.(1975), *European Historical Statistics*, Macmillan, London.（B. R. ミッチェル編『マクミラン世界歴史統計』全3巻, 原書房, 1983-85 年／新編, 東洋書林, 2001-02 年）

Nordhaus, W.(2005), *'Alternative Measures of Output in Global Economic-Environmental Models: Purchasing Power Parity or Market Exchange Rates'*, IPCC Expert Meeting, Washington, DC.

Nordhaus, W.(2006a), 'After Kyoto: Alternative Mechanisms to Control Global Warming', *American Economic Review*, May, pp. 31-4.

Nordhaus, W.(2006b), 'The Stern Review on the Economics of Climate Change', http://nordhaus.econ.yale.edu/Stern ReviewD2.pdf

Reiter, P.(2000), 'From Shakespeare to Defoe: Malaria in England in the Little Ice Age', *Perspectives*, vol. 6, no. 1, January-February, pp. 1-11.

Ruddiman, W. F.(2006), *Plows, Plagues and Petroleum: How Humans Took Control of Climate*, Princeton University Press.

Smil, V.(1994), *Energy in World History*, Westview Press, Boulder CO, and Oxford.

Stern, D. I.(2006), 'Reversal of the Trend in Global Anthropogenic Suphur Emissions', *Global Environmental Change*, 16, 2, pp. 207-20.

Stern, N.(2006), *'What is the Economics of Climate Change?'*, Oxford Institute of Economic Policy.

Stern, N.(2006), *Stern Review of the Economics of Climate Change*, HM Treasury.

Unger, R.(2006), 'Changing Energy Regimes and Early Modern Economic Growth', paper presented at International Economic History Congress, Helsinki.
UN Population Division(2003), *World Population in 2300, Highlights*, New York.
UN Population Division(2005), *World Population Prospects, 2004 Revision*, New York. (国際連合経済社会情報・政策分析局人口部編『世界人口予測 1950→2050』(世界人口年鑑／国際連合統計局編, 別巻)2004年改訂版, 原書房, 2007年)
Van Ark, B.(2006), 'Europe's Productivity Gap: Catching Up or Getting Stuck', paper presented to workshop on World Economic Performance; Past, Present and Future, University of Groningen, 27 October.
Watson, R., M. C. Zinyowera and R. Moss(1995), Climate Change, Cambridge University Press.
Woytinsky, W. S. and E. S.(1953), *World Population and Production: Trends and Outlook*, Twentieth Century Fund, New York. (W・S・ウォイチンスキー, E・S・ウォイチンスキー『世界の経済──人口・資源・産業』直井武夫ほか訳, 日本経済新聞社, 1956年)

付　録

表 7.19　原油，液化天然ガス，天然ガスの生産，1973〜2003 年

（石油換算 100 万トン）

	原油と液化天然ガス			天然ガス		
	1973 年	1990 年	2003 年	1973 年	1990 年	2003 年
米　国	553.8	432.6	350.8	490.8	419.2	446.6
カナダ	96.3	94.4	144.2	61.4	88.6	150.6
メキシコ	27.5	154.1	185.8	10.5	22.8	33.9
ベネズエラ	191.5	122.8	146.8	10.8	20.8	22.1
その他	67.9	115.3	191.3	11.5	33.3	78.5
全アメリカ	**973.0**	**919.2**	**1,018.9**	**585.0**	**584.6**	**731.9**
ノルウェー	1.5	84.5	154.4	0.0	24.1	66.3
英　国	0.5	95.2	110.7	24.4	40.9	92.6
その他ヨーロッパ OECD	21.3	32.3	40.2	100.7	98.8	97.1
ヨーロッパ非 OECD	19.6	12.1	9.3	26.0	25.3	12.6
全ヨーロッパ	**42.9**	**224.1**	**314.6**	**151.1**	**189.1**	**268.6**
カザフスタン	n.a.	n.a.	51.7	n.a.	n.a.	13.9
ロシア	n.a.	n.a.	420.8	n.a.	n.a.	499.7
旧ソ連	**431.2**	**573.5**	**512.4**	**195.4**	**656.3**	**629.0**
中　国	**54.6**	**138.3**	**169.8**	**5.0**	**15.8**	**36.2**
インド	7.4	35.3	38.6	0.6	9.8	23.1
インドネシア	67.4	74.6	60.5	0.3	42.7	68.9
その他アジア	18.4	54.6	89.0	10.9	50.7	113.8
サウジアラビア	387.0	349.0	484.6	1.5	27.4	49.1
イラン	298.7	158.9	197.5	10.1	19.1	65.6
アラブ首長国連邦	75.1	93.3	123.3	1.1	16.1	35.9
クウェート	153.7	47.1	112.9	5.0	3.3	7.8
イラク	101.8	101.4	67.1	1.0	3.3	1.3
その他中東	64.7	96.8	142.9	2.7	13.1	67.5
全中東	**1,081.0**	**846.5**	**1,128.3**	**21.4**	**82.3**	**227.2**
アルジェリア	52.6	61.3	83.8	4.0	43.2	79.4
ナイジェリア	103.5	90.2	120.1	0.4	3.3	16.1
その他アフリカ	139.9	174.6	214.8	4.1	14.2	34.4
世　界	**2,935.8**	**3,222.9**	**3,782.9**	**999.5**	**1,706.8**	**2,250.3**

出所）　IEA（2005），*Energy Balances of OECD Countries*, pp. II, 159 と II, 161 および *Energy Balances of Non-OECD Countries*, pp. II, 208-9 と 213-14.

表 7.20 石炭の生産, 1973～2003 年(石油換算 100 万トン)

	1973 年	1990 年	2003 年
米 国	333.4	539.2	526.1
カナダ	11.7	37.9	30.2
全ラテンアメリカ	5.6	20.5	42.8
ドイツ	141.4	121.8	57.9
ポーランド	100.7	94.5	70.8
英 国	75.9	53.6	16.8
その他ヨーロッパ	106.2	116.3	85.2
旧ソ連	329.3	300.5	203.8
オーストラリア	40.3	106.3	185.0
中 国	206.8	537.3	920.1
インド	37.7	108.0	171.0
インドネシア	0.1	6.5	70.9
その他アジア	46.2	40.1	137.0
南アフリカ	35.1	100.2	135.5
世 界	1,476.1	2,199.3	2,562.1

出所) 表 7.19 に同じ.

表 7.21 エネルギーの上位純輸出入国, 2003 年(石油換算 100 万トン)

輸 出 国		輸 入 国	
ロシア	456	米 国	661
サウジアラビア	401	日 本	437
ノルウェー	208	ドイツ	214
オーストラリア	139	朝 鮮	177
アルジェリア	130	イタリア	149
イラン	129	フランス	137
カナダ	129	スペイン	110
ベネズエラ	125	インド	100
ナイジェリア	116	台 湾	88
アラブ首長国連邦	113	ウクライナ	57
クウェート	97	ベルギー	52
インドネシア	85	タ イ	42
メキシコ	83	中 国	40
リビア	59	シンガポール	39
オマーン	49	オランダ	36
カタール	48	ブラジル	26
コロンビア	45	香 港	22
イラク	43	ベラルーシ	22
アンゴラ	42	イスラエル	20
アルゼンチン	24	フィリピン	20

出所) 表 7.19 に同じ.

付録統計

付録統計 A

これは広範な出所注付きの Maddison (2001: 229-65) と Maddison (2003: 241-63) の付録の改訂版である。最も大きな修正はローマ帝国についての新しい推計値である。

アジアに関しては,南北朝鮮の 1911~74 年の GDP 推定値について Maddison (2003) の誤りを修正した。フィリピンの 1902~40 年の推計値に関しては Richard Hooley (2005), 'American Economic Policy in the Philippines, 1902-40', *Journal of Asian Economics*, 16, に沿って修正した。1820 年次の私の推定値は,香港,フィリピン,シンガポール,スリランカ,台湾,タイについて修正した。大部分のアジア諸国の GDP については 1998~2003 年の数字をアジア開発銀行の *Key Indicators 2005* で修正し更新し,韓国と日本については OECD 資料を使い,1950~2003 年の中国 GDP の推定値はハリー X. ウー (Harry X. Wu〔伍曉鷹〕) 教授の助けで修正してある。

チリについては,1820~1990 年の GDP は Rolf Lüders (1998) の The Comparative Economic Performance of Chile 1810-1995, *Estndios de Economia*, vol. 25, no. 2, ならびに J. Diaz, R. Lüders and G. Wagner (2005) の *Chile, 1810-2000: la Republica en Cifras*, mimeo, Institute de Economia, Universidad Catolica de Chile の人口修正値から。ペルーについては 1820~1990 年の GDP と 1896~1949 年の人口は Bruno Seminario と Arlette Beitran の *Crecimiento Economico en el Peru, 1896-1995*, Universidad del Pacifico, 1998, から。

OECD 諸国の GDP は *National Accounts for OECD Countries*, vol. I, 2006, から修正・更新。ノルウェーの 1820~1990 年の GDP は Ola Grytten (2004), 'The Gross Domestic Product for Norway, 1830-2003', in Eitrheim, Klovland, and Qvigstad (eds), *Historical Monetary Statistics for Norway, 1819-2003*,

Norges Bank, Oslo, から.

アフリカ諸国の GDP は IMF, *World Economic Outlook*, April 2005 で更新. ラテンアメリカの 2000～03 年の GDP は ECLAC, *Statistical Yearbook 2004* とアンドレ・ホフマン(Andre Hofman)提供の *Yearbook*, 2005 年速報で更新.

中国とインドを除くすべての国の 1950～2003 年の人口推計値は *International Data Base*, International Programs Center, Population Division, US Bureau of the Census, April 2005, から修正・更新. 1990～2003 年の中国の人口は *China Statistical Yearbook 2005*, China Statistics Press, Beijing, から.

表 A.1 世界人口：20 カ国の人口と地域別合計，紀元 1～2003 年 (1000 人)

年	1	1000	1500	1600	1700	1820	1870	1913	1950	1973	2003
オーストリア	500	700	2,000	2,500	2,500	3,369	4,520	6,767	6,935	7,586	8,163
ベルギー	300	400	1,400	1,600	2,000	3,434	5,096	7,666	8,639	9,738	10,331
デンマーク	180	360	600	650	700	1,155	1,888	2,983	4,271	5,022	5,394
フィンランド	20	40	300	400	400	1,169	1,754	3,027	4,009	4,666	5,204
フランス	5,000	6,500	15,000	18,500	21,471	31,250	38,440	41,463	41,829	52,157	60,181
ドイツ	3,000	3,500	12,000	16,000	15,000	24,905	39,231	65,058	68,375	78,950	82,398
イタリア	8,000	5,000	10,500	13,100	13,300	20,176	27,888	37,248	47,105	54,797	57,998
オランダ	200	300	950	1,500	1,900	2,333	3,610	6,164	10,114	13,438	16,223
ノルウェー	100	200	300	400	500	970	1,735	2,447	3,265	3,961	4,555
スウェーデン	200	400	550	760	1,260	2,585	4,169	5,621	7,014	8,137	8,970
スイス	300	300	650	1,000	1,200	1,986	2,655	3,864	4,694	6,441	7,408
英国	800	2,000	3,942	6,170	8,565	21,239	31,400	45,649	50,127	56,210	60,095
12カ国計	18,600	19,700	48,192	62,580	68,796	114,571	162,386	227,957	256,377	301,103	326,920
ポルトガル	400	600	1,000	1,100	2,000	3,297	4,327	5,972	8,443	8,976	10,480
スペイン	3,750	4,000	6,800	8,240	8,770	12,203	16,201	20,263	28,063	34,837	40,217
その他	2,300	1,260	1,340	1,858	1,894	2,969	4,590	6,783	12,058	13,909	16,987
西ヨーロッパ計	25,050	25,560	57,332	73,778	81,460	133,040	187,504	260,975	304,941	358,825	394,604
東ヨーロッパ	4,750	6,500	13,500	16,950	18,800	36,457	53,557	79,530	87,637	110,418	121,434
旧ソ連	3,900	7,100	16,950	20,700	26,550	54,765	88,672	156,192	179,571	249,712	287,601
米国	680	1,300	2,000	1,500	1,000	9,981	40,241	97,606	152,271	211,909	290,343
その他のウェスタン・オフシューツ	440	570	800	800	750	1,250	5,847	13,795	24,186	38,932	55,890
メキシコ	1,120	1,870	2,800	2,300	1,750	11,231	46,088	111,401	176,457	250,841	346,233
その他のラテンアメリカ	2,200	4,500	7,500	2,500	4,500	6,587	9,219	14,970	28,485	57,557	103,718
ラテンアメリカ計	3,400	6,900	10,000	6,100	7,550	15,004	31,180	65,965	137,453	250,316	437,641
日本	5,600	11,400	17,500	8,600	12,050	21,591	40,399	80,935	165,938	307,873	541,359
中国	3,000	7,500	15,400	18,500	27,000	31,000	34,437	51,672	83,805	108,707	127,214
インド	59,600	59,000	103,000	160,000	138,000	381,000	358,000	437,140	546,815	881,940	1,288,400
その他の東アジア	75,000	75,000	110,000	135,000	165,000	209,000	253,000	303,700	359,000	580,000	1,049,700
西アジア	11,400	21,100	37,600	43,600	50,700	64,228	89,506	145,893	333,310	565,057	1,018,844
アジア計(日本を除く)	19,400	20,000	17,800	21,400	20,800	25,147	30,290	38,956	59,847	112,918	249,809
アジア計(日本を除く)	165,400	175,100	268,400	360,000	374,500	679,375	730,796	925,689	1,298,972	2,139,915	3,606,753
アフリカ	17,000	32,300	46,610	55,320	61,080	74,236	90,466	124,697	228,181	390,202	853,422
世界	225,820	267,330	438,492	556,148	603,190	1,041,695	1,271,919	1,791,091	2,525,502	3,916,493	6,278,620

475

表 A.2 世界人口の成長：20 カ国と地域別合計，紀元 1～2003 年（年平均複利成長率）

年	1–1000	1000–1500	1500–1820	1820–1870	1870–1913	1913–1950	1950–1973	1973–2003
オーストリア	0.03	0.21	0.16	0.59	0.94	0.07	0.39	0.24
ベルギー	0.03	0.25	0.28	0.79	0.95	0.32	0.52	0.20
デンマーク	0.07	0.10	0.20	0.99	1.07	0.97	0.71	0.24
フィンランド	0.07	0.40	0.43	0.81	1.28	0.76	0.66	0.36
フランス	0.03	0.17	0.23	0.42	0.18	0.02	0.96	0.48
ドイツ	0.02	0.25	0.23	0.91	1.18	0.13	0.63	0.14
イタリア	-0.05	0.15	0.20	0.65	0.68	0.64	0.66	0.19
オランダ	0.04	0.23	0.28	0.88	1.25	1.35	1.24	0.63
ノルウェー	0.07	0.08	0.37	1.17	0.80	0.78	0.84	0.47
スウェーデン	0.07	0.06	0.48	0.96	0.70	0.60	0.65	0.33
スイス	0.00	0.15	0.35	0.58	0.88	0.53	1.39	0.47
英国	0.09	0.14	0.53	0.79	0.87	0.25	0.50	0.22
12 カ国計	**0.01**	**0.18**	**0.27**	**0.70**	**0.79**	**0.32**	**0.70**	**0.27**
ポルトガル	0.04	0.10	0.37	0.55	0.75	0.94	0.27	0.52
スペイン	0.01	0.11	0.18	0.57	0.52	0.88	0.94	0.48
その他	-0.06	0.01	0.25	0.88	0.91	1.57	0.62	0.67
西ヨーロッパ計	**0.00**	**0.16**	**0.26**	**0.69**	**0.77**	**0.42**	**0.71**	**0.32**
東ヨーロッパ	**0.03**	**0.15**	**0.31**	**0.77**	**0.92**	**0.26**	**1.01**	**0.32**
旧ソ連	**0.06**	**0.17**	**0.37**	**0.97**	**1.33**	**0.38**	**1.44**	**0.47**
米国	0.06	0.09	0.50	2.83	2.08	1.21	1.45	1.06
その他のウェスタン・オフシューツ	0.03	0.07	0.14	3.13	2.02	1.53	2.09	1.21
ウェスタン・オフシューツ	**0.05**	**0.08**	**0.44**	**2.86**	**2.07**	**1.25**	**1.54**	**1.08**
メキシコ	0.07	0.10	-0.04	0.67	1.13	1.75	3.11	1.98
その他のラテンアメリカ	0.07	0.07	0.13	1.47	1.76	2.00	2.64	1.88
ラテンアメリカ計	**0.07**	**0.09**	**0.07**	**1.26**	**1.63**	**1.96**	**2.72**	**1.90**
日本	**0.09**	**0.14**	**0.22**	**0.21**	**0.95**	**1.32**	**1.14**	**0.53**
中国	0.00	0.11	0.41	-0.12	0.47	0.61	2.10	1.27
インド	0.00	0.08	0.20	0.38	0.43	0.45	2.11	2.00
その他の東アジア	0.06	0.12	0.17	0.67	1.14	2.26	2.32	1.98
西アジア	0.00	-0.02	0.11	0.37	0.59	1.17	2.80	2.68
アジア計（日本を除く）	**0.01**	**0.09**	**0.29**	**0.15**	**0.55**	**0.92**	**2.19**	**1.76**
アフリカ	**0.06**	**0.07**	**0.15**	**0.40**	**0.75**	**1.65**	**2.36**	**2.64**
世界	**0.02**	**0.10**	**0.27**	**0.40**	**0.80**	**0.93**	**1.93**	**1.59**

表 A.3 世界人口の割合：20 カ国と地域別合計，紀元 1〜2003 年（世界総数中の割合）

年	1	1000	1500	1600	1700	1820	1870	1913	1950	1973	2003
オーストリア	0.2	0.3	0.5	0.4	0.4	0.3	0.4	0.4	0.3	0.2	0.1
ベルギー	0.1	0.1	0.3	0.3	0.3	0.3	0.4	0.4	0.3	0.2	0.2
デンマーク	0.1	0.1	0.1	0.1	0.1	0.1	0.1	0.2	0.2	0.1	0.1
フィンランド	0.0	0.0	0.1	0.1	0.1	0.1	0.1	0.2	0.2	0.1	0.1
フランス	2.2	2.4	3.4	3.3	3.6	3.0	3.0	2.3	1.7	1.3	1.0
ドイツ	1.3	1.3	2.7	2.9	2.5	2.4	3.1	3.6	2.7	2.0	1.3
イタリア	3.5	1.9	2.4	2.4	2.2	1.9	2.2	2.1	1.9	1.4	0.9
オランダ	0.1	0.1	0.2	0.3	0.3	0.2	0.3	0.3	0.4	0.3	0.3
ノルウェー	0.0	0.1	0.1	0.1	0.1	0.1	0.1	0.1	0.1	0.1	0.1
スウェーデン	0.1	0.1	0.1	0.1	0.2	0.2	0.3	0.3	0.3	0.2	0.1
スイス	0.1	0.1	0.1	0.2	0.2	0.2	0.2	0.2	0.2	0.2	0.1
英 国	0.4	0.7	0.9	1.1	1.4	2.0	2.5	2.5	2.0	1.4	1.0
12 カ国計	8.2	7.4	11.0	11.3	11.4	11.0	12.8	12.7	10.2	7.7	5.2
ポルトガル	0.2	0.2	0.2	0.2	0.3	0.3	0.3	0.3	0.3	0.2	0.2
スペイン	1.7	1.5	1.6	1.5	1.5	1.2	1.3	1.1	1.1	0.9	0.6
その他	1.0	0.5	0.3	0.3	0.3	0.3	0.4	0.4	0.5	0.4	0.3
西ヨーロッパ計	11.1	9.6	13.1	13.3	13.5	12.8	14.7	14.6	12.1	9.2	6.3
東ヨーロッパ	2.1	2.4	3.1	3.0	3.1	3.5	4.2	4.4	3.5	2.8	1.9
旧ソ連	1.7	2.7	3.9	3.7	4.4	5.3	7.0	8.7	7.1	6.4	4.6
米 国	0.3	0.5	0.5	0.3	0.2	1.0	3.2	5.4	6.0	5.4	4.6
その他の ウェスタン・オフシューツ	0.2	0.2	0.2	0.1	0.1	0.1	0.5	0.8	1.0	1.0	0.9
ウェスタン・オフシューツ	0.5	0.7	0.6	0.4	0.3	1.1	3.6	6.2	7.0	6.4	5.5
メキシコ	1.0	1.7	1.7	0.4	0.7	0.6	0.7	0.8	1.1	1.5	1.7
その他のラテンアメリカ	1.5	2.6	2.3	1.1	1.3	1.4	2.5	3.7	5.4	6.4	7.0
ラテンアメリカ計	2.5	4.3	4.0	1.5	2.0	2.1	3.2	4.5	6.6	7.9	8.6
日 本	1.3	2.8	3.5	3.3	4.5	3.0	2.7	2.9	3.3	2.8	2.0
中 国	26.4	22.1	23.5	28.8	22.9	36.6	28.1	24.4	21.7	22.5	20.5
インド	33.2	28.1	25.1	24.3	27.4	20.1	19.9	17.0	14.2	14.8	16.7
その他の東アジア	5.0	7.9	8.6	7.8	8.4	6.2	7.0	8.1	13.2	14.4	16.2
西アジア	8.6	7.5	4.1	3.8	3.4	2.4	2.4	2.2	2.4	2.9	4.0
アジア計（日本を除く）	73.2	65.5	61.2	64.7	62.1	65.2	57.5	51.7	51.4	54.6	57.4
アフリカ	7.5	12.1	10.6	9.9	10.1	7.1	7.1	7.0	9.0	10.0	13.6
世 界	100.0	100.0	100.0	100.0	100.0	100.0	100.0	100.0	100.0	100.0	100.0

表 A.4 世界 GDP, 20 カ国と地域別合計, 紀元 1～2003 年 (100 万・1990 年国際ドル)

年	1	1000	1500	1600	1700	1820	1870	1913	1950	1973	2003
オーストリア	213	298	1,414	2,093	2,483	4,104	8,419	23,451	25,702	85,227	173,311
ベルギー	135	170	1,225	1,561	2,288	4,529	13,716	32,347	47,190	118,516	219,069
デンマーク	72	144	443	569	727	1,471	3,782	11,670	29,654	70,032	124,781
フィンランド	8	16	136	215	255	913	1,999	6,389	17,051	51,724	106,749
フランス	2,366	2,763	10,912	15,559	19,539	35,468	72,100	144,489	220,492	683,965	1,315,601
ドイツ	1,225	1,435	8,256	12,656	13,650	26,819	72,149	237,332	265,354	944,755	1,577,423
イタリア	6,475	2,250	11,550	14,410	14,630	22,535	41,814	95,487	164,957	582,713	1,110,691
オランダ	85	128	723	2,072	4,047	4,288	9,952	24,955	60,642	175,791	348,464
ノルウェー	40	80	183	266	361	777	2,360	5,988	17,728	44,852	118,591
スウェーデン	80	160	382	626	1,231	3,098	6,927	17,403	47,269	109,794	193,352
スイス	128	123	411	750	1,068	2,165	5,581	16,483	42,545	117,251	164,773
英国	320	800	2,815	6,007	10,709	36,232	100,180	224,618	347,850	675,941	1,280,625
12 カ国計	11,146	8,366	38,450	56,784	70,988	142,399	338,979	840,612	1,286,434	3,660,561	6,733,430
ポルトガル	180	255	606	814	1,638	3,043	4,219	7,467	17,615	63,397	144,694
スペイン	1,867	1,800	4,495	7,029	7,481	12,299	19,556	41,653	61,429	266,896	684,537
その他	1,240	504	632	975	1,106	2,110	4,712	12,478	30,600	105,910	294,733
西ヨーロッパ計	14,433	10,925	44,183	65,602	81,213	159,851	367,466	902,210	1,396,078	4,096,764	7,857,394
東ヨーロッパ	1,956	2,600	6,696	9,289	11,393	24,906	50,163	134,793	185,023	550,756	786,408
旧ソ連	1,560	2,840	8,458	11,426	16,196	37,678	83,646	232,351	510,243	1,513,070	1,552,231
米その他のウェスタン・オフシューツ	272	520	800	600	527	12,548	98,374	517,383	1,455,916	3,536,622	8,430,762
ウェスタン・オフシューツ	176	228	320	320	306	951	13,119	65,558	179,574	521,667	1,277,267
ラテンアメリカ計	448	748	1,120	920	833	13,499	111,493	582,941	1,635,490	4,058,289	9,708,029
メキシコ	880	1,800	3,188	1,134	2,558	5,000	6,214	25,921	67,368	279,302	740,226
その他のラテンアメリカ	1,360	2,760	4,100	2,629	3,788	9,921	21,097	94,875	347,960	1,110,158	2,391,919
西アジア	2,240	4,560	7,288	3,763	6,346	14,921	27,311	120,796	415,328	1,389,460	3,132,145
日本	1,200	3,188	7,700	9,620	15,390	20,739	25,393	71,653	160,966	1,242,932	2,699,261
中国	26,820	26,550	61,800	96,000	82,800	228,600	189,740	241,431	244,985	739,414	6,187,984
インド	33,750	33,750	60,500	74,250	90,750	111,417	134,882	204,242	222,222	494,832	2,267,136
その他の東アジア	4,845	8,968	20,822	24,582	28,440	36,451	53,155	122,874	256,938	839,258	3,926,975
西アジア	10,210	12,415	10,495	12,637	12,291	15,270	22,468	40,588	106,283	548,120	1,473,739
アジア計(日本を除く)	75,535	81,683	153,617	207,469	214,281	391,738	400,245	609,135	830,428	2,621,624	13,855,834
アフリカ	8,030	13,835	19,383	23,473	25,776	31,266	45,234	79,486	203,131	549,993	1,322,087
世界	105,402	120,379	248,445	331,562	371,428	694,598	1,110,951	2,733,365	5,331,689	16,022,888	40,913,389

表 A.5　世界 GDP の成長率：20 カ国と地域別合計，紀元 1〜2003 年（年平均複利成長率）

年	1–1000	1000–1500	1500–1820	1820–1870	1870–1913	1913–1950	1950–1973	1973–2003
オーストリア	0.03	0.31	0.33	1.45	2.41	0.25	5.35	2.39
ベルギー	0.02	0.40	0.41	2.24	2.02	1.03	4.08	2.07
デンマーク	0.07	0.23	0.38	1.91	2.66	2.55	3.81	1.94
フィンランド	0.07	0.43	0.60	1.58	2.74	2.69	4.94	2.44
フランス	0.02	0.28	0.37	1.43	1.63	1.15	5.05	2.20
ドイツ	0.02	0.35	0.37	2.00	2.81	0.30	5.68	1.72
イタリア	−0.11	0.33	0.21	1.24	1.94	1.49	5.64	2.17
オランダ	0.04	0.35	0.56	1.70	2.16	2.43	4.74	2.31
ノルウェー	0.07	0.17	0.45	2.25	2.19	2.98	4.12	3.29
スウェーデン	0.07	0.17	0.66	1.62	2.17	2.74	3.73	1.90
スイス	0.00	0.24	0.52	1.91	2.55	2.60	4.51	1.14
英国	0.09	0.25	0.80	2.05	1.90	1.19	2.93	2.15
12 カ国計	−0.03	0.31	0.41	1.75	2.13	1.16	4.65	2.05
ポルトガル	0.03	0.17	0.51	0.66	1.34	2.35	5.73	2.79
スペイン	0.00	0.18	0.32	0.93	1.77	1.06	6.60	3.19
その他	−0.09	0.05	0.38	1.62	2.29	2.45	5.55	3.47
西ヨーロッパ計	−0.03	0.28	0.40	1.68	2.11	1.19	4.79	2.19
東ヨーロッパ	0.03	0.19	0.41	1.41	2.33	0.86	4.86	1.19
旧ソ連	0.06	0.22	0.47	1.61	2.40	2.15	4.84	0.09
米国	0.06	0.09	0.86	4.20	3.94	2.84	3.93	2.94
その他のウェスタン・オフシューツ	0.03	0.07	0.34	5.39	3.81	2.76	4.75	3.03
ウェスタン・オフシューツ	0.05	0.08	0.78	4.31	3.92	2.83	4.03	2.95
メキシコ	0.07	0.11	0.14	0.44	3.38	2.62	6.38	3.30
その他のラテンアメリカ	0.07	0.08	0.28	1.52	3.56	3.57	5.17	2.59
ラテンアメリカ計	0.07	0.09	0.22	1.22	3.52	3.39	5.39	2.75
日本	0.10	0.18	0.31	0.41	2.44	2.21	9.29	2.62
中国	0.00	0.17	0.41	−0.37	0.56	−0.02	4.92	7.34
インド	0.00	0.12	0.19	0.38	0.97	0.23	3.54	5.20
その他の東アジア	0.06	0.17	0.18	0.76	1.97	2.01	5.28	5.28
西アジア	0.02	−0.03	0.12	0.78	1.38	2.64	7.39	3.35
アジア計（日本を除く）	0.01	0.13	0.29	0.04	0.98	0.82	5.13	5.71
アフリカ	0.05	0.07	0.15	0.75	1.32	2.57	4.43	2.97
世界	0.01	0.15	0.32	0.94	2.12	1.82	4.90	3.17

表 A.6 世界 GDP の割合：20 カ国と地域別合計，紀元 1〜2003 年（世界総数に対する%）

年	1	1000	1500	1600	1700	1820	1870	1913	1950	1973	2003
オーストリア	0.2	0.2	0.6	0.6	0.7	0.6	0.8	0.9	0.5	0.5	0.4
ベルギー	0.1	0.1	0.5	0.5	0.6	0.7	1.2	1.2	0.9	0.7	0.5
デンマーク	0.1	0.1	0.2	0.2	0.2	0.2	0.3	0.4	0.6	0.4	0.3
フィンランド	0.0	0.0	0.1	0.1	0.1	0.1	0.2	0.2	0.3	0.3	0.3
フランス	2.2	2.3	4.4	4.7	5.3	5.1	6.5	5.3	4.1	4.3	3.2
ドイツ	1.2	1.2	3.3	3.8	3.7	3.9	6.5	8.7	5.0	5.9	3.9
イタリア	6.1	1.9	4.7	4.3	3.9	3.2	3.8	3.5	3.1	3.6	2.7
オランダ	0.1	0.1	0.3	0.6	1.1	0.6	0.9	0.9	1.1	1.1	0.9
ノルウェー	0.0	0.1	0.1	0.1	0.1	0.1	0.2	0.2	0.3	0.3	0.3
スウェーデン	0.1	0.1	0.2	0.2	0.3	0.4	0.6	0.6	0.9	0.7	0.5
スイス	0.1	0.1	0.2	0.2	0.3	0.3	0.5	0.6	0.8	0.7	0.4
英 国	0.3	0.7	1.1	1.8	2.9	5.2	9.0	8.2	6.5	4.2	3.1
12 カ国計	10.6	7.0	15.5	17.1	19.1	20.5	30.5	30.8	24.1	22.8	16.5
ポルトガル	0.2	0.2	0.2	0.2	0.4	0.4	0.4	0.3	0.3	0.4	0.4
スペイン	1.8	1.5	1.8	2.1	2.0	1.8	1.8	1.5	1.2	1.7	1.7
その他	1.2	0.4	0.3	0.3	0.3	0.3	0.4	0.5	0.6	0.7	0.7
西ヨーロッパ計	13.7	9.1	17.8	19.8	21.9	23.0	33.1	33.0	26.2	25.6	19.2
東ヨーロッパ	1.9	2.2	2.7	2.8	3.1	3.6	4.5	4.9	3.5	3.4	1.9
旧ソ連	1.5	2.4	3.4	3.4	4.4	5.4	7.5	8.5	9.6	9.4	3.8
米 国	0.3	0.4	0.3	0.2	0.1	1.8	8.9	18.9	27.3	22.1	20.6
その他の ウェスタン・オフシューツ	0.2	0.2	0.1	0.1	0.1	0.1	1.2	2.4	3.4	3.3	3.1
ウェスタン・オフシューツ	0.4	0.6	0.5	0.3	0.2	1.9	10.0	21.3	30.6	25.3	23.7
メキシコ	0.8	1.5	1.3	0.3	0.7	0.7	0.6	0.9	1.3	1.7	1.8
その他のラテンアメリカ	1.3	2.3	1.7	0.8	1.0	1.4	1.9	3.5	6.5	6.9	5.8
ラテンアメリカ計	2.1	3.8	2.9	1.1	1.7	2.1	2.5	4.4	7.8	8.7	7.7
日 本	1.1	2.7	3.1	2.9	4.1	3.0	2.3	2.6	3.0	7.8	6.6
中 国	25.4	22.1	24.9	29.0	22.3	32.9	17.1	8.8	4.6	4.6	15.1
インド	32.0	28.1	24.4	22.4	24.4	16.0	12.1	7.5	4.2	3.1	5.5
その他の東アジア	4.6	7.5	8.4	7.4	7.7	5.2	4.8	4.5	4.8	5.2	9.6
西アジア	9.6	10.3	4.2	3.8	3.3	2.2	2.0	1.5	2.0	3.4	3.6
アジア計（日本を除く）	71.7	67.9	61.8	62.6	57.7	56.4	36.0	22.3	15.6	16.4	33.9
アフリカ	7.6	11.4	7.8	7.0	6.9	4.5	4.1	2.9	3.8	3.4	3.2
世 界	100.0	100.0	100.0	100.0	100.0	100.0	100.0	100.0	100.0	100.0	100.0

表 A.7　世界の1人当たり GDP：20カ国と地域別平均, 紀元1～2003年(1990年国際ドル)

年	1	1000	1500	1600	1700	1820	1870	1913	1950	1973	2003
オーストリア	425	425	707	837	993	1,218	1,863	3,465	3,706	11,235	21,231
ベルギー	450	425	875	976	1,144	1,319	2,692	4,220	5,462	12,170	21,205
デンマーク	400	400	738	875	1,039	1,274	2,003	3,912	6,943	13,945	23,133
フィンランド	400	400	453	538	638	781	1,140	2,111	4,253	11,085	20,513
フランス	473	425	727	841	910	1,135	1,876	3,485	5,271	13,114	21,861
ドイツ	408	410	688	791	910	1,077	1,839	3,648	3,881	11,966	19,144
イタリア	809	450	1,100	1,100	1,100	1,117	1,499	2,564	3,502	10,634	19,151
オランダ	425	425	761	1,381	2,130	1,838	2,757	4,049	5,996	13,082	21,480
ノルウェー	400	400	610	664	723	801	1,360	2,447	5,430	11,323	26,035
スウェーデン	400	400	695	824	977	1,198	1,662	3,096	6,739	13,493	21,555
スイス	425	410	632	750	890	1,090	2,102	4,266	9,064	18,204	22,243
英　国	400	400	714	974	1,250	1,706	3,190	4,921	6,939	12,025	21,310
12カ国計	599	425	798	907	1,032	1,243	2,087	3,688	5,018	12,157	20,597
ポルトガル	450	425	606	740	819	923	975	1,250	2,086	7,063	13,807
スペイン	498	450	661	853	853	1,008	1,207	2,056	2,189	7,661	17,021
その他	539	400	472	525	584	711	1,027	1,840	2,538	7,614	17,351
西ヨーロッパ計	576	427	771	889	997	1,202	1,960	3,457	4,578	11,417	19,912
東ヨーロッパ	412	400	496	548	606	683	937	1,695	2,111	4,988	6,476
旧ソ連	400	400	499	552	610	688	943	1,488	2,841	6,059	5,397
米　国	400	400	400	400	527	1,257	2,445	5,301	9,561	16,689	29,037
その他の ウェスタン・オフシューツ	400	400	400	400	408	761	2,244	4,752	7,425	13,399	22,853
ウェスタン・オフシューツ	400	400	400	400	476	1,202	2,419	5,233	9,268	16,179	28,039
メキシコ	400	400	425	454	568	759	674	1,732	2,365	4,853	7,137
その他のラテンアメリカ	400	400	410	431	502	661	677	1,438	2,531	4,435	5,465
ラテンアメリカ計	400	400	416	438	527	691	676	1,493	2,503	4,513	5,786
日　本	400	425	500	520	570	669	737	1,387	1,921	11,434	21,218
中　国	450	450	600	600	600	600	530	552	448	838	4,803
インド	450	450	550	550	550	533	533	673	619	853	2,160
その他の東アジア	425	425	554	564	561	568	594	842	771	1,485	3,854
西アジア	522	621	590	591	591	607	742	1,042	1,776	4,854	5,899
アジア計(日本を除く)	457	466	572	576	572	577	548	658	639	1,225	3,842
アフリカ	472	425	414	422	421	420	500	637	890	1,410	1,549
世　界	467	450	566	596	616	667	873	1,526	2,113	4,091	6,516

表 A.8 世界の1人当たり GDP の成長率：20 カ国と地域別平均，紀元1〜2003年
（年平均複利成長率）

年	1-1000	1000-1500	1500-1820	1820-1870	1870-1913	1913-1950	1950-1973	1973-2003
オーストリア	0.00	0.10	0.17	0.85	1.45	0.18	4.94	2.14
ベルギー	−0.01	0.14	0.13	1.44	1.05	0.70	3.54	1.87
デンマーク	0.00	0.12	0.17	0.91	1.57	1.56	3.08	1.70
フィンランド	0.00	0.03	0.17	0.76	1.44	1.91	4.25	2.07
フランス	−0.01	0.11	0.14	1.01	1.45	1.12	4.04	1.72
ドイツ	0.00	0.10	0.14	1.08	1.61	0.17	5.02	1.58
イタリア	−0.06	0.18	0.00	0.59	1.26	0.85	4.95	1.98
オランダ	0.00	0.12	0.28	0.81	0.90	1.07	3.45	1.67
ノルウェー	0.00	0.08	0.09	1.06	1.38	2.18	3.25	2.81
スウェーデン	0.00	0.11	0.17	0.66	1.46	2.12	3.06	1.57
スイス	0.00	0.09	0.17	1.32	1.66	2.06	3.08	0.67
英 国	0.00	0.12	0.27	1.26	1.01	0.93	2.42	1.93
12 カ国計	−0.03	0.13	0.14	1.04	1.33	0.84	3.92	1.77
ポルトガル	−0.01	0.07	0.13	0.11	0.58	1.39	5.45	2.26
スペイン	−0.01	0.08	0.13	0.36	1.25	0.17	5.60	2.70
その他	−0.03	0.03	0.13	0.74	1.37	0.87	4.89	2.78
西ヨーロッパ計	−0.03	0.12	0.14	0.98	1.33	0.76	4.05	1.87
東ヨーロッパ	0.00	0.04	0.10	0.63	1.39	0.60	3.81	0.87
旧ソ連	0.00	0.04	0.10	0.63	1.06	1.76	3.35	−0.38
米 国	0.00	0.00	0.36	1.34	1.82	1.61	2.45	1.86
その他のウェスタン・オフシューツ	0.00	0.00	0.20	2.19	1.76	1.21	2.60	1.80
ウェスタン・オフシューツ	0.00	0.00	0.34	1.41	1.81	1.56	2.45	1.85
メキシコ	0.00	0.01	0.18	−0.24	2.22	0.85	3.17	1.29
その他のラテンアメリカ	0.00	0.00	0.15	0.05	1.77	1.54	2.47	0.70
ラテンアメリカ計	0.00	0.01	0.16	−0.04	1.86	1.41	2.60	0.83
日 本	0.01	0.03	0.09	0.19	1.48	0.88	8.06	2.08
中 国	0.00	0.06	0.00	−0.25	0.10	−0.56	2.76	5.99
インド	0.00	0.04	−0.01	0.00	0.54	−0.22	1.40	3.14
その他の東アジア	0.00	0.05	0.01	0.09	0.82	−0.24	2.89	3.23
西アジア	0.02	−0.01	0.01	0.40	0.79	1.45	4.47	0.65
アジア計（日本を除く）	0.00	0.04	0.00	−0.10	0.43	−0.08	2.87	3.88
アフリカ	−0.01	−0.01	0.00	0.35	0.57	0.91	2.02	0.32
世 界	0.00	0.05	0.05	0.54	1.31	0.88	2.91	1.56

付録統計 B 日本, 英国, 米国の成長計算の構成要素, 1820～2003 年

表 B.1 米国, 英国, 日本の成長計算の基礎的構成要素, 1820～2003 年

	総人口 (1000 人)	従業者 (1000 人)	総労働時間 (100 万時間)	従業者1人 当たりの平 均教育年数	土地面積 (1000 ヘクタール)	従業者中の % 農林漁業	工 業	サービス業
米 国								
1820 年	9,981	3,222	9,666	1.75	463,061	70.0	15.0	15.0
1870	40,241	14,720	43,630	3.92	934,646	50.0	24.4	25.6
1890	63,302	23,937	66,760	5.43	934,646	38.3	23.9	37.8
1913	97,606	38,821	101,129	7.86	937,289	27.5	29.7	42.8
1929	122,245	47,904	112,191	9.11	937,323	21.1	29.4	49.5
1938	130,476	44,906	92,597	9.93	937,323	17.9	31.2	50.9
1950	152,271	61,651	115,102	11.27	939,669	12.9	33.6	53.5
1973	211,909	86,838	149,101	14.58	939,669	4.1	31.2	64.7
1990	250,132	120,960	192,810	17.64	939,669	2.8	25.7	71.5
2003	290,343	139,236	216,638	20.77	939,669	2.0	20.0	78.0
英 国								
1820 年	21,226	8,160	24,480	2.00	31,427	37.6	32.9	29.5
1870	31,393	13,157	39,260	4.44	31,427	22.7	42.3	35.0
1890	37,485	15,361	43,118	6.11	31,427	16.1	43.2	40.7
1913	45,649	19,884	52,176	8.82	31,427	11.7	44.1	44.2
1929	45,672	18,936	43,288	9.55	24,410	7.7	45.2	47.1
1938	47,494	20,818	47,194	9.99	24,410	5.9	44.0	50.1
1950	50,363	22,400	43,859	10.60	24,410	5.1	44.9	50.0
1973	56,223	25,076	42,328	11.66	24,410	2.9	40.3	56.8
1990	57,493	26,942	44,104	13.81	24,410	2.1	32.2	65.7
2003	60,095	28,716	41,724	15.99	24,410	1.2	23.5	75.3
日 本								
1820 年	31,000	16,819	49,532	1.50	38,256	n.a.	n.a.	n.a.
1870	34,437	18,684	55,024	1.50	38,256	70.1	n.a.	n.a.
1890	40,077	20,305	56,245	2.71	38,256	69.0	n.a.	n.a.
1913	51,672	25,751	66,644	5.36	38,256	60.1	17.5	22.4
1929	63,244	29,332	69,341	6.74	38,256	50.3	20.9	28.8
1938	71,879	32,290	77,205	7.67	38,256	45.2	24.1	30.7
1950	83,805	35,683	77,289	9.11	36,848	48.3	22.6	29.1
1973	108,707	52,590	107,389	12.09	37,780	13.4	37.2	49.4
1990	123,537	62,490	121,293	14.31	37,780	7.2	34.1	58.7
2003	127,214	63,160	108,572	16.78	37,780	4.6	28.8	66.6

表 B.2 米国, 英国, 日本の成長計算の基礎的構成要素, 1820～2003 年

	GDP (100万・1990 年国際ドル)	機械施設 総ストック (100万・1990 年国際ドル)	非居住用 構造物の 総ストック (100万・1990 年国際ドル)	非居住用総 固定資本の 合計ストック (100万・1990 年国際ドル)	商品輸出 (100万・1990 年国際ドル)	1人当たり GDP (1990年 国際ドル)	労働時間当 たり GDP (1990年 国際ドル)
米 国							
1820 年	12,548	873	10,876	11,749	251	1,257	1.29
1870	98,374	19,695	148,343	168,038	2,495	2,445	2.25
1890	214,714	98,120	554,811	652,930	7,755	3,392	3.22
1913	517,383	268,359	1,434,437	1,702,796	19,196	5,301	5.12
1929	843,334	485,301	2,174,926	2,660,227	30,368	6,899	7.52
1938	799,357	444,826	2,432,557	2,877,382	24,129	6,126	8.63
1950	1,455,916	930,386	2,620,695	3,551,081	43,114	9,561	12.65
1973	3,536,622	2,280,288	5,163,463	7,443,690	174,548	16,689	23.72
1990	5,803,200	4,786,703	8,327,741	13,114,444	393,592	23,201	30.10
2003	8,430,762	9,360,800	10,361,587	19,722,387	801,784	29,037	38.92
英 国							
1820 年	36,232	1,943	22,793	24,736	1,125	1,707	1.49
1870	100,179	10,786	78,756	89,542	12,237	3,191	2.55
1890	150,269	17,118	107,740	124,858	21,681	4,009	3.49
1913	224,618	40,071	146,775	186,846	39,348	4,921	4.31
1929	242,068	64,678	152,594	217,272	31,990	5,300	5.59
1938	286,631	86,853	170,945	257,797	22,546	6,035	6.06
1950	347,850	106,884	171,863	278,747	39,348	6,907	7.93
1973	675,941	348,786	538,886	887,672	94,670	12,002	15.97
1990	944,610	555,739	990,488	1,546,227	185,326	16,430	21.42
2003	1,280,625	858,796	1,379,595	2,238,391	321,021	21,310	30.69
日 本							
1820 年	20,739	n.a.	n.a.	n.a.	n.a.	669	0.42
1870	25,393	n.a.	n.a.	n.a.	51	737	0.46
1890	40,556	3,946	23,767	27,712	222	1,012	0.72
1913	71,653	16,979	44,010	60,989	1,684	1,385	1.08
1929	128,115	55,344	88,416	143,760	4,343	2,026	1.85
1938	176,050	64,967	133,085	198,052	9,907	2,449	2.28
1950	160,966	115,409	161,223	276,632	3,538	1,926	2.08
1973	1,242,932	698,778	1,388,481	2,087,259	95,105	11,439	11.57
1990	2,321,153	2,148,610	4,260,763	6,409,373	287,648	18,789	19.14
2003	2,699,261	3,973,086	6,690,088	10,663,174	402,861	21,218	24.86

表 B.3 米国, 英国, 日本の成長実績比較, 1820〜2003 年(年平均複利成長率)

年	1820-70	1870-1913	1913-50	1950-73	1973-2003	1820-2003
GDP						
米 国	4.20	3.94	2.84	3.93	2.93	3.62
英 国	2.05	1.90	1.19	2.93	2.15	1.97
日 本	0.41	2.44	2.21	9.29	2.62	2.70
人 口						
米 国	2.83	2.08	1.21	1.45	1.06	1.86
英 国	0.79	0.87	0.27	0.48	0.22	0.57
日 本	0.21	0.95	1.31	1.15	0.53	0.77
1 人当たり GDP						
米 国	1.34	1.82	1.61	2.45	1.99	1.73
英 国	1.26	1.01	0.92	2.43	1.93	1.39
日 本	0.19	1.48	0.90	8.05	2.08	1.91
労働時間当たり GDP						
米 国	1.12	1.93	2.47	2.77	1.66	1.88
英 国	1.08	1.22	1.66	3.09	2.20	1.67
日 本	0.18	2.00	1.79	7.75	2.58	2.25
全要素生産性						
米 国	−0.15	0.36	1.62	1.75	0.91	0.70
英 国	0.15	0.31	0.81	1.48	0.65	0.61
日 本	n.a.	0.21[a]	0.20	5.12	0.63	1.23[b]
土地面積						
米 国	1.41	0.01	0.01	0.00	0.00	0.39
英 国	0.00	0.00	−0.68	0.00	0.00	−0.14
日 本	0.00	0.00	−0.03	0.11	0.00	−0.01
総労働時間						
米 国	3.06	1.97	0.30	1.13	1.25	1.71
英 国	0.95	0.66	−0.47	0.15	−0.05	0.29
日 本	0.21	0.45	0.40	1.44	0.04	0.43
非居住用資本ストック						
米 国	5.46	5.53	2.01	3.27	3.30	4.14
英 国	2.61	1.73	1.09	5.17	3.31	2.49
日 本	n.a.	3.49[a]	4.17	9.18	5.59	5.41[b]
輸出価額						
米 国	4.64	4.86	2.21	6.27	5.21	4.51
英 国	4.90	2.80	0.00	3.90	4.15	3.14
日 本	n.a.	8.50	2.00	15.40	4.93	6.98[c]

注と出所) (a) 1890-1913 年, (b) 1890-2003 年, (c) 1870-2003 年. Maddison(1995: 252-5).
1990 年以後は全要素生産性の計算に当たり総労働投入(時間)のウェイトを 0.7, 教育を 0.42,
非居住用資本を 0.27, 土地面積を 0.03 として計算し, 更新. 土地面積は代用として自然資料
から採った.

解説にかえて

斎藤 修

　本書の翻訳は，これまでにアンガス・マディソンの著作2冊を手がけてきた政治経済研究所の訳者チームの産物である[1]．マディソン最後の著書となった本書の解説は，そのチームを統括していた小谷崇氏によって書かれるはずであった．しかし，小谷氏は訳稿完成まであと一歩のところまできた昨2014年1月に逝去，本書の出版を見届けることも，永年の努力を訳者あとがきの執筆によって締めくくっていただくこともかなわなかった．本当に残念である．

　そこで出版社より，たまたま著者マディソン教授とも小谷氏とも親交のあった私にお鉢が回ってきたのであるが，本書の内容については著者自身による要約が「序説と要約」にあり，マディソン教授の仕事とその斬新さについては，政治経済研究所訳のあとがきで的確な解説がなされている[2]．そこでここでは，やや異なった角度から著者の略歴と学問とを紹介して，責めを塞ぐこととしたい[3]．

　アンガス・マディソンは，通常のものさしでは測りにくい経歴と研究歴の持主であった．1926年，イングランド北部ニューカスル・アポン・タインで鉄道会社に勤める整備工の子として生れ，パリの病院で生涯をとじた．ケンブリッジ大学を卒業後，一時北米の大学に留学したが，スコットランドのセント・アンドリュース大学に職を得て経済史を教えた．しかし，1年後にはOECDの前身OEECへ移り，約20年をそこで過ごした．その間，途上国を含む多くの国を回り，日本も訪れている．その後オランダのフローニンゲン大学教授となったが，永く住みなれたパリ北郊の自宅を離れることなく，そこからフローニンゲンまで通っていたという．

　研究者としてのマディソンを一言でいえば経済史家ということになろうが，それも通常の経済史家とはずいぶん異なった意味においてである．ケンブリッジに入学したときは歴史学専攻，すぐに経済学へ移ったが，当時全盛期を迎え

ようとしていたケンブリッジ学派の理論家とは距離をおき，生涯「数字好き」「統計の虫」を自認する経済学者，経済史家であった．この「数字好き」あるいは「統計の虫」という言葉は，彼の自伝的エッセイにある著者自身の造語 chiffrephile を意訳したものである[4]．Chiffre はフランス語で数字なので，その造語が意味するところは，数字を集め，統計をつくり，それによって過去を記述すること，別な表現をすれば歴史的国民経済計算(historical national accounts)に熱中した男ということであろう．彼が生涯追求した研究領域に必要な資質を端的に示した造語といえる．

この自伝的エッセイは 1994 年，67 歳のときに書かれた．当然のことながら 2001 年に原著が出版された『世界経済 2000 年史』とその後に執筆された本書のための研究，つまり近代以前にかんする仕事の話はあまりなく，OECD 時代にもっとも多くの紙幅があてられているけれども，子ども時代について記した最初の 7〜8 頁は実に興味深い．彼の追悼文記者の多くがこのエッセイに言及しているように，筆者も彼からそのコピーをもらって読んだときのことをいまでも忘れることができない．以下，そのなかから 2 つほど紹介しよう．

その一つは大恐慌の影響である．彼は 1926 年 12 月の生まれなので，1929 年に恐慌が勃発したときは 3 歳の誕生日直前であった．その工業都市ニューカスルへ与えた影響は甚大で，物心がつき始めたころまで高失業率の時代が続いた．幸い父親は職を失わなかったけれども，親戚や近所のひとには何人もの失業者がいたという．このころのことを鮮明に覚えていたのは，毎週，祖母に会うために父親に連れられて対岸の街ゲイツヘッドを訪れていたからであった．そこはニューカスルよりも失業者がさらに多く，「30 年後にカルカッタを訪れるまで，あれほど不景気で意気消沈させるところをみたことがなかった」という．

のちに私が彼から直接聞いた表現を援用していえば，「資本主義に未来はないと思った」ということであろう．もちろんそれはもう少し大きくなってからの解釈であろうが，その後ケンブリッジに進学したとき，著名なマルクス主義者モーリス・ドッブを指導教官に選んだのはこのことと無関係ではないかもしれない．もっとも，この指導教官は「分別ある不可知論者の神父のようなふるまいをし，もちろん自分の意見を押しつけようとはしなかった」という．「長

期の資本主義的発展に関心をもっていた唯一まともなケンブリッジ経済学者」，「ケンブリッジ主流派の論争にはそれほど関心をもっていなかったが，歴史と経済学に幅広い関心と国際的視野とを有していた」という彼のドッブ評は，指導教官の名前を借りて彼自身の学問的スタンスを表現しようとしたともいえるように思う．

　もう一つは彼の中学校時代における知的経験である．父親が協同組合主催の成人教育である土曜学校の活動に熱心だったらしく，12歳のときから一緒に月1回の講演会に通ったという．講演のテーマは英国の政治経済や国際問題だった．これがマディソンの人生を変えたのである．

　中学3年のとき，その年(1940年)の2月に出版されたばかりのケインズ『戦費調達論』をもとに行われた講演があった．そのとき司会をしていたのはお父さんで，講演後その本を購入した．これを息子のアンガスが読み，彼の最初に読んだ経済学書となった．「14歳の子どもにもなんとか理解できる」本だったという．ずいぶん早熟な子だったといえないことはないが，他のひととは異なって，とくに興味を覚えたのはその付録Ⅰ「国民所得」とそこで展開された簡潔な数学と統計解説であり，戦時経済に適用されたその方法を平常時の経済問題の解明にも使えないだろうかと考えたと述べている．しかも，いかにもマディソンらしいのはそこから先の行動であった．ケインズがそのなかで言及していたコリン・クラークという学者の著作『経済進歩の諸条件』を市立図書館で見つけ，その浩瀚な本を繙き，世界の多くの国の事例に適用されていることに魅せられたというのである．

　『戦費調達論』は小冊子であるが，ケインズが国民所得論にもとづいた具体的な政策論を展開した最初の論稿である．実際，大蔵省顧問であった彼の発案で，ジェームズ・ミードと後に国民経済計算体系(いわゆる新SNA)の開発者となるリチャード・ストーンとが国民所得推計を行い，それにもとづいて1941年の予算案が作成されることとなったという点で画期的な著作であった．他方，『経済進歩の諸条件』の著者クラークは英国育ち，オーストラリアの大学で教鞭をとっていた，この分野の先駆者である．ストーンのケンブリッジにおける先生でもあった．「ケンブリッジでケインズと密接にやり取りをし，国民経済計算が経済政策の道具として重要であることを示し」，また「比較経済史の可

能性と成長と発展の問題の分析に革命を起こすことになった」(本書367-8頁)ひとである．ケインズはすでに1936年の『一般理論』でクラークの仕事に言及していたが，この『諸条件』ではより長期の発展に対する歴史的関心が顕著であり，それはマディソンにとってもう一つの学問的バックボーンとなった．このケインズ経済学との出会いを独学によってクラークの仕事に結びつけたことは，その後の研究者人生に決定的な影響を与えることとなった．晩年，マディソンはオーストラリアのクイーンズランド大学から招聘を受け，コリン・クラーク記念講演を行うことになるが，これは彼にとって非常に嬉しい招待であったにちがいない[5]．いずれにせよ，大学で専門教育を受ける前に，すでに彼の学風はほぼ出来上がっていたとみることもでき，まことに興味深いエピソードといえる．

　本書は前著とは違って，推計表の提示というよりは，それらをもとに長期の成長パターンとその地域ごとの特質にかんする自らの見解をまとめ，さらに国民経済計算の先駆者たちの営為を跡づけたものである．新たになされたのは第1章のためになされた古代ローマの推計，研究史的な第5～6章の一部，そして2030年の世界経済を論じた第7章のための予測作業くらいであろうか．

　その点を念頭に，ここで少し，マディソン流の推計とはどのようなものかということをみておきたい．彼の方法はきわめてシンプルかつ大胆なもので，まず，現在(1990年)の購買力平価で国際ドル(ゲアリー＝ケーミス・ドル)換算のGDP値を求め，そこから別途求めた変化率によって過去へ遡及してゆくというものである．この場合，19世紀までなら実際の時系列データがないわけではないので，現実をよく反映した変化率を別に得ることは相対的に容易であろう．しかし近代以前となると，ごく一部の国を除いて統計データはほとんど存在しない．耕地面積から収穫量を推計したり，一部商品の国内取引量と輸出入のデータから全産業の産出量を求めたりといった，データの積上げによって必要な係数を求めることができない時代について，どのようにして1人当たりの成長率を仮定できるのであろうか．彼の方法は，人口や都市化率といった数量データを盛り込んだ研究はもちろん，非数量的な研究や断片的な事例分析を読みこみ，そこから得られる定性的な総合判断を平均成長率何％という数字に

置き換えるというものである．日本についてみてみよう．徳川時代にかんしては実収石高と呼ばれている農産高の推計値があり，大まかなところはそれで押さえることができる．それを前提に，戦国期以来のさまざまな発展と制度変化にかんする研究，数量経済史研究や都市史の成果，さらには科学技術分野の発展などをサーヴェイして，非農業活動は農業よりも高い率で増加したようだと考え，1500年から1820年のあいだに1人当たり実質GDPは3分の1増加したと判断し，その推測に合うように農産高増加率への上乗せを行い，それによってベンチマーク年における1人当たりGDP値を算出したのである．その妥当性は，雑多な情報から成長率をいい当てるような職人芸，他のひとには容易にまねできない特殊能力に依存している．永年にわたって国民所得計算の仕事に携わってきたことで得られた知的熟練の賜物なのであろう．いいかえれば，マディソンの近代以前のGDP推計は現在得られるかぎりベストの非数量的情報を数値に変換したものということができる．各国経済史の研究史を言葉で纏めるとすれば，おそらく何千頁もの紙幅が必要であろうが，彼はそれを統計という数値に翻訳，簡潔かつ見事にサマライズするのである．

　これを別の角度からみれば，マディソンの推計にむずかしい数学や高度な統計手法が用いられることはまずないということを意味する．彼はコリン・クラークと並んでサイモン・クズネッツにも特別な敬意をいだいていたが[6]，本書の第6章にはクズネッツについて評したところがある．「彼の説明の技法は代数や回帰を用いておこなわれることは事実上けっしてなかった．彼のアプローチは基本的に帰納的であった．……経済実績を計量経済学者や成長会計学者たちが熱中したがる厳密性で「説明」しようとはしなかった」．安易に代理変数を使った推計を用いず，比喩や定型化された事実に依拠することも，先導部門の分析や実質賃金指数を重視することもなく，この点では「過度に潔癖」になることすらあったが，他方では「抑制の効いた推測」は大胆に試みた（以上，385-6頁）．と．クズネッツがどのような気質をもった研究者だったのかはたしかに興味深いが，私には，この評はマディソン自身のことを述べているように聞こえる．

　結局のところ，マディソンの近代以前GDP推計とは成長率による遡及の結果にほかならない[7]．そういってしまうと身も蓋もないかもしれないが，いう

までもなく，そのようなシンプルな方法論に拠って作成された，世界各地域を網羅し，2000年紀をカバーした1人当たりGDP統計表の意義と意味は予想以上に大きい．それによって，地域間あるいは国家間の，レベルと変化率比較が容易となった．たとえば，ユーラシア大陸両端における成長パフォーマンスの比較，あるいは近世ヨーロッパ内における南北間のパフォーマンスにおける違い，世界の平均値からみた日本の位置の変遷など，数字で示されてみるとじつに興味深い．近年，グローバル・ヒストリーをめぐる論議が盛んで，マディソンの仕事が示すのとは異なった解釈も提示されているが，それは数量化が「学問的議論を先鋭化し，対立する仮説を呼び起こし，研究過程の原動力に貢献」（本書1-2頁）したからであろう．この前近代GDP統計は論争にとってなくてはならぬ素材を提供したのである．

　もっとも，19世紀以前の推計値を近代の統計と同じような精度を有すると考えるのは正しくない．それぞれの地域あるいは国の専門家には少なからぬ異論があるかもしれない．実際，私も徳川日本にかんしては若干のコメントをもっていて，現在，改訂作業を行っているところである[8]．ただ，上に述べたように，マディソン推計はそれぞれの国の経済史研究の現在(いま)を反映したものであった．したがって，私たちが彼の提示する近世の成長率が高すぎるとか低すぎるとか思うことは，とりもなおさず，それぞれの国の研究の現状にコメントをしているに等しい．私たち経済史家が，彼の提示した1人当たりGDPの成長率が何となくしっくりこないと思うのであれば，私たち自身が行ってきた研究を再点検したほうがよいということに他ならない．別ないい方をすれば，マディソンの仕事は，定性的な研究の現状を1人当たりGDPの成長率という数字に翻訳することによって，結果として，それぞれの国，それぞれの地域の専門家に，これまでの研究に潜んでいた問題点を是正する明示的努力を要求しているともいえよう．

　2007年10月2日，マディソンは一橋大学より名誉博士号を授与された．これはオランダ女王より贈られたオレンジ・ナッソー勲章とともに，彼が誇りに思っていたにちがいない栄誉であった．そこで最後に，わが国との関係についても一言しておきたい．

初来日は1961年であった．これは日本のOECD加盟がその3年後であったことと関連しており，その交渉や調査のために訪れる機会があったのであろう．しかし，彼にはたんなる職務遂行以上の目論見があった．一橋大学経済研究所に大川一司を訪問したのである．大川と彼のチームがのちに『長期経済統計』（LTES）シリーズとして刊行されることとなった，明治維新以降の国民所得推計プロジェクトをすでに立ち上げていたからであった．彼より一回り年上だった大川とは非常にウマがあったようで，私自身このことについては何度も聞かされた（同様の頻度で名前が出たもう一人は大来佐武郎であった）．この個人的信頼関係によって，LTESの成果がマディソンの日本系列にしっかりと反映され，さらには一橋大学における次世代の研究者との交流をももたらすこととなった．1998年，21世紀COEおよびグローバルCOEの前身のCOEプロジェクト（代表者 尾高煌之助）を一橋大学経済研究所が走らせていたときのことであるが，客員研究員として招聘され，一か月のあいだ滞在をした．『世界経済2000年史』において初めて提示された1870年以前の日本にかんする推計作業は，この招待がなければまったく異なったものとなっていたにちがいない．

　アンガス・マディソンは2010年4月24日に亡くなった．83歳であった．天寿を全うしたといえなくもない年齢ではあったが，その直前まで改訂作業などの研究を続けていたことを想うと学界にとっては大きな損失であった．彼の仕事はユトレヒト大学のヤン・ラウテン・ファン・ザンデンが主宰する「マディソン・プロジェクト」[9]として引継がれ，各国のGDPと人口系列をより良いものとする努力が続けられている．遠からず，彼の志を継ぐ次世代の研究者たちによって改訂版マディソン表が刊行される日がくることを期待したい．

注
1) 『世界経済の成長史 1820〜1992年——199カ国を対象とする分析と統計』（金森久雄監訳，（財）政治経済研究所訳，東洋経済新報社，2000年），『経済統計で見る 世界経済2000年史』（金森久雄監訳，（財）政治経済研究所訳，柏書房，2004年）．
2) とくに2冊目の『世界経済2000年史』の監訳者あとがきに丁寧な解説がある．
3) マディソンの人となりは，小谷氏に慫慂されて，政治経済研究所の雑誌に書いたことが2度ある．以下は，その2つの小論——「前近代国民所得推計の意味と意義——アンガス・マディソン教授の仕事」『政經研究』第90号（2008年5月），「経済史家アンガス・マディソンの死去を悼む」同誌，第95号（2010年12月）——と少なからず重複することをお断りしておきたい．

4) 'Confessions of a Chiffrephile', *Banca Nationale del Lavoro Quarterly Review*, no. 189 (1994), pp. 123-65.
5) 'Quantifying and Interpreting World Development: Macromeasurement Before and After Colin Clark', *Australian Economic History Review*, vol. 44, issue 1 (2004), pp. 1-34.
6) マディソンは，1998 年にイェール大学の成長センターにおいて 'Economic Growth Since 1500 A.D.: Problems of Measurement, Interpretation and Explanation' と題するクズネッツ・レクチャーを行っている．
7) 厳密にいえば，本書第 1 章における古代ローマの GDP 推計には「遡及」法は使われていない．また，「来るべき事態の姿」を描き出した第 7 章も予測であって多少異なっている．ただ，得られるすべての情報を成長率という数字に変換するという点においては，姿勢は一貫している．
8) その一端は，斎藤修「近世の GDP を計る」ECO-FORUM（一般財団法人統計研究会機関誌）第 30 巻 3 号（2015 年 3 月）を参照．
9) ウェブサイト：http://www.ggdc.net/maddison/maddison-project/home.htm

　　　　　　　　　　　　　　（さいとう・おさむ　一橋大学名誉教授，日本学士院会員．
　　　　　　　　　　　　　　　　　　　　専攻は比較経済史，歴史人口学）

訳者より

　本訳書は当研究所主任研究員の小谷崇の企画によるものである．
　当研究所はこれまでマディソンの『世界経済の成長史 1820〜1992 年』(東洋経済新報社)を 2000 年に，『経済統計で見る 世界経済 2000 年史』(柏書房)を 2004 年に訳出してきた．これらはすべて小谷崇が企画・統括し，金森久雄氏監訳によって出版された．小谷は訳書に親切な解説的訳注を追加する努力を惜しまなかった．今回の著書はそれ以後の研究をも含めたマディソンの業績の集大成であり，原著が出版された 2007 年直後から，小谷はマディソンと連絡をとりつつ，当研究所による訳出の仕事にとりかかった．マディソンは 2010 年に死去し，小谷は 2013 年 4 月，病に倒れ，2014 年 1 月に死去した．原稿は未完成であった．研究所のわれわれは，彼が病に倒れた直後からその仕事を引き継いで完成させるべく力を尽くした．
　その結果が本書である．

　訳出は原書に忠実であることを基本とした．叙述内容や引用文献の書誌情報に明らかな誤りがある場合は，調べのつく範囲で訂正した．マディソン本人に聞くことができないため，直しようがなかったものはそのままにしている．引用文献のうち，当該章末の文献リストにないものがあれば，他の章末の文献リストをご覧いただきたい．

索 引

【注および表，文献を除く．人名は著作者，研究者のみ】

あ 行

アーケル（Arkell, T.）　352
アウグスティヌス（Augustine, St. of Hippo）　31
アカデミー　104
アベル，ヴィルヘルム（Abel, W.）　393
アヘン　152, 173
アミン（Amin, S.）　295
アルトン，タド（Alton, T.）　377
アレン，ロバート（Allen, R. C.）　393, 403, 404, 406
移動農耕　274
イブン・バットゥータ（Ibn Battuta）　275, 276
イブン・ハルドゥーン（Ibn Khaldun）　243, 288
イルシュ，エティエンヌ（Hirsch, E.）　384
印刷　103, 104, 400
　――機　103, 163
　――技術　102
　――業　104
　――術　109, 400, 402
　――所　259
　活版――　102
インフラ　62, 262
　――投資　35
ウィリアムソン（Williamson, J. G.）　352, 355, 407
ヴォーバン，セバスティアン・ル・プレストル（Vauvan, Sébastien Le Prestre）　363-366
馬　15, 19, 20, 101, 164, 192
英国植民地政府　132
英国東インド会社（EIC）　→東インド会社（英国）
エイマー（Aylmer, G. E.）　332, 352
エデン（Eden, F. M.）　361
エネルギー　437

　――集約　103
　――消費　392
　――消費量　97
　――投入　392
　一次――　97
　鉱物――　97
エミンガー，オトマール（Emminger, O.）　384
エルヴィン（Elvin, M.）　397
エルティス（Eltis, D.）　287
エンガーマン（Engerman, S. L.）　345
黄金時代　8, 91, 93, 95, 96
オコンネル（O'Connell, S. A.）　300
オランダ東インド会社（VOC）　→東インド会社（オランダ）
オリーブ油　31
織物　149, 152, 165
　――業　150
　――購入　150
　――産業　166
　絹――　102

か 行

ガーシェンクロン，アレクサンダー（Gerschenkron, A.）　387
ガーンジィ（Garnsey, P.）　31
海軍　21, 27, 30, 32, 35, 109, 110, 112, 207, 257, 278
　――力　13, 146, 188, 194
会計制度　105
外国人傭兵部隊　13, 26
海賊　32, 33, 54, 278, 293
　――船　293
科学革命　111, 113, 400
書き言葉　4, 15, 78, 267, 276
科挙による官僚制度　154
化石燃料　443, 457, 462, 464, 465
　――補助金　463
家族農場　130

――経営　132
ガニング（Gunning, J.）　300, 301
カフーン（Colquhoun, P.）　343, 352, 355, 361, 362
貨幣　44
――の量　238
ガルマン（Gallman, R. E.）　389
カレーラス・モンフォール（Carreras Monfort, C.）　49
為替　44
――平価　458
――レート　7, 179, 200, 360, 381, 440, 455, 458
――レートウェイト　458
――レート換算　382
灌漑　31, 36, 162, 182, 204, 244, 274
――面積　161, 162
艦隊　24, 26, 28, 38, 39, 123, 146, 195, 207, 209, 247, 278, 295
生糸　147, 152, 191
機械　102
――・設備のストック　97
企業家精神　105, 133, 298, 361
絹　44, 77, 145, 158, 180-182, 398
――織物　102
――製品　170
キャッサバ　115, 118
キャッチアップ　95, 96, 179, 188, 199, 219, 220, 375, 433
休閑地　4, 244
旧自由主義時代　93, 95
教育　98, 99, 199
――水準　187, 220
――制度　192
――年数　98
競争試験による公務員採用　154
共通通貨　78
ギルバート, ミルトン（Gilbert, M.）　376, 377, 379, 383
金　4, 25, 28, 29, 70, 119, 126, 180, 238, 239, 265, 266, 271, 273, 279, 281, 282, 296
　金貨　44, 70
　金単位　71
　金貿易　271
銀　25, 28, 29, 119-121, 127, 145, 150, 180, 181, 207
銀貨改鋳　326
銀価格　119
銀鉱山　119
銀通貨　180
金銀　145
――塊　120
――比価　193
キング, グレゴリー（King, G.）　6, 63, 80, 330-364, 407
近隣窮乏化政策　105, 144
クーパー（Cooper, J. P.）　352
クーファー（Kufa）　244
クズネッツ, サイモン（Kuznets, S.）　375, 384-388, 393, 394, 396, 408
クラーク（Clark, C.）　296, 343, 367
クライン（Klein, H. S.）　286
クラヴィス, アーヴィング（Kravis, I. B.）　379, 380
グラス（Glass, D. V.）　337
クラフツ（Crafts, N. F. R.）　387
グラント, ジョン（Graunt, J.）　6, 7, 317, 322, 337, 343
グリッテン（Grytten, O.）　387
軍事力　19, 33, 124, 188, 190, 207, 273, 278
軍隊　19, 26, 27, 33, 34, 41, 53, 78, 79, 124, 163, 177
ゲアリー＝ケーミス・ドル（GKドル）　70, 380
ゲアリー, ロイ（Geary, R. C.）　380
ケインズ（Keynes, J. M.）　375
ケーミス, セイルム（Khamis, S. H.）　380
毛織物　102
ケプケ（Koepke, N.）　15
ゲルナー, アーネスト（Gellner, E.）　288
原住民族　5
原地住民　143
航海技術　102, 106, 146, 148, 180, 279
鉱業　102, 182, 192
公共事業　76
航空機旅客マイル数　97
公衆衛生　259
香辛料　44, 77, 145, 148, 169, 170, 180, 207
鋼鉄　163
貢納　33, 35, 37, 41, 68, 69, 71

索　引──499

──穀物　63
──小麦　77, 79
購買力平価　7, 299, 381, 383, 456-458
──換算　70, 382
後発者の利益　95, 220
鉱物エネルギー　97
鉱物燃料　103
小売価格　358
コーヒー　147, 149, 173, 398, 399
──生産　171
コール(Cole, W. A.)　338
ゴールドスミス, レイモンド(Goldsmith, R. W.)　2, 57, 60, 61, 63-66, 69, 389
黒人奴隷　273
国勢調査　45, 248
国民経済計算　376
──体系　377
国民国家　6, 105, 116, 297, 317, 401
──制　102
国民所得　376
穀物　31, 43, 63, 70, 101, 185, 186, 205, 283, 346
──貢納　69
──消費　71
──消費額　70
──消費量　70
──単位　70, 71
──年貢　31
──品　346
──輸入　62
小作制　185
小作人　161, 162, 185
小作農民　31
小作料　31
こしょう　77, 170
小麦　19, 25, 41, 46, 63, 70, 80, 162, 191, 399
──換算　70
──消費　60
──消費量　60, 63
──単位　60
──の価格　63
米　131, 191, 399
米年貢　185
コリアー(Collier, P.)　300, 301

コリングウッド(Collingwood, R. G.)　39

さ行

サーモン(Salmon, E. T.)　56
財産権　3, 15, 78, 105, 143, 157, 161, 172, 189
──保護　71
債務奴隷制　171
サックス(Sachs, J. D.)　300
砂糖　118, 119, 126, 128, 129, 131, 162, 173, 174, 185, 186, 398, 399
──生産　130, 170
──プランテーション　125, 129, 177
世界──輸出　130
サマーズ, ロバート(Summers, R.)　380
産業革命　8, 402, 407, 408
ジェヴォンズ, ウィリアム・スタンレー(Jevons, W. S.)　448, 449
磁器　149, 181, 398
識字　78
──率　192
実験　104, 400
実質賃金　403, 409
──論　407
紙幣　180, 207
資本主義時代　1, 91
市民権　18, 37
シャイデル(Scheidel, W.)　53, 54
じゃがいも　115, 204
重商主義　3, 8, 103, 105, 132, 144, 402, 403
自由農民　47
自由貿易帝国主義　212
自由民　53, 64
自由労働者　47, 66
種子収量比　37, 236
シュムークラー(Schmookler, J.)　388
狩猟・採取　4
──の人々　234
──民　114, 117, 125, 290, 398
狩猟民　160
シュルツ(Schultz, T. W.)　389
シュンペーター(Schumpeter, J. A.)　383, 387
蒸気機関　97
小農民　192

乗用車　97
ジョーンズ（Jones, E. L.）　393
ジョーンズ（Jones, R.）　47, 49, 50, 52, 244
植民
　──事業　3
　──者　72, 296
　──制度　5, 177
植民地　3, 5, 33, 117-133, 148, 155, 161, 163, 174, 176, 178, 193, 196-198, 291, 297
　──化　164
　──行政府　257
　──経営　197
　──国　5
　──時代　126, 132, 164, 298
　──支配　155, 168, 178
　──主義　198, 292
　──戦争　177
　──帝国　194, 263
　──統治　122
　──の喪失　362
　──列強　273
　都市──　55
食料　99
　──支出　98, 100
ジョンソン（Johnson, A. C.）　37
人口センサス　322
新作物　114
新自由主義　93, 440
　──時代　93
　──政策　440
新世界の作物　115
人的資本　96, 98, 102, 192, 290, 344, 389
　──形成　290
水道網　35
数量化　1, 7, 53, 69, 71, 78, 96, 357, 384
スコフィールド（Schofield, R. S.）　393
錫　174, 238
ストゥデンスキ（Studenski, P.）　366
ストーン（Stone, L.）　352
ストーン，リチャード（Stone, R.）　337, 377
ストレルビツキー（Strelbitzky）　44
スミス，アダム（Smith, A.）　8
スミッツ（Smits, J.-P.）　387
生活維持農業　121, 162, 290
生態系　3, 118

青銅　163, 238
税負担　121
石炭　97, 196, 392, 447, 455
　──使用　446
　──生産　448
石油　97
　──価格　446
　──生産　447
設備　102
セッラ（Sella, D.）　405
繊維産業　193
繊維品　164
センサス　45, 361
先住民　117, 121, 123, 125
先進諸国　96
戦争賠償金　68
先導国　94, 96, 388
戦略道路　75
宗主権　22, 30, 34, 206, 212, 282
造船業　108, 148, 205, 357
造船所　131, 147, 207, 209, 249
租借権　195
租借地　197
租税　31, 63, 71
　──制度　15, 78

た 行

大学　103, 192, 249, 400, 402
ダヴナント，チャールズ（Davenant, C.）　317, 330, 333-337, 351, 357, 360
ダグデール，ウィリアム（Dugdale, W.）　332
多神論者　18
ダンカン＝ジョーンズ（Duncan-Jones, R.）　53
チェンバレン（Chamberlayne）　352
地積調査　183, 186
チポラ（Cipolla, C. M.）　393
茶　147-149, 152, 162, 398
チャン（Chung, W. K.）　391
鋳貨　41, 77
朝貢　180
徴税請負人　68, 122, 161, 257, 333, 334
　徴税請負制度　251
　徴税請負人制　334

追随国　95, 219, 388
通貨　41, 166, 326
　──政策　326
　──制度　193
ディーゼルエンジン　97
ディーン(Deane, P.)　338, 349
デイヴィッド, ポール(David, P.)　386
ディキンソン(Dickson, D.)　338
テイクオフ　8, 376, 387, 402
帝国主義　76, 144
　──国　144
定着農業　71, 77, 246, 288
ティリー(Tilly, R. H.)　387
ティンベルヘン, ヤン(Tinbergen, J.)　384
鉄　25, 29
鉄鋼業　165
鉄鋼工場　165
鉄道　164, 165
デニソン, エドワード(Denison, E.)　6, 379, 390, 391
デ・フリース, ヤン(de Vries, J.)　393, 396, 398, 406
デロング(DeLong, J. B.)　8, 402, 408, 410
電気　97
天然ガス生産　447
天文台　104
トインビー, アーノルド(Toynbee, A.)　8, 402
銅　25, 29, 191
陶器　35
陶磁器　149, 205
とうもろこし　115, 118, 204
道路網　18, 21, 31, 78
ドーマー(Domar, E. D.)　161
都市化　2, 16, 29, 31, 35, 56, 66, 98, 100, 121, 171
　──率　58, 59, 406
都市国家　13, 22
　──間の対立　14
都市植民地　55
都市比率　58, 101
土地財産　76
土地資産　75
土地所有　18
　──権　162, 183, 184
土地税　159, 161, 172, 185, 254, 274
　──収　155
　──負担　162
土地生産性　101
土地台帳　56, 185
　──調査　237
土地無し農業労働者　162
奴隷　4, 21, 27, 30, 33, 42, 45-47, 53-55, 64-66, 76, 114, 117, 118, 120, 126-131, 171, 239, 246, 253, 264, 273-278, 282-287, 295
　──化　18, 28, 47, 143, 170, 278, 287
　──価格　287
　──経済　3, 54
　──再生産　54
　──市場　54
　──商人　263, 278, 287
　──所有者　55
　──人口　54
　──数　54
　──制　2, 127, 129, 130, 171, 245, 246, 284, 287
　──の補充　55
　──反乱　55
　──貿易　5, 121, 122, 129-131, 233, 277, 284, 286, 287, 290, 398
　──貿易禁止　172
　──輸出　128
　──輸出商人　287
　──流入　54
　──労働　29, 62, 65, 77, 117, 125, 131, 150, 266, 284, 287
　──労働者　170
黒人──　273
債務──制　171
労働──　65

な 行

ナダル(Ndulu, B. J.)　300
ニーダム, ジョゼフ(Needham, J.)　19, 397
年季奉公契約　128, 130
年貢　25, 31
農業就業者　99, 100
農業従事者　98
農業生産性　98-100

農業労働者　162
農耕生産様式　4
農耕民　398
農奴　101, 114
　——化　143
能力主義にもとづく試験　202
能力選抜主義的な官僚制度　182
能力選抜的な原理　188
ノードハウス, ウィリアム(Nordhaus, W.)　8, 402, 409, 410, 463

は行

バーグソン, イブラム(Bergson, A.)　377
バーテン(Baten, J.)　15
ハーレイ, ロバート(Harley, R.)　333, 338, 357
バーンズ, アーサー(Burns, A.)　384
ハイエク(Hayek, F. A. von)　383
バイオマス　97, 103, 444
賠償金　28, 29, 195
白人植民者　55
バグナル, ロジャー(Bagnall, R. S.)　50, 52, 53, 58
ハスウェル(Haswell, M.)　296
バトリン, ノエル(Butlin, N. G.)　396
ハビブ, イルファン(Habib, I.)　397
パピルス　44
ハリス(Harris, W. V.)　54
ハレー(Halley, E.)　6
ハンレー, スーザン(Hanley, S.)　394
ピーターマン(Petermann)　44
ヒーペ(Hjerppe, R.)　387
東インド会社
　　英国——(EIC)　143, 144, 150-154, 163, 166, 397
　　オランダ——(VOC)　143-148, 169-171
非居住用構造物　97
非居住用固定資産　200, 391
非居住用資本・産出高比率　201
非識字　4, 276, 290, 298
ピット(Pitt)　361
ヒューム, デイヴィッド(Hume, D.)　44
ファインシュティーン(Feinstein, C. H.)　389
ファザール, アブアル(Fazl, A.)　397

ファン・ザンデン, ヤン・ラウテン(van Zanden, J. L.)　387, 394, 403-406
ファン・デア・ヴェー(van der Wee, H.)　405
フィンリー(Finley, M.)　54
風土病　42
フェデリコ, ジョヴァンニ(Federico, G.)　403
フェルプス・ブラウン(Phelps Brown, H.)　393, 404, 406
フォーゲル(Fogel, R. W.)　345, 388
武器　15, 34, 163, 164, 189
　——生産禁止　184
不在地主　31, 132
フライヤー, ブルース(Frier, B. W.)　2, 49, 50, 52, 53, 58
プラカーシュ(Prakash, O.)　150
プランテーション　5, 117, 119, 125, 129, 130, 150, 162, 166, 174, 177, 281, 287
　——農業　117, 285
ブラント, ピーター(Brunt, P. A.)　2, 46, 49
ブルーム(Bloom, D. E.)　300
ブルギニョン(Bourguignon, F.)　387
ブレイズ, デレク(Blades, D.)　378
ブローデル, フェルナン(Braudel, F.)　393
ブロンメ(Blomme, J.)　405
米穀　183
ベーケ(Beeke, H.)　361
ベーム(Behm)　44
ヘストン, アラン(Heston, A.)　379, 380
ペティ, ウィリアム(Petty, W.)　6, 7, 317, 340, 343, 344, 355
ペトロニウス(Petronius)　31
ベル(Bell, B.)　361
ベロック(Bairoch)　393
ベロッホ, カール・ユリウス(Beloch, K. J.)　2, 44-46, 49, 50
ボアギュベール, ピエール・ド(Boisguilbert, P. de)　362, 363
ホイッテーカー(Whittaker, C. R.)　31, 53
紡績工場　165
　近代的——　165
　綿——　193
何(Ho, P. T.)　397

ホームズ（Holmes, G. S.）　352
ホーリングス（Horlings, E.）　387, 404
ホール，ロバート（Hall, R.）　384
保健　98, 99
ボズラップ，エスター（Boserup, E.）　161, 397
ホプキンズ，キース（Hopkins, K.）　52, 56, 60, 61, 64, 237, 393, 406, 407
ポメランツ，ケネス（Pomeranz, K.）　394
ポラード（Pollard, S.）　389
ポリュビオス（Polybius）　20, 21
ホワイト，リン（White, L.）　101

ま 行

マクミラン，ハロルド（Macmillan, M. H.）　383
マッケヴェディ，コリン（McEvedy, C.）　47, 49, 50, 52, 244
マッシー（Massie, J.）　350, 352
マディソン，アンガス（Maddison, A.）　70, 358, 393, 394, 397, 403, 410
マラニマ（Malanima, P.）　405
マルサス（Malthus, T. R.）　8
マルホール，マイケル（Mulhall, M. G.）　343, 367
見習い修業　8, 376, 402
ミラー（Millar, F.）　32
ミンゲイ（Mingay, G. E.）　352
綿　158
　──織物　147, 398
　──製品　170
　──紡績工場　192
綿花　126, 152, 162, 185, 186
綿糸　165
モキア（Mokyr, J.）　8, 407, 408
モスウィ，シレーン（Moosvi, S.）　397

や 行

焼き畑農業　125

冶金　102
ヤマムラ（Yamamura, K.）　191
ヤング（Young, A.）　366
遊牧　293
　──社会　158
　──的慣習　288
　──民　238, 272, 274
ユン（Yun, B.）　406
傭兵　27
　──軍　23
読み書き　34, 104, 177, 188
　──能力　16

ら 行

ラヴォアジェ（Lavoisier）　366
ラスボーン（Rathbone, D. W.）　58, 64
ラッセル（Russell, J. C.）　46, 49, 57
ラップ（Rapp, R. T.）　405
ラブジョイ（Lovejoy, P. E.）　284, 286
ランデス（Landes, D. S.）　393
リード，アンソニー（Reid, A.）　169
陸軍　27, 28, 38
リグリィ（Wrigley, E. A.）　338, 393
リッチョーリ（Riccioli, G. B.）　339
リンダート（Lindert, P. H.）　352, 355, 407
ル＝ロワ・ラデュリ（Le Roy Ladurie, E.）　393, 360
レヴィツィオン（Levtzion, N.）　266, 280
レヴィ＝ルボワイエ（Levy-Leboyer, M.）　387
レオ・アフリカヌス（Leo Africanus）　276
ロジャース，ソロルド（Rogers, T.）　406
ロス（Ross, R.）　292
ロストウ（Rostow, W. W.）　8, 402
ロバーツ，デイヴィッド（Roberts, D.）　378

わ 行

ワトソン（Watson, A. M.）　244

訳者紹介

公益財団法人 政治経済研究所(以下,研究所)
　1938年創立の(財)東亜研究所を母体に1946年設立.人文・社会科学を中心とした民間学術研究機関.学術刊行物『政經研究』の発行,公開研究会の定期開催など.

小谷　崇(こたに たかし)
　1928年生,経済学,研究所主任研究員(2014年1月逝去)

北田芳治(きただ よしはる)
　1926年生,貿易論,研究所相談役・元理事長(2020年5月逝去)

小宮昌平(こみや しょうへい)
　1929年生,農業経済,研究所主任研究員

合田　寛(ごうだ ひろし)
　1943年生,金融論・国際金融論,研究所理事・主任研究員

鈴木　明(すずき あきら)
　1963年生,理論経済学,日本大学理工学部専任講師

佐藤拓也(さとう たくや)
　1972年生,マルクス経済学・現代資本主義論,中央大学経済学部教授

大石雄爾(おおいし ゆうじ)
　1944年生,経済理論・経済政策,駒澤大学名誉教授,研究所評議員

松田真由美(まつだ まゆみ)
　1971年生,会計学,研究所主任研究員

アンガス・マディソン（Angus Maddison 1926-2010）
イギリスの経済学者．オランダ・フローニンゲン大学名誉教授．ケンブリッジ大学で歴史と経済学を専攻，卒業後いくつかの大学の特別研究員や講師を務め，1953年にOEEC（現OECD）に勤務．1978年からはフローニンゲン大学教授に就任．『20世紀の世界経済』（金森久雄監訳，東洋経済新報社，1990年），『世界経済の成長史 1820～1992年——199ヵ国を対象とする分析と推計』（金森久雄監訳，(財)政治経済研究所訳，東洋経済新報社，2000年），『経済統計で見る 世界経済2000年史』（金森久雄監訳，(財)政治経済研究所訳，柏書房，2004年）など著書多数．

世界経済史概観——紀元1年-2030年
アンガス・マディソン

2015年6月26日　第1刷発行
2021年7月26日　第5刷発行

監訳者　(公財)政治経済研究所
発行者　坂本政謙
発行所　株式会社 岩波書店
　　　　〒101-8002 東京都千代田区一ツ橋2-5-5
　　　　電話案内 03-5210-4000
　　　　https://www.iwanami.co.jp/

印刷・三秀舎　製本・牧製本

ISBN 978-4-00-061033-9　Printed in Japan

マルク・ブロック	封　建　社　会	堀米庸三監訳	A5判　664頁 定価　10,780円
	環　境　の　経　済　史 ――森林・市場・国家――	斎　藤　　　修	岩波現代全書 定価　2,310円
	岩波講座 日 本 経 済 の 歴 史（全6巻）	深尾京司 中村尚史 編 中林真幸	A5判280～320頁 定価各 4,180円
	〈内　戦〉　の　世　界　史	D.アーミテイジ 平田雅博 阪本浩 訳 細川道久	四六判　360頁 定価　3,520円
	【岩波オンデマンドブックス】 経 済 大 国 興 亡 史 1500-1990 〔全2冊〕	チャールズ・P. キンドルバーガー 中島健二訳	四六判平均274頁 定価各 4,620円
	【岩波オンデマンドブックス】 経　済　分　析　の　歴　史 〔全3巻〕	J.A.シュンペーター 東畑精一 福岡正夫 訳	A5判平均784頁 定価(上･中)各 22,000円 　　（下）23,100円

──── 岩波書店刊 ────

定価は消費税10%込です
2021年7月現在